VISUELLES WISSEN
BIOLOGIE

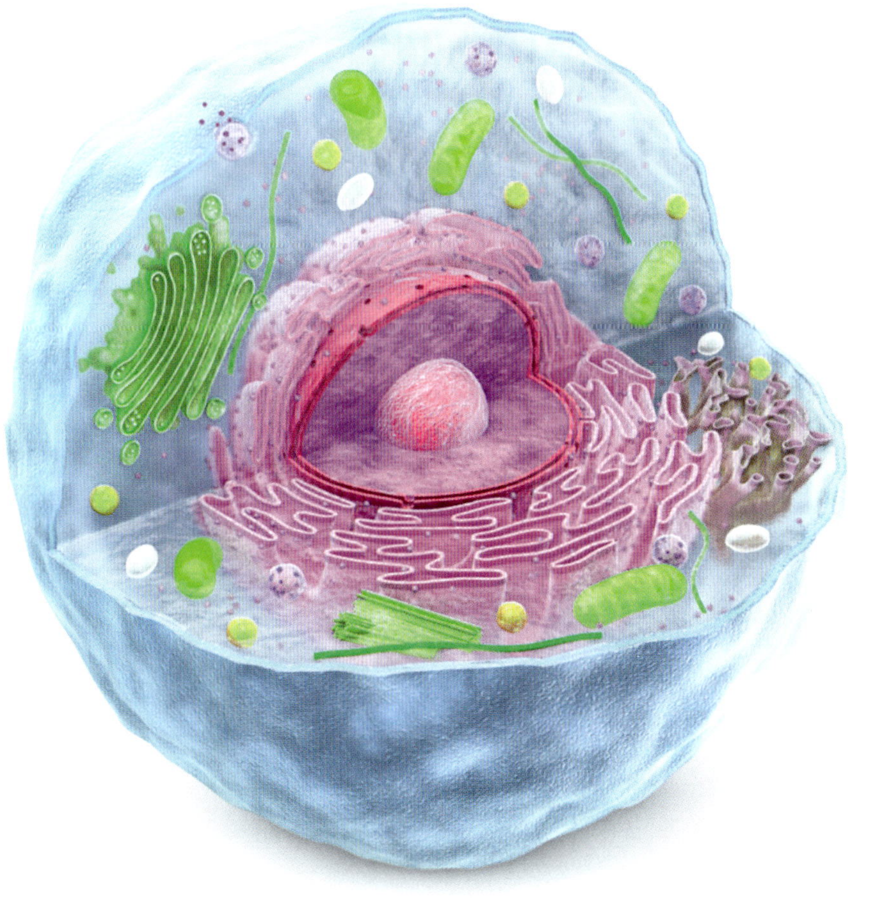

DK Penguin Random House

DK London

Lektorat

Shaila Brown, Ben Morgan, Lisa Gillespie, Andrew Macintyre, Liz Wheeler, Jonathan Metcalf

Gestaltung und Bildredaktion

Samantha Richiardi, Owen Peyton Jones, Karen Self

Herstellung

Kavita Varma, Meskerem Berhane

Illustrationen

Peter Bull, Arran Lewis

Umschlaggestaltung

Akiko Kato, Sophia MTT

Text und Fachberatung

Anne Farthing, Susan Kearsey, Jo Locke, Ben Morgan, Matthew Sison

DK Delhi

Lektorat

Dharini Ganesh, Bipasha Roy, Sukriti Kapoor, Andrew Korah, Rupa Rao, Kingshuk Ghoshal

Gestaltung und Bildredaktion

Shreya Anand, Sanjay Chauhan, Noopur Dalal, Bhavnoor Kaur, Aparajita Sen, Geetika Bhandari, Govind Mittal, Taiyaba Khatoon, Vishal Bhatia, Nand Kishor Acharya

Herstellung

Pankaj Sharma, Balwant Singh

Für die deutsche Ausgabe:

Projektbetreuung Dr. Kerstin Schlieker

Herstellungskoordination Claudia Rode

Herstellung Evely Xie

Titel der englischen Originalausgabe:

Supersimple Biology

Übersetzung Dr. Dietmar Mertens

Lektorat Manuela Kupfer

ISBN 978-3-8310-4290-6

5902-315040-21789-06

Druck und Bindung Leo Paper Products, China

MIX
Papier | Fördert gute Waldnutzung
FSC® C018179

www.dk-verlag.de

Hinweis

Die Informationen und Ratschläge in diesem Buch sind von den Autoren und vom Verlag sorgfältig erwogen und geprüft, dennoch kann eine Garantie nicht übernommen werden. Eine Haftung der Autoren bzw. des Verlags und seiner Beauftragten für Personen-, Sach- und Vermögensschäden ist ausgeschlossen.

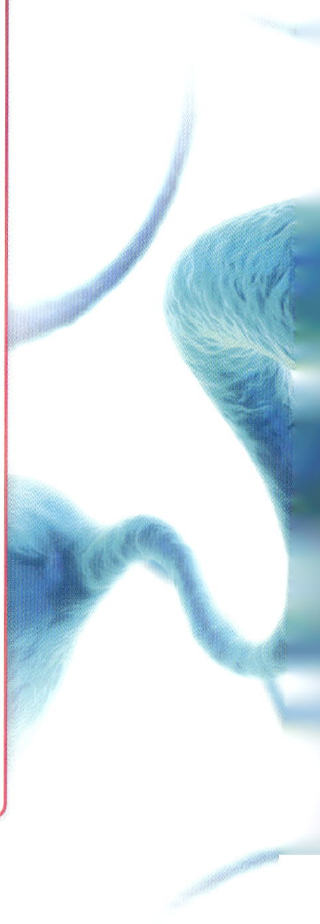

DK

VISUELLES WISSEN BIOLOGIE

DER ANSCHAULICHE EINSTIEG IN ALLE THEMENBEREICHE

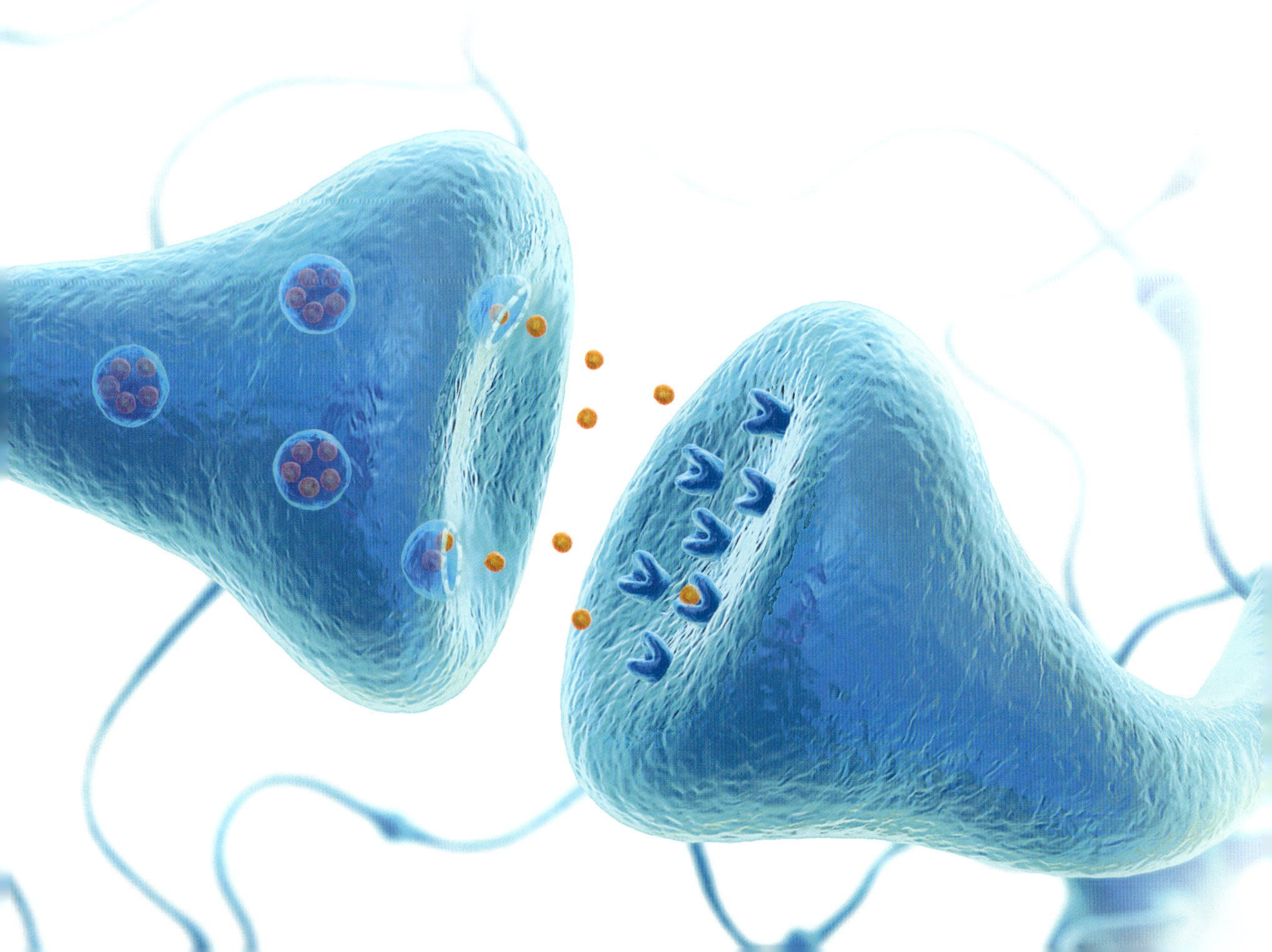

Inhalt

Wissenschaftlich arbeiten

10 Naturwissenschaft
12 Messungen durchführen
13 Variablen und Einflussgrößen
14 Modelle
15 Fragen in der Naturwissenschaft
16 Naturwissenschaft – Nutzen und Risiken
17 Mittelwerte
18 Daten präsentieren
20 Wissenschaftlicher Fortschritt
22 Internationale Einheiten
23 Sicheres Arbeiten

Was ist Leben?

25 Kennzeichen des Lebens
26 Klassifikation
27 Reiche des Lebens
28 Organisationsebenen
29 Organsysteme
30 Wirbeltiere
31 Wirbellose
32 Pflanzen
33 Kladogramme
34 Bestimmungsschlüssel

Zellen

36 Tierische Zellen
37 Pflanzliche Zellen
38 Einzellige Organismen
39 Bakterien
40 Mikroskope
41 Arbeit mit einem Mikroskop
42 Stammzellen
44 Zellteilung
46 Meiose
47 Zweiteilung
48 Bakterienkulturen
49 Antibiotika und Antiseptika

Zellen und Transport

51 Diffusion
52 Osmose
54 Osmose-Experiment
56 Aktiver Transport
57 Oberfläche und Volumen
58 Stoffaustausch und Transport

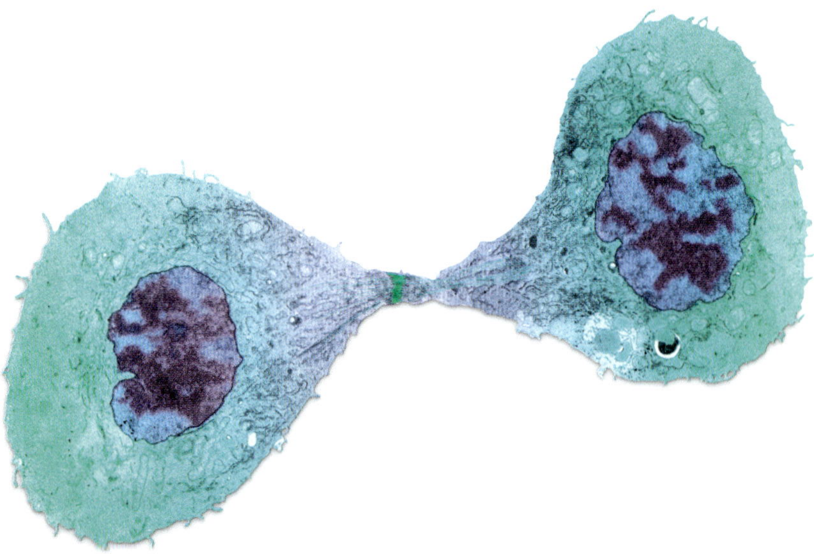

Atmung

60 Zellatmung
62 Atmungsrate
63 Aerobe Atmung
64 Anaerobe Atmung

Enzyme

67 Enzyme
68 Enzyme und Temperatur
69 Enzyme und pH-Wert
70 Enzyme und Substrate
71 Enzyme in der Industrie
72 Enzym-Experimente
74 Stoffwechsel

Ernährung bei Pflanzen

76 Fotosynthese
77 Blätter
78 Spaltöffnungen
79 Pflanzen und Glukose
80 Pflanzennährstoffe
81 Anpassung an extreme Lebensräume
82 Fotosynthese-Experiment
84 Fotosyntheserate
86 Ermittlung der Fotosyntheserate
88 Abstandsgesetz
89 Gewächshausanbau

Menschliche Ernährung

91 Nährstoffe
92 Vitamine und Mineralstoffe
93 Energiegehalt von Nahrungsmitteln
94 Ausgewogene Ernährung
96 Testen von Nahrungsmitteln
98 Verdauungssystem
100 Verdauungsenzyme
102 Nährstoffaufnahme

Transport bei Pflanzen

104 Transportsystem
106 Transpiration
107 Pflanzenwurzeln
108 Transpirationsrate
109 Messung der Transpirationsrate

Transport bei Tieren

111 Herz-Kreislauf-System
112 Blutgefäße
113 Aufbau der Gefäße
114 Blut
115 Herz
116 Wie das Herz arbeitet
117 Herzfrequenz
118 Herzfrequenzänderung
119 Lymphsystem
120 Lunge
122 Lungenatmung
123 Atmung und körperliche Aktivität

Nervensystem

125 Reiz und Reaktion
126 Nervensystem
127 Neuronen
128 Synapsen
129 Reflexbogen
130 Messung der Reaktionszeit
131 Gehirn
132 Hirnforschung
133 Schädigung des Nervensystems
134 Auge
135 Sehen
136 Kurzsichtigkeit
137 Weitsichtigkeit
138 Astigmatismus
139 Ohr
140 Thermoregulation

Hormone

142 Hormonsystem
143 Homöostase
144 Insulin und Glukagon
145 Diabetes
146 Nieren
148 Pubertät bei Jungen
149 Pubertät bei Mädchen
150 Menstruationszyklus
152 Verhütungsmittel
153 Fertilitätstherapie
154 Adrenalin
155 Thyroxin
156 Pflanzenhormone
157 Anwendung von Pflanzenhormonen
158 Wie Licht auf Sämlinge wirkt

Fortpflanzung

160 Sexuelle Fortpflanzung
161 Asexuelle Fortpflanzung
162 Blüten
163 Windbestäubung
164 Früchte
165 Samenausbreitung
166 Pflanzensamen
167 Keimungsfaktoren
168 Fortpflanzung bei Pflanzen (asexuell)
169 Lebenszyklus der Insekten
170 Lebenszyklus der Amphibien
171 Lebenszyklus der Vögel
172 Lebenszyklus der Säugetiere
173 Männliche Geschlechtsorgane
174 Weibliche Geschlechtsorgane
175 Befruchtung
176 Schwangerschaft
178 Geburt

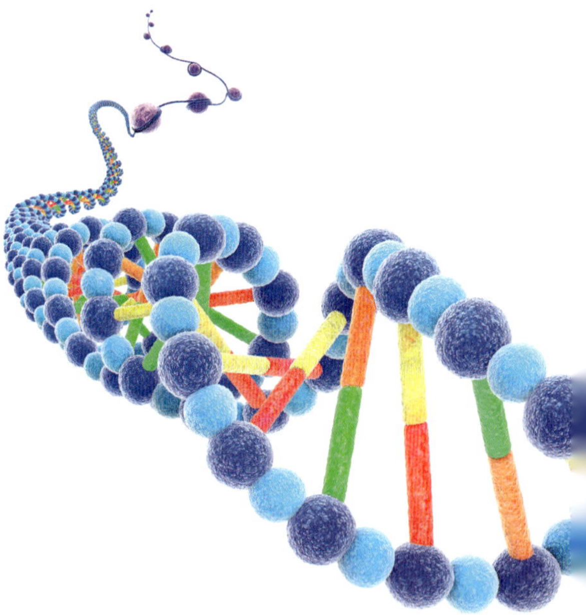

Genetik und Biotechnologie

180 Genom
182 Humangenomprojekt
183 Aufbau der DNA
184 Proteinbiosynthese 1
185 Proteinbiosynthese 2
186 Mutationen
187 Gene und Allele
188 Genetische Kreuzungen
190 Weitere Erbgänge
192 Das Werk Mendels
194 Blutgruppen
195 Erbkrankheiten
196 Gentests
197 Bestimmung des Geschlechts
198 Gonosomale Vererbung
199 Tiere klonen
200 Gentechnik
202 Pflanzen klonen
203 Fermentation

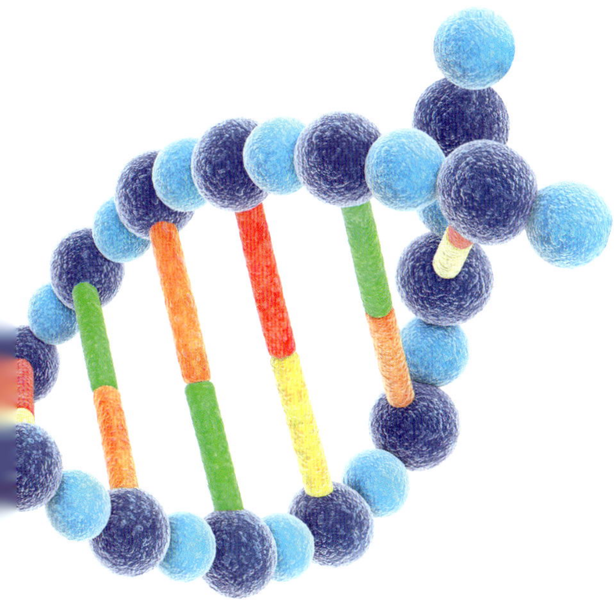

Evolution

205 Variation
206 Diskontinuierliche und kontinuierliche Variation
207 Darwin und Wallace
208 Evolution
210 Fossilien
211 Antibiotikaresistente Bakterien
212 Zucht
213 Artbildung
214 Aussterben

Ökologie

216 Ökologie
217 Wechselbeziehungen
218 Nahrungstypen
219 Nahrungsnetze
220 Zersetzer
221 Abiotische Faktoren
222 Biotische Faktoren
223 Räuber und Beute
224 Soziale Gruppen
225 Energiefluss
226 Biomassepyramiden
227 Biomassepyramiden zeichnen
228 Abundanz
229 Umweltkapazität
230 Dispersion
231 Wasserkreislauf
232 Kohlenstoffkreislauf
233 Stickstoffkreislauf

Mensch und Umwelt

235 Wachstum der Weltbevölkerung
236 Ressourcenbedarf der Menschheit
237 Biodiversität
238 Globale Erwärmung
239 Klimawandel
240 Ökosysteme im Wandel
241 Verbreitung von Arten
242 Kohlenstoffsenken
243 Eingeschleppte Arten
244 Verschmutzung des Wassers
245 Verschmutzung des Bodens
246 Luftverschmutzung
247 Naturschutz
248 Nahrungssicherheit
249 Nachhaltige Nahrungsproduktion
250 Anbaumethoden
251 Biokraftstoffe

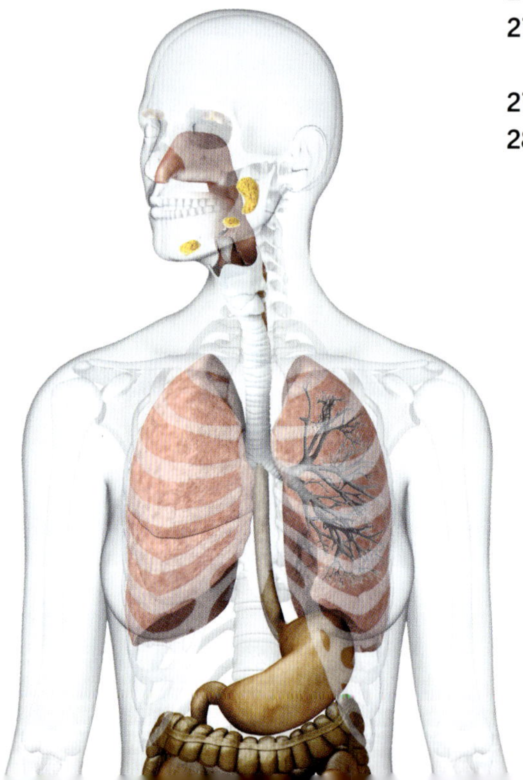

Gesundheit

253 Krankheiten
254 Krankheiten und Lebensstil
255 Herzkrankheiten
256 Herzchirurgie
257 Krankheitserreger
258 Übertragbare Krankheiten
259 Viren
260 Viruskrankheiten
261 Bakterielle Erkrankungen
262 Krankheiten durch Parasiten und Pilze
263 Körperbarrieren
264 Phagozyten
265 Lymphozyten
266 Langzeitimmunität
267 Impfung
268 Monoklonale Antikörper
269 Krebs
270 Arzneimittel
271 Arzneimittelprüfung
272 Pflanzenkrankheiten
273 Pflanzliche Abwehr

274 Glossar
282 Register

Wissenschaftlich arbeiten

Naturwissenschaft

Naturwissenschaft ist nicht bloß eine Sammlung von Wissen. Sie ist auch eine Möglichkeit, neue Erkenntnisse über die Natur zu erlangen. Naturforscher formulieren Annahmen und überprüfen diese in Experimenten. Der Prozess, mit dem sie herausfinden, ob eine Annahme zutreffend ist oder nicht, wird wissenschaftliche Methode genannt.

Auf einen Blick

- ✓ Bei der wissenschaftlichen Methode werden Hypothesen mit Experimenten überprüft.
- ✓ Ein einzelnes Experiment kann nicht beweisen, dass eine Hypothese korrekt ist, aber es kann sie stützen.

1. Eine Beobachtung machen
Der erste Schritt bei der wissenschaftlichen Methode ist, eine Beobachtung zu machen und sich zu fragen, warum das beobachtete Naturphänomen so ist, wie es ist. Du könntest z. B. feststellen, dass Blumen im sonnigsten Teil des Gartens immer zuerst blühen.

2. Eine Hypothese formulieren
Der nächste Schritt ist, eine Annahme (Hypothese) zu formulieren, die das Phänomen erklären könnte. Eine mögliche Erklärung wäre z. B.: Der Boden im sonnigsten Bereich des Gartens ist wärmer. Dies führt dazu, dass die Blumen früher blühen.

3. Ein Experiment machen
Danach überprüfst du deine Hypothese mithilfe eines Experiments. In diesem Fall könntest du Zwiebelpflanzen derselben Art bei drei unterschiedlichen Temperaturen, aber unter ansonsten identischen Bedingungen wachsen lassen. Um zu verlässlichen Ergebnissen zu kommen, solltest du bei jeder Temperatur mehrere Zwiebeln verwenden. Es könnte sonst sein, dass einzelne Pflanzen das Ergebnis verfälschen – etwa weil sie aus irgendeinem Grund schlecht gedeihen.

4. Daten sammeln
Naturwissenschaftler zeichnen die Ergebnisse ihrer Experimente sorgfältig auf. Sie sammeln Daten, indem sie z. B. in bestimmten Zeitabständen Messungen durchführen und die Messergebnisse anschließend in Tabellen eintragen. Um festzustellen, wie schnell deine Pflanzen bei unterschiedlichen Temperaturen wachsen, könntest du ihre Höhe alle fünf Tage mit einem Lineal messen.

	10 °C	15 °C	20 °C
Höhe nach 5 Tagen	0 cm	0 cm	0 cm
Höhe nach 10 Tagen	0 cm	1 cm	2 cm
Höhe nach 15 Tagen	2 cm	5 cm	8 cm
Höhe nach 20 Tagen	5 cm	9 cm	16 cm
Höhe nach 25 Tagen	8 cm	14 cm	20 cm

5. Ergebnisse analysieren
Um die Ergebnisse leichter auswerten zu können, kannst du sie in einer Abbildung darstellen. Das Diagramm zeigt die durchschnittliche Höhe der Pflanzen nach 25 Tagen. Man erkennt auf einen Blick, dass die Ergebnisse in diesem Fall die Hypothese unterstützen – Gartenpflanzen wachsen bei höheren Temperaturen schneller und blühen daher früher.

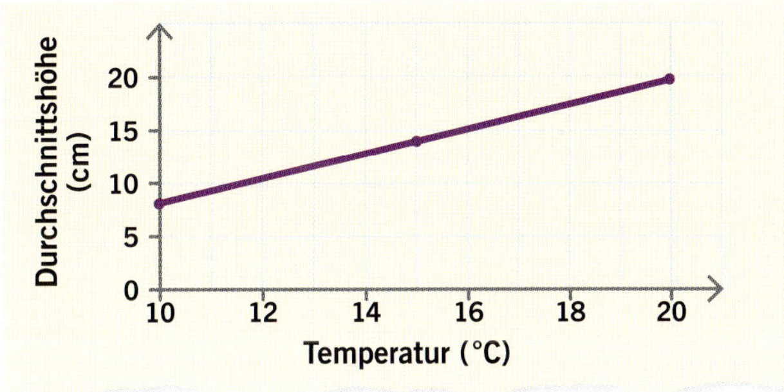

6. Das Experiment wiederholen
Ein einzelnes Experiment ist kein Beweis dafür, dass eine Hypothese richtig ist. Wiederhole daher dein Experiment, um sicherzustellen, dass die Versuchsergebnisse kein Zufall waren. Naturwissenschaftler veröffentlichen ihre Ergebnisse, damit andere Forscher ihre Experimente wiederholen und überprüfen können.

Tatsache oder Theorie?

Wenn naturwissenschaftliche Theorien vielfach bestätigt und nie widerlegt werden konnten, können sie schließlich als Tatsache anerkannt werden. Niemand zweifelt heute mehr daran, dass Keime wie Viren oder Bakterien Infektionskrankheiten verursachen können oder dass Fossilien die Überreste urzeitlicher Lebewesen sind. Dennoch kann letztlich keine wissenschaftliche Erkenntnis absolut zweifelsfrei als wahr bezeichnet werden. Neue Befunde und Beobachtungen, die mit ihr nicht in Einklang zu bringen sind, könnten theoretisch jederzeit auftauchen.

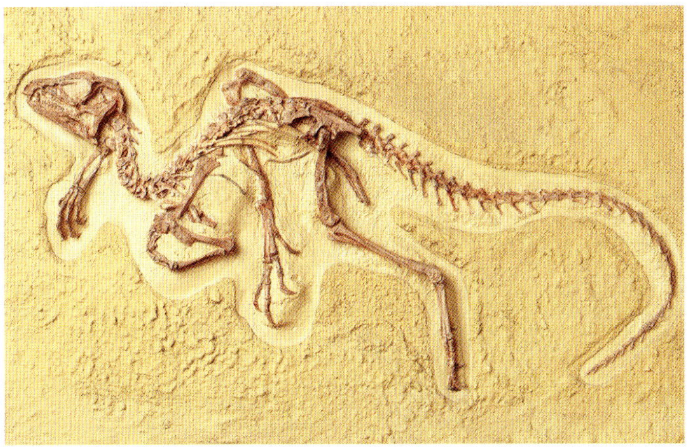

Messungen durchführen

Bei vielen Experimenten müssen Messungen physikalischer Größen wie Temperatur, Volumen oder Masse durchgeführt werden. Sie sollten korrekt und genau sein.

Auf einen Blick

- ✓ **Messungen sind zuverlässiger, wenn sie mehrfach wiederholt werden und wenn ein Durchschnittswert ermittelt wird.**
- ✓ **Messungen sollten sowohl korrekt als auch genau sein.**

Messgeräte

In biologischen Experimenten werden häufig Geräte zur Messung von Masse, Volumen, Temperatur, Zeit oder Länge benötigt. Um beim Messen zuverlässige Ergebnisse zu erhalten, sollte man Messungen mehrmals wiederholen und dann einen Durchschnittswert ermitteln.

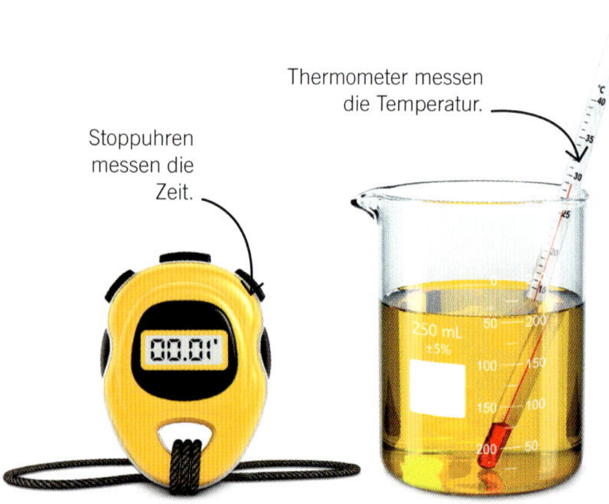

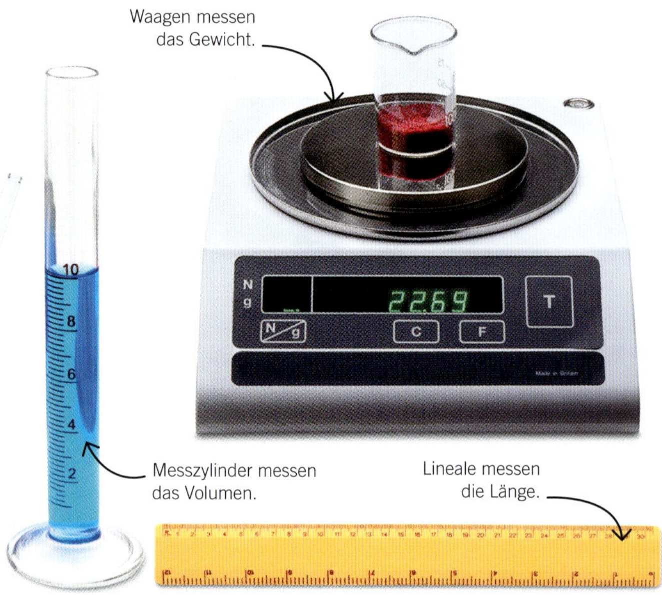

Genau und korrekt

Naturwissenschaftliche Messungen sollten sowohl genau als auch korrekt sein. Messungen sind korrekt, wenn sie sehr nah an dem tatsächlichen Wert liegen, der gemessen werden soll. Und sie sind genau, wenn wiederholte Versuche immer wieder denselben oder zumindest sehr ähnliche Werte liefern.

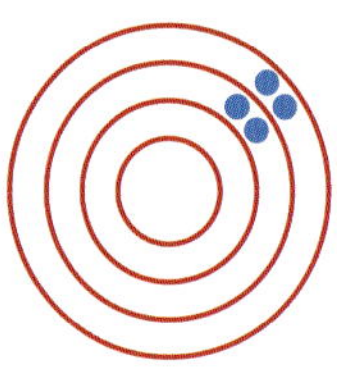

Genau, aber nicht korrekt
Stell dir vor, du misst viermal die Temperatur in einem Becher mit warmem Wasser. Alle vier Messungen ergeben bis auf zwei Nachkommastellen genau dasselbe Ergebnis, wobei das Thermometer jedoch falsch justiert ist. Dann sind die Messungen genau, aber nicht korrekt.

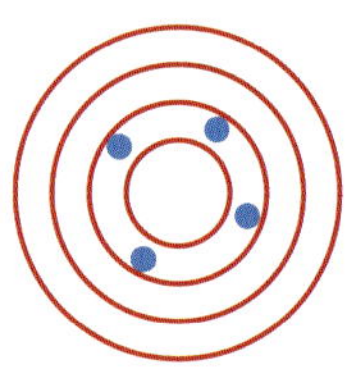

Korrekt, aber nicht genau
Stell dir nun vor, du benutzt ein richtig justiertes Thermometer, aber die Messergebnisse sind alle ein wenig verschieden – vielleicht, weil du das Thermometer jedes Mal an eine andere Stelle gehalten hast. Dann sind die Messungen korrekt, aber nicht genau.

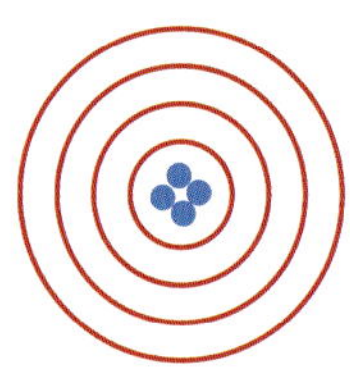

Korrekt und genau
Wenn du die Flüssigkeit umrührst, bevor du misst, ist die Temperatur überall im Glas gleich. Jetzt sind deine Messergebnisse mit einem richtig justierten Thermometer alle genau und korrekt – so wie es bei naturwissenschaftlichen Messungen sein sollte.

Variablen und Einflussgrößen

Größen, die sich im Verlauf eines Experiments verändern, werden als Variablen bezeichnet. Einflussgrößen sind dagegen Größen, die während eines Experiments konstant gehalten werden.

Auf einen Blick

- ✓ Unabhängige und abhängige Variablen sowie Einflussgrößen spielen in naturwissenschaftlichen Experimenten eine zentrale Rolle.
- ✓ Unabhängige Variablen werden in Experimenten gezielt verändert.
- ✓ Abhängige Variablen sind die Größen, welche die Versuchsergebnisse liefern.

Variablen und Einflussgrößen im Experiment
In diesem Experiment wird gemessen, wie schnell ein Enzym bei Temperaturen von 60 °C, 37 °C und 4 °C im Reagenzglas befindliche Stärke abbauen kann.

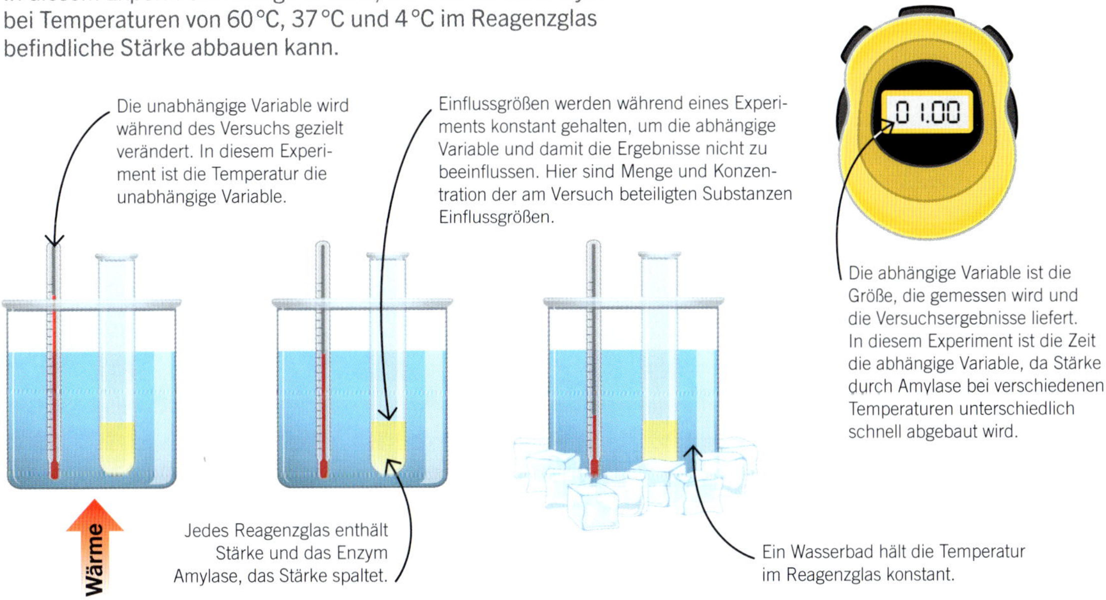

Kontrollversuche

Um Effekte durch Störfaktoren auszuschließen und zu möglichst verlässlichen Ergebnissen zu gelangen, werden bei vielen Experimenten begleitend sogenannte Kontrollversuche durchgeführt. In diesem Beispiel ist die Kontrolle genauso aufgebaut wie der eigentliche Versuch – es fehlen lediglich die untersuchten Organismen. Dadurch lässt sich feststellen, ob Veränderungen der abhängigen Variablen durch die Organismen oder durch andere Faktoren verursacht werden.

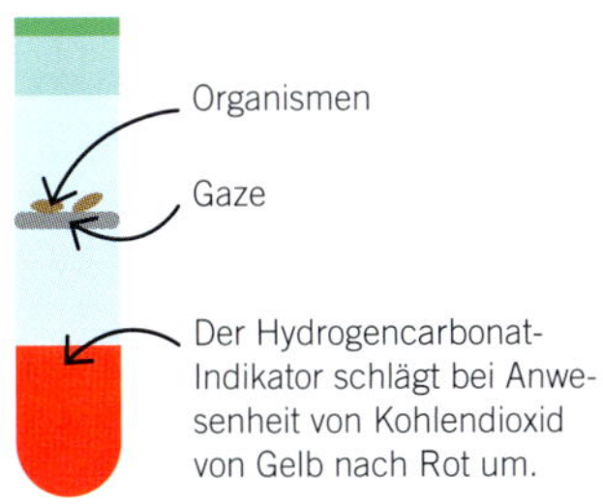

In diesem Experiment wird untersucht, ob die Organismen im Reagenzglas bei der Atmung Kohlendioxid produzieren. Die Indikatorlösung im Glas ist von Gelb nach Rot umgeschlagen – ein Beweis, dass Kohlendioxid vorhanden ist.

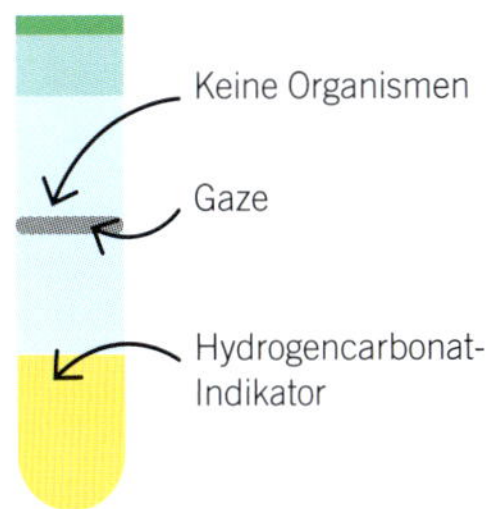

Bei der ansonsten exakt gleichen Kontrolle fehlen die Organismen. Da sich die Farbe der Indikatorlösung hier nicht verändert, muss der Farbumschlag im anderen Reagenzglas von den Organismen verursacht worden sein.

Modelle

Um wissenschaftliche Sachverhalte besser verstehen zu können, werden häufig Modelle verwendet. Diese können – genau wie Hypothesen – durch Experimente überprüft werden. Man unterscheidet fünf Haupttypen naturwissenschaftlicher Modelle: darstellende Modelle, räumliche Modelle, beschreibende Modelle, Computermodelle und mathematische Modelle.

Auf einen Blick

- ✓ **Modelle helfen uns, wissenschaftliche Sachverhalte zu verstehen oder zu beschreiben.**
- ✓ **Modelle können für Vorhersagen genutzt werden, die man anschließend in Experimenten überprüfen kann.**
- ✓ **In der Biologie werden u. a. darstellende, räumliche, beschreibende und mathematische Modelle verwendet.**

Darstellende Modelle
In diesen Modellen werden komplexe reale Objekte durch einfache Formen oder Figuren repräsentiert. Um die Wirkungsweise von Enzymen zu veranschaulichen, ohne dabei die beteiligten Moleküle realitätsnah abbilden zu müssen, wird beispielsweise häufig das sogenannte Schlüssel-Schloss-Modell verwendet.

Räumliche Modelle
Räumliche Modelle stellen den dreidimensionalen Aufbau von Objekten dar. In Chemie und Biologie werden beispielsweise häufig Modelle verwendet, die die räumliche Anordnung der Atome in Molekülen zeigen.

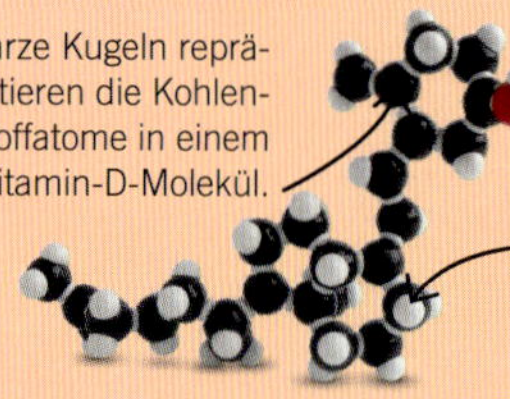

Beschreibende Modelle
Beschreibende Modelle veranschaulichen naturwissenschaftliche Sachverhalte mithilfe von Wörtern oder Bildern. Die bildliche Darstellung des Lebenszyklus von Marienkäfern ist ein Beispiel für ein beschreibendes Modell.

Computermodelle
Bei diesen Modellen simulieren Computer komplexe Prozesse, wie etwa die Veränderungen des Klimas auf der Erde. Diese Abbildung zeigt ein Klimamodell der NASA, das für das Jahr 2100 ein Maximum der Sommertemperaturen vorhersagt. In vielen Regionen der Erde könnten dann tagsüber regelmäßig Temperaturen von über 45 °C herrschen.

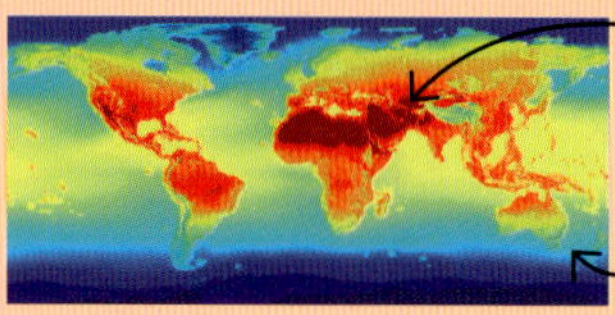

Mathematische Modelle
Mathematische Modelle nutzen die Mathematik, um reale Phänomene zu modellieren. Mit ihrer Hilfe kann z. B. das Wachstum einer Bakterienpopulation unter optimalen Bedingungen berechnet und in einem Diagramm dargestellt werden. Auf diese Weise kann u. a. die Anzahl der Bakterien nach Ablauf einer bestimmten Zeit vorhergesagt werden.

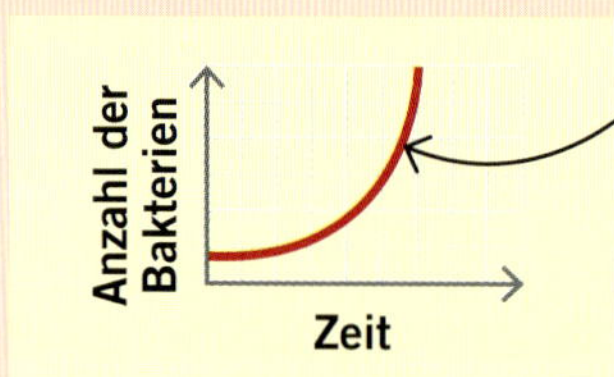

Fragen in der Naturwissenschaft

Die richtigen Fragen zu stellen, ist von großer Bedeutung für den wissenschaftlichen Fortschritt. Naturwissenschaftliche Fragen sollten sich nach Möglichkeit durch Experimente und Beobachtungen überprüfen lassen. Manchmal werfen die Naturwissenschaften auch ethische Fragen auf.

Auf einen Blick

- ✓ Wissenschaftliche Fragen sollten überprüfbar sein.
- ✓ Etliche naturwissenschaftliche Fragen können mangels Befunden heute noch nicht beantwortet werden.
- ✓ Bei ethischen Fragen geht es oft darum, ob menschliches Tun moralisch richtig oder falsch ist – sie können daher nicht durch die Naturwissenschaften beantwortet werden.

Intensivlandwirtschaft
Viele landwirtschaftliche Betriebe nutzen die neuesten wissenschaftlichen und technologischen Erkenntnisse und Entwicklungen, um ihre Produktion zu maximieren. Diese als Intensivlandwirtschaft bezeichnete Praxis wirft eine Reihe von Fragen auf. Manche davon können durch die Naturwissenschaften beantwortet werden, andere nicht.

Ein Traktor bringt Dünger aus.

Fragen, die durch die Intensivlandwirtschaft aufgeworfen werden		
Fragen, die die Naturwissenschaft beantworten kann	**Fragen, die die Naturwissenschaft noch nicht beantworten kann**	**Ethische Fragen**
Wann ist der beste Zeitpunkt zum Ausbringen von Dünger?	Welchen Einfluss wird der Klimawandel auf den Ernteertrag haben?	Sollte ein Hof von Intensivlandwirtschaft auf Biolandbau umstellen?
Welchen Einfluss haben Pestizide auf die Artenvielfalt?	Wird die Gentechnik den Einsatz von Pestiziden überflüssig machen?	Ist der Anbau von Nutzpflanzen wichtiger als der Schutz der Umwelt?

Tierschutz

Ethische Fragen tauchen u. a. auf, wenn Biologen Tierversuche durchführen. In der Krebsforschung etwa nutzt man spezielle Labormäuse, die automatisch Krebs entwickeln. Diese Mäuse haben nur ein kurzes Leben und leiden vermutlich. Ist es richtig oder falsch, sie zu benutzen? In vielen Staaten sind Tierversuche strengen Regeln unterworfen. Um sie durchführen zu dürfen, müssen Forscher den potenziellen Nutzen ihrer Experimente nachweisen und dafür sorgen, dass die Tiere so wenig wie möglich leiden.

Naturwissenschaft – Nutzen und Risiken

Naturwissenschaftliche Forschung kann von Nutzen sein, aber auch Risiken bergen. Manche Arzneimittel sind hilfreich, können jedoch auch schwere Nebenwirkungen haben. Ist es gut, sie einzunehmen, oder nicht? Um solche Fragen zu beantworten, müssen Nutzen und Risiken gegeneinander abgewogen werden.

Auf einen Blick

- ✓ **Naturwissenschaftliche Forschung kann sowohl von Nutzen sein als auch Risiken bergen.**
- ✓ **Vor der Anwendung von Forschungsergebnissen müssen Nutzen und Risiken gegeneinander abgewogen werden.**

Masernimpfung
Masern sind eine Infektionskrankheit, bei der ernste Komplikationen auftreten können. So tritt bei einem von etwa 1000–2000 Betroffenen eine Entzündung des Gehirns auf, die zu bleibenden Hirnschäden oder zum Tod führen kann. Die MMR-Impfung gegen Masern, Mumps und Röteln schützt vor Masern, ist jedoch nicht völlig risikofrei: Bei etwa einem von 10 Kindern treten nach der Impfung leichte Masernsymptome auf, und bei etwa einem von 24 000 Kindern entstehen Impfkomplikationen, die einen Krankenhausaufenthalt notwendig machen. Unter dem Strich ist eine Masernimpfung aber weit risikoärmer als eine Maserninfektion.

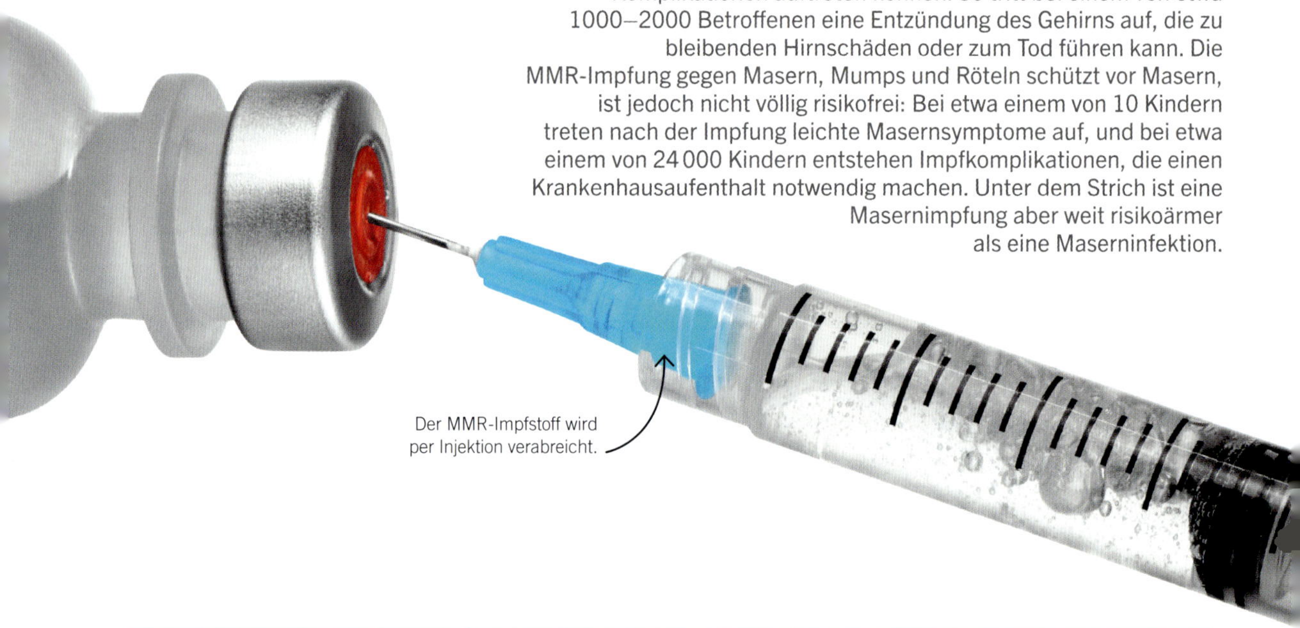

Der MMR-Impfstoff wird per Injektion verabreicht.

Wissenschaft und Gesellschaft

Da Forschungsergebnisse gravierende Auswirkungen auf die Gesellschaft haben können, müssen stets Nutzen und Risiken gegeneinander abgewogen werden, bevor sie zur Anwendung kommen.

Wirtschaftliche Auswirkungen
Wissenschaftliche Entwicklungen können Dinge z. B. preiswerter machen, doch das hat oft seinen Preis. So hat gezielte Züchtung zwar zu schnell wachsenden und damit preiswerten Hähnchen geführt, aber gleichzeitig das Leid vieler Tiere vergrößert, denn der rasche Wuchs ist oft mit körperlichen Problemen verbunden.

Auswirkungen auf die Umwelt
Biokraftstoffe werden aus Nutzpflanzen hergestellt. Deren Klimabilanz ist zwar deutlich besser als die von fossilen Energieträgern, doch der Anbau von Biokraftstoffpflanzen reduziert gleichzeitig die Ackerfläche, die für Nahrungsmittelpflanzen zur Verfügung steht.

Mittelwerte

Bei biologischen Experimenten werden häufig Mittelwerte errechnet. Um beispielsweise die durchschnittliche Wuchshöhe von Pflanzen, die im Gewächshaus gezogen wurden, mit der Höhe von Pflanzen zu vergleichen, die im Freien herangewachsen sind, könnte man drei Arten von Mittelwerten benutzen: das arithmetische Mittel, den Median und den Modus.

Auf einen Blick

- ✓ Arithmetisches Mittel, Median und Modus werden häufig in der Biologie verwendet.
- ✓ Das arithmetische Mittel ist die Summe aller Werte eines Datensatzes geteilt durch ihre Anzahl.
- ✓ Der Median ist der Wert genau in der Mitte, wenn man die Werte der Größe nach sortiert.
- ✓ Der Modus ist der in einem Datensatz am häufigsten vorhandene Wert.

Arithmetisches Mittel

Der am häufigsten verwendete Mittelwert ist das arithmetische Mittel. Es wird errechnet, indem man alle Messwerte addiert und das Ergebnis durch die Anzahl der Messwerte teilt. Ein Nachteil dieses Mittelwerts ist, dass einzelne Ausreißer (ungewöhnlich hohe oder niedrige Werte) das Ergebnis verfälschen können.

$$\text{Mittel} = \frac{15{,}5 + 20{,}4 + 10{,}2 + 15{,}5 + 18{,}4 + 16{,}6 + 8{,}7}{7} = 15{,}0\,\text{cm}$$

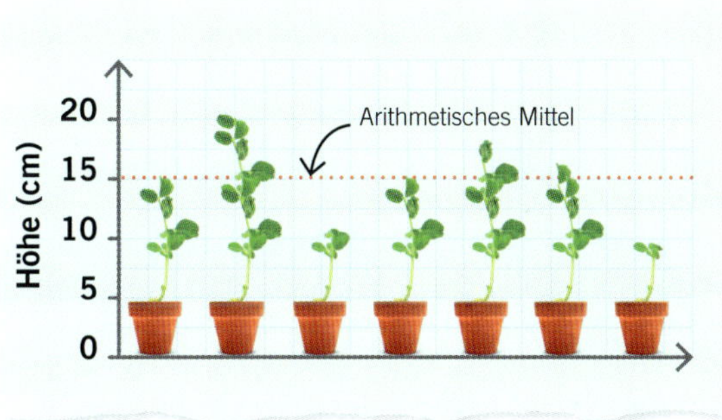

Median

Der Median ist der Messwert, der exakt in der Mitte liegt, wenn man alle Werte der Größe nach ordnet. Falls im Datensatz extrem abweichende Werte (Ausreißer) auftauchen, kann der Median einen besseren Mittelwert liefern als das arithmetische Mittel.

Median = **15,5 cm**

Modus

Der Modus ist der Wert, der in einem Datensatz am häufigsten vorkommt. Ihn zu ermitteln kann hilfreich sein, wenn arithmetisches Mittel und Median keine zufriedenstellenden Ergebnisse liefern. Wenn man z. B. nach der typischen Durchschnittspflanze im Gewächshaus sucht, könnte man sich am Modus orientieren.

Modus = **15,5 cm**

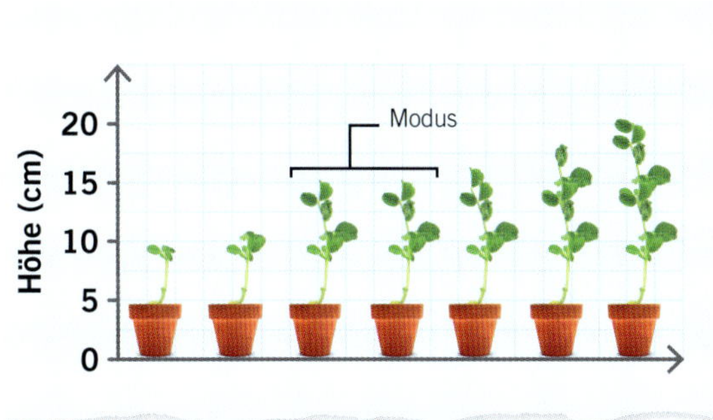

Daten präsentieren

Die Ergebnisse, die Forscher bei naturwissenschaftlichen Experimenten erhalten, werden auch als Daten bezeichnet. Um diese Daten besser auswerten zu können, werden sie häufig in Form von Tabellen oder Diagrammen dargestellt. Welcher Diagrammtyp dabei gewählt wird, hängt unter anderem von der Art der Daten ab.

Diagramme erstellen

Beim Erstellen von Diagrammen sind folgende Richtlinien hilfreich:

- Verwende für die Werte der unabhängigen Variablen (s. S. 13) die x-Achse (waagerechte Achse) und für die Werte der abhängigen Variablen die y-Achse (senkrechte Achse).
- Beschrifte jede Achse mit der zugehörigen Größe und ihrer Einheit.
- Verwende einen geeigneten Maßstab, der es ermöglicht, mehr als die Hälfte jeder Achse zu nutzen.
- Benutze einen spitzen Bleistift, um die Werte als Punkte (Kreuze oder Kreise) exakt an der richtigen Stelle eintragen zu können.
- Zeichne zwischen den Punkten abhängig von deren Anordnung eine gerade oder gekrümmte Trendlinie ein.

Kreisdiagramme

Kreisdiagramme eignen sich hervorragend, um Verteilungen oder Anteile übersichtlich darzustellen. Diese beiden beispielsweise zeigen auf einen Blick, wie groß die Anteile der verschiedenen Blutgruppen in der Bevölkerung von Großbritannien und von Peru sind. Kreisdiagrammpaare machen es sehr leicht, unterschiedliche Datensätze rasch miteinander zu vergleichen.

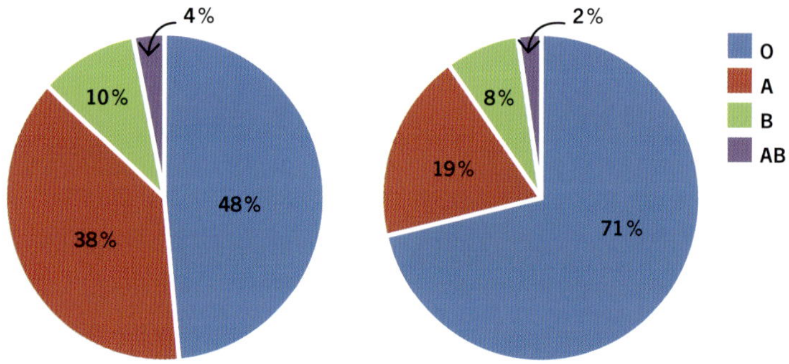

Blutgruppenverteilung in Großbritannien

Blutgruppenverteilung in Peru

Tabellen

Tabellen sind nützlich, um Daten, die in Experimenten gesammelt wurden, übersichtlich zusammenzufassen. Sie können zudem das Auffinden von Fehlern erleichtern. Die hier abgebildete Tabelle zeigt die Reaktionszeiten von Personen, die ein fallendes Lineal fangen sollten (s. S. 130), und weist darauf hin, dass bei der Messung eines Werts möglicherweise ein Fehler aufgetreten ist.

	Fallstrecke bis zum Auffangen			
Alter	**1. Versuch (cm)**	**2. Versuch (cm)**	**3. Versuch (cm)**	**Mittel (cm)**
15	4,7	5,1	4,9	4,9
38	5,5	8,2	5,7	6,5

Dieser Wert könnte ein Fehler sein. Möglicherweise war die Person bei diesem Versuch noch nicht bereit für den Test.

Säulendiagramme
Säulendiagramme eignen sich gut zur Darstellung von Häufigkeitsverteilungen diskreter Variablen. Diese sind dadurch gekennzeichnet, dass sie nur bestimmte und endlich viele Werte annehmen können, und werden auf der x-Achse dargestellt. In diesem Beispiel sind auf der x-Achse vier Baumarten aufgeführt. Die y-Achse zeigt die Häufigkeit an – in diesem Fall die Anzahl der von Algen bewachsenen Bäume der jeweiligen Baumart.

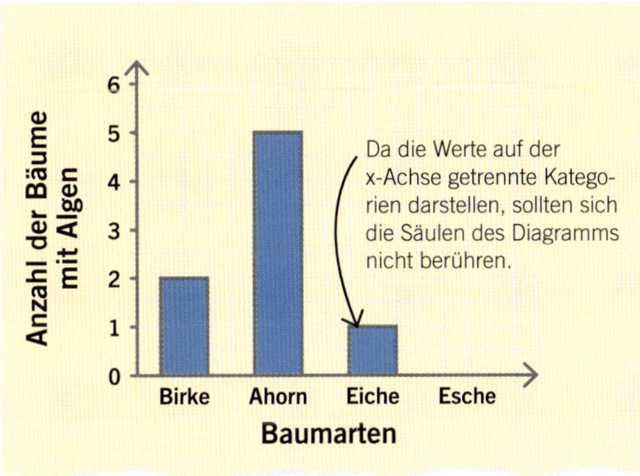

Histogramme
Histogramme eignen sich gut zur Darstellung von Häufigkeitsverteilungen stetiger Variablen. Diese sind dadurch gekennzeichnet, dass sie innerhalb eines bestimmten Intervalls jeden beliebigen Wert annehmen können, und werden auf der x-Achse dargestellt. Dieses Histogramm zeigt die Häufigkeitsverteilung unterschiedlicher Fußlängen in einer Klasse von Schulkindern.

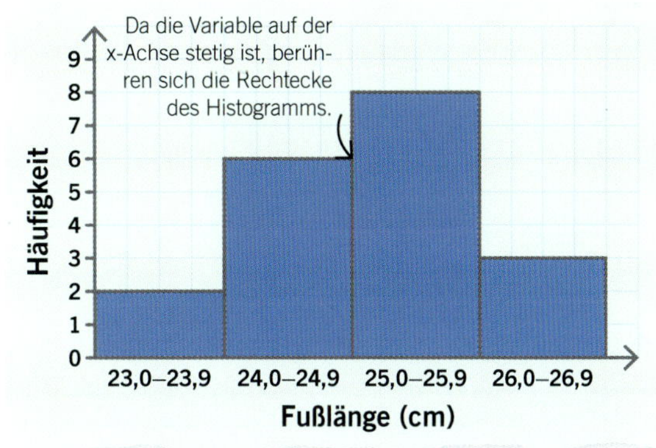

Liniendiagramme
Liniendiagramme werden häufig benutzt, wenn sowohl auf der x-Achse als auch auf der y-Achse stetige Zahlenwerte aufgetragen werden. Ein Beispiel für den sinnvollen Einsatz eines Liniendiagramms liefert das Experiment auf Seite 55, in dem die Veränderung der Masse von Kartoffelstücken gemessen wird, nachdem sie eine Stunde lang in Zuckerlösungen unterschiedlicher Konzentration eingeweicht wurden.

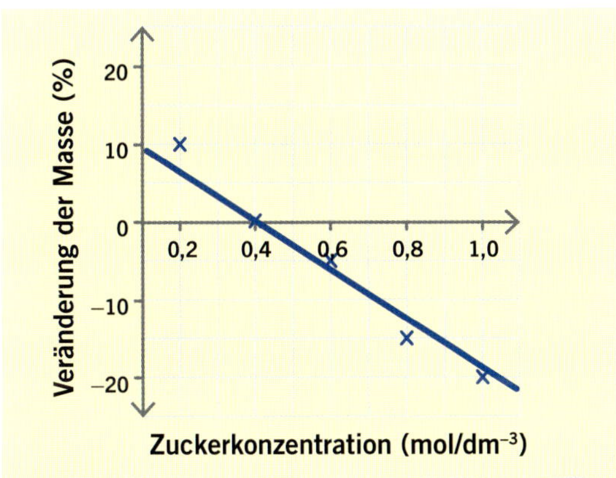

Streudiagramme
Naturwissenschaftler suchen oft nach Zusammenhängen zwischen zwei Variablen – wie etwa zwischen der Größe von Personen und der Länge ihrer Füße. Die ermittelten Daten werden dabei in Streudiagramme eingetragen und anschließend wird zwischen ihnen eine Ausgleichsgerade (Gerade, die am besten zwischen die Punkte passt) eingezeichnet. In diesem Beispiel steigt die Gerade an, da mit dem Anwachsen der Körpergröße auch die Fußlänge zunimmt (positive Korrelation).

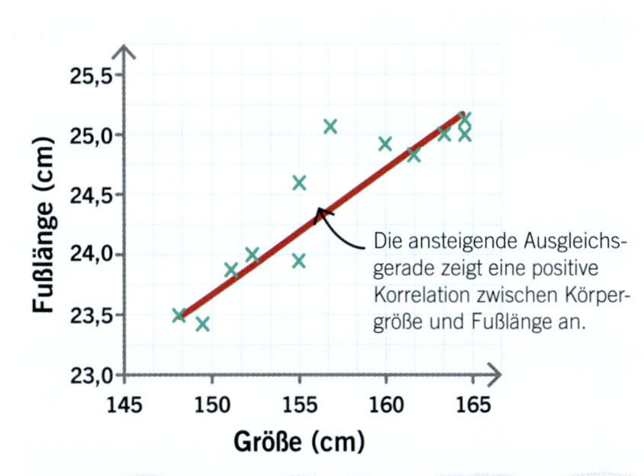

Wissenschaftlicher Fortschritt

Neue Entdeckungen und Innovationen führen dazu, dass sich die Naturwissenschaften ständig weiterentwickeln. So ermöglichte etwa die Erfindung des Mikroskops unter anderem die Entdeckung von Mikroorganismen, die wiederum die Klassifikation (Ordnung in Gruppen) von Organismen veränderte.

Auf einen Blick

- ✓ Die Naturwissenschaften entwickeln sich ständig weiter.
- ✓ Die Erfindung des Mikroskops führte zur Entdeckung von Zellen und Mikroorganismen.
- ✓ Neue Entdeckungen können zu neuen Theorien und neuen Ordnungssystememen führen.

1620

Zusammengesetztes Mikroskop

Einige Jahre nach der Entwicklung des zusammengesetzten Mikroskops (ein Mikroskop mit mehr als einer Linse) nutzte der italienische Naturforscher Francesco Stelluti ein solches Gerät, um die ältesten überlieferten Zeichnungen, die mithilfe eines Mikroskops angefertigt wurden, zu erschaffen.

Stellutis Bienenzeichnungen

1660

Blutkapillaren

Bei der mikroskopischen Beobachtung des Blutstroms in den Lungen von Fröschen entdeckte der italienische Anatom Marcello Malpighi die Blutkapillaren – ein Netzwerk kleinster Blutgefäße, das Körperzellen mit Blut versorgt. Seine Entdeckung stützte die Theorie des Blutkreislaufs, weil sie erklärte, wie das Blut von den Arterien in die Venen gelangt.

Frühes Mikroskop, das dem von Malpighi ähnlich ist.

1665

Zellen

Der englische Forscher Robert Hooke untersuchte zahlreiche winzige Objekte unter seinem Mikroskop, darunter u. a. eine Nadelspitze, die Schneide einer Rasierklinge und hauchdünne Gewebeschnitte von verschiedenen Pflanzen. Er entdeckte Hohlräume in den Pflanzengeweben und nannte diese „Zellen".

Nachbildung des Hooke'schen Mikroskops

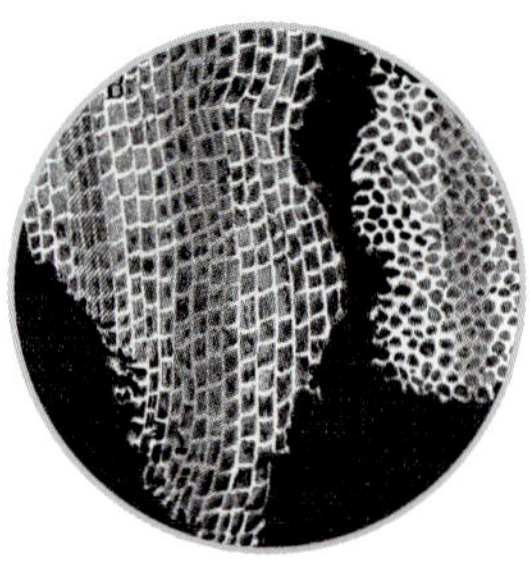

Eine von Hookes Zellzeichnungen

1676

Entdeckung der Bakterien

Der niederländische Naturforscher Antonie van Leeuwenhoek beherrschte die Kunst der Linsenherstellung so gut, dass er mit seinen Mikroskopen Vergrößerungen bis zum 270-Fachen erreichte. Mit seinen Linsen beobachtete er nicht nur Blut- und Samenzellen, sondern entdeckte auch zahlreiche Mikroorganismen, wie etwa Bakterien.

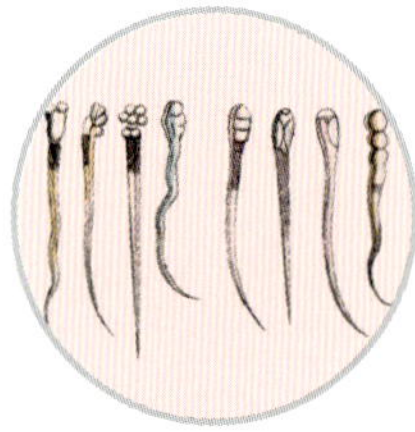

Leeuwenhoeks Zeichnung von Samenzellen unterm Mikroskop

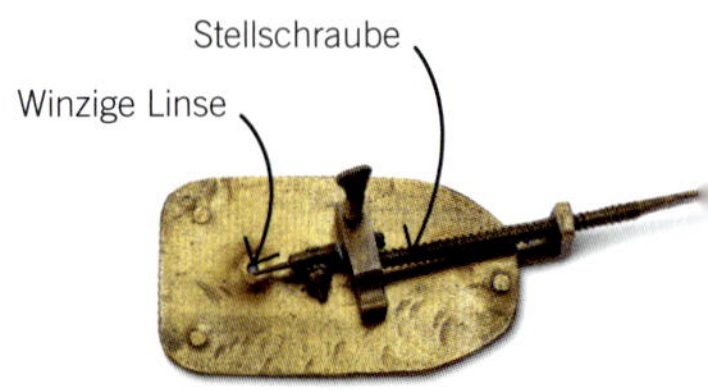

Nachbildung des Leeuwenhoek'schen Mikroskops

Elektronenmikroskope

Elektronenmikroskope erzeugen ihre Bilder nicht mithilfe von Licht, sondern mit Elektronenstrahlen. Dadurch wird eine viel stärkere Vergrößerung als bei Lichtmikroskopen erreicht. Allerdings müssen die untersuchten Objekte absolut wasserfrei sein, sodass nur totes Material verwendet werden kann. Man unterscheidet zwei Hauptarten von Elektronenmikroskopen.

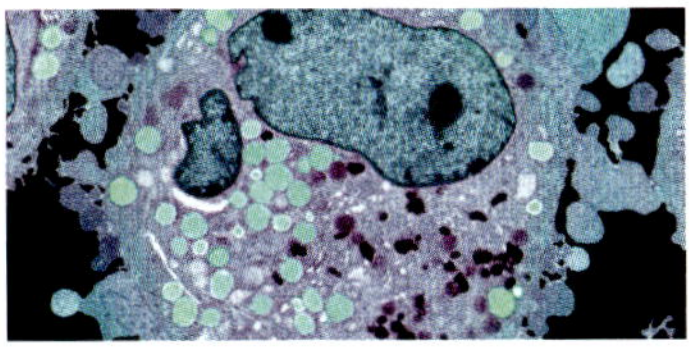

Transmissionselektronenmikroskope können Objekte etwa bis zum 1 000 000-Fachen vergrößern. Das zweidimensionale Bild dieser Mikroskope wird mithilfe von Elektronen erzeugt, welche die Probe durchstrahlen. Die jeweiligen Präparate müssen dabei extrem dünn sein.

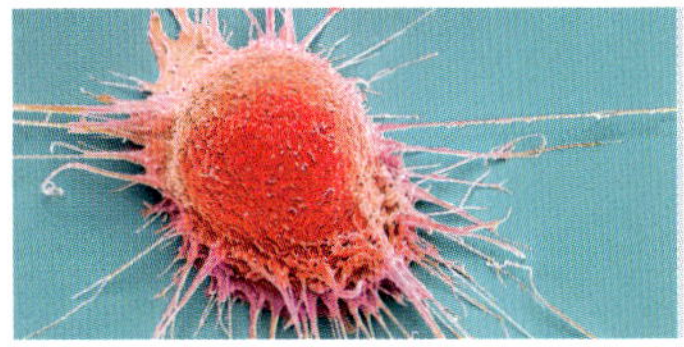

Rasterelektronenmikroskope (REM) vergrößern etwa bis zum 300 000-Fachen. Sie erzeugen 3-D-Bilder von Objekten, indem sie deren Oberfläche mit einem Elektronenstrahl scannen. Die Bilder können – wie hier zu sehen – nachträglich eingefärbt werden.

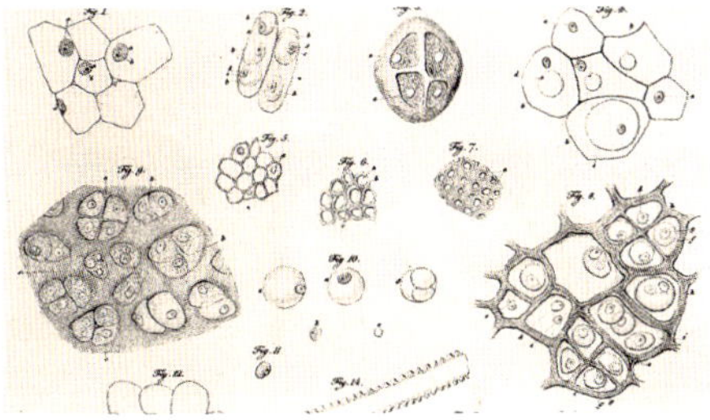

Zeichnungen aus dem Buch *Mikroskopische Untersuchungen* von Theodor Schwann (1839)

Zelltheorie

Die Tatsache, dass mithilfe von Mikroskopen bei immer mehr Lebewesen Zellen entdeckt wurden, führte Mitte des 19. Jh. dazu, dass die deutschen Forscher Theodor Schwann und Matthias Schleiden die Zelltheorie formulierten. Diese sieht in Zellen die grundlegenden Einheiten aller Lebewesen.

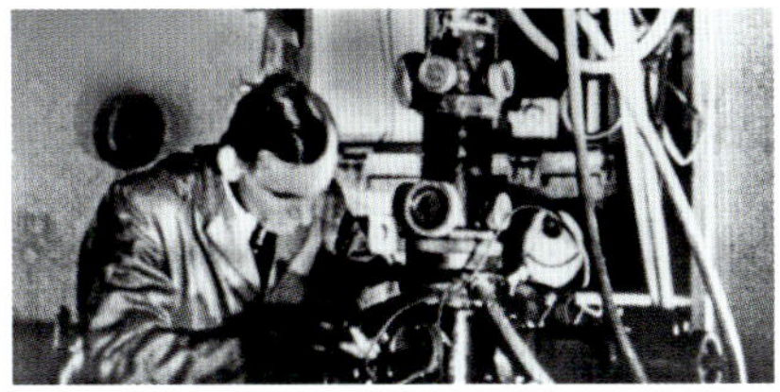

Ruska am Elektronenmikroskop

Erstes Elektronenmikroskop

Der deutsche Elektroingenieur Ernst Ruska konstruierte 1931 das erste Elektronenmikroskop. Dabei nutzte er die Tatsache aus, dass sich Elektronenstrahlen durch Magnetfelder genauso fokussieren lassen wie Lichtstrahlen durch Linsen.

1839 **1866** **1931** **1930er-Jahre**

Zeichnungen mikroskopisch kleiner Algen von Ernst Haeckel

Drei Reiche

Die Entdeckung zahlreicher Arten von Mikroorganismen veranlasste den deutschen Biologen Ernst Haeckel dazu, die Klassifikation von Lebewesen zu erweitern. Er schuf das neue Reich der Protista, das sämtliche Mikroorganismen enthielt, und stellte es als drittes Reich neben das Reich der Pflanzen und das Reich der Tiere.

Eukaryoten und Prokaryoten

Als man mit Elektronenmikroskopen entdeckte, dass Bakterien keinen Zellkern haben, wurde erneut die Klassifikation von Organismen verändert. Diese wurden fortan in Lebewesen mit Zellkern (Eukaryoten) und Lebewesen ohne Zellkern (Prokaryoten) eingeteilt.

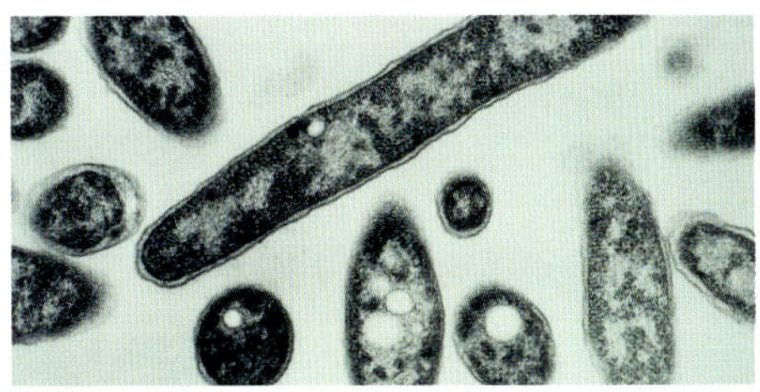

Legionellen-Bakterien unter dem Transmissionselektronenmikroskop

Internationale Einheiten

Beim Messen von physikalischen Größen wie Länge, Temperatur, Masse oder Zeit verwenden Wissenschaftler fast überall auf der Welt dieselben Einheiten. Die Einheiten des Internationalen Einheitensystems werden als metrische Einheiten oder SI-Einheiten bezeichnet.

Größe	SI-Einheit	Imperiale Einheit
Länge	Meter (m)	Fuß (ft)
Zeit	Sekunde (s)	
Masse	Kilogramm (kg)	Pfund (lb)
Temperatur	Kelvin (K)	Grad Fahrenheit (°F)

Basiseinheiten

Das SI-System kennt sieben Basiseinheiten: Meter (Länge), Sekunde (Zeit), Kilogramm (Masse), Ampere (Stromstärke), Kelvin (Temperatur), Mol (Stoffmenge) und Candela (Lichtstärke). Einheiten für andere physikalische Größen lassen sich von diesen Basiseinheiten ableiten. Diese Tabelle zeigt einige Basiseinheiten.

Normdarstellung

Die Normdarstellung ermöglicht es, schwer lesbare Zahlen mit vielen Nullen übersichtlich darzustellen. 6 100 000 (6,1 Mio.) z. B. kann auch als $6{,}1 \cdot 10^6$ geschrieben werden und 0,000001 (ein Millionstel) als $1 \cdot 10^{-6}$. Um die Hochzahl der Zehnerpotenz zu bestimmen, muss man die Anzahl der Nachkommastellen abzählen, um die das Komma nach links (positive Hochzahl) oder rechts (negative Hochzahl) verschoben werden muss, damit bei der Vorzahl (immer ungleich Null) nur eine Ziffer vor dem Komma steht. In folgendem Beispiel muss das Komma 6 Stellen nach rechts wandern – die Hochzahl ist also -6.

$$0{,}0000012 = 1{,}2 \cdot 10^{-6}$$

Vorsätze

SI-Einheiten lassen sich leicht in größere oder kleinere Einheiten verwandeln, indem man einen Vorsatz (Präfix) vor die jeweilige Einheit setzt. SI-Präfixe basieren auf Zehnerpotenzen mit ganzzahligen Hochzahlen. Der Vorsatz Kilo- bedeutet z. B. x 1000 (1 Kilometer = 1000 Meter oder 1 km = 1 m x 10^3). Vorsätze erleichtern Berechnungen, da durch sie Zahlen mit sehr vielen Stellen vermieden werden.

Präfix	Symbol	Vielfaches der Einheit	Beispiel
Kilo-	k (z. B. km)	$x \cdot 1000 = (x \cdot 10^3)$	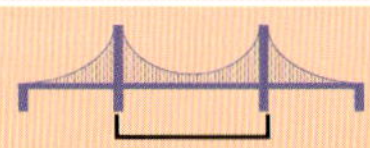 1 Kilometer
Zenti-	c (z. B. cm)	$x \cdot 0{,}01 = (x \cdot 10^{-2})$	 1 Zentimeter
Milli-	m (z. B. mm)	$x \cdot 0{,}001 = (x \cdot 10^{-3})$	 1 Millimeter
Mikro-	µ (z. B. µm)	$x \cdot 0{,}000001 = (x \cdot 10^{-6})$	 1 Mikrometer
Nano-	n (z. B. nm)	$x \cdot 0{,}000000001 = (x \cdot 10^{-9})$	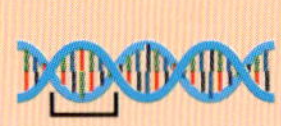 1 Nanometer

Sicheres Arbeiten

Bei der Durchführung von Experimenten können zahlreiche potenzielle Gefahren lauern. Diese solltest du kennen und nach Möglichkeit minimieren.

Schutzbrille

Trage stets eine Schutzbrille, wenn du mit Substanzen arbeitest, die zu Schäden am Auge führen können – wie z. B. ätzende Flüssigkeiten.

Gefährliche Chemikalien

Überprüfe stets sorgfältig, ob sich auf den Etiketten von Chemikalien Warnhinweise befinden, und verwende Stoffe nur vorschriftsgemäß. Benutze unbedingt einen Dunstabzug, falls ein Risiko besteht, gefährliche Gase oder Dämpfe einzuatmen.

Bunsenbrenner

Sorge dafür, dass sich nichts Brennbares in seiner Umgebung befindet, wenn du mit einem Bunsenbrenner arbeitest. Binde langes Haar zurück und achte darauf, dass deine Kleidung nicht mit der Flamme in Kontakt kommt. Erhitze niemals Alkohole über einer offenen Flamme.

Glas

Glasgefäße und Glasgeräte können leicht zerbrechen und sind daher mit Vorsicht zu handhaben. Sie sollten immer in der Mitte des Arbeitstisches stehen und keinem größeren Druck ausgesetzt sein.

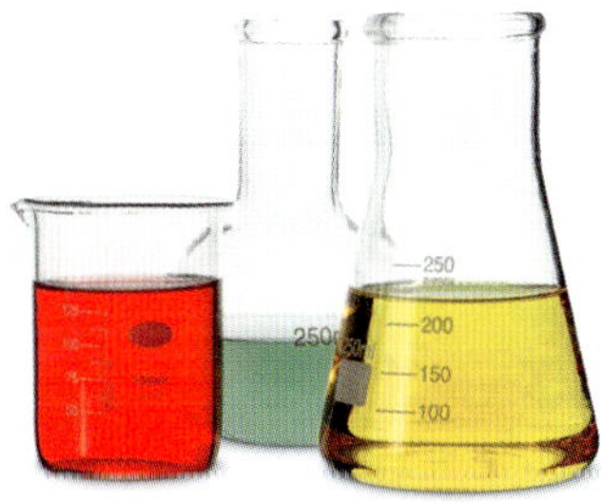

Heißes Wasser

Achte darauf, dass kein heißes Wasser auf deine Haut spritzt. Solltest du dich doch einmal verbrühen, lass so schnell wie möglich kaltes Wasser über die betreffende Stelle laufen.

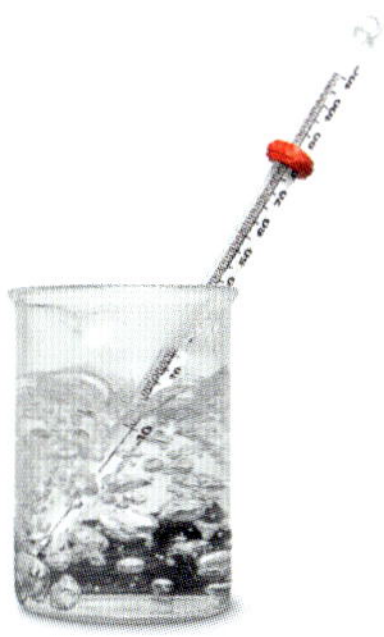

Mikroorganismen

Bei der Arbeit mit Mikroorganismen solltest du Sterilisationstechniken (s. S. 48) anwenden, um eine Verunreinigung deiner Kulturen mit Mikroben aus der Umgebung zu verhindern. Verschließe die Deckel deiner Petrischalen sorgfältig und achte auf die richtige Bebrütungstemperatur.

Reagenzgläser erhitzen

Halte Reagenzgläser stets mit einer Laborzange über eine Flamme. Benutze Stative und Klemmen oder einen Dreifuß, falls längeres Erhitzen notwendig ist. Trage beim Hantieren mit heißen Gegenständen stets Schutzhandschuhe.

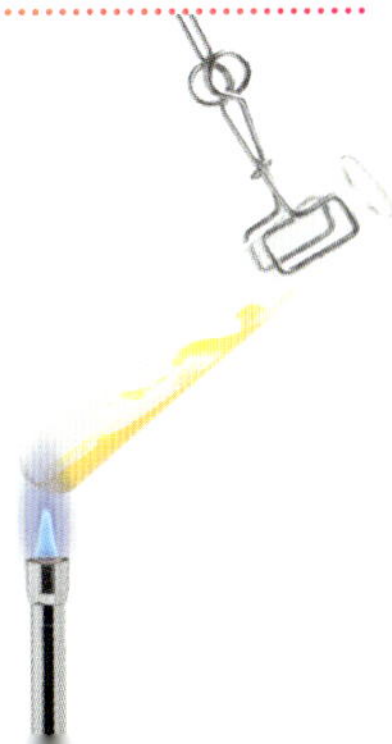

Hände waschen

Wasch dir stets gründlich die Hände, wenn du mit gefährlichen Chemikalien oder Lebewesen, wie etwa Mikroorganismen, gearbeitet hast.

Was ist Leben?

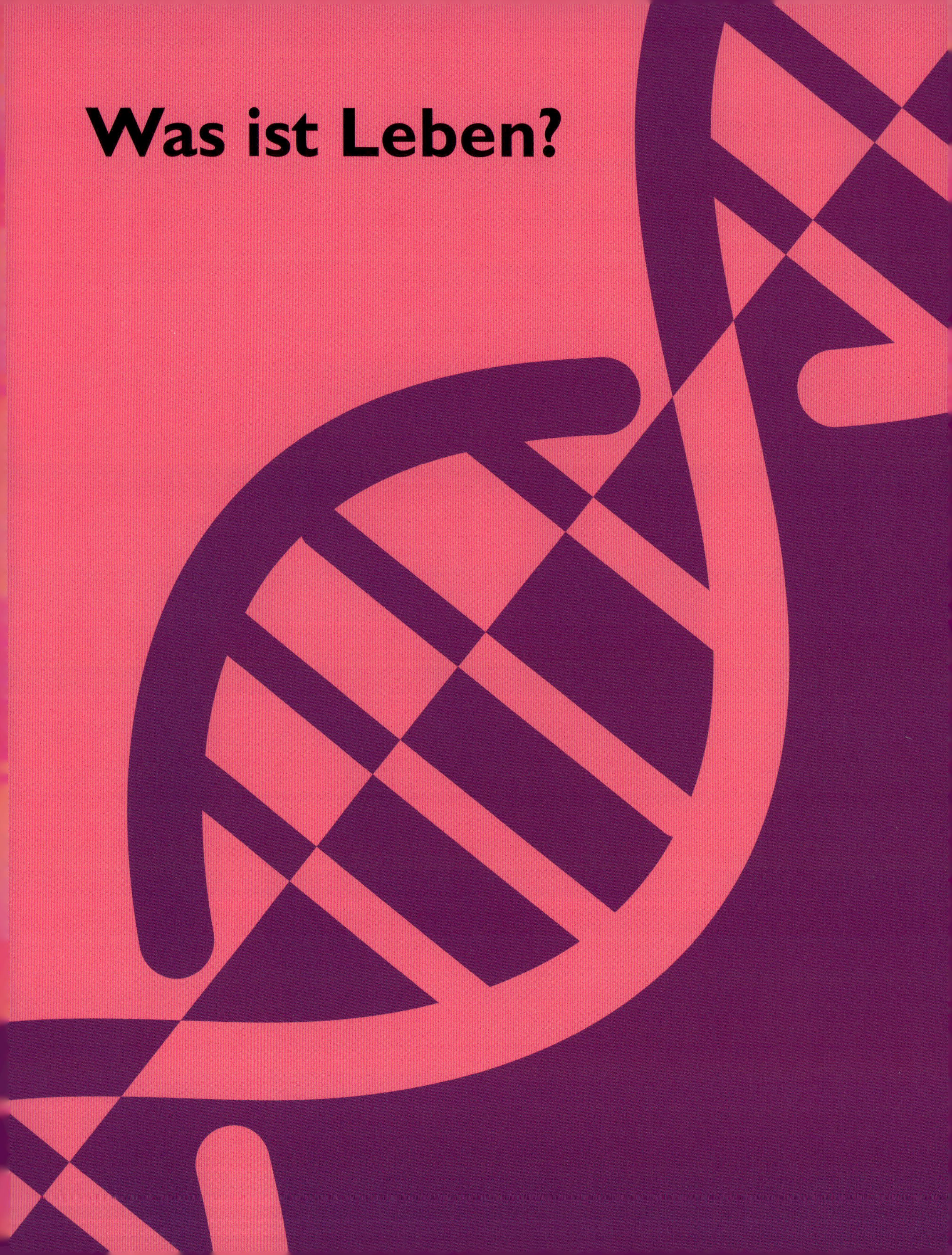

Kennzeichen des Lebens

Lebewesen sind durch eine Reihe von Merkmalen charakterisiert. Nur sie besitzen alle diese Kennzeichen, leblose Dinge weisen bestenfalls einen Teil davon auf.

Auf einen Blick

- ✓ **Es gibt sieben Merkmale, die alle Lebewesen besitzen: Bewegung, Vermehrung, Reizwahrnehmung, Wachstum, Atmung, Exkretion und Ernährung.**
- ✓ **Viren weisen nicht alle typischen Merkmale von Lebewesen auf und können sich nur mithilfe lebender Zellen vermehren.**

Die sieben Merkmale des Lebens
Die sieben Merkmale des Lebens sind: Bewegung, Reizwahrnehmung, Ernährung, Exkretion, Atmung, Wachstum und Vermehrung.

Viren

Viren weisen nicht die typischen Merkmale von Organismen auf und werden daher gewöhnlich nicht zu den Lebewesen gezählt. Sie können sich zwar vermehren, brauchen dazu aber die Hilfe lebender Wirtszellen.

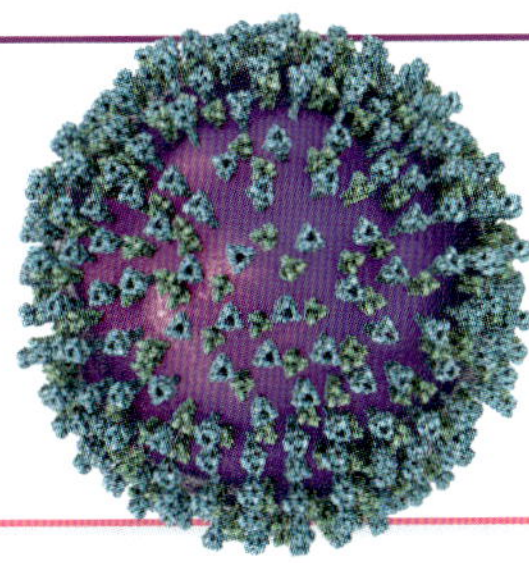

Masern-virus

Klassifikation

Eine Art ist definiert als eine Gruppe von Lebewesen mit ähnlichen Merkmalen, die sich natürlich fortpflanzen und fruchtbare Nachkommen produzieren können. Arten können anhand körperlicher Merkmale oder anhand ihrer DNA nach dem Grad ihrer Verwandtschaft geordnet und zu Gruppen zusammengefasst werden.

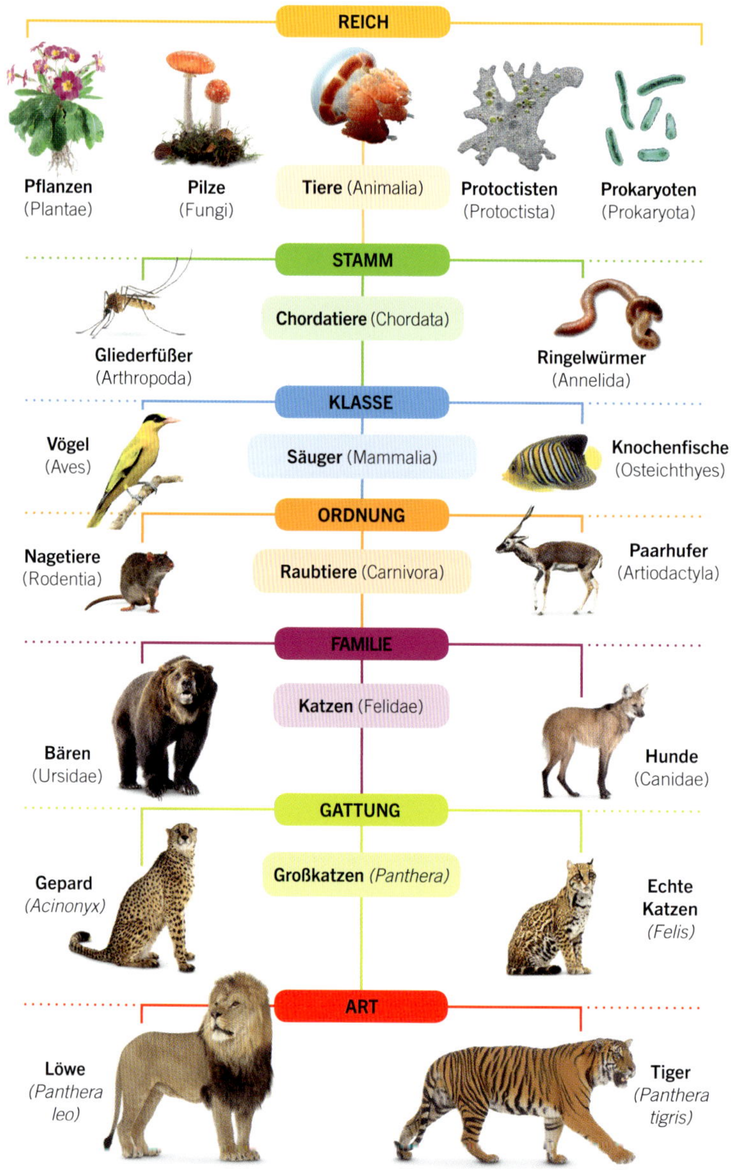

Auf einen Blick

- ✓ Eine Art ist eine Gruppe ähnlicher Lebewesen, die sich natürlich fortpflanzen können.
- ✓ Klassifikation ist ein Prozess, bei dem Lebewesen in verwandtschaftlichen Gruppen zusammengefasst werden.
- ✓ Jede Art hat einen eigenen, aus zwei Wörtern bestehenden wissenschaftlichen Namen.

Linnésche Klassifikation
Der schwedische Naturforscher Carl von Linné (1707–1778) entwickelte ein System zur Klassifizierung von Pflanzen und Tieren und schuf damit die Grundlagen der modernen biologischen Klassifikation. Er ordnete Pflanzen und Tiere nach ihrer Verwandtschaft in verschieden große, hierarchische Kategorien, etwa Klassen, Ordnungen oder Gattungen, ein und gab jeder Art einen aus zwei Wörtern bestehenden wissenschaftlichen Namen.

Wissenschaftlicher Name

Rotkehlchen **Wanderdrossel**

Jede Art hat einen wissenschaftlichen Namen, der sie unverwechselbar macht und jeweils aus zwei Wörtern besteht – eines für die Gattung und ein weiteres für die Art. Hier sind zwei Vogelarten dargestellt: Das auch in Deutschland heimische Rotkehlchen (wissenschaftlicher Name: *Erithacus rubecula*) und die in Nordamerika heimische Wanderdrossel (wissenschaftlicher Name: *Turdus migratorius*).

Reiche des Lebens

Alle Organismen lassen sich einer von mehreren Großkategorien zuordnen, die als Reiche bezeichnet werden. Biologen unterscheiden üblicherweise fünf oder sechs verschiedene Reiche, zu denen unter anderem das Tierreich und das Pflanzenreich gehören.

Auf einen Blick

- ✓ Lebewesen werden in verschiedene Großkategorien eingeteilt, die als Reiche bezeichnet werden.
- ✓ Die Gesamtheit der Pflanzen bildet das Pflanzen-, die Gesamtheit der Tiere das Tierreich.
- ✓ In der modernen biologischen Systematik bildet die Domäne die höchste Rangstufe des Klassifikationssystems.

Reich	Kennzeichen	
Pflanzen	• Pflanzen sind vielzellige Organismen. • Pflanzenzellen haben einen Zellkern und eine feste Zellwand. • Pflanzen können Fotosynthese betreiben.	
Pilze	• Die meisten Pilze sind vielzellige Organismen. • Pilzzellen besitzen einen Zellkern und eine Zellwand aus Chitin. • Pilze ernähren sich von organischen Nährstoffen, wie etwa verrottendem Pflanzenmaterial.	
Tiere	• Tiere sind vielzellige Organismen. • Tierische Zellen besitzen einen Zellkern. • Tiere ernähren sich von organischen Stoffen oder Organismen.	
Protoctisten	• Protoctisten sind meist einzellige Organismen. • Die Zellen von Protoctisten besitzen einen Zellkern. • Manche Protoctistenarten besitzen Chloroplasten.	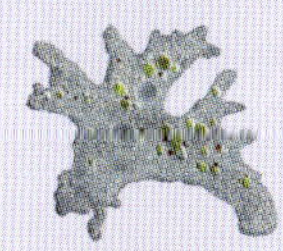
Prokaryoten	• Prokaryoten sind einzellige Organismen. • Prokaryotenzellen haben keinen Zellkern. • Prokaryoten besitzen meist nur ein einzelnes, ringförmiges DNA-Molekül.	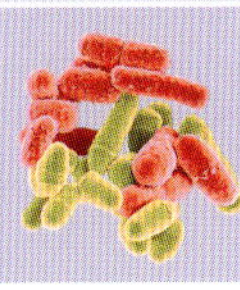

Drei Domänen

Untersuchungen an Nukleinsäuren führten Ende des 20. Jh. zu grundlegenden Veränderungen bei der systematischen Einteilung der Organismen. Sie ermöglichten es, einen Stammbaum des Lebens zu erstellen und die Lebewesen in drei große Verwandtschaftsgruppen – sogenannte Domänen – zu unterteilen, die heute die höchste Rangstufe im System der Organismen darstellen. Bakterien und Archaeen sind Prokaryoten. Zur Domäne der Eukaryoten gehören alle Organismen mit einem echten Zellkern, also u.a. Pflanzen, Tiere und Pilze.

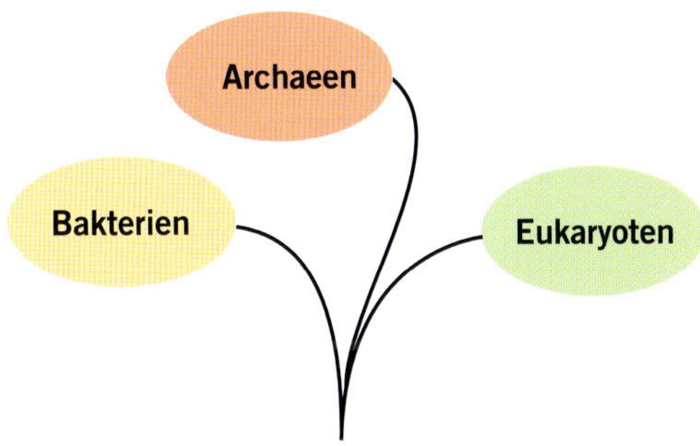

Organisationsebenen

Vielzellige Organismen bestehen aus unzähligen Zellen, die sich oft zu Geweben verbinden. Unterschiedliche Gewebe bilden Organe, und diese wiederum arbeiten zusammen, um als Organsysteme bestimmte Aufgaben im Körper zu erfüllen.

Auf einen Blick

- ✓ **Zu den Organisationsebenen im Körper vielzelliger Organismen zählen Zellen, Gewebe, Organe und Organsysteme.**
- ✓ **Das effiziente Zusammenwirken der Organisationsebenen sorgt dafür, dass vielzellige Körper funktionieren.**
- ✓ **Die Organe einer Blütenpflanze sind Wurzel, Sprossachse, Blatt, Blüte und Frucht.**

Menschliches Verdauungssystem

Unser Verdauungssystem ist eines von mehreren Organsystemen in unserem Körper. Es verarbeitet die aufgenommene Nahrung und versorgt den Körper mit Nährstoffen.

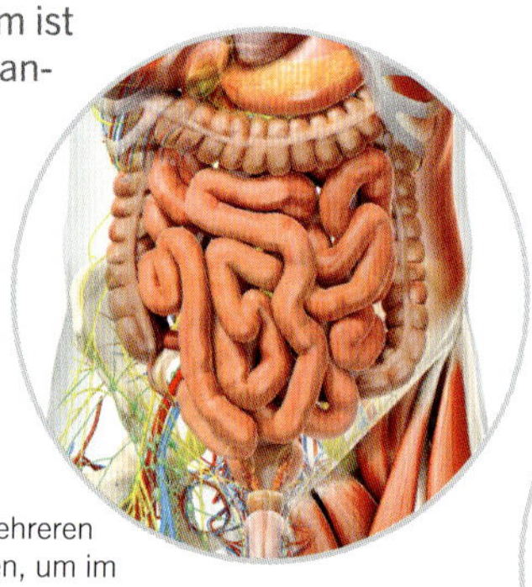

Organsystem
Organsysteme bestehen aus mehreren Organen, die zusammenarbeiten, um im Körper bestimmte Aufgaben zu erfüllen. Hauptaufgabe des Verdauungssystems ist es, die Nahrung mithilfe von Enzymen in Substanzen zu zerlegen, die klein genug sind, um über die Darmschleimhaut aufgenommen und an das Blut weitergegeben werden zu können.

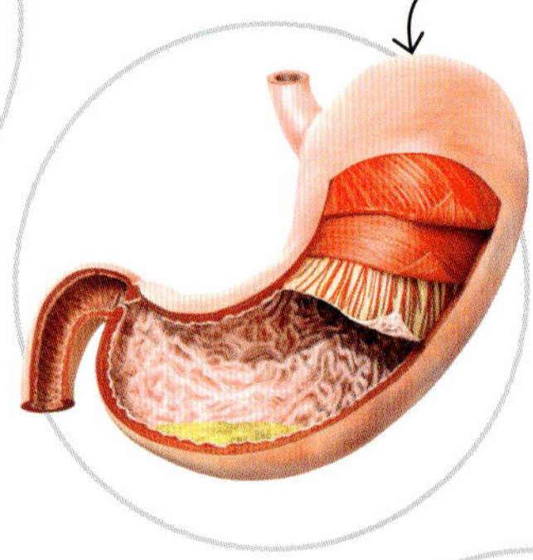

Organ
Jedes Organ eines Organsystems erfüllt eine oder mehrere Funktionen. Der Magen z. B. hilft bei der Verdauung, indem er Verdauungsenzyme freisetzt und diese mit dem aufgenommenen Nahrungsbrei vermischt.

Gewebe
Organe bestehen aus unterschiedlichen Geweben. Ein Gewebe ist eine Ansammlung gleichartiger Zellen mit gleicher Funktion. Der Magen z. B. besteht zum großen Teil aus Muskelgewebe, das ihm die zum Durchmischen der Nahrung nötigen Bewegungen ermöglicht.

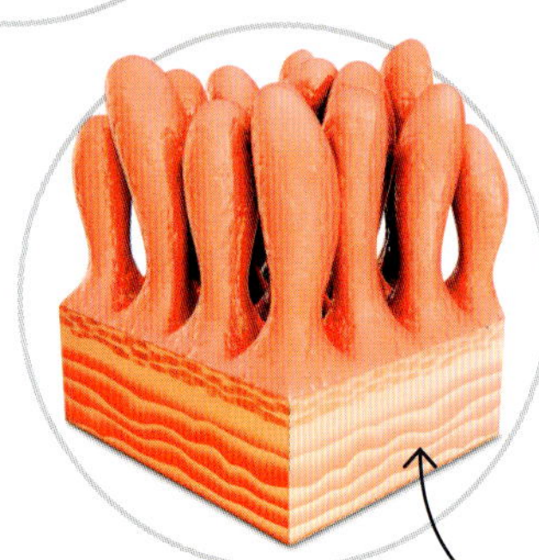

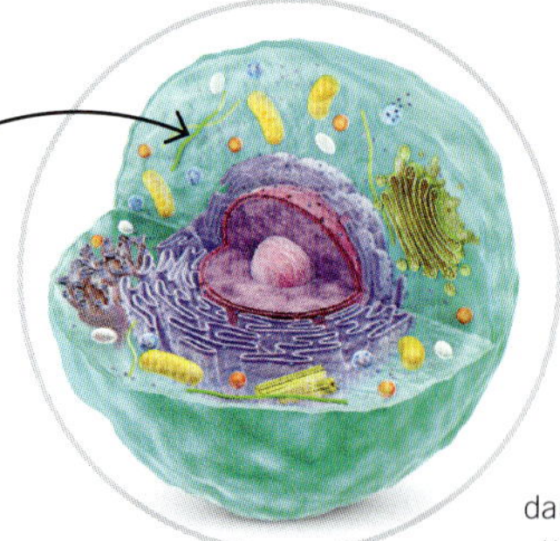

Zelle
Zellen sind die kleinsten lebenden Einheiten von Organismen. Die meisten Zelltypen im Körper sind auf bestimmte Funktionen spezialisiert. Besondere Drüsenzellen des Magens sind z. B. darauf spezialisiert, Verdauungsenzyme zu produzieren und in den Magen abzugeben.

Vegetationskörper

Auch der Körper von Pflanzen setzt sich aus Organen zusammen. Die Hauptorgane von Blütenpflanzen sind Wurzel, Sprossachse, Blatt, Blüte und Frucht.

Organsysteme

Gruppen von Organen, die zusammenarbeiten, um im Körper bestimmte Aufgaben zu erfüllen, oder Organgruppen, die an verschiedenen Körperstellen dem gleichen Zweck dienen, werden als Organsysteme bezeichnet.

Auf einen Blick

- **Organsysteme im menschlichen Körper sind darauf spezialisiert, bestimmte Funktionen zu erfüllen.**
- **Jedes Organsystem besteht aus verschiedenen Organen, die jeweils ihren Teil zum Funktionieren des Systems beitragen.**

Beispiele von Organsystemen
Hier sind beispielhaft vier Organsysteme unseres Körpers dargestellt. Erst das perfekte Zusammenwirken aller unserer Organsysteme ermöglicht unser Überleben.

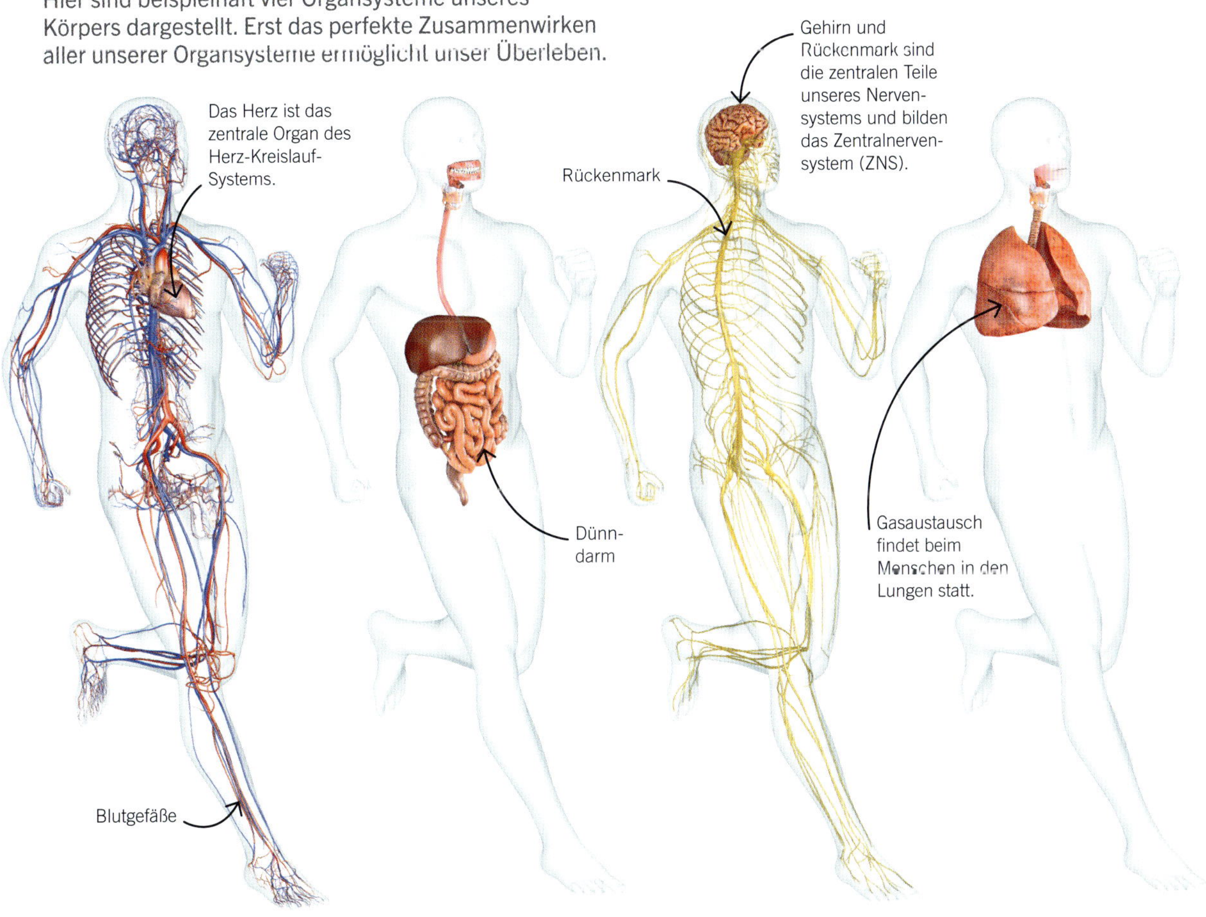

Herz-Kreislauf-System
Die Aufgabe des Herz-Kreislauf-Systems ist es, Blut durch unseren Körper zu transportieren, und damit u.a. die Versorgung des Körpers mit Sauerstoff und Nährstoffen sowie die Entsorgung von Abfallstoffen, etwa Kohlendioxid oder Harnstoff, sicherzustellen.

Verdauungssystem
Das Verdauungssystem zerlegt große Nahrungsmoleküle wie Fette, Vielfachzucker und Eiweiße in kleinere Moleküle, etwa Fettsäuren, Einfachzucker oder Aminosäuren, die vom Körper aufgenommen und verwertet werden können.

Nervensystem
Das Nervensystem übermittelt u.a. Informationen in Form von elektrischen Impulsen und beeinflusst dadurch viele Vorgänge in unserem Körper, wie etwa Muskelbewegungen oder die Freisetzung von Hormonen.

Atmungssystem
Das Atmungssystem stellt sicher, dass unser Körper mit Sauerstoff versorgt und vom Abfallprodukt Kohlendioxid befreit wird. Die mithilfe der Atemmuskulatur ausgeführten Atembewegungen sorgen dafür, dass Luft in die Lungen hinein- und wieder herausströmt.

Wirbeltiere

Im Tierreich lassen sich Wirbeltiere (Vertebrata) und Wirbellose (Invertebrata) unterscheiden. Wirbeltiere haben eine Wirbelsäule und ein Innenskelett aus Knochen oder Knorpel.

Auf einen Blick

- ✓ Wirbeltiere besitzen eine Wirbelsäule und ein knöchernes oder knorpeliges Innenskelett.
- ✓ Es gibt sieben Klassen von Wirbeltieren.
- ✓ Jede Wirbeltierklasse zeichnet sich durch spezielle Merkmale aus.

Systematik der Wirbeltiere
Bei den Wirbeltieren werden sieben Klassen unterschieden, die jeweils charakteristische Merkmale aufweisen.

Säugetiere

- Gebären fast alle lebende Junge
- Ernähren ihre Jungen mit Milch, die in Milchdrüsen produziert wird
- Besitzen Haare
- Halten ihre Körpertemperatur auf einem konstanten Wert

Vögel

- Besitzen Federn
- Legen hartschalige Eier
- Halten ihre Körpertemperatur auf einem konstanten Wert

Reptilien

- Besitzen Hornschuppen
- Legen beschalte Eier oder gebären Junge
- Körpertemperatur hängt von der Umgebungstemperatur ab

Amphibien

- Legen weiche Eier im Wasser ab
- Larven unterscheiden sich meist deutlich von erwachsenen Tieren
- Gasaustausch erfolgt über Kiemen, Lungen oder die Haut
- Körpertemperatur hängt von der Umgebungstemperatur ab

Drei Klassen von Fischen:

Rundmäuler

- Besitzen Kiemen
- Besitzen keine Kiefer
- Knorpeliges Skelett

Knorpelfische

- Besitzen Kiemen
- Knorpeliges Skelett

Knochenfische

- Besitzen Kiemen
- Knöchernes Skelett

Vögel und Dinosaurier

Die Dinosaurier waren Reptilien, die vor über 200 Mio. Jahren erschienen und die Erde mehr als 150 Mio. Jahre lang bevölkerten. Die jüngere Forschung hat gezeigt, dass viele Dinosaurier Federn und andere Vogelmerkmale besaßen. Daher geht man heute davon aus, dass die Vögel von den Dinosauriern abstammen.

Viele Dinosaurier hatten Federn, die u. a. zur Wärmedämmung dienten.

Citipati

Wirbellose

Über 95 Prozent der Tierarten auf der Erde sind Wirbellose – Tiere, die keine Wirbelsäule besitzen. Die Gruppe der Wirbellosen ist sehr vielgestaltig. Es gibt sowohl sehr kleine als auch enorm große Arten.

Auf einen Blick

- ✓ **Wirbellose sind Tiere ohne Wirbelsäule.**
- ✓ **Gliederfüßer sind Wirbellose, die ein festes Exoskelett und gegliederte Extremitäten besitzen.**
- ✓ **Zu den Gliederfüßern gehören u. a. Tausendfüßer, Insekten, Spinnentiere und Krebstiere.**

Systematik der Gliederfüßer

Die Gliederfüßer (Arthropoda) sind der größte Stamm der Wirbellosen. Sie besitzen ein festes Exoskelett (Außenskelett) aus Chitin und gegliederte Extremitäten. Hier sind die wichtigsten Gruppen der Gliederfüßer dargestellt.

Tausendfüßer

Hierzu gehören u. a. Doppelfüßer und Hundertfüßer.

- Körper besteht aus vielen gleichartigen Segmenten
- Besitzen zahlreiche Beinpaare

Insekten

Hierzu gehören u. a. Bienen, Wespen, Ameisen und Schmetterlinge.

- Körper ist in drei Abschnitte gegliedert
- Besitzen drei Beinpaare

Spinnentiere

Hierzu gehören u. a. Spinnen, Milben und Skorpione.

- Körper ist in zwei Abschnitte gegliedert
- Besitzen vier Beinpaare

Krebstiere

Hierzu gehören u. a. Krabben, Garnelen und Asseln.

- Körper sehr vielgestaltig, oft in Kopf, Rumpf und Hinterleib unterteilt
- Anzahl der Beinpaare variiert

Insekten und Ökosysteme

Insekten spielen eine wichtige Rolle in den Ökosystemen der Erde. Sie sind z. B. für unzählige Pflanzenarten die wichtigsten Bestäuber. Die Beziehung zwischen bestäubenden Insekten und Pflanzen ist für beide Seiten vorteilhaft: Die Insekten erhalten Nahrung, wie etwa Nektar, und die Pflanzen erhalten Hilfe bei der Fortpflanzung.

Schmetterlinge ernähren sich häufig von Blütennektar.

Pflanzen

Das Pflanzenreich wird in zahlreiche Gruppen unterteilt, die jeweils charakteristische Merkmale aufweisen. Samenpflanzen und Sporenpflanzen bilden zwei große Gruppen innerhalb des Pflanzenreichs.

Auf einen Blick

- **Samenpflanzen und Sporenpflanzen bilden zwei große Gruppen des Pflanzenreichs.**
- **Bei Nacktsamern reifen die Samen nicht in Fruchtknoten, sondern in Zapfen heran.**
- **Bedecktsamer besitzen oft auffällige Blüten und ihre Samen reifen in Fruchtknoten heran.**
- **Farne produzieren Sporen anstelle Samen, ihre Blätter werden Wedel genannt.**

Pflanzengruppen

Der Lebenszyklus von Pflanzen hilft bei ihrer Klassifikation. Manche Pflanzen, wie etwa Moose oder Farne, produzieren winzige, meist einzellige Sporen, um sich zu vermehren. Andere Pflanzen nutzen dazu größere, komplexere Strukturen, die als Samen bezeichnet werden. Bei manchen Samenpflanzen reifen die Samen frei heran, bei anderen im Innern von Fruchtknoten.

Nacktsamer

Bei den Nacktsamern, zu denen u. a. Nadelhölzer, wie Fichten oder Mammutbäume, gehören, entstehen die Samen oft gut geschützt in Zapfen.

Bedecktsamer

Bei Bedecktsamern entstehen die Samen in Fruchtknoten, die Teil der komplex gebauten Blüten sind. Bedecktsamer werden manchmal auch Blütenpflanzen genannt und sind heute die mit Abstand größte Pflanzengruppe.

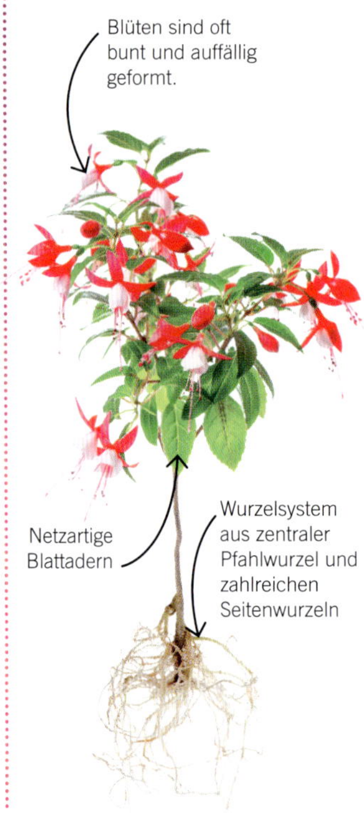

Sporenpflanzen

Sporenpflanzen vermehren sich mithilfe von Sporen – winzigen Fortpflanzungseinheiten, die meist vom Wind verbreitet werden. Bei Farnen reifen die Sporen in kleinen Sporenbehältern auf der Blattunterseite heran.

Kladogramme

Lebewesen werden anhand ihrer Evolutionsgeschichte klassifiziert, die in einem Kladogramm dargestellt werden kann. Kladogramme zeigen die Abstammung und die Verwandtschaftsbeziehungen von Organismen und basieren auf DNA-Untersuchungen oder dem Vergleich körperlicher Merkmale.

Auf einen Blick

- ✓ Kladogramme zeigen die Verwandtschaftsverhältnisse von Organismen.
- ✓ Je später Organismen in einem Kladogramm durch Verzweigungen getrennt werden, desto näher sind sie miteinander verwandt.
- ✓ Kladogramme basieren auf Untersuchungen der DNA sowie auf dem Vergleich bestimmter körperlicher Merkmale.

Kladogramm der Säugetiere
Näher verwandte Gruppen oder Arten werden in Kladogrammen auf demselben Ast dargestellt, wobei jeder Knoten vor einer Verzweigung den gemeinsamen Vorfahren von zwei oder mehr Gruppen oder Arten repräsentiert. Dieses Kladogramm zeigt die Verwandtschaftsverhältnisse einiger Säugetiergruppen.

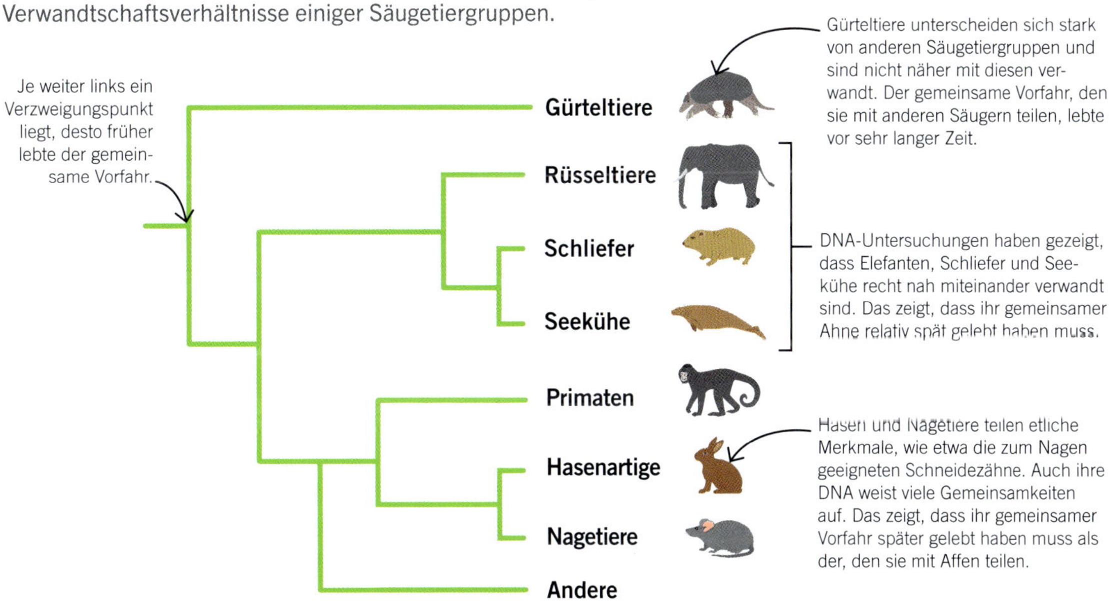

Zeitangaben

Kladogramme können mit Zeitangaben versehen sein, die zeigen, wann die jeweiligen gemeinsamen Vorfahren schätzungsweise existiert haben. Dieses Kladogramm zeigt z. B., dass der Ahne aller heutigen Menschenaffen vor etwa 13 Mio. Jahren gelebt hat, und der gemeinsame Vorfahr von Mensch und Schimpanse vor etwa 6 Mio. Jahren.

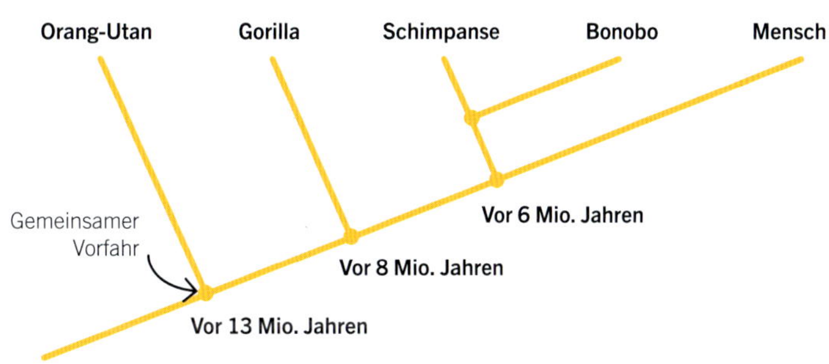

Bestimmungsschlüssel

Bestimmungsschlüssel werden von Biologen zur Bestimmung von Lebewesen benutzt. Die Schlüssel sind eine Abfolge von Fragen, auf die jeweils mindestens zwei Antworten angeboten werden. Stehen immer nur zwei Antworten zur Verfügung, spricht man von dichotomen Bestimmungsschlüsseln.

Auf einen Blick

- Mit Bestimmungsschlüsseln lassen sich Organismen Schritt für Schritt anhand ihrer Merkmale bestimmen.
- Die Schlüssel sind eine Abfolge von Fragen, auf die jeweils mindestens zwei Antworten angeboten werden.

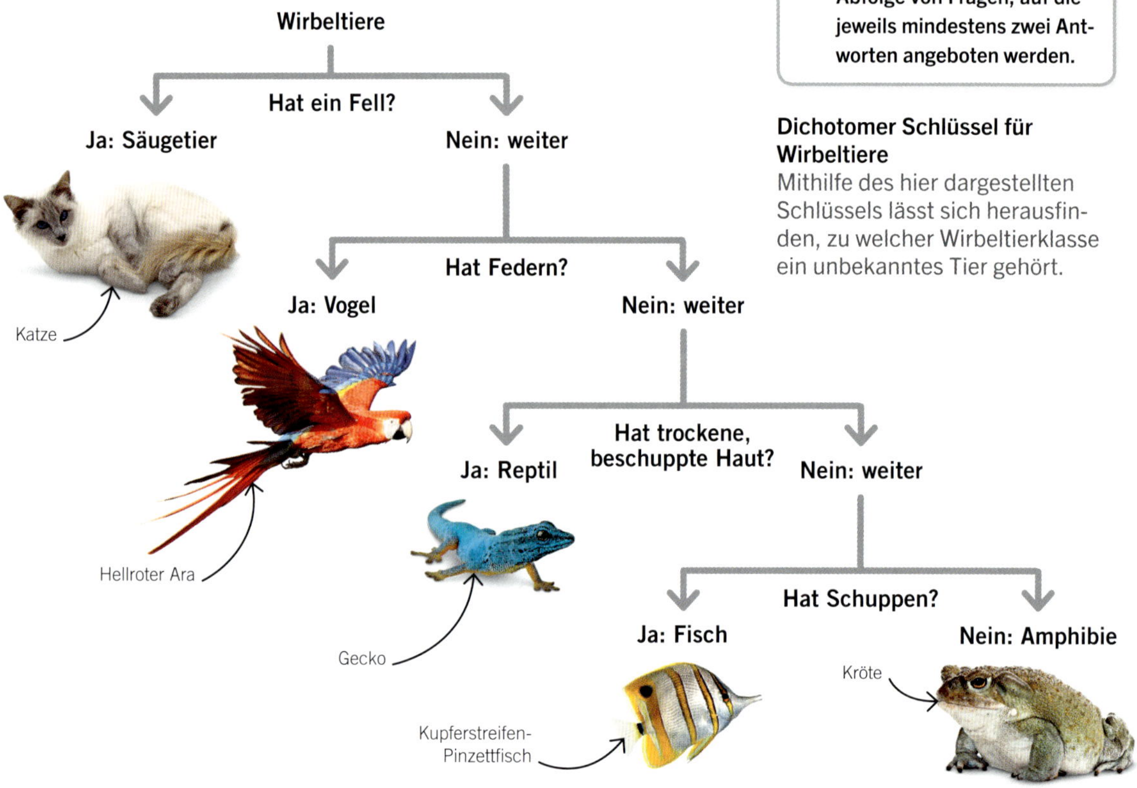

Dichotomer Schlüssel für Wirbeltiere
Mithilfe des hier dargestellten Schlüssels lässt sich herausfinden, zu welcher Wirbeltierklasse ein unbekanntes Tier gehört.

Erstelle einen Bestimmungsschlüssel

Um einen dichotomen Bestimmungsschlüssel zu erstellen, musst du zunächst die wichtigsten Merkmale des Organismus auflisten, den du identifizieren möchtest. Wähle Merkmale aus, die stets vorhanden und konstant sind (z. B. Anzahl der Beine), und nicht solche, die stark variieren können (z. B. Größe), und formuliere dann Fragen zu diesen Merkmalen, die zwei Antworten zulassen. Bei diesen Fluginsekten könntest du z. B. zuerst danach fragen, ob das jeweilige Tier zwei oder vier Flügel hat oder ob sein Körper schlank oder gedrungen ist.

Zellen

Tierische Zellen

Organismen bestehen aus mikroskopisch kleinen Einheiten, die als Zellen bezeichnet werden. Große Lebewesen, wie etwa Menschen, bestehen aus Billionen Zellen, die perfekt zusammenarbeiten. Jede Zelle enthält Organellen – winzige Strukturen, die jeweils bestimmte Funktionen erfüllen.

Auf einen Blick

- ✓ **Alle Organismen bestehen aus winzigen Zellen.**
- ✓ **Zellen enthalten besondere Strukturen, die Organellen genannt werden.**
- ✓ **Die meisten tierischen Zellen sind auf bestimmte Aufgaben spezialisiert.**

Menschliche Körperzelle
Unser Körper besteht aus etlichen Zelltypen. Wie alle tierischen Zellen haben auch menschliche Zellen eine Zellmembran als Außenhülle und einen Zellkern, der als Steuerzentrum fungiert.

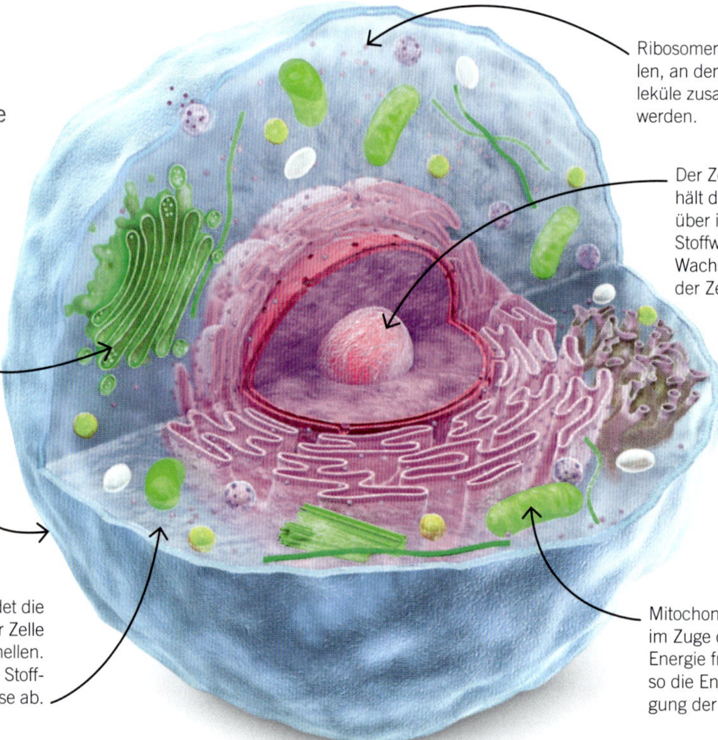

Spezialisierte Tierzellen

Während der Embryonalentwicklung vermehren sich die Zellen eines Embryos nicht nur, sondern entwickeln sich auch zu unterschiedlich gebauten Zelltypen, die jeweils bestimmte Funktionen erfüllen.

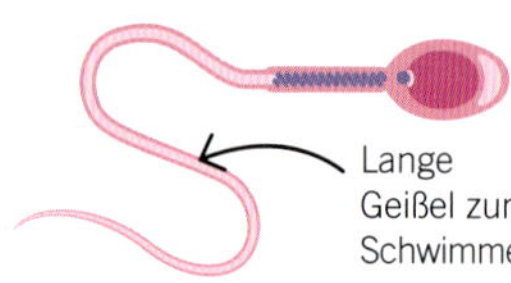

Spermien (männliche Keimzellen) besitzen häufig Geißeln, mit deren Hilfe sie zur weiblichen Keimzelle (Eizelle) schwimmen können.

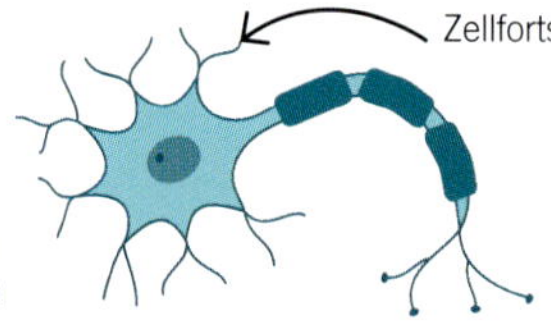

Nervenzellen sind darauf spezialisiert, mithilfe winziger Fortsätze elektrische Impulse aufzunehmen und weiterzuleiten.

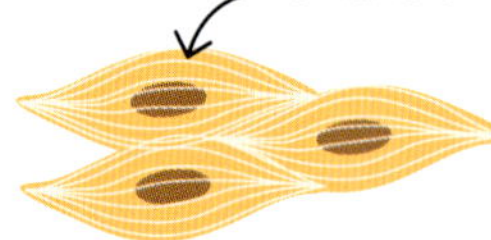

Muskelzellen enthalten zahlreiche winzige Filamente, die sich ineinanderschieben und dadurch Muskelbewegungen hervorrufen können.

Pflanzliche Zellen

Genau wie Tiere bestehen auch Pflanzen aus unzähligen Zellen. Pflanzenzellen sind tierischen Zellen ähnlich, weisen jedoch einige Besonderheiten auf, wie etwa spezielle Organellen, die in tierischen Zellen fehlen.

Auf einen Blick

- ✓ **Pflanzenzellen sind von einer festen Zellwand aus Zellulose umgeben, die sie stützt und ihnen ihre Form verleiht.**
- ✓ **Die Vakuole von Pflanzenzellen dient u. a. als Wasserspeicher und lässt die Zellen prall werden.**
- ✓ **Chloroplasten sind grüne Organellen, die das Sonnenlicht nutzen, um Zucker herzustellen.**

Blattzelle
Wie die meisten Pflanzenzellen besitzen auch Blattzellen eine feste Zellwand, die sie umgibt. Im Zellinnern befindet sich die Vakuole – ein großes, mit Flüssigkeit gefülltes Organell.

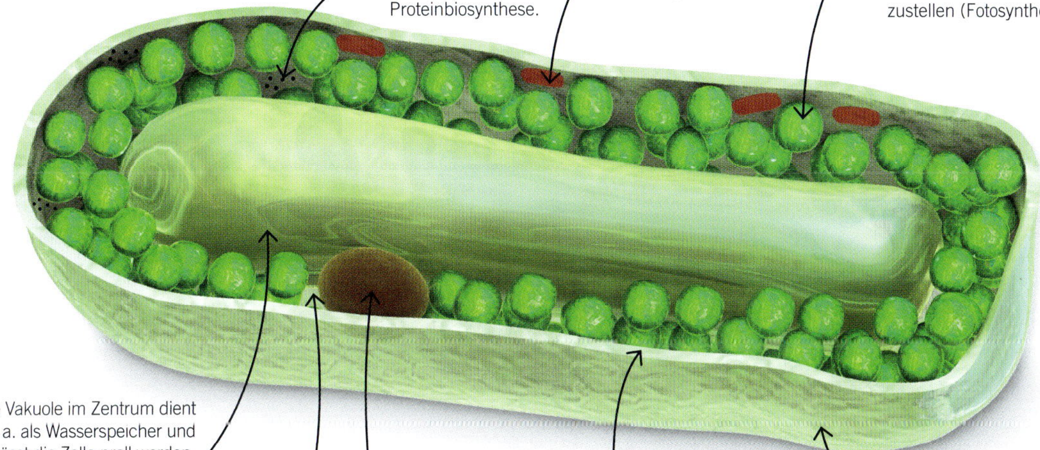

Spezialisierte Pflanzenzellen

Auch bei Pflanzen gibt es etliche unterschiedliche Zelltypen, die jeweils auf bestimmte Funktionen spezialisiert sind. Die hier dargestellten Pflanzenzellen dienen dem Transport und der Aufnahme lebenswichtiger Substanzen.

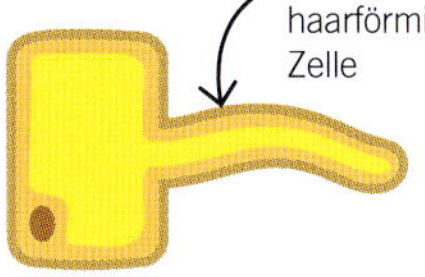

Wurzelhaarzellen sind langgestreckt und haarförmig. Sie dienen der Aufnahme von Wasser und Mineralstoffen aus dem Boden.

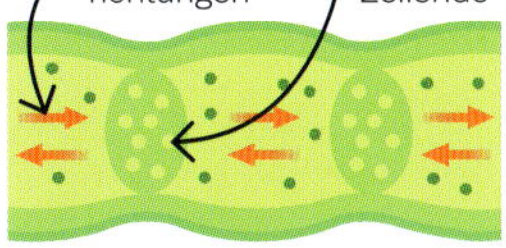

Phloemzellen bilden lange Röhren und dienen dem Transport von organischen Stoffen, wie etwa Zuckern.

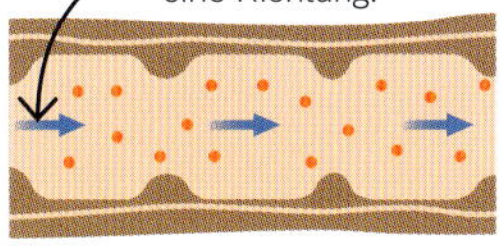

Xylemzellen sind zu langen, festen Röhren verbunden und transportieren Wasser und Salze von der Wurzel zu den Blättern.

Einzellige Organismen

Während Pflanzen und Tiere aus unzähligen Zellen aufgebaut sind, bestehen einzellige Organismen nur aus einer einzigen Zelle. Einige dieser mikroskopisch kleinen Lebewesen, von denen es fast überall auf der Erde nur so wimmelt, können uns krank machen.

Auf einen Blick

- ✓ **Einzellige Organismen bestehen nur aus einer einzigen Zelle.**
- ✓ **Es gibt viele unterschiedliche Typen von einzelligen Organismen.**
- ✓ **Manche einzelligen Organismen sind für uns nützlich, andere können uns krank machen.**

Amöben
Amöben sind einzellige Organismen, die ihre Form nahezu beliebig verändern können, indem sie ihr Zytoplasma in bestimmte Richtungen drücken, sodass Zellfortsätze (Scheinfüßchen) entstehen.

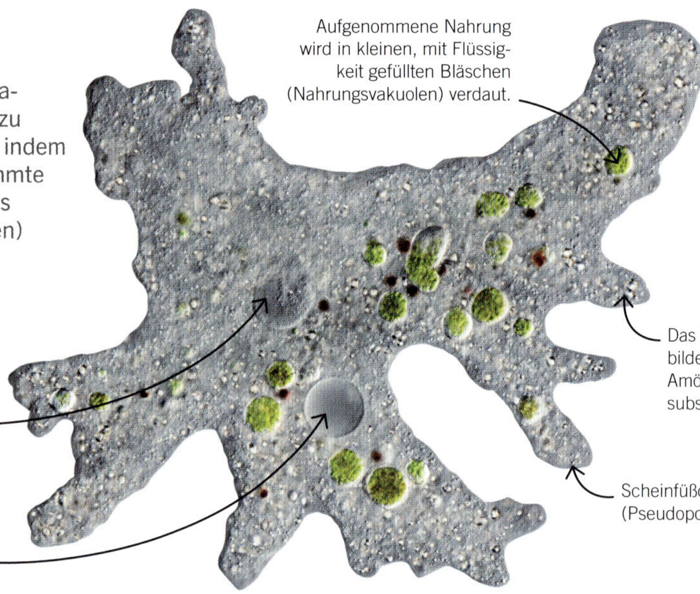

Beispiele einzelliger Organismen

Es gibt viele unterschiedliche Typen von einzelligen Organismen, die alle spezielle Anpassungen an ihre Lebensweise aufweisen.

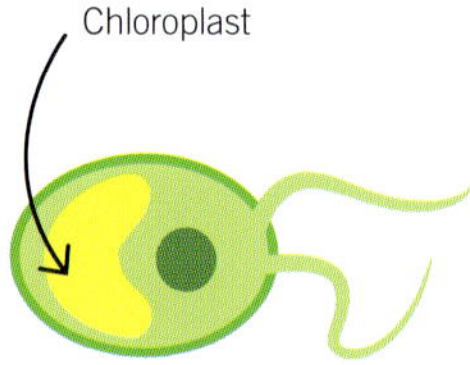

Algen
Algen sind pflanzenähnliche Organismen. Unter ihnen gibt es sowohl einzellige als auch vielzellige Vertreter. Die Algenarten der Gattung *Chlamydomonas* sind einzellig und besitzen Chloroplasten sowie zwei Geißeln zur Fortbewegung.

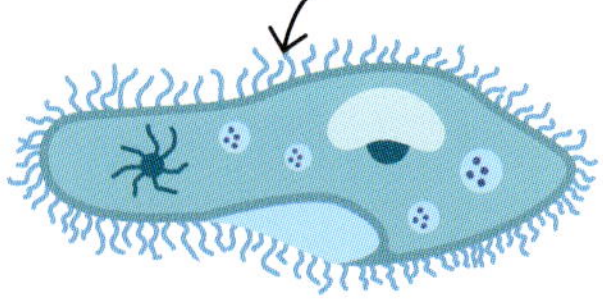

Protoctisten
Die Protoctisten sind eine vielfältige Gruppe von Organismen. Pantoffeltierchen *(Paramecium)* sind vorwiegend im Süßwasser lebende Protoctisten, die sich mithilfe von Wimpern auf ihrer Zelloberfläche fortbewegen.

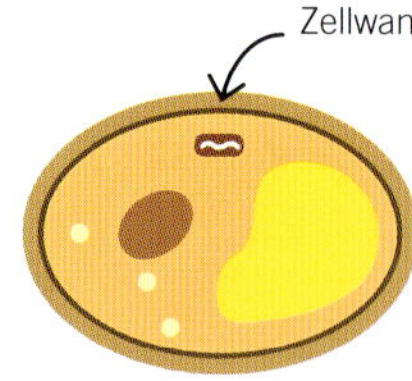

Hefen
Hefen sind einzellige Pilze, die eine Zellwand, aber keine Chloroplasten besitzen. Manche Hefearten sind für uns nützlich. Backhefe etwa lässt Brot durch das bei ihrer Zellatmung entstehende Kohlendioxid aufgehen.

Bakterien

Bakterien sind die kleinsten und häufigsten der bekannten Lebewesen und gehören zur Gruppe der Prokaryoten. Sie haben fast alle Lebensräume der Erde erobert und kommen auch in riesiger Zahl auf und in unserem Körper vor.

Auf einen Blick

- ✓ **Organismen gehören entweder zu den Prokaryoten oder zu den Eukaryoten.**
- ✓ **Pflanzen und Tiere sind Eukaryoten, Bakterien sind Prokaryoten.**
- ✓ **Prokaryotische Zellen sind viel kleiner als eukaryotische Zellen und besitzen weder einen Zellkern noch Organellen.**

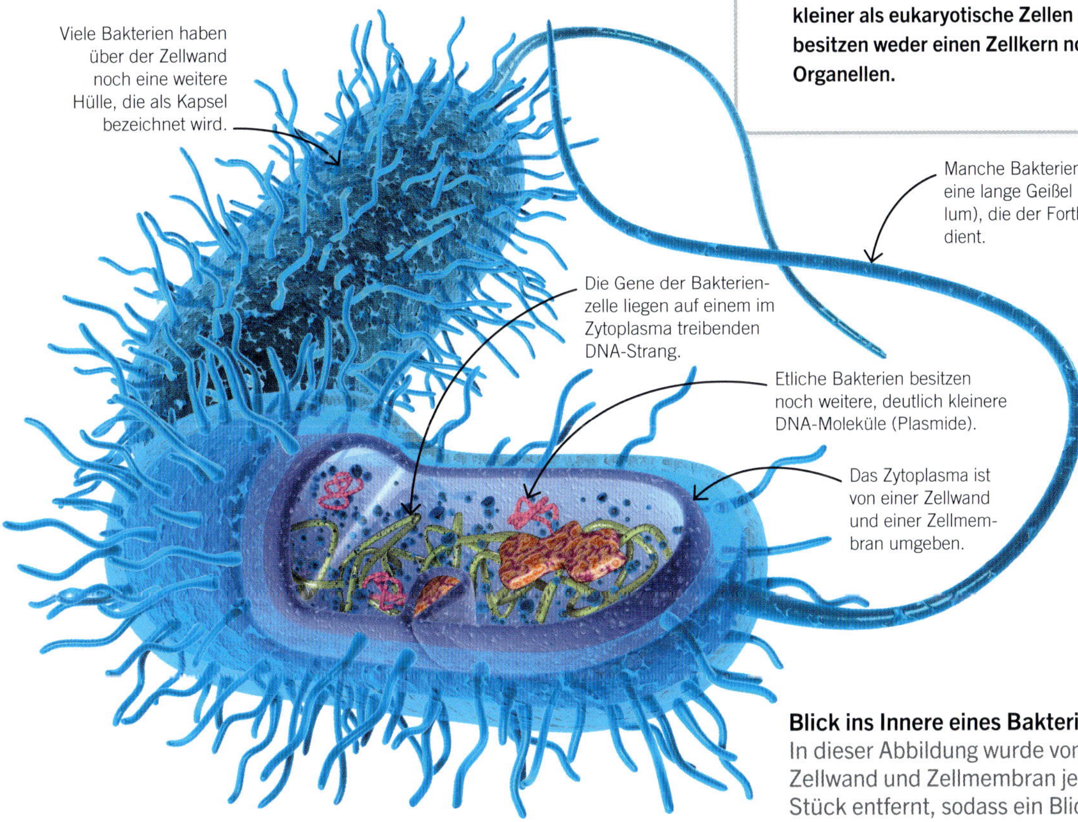

Blick ins Innere eines Bakteriums
In dieser Abbildung wurde von Kapsel, Zellwand und Zellmembran jeweils ein Stück entfernt, sodass ein Blick ins Innere des Bakteriums möglich ist.

Prokaryoten and Eukaryoten

Organismen gehören entweder zu den Prokaryoten oder zu den Eukaryoten. Zu den Eukaryoten zählen alle Lebewesen, die einen echten Zellkern und von einer Membran umgebene Organellen besitzen – also z. B. Tiere, Pflanzen und Pilze sowie auch viele einzellige Organismen. Prokaryoten sind winzige, einzellige Lebewesen ohne Zellkern oder Organellen. Anstelle eines Zellkerns haben sie einen geschlossenen DNA-Strang, der frei im Zytoplasma liegt.

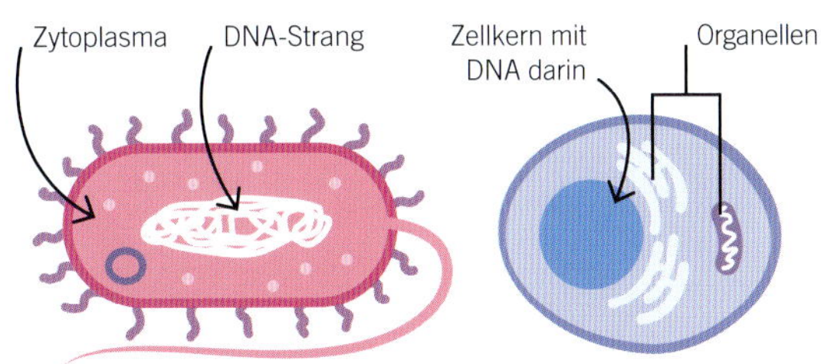

Prokaryotische Zelle **Eukaryotische Zelle**

Mikroskope

Mikroskope sind Geräte, die vergrößerte Bilder erzeugen, und es uns so ermöglichen, winzige, mit bloßem Auge unsichtbare Objekte, wie etwa Zellen, zu betrachten.

Lichtmikroskop

Lichtmikroskope erzeugen mithilfe von Licht und gläsernen Linsen vergrößerte Bilder. Da bei Durchlichtmikroskopen die Präparate beim Betrachten durchleuchtet werden, müssen diese durchsichtig oder sehr dünn sein.

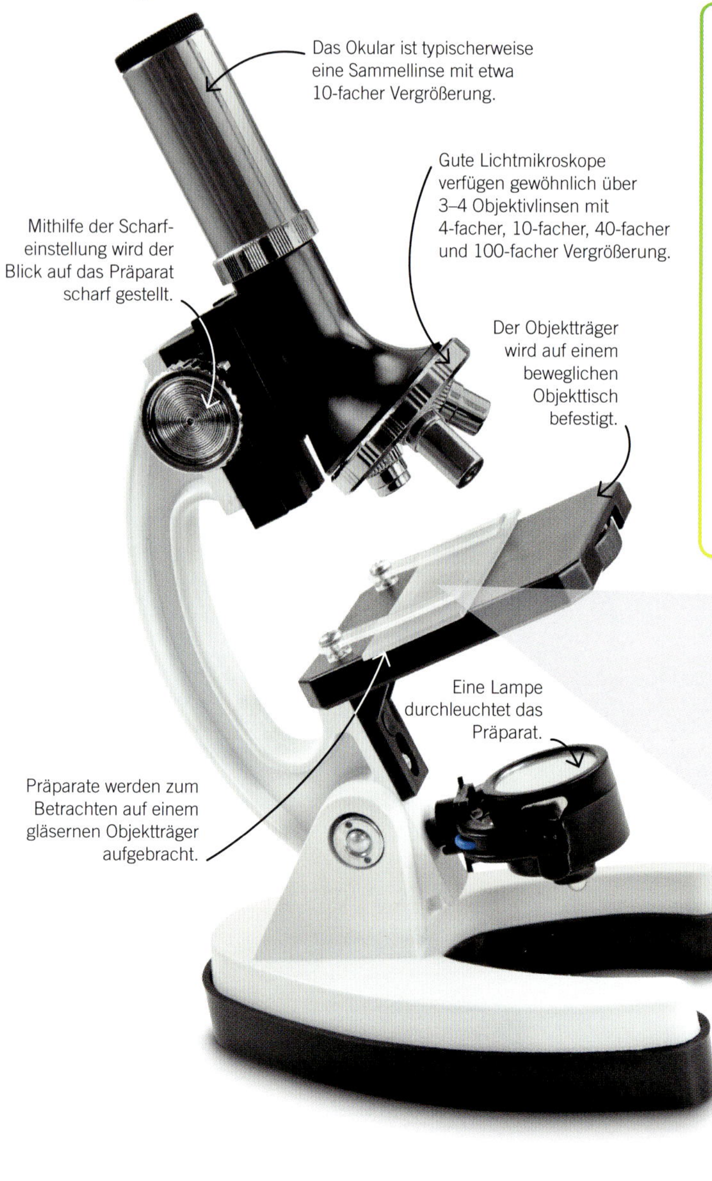

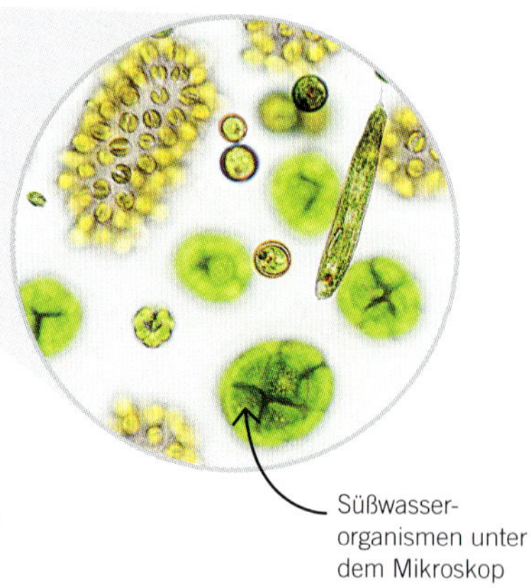

Auf einen Blick

- Mikroskope sind Geräte, die vergrößerte Bilder erzeugen.
- Mikroskope werden u. a. benutzt, um Mikroben und Zellen zu untersuchen.
- Lichtmikroskope erzeugen Bilder mithilfe von sichtbarem Licht, Elektronenmikroskope nutzen dafür Elektronenstrahlen.

Elektronenmikroskop

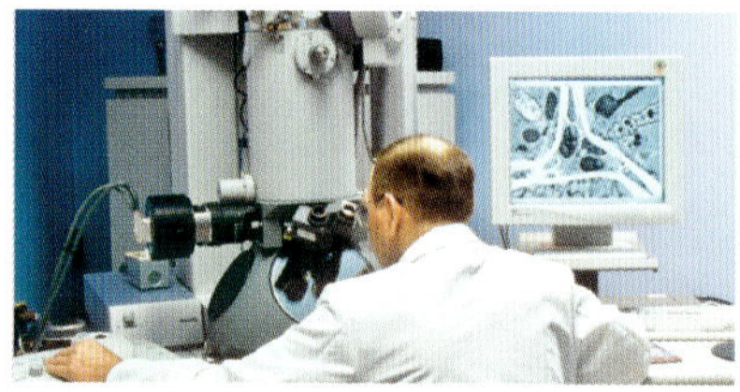

Elektronenmikroskope nutzen magnetische Linsen, um einen Elektronenstrahl zu fokussieren und Bilder auf einem Computerbildschirm zu erzeugen. Der Elektronenstrahl hat eine viel kürzere Wellenlänge als sichtbares Licht, sodass eine viel stärkere Vergrößerung als bei Lichtmikroskopen erreicht wird.

Arbeit mit einem Mikroskop

Bevor du mit einem Mikroskop arbeiten kannst, musst du dich mit den Bedienelementen des Geräts vertraut machen sowie deine Präparate vorbereiten und auf Objektträgern aufbringen.

Objekte vorbereiten und betrachten

Zwiebelhäutchen eignen sich gut für die Betrachtung unter dem Lichtmikroskop, da sie dünn und durchsichtig sind, sodass man die Zwiebelzellen gut sehen kann.

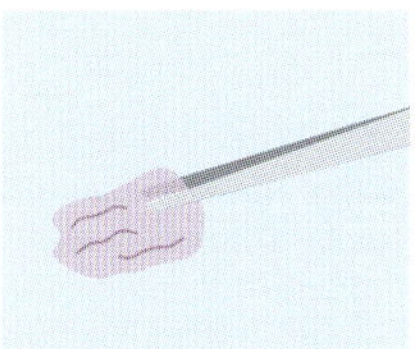

1. Schneide eine Zwiebel in kleine Würfel und löse mit einer Pinzette vorsichtig ein dünnes Stückchen Zwiebelhaut von einem der Würfel ab. Lege das Häutchen anschließend auf einen Objektträger.

2. Gib mit einer Pipette einen Tropfen Wasser auf dein Zwiebelpräparat und füge dann noch einen Tropfen Jodlösung hinzu. Diese macht die Zwiebelzellen dunkler und besser sichtbar.

3. Lege vorsichtig ein Deckglas auf dein Präparat und versuche dabei, keine Luftblasen einzuschließen. Dreh den Objekttisch nach unten und befestige den Objektträger auf ihm.

4. Wähle zunächst das schwächste Objektiv aus und dreh dann den Objekttisch so weit nach oben, dass sich dein Präparat unmittelbar vor der Objektivlinse befindet.

5. Mach die Lampe an, sieh durch das Okular und stell das Bild von deinem Präparat mithilfe der Scharfeinstellung scharf. Die Feineinstellung ermöglicht es dir, beim Scharfstellen kleine Korrekturen vorzunehmen.

Vergrößerung berechnen

Du kannst die Vergrößerung mithilfe der unten angeführten Formel berechnen. Wenn z. B. das vergrößerte Bild einer untersuchten Zelle 40 mm misst, die Zelle selbst aber nur 0,1 mm, dann gilt:

$$\textbf{Vergrößerung} = \frac{\textbf{Bildgröße}}{\textbf{reale Größe}} = \frac{\textbf{40 mm}}{\textbf{0,1 mm}} = \textbf{400}$$

Durch Umstellen der obigen Formel kannst du die reale Größe eines Objekts berechnen. Wenn z. B. das vergrößerte Bild einer Pflanzenzelle 20 mm misst, gilt bei einer Vergrößerung von 100-fach:

$$\textbf{reale Größe} = \frac{\textbf{Bildgröße}}{\textbf{Vergrößerung}}$$

$$\textbf{reale Größe} = \frac{\textbf{20 mm}}{\textbf{100}} = \textbf{0,2 mm (200 Mikrometer)}$$

Blattzellen 400-fach vergrößert

Blattspitze 40-fach vergrößert

Bei dieser Vergrößerung werden die Zellen im Gewebe eines Blatts sichtbar.

Gesamtvergrößerung
Durch Wechseln der Objektive kannst du unterschiedliche Vergrößerungen an deinem Mikroskop einstellen. Um die Gesamtvergrößerung des Geräts zu berechnen, musst du die Okularvergrößerung mit der jeweils ausgewählten Objektivvergrößerung multiplizieren.

Wasserpest

Stammzellen

Stammzellen können sich zu den unterschiedlichsten Zelltypen eines Organismus entwickeln. Wissenschaftler hoffen, mithilfe der Stammzellforschung neue Behandlungsmethoden für zahlreiche Krankheiten zu finden.

Auf einen Blick

- **Stammzellen sind unspezialisierte Zellen, die sich zu den verschiedensten Körperzellen entwickeln können.**
- **Embryonale Stammzellen können sich zu jedem Zelltyp eines Organismus entwickeln, adulte Stammzellen nur zu bestimmten Zelltypen.**
- **Stammzellforschung könnte zu neuen Behandlungsmethoden für diverse Krankheiten führen, doch die Nutzung embryonaler Stammzellen ist umstritten.**

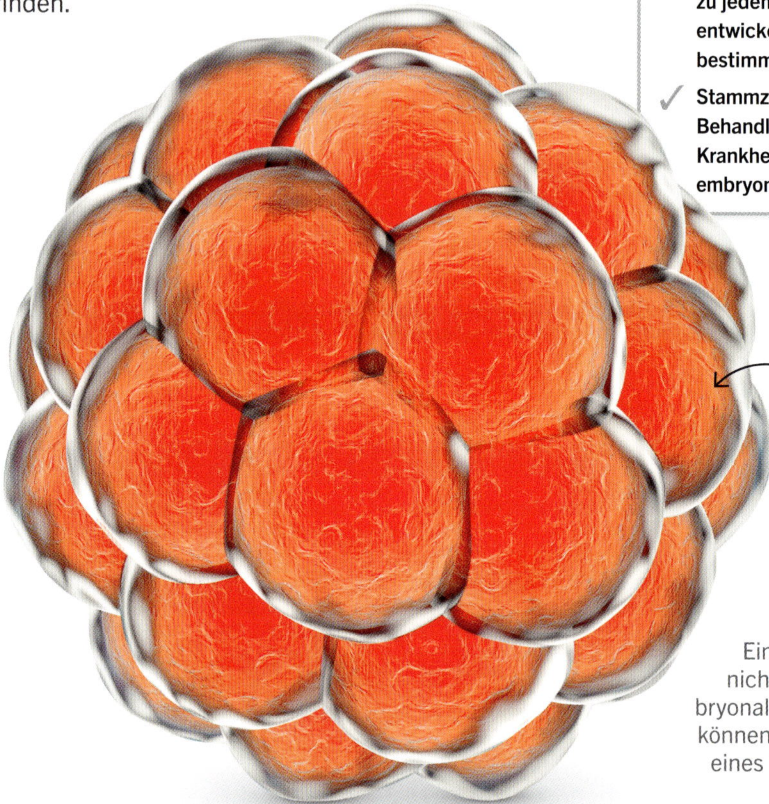

Embryonale Stammzellen sind undifferenziert – d. h., sie haben sich noch nicht in spezialisierte Körperzellen verwandelt.

Embryonale Stammzellen
Ein wenige Tage alter Embryo ist nicht mehr als eine Kugel aus embryonalen Stammzellen. Diese Zellen können zu jeder anderen Körperzelle eines Tiers oder Menschen werden.

Stammzellforschung – pro und kontra

Pro

- Stammzellen könnten die Behandlung etlicher Erkrankungen revolutionieren. Blutbildende adulte Stammzellen werden schon heute bei Knochenmarktransplantationen eingesetzt, um Leukämie zu behandeln.
- Embryonale Stammzellen können vielleicht eines Tages kranke oder zerstörte Körperzellen ersetzen – etwa um Lähmungen durch Rückenmarkverletzungen rückgängig zu machen.
- Aus Stammzellen von Patienten gezüchtetes Gewebe wird nicht von deren Immunsystem abgestoßen.

Kontra

- Manche Menschen finden es aus ethischen Gründen falsch, menschliche Embryos in Wissenschaft und Medizin zu verwenden.
- In manchen Staaten ist die Forschung an embryonalen Stammzellen aus ethischen Gründen verboten.
- Im Labor gezüchtete Stammzellen können unter Umständen von Viren infiziert sein und Krankheiten auslösen, wenn sie einem Patienten transplantiert werden.

Stammzellen der Tiere

Stammzellen besitzen ein enormes Vermehrungspotenzial und können sich in die verschiedensten Zelltypen differenzieren. Dabei gehen sie vom unspezialisierten in einen spezialisierten Zustand über und übernehmen bestimmte Funktionen im Körper, wie etwa den Sauerstofftransport oder die Bekämpfung von Keimen.

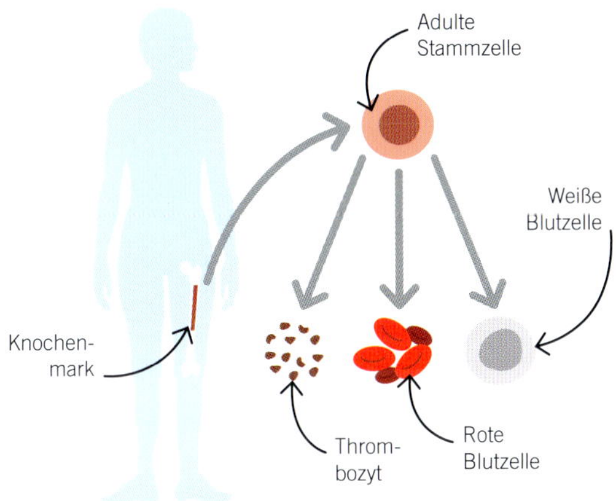

Adulte Stammzellen finden sich in verschiedenen Geweben und Organen des menschlichen Körpers, etwa im Knochenmark oder in der Darmwand. Sie können sich nur zu bestimmten Zelltypen entwickeln.

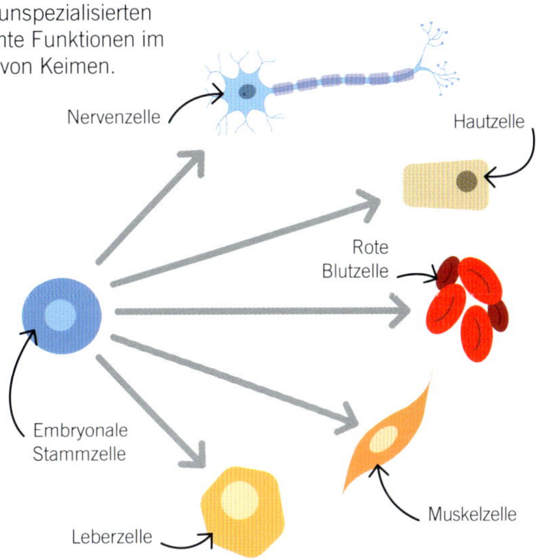

Embryonale Stammzellen finden sich in Embryos, die am Beginn ihrer Entwicklung stehen und nur wenige Tage alt sind. Sie können sich in jeden Zelltyp differenzieren, der im menschlichen Körper vorkommt.

Stammzellen der Pflanzen

Pflanzen besitzen Bildungsgewebe (Meristeme) aus Stammzellen nur an bestimmten Stellen, wie etwa der Sprossspitze oder den Wurzelspitzen, und wachsen daher auch nur dort – das allerdings meist lebenslang. Pflanzliche Meristemgewebe machen es zudem möglich, dass aus Stecklingen wieder komplette Pflanzen werden.

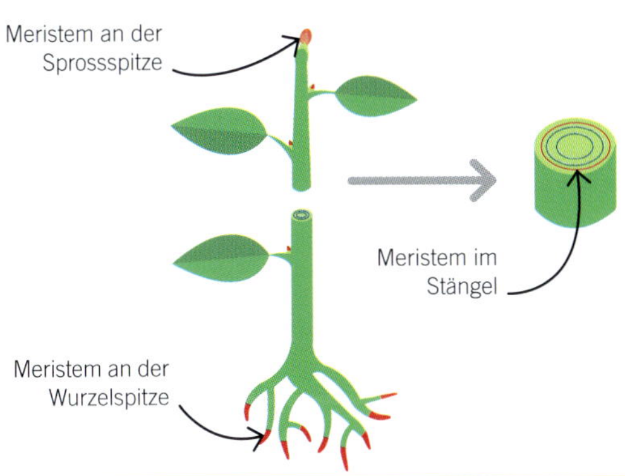

Zellteilung

Die Zellen von Tieren und Pflanzen teilen sich im Zuge des Wachstums oder, um beschädigte oder alte Zellen zu ersetzen. Einer Zellteilung (Zytokinese) geht gewöhnlich eine Teilung des Zellkerns (Mitose) voraus.

Zweiteilung

Bei der Zellteilung bildet sich zwischen den beiden neuen Zellkernen eine Einschnürung, die sich so lange verengt, bis schließlich zwei Tochterzellen entstanden sind. Durch Mitose und Zellteilung entstehen in unserem Körper in jeder Sekunde Millionen neuer Zellen. Besonders häufig teilen sich die Zellen in unserer Haut, in unseren Haarwurzeln und in unserem Knochenmark, in dem neue Blutzellen entstehen.

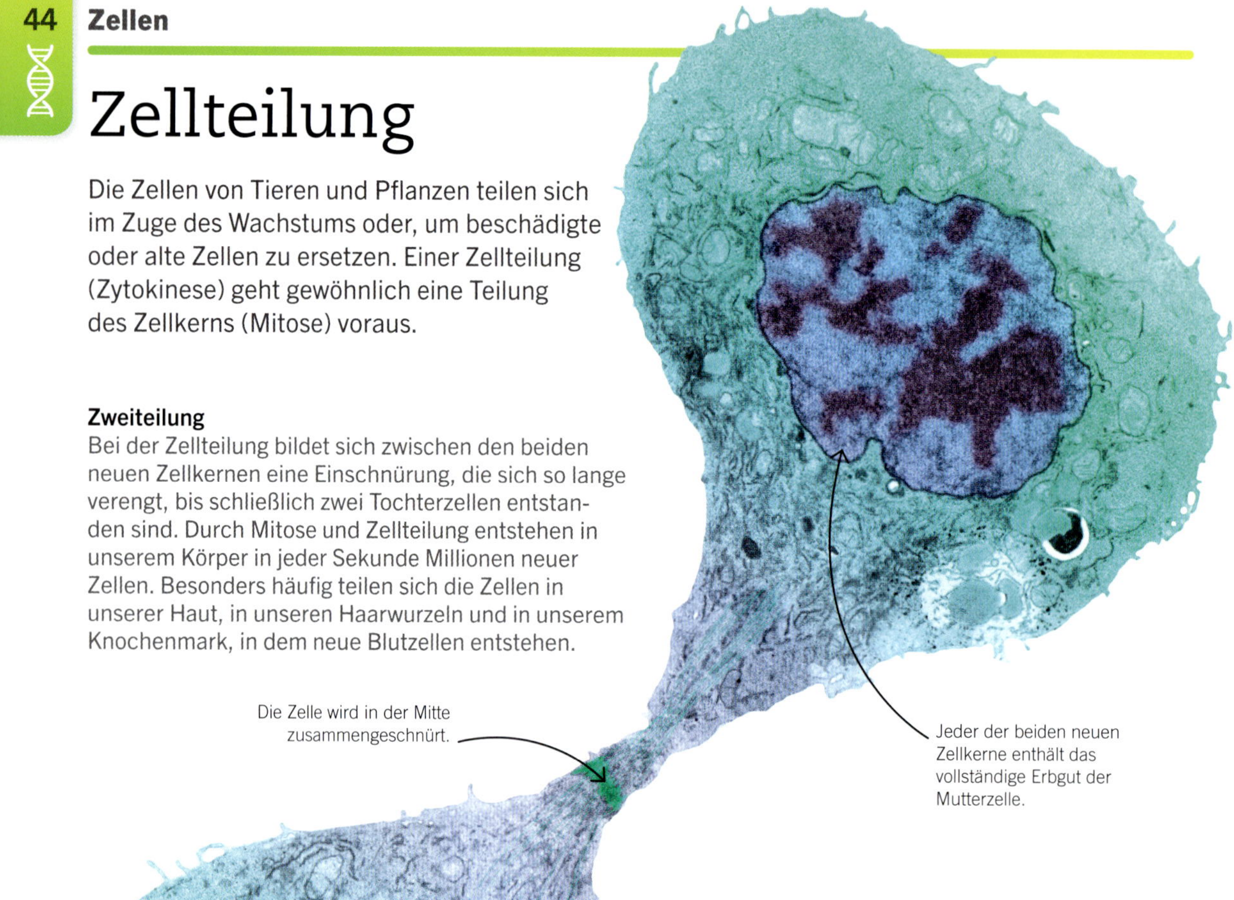
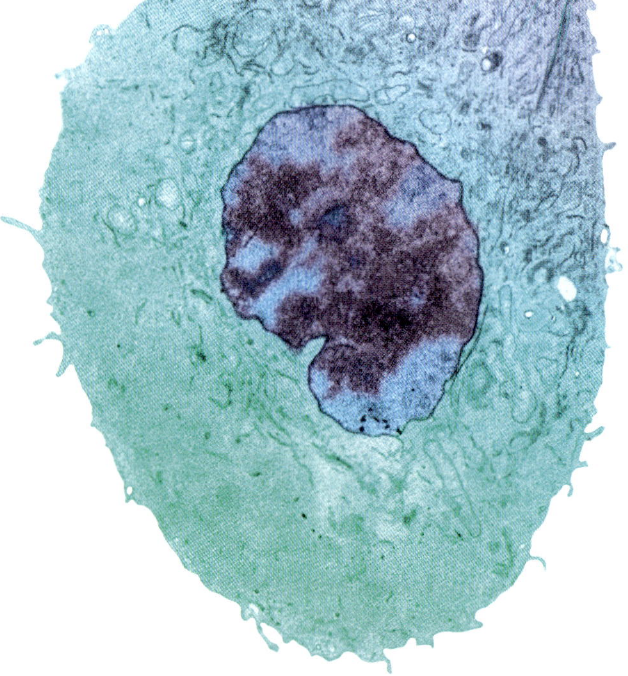

Zellzyklus

Der Zellzyklus ist eine Abfolge verschiedener Phasen bei der Teilung von Zellen. Bevor die Mitose beginnt, verdoppelt die Zelle das Erbgut in ihrem Zellkern, sodass jedes Chromosom aus zwei Chromatiden besteht. Während der Mitose werden diese getrennt und auf zwei Tochterkerne verteilt. Am Ende des Zellzyklus sind aus einer Mutterzelle zwei Tochterzellen mit identischem Erbgut entstanden.

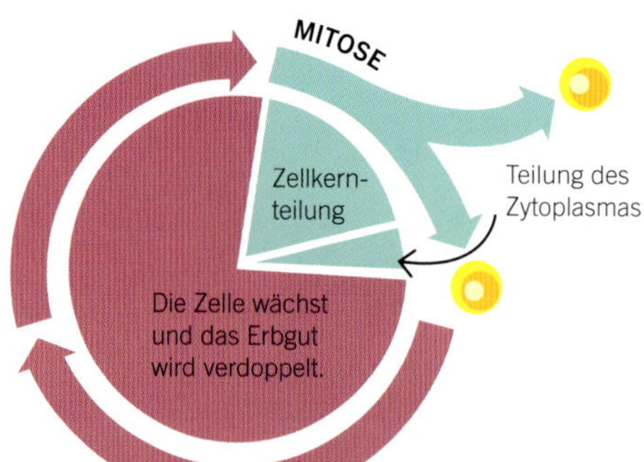

Ablauf von Mitose und Zellteilung
Vor der Mitose befinden sich Zellen in der sogenannten Interphase (Zwischenphase). Die darauffolgende Mitose besteht aus vier Phasen: Prophase, Metaphase, Anaphase und Telophase. Auf die Telophase folgt schließlich die Teilung in zwei Tochterzellen.

Auf einen Blick

- ✓ **Die Abfolge verschiedener Phasen bei der Teilung von Zellen wird Zellzyklus genannt.**
- ✓ **Die Mitose besteht aus vier Phasen.**
- ✓ **Bei der Zellteilung entstehen zwei genetisch identische Zellen mit derselben Anzahl an Chromosomen.**

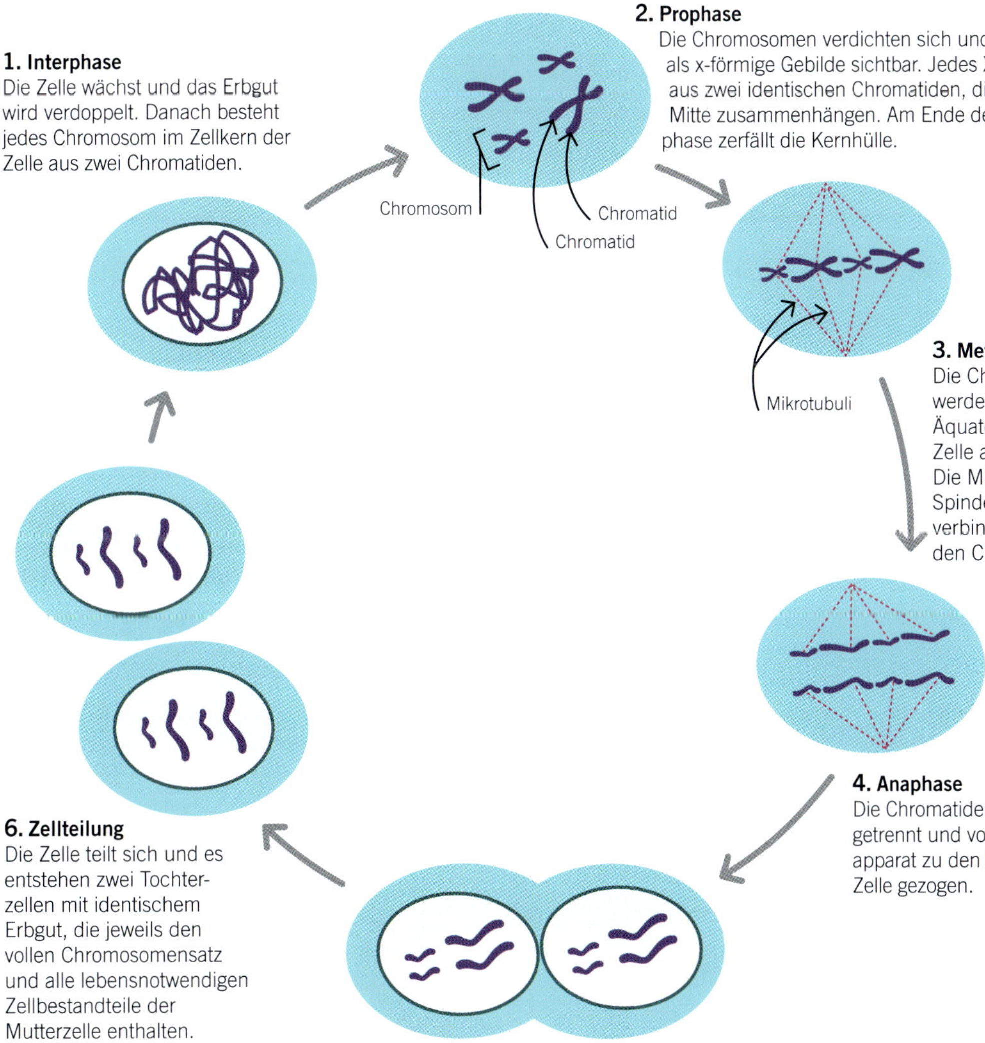

1. Interphase
Die Zelle wächst und das Erbgut wird verdoppelt. Danach besteht jedes Chromosom im Zellkern der Zelle aus zwei Chromatiden.

2. Prophase
Die Chromosomen verdichten sich und werden als x-förmige Gebilde sichtbar. Jedes X besteht aus zwei identischen Chromatiden, die in der Mitte zusammenhängen. Am Ende der Prophase zerfällt die Kernhülle.

3. Metaphase
Die Chromosomen werden in der Äquatorialebene der Zelle angeordnet. Die Mikrotubuli des Spindelapparats verbinden sich mit den Chromosomen.

4. Anaphase
Die Chromatiden werden getrennt und vom Spindelapparat zu den Polen der Zelle gezogen.

5. Telophase
Der Spindelapparat verschwindet und die Teilung der Zelle wird vorbereitet. Um jeden Satz Chromatiden bildet sich eine Kernmembran.

6. Zellteilung
Die Zelle teilt sich und es entstehen zwei Tochterzellen mit identischem Erbgut, die jeweils den vollen Chromosomensatz und alle lebensnotwendigen Zellbestandteile der Mutterzelle enthalten.

Meiose

Bei der sexuellen Fortpflanzung werden Keimzellen erzeugt, die anders als normale Körperzellen nur einen einfachen Chromosomensatz enthalten und jeweils ein einzigartiges Erbgut besitzen. Sie entstehen in einem Prozess, der als Meiose bezeichnet wird.

Auf einen Blick

- **Die Meiose ist ein Zellteilungsprozess, in dessen Verlauf Keimzellen (Gameten) produziert werden.**
- **Bei der Meiose werden aus einer Zelle mit doppeltem Chromosomensatz vier Zellen mit einfachem Chromosomensatz.**
- **Jede bei der Meiose entstehende Tochterzelle enthält ein einzigartiges Erbgut.**

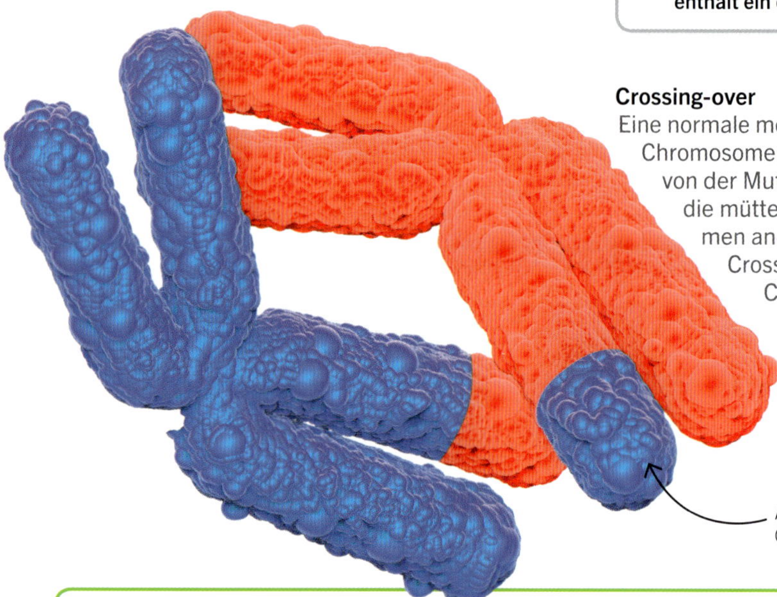

Crossing-over
Eine normale menschliche Körperzelle enthält zwei Chromosomensätze – einen vom Vater und einen von der Mutter. Während der Meiose lagern sich die mütterlichen und väterlichen Chromosomen aneinander und tauschen in einem als Crossing-over bezeichneten Zufallsprozess Chromosomenstücke aus.

Ablauf der Meiose

Die Meiose umfasst zwei aufeinanderfolgende Kern- und Zellteilungen. Bei der ersten Teilung wird das Erbgut neu kombiniert und die Chromosomenzahl halbiert. Die zweite Teilung ähnelt einer Mitose.

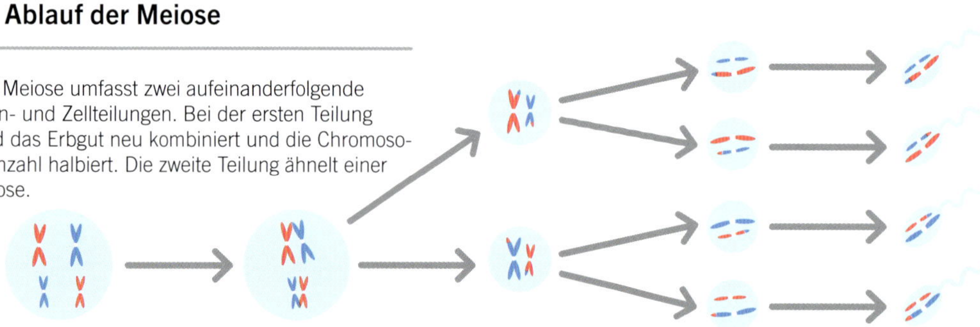

1. Bevor die Meiose beginnt, wird das Erbgut der Zelle verdoppelt. Die Chromosomen von Vater und Mutter bestehen danach aus je zwei identischen Chromatiden.

2. Die sich entsprechenden mütterlichen und väterlichen Chromosomen lagern sich aneinander und tauschen beim Crossing-over Chromosomenstücke aus.

3. Die Zelle teilt sich und jede Tochterzelle erhält jeweils ein Chromosom jedes Chromosomenpaars. Alle Chromosomen enthalten nun eine Mischung aus väterlichen und mütterlichen Genen.

4. Bei der anschließenden zweiten Teilung werden die beiden Chromatiden der Chromosomen getrennt und wiederum auf zwei Zellen verteilt.

5. Die Zellen entwickeln sich zu Keimzellen (Spermien und Eizellen), die jeweils nur einen einfachen Chromosomensatz aufweisen.

Zweiteilung

Prokaryotische Zellen wie Bakterien vermehren sich meist durch Zweiteilung. Diese Art der ungeschlechtlichen Vermehrung ermöglicht es ihnen, ihre Zahl innerhalb kurzer Zeit zu vervielfachen.

Auf einen Blick

- ✓ **Bakterien vermehren sich durch Zweiteilung – eine Form der asexuellen Vermehrung.**
- ✓ **Die ringförmige Bakterien-DNA wird vor der Zweiteilung verdoppelt.**
- ✓ **Durch Zweiteilung entstehen genetisch identische Zellen.**

Zweiteilung eines Bakteriums
Dieses elektronenmikroskopische Bild zeigt ein *E.-coli*-Bakterium bei der Teilung. Bakterien haben keinen Zellkern und besitzen meist nur ein ringförmig geschlossenes DNA-Molekül (Bakterienchromosom).

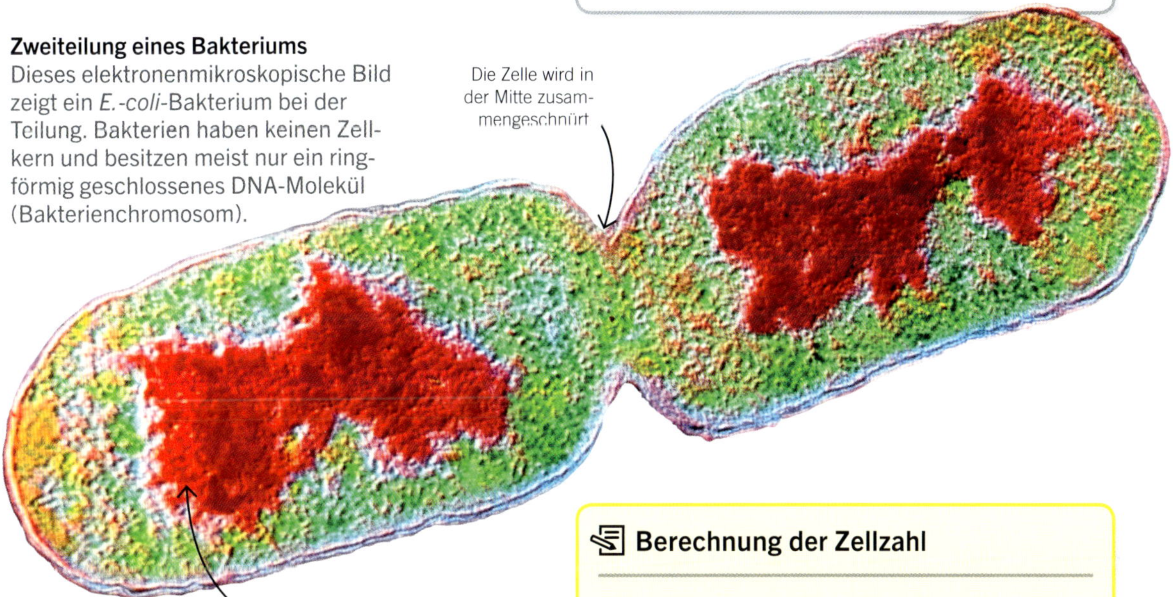

Ablauf einer Zweiteilung

1. Das ringförmige DNA-Molekül des Bakteriums, das seine Gene enthält, wird verdoppelt.

2. Die Zelle wird zwischen den beiden Zellkernen zusammengeschnürt.

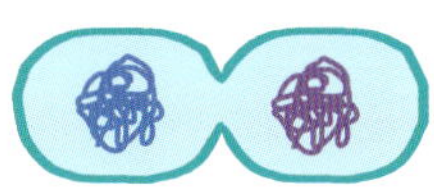

3. Die beiden Tochterzellen trennen sich.

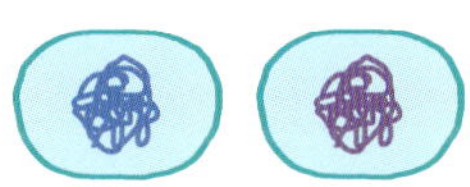

Berechnung der Zellzahl

Unter optimalen Bedingungen können sich Bakterien rasant vermehren. Wenn du die Zeit kennst, die ein Bakterium benötigt, um sich zu teilen (Teilungszeit), kannst du mit der unten aufgeführten Formel die Anzahl der Zellen berechnen, die nach einer bestimmten Zeit aus ihm entstanden sind.

Zellzahl = 2^n (n = Anzahl der Generationen)

Wie viele Bakterienzellen sind z. B. nach 3 Stunden aus einem einzelnen Bakterium entstanden, wenn die Teilungszeit 30 Minuten beträgt?

1. Berechne zuerst, wie viele Teilungen in 3 Stunden möglich sind:

$$n = \frac{180 \text{ Minuten}}{30 \text{ Minuten}} = 6$$

2. Berechne danach die Anzahl der entstandenen Zellen:

$$\text{Zellzahl} = 2^6 = 2 \times 2 \times 2 \times 2 \times 2 \times 2 = 64$$

Bakterienkulturen

Viele Bakterien und andere Mikroorganismen kann man im Labor unter kontrollierten Bedingungen wachsen lassen. Um eine Verunreinigung der Proben zu verhindern, müssen beim Anlegen der Kulturen sogenannte aseptische Techniken angewendet werden.

Agarplatten

Bakterien werden in einem Nährmedium kultiviert, das ihnen alle Nährstoffe bietet, die sie für ihr Wachstum brauchen. Die Nährlösung wird häufig mit heißem Agar vermischt und dann in Petrischalen gegossen. Da Agar ein sehr gutes Geliermittel ist, bildet sich nach dem Abkühlen in der Schale eine Gallertschicht, auf der man die Bakterien mit einer Impföse aus Metalldraht verteilen kann. Anschließend wird die Bakterienkultur einige Tage lang an einem warmen Ort bebrütet, sodass sich die Bakterien stark vermehren können und als Kolonien für das bloße Auge sichtbar werden.

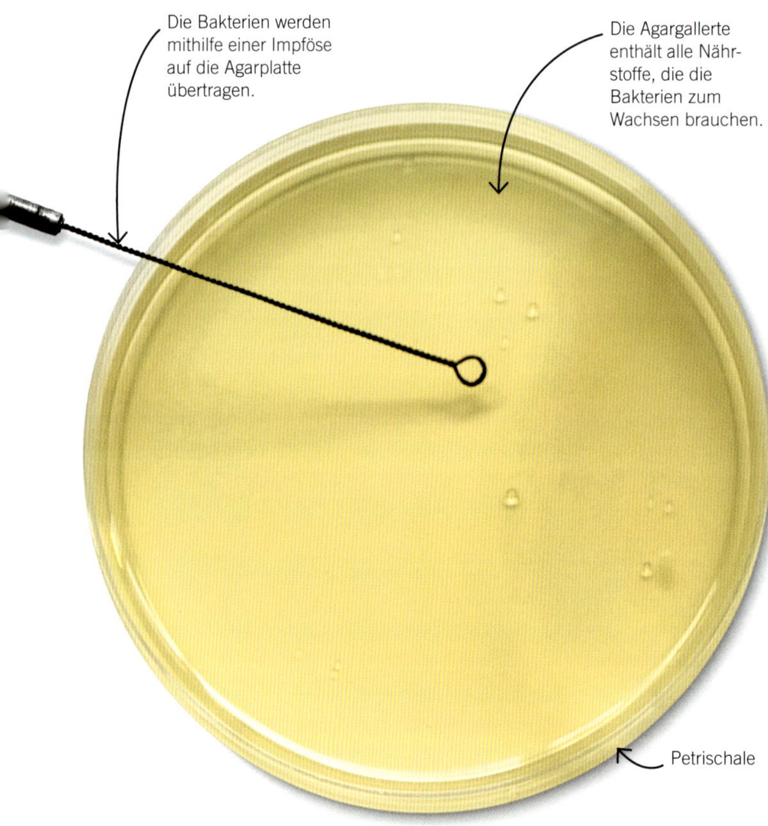

Auf einen Blick

- ✓ **Bakterien werden häufig in mit Agar verfestigten Nährmedien kultiviert.**
- ✓ **Bakterien sollten nicht bei Temperaturen über 25 °C bebrütet werden.**
- ✓ **Aseptische Techniken helfen, eine Verunreinigung der Kulturen mit unerwünschten Mikroben aus der Umwelt zu verhindern.**

Aseptische Techniken

Aseptische Techniken sollen verhindern, dass Mikrobenkulturen durch unerwünschte Mikroorganismen aus der Umwelt verunreinigt werden.

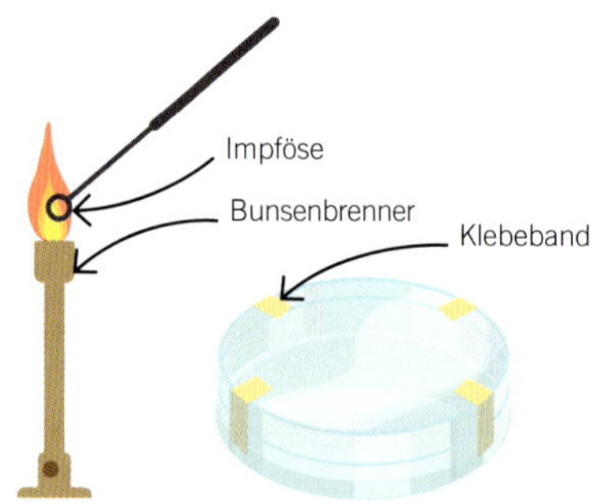

- Wiederverwendbare, feuerfeste Geräte, wie etwa Impfösen, werden in einer Flamme sterilisiert. Danach müssen sie abkühlen, ehe man sie benutzen kann.
- Sterile Petrischalen werden neben einer Bunsenbrennerflamme geöffnet. Die Hitze lässt die Luft aufsteigen und verhindert, dass sich Staub in der Schale absetzt.
- Petrischalen werden nach dem Auftragen der Bakterien zugeklebt, um ein Eindringen unerwünschter Mikroben zu verhindern.
- Petrischalen werden umgedreht, damit kein Kondenswasser auf den Agar tropft.
- Bakterienkulturen werden bei 25 °C bebrütet – einer Temperatur, die für die meisten krank machenden Mikroorganismen zu niedrig ist.

Antibiotika und Antiseptika

Antibiotika und Antiseptika sind chemische Stoffe, die Bakterien im Wachstum hemmen oder abtöten können. Das folgende Experiment testet die Wirksamkeit von Antibiotika gegen bestimmte Bakterien.

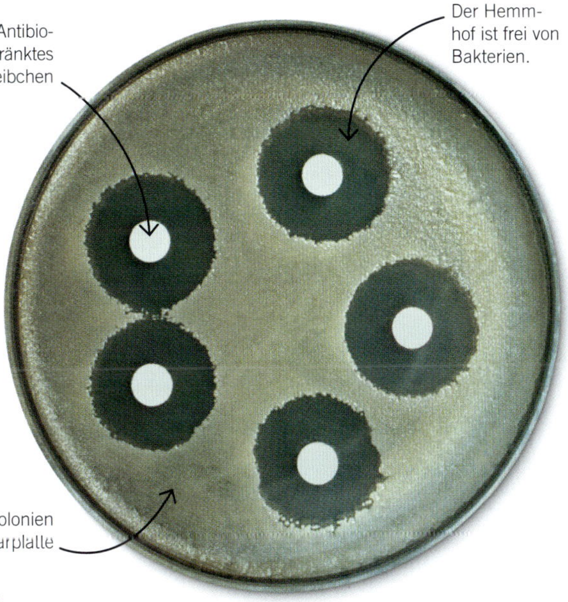

Ergebnis

Das Antibiotikum ist aus den Papierscheibchen in die Agarschicht diffundiert und hat in einem kreisrunden Bereich um das Papier herum – dem Hemmhof – das Bakterienwachstum gehemmt. Je wirksamer ein Antibiotikum ist, desto größer ist der Hemmhof.

Berechnung der Hemmhofgröße

Da die Hemmhöfe auf der Agarplatte kreisrund sind, kann man ihre Größe mithilfe der Formel zur Berechnung des Flächeninhalts eines Kreises ermitteln:

Flächeninhalt $= \pi r^2$ (r ist der Radius des Kreises)

Miss den Durchmesser verschiedener Hemmhöfe mit einem Lineal, ohne die Petrischale dabei zu öffnen, und errechne dann den durchschnittlichen Durchmesser. Halbiere das Ergebnis, um den durchschnittlichen Radius zu ermitteln, und setze den ermittelten Wert dann in die Formel ein.

Vorgehensweise

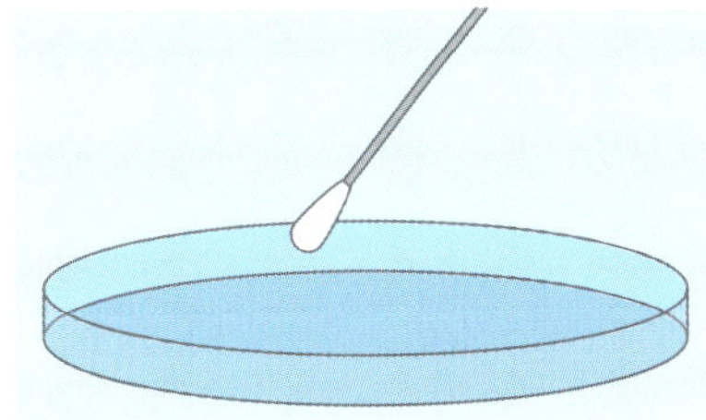

1. Bedecke vorbereitete Agarplatten mithilfe einer Tropfpipette oder eines Wattestäbchens gleichmäßig mit Bakterien.

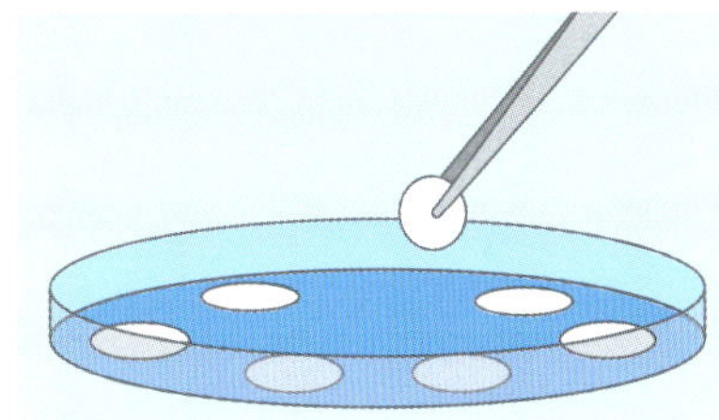

2. Lege mithilfe einer Pinzette mit einem Antibiotikum getränkte Filterpapierscheibchen auf die Agarplatte.

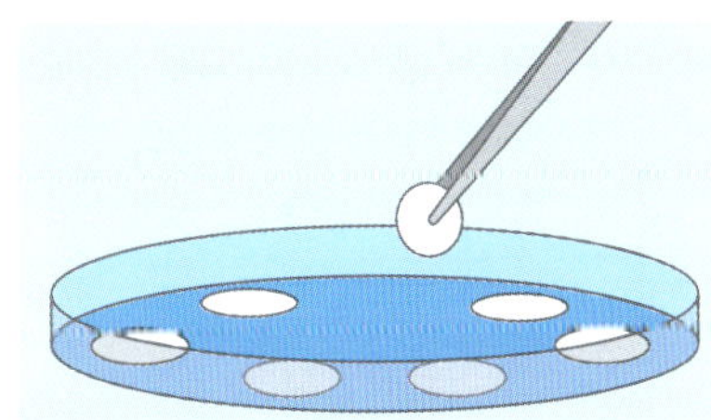

3. Lege als Kontrolle Papierscheibchen, die statt mit Antibiotikalösung mit destilliertem Wasser getränkt sind, auf eine zweite Agarplatte. Unterschiede zwischen den Platten sind auf das Antibiotikum und nicht auf das Papier zurückzuführen.

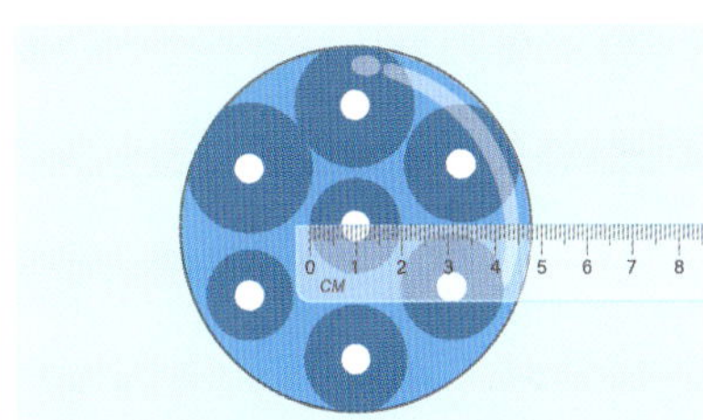

4. Bebrüte die Platten 48 Stunden lang bei 25 °C und miss dann die Größe der Hemmhöfe, die um die Papierscheibchen herum entstanden sind.

Zellen und Transport

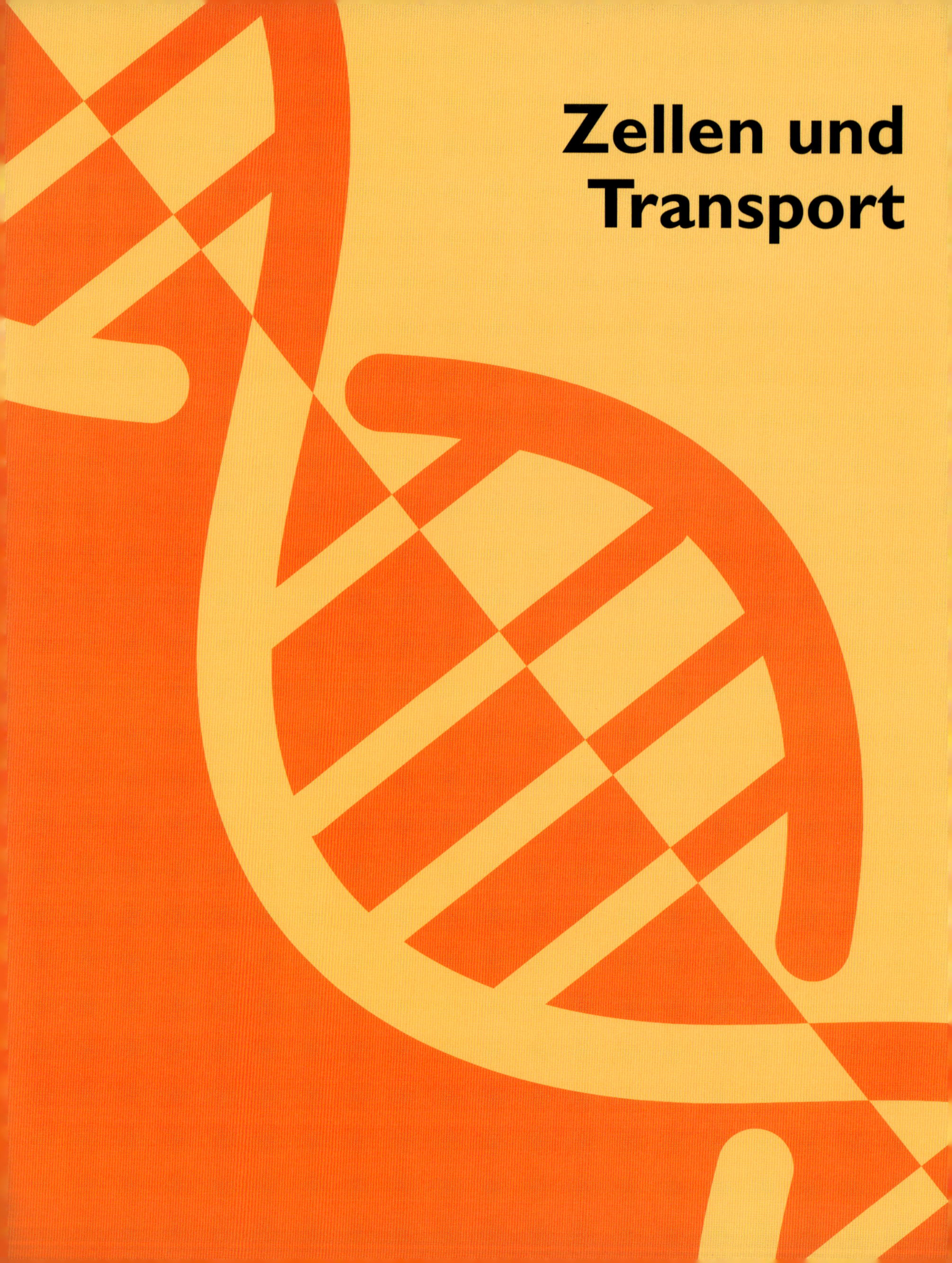

Diffusion

Teilchen in Flüssigkeiten und Gasen sind in ständiger Bewegung. Sie führen ohne äußere Einwirkung einen Ausgleich von Konzentrationsunterschieden herbei, indem sie sich zu den Orten niedrigerer Konzentration bewegen. Dieser Prozess, der für Zellen eine wichtige Rolle spielt, wird Diffusion genannt.

Vor Beginn der Diffusion

Vollständig diffundiert

Auf einen Blick

- ✓ **Diffusion ist der Ausgleich von Konzentrationsunterschieden aufgrund der Wärmebewegung kleiner Teilchen.**
- ✓ **Diffusion spielt bei zellulären Transportvorgängen eine bedeutende Rolle.**
- ✓ **Diffusion ist ein passiver Prozess, für den Zellen keine Energie aufwenden müssen.**

Wie Diffusion funktioniert

Diffusion findet statt, wenn es Bereiche mit unterschiedlicher Teilchenkonzentration gibt, und sich die Teilchen frei zwischen diesen Orten bewegen können. Obwohl sich die Partikel zufällig bewegen, sind sie am Ende gleichmäßig verteilt, denn es bewegen sich unter dem Strich mehr Teilchen zu Orten niedrigerer Konzentration als umgekehrt.

Beeinflussende Faktoren

Für Zellen spielt Diffusion bei der Aufnahme oder der Abgabe kleinerer Moleküle, wie etwa Sauerstoff oder Kohlendioxid, eine zentrale Rolle. Verschiedene Faktoren können die Diffusionsrate erhöhen oder vermindern.

- **Temperatur**
  Da sich kleine Teilchen bei höheren Temperaturen schneller bewegen, steigt die Diffusionsrate mit steigender Temperatur.
- **Konzentrationsgradient**
  Je größer der Konzentrationsunterschied zwischen zwei Bereichen ist, desto höher ist die Diffusionsrate.
- **Oberfläche**
  Je größer die Oberfläche einer Zelle oder eines Organs ist, desto schneller können Stoffe hinein- oder herausdiffundieren.
- **Entfernung**
  Je kürzer die Entfernung ist, die Teilchen durch Diffusion zurücklegen müssen, desto höher ist die Diffusionsrate. Zellmembranen sind sehr dünn und ermöglichen daher eine hohe Diffusionsrate.

Osmose

Osmose ist die Diffusion eines Lösungsmittels (in der Regel Wasser) durch eine Membran, die für das Lösungsmittel, aber nicht für die in ihm gelösten Stoffe durchlässig ist. Das Lösungsmittel bewegt sich dabei in Richtung höherer Konzentration des gelösten Stoffs.

Auf einen Blick

- ✓ **Osmose ist die Diffusion eines Lösungsmittels durch eine semipermeable Membran.**
- ✓ **Eine semipermeable Membran lässt die kleineren Moleküle des Lösungsmittel hindurch, nicht aber größere Moleküle gelöster Stoffe.**
- ✓ **Osmose ist ein passiver Prozess, für den Zellen keine Energie aufwenden müssen.**
- ✓ **Während der Osmose bewegt sich das Lösungsmittel entlang des Konzentrationsgradienten in Richtung höherer Konzentration des gelösten Stoffs.**

Teilweise durchlässige (semipermeable) Membran
Eine Zellmembran weist winzige Öffnungen auf, durch die kleine Moleküle, wie etwa Wassermoleküle, hindurchpassen, größere Moleküle, wie etwa Zuckermoleküle, jedoch nicht. Wenn die Flüssigkeit im Innern einer Zelle eine höhere Zuckerkonzentration aufweist als die Flüssigkeit außerhalb der Zelle, wird Wasser durch die Öffnungen der Membran ins Zellinnere strömen. Ist die Zuckerkonzentration außen höher, strömt es aus der Zelle heraus.

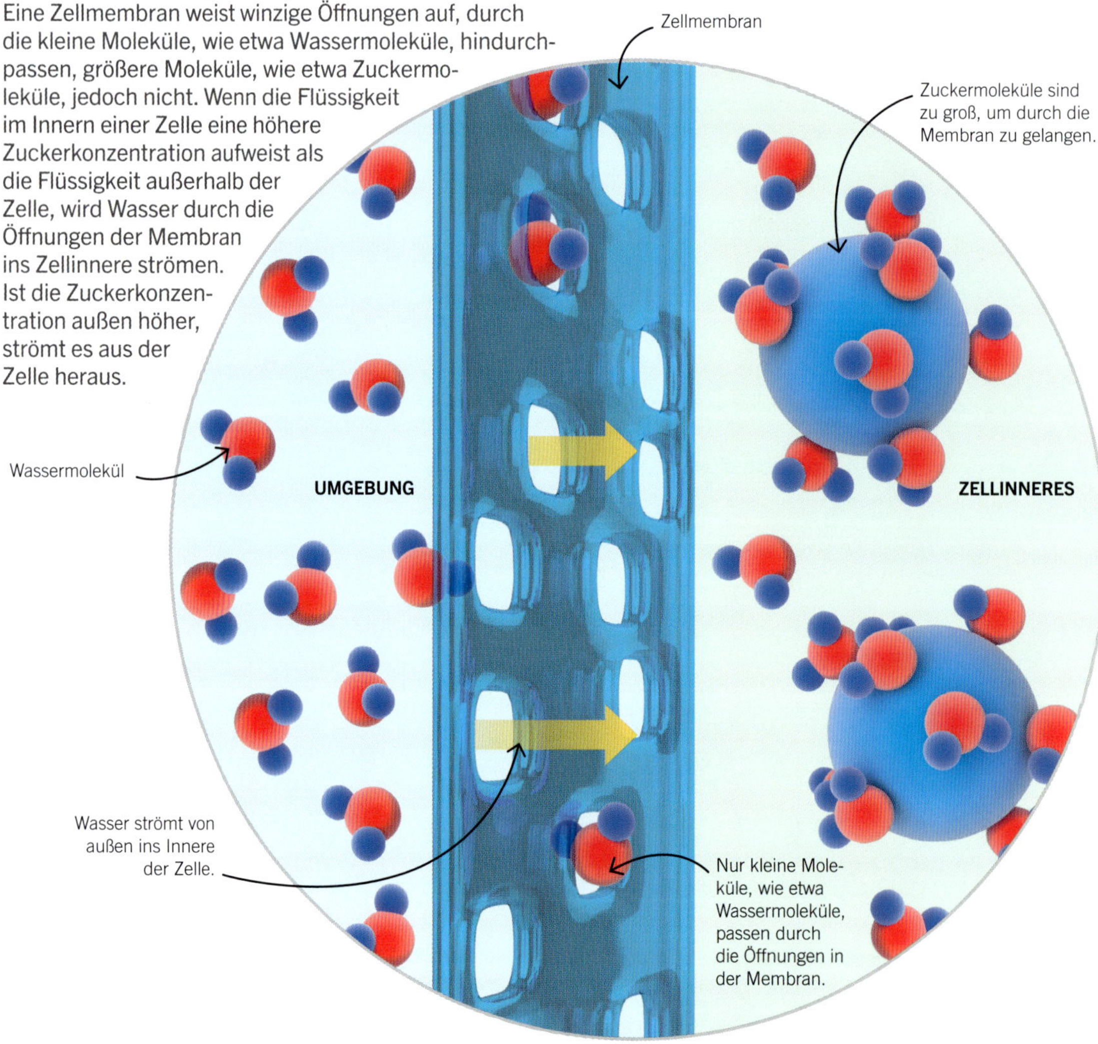

Osmose bei Pflanzen

Pflanzen brauchen die Wasseraufnahme durch Osmose, um fest und aufrecht zu bleiben. Die Flüssigkeit in den Vakuolen der Pflanzenzellen enthält gelöste Zucker und andere gelöste Stoffe, sodass Pflanzenzellen aus ihrer Umgebung Wasser durch Osmose aufnehmen. Das lässt sie prall werden.

Aufrechte Pflanze

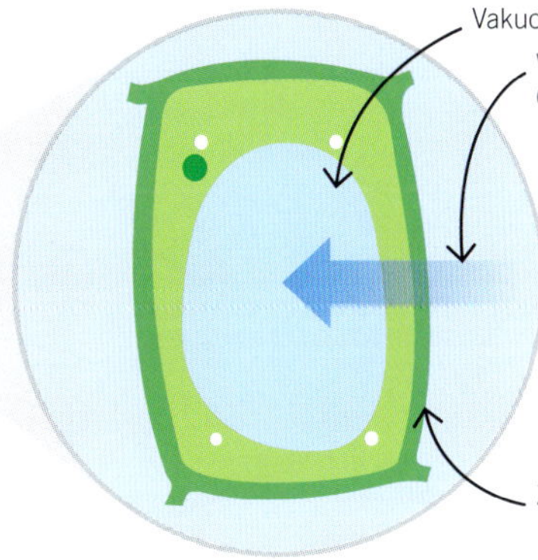

Turgeszente (pralle) Zellen besitzen eine große, mit viel Wasser gefüllte Vakuole, die den Zellinhalt gegen die Zellwand drückt.

Welkende Pflanze

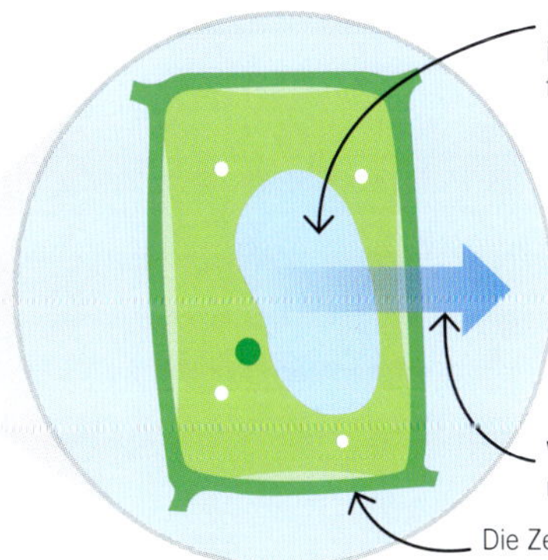

Wenn die Vakuolen von Pflanzenzellen einen Teil ihres Wassers verloren haben, werden die Zellen weich und die zugehörige Pflanze wird schlaff.

Fast verwelkte Pflanze

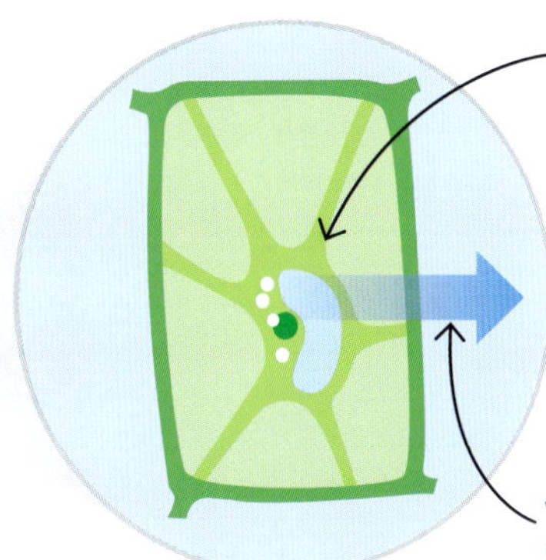

Bei der Plasmolyse haben die Zellen so viel Wasser durch Osmose verloren, dass sich ihr plasmatischer Inhalt von der Zellwand löst. Wenn die Pflanze kein Wasser bekommt, wird sie sterben.

Osmose-Experiment

Du kannst den Effekt, den Osmose auf Pflanzenzellen hat, untersuchen, indem du Kartoffelstücke in Becher mit Zuckerlösung unterschiedlicher Konzentration legst.

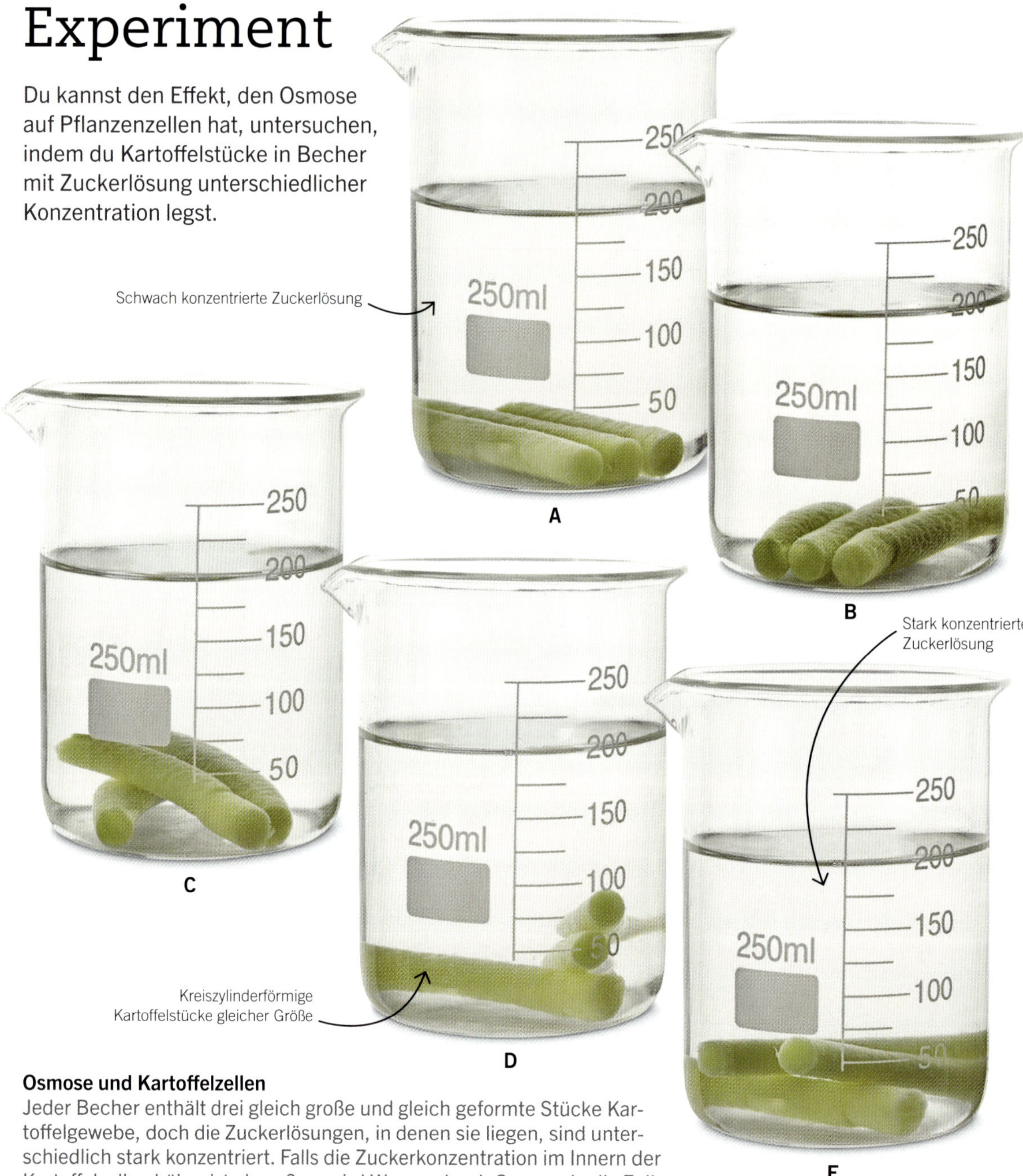

Osmose und Kartoffelzellen

Jeder Becher enthält drei gleich große und gleich geformte Stücke Kartoffelgewebe, doch die Zuckerlösungen, in denen sie liegen, sind unterschiedlich stark konzentriert. Falls die Zuckerkonzentration im Innern der Kartoffelzellen höher ist als außen, wird Wasser durch Osmose in die Zellen strömen. Ist die Zuckerkonzentration im Innern der Kartoffelzellen niedriger als außen, wird Wasser durch Osmose aus den Zellen herausströmen.

Vorgehensweise

1. Beschrifte fünf Becher mit den Buchstaben A bis E und fülle 200 ml Wasser in jeden Becher.

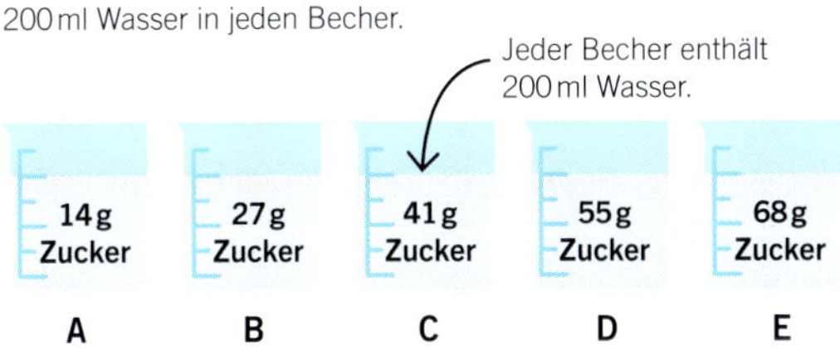

2. Löse die oben angegebene Menge Haushaltszucker (Saccharose) im jeweiligen Becher auf.

3. Schneide mit einem Korkbohrer 15 gleich lange Kreiszylinder Kartoffelgewebe aus großen Kartoffeln heraus und lege jeweils drei davon für jeden der Becher bereit. Beschrifte die Dreiergruppen mit den Buchstaben A bis E, um Verwechslungen zu vermeiden.

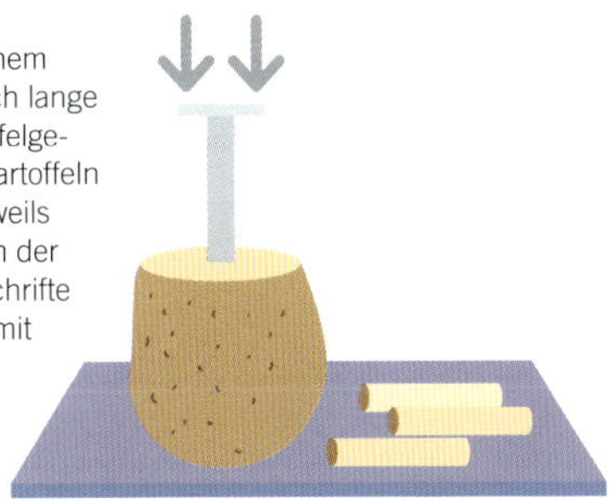

4. Wiege sämtliche Dreiergruppen und notiere jeweils das Gewicht.

5. Lege jede Dreiergruppe Kreiszylinder eine Stunde lang in den zugehörigen Becher.

6. Nimm die Kartoffelstücke wieder heraus, trockne sie und wiege sämtliche Dreiergruppen erneut. Notiere die Messergebnisse.

7. Berechne, um wie viel Prozent sich das Gewicht der Gruppen verändert hat:

$$\text{Gewichtsveränderung (\%)} = \frac{\text{Endgew.} - \text{Anfangsgew.}}{\text{Anfangsgewicht}} \cdot 100$$

Auswertung der Ergebnisse

Trage die Ergebnisse in eine Tabelle ein und ermittle dann die Zuckerkonzentration in Kartoffelzellen mithilfe eines Diagramms. Gib auf der y-Achse die Gewichtsveränderung in Prozent an und auf der x-Achse die Zuckerkonzentration in Mol pro Liter (mol/dm^3). Mach für jede Kartoffelgruppe an der entsprechenden Stelle im Diagramm ein Kreuz. Zeichne dann eine Ausgleichsgerade durch die Punkte. Der Punkt, an dem die Gerade die x-Achse schneidet, gibt die Zuckerkonzentration an, bei der weder Wasser in die Kartoffelzellen hinein-, noch aus ihnen herausströmt. Diese muss daher der Konzentration in den Zellen entsprechen.

Ergebnistabelle	A	B	C	D	E
Zuckerkonzentration (mol/dm^3)	0,2	0,4	0,6	0,8	1,0
Gewichtsveränderung (%)	10	0	–5	–15	–20

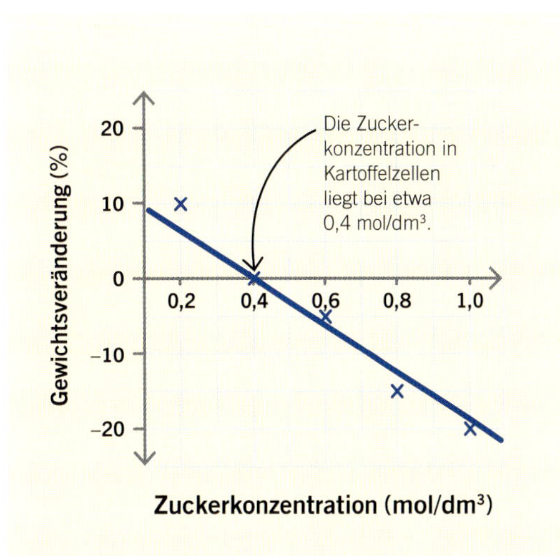

Aktiver Transport

Zellen können Stoffe, die im Zellinnern höher konzentriert sind als im Umgebungsmedium, nicht passiv durch Diffusion aufnehmen. Zur Aufnahme dieser Substanzen nutzen sie den aktiven Transport – einen Vorgang, bei dem Energie verbraucht wird.

Auf einen Blick

- ✓ Beim aktiven Transport werden Substanzen gegen ein Konzentrationsgefälle transportiert.
- ✓ Beim aktiven Transport wird Energie verbraucht.
- ✓ Die Wurzelhaarzellen der Pflanzen und die Schleimhautzellen unseres Darms nehmen Nährstoffe durch aktiven Transport auf.

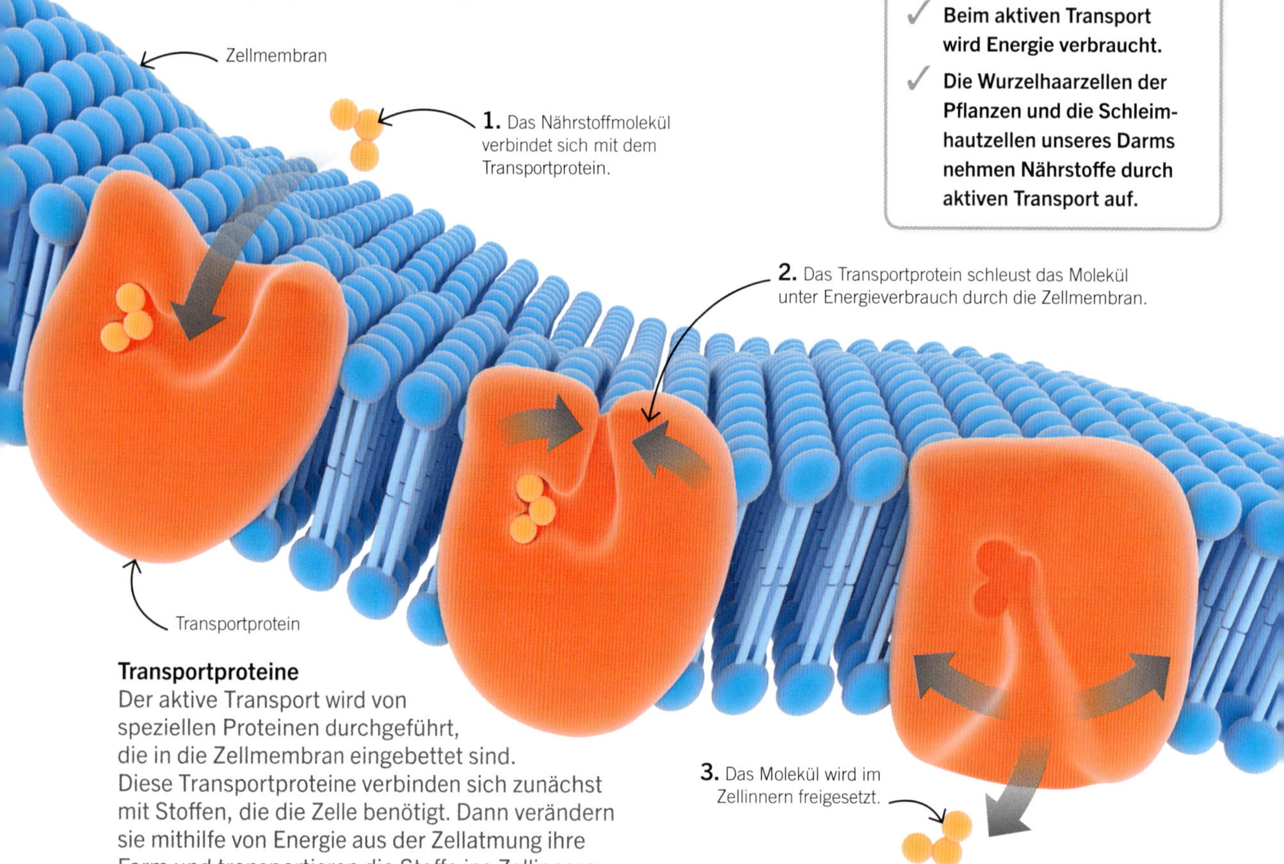

Transportproteine
Der aktive Transport wird von speziellen Proteinen durchgeführt, die in die Zellmembran eingebettet sind. Diese Transportproteine verbinden sich zunächst mit Stoffen, die die Zelle benötigt. Dann verändern sie mithilfe von Energie aus der Zellatmung ihre Form und transportieren die Stoffe ins Zellinnere.

Wurzelhaarzellen

Aktiver Transport spielt bei Tieren und Pflanzen eine wichtige Rolle bei der Aufnahme von Nährstoffen. Pflanzen nehmen Mineralstoffe aus dem Wasser im Boden auf, haben dabei aber oft das Problem, dass die Mineralstoffkonzentration im Bodenwasser geringer ist als in ihren Zellen. Die Haarzellen der Pflanzenwurzeln müssen daher diese Stoffe durch aktiven Transport absorbieren. Die Zellen unserer Darmschleimhaut nehmen Nährstoffe wie Zucker ebenfalls durch aktiven Transport auf.

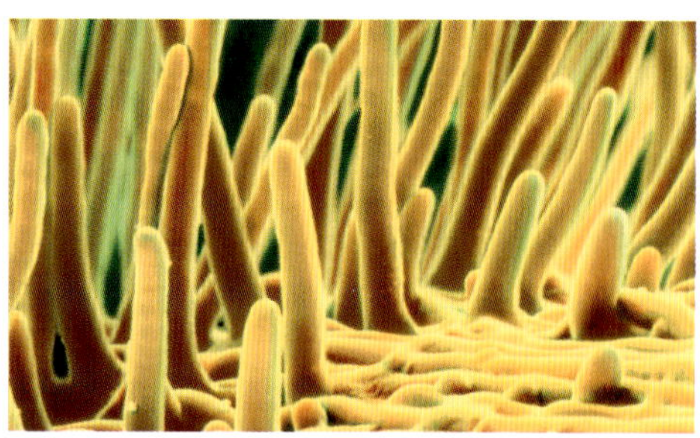

Oberfläche und Volumen

Die Fähigkeit einer Zelle oder eines Organismus, Substanzen oder Wärme mit der Umgebung auszutauschen, hängt unter anderem vom Oberfläche-Volumen-Verhältnis ab. Kleine Objekte haben im Verhältnis zu ihrer Oberfläche ein kleineres Volumen als große Objekte.

Auf einen Blick

- ✓ Kleine Organismen haben ein hohes Oberfläche-Volumen-Verhältnis und daher einen hohen Nahrungsbedarf.
- ✓ Große Organismen haben ein niedriges Oberfläche-Volumen-Verhältnis und müssen daher im Verhältnis zu ihrer Größe viel weniger Nahrung aufnehmen als kleine Organismen.

Oberfläche und Temperatur
Kleine Tiere, wie etwa Mäuse, haben ein hohes Oberfläche-Volumen-Verhältnis und verlieren daher rasch Körperwärme. Um den Wärmeverlust zu kompensieren, fressen sie sehr viel energiereiche Nahrung. Große Tiere, wie etwa Elefanten, haben ein niedriges Oberfläche-Volumen-Verhältnis. Sie kühlen daher nur langsam aus und müssen im Verhältnis zu ihrer Größe viel weniger Kalorien aufnehmen als etwa Mäuse.

Maus

Große Ohren vergrößern die Körperoberfläche und erleichtern es Elefanten dadurch, überschüssige Körperwärme abzugeben, wenn es heiß ist.

Elefant

Oberfläche-Volumen-Verhältnis

Die Oberfläche eines Objekts ist die Summe all seiner Teilflächen. Das Volumen eines Objekts entspricht dem Raum, den es einnimmt. Teilt man die Oberfläche durch das Volumen, erhält man das Verhältnis von Oberfläche zu Volumen.

Oberfläche = $3^2 \cdot 6 = 54$
Volumen = $3^3 = 27$
Verhältnis = $54:27 = 2$

Oberfläche = $2^2 \cdot 6 = 24$
Volumen = $2^3 = 8$
Verhältnis = $24:8 = 3$

Oberfläche = $1^2 \cdot 6 = 6$
Volumen = $1^3 = 1$
Verhältnis = $6:1 = 6$

Stoffaustausch und Transport

Große Organismen wie Menschen haben kein ausreichend hohes Oberfläche-Volumen-Verhältnis (s. S. 57), um sich per Diffusion durch ihre Körperhülle mit lebenswichtigen Stoffen zu versorgen. Sie besitzen aber besondere Organe mit sehr großer Oberfläche und spezialisierten Zellen, über die der Stoffaustausch erfolgt, und sie verfügen zudem über Transportsysteme, die Substanzen in ihren Körpern verteilen.

Auf einen Blick

- **Große Organismen benötigen Austauschoberflächen und Transportsysteme, um sich mit lebenswichtigen Stoffen, wie etwa Sauerstoff und Nährstoffen, zu versorgen.**
- **Austauschflächen besitzen eine große Oberfläche, um die Diffusionsrate zu maximieren.**
- **Transportsysteme befördern Substanzen durch die Körper von Tieren und Pflanzen.**

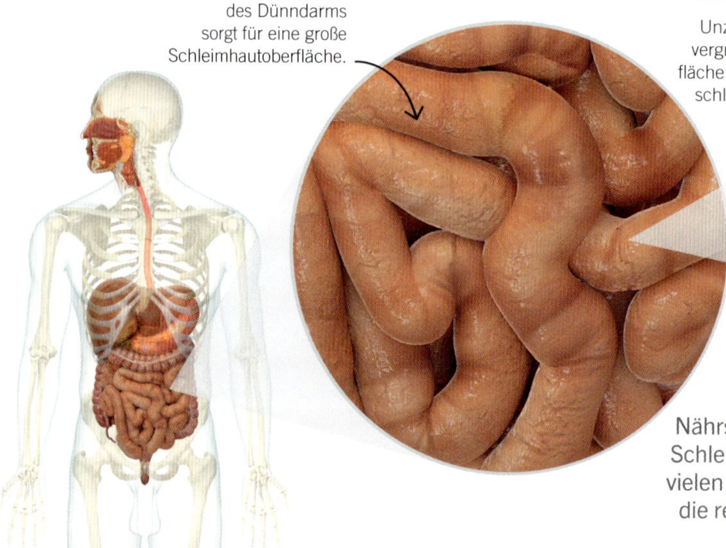

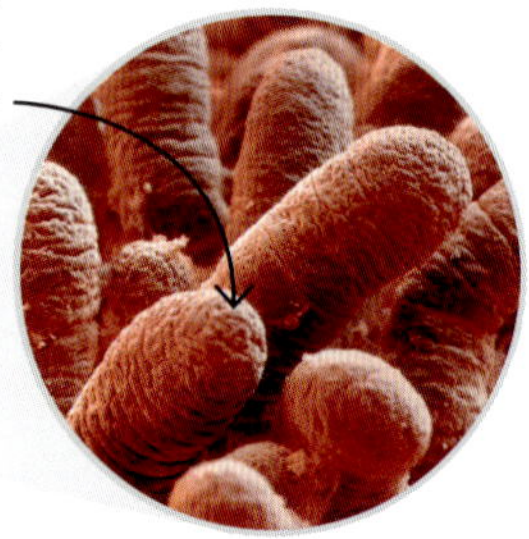

Dünndarm
Der menschliche Dünndarm benötigt eine große Oberfläche, um genügend Nährstoffe aufnehmen zu können. Auf seiner Schleimhaut sitzen daher spezielle Zellen mit vielen winzigen Fortsätzen (Mikrovilli), welche die resorbierende Fläche massiv vergrößern.

Austauschflächen und Transportsysteme

Austauschflächen sind Teile von Organismen, die eine große Oberfläche aus spezialisierten Zellen besitzen, um möglichst viele lebenswichtige Stoffe aufnehmen oder möglichst viele Abfallstoffe abgeben zu können. Transportsysteme befördern Substanzen durch Tiere oder Pflanzen.

Kiemen sind Organe, mit denen wasserlebende Tiere Sauerstoff aus dem Wasser aufnehmen. Sie sind meist fein verzweigt, um die Oberfläche, die mit dem Wasser in Kontakt kommt, zu maximieren.

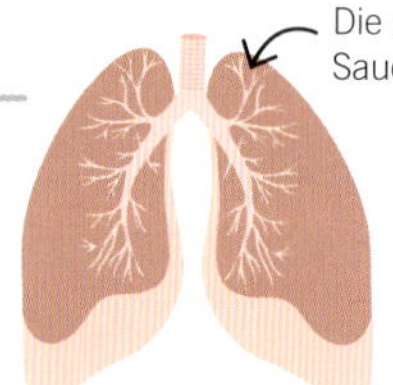

Lungen sind Organe, mit denen luftatmende Tiere Sauerstoff aufnehmen und Kohlendioxid abgeben. Sie enthalten zahllose winzige Bläschen (Alveolen), durch die eine große Oberfläche für den Gasaustausch entsteht.

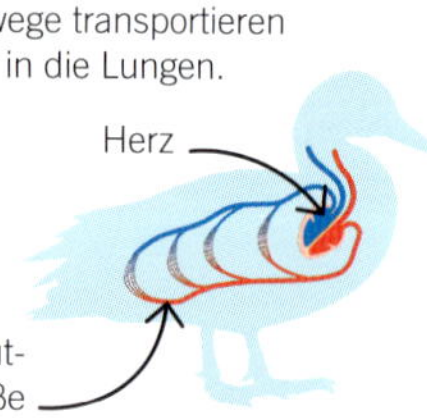

Herz und Blutgefäße bilden das Herz-Kreislauf-System eines Tiers. Blut strömt durch ein System aus Röhren und versorgt die Körperzellen mit Sauerstoff und Nährstoffen, die diese dann u. a. durch Diffusion aufnehmen.

Atmung

Zellatmung

Alle Organismen brauchen Energie, um zu überleben. Diese wird von der Zellatmung geliefert – einem Prozess der im Innern jeder Zelle stattfindet. Zellatmung ist ein exothermer Vorgang, bei dem Energie frei wird. Diese Energie wird für die verschiedensten Lebensprozesse genutzt.

Auf einen Blick

- ✓ **Die Zellatmung ist ein durch Enzyme kontrollierter Stoffwechselvorgang in Zellen, für den Sauerstoff benötigt wird.**
- ✓ **Die Zellatmung ist ein exothermer Vorgang, bei dem Energie frei wird.**
- ✓ **Die bei der Zellatmung frei werdende Energie wird in Form von ATP (Adenosintriphosphat) gespeichert.**

Energie aus der Nahrung
Bei der Zellatmung werden energiereiche Glukosemoleküle aus der Nahrung mithilfe von Enzymen und Sauerstoff abgebaut. Die dabei frei werdende Energie wird chemisch in Form von ATP (Adenosintriphosphat) gespeichert. ATP liefert die Energie für viele Prozesse im Innern lebender Zellen.

Die Energie für die Muskelkontraktion stammt aus der Zellatmung.

Bewegung
Damit Muskelzellen kontrahieren können, ist Energie nötig. Ohne sie könnten sich Tiere nicht bewegen. Manche Muskeln werden nur ab und an eingesetzt, andere, wie der Herzmuskel, sind ständig in Aktion.

Pinguine verbrauchen eine Menge Energie, um ihre Körpertemperatur auf einem konstant hohen Niveau zu halten.

Wärmeproduktion
Säugetiere und Vögel brauchen Energie, um ihre Körpertemperatur konstant zu halten. Die durch Stoffwechselprozesse wie die Zellatmung in ihrem Körper freigesetzte Wärme wird über das Blut in ihrem Körper verteilt. In kalter Umgebung steigt die Stoffwechselrate, sodass mehr Wärme produziert wird.

Wachstum
Auch für Wachstumsprozesse wird Energie benötigt. Raupen wachsen sehr schnell. Das gelingt ihnen, indem sie sehr viel fressen und so ständig für Nachschub an energiereichen organischen Verbindungen für die Zellatmung sorgen.

Wurzelhaare

Stofftransport
Pflanzen nehmen Mineralstoffe, wie etwa Nitrat, durch aktiven Transport aus dem Boden in ihre Wurzelhaare auf. Aktiver Transport ist ein Prozess, der Energie erfordert (s. S. 56).

Adler sehen exzellent – sie können Beutetiere in bis zu fünfmal größerer Entfernung erkennen als wir.

Aufbau großer Moleküle
Die Zellen von Bäumen müssen genau wie die Zellen anderer Organismen aus kleinen Molekülen sehr große Moleküle, wie etwa Proteine, herstellen. Die Herstellung dieser sogenannten Makromoleküle erfordert Energie aus der Zellatmung.

Informationsübermittlung
Nervensignale (Impulse) ermöglichen es Tieren u. a., auf Reize aus der Umwelt zu reagieren, und so z. B. Beute auszumachen. Die Zellatmung liefert die Energie, die nötig ist, um Nervenimpulse innerhalb von Millisekunden durch den Körper zu schicken.

ATP-Molekül

Hier ist die Struktur des Adenosintriphosphat-Moleküls dargestellt. Es besteht aus der Base Adenin (s. S. 183), dem Zucker Ribose und drei Phosphaten.

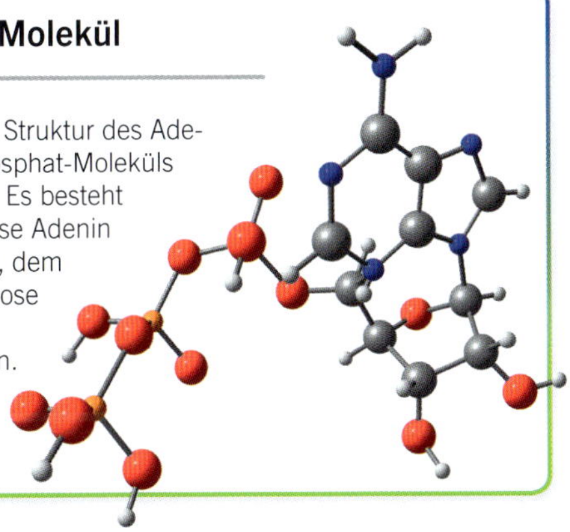

Zellatmung bei Pflanzen

Da Pflanzen Licht für die Fotosynthese brauchen, können sie nur tagsüber fotosynthetisch aktiv sein und Sauerstoff produzieren. Nachts müssen sie genau wie andere Organismen Sauerstoff aufnehmen, da ihre Zellatmung auch während der Nacht weiterläuft.

Atmungsrate

Die Atmungsrate (Sauerstoffverbrauch pro Zeitspanne) eines Organismus hängt unter anderem von der Temperatur ab. Du kannst die Atmungsrate ermitteln, indem du misst, wie viel Sauerstoff ein Organismus innerhalb eines bestimmten Zeitraums aus der Luft aufnimmt.

Auswirkung der Temperatur auf die Atmungsrate
Keimende Samen atmen, um sich mit Energie für ihr Wachstum zu versorgen. Mithilfe eines sogenannten Respirometers lässt sich herausfinden, wie hoch ihre Atmungsrate bei verschiedenen Temperaturen ist.

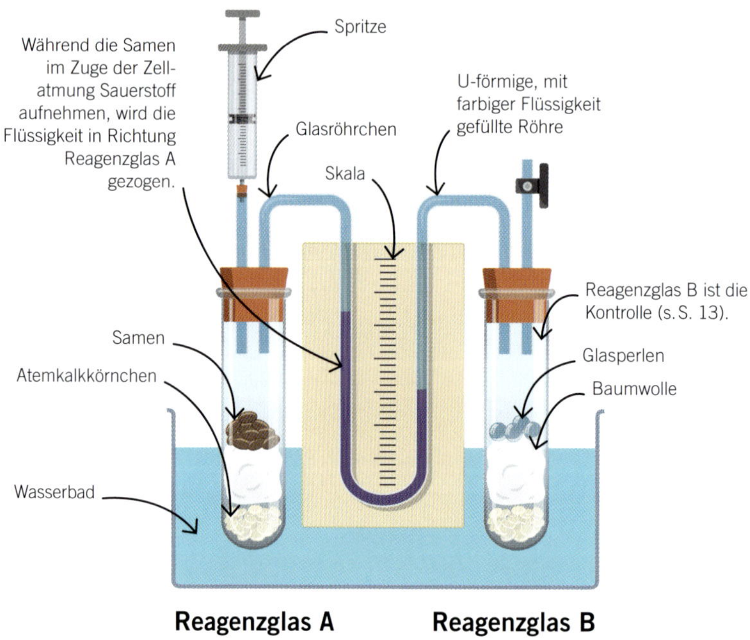

Vorgehensweise

1. Stell das Gerät bei 10 °C in ein Wasserbad.

2. Fülle Atemkalkkörnchen in beide Reagenzgläser und bedecke diese mit Baumwolle, um die Samen vor dem ätzenden Kalk zu schützen. Der Atemkalk dient dazu, das von den atmenden Samen abgegebene Kohlendioxid zu absorbieren.

3. Lege einige Samen auf die Baumwolle in Reagenzglas A und einige Glasperlen mit demselben Gewicht auf die Baumwolle in Reagenzglas B. Reagenzglas B soll zeigen, dass die Bewegung der Flüssigkeit durch die Organismen verursacht wird und nicht durch andere Faktoren.

4. Fülle das u-förmige Röhrchen mithilfe einer Spritze bis zu einer bestimmten Höhe mit farbiger Flüssigkeit. Markiere die Position der Flüssigkeit und warte 5 Minuten. Lies dann auf der Skala die Strecke ab, die die Flüssigkeit zurückgelegt hat.

5. Wiederhole das Experiment bei unterschiedlichen Temperaturen von 15 °C, 20 °C und 25 °C und vergleiche die Atmungsraten. Je höher die Atmungsrate ist, desto größer ist die Strecke, die die Flüssigkeit innerhalb einer bestimmten Zeit zurücklegt.

Berechnung der Atmungsrate

Die Strecke, die die Flüssigkeit in der Röhre zurücklegt, zeigt das Sauerstoffvolumen an, das der Organismus aufgenommen hat. Setzt man den Wert in die unten angeführte Formel ein, kann man die Atmungsrate des Organismus berechnen.

$$\textbf{Atmungsrate} = \frac{\textbf{Volumen des aufgenommenen Sauerstoffs (cm}^3\textbf{)}}{\textbf{Zeit (min)}}$$

Beispiel: Wenn ein Tier bei einer bestimmten Temperatur 420 cm³ Sauerstoff in 60 Minuten aufnimmt, beträgt die Atmungsrate:

$$\textbf{Atmungsrate} = \frac{420\,\text{cm}^3}{60\,\text{min}} = 7\,\text{cm}^3/\text{min}$$

Aerobe Atmung

Die aerobe Atmung ist ein Stoffwechselprozess, der ständig in jeder lebenden pflanzlichen oder tierischen Zelle abläuft. Sie dient dazu, die stetige Versorgung der Zellen mit Energie sicherzustellen. Aerobe Atmung liefert deutlich mehr Energie als anaerobe Atmung (s. S. 64–65).

Auf einen Blick

- ✓ **Aerobe Atmung ist ein exothermer Prozess, bei dem Energie mithilfe von Sauerstoff freigesetzt wird.**
- ✓ **Glukose und Sauerstoff reagieren im Innern von Mitochondrien unter Energiefreisetzung zu Kohlendioxid und Wasser.**
- ✓ **Aerobe Atmung ist effizienter und liefert deutlich mehr Energie als anaerobe Atmung.**

Mitochondrien
Die meisten chemischen Reaktionen der aeroben Atmung finden im Innern von winzigen Zellorganellen statt, den Mitochondrien (Singular: Mitochondrium). Zellen, die viel Energie benötigen, wie etwa Muskelzellen, besitzen viele Mitochondrien.

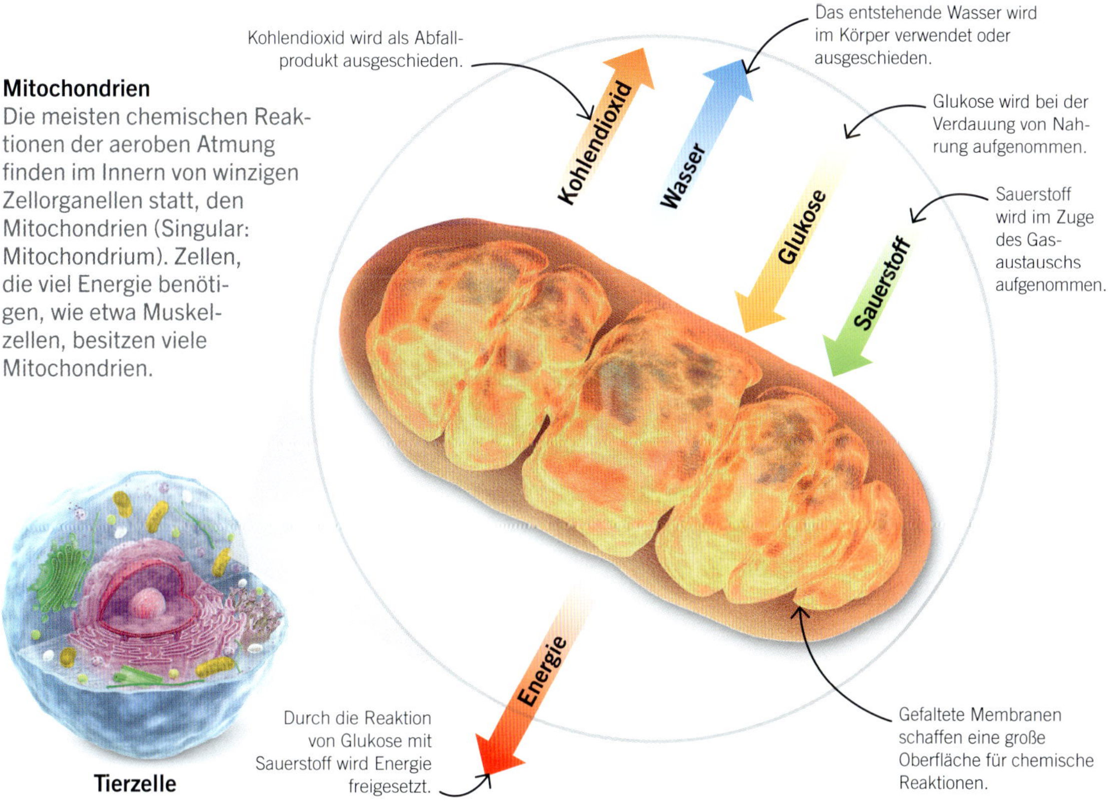

Reaktionsgleichung der Zellatmung

Hier ist die Reaktionsgleichung der Zellatmung in Symbolen und Worten dargestellt. Die Gleichung zeigt die chemische Reaktion, bei der durch den Abbau von Glukose Energie freigesetzt wird.

$$C_6H_{12}O_6 + 6O_2 \longrightarrow 6CO_2 + 6H_2O \text{ (+ Energie)}$$

Glukose + Sauerstoff ⟶ Kohlendioxid + Wasser (+ Energie)

Anaerobe Atmung

Bei der anaeroben Atmung wird Glukose nur teilweise und ohne Sauerstoff abgebaut. Anaerobe Atmung liefert deutlich weniger Energie als aerobe Atmung (s. S. 63), setzt diese aber sehr schnell frei. Sie wird daher nicht nur von Organismen betrieben, die an Orten ohne Sauerstoff leben, sondern auch von aeroben Lebewesen – etwa wenn kurzzeitig körperliche Höchstleistungen erbracht werden sollen.

Auf einen Blick

- ✓ **Anaerobe Atmung ist Atmung ohne Sauerstoff.**
- ✓ **Glukose wird bei der anaeroben Atmung nicht vollständig abgebaut. In tierischen Zellen entsteht daher Milchsäure, in Pflanzenzellen und Hefezellen Ethanol.**
- ✓ **Die anaerobe Atmung liefert deutlich weniger Energie pro Glukosemolekül als die aerobe Atmung.**

Atmung in arbeitenden Muskeln

Wenn Muskeln hart arbeiten – wie etwa beim Sprinten – müssen sie schnell und stark kontrahieren und benötigen daher viel Energie. Reicht die Energie aus der aeroben Atmung in Phasen extremer Belastung nicht aus, schalten die Muskeln auf anaerobe Atmung um, was ihnen einen zusätzlichen Energieschub liefert.

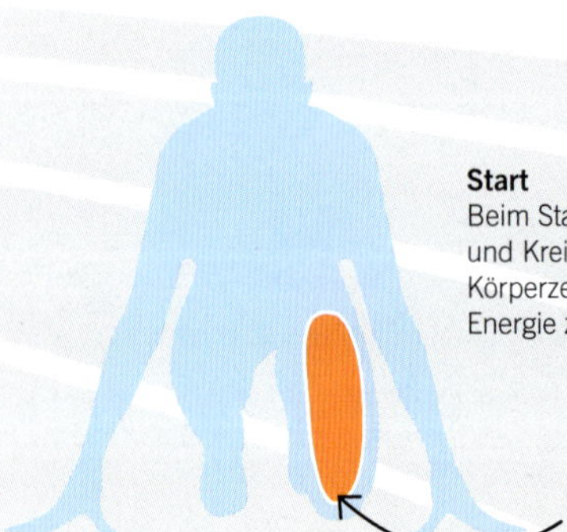

Start
Beim Start eines Rennens liefern Lungen und Kreislauf genug Sauerstoff, um alle Körperzellen durch aerobe Atmung mit Energie zu versorgen.

Vor dem Laufen sind die Muskeln frei von Milchsäure.

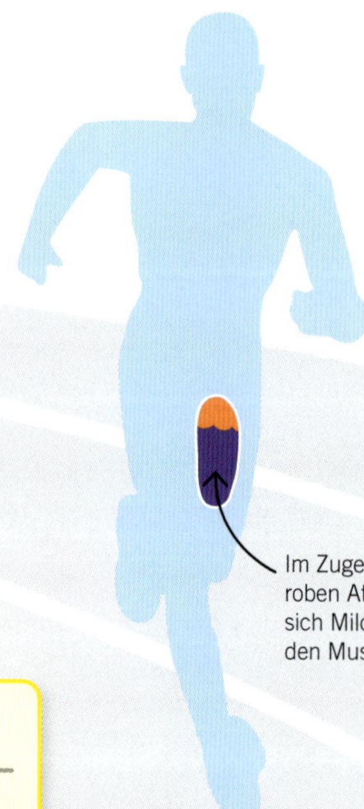

Im Zuge der anaeroben Atmung häuft sich Milchsäure in den Muskelzellen an.

Rennen
Während des Laufens schlägt das Herz schneller und die Atmung beschleunigt sich, um die Muskeln mit mehr Sauerstoff zu versorgen. Doch wenn die Belastung zu groß wird, stoßen Lunge, Herz und aerobe Atmung an ihre Grenzen. Dann muss zusätzliche Energie durch anaerobe Atmung bereitgestellt werden. Diese kommt zwar ohne Sauerstoff aus, führt aber zur Entstehung von Milchsäure.

Reaktionsgleichung der anaeroben Atmung

Reaktionsgleichung der anaeroben Atmung bei Tieren:

$$C_6H_{12}O_6 \longrightarrow 2\,C_3H_6O_3$$

Glukose ⟶ **Milchsäure (+ Energie)**

Reaktionsgleichung der anaeroben Atmung bei Pflanzen und Hefen:

$$C_6H_{12}O_6 \longrightarrow 2\,C_2H_5OH + 2\,CO_2$$

Glukose ⟶ **Ethanol + Kohlendioxid (+ Energie)**

Anaerobe Atmung bei anderen Organismen

Anaerobe Atmung läuft in tierischen und pflanzlichen Zellen unterschiedlich ab. Während bei Tieren im Zuge der anaeroben Atmung Milchsäure entsteht, produzieren Pflanzen und Hefen (Pilze) Ethanol und Kohlendioxid, wenn sie anaerob atmen.

Hefen
Manche Mikroorganismen, wie etwa Hefen, bauen Glukose im Zuge der anaeroben Atmung zu Kohlendioxid und Ethanol ab. Die anaerobe Atmung der Hefen (Gärung) wird u. a. bei der Herstellung von Brot und alkoholischen Getränken genutzt.

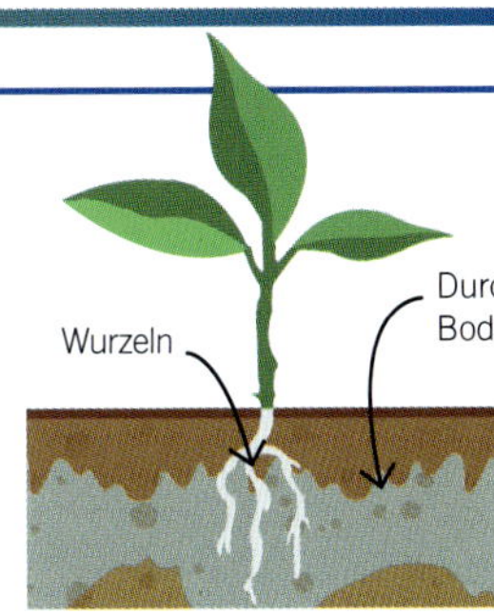

Pflanzenwurzeln
Wenn der Boden mit Wasser durchtränkt ist, reduziert sich die Menge des dort für die Pflanzenwurzeln verfügbaren Sauerstoffs. Dann müssen die Wurzelzellen auf anaerobe Atmung umschalten.

Erholung
Nach dem Rennen stellen die Muskeln die Arbeit ein. Sie brauchen daher weniger Energie und die anaerobe Atmung stoppt. Herz und Lunge arbeiten jedoch noch eine Zeit lang hart weiter, um den Sauerstoff zu liefern, der nun für die Erholung und die weitere Verstoffwechselung der Milchsäure benötigt wird.

„Sauerstoffschuld"
Nach dem Rennen atmet der Läufer noch eine Weile intensiv, um das während des Rennens entstandene Sauerstoffdefizit abzubauen. Die hierzu benötigte Menge Sauerstoff wird als „Sauerstoffschuld" bezeichnet.

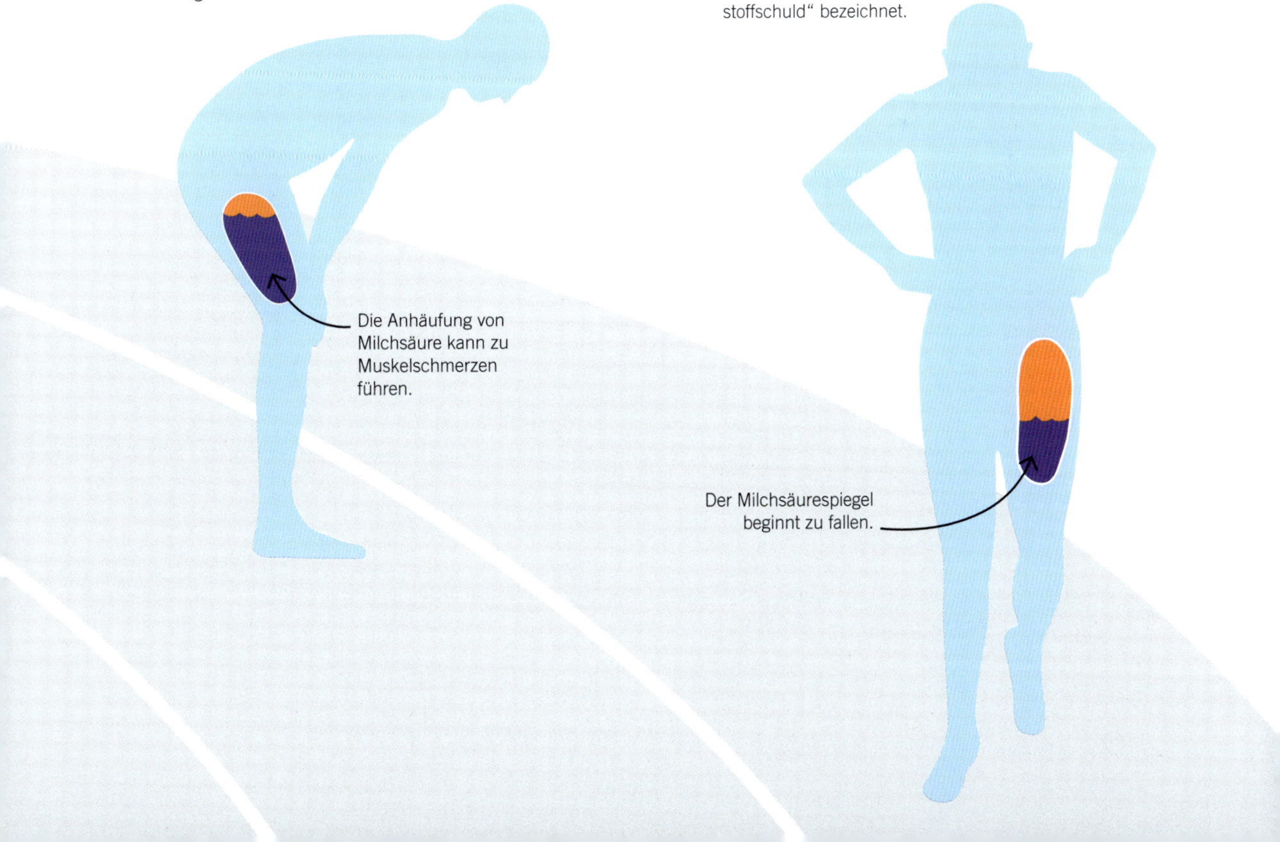

Enzyme

Enzyme

Enzyme sind Proteine, die Organismen produzieren, um mit ihnen biochemische Reaktionen zu beschleunigen. Manche Enzyme zerlegen große Moleküle in kleinere, während andere Enzyme kleinere Moleküle zu größeren verbinden. Enzyme sind Katalysatoren – sie nehmen an chemischen Reaktionen teil, gehen aber unverändert aus ihnen hervor.

Auf einen Blick

- ✓ Enzyme sind große, komplexe Proteinmoleküle.
- ✓ Enzyme sind Katalysatoren – Stoffe, die chemische Reaktionen beschleunigen können, aber unverändert aus diesen hervorgehen.
- ✓ Stoffe, die durch Enzyme verändert werden, nennt man Substrate.
- ✓ Nur bestimmte Substrate passen zum aktiven Zentrum eines Enzyms – ähnlich wie ein Schlüssel in ein Schloss.

Schlüssel-Schloss-Prinzip

Jedes Enzym hat ein aktives Zentrum, dessen einzigartige Raumstruktur exakt zu einem bestimmten Substrat oder einer beschränkten Anzahl von Substraten (Stoffe, die von einem Enzym verändert werden) passt – ähnlich wie ein Schlüssel zum Schloss.

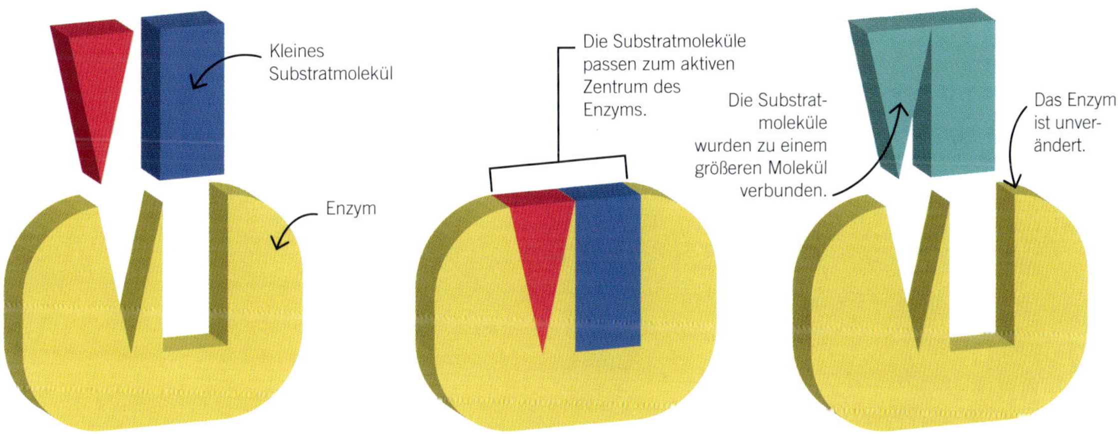

1. Stoffe, die durch Enzyme verändert werden, nennt man Substrate. Substrat und aktives Zentrum eines Enzyms sind zueinander komplementär – d. h., sie passen exakt zueinander.

2. Der Bau des Enzyms erlaubt es ihm, eine vorübergehende Bindung mit den Substraten einzugehen, sodass die beiden Substratmoleküle viel leichter miteinander reagieren können.

3. Das neue, größere Molekül löst sich vom Enzym. Das Enzym selbst ist am Ende der Reaktion unverändert und kann wieder und wieder verwendet werden.

Enzymstruktur

Enzyme bestehen aus Aminosäuren, die zu einer langen Kette verbunden sind. Die Kette bildet eine spezielle 3-D-Struktur, die es dem Enzym ermöglicht, eine bestimmte chemische Reaktion zu katalysieren.

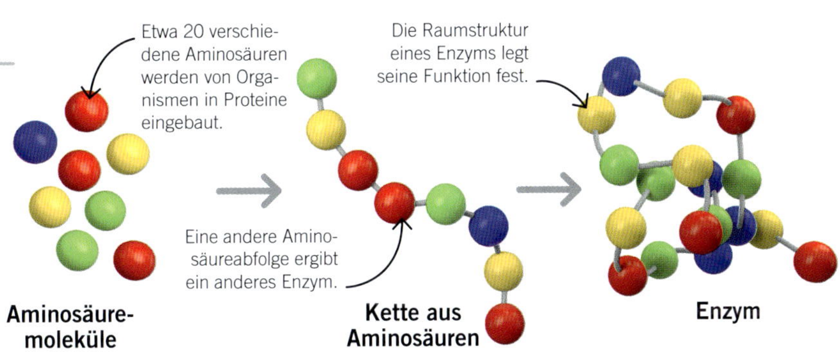

Enzyme und Temperatur

Enzyme brauchen bestimmte Bedingungen, um zu funktionieren. Eine zentrale Rolle für die Enzymaktivität spielt die Temperatur. Diese sollte im Optimum liegen, sodass die enzymkontrollierte Reaktion mit maximaler Geschwindigkeit ablaufen kann.

Auf einen Blick

- ✓ **Die Temperatur beeinflusst die Reaktionsgeschwindigkeit enzymkontrollierter Reaktionen.**
- ✓ **Die Reaktionsgeschwindigkeit enzymkatalysierter Reaktionen steigt bis zum Temperaturoptimum des Enzyms an und fällt danach wieder ab.**
- ✓ **Bei zu hohen Temperaturen wird das Enzym denaturiert. Durch die Denaturierung verändert sich die Raumstruktur des aktiven Zentrums und das Enzym verliert seine Funktion.**

Temperaturoptimum
Dieses Diagramm verdeutlicht den Einfluss der Temperatur auf die Enzymaktivität. Mit steigender Temperatur steigt auch die Enzymaktivität an, bis sie am Temperaturoptimum schließlich ein Maximum erreicht. Ist es zu warm, sinkt die Reaktionsgeschwindigkeit. Schließlich wird das Enzym denaturiert – es verändert seine Struktur und verliert seine biologische Funktion.

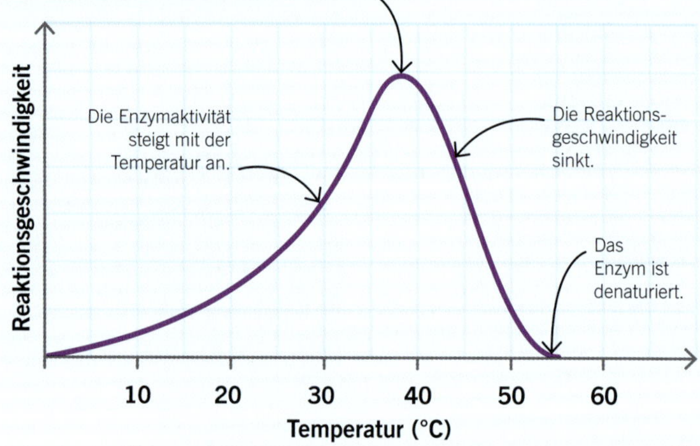

Glühwürmchen

Glühwürmchen gehören zu den Käfern. Sie nutzen bestimmte Substanzen in ihrem Körper, um Licht zu erzeugen und damit Geschlechtspartner anzulocken. Die lichterzeugende Reaktion wird von dem Enzym Luciferase katalysiert. Das Temperaturoptimum dieses Enzyms liegt bei 22–28 °C, bei Temperaturen über 30 °C wird es denaturiert.

Das Leuchtorgan dieses Leuchtkäfers sitzt am Hinterleibsende.

Enzyme und pH-Wert

Enzyme werden durch den pH-Wert beeinflusst. Der pH-Wert, bei dem ein Enzym am effizientesten arbeitet, heißt pH-Optimum. Durch extrem niedrige oder extrem hohe pH-Werte können Enzyme denaturieren, sodass sie ihre Fähigkeit verlieren, Reaktionen zu katalysieren.

Auf einen Blick

- ✓ Jedes Enzym besitzt ein pH-Optimum, bei dem es am effizientesten arbeitet.
- ✓ Das pH-Optimum für die meisten Enzyme im Innern von Zellen liegt bei 7 (neutral).
- ✓ Viele Verdauungsenzyme haben ein pH-Optimum, das im sauren oder basischen Bereich liegt.
- ✓ Bei zu hohen oder zu niedrigen pH-Werten können Enzyme denaturieren.

Verdauungsenzyme
Das Verdauungsenzym Pepsin hat sein pH-Optimum bei pH-Werten von 1–2, was den stark sauren Bedingungen im menschlichen Magen entspricht. Das Enzym Trypsin arbeitet am effektivsten bei pH-Werten von etwa 8.

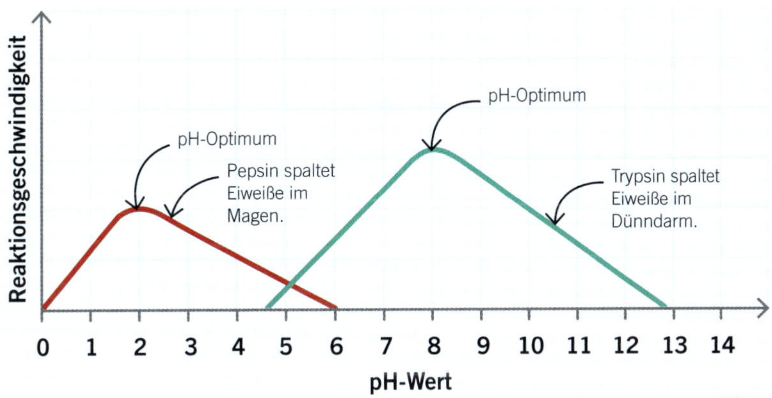

pH-Werte

Der pH-Wert zeigt an, ob eine Substanz sauer, neutral oder basisch ist. Die pH-Skala reicht von pH 0 bis pH 14. Neutrale Substanzen haben einen pH-Wert von 7, Substanzen mit einem pH-Wert unter 7 sind sauer, solche mit einem pH-Wert über 7 basisch (alkalisch).

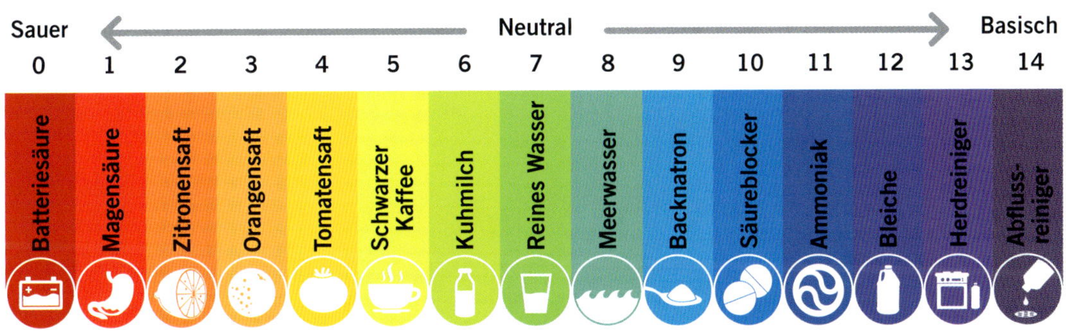

Enzyme und Substrate

Substrat- und Enzymkonzentration können die Reaktionsgeschwindigkeit enzymkatalysierter Reaktionen beeinflussen. Nimmt eine von beiden zu, treffen Enzym- und Substratmoleküle häufiger aufeinander und die Reaktionsgeschwindigkeit steigt bis zu einem Maximum an.

Auf einen Blick

- ✓ **Enzymaktivität und Reaktionsgeschwindigkeit steigen mit steigender Substratkonzentration bis zu einem Maximum an.**
- ✓ **Ist der Sättigungspunkt erreicht, hat eine weitere Steigerung der Substratkonzentration keinen Einfluss mehr auf die Reaktionsgeschwindigkeit. Diese kann dann nicht mehr weiter gesteigert werden, sondern bleibt konstant.**

Reaktionsgeschwindigkeit
Mit steigender Substratkonzentration steigt auch die Reaktionsgeschwindigkeit an, bis ein Punkt erreicht ist, an dem es keine freien Enzymmoleküle für weiteres Substrat mehr gibt. Auch bei steigender Enzymkonzentration steigt die Reaktionsgeschwindigkeit bis zu einem Maximum an.

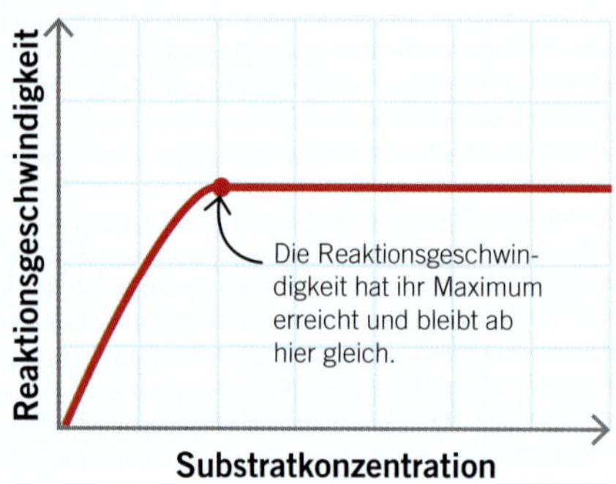

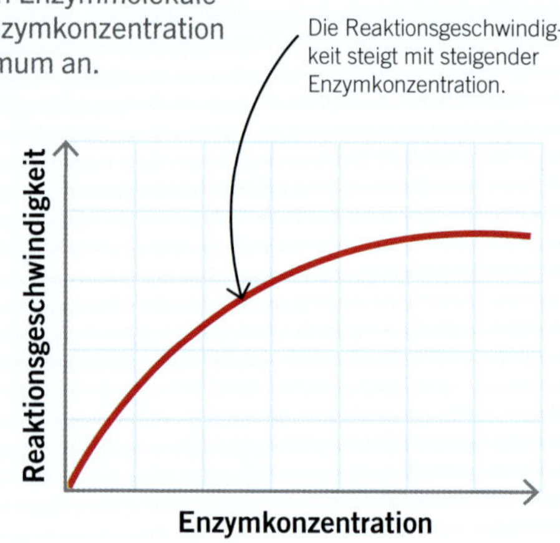

Sättigungspunkt

Wenn alle Enzyme aktiv sind und mit maximaler Geschwindigkeit arbeiten, ist der sogenannte Sättigungspunkt erreicht, bei dem die Reaktionsgeschwindigkeit nicht mehr weiter gesteigert werden kann, sondern konstant bleibt. Eine weitere Steigerung der Substratkonzentration hat dann keinen Einfluss mehr auf die Reaktionsgeschwindigkeit.

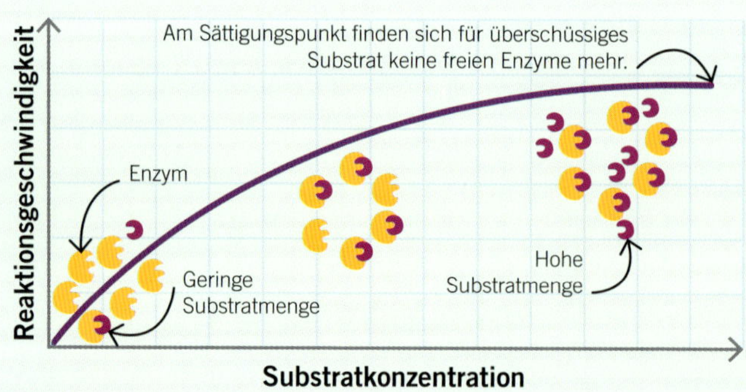

Enzyme in der Industrie

Enzyme werden in der Nahrungsmittelindustrie und bei der Herstellung von Chemikalien häufig verwendet. Sie wirken kostensparend, da sie den Herstellungsprozess beschleunigen und wiederverwendet werden können.

Auf einen Blick

- ✓ **Enzyme finden in vielen Industriezweigen Verwendung.**
- ✓ **Enzyme beschleunigen chemische Reaktionen.**
- ✓ **Enzyme können wieder und wieder verwendet werden.**

Bio-Waschmittel
In Bio-Waschmitteln werden Enzyme zur Fleckentfernung eingesetzt. Da Enzyme bereits bei niedrigen Temperaturen wirken, muss das Waschwasser weniger stark erwärmt werden, um ein gutes Reinigungsergebnis zu erzielen. Dadurch sinkt der Energieverbrauch beim Waschen von Kleidung. Enzyme sind zudem weniger belastend für die Umwelt als andere fleckentfernende Chemikalien, da sie biologisch abbaubar sind.

Das Enzym Lipase entfernt Fettflecken, wie etwa Butterflecken.

Das Enzym Amylase entfernt stärkehaltige Flecken, wie etwa Kartoffel- oder Nudelflecken.

Das Enzym Cellulase hilft dabei, Schmutz von Baumwollfasern zu entfernen.

Das Enzym Protease entfernt Eiweißflecken, wie etwa Blutflecken (enthalten das Protein Hämoglobin).

Andere Anwendungen

Recyceln von Plastikmüll
PETase ist ein Enzym, das Plastik in kleinere Bausteine zerlegen kann. Wissenschaftler arbeiten daran, die PETase so effizient zu machen, dass sie in Zukunft in großem Stil zum Recyceln von Plastikmüll eingesetzt werden kann.

Fruchtsäfte
Bei der Herstellung von Fruchtsäften werden Enzyme eingesetzt, die Zellwände auflösen können und dadurch die Saftausbeute erhöhen. Enzyme werden zudem verwendet, um Fruchtsäfte durch das Auflösen stärkehaltiger Trübstoffe klarer zu machen.

Laktosefreie Milch
Menschen, die das Enzym Laktase nicht oder nicht ausreichend bilden können, haben Probleme bei der Verdauung von Produkten, die Laktose (Milchzucker) enthalten. Für sie werden mithilfe von Laktase laktosefreie Milch und andere laktosefreie Milchprodukte hergestellt.

Enzym-Experimente

Jedes Enzym arbeitet bei seinem Temperatur- und pH-Optimum am besten. Für Enzyme im menschlichen Körper liegt die optimale Temperatur gewöhnlich bei etwa 37 °C. Bei höheren oder niedrigeren Temperaturen sinkt die Enzymaktivität.

Einfluss der Temperatur auf die Enzymaktivität
Durch Messung der Reaktionsgeschwindigkeit kann der Einfluss der Temperatur auf die Enzymaktivität ermittelt werden. In diesem Experiment wird untersucht, wie schnell Amylase Stärke bei unterschiedlichen Temperaturen in Glukose spaltet.

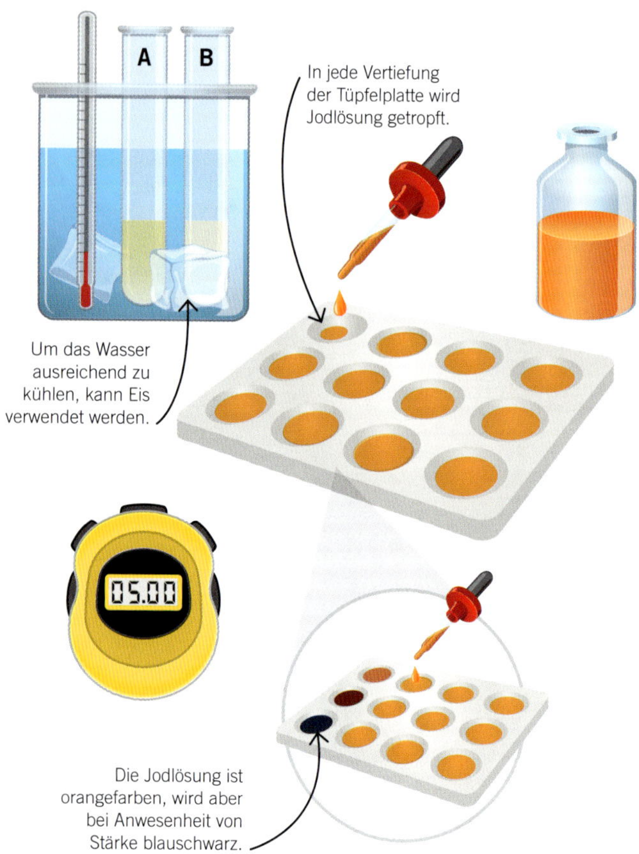

Auf einen Blick

- ✓ **Jedes Enzym hat ein Temperaturoptimum und ein pH-Optimum, bei dem es am schnellsten arbeitet.**
- ✓ **Bei niedrigen Temperaturen bewegen sich die Enzym- und Substratmoleküle langsamer und treffen daher seltener aufeinander, sodass die Reaktionsgeschwindigkeit sinkt.**
- ✓ **Mit steigender Temperatur steigt auch die Reaktionsgeschwindigkeit, da Enzym- und Substratmoleküle öfter aufeinandertreffen.**
- ✓ **Bei zu hohen Temperaturen denaturieren Enzyme und verlieren ihre Funktion.**

Vorgehensweise

1. Bereite eine Tüpfelplatte vor, indem du einige Tropfen Jodlösung in jede Vertiefung gibst.

2. Gib Stärkelösung in Reagenzglas A und Amylaselösung in Reagenzglas B.

3. Stell beide Reagenzgläser so lange in ein 4 °C kaltes Wasserbad, bis die Lösungen auf 4 °C abgekühlt sind.

4. Mische die Lösungen in einem Reagenzglas. Stell das Reagenzglas wieder ins Wasserbad und starte die Stoppuhr.

5. Nimm nach 5 Minuten mit einer Pipette etwas von der Reaktionslösung und tropfe sie in eine Vertiefung der Tüpfelplatte. Wiederhole den Vorgang alle 30 Sekunden, bis die Jodlösung nicht mehr blauschwarz wird.

6. Wiederhole die Schritte 1–5 mit einem 37 °C und einem 60 °C warmen Wasserbad. Die Probenreihe, bei der sich am schnellsten keine Stärke mehr nachweisen lässt (Jodlösung bleibt orange) zeigt das Temperaturoptimum für Amylase an.

Einfluss des pH-Werts auf die Enzymaktivität

Mit einem ähnlichen Experiment wie für die Temperatur kann man auch den Einfluss des pH-Werts auf die Enzymaktivität ermitteln. Das Enzym Pepsin, das sich in unserem Magen findet, ist – anders als viele andere Enzyme – nicht im neutralen Bereich um pH 7, sondern unter sehr sauren Bedingungen (pH 1–2) am effektivsten.

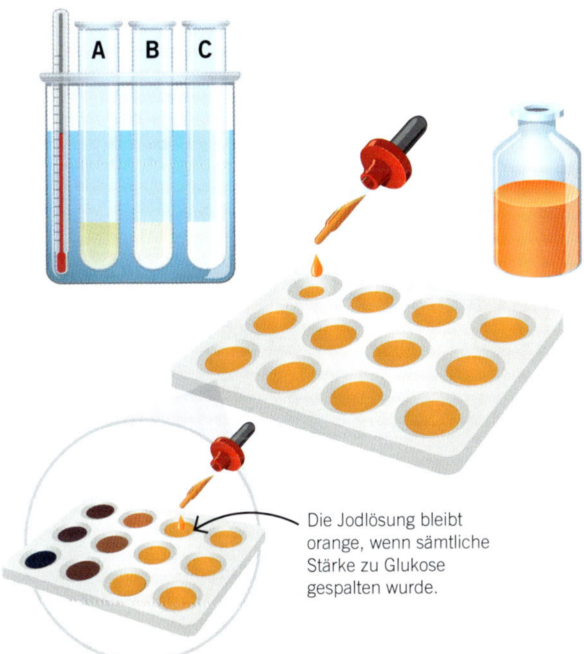

Vorgehensweise

1. Gib einige Tropfen Jodlösung in jede Vertiefung der Tüpfelplatte.

2. Gib Stärkelösung in Reagenzglas A, Amylaselösung in Reagenzglas B und pH-4-Pufferlösung in Reagenzglas C (der Puffer hält den pH-Wert konstant).

3. Stell alle drei Reagenzgläser 10 Minuten lang in ein 37 °C (Temperaturoptimum des Enzyms) warmes Wasserbad, sodass die Lösungen die Optimaltemperatur erreichen.

4. Mische alle drei Lösungen in einem Reagenzglas. Stell das Reagenzglas wieder ins Wasserbad und starte die Stoppuhr.

5. Nimm nach 5 Minuten mit einer Pipette etwas von der Reaktionslösung und tropfe so lange alle 30 Sekunden ein wenig davon zu einer der Jodlösungen in der Tüpfelplatte, bis die Jodlösung nicht mehr blauschwarz wird.

6. Wiederhole die Schritte 1–5 mit Pufferlösungen von unterschiedlichem pH-Wert (zwischen pH 4 und pH 9). Die Probenreihe, bei der sich am schnellsten keine Stärke mehr nachweisen lässt (Jodlösung bleibt orange) zeigt das pH-Optimum für Amylase an.

Berechnung der Reaktionsgeschwindigkeit

Erste Gleichung

Eine Möglichkeit zur Berechnung der Reaktionsgeschwindigkeit ist es, zu messen, wie viel Substrat innerhalb einer bestimmten Zeit verbraucht oder wie viel Produkt innerhalb einer bestimmten Zeit gebildet wurde:

$$\text{Reaktionsgeschwindigkeit} = \frac{\text{verbrauchtes Substrat oder gebildetes Produkt}}{\text{Zeit}}$$

Beispiel: Das Enzym Katalase setzt Wasserstoffperoxid zu Sauerstoff und Wasser um. Wenn durch Katalaseaktivität in 40 Sekunden 20 cm³ Sauerstoff entstehen, dann ergibt sich eine Reaktionsgeschwindigkeit von:

$$\text{Reaktionsgeschwindigkeit} = \frac{20\,\text{cm}^3}{40\,\text{s}} = 0{,}5\,\text{cm}^3/\text{s}$$

Zweite Gleichung

Wenn in obigem Experiment die Konzentration der Stärkelösung und die Menge an Lösung, die in jede Vertiefung der Tüpfelplatte getropft wurde, bekannt sind, lässt sich die Reaktionsgeschwindigkeit berechnen, indem man die verbrauchte Stärkemenge durch die Zeit teilt, die das Enzym zur vollständigen Umwandlung der Stärke in Glukose benötigt hat:

$$\text{Reaktionsgeschwindigkeit} = \frac{\text{verbrauchte Stärke}}{\text{Zeit}}$$

Beispiel: Wenn die Konzentration 5 g Stärke pro Liter beträgt, befinden sich in jeder Vertiefung mit 20 ml Lösung 0,1 g Stärke. Hat die Amylase 10 Sekunden gebraucht, um die 0,1 g Stärke in der Lösung zu spalten, ergibt sich eine Reaktionsgeschwindigkeit von:

$$\text{Reaktionsgeschwindigkeit} = \frac{0{,}1\,\text{g}}{10\,\text{s}} = 0{,}01\,\text{g/s}$$

Stoffwechsel

Der Stoffwechsel umfasst alle biochemischen Prozesse, die in einer Zelle oder in einem Körper ablaufen. Die meisten dieser Prozesse werden durch Enzyme katalysiert (s. S. 67). Manche Stoffwechselprozesse liefern Energie, bei anderen muss Energie zugeführt werden.

Auf einen Blick

- **Der Stoffwechsel ist die Gesamtheit aller biochemischen Prozesse, die in einer Zelle oder in einem Körper ablaufen.**
- **Bei Stoffwechselprozessen werden Moleküle gespalten oder zusammengebaut.**
- **Manche Stoffwechselprozesse liefern Energie, bei anderen muss Energie zugeführt werden.**

Spalten

Bei etlichen Stoffwechselprozessen werden chemische Bindungen in großen Molekülen gespalten, sodass kleinere Moleküle entstehen.

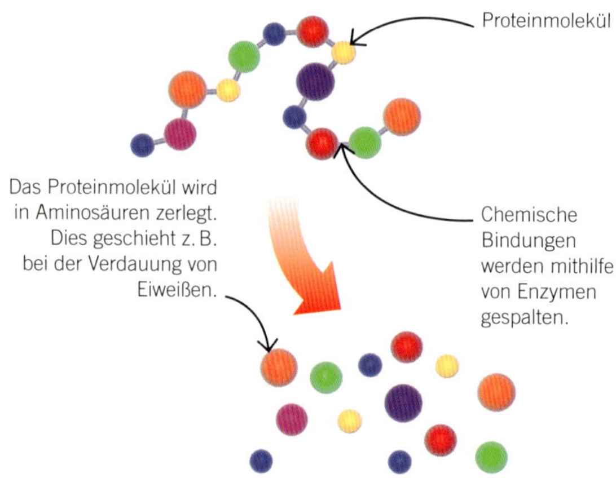

Beispiele

- Alle Zellen zerlegen im Zuge der Zellatmung den Zucker Glukose, um Energie zu gewinnen. Diese Energie wird für Prozesse genutzt, die Energie benötigen, wie etwa Wachstum und Bewegung.
- Speicherkohlenhydrate (Stärke bei Pflanzen, Glykogen bei Tieren) werden zu Glukose abgebaut, sobald Zellen diesen Zucker benötigen.
- Bei der Verdauung von Nahrung werden große Moleküle in kleinere Moleküle zerlegt – Proteine (Eiweiße) in Aminosäuren, Stärke in Glukose und Fette in Fettsäuren und Glycerin.
- Beim Abbau von Aminosäuren entsteht im Körper von Wirbeltieren giftiger Ammoniak, der rasch in Harnstoff umgewandelt und ausgeschieden wird.

Zusammensetzen

Bei manchen Stoffwechselprozessen werden kleinere Moleküle zu größeren Molekülen zusammengesetzt.

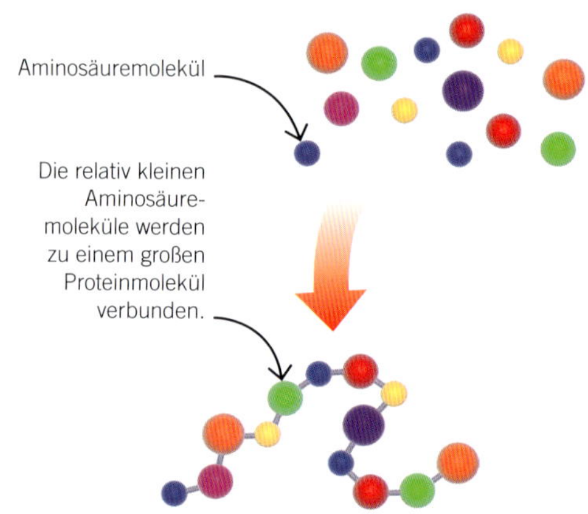

Beispiele

- Im Zuge des Wachstums werden kleinere Moleküle zu größeren Molekülen verbunden – Aminosäuren zu Eiweißen sowie Fettsäuren und Glycerin zu Lipiden.
- Glukosemoleküle werden zu langkettigen Kohlenhydraten verbunden (Stärke bei Pflanzen, Glykogen bei Tieren).
- Pflanzen verbinden Glukosemoleküle auch zu Zellulose, die sie für ihre Zellwände benötigen.
- Pflanzen verbinden im Zuge der Fotosynthese Kohlendioxid- und Wassermoleküle zu Glukose und stellen anschließend unter Verwendung der Glukose zahllose andere organische Stoffe her, die sie benötigen – darunter Aminosäuren und Proteine.

Ernährung bei Pflanzen

Fotosynthese

Alle Organismen brauchen Nahrung, um zu überleben. Anders als Tiere stellen Pflanzen ihre Nahrung auf biochemischem Weg mithilfe der Fotosynthese selbst her. Grüne Pflanzen erzeugen dabei aus anorganischen Stoffen energiereiche organische Substanzen, von denen sich auch andere Organismen ernähren können.

Wie Fotosynthese funktioniert

Bei der Fotosynthese stellen grüne Pflanzen mithilfe von Sonnenlicht aus Kohlendioxid und Wasser Glukose her. Dabei entsteht als Nebenprodukt Sauerstoff. Einen Teil dieses Sauerstoffs nutzen die Pflanzen bei ihrer Zellatmung, der Rest wird in die Luft abgegeben.

Auf einen Blick

- **Pflanzen stellen ihre Nahrung mithilfe der Fotosynthese selbst her.**
- **Fotosynthese findet in den grünen Teilen von Pflanzen statt.**
- **Bei der Fotosynthese nutzen Pflanzen die Energie des Sonnenlichts, um aus Kohlendioxid und Wasser Glukose herzustellen.**
- **Fotosynthese ist eine endotherme Reaktion: Sie benötigt Lichtenergie von der Sonne.**

Sauerstoff wird freigesetzt.

Das Sonnenlicht liefert die Energie für die Fotosynthese. Pflanzen nutzen die Lichtenergie, um Kohlendioxid und Wasser in Glukose und Sauerstoff zu verwandeln.

Die Blätter einer Pflanze nehmen Kohlendioxid aus der Luft auf.

Wasser wird über die Wurzeln aus dem Boden aufgenommen.

Mineralstoffe werden ebenfalls über die Wurzeln aus dem Boden aufgenommen. Einer dieser Mineralstoffe ist Magnesium, das für die Bildung von Chlorophyll benötigt wird.

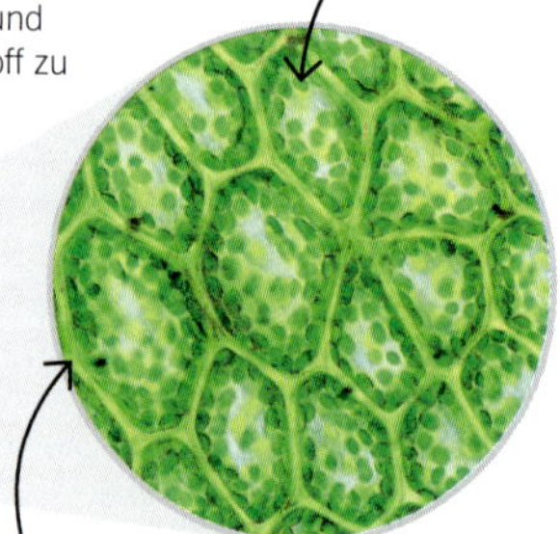

Chloroplast

Die Fotosynthese findet in sogenannten Chloroplasten statt, die in großer Zahl in Pflanzenzellen vorhanden sind. Chloroplasten enthalten den grünen Farbstoff Chlorophyll, der Licht absorbiert.

Reaktionsgleichung der Fotosynthese

Fotosynthese ist ein endothermer Prozess, bei dem Energie zugeführt werden muss. Sie besteht aus etlichen aufeinanderfolgenden enzymkontrollierten Reaktionen. Die Reaktionsgleichung der Fotosynthese kann in Symbolen und Worten zusammenfassend dargestellt werden:

$$6\,CO_2 + 6H_2O \xrightarrow[\text{Chlorophyll}]{\text{Sonnenlicht}} C_6H_{12}O_6 + 6\,O_2$$

$$\textbf{Kohlendioxid} + \textbf{Wasser} \xrightarrow[\text{Chlorophyll}]{\text{Sonnenlicht}} \textbf{Glukose} + \textbf{Sauerstoff}$$

Blätter

Bei den meisten Pflanzen findet die Fotosynthese vor allem in den Blättern statt. Blätter haben oft eine große Oberfläche, um möglichst viel Sonnenlicht nutzen zu können. Die meisten Chloroplasten finden sich in Zellen unter der Oberfläche der Blattoberseite, da dieser Teil des Blatts das meiste Licht erhält.

Auf einen Blick

- ✓ **Blätter sind dank ihrer großen Oberfläche und ihrer zahlreichen Chloroplasten hervorragend an die Fotosynthese angepasst.**
- ✓ **Fotosynthese findet v. a. im Palisadenparenchym der Blätter statt.**
- ✓ **Der Gasaustausch findet im Schwammparenchym der Blätter statt.**
- ✓ **Durch Spaltöffnungen (Stomata) in der Epidermis der Blätter können Gase wie Kohlendioxid, Sauerstoff und Wasserdampf aus- und einströmen.**

Blattaufbau
Ein Blatt besteht aus mehreren Zell- und Gewebeschichten. Der Bau der Blätter ist ganz auf ihre Hauptaufgabe – die Fotosynthese – zugeschnitten.

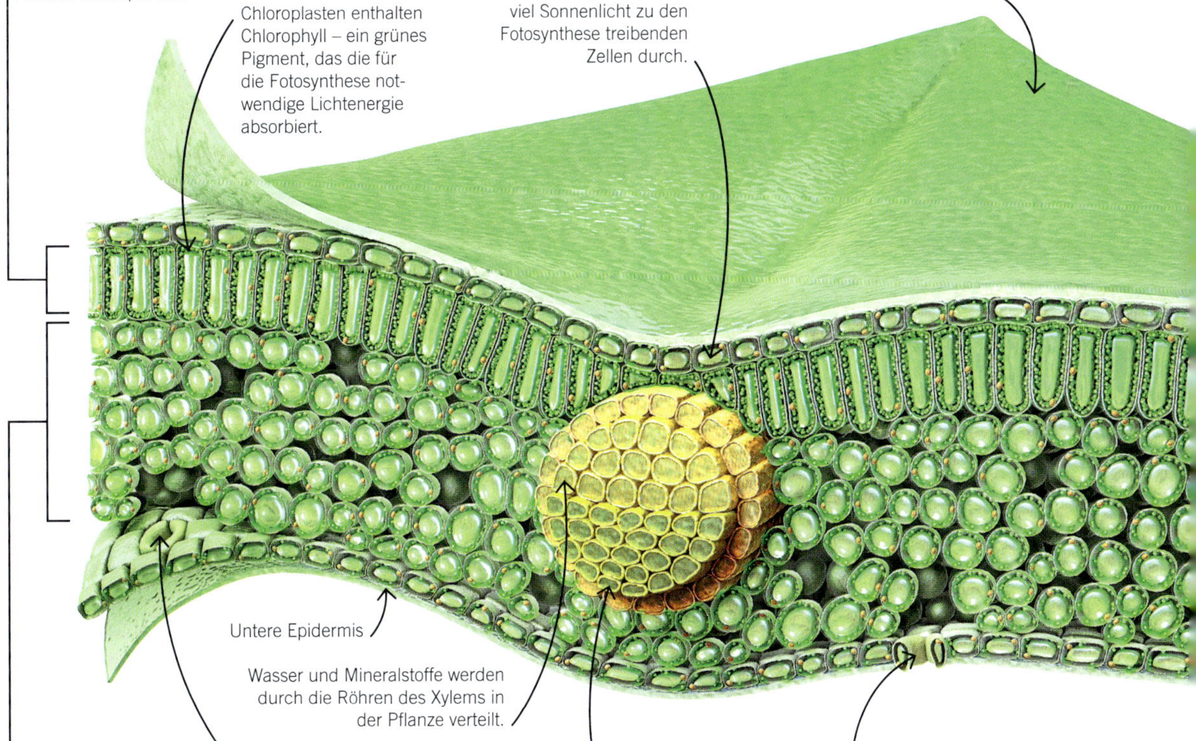

Das Palisadenparenchym enthält säulenförmige, dicht gepackte Zellen mit zahlreichen Chloroplasten.

Chloroplasten enthalten Chlorophyll – ein grünes Pigment, das die für die Fotosynthese notwendige Lichtenergie absorbiert.

Die Epidermis ist eine einlagige, durchsichtige Zellschicht, die das Blatt umgibt. Sie lässt viel Sonnenlicht zu den Fotosynthese treibenden Zellen durch.

Die Kutikula ist eine wachsartige Schicht, die die Epidermis bedeckt. Sie verhindert, dass Wasser in das Blatt eindringt und verlangsamt das Austrocknen, indem sie den Wasserverlust deutlich reduziert.

Untere Epidermis

Wasser und Mineralstoffe werden durch die Röhren des Xylems in der Pflanze verteilt.

Das Schwammparenchym weist große Zellzwischenräume auf, die dem Gasaustausch dienen.

Spaltöffnungen (Stomata) bestehen aus jeweils zwei Schließzellen, die durch An- oder Abschwellen Poren in der Epidermis öffnen oder schließen können.

Die bei der Fotosynthese produzierte Glukose wird durch Phloemgefäße in der Pflanze verteilt.

Durch Spaltöffnungen kann Kohlendioxid in das Blatt hineinströmen und Sauerstoff aus dem Blatt herausströmen.

Spaltöffnungen

Der Austausch von Gasen, die bei der Fotosynthese benötigt oder gebildet werden, erfolgt über winzige, von Schließzellen umgebene Poren – die Spaltöffnungen (Stomata). Diese finden sich meist auf der Unterseite von Blättern. Stomata sind gewöhnlich bei Tag geöffnet und nachts geschlossen.

Auf einen Blick

- ✓ **Sauerstoff – ein Nebenprodukt der Fotosynthese – wird über die Stomata abgegeben.**
- ✓ **Kohlendioxid diffundiert durch die Stomata in das Blatt hinein.**
- ✓ **Wasserdampf entweicht über die Stomata in die Luft (Transpiration).**
- ✓ **Das Öffnen und Schließen der Stomata wird von Schließzellen kontrolliert.**

Bau und Lage
Spaltöffnungen bestehen aus zwei gebogenen Schließzellen, die durch Veränderung ihrer Form winzige Poren öffnen oder schließen. Stomata befinden sich v. a. auf der Blattunterseite, denn diese ist vor direkter Sonneneinstrahlung geschützt, was den Wasserverlust durch Transpiration vermindert.

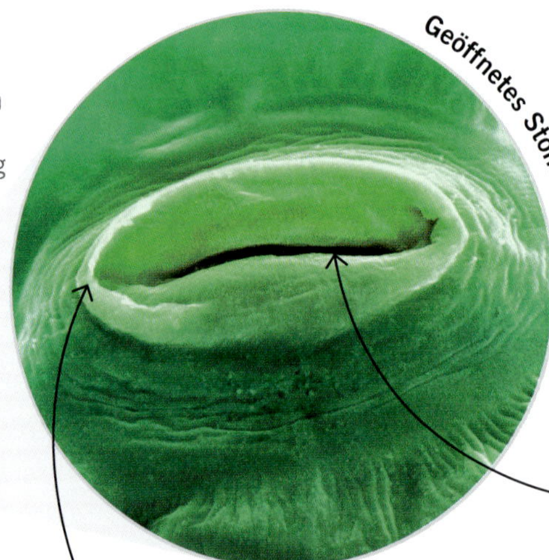

Wie Schließzellen funktionieren

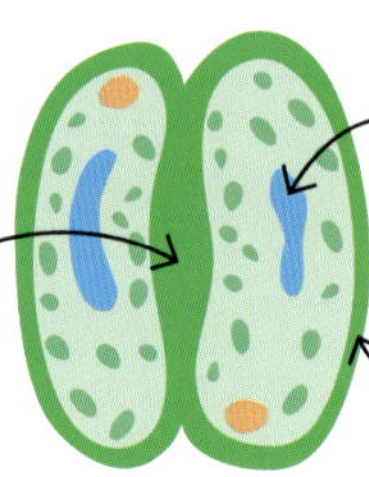

Schließen der Spaltöffnung
Sind die Bedingungen für die Fotosynthese ungünstig – wie etwa bei Nacht – werden die Schließzellen durch Abgabe von Wasser schlaff und die Pore schließt sich. Auch bei Wassermangel schließen Pflanzen ihre Stomata, um das Austrocknen zu verzögern.

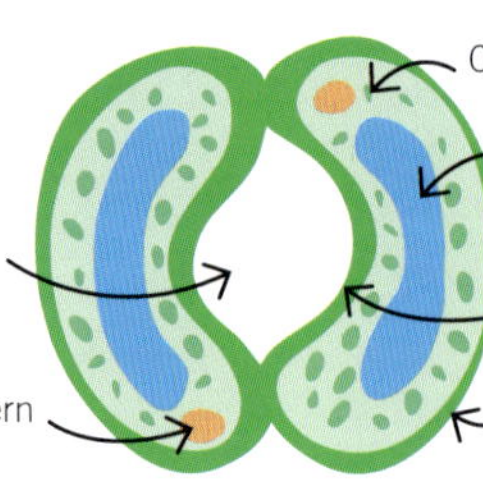

Öffnen der Spaltöffnung
Wenn genügend Licht und Wasser verfügbar ist, diffundiert Wasser über Osmose (s. S. 52–53) in die zumeist bohnenförmigen Schließzellen und lässt sie prall werden. Dadurch verformen sie sich und die Pore wird geöffnet.

Pflanzen und Glukose

Fotosynthese dient zur Produktion des Zuckers Glukose, der von Pflanzen auf verschiedene Weise verwendet wird. Etwas Glukose wird von den Zellen benötigt, in denen sie entsteht, der Großteil wandert aber in andere Teile der Pflanzen.

Auf einen Blick

- ✓ **Alle Teile einer Pflanze brauchen Glukose, um zu wachsen.**
- ✓ **Glukose wird als Stärke gespeichert und dient u. a. der Energiegewinnung und der Herstellung von Zellulose.**
- ✓ **Bei der Zellatmung wird die Energie der Glukose für die Zelle nutzbar gemacht.**

Wie Pflanzen Glukose nutzen

Ein Teil der Glukose, die eine Pflanze produziert, wird für die Zellatmung benötigt und liefert den Pflanzenzellen Energie. Der Rest wird für die unterschiedlichsten Zwecke verwendet.

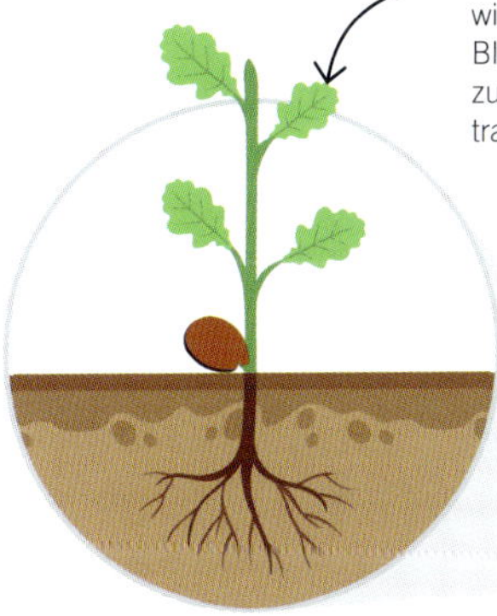

Ein Teil der Glukose wird in den Zweifachzucker Saccharose umgewandelt – den wichtigsten Transportzucker von Pflanzen.

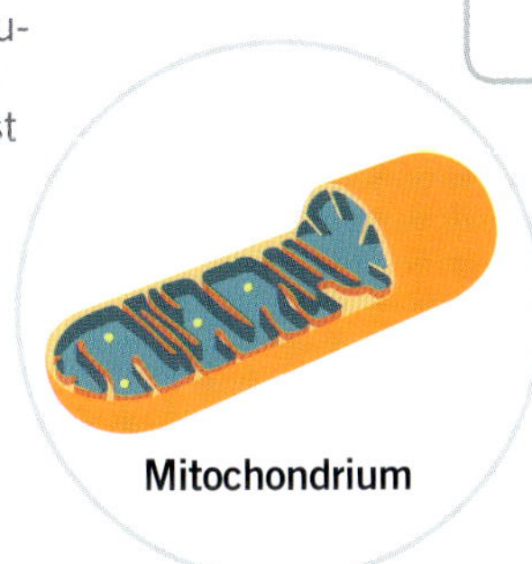

Mitochondrien sind winzige Zellorganellen, die in der Glukose gespeicherte Energie im Zuge der Zellatmung für die Zellen nutzbar machen.

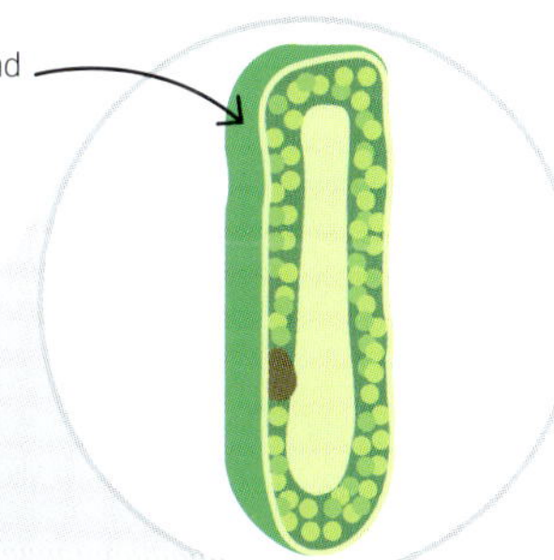

Die aus Glukose hergestellte Zellulose wird für den Bau von Zellwänden verwendet, die der Pflanze Festigkeit verleihen.

Auch Fette und Öle werden mithilfe von Glukose hergestellt. Sie dienen u. a. als Nahrungsspeicher und als Nahrungsquelle für Keimlinge.

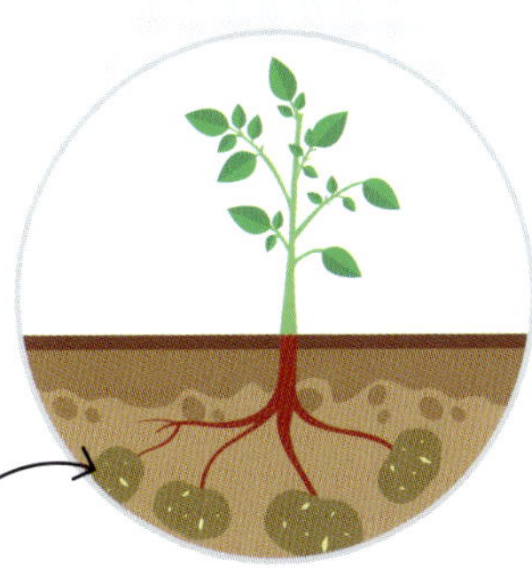

Glukose, die nicht sofort benötigt wird, wird in Stärke verwandelt. Dieser wichtige Reservestoff wird in Blättern, Wurzeln und Knollen gespeichert.

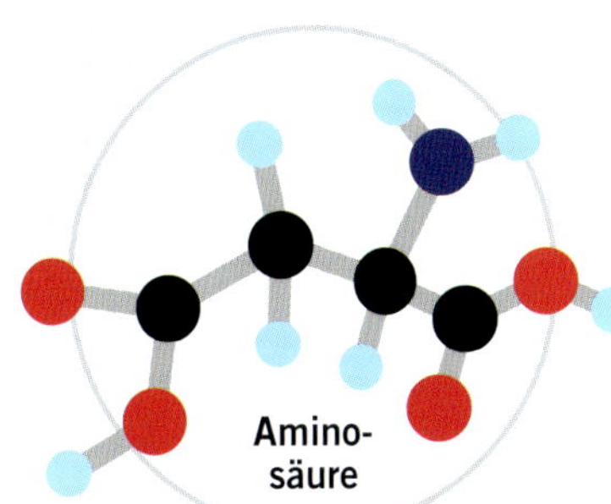

Aminosäuren entstehen, wenn sich Glukose mit Stickstoff verbindet, den Pflanzen v. a. als Nitrat aufnehmen. Aus Aminosäuren werden Proteine gebildet, die in Pflanzen viele Funktionen erfüllen.

Pflanzennährstoffe

Neben der im Zuge der Fotosynthese produzierten Glukose benötigen Pflanzen auch bestimmte Mineralstoffe für ein gesundes Wachstum. Diese Stoffe sind in Form von Ionen im Bodenwasser gelöst. Pflanzen, die nicht genügend Mineralstoffe erhalten, leiden unter Mangelerscheinungen und werden krank.

Auf einen Blick

- ✓ Stickstoff, Phosphor und Kalium zählen zu den Nährstoffen, die Pflanzen in verhältnismäßig großen Mengen brauchen.
- ✓ Magnesium (in geringerer Menge benötigt) ist sehr wichtig für die Fotosynthese.
- ✓ Wenn Pflanzen nicht genügend Mineralstoffe erhalten, entwickeln sie Mangelerscheinungen und werden krank.

Mineralstoff	Bedeutung		Gesunde Pflanze	Kranke Pflanze
Nitrat (enthält Stickstoff)	Nitrationen werden u. a. zur Herstellung von Aminosäuren und Proteinen benötigt.	Bei einem Mangel an Nitrat wachsen Pflanzen kaum noch und ihre Blätter werden gelb.		 **Maispflanze**
Phosphat (enthält Phosphor)	Pflanzen benötigen Phosphat für die Zellatmung sowie zur Herstellung von DNA und Zellmembranen.	Ein Mangel an Phosphat führt zu einem schlecht entwickelten Wurzelsystem und Kümmerwuchs.		 **Tomatenpflanze**
Kalium	Kalium spielt u. a. für die Aktivierung von Enzymen eine Rolle, die bei der Fotosynthese und der Zellatmung benötigt werden.	Pflanzen mit Kaliummangel bekommen gelbe Blätter und entwickeln nur kümmerliche Wurzeln, Blüten und Früchte.		 **Weinpflanze**
Magnesium	Magnesiumionen werden zur Herstellung von Chlorophyll benötigt, das eine zentrale Rolle bei der Fotosynthese spielt.	Pflanzen, denen Chlorophyll fehlt, bekommen gelbe Blätter (Chlorose).		 **Kartoffelpflanze**

Anpassung an extreme Lebensräume

Die meisten Pflanzenarten können unter sehr heißen und trockenen Bedingungen, wie sie etwa in Wüsten herrschen, nicht überleben. Pflanzen, die dort leben, besitzen spezielle Anpassungen.

Wüstenpflanzen

Kakteen haben zahlreiche Anpassungen, die ihnen ein Überleben in der Wüste ermöglichen. Pflanzen, die in extrem ariden (trockenen) Lebensräumen wachsen können, werden als Xerophyten bezeichnet.

Auf einen Blick

- ✓ Merkmale von Organismen, die ihnen helfen, in bestimmten Lebensräumen zu überleben, nennt man Anpassungen.
- ✓ Anpassungen bei Pflanzen können z. B. das Wurzelsystem, die Form oder Größe der Blätter oder auch die Zahl der Stomata und die Zeiten, in denen sich diese öffnen, betreffen.
- ✓ Xerophyten sind Pflanzen, die an trockene Standorte angepasst sind.
- ✓ Hydrophyten sind Pflanzen, die an ein Leben im Wasser angepasst sind.

Arktische Pflanzen und Wasserpflanzen

Pflanzen, die im Wasser leben, werden als Hydrophyten bezeichnet. Sie haben oft keine Stomata, da im Wasser gelöste Gase durch ihre dünne Kutikula diffundieren können. Wasserpflanzen mit Schwimmblättern, wie etwa Seerosen, besitzen auf der Oberseite dieser Blätter jedoch Stomata.

Pflanzen in der Arktis sind meist klein und wachsen dicht an dicht, um sich vor den eisigen Winden zu schützen. Sie haben zudem kleine Blätter, um den Wasserverlust zu reduzieren, und können auch bei extrem niedrigen Temperaturen noch Fotosynthese betreiben.

Fotosynthese-Experiment

Für die Fotosynthese brauchen grüne Pflanzen neben Wasser auch Licht, Chlorophyll und Kohlendioxid. Ein Stärketest kann nachweisen, dass Fotosynthese ohne diese Voraussetzungen nicht funktioniert.

Stärkenachweis in Blättern

Bei der Fotosynthese entsteht Glukose, die Pflanzen in Form von Stärke speichern. Du kannst die Anwesenheit von Stärke in Blättern mithilfe von Jodlösung nachweisen: Bei einem Blatt, das Fotosynthese betrieben hat, fällt der Stärkenachweis positiv aus.

1. Halte ein Blatt 1 Minute lang in einen Becher mit kochendem Wasser. Das macht die Zellwände weich, sodass die Jodlösung besser in die Zellen eindringen kann.

2. Lege das Blatt in ein Reagenzglas, das halb mit Ethanol gefüllt ist, und tauche das Reagenzglas für einige Minuten in den leicht kochenden Wasserbecher. Ethanol entfernt den grünen Farbstoff Chlorophyll und erleichtert so die Auswertung der Jodprobe.

3. Spüle das Blatt mit kaltem Wasser ab, um das Ethanol zu entfernen, und lege es auf eine weiße Fliese. Gib einige Tropfen Jodlösung hinzu – wenn sich diese von orange nach blauschwarz verfärbt, ist das ein Stärkenachweis.

Stärke in Pflanzen

Glukose, die Pflanzen nicht sofort benötigen, wird in Stärke umgewandelt. Die Stärke in den Blättern dient als kurzfristige Energiereserve und wird nachts, wenn Pflanzen keine Fotosynthese betreiben können, abgebaut. Manche Pflanzen, wie etwa Kartoffeln, speichern Stärke in Knollen, die wir als Kohlenhydratquelle nutzen.

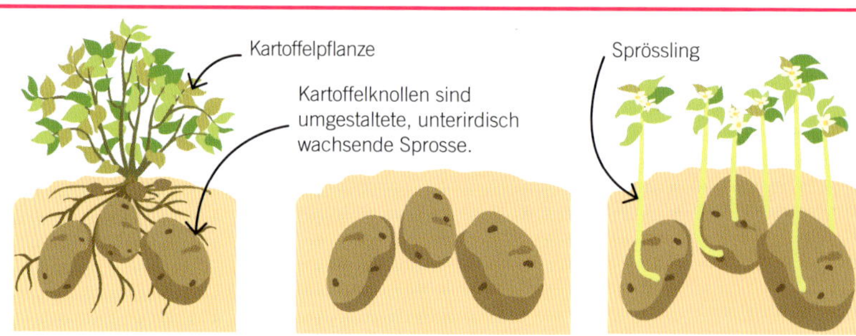

1. In der Vegetationsperiode wird Glukose in Stärke verwandelt und in den Knollen gespeichert.

2. Im Winter sterben die oberirdischen Pflanzenteile ab, während die Knollen im Boden überdauern.

3. Im Frühling wird die in den Sprossknollen gespeicherte Stärke für das Wachstum neuer Sprösslinge genutzt.

Chlorophyll

Mit einem panaschierten Blatt kannst du zeigen, dass Chlorophyll für die Fotosynthese notwendig ist.

Vorgehensweise

1. Lege ein panaschiertes Blatt für mindestens 24 Stunden an einen dunklen Ort, um die Stärke aus ihm zu entfernen, und setze es anschließend etwa 6 Stunden lang dem Sonnenlicht aus.

2. Führe danach einen Stärkenachweis mit Jodlösung durch. Wenn diese hinzugefügt wird, sollten sich nur die grünen Bereiche des Blatts blauschwarz färben, denn nur sie enthalten Chlorophyll. Nur wo dieses Pigment vorhanden ist, findet Fotosynthese statt, und es entsteht Glukose, die als Stärke gespeichert wird.

Kohlendioxid

Du kannst zeigen, dass Kohlendioxid für die Fotosynthese notwendig ist, indem du es aus der Umgebung der Pflanze entfernst.

Vorgehensweise

1. Stülpe eine Plastiktüte über eine stärkefreie Pflanze, nachdem du Atemkalk (absorbiert Kohlendioxid) in ihren Topf gelegt hast und stelle sie für einige Stunden ins Licht. Führe dann bei einem Blatt den Stärkenachweis durch.

2. Das Blatt sollte seine Farbe nicht verändert haben, da es ohne Kohlendioxid keine Fotosynthese betreiben konnte und somit keine Stärke vorhanden ist.

Licht

Indem du einen Teil der Pflanze vor Licht schützt, kannst du nachweisen, dass Licht für die Fotosynthese notwendig ist.

Vorgehensweise

1. Bedecke einen Teil eines stärkefreien Blatts mit einem Streifen Alufolie oder schwarzem Papier und setze das Blatt einige Stunden dem Licht aus.

2. Führe anschließend den Stärkenachweis durch. Der abgedeckte Teil des Blatts sollte seine Farbe nicht verändert haben und dadurch anzeigen, dass dort keine Fotosynthese stattgefunden hat.

Fotosyntheserate

Pflanzen brauchen für ihre Fotosynthese unter anderem Licht, Kohlendioxid und Wärme. Wenn irgendeiner dieser Faktoren ansteigt, läuft bei ihnen die Fotosynthese schneller ab – allerdings nur bis zu dem Punkt, an dem sie ihre Maximalgeschwindigkeit erreicht hat. Dort wird die Fotosyntheserate durch einen anderen Faktor begrenzt. Faktoren, welche die Rate eines Prozesses begrenzen, werden als limitierende Faktoren bezeichnet.

Auf einen Blick

- ✓ Die drei wichtigsten begrenzenden Faktoren für die Fotosynthese sind Lichtintensität, Kohlendioxidkonzentration und Temperatur.
- ✓ Bei der Temperatur gibt es ein Optimum – ist es zu kalt oder zu heiß, stoppt die Fotosynthese.
- ✓ Die Fotosyntheserate wird durch das Zusammenspiel der limitierenden Faktoren beeinflusst.

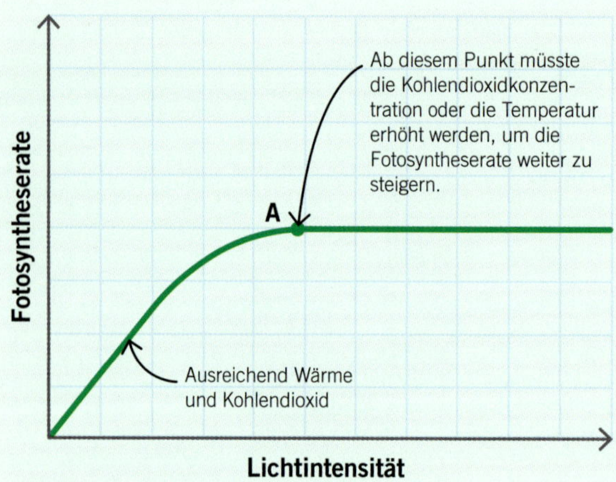

Lichtintensität
Wenn die Lichtintensität ansteigt, steigt auch die Fotosyntheserate bis zu einem Maximum an und bleibt dann konstant. Die zunehmende Lichtenergie erhöht die Fotosyntheserate, bis ein anderer Faktor (Temperatur oder Kohlendioxidkonzentration) einen weiteren Anstieg begrenzt.

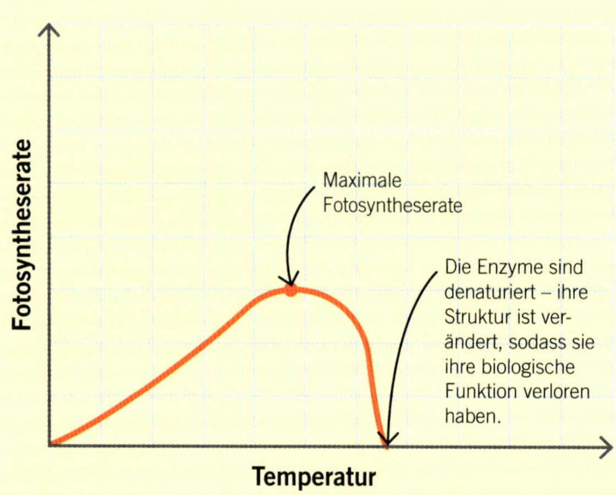

Temperatur
Mit steigender Temperatur steigt auch die Fotosyntheserate bis zu einem Maximum an und fällt danach wieder ab. Bei höheren Temperaturen laufen die biochemischen Reaktionen der Fotosynthese schneller ab. Wird die Temperatur jedoch zu hoch, denaturieren die an der Fotosynthese beteiligten Enzyme und werden funktionsunfähig, sodass die Fotosyntheserate schließlich auf Null fällt.

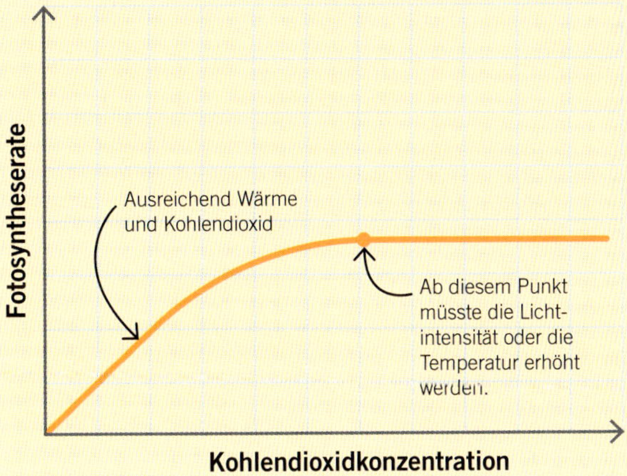

Kohlendioxid
Mit steigender Kohlendioxidkonzentration steigt auch die Fotosyntheserate bis zu einem Maximum an und bleibt dann konstant. Ist Kohlendioxid im Überfluss vorhanden, laufen die entsprechenden, von Enzymen katalysierten Fotosynthesereaktionen so lange schneller ab, bis alle Enzyme bei gegebener Temperatur und Lichtintensität mit maximaler Geschwindigkeit arbeiten. Um die Fotosyntheserate weiter zu steigern, müsste die Lichtintensität oder die Temperatur erhöht werden.

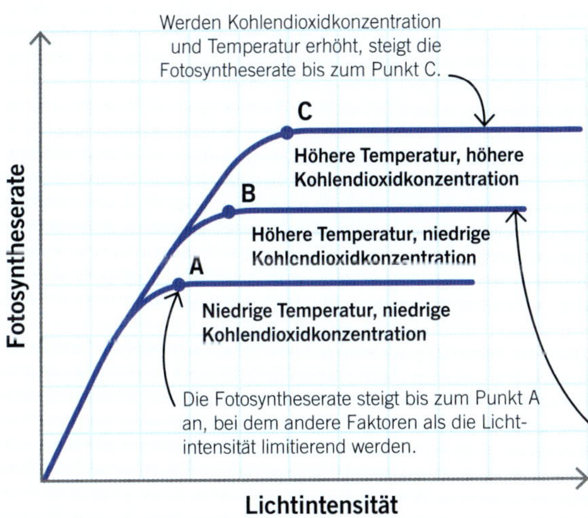

Mehr als ein limitierender Faktor
Steigende Lichtintensität lässt die Fotosyntheserate bis zum Punkt A steigen. Unterhalb von Punkt A ist die Lichtintensität der limitierende Faktor. Ab dem Punkt A bleibt die Rate konstant, weil andere Faktoren (Temperatur oder Kohlendioxidkonzentration) limitierend werden. Höhere Temperaturen allein bringen die Fotosyntheserate etwas nach oben bis zu Punkt B. Erhöht sich jedoch mit der Temperatur auch die Kohlendioxidkonzentration, kann die Rate sogar bis zu Punkt C ansteigen.

Bei Erhöhung der Temperatur steigt die Fotosyntheserate bis zum Punkt B, bei dem ein anderer Faktor limitierend wird.

Pflanzenmerkmale, welche die Fotosyntheserate beeinflussen

Die Fotosyntheserate von Pflanzen wird durch unterschiedliche Merkmale beeinflusst. So können z. B. große Blätter, die viel Chlorophyll enthalten, pro Zeitspanne mehr Licht einfangen und mehr Glukose produzieren als kleinere, chlorophyllärmere Blätter. Panaschierten Blättern fehlt in den nicht grünen Bereichen das Chlorophyll, sodass ihre Fotosyntheseleistung niedriger ist als die von gleich großen, vollständig grünen Blättern.

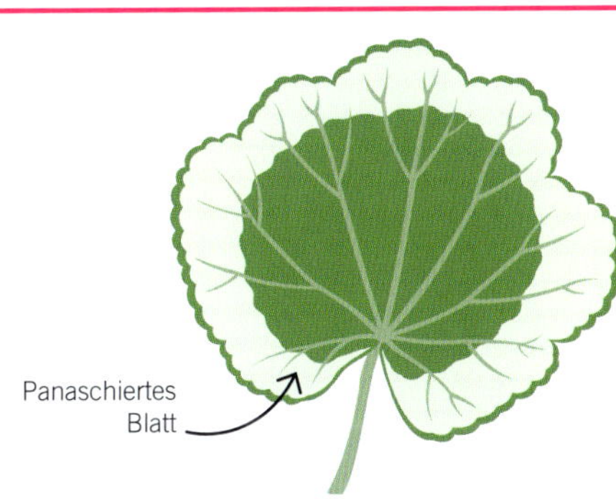

Ermittlung der Fotosyntheserate

Die Fotosyntheserate lässt sich ermitteln, indem man herausfindet, wie viel Sauerstoff eine Pflanze innerhalb einer bestimmten Zeitspanne produziert. Je mehr Sauerstoff entsteht, desto höher ist die Fotosyntheserate.

Auf einen Blick

- **Die Fotosyntheserate kann durch Zählen der Sauerstoffblasen ermittelt werden, die eine Wasserpflanze produziert.**
- **Die Fotosyntheserate sinkt, wenn die Wasserpflanze weiter von der Lichtquelle entfernt ist.**
- **Die Zahl der Sauerstoffblasen nimmt ab, wenn die Entfernung von der Lichtquelle zunimmt.**

Einfluss von Licht auf die Fotosyntheserate

Du kannst die Fotosyntheserate ermitteln, indem du die Sauerstoffblasen zählst, die eine Wasserpflanze produziert. Die Lichtintensität wird durch den Abstand der Pflanze von der Lichtquelle variiert.

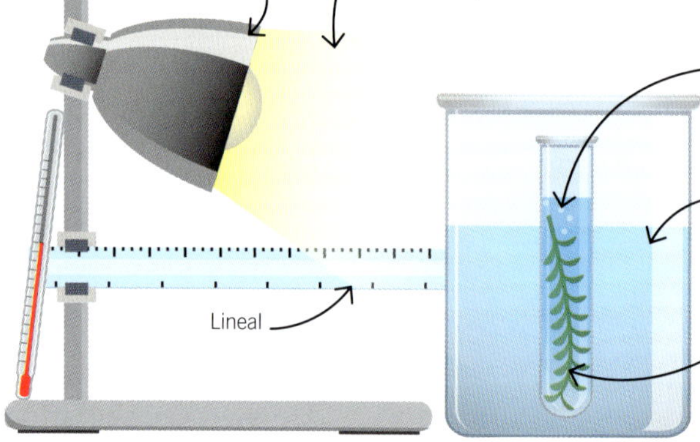

Vorgehensweise

1. Gib Natriumhydrogencarbonat in ein mit warmem Wasser gefülltes Reagenzglas. Natriumhydrogencarbonat sättigt das Wasser mit Kohlendioxid und sorgt so für eine konstant hohe Kohlendioxidkonzentration.

2. Stell das Reagenzglas in ein mit Wasser gefülltes Becherglas und notiere die Temperatur im Glas – sie muss während des Experiments konstant bleiben. Tauche ein Stück Wasserpest mit dem abgeschnittenen Ende nach oben in das Reagenzglas und belasse es für 5 Minuten dort.

3. Während die Wasserpest Fotosynthese betreibt, steigen aus dem abgeschnittenen Ende Sauerstoffblasen auf. Benutze eine Stoppuhr und zähle, wie viele Blasen entstehen, wenn die Wasserpest 10 cm vom Licht entfernt ist. Wiederhole die Zählung noch zweimal und errechne den Mittelwert.

4. Wiederhole das Experiment, wenn die Wasserpest 20 cm bzw. 30 cm weit von der Lichtquelle entfernt ist. Halte die Einflussgrößen konstant (s. S. 13). Nach Abschluss des Experiments wirst du feststellen, dass die Anzahl der Blasen abnimmt, wenn die Entfernung zwischen Wasserpest und Lichtquelle zunimmt.

Messung des Sauerstoffvolumens

Es ist möglich, dass die Sauerstoffblasen im ersten Experiment zu schnell erscheinen, um sie genau zählen zu können. Um dennoch einen brauchbaren Wert für die Fotosyntheserate zu erhalten, kannst du den gesamten innerhalb eines bestimmten Zeitraums produzierten Sauerstoff auffangen und die Größe der entstandenen Gasblase ermitteln.

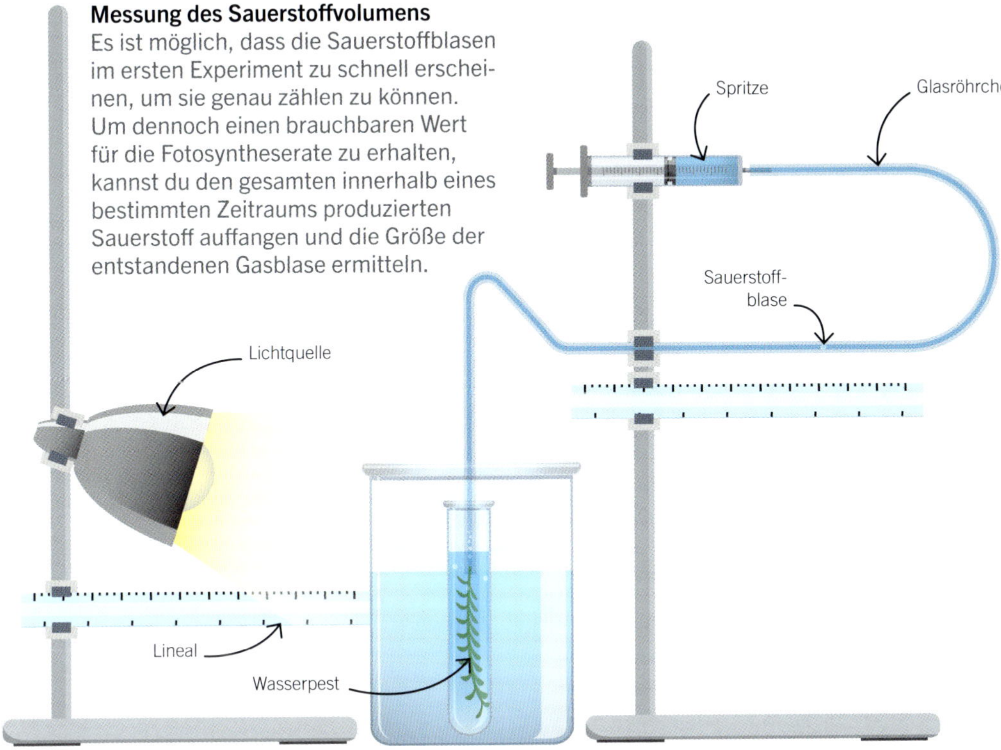

Vorgehensweise

1. Lege ein Stück Wasserpest mit dem abgeschnittenen Ende nach oben in ein mit Natriumhydrogencarbonatlösung gefülltes Reagenzglas. Stell das Reagenzglas in ein mit Wasser gefülltes Becherglas und notiere die Wassertemperatur.

2. Stecke das abgeschnittene Ende der Wasserpest in das Glasröhrchen und beleuchte sie für 5 Minuten mit einer 10 cm entfernten Lichtquelle. Sauge entstehende Sauerstoffblasen mit einer Spritze in das Röhrchen.

3. Miss die Länge der Sauerstoffblase und den Innendurchmesser des Glasröhrchens. Berechne das entstandene Sauerstoffvolumen, indem du die Länge der Blase zunächst mit dem Quadrat des halben Durchmessers und dann mit 3,14 multiplizierst.

4. Wiederhole das Experiment mit unterschiedlichen Entfernungen zwischen Wasserpest und Lichtquelle und berechne jedes Mal das Sauerstoffvolumen.

Ergebnisse

Dieses Diagramm setzt die Zahl der Sauerstoffblasen in Beziehung zur Entfernung von der Lichtquelle. Es wird deutlich, dass die Fotosyntheserate mit zunehmender Entfernung rasch sinkt.

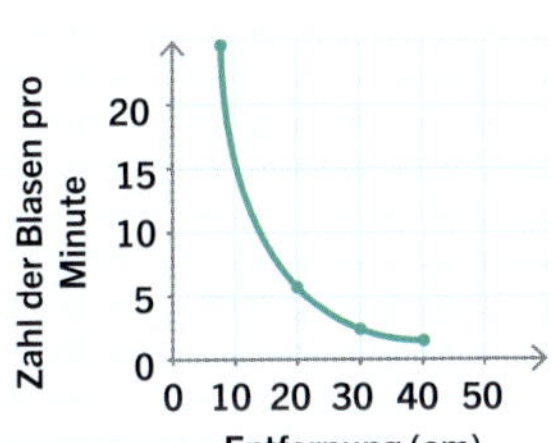

Berechnung der Fotosyntheserate

Um die Fotosyntheserate zu berechnen, musst du das entstandene Sauerstoffvolumen durch die Zeit teilen. Beispiel: In einem Experiment hat die Wasserpest in 20 Minuten 2 cm^3 Sauerstoff produziert. Teile das Sauerstoffvolumen durch die Zeit und gib das Ergebnis in cm^3/min an.

$$\text{Rate} = \frac{\text{Sauerstoffvolumen}}{\text{Zeit}} = \frac{2\,\text{cm}^3}{20\,\text{min}} = 0{,}1\,\text{cm}^3/\text{min}$$

Abstandsgesetz

Wenn man eine Pflanze weiter und weiter von einer Lichtquelle entfernt, nimmt ihre Fotosyntheserate rasch ab. Der Grund dafür ist, dass die Fotosyntheserate proportional zur Lichtintensität ist und Letztere mit zunehmender Entfernung dramatisch abfällt. Die Abnahme der Lichtintensität mit wachsender Entfernung zur Lichtquelle beschreibt das sogenannte Abstandsgesetz.

Auf einen Blick

- ✓ **Die Lichtintensität ist umgekehrt proportional zum Quadrat der Entfernung.**
- ✓ **Die Formel des Abstandsgesetzes lautet:**

$$\text{Lichtintensität} \sim \frac{1}{\text{Entfernung}^2}$$

- ✓ **Die Fotosyntheserate ist proportional zur Lichtintensität.**

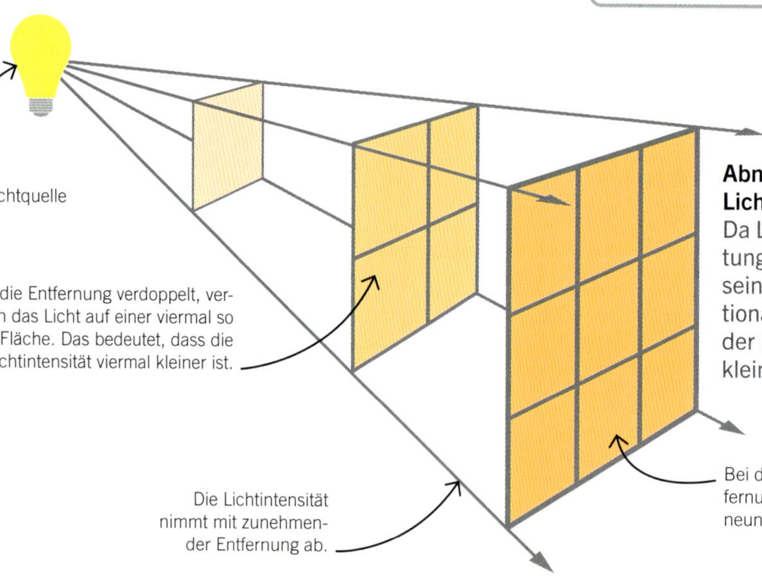

Abnahme der Lichtintensität
Da Licht sich in alle Richtungen ausbreitet, wird seine Intensität proportional mit dem Quadrat der Entfernung zur Quelle kleiner.

Anwendung des Abstandsgesetzes

Die Formel des Abstandsgesetzes lautet:

Proportionalitätszeichen

Die 1 über der Entfernung zum Quadrat zeigt den Kehrwert an.

$$\text{Lichtintensität} \sim \frac{1}{\text{Entfernung}^2}$$

Quadriere den Wert für die Entfernung.

Beispiel: Berechne die relative Lichtintensität mithilfe des Abstandsgesetzes, wenn eine Lampe 20 cm entfernt von einer Pflanze positioniert wird.

1. Benutze die Formel: $\text{Lichtintensität} \sim \frac{1}{\text{Entfernung}^2}$

2. Setze die Zahlen ein. $\text{Relative Lichtintensität} = \frac{1}{20^2}$

3. Quadriere den Wert für die Entfernung. $\text{Relative Lichtintensität} = \frac{1}{400}$

4. Berechne das Ergebnis. $\text{Relative Lichtintensität} = 0{,}0025$

Gewächshausanbau

Gewächshäuser werden von Landwirten verwendet, um Nutzpflanzen optimale Wachstumsbedingungen zu bieten und so ihre Fotosyntheserate zu maximieren. Das steigert zwar den Ernteertrag, aber auch die Kosten. Gewächshausanbau lohnt sich nur, wenn der Ertrag so hoch ist, dass das erzielte Mehreinkommen die Mehrkosten übersteigt.

Auf einen Blick

- ✓ **Gewächshäuser können zur Steigerung der Fotosyntheserate genutzt werden.**
- ✓ **Eine Maximierung der Fotosyntheserate steigert das Pflanzenwachstum, was wiederum den Ernteertrag erhöht.**
- ✓ **Im Gewächshaus kann die Versorgung der Pflanzen mit Wasser, Licht, Kohlendioxid und Wärme sehr kontrolliert erfolgen.**

Kontrollierte Bedingungen
In Gewächshäusern können Landwirte sowohl Schädlinge als auch für die Fotosynthese wichtige Faktoren, wie Kohlendioxidkonzentration, Lichtintensität und Temperatur kontrollieren. Zudem können Nutzpflanzen in Gewächshäusern überall auf der Welt das ganze Jahr über angebaut werden.

Die Kohlendioxidkonzentration in der Luft kann in Gewächshäusern künstlich erhöht werden. Da Kohlendioxid für die Fotosynthese benötigt wird, kann so auch die Fotosyntheserate gesteigert werden.

Die Temperaturen sind aufgrund der isolierenden Glasscheiben in Gewächshäusern höher als im Freien. Im Winter können sie beheizt werden, um Frostschäden zu vermeiden.

Durch den Einsatz von künstlichem Licht können Pflanzen in Gewächshäusern länger Fotosynthese betreiben als im Freien. Zudem kann die Lichtintensität und damit die Fotosyntheserate bei Bedarf erhöht werden.

Die Bewässerung kann exakt gesteuert werden, sodass die Pflanzen genau die benötigte Menge an Wasser bekommen. In der Hydrokultur wachsen Pflanzen nicht im Boden, sondern in nährstoffreichem Wasser heran.

Pflanzen im Gewächshaus aufzuziehen, ermöglicht es, Schädlinge, etwa Blattläuse, von ihnen fernzuhalten. Das hält die Pflanzen gesund und sichert einen guten Ernteertrag.

Menschliche Ernährung

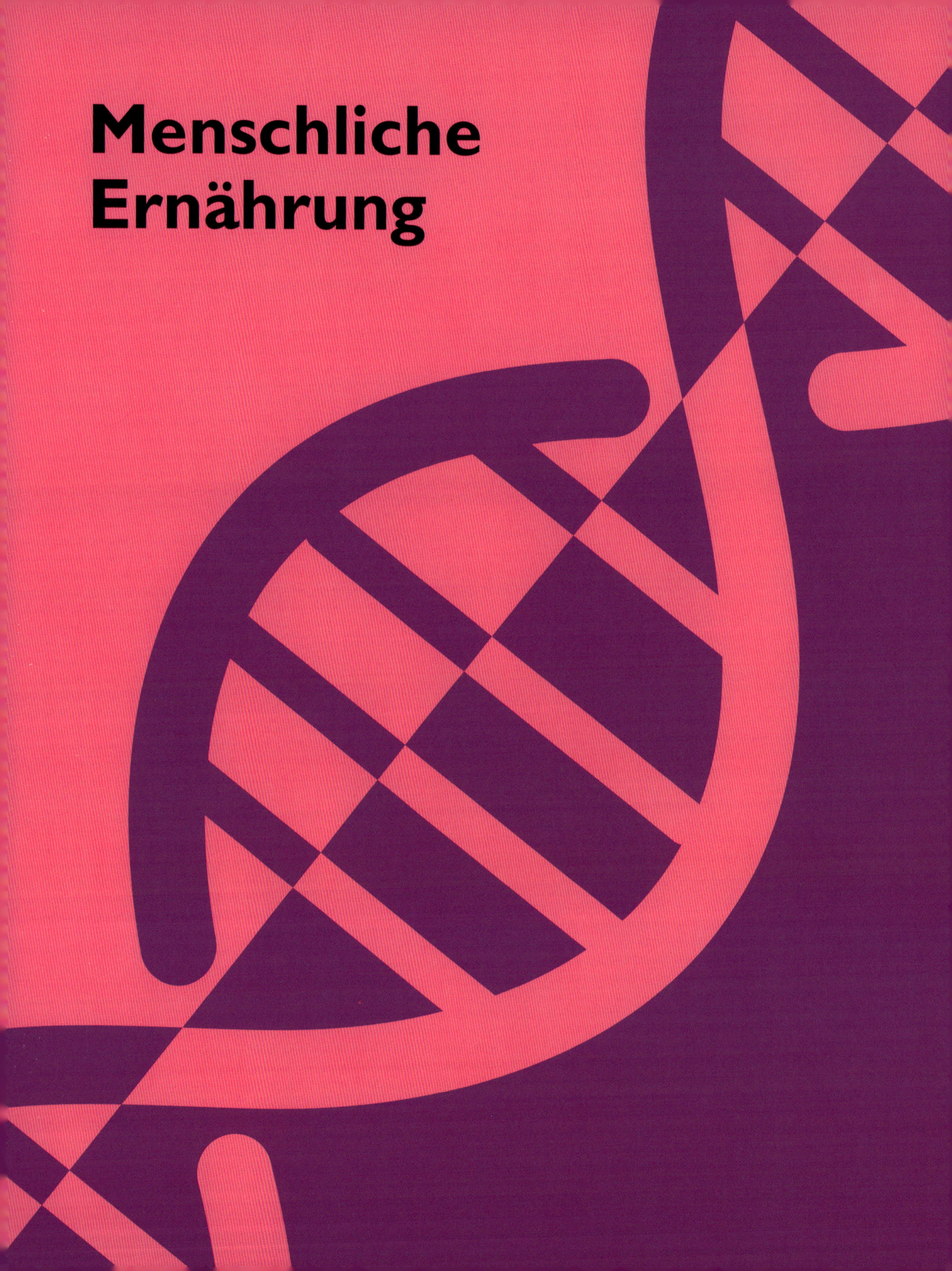

Nährstoffe

Nährstoffe sind Substanzen, die Organismen zum Überleben brauchen. Sie werden dem Körper mit der Nahrung oder über Flüssigkeitsaufnahme zugeführt. Manche Nährstoffe dienen als Energiequelle, andere werden etwa zur Bildung neuer Zellen benutzt.

Auf einen Blick

- ✓ Nährstoffe sind für Organismen überlebenswichtig.
- ✓ Zu den Nährstoffen zählen u. a. Kohlenhydrate, Fette, Proteine, Vitamine und Mineralstoffe.
- ✓ Kohlenhydrate liefern Energie.
- ✓ Fette liefern Energie und dienen der Wärmeisolation und dem Schutz von Organen.
- ✓ Proteine werden u. a. für Wachstums- und Erneuerungsprozesse benötigt.

Kohlenhydrate, Fette und Proteine
Neben Wasser bestehen Zellen v. a. aus Proteinen, Kohlenhydraten und Fetten. Es ist daher unerlässlich, dass diese Stoffe den Großteil der Nahrung aller Lebewesen ausmachen, die sich von organischen Verbindungen ernähren müssen. Zu diesen sogenannten Konsumenten gehören u. a. Tiere und der Mensch.

Proteine finden u. a. als Bau-, Transport- und Reparaturstoffe oder Enzyme Verwendung im Körper. Muskeln und Organe bestehen v. a. aus Proteinen.

Molkereiprodukte, wie etwa Milch, sind reich an Proteinen.

Nudeln sind eine gute Quelle für Energie, die langsam freigesetzt wird.

Avocados sind reich an Fetten.

Kohlenhydrate sind für viele Organismen die wichtigste Energiequelle. Sie finden sich in unterschiedlicher Form in unserer Nahrung – als einfache Zucker und komplexe Kohlenhydrate, wie etwa Stärke. Einfache Zucker liefern schnell Energie. Komplexe Kohlenhydrate müssen erst im Verdauungstrakt zerlegt werden und setzen daher ihre Energie langsamer frei.

Fette dienen als Energiespeicher und schützen viele Tiere und uns Menschen als isolierende Schicht unter der Haut vor Wärmeverlusten. Organe, wie etwa die Nieren, werden durch Fettpolster vor Verletzungen geschützt. Pflanzenöle und Butter sind fettreich, Eier und Käse sind sowohl Fett- als auch Proteinquelle.

Andere lebensnotwendige Nährstoffe

Um gesund und leistungsfähig zu bleiben, brauchen Tiere und Menschen auch Vitamine, Mineralstoffe (s. S. 92), Wasser und Ballaststoffe.

Ballaststoffe
Ballaststoffe sind vollständig oder teilweise unverdauliche Nahrungsbestandteile. Sie können u. a. bewirken, dass Abfallstoffe schneller aus dem Körper verschwinden und Verstopfung vermieden wird. Getreideprodukte sind eine gute Ballaststoffquelle.

Wasser
Unser Körper braucht eine regelmäßige Zufuhr von Wasser. Es ist unverzichtbar für alle Körperzellen (diese bestehen zu etwa 70 Prozent aus Wasser) und für Körperflüssigkeiten, wie etwa Blut. Wasser hilft zudem beim Transport von Nährstoffen und bei der Beseitigung von Abfallprodukten.

Vitamine und Mineralstoffe

Vitamine und Mineralstoffe sind unentbehrlich für eine gute Gesundheit. Sie werden nur in geringen Mengen benötigt und müssen dem Körper – abgesehen von Vitamin D – regelmäßig zugeführt werden. Obst und Gemüse sind gute Quellen für etliche dieser Stoffe.

Auf einen Blick

- ✓ **Der Körper braucht Vitamine und Mineralstoffe, um gesund zu bleiben.**
- ✓ **Obst und Gemüse sind reich an Vitaminen und Mineralstoffen.**
- ✓ **Es gibt 13 lebensnotwendige Vitamine.**
- ✓ **Calcium und Eisen sind Beispiele für Mineralstoffe.**

Quellen für Vitamine und Mineralstoffe

Das Fehlen eines bestimmten Vitamins oder Mineralstoffs in der Nahrung kann zu Mangelerscheinungen führen und die Gesundheit schädigen.

Der Körper wandelt das Beta-Carotin in Karotten in Vitamin A um. Es ist u.a. wichtig für gesunde Augen und gesunde Haut.

Zitrusfrüchte sind eine gute Quelle für Vitamin C (Ascorbinsäure), das z.B. wichtig ist für die Wundheilung und ein starkes Immunsystem.

Nüsse sind reich an Eisen. Dieser Mineralstoff wird zur Bildung des roten Blutfarbstoffs Hämoglobin benötigt, der zum Transport von Sauerstoff im Körper dient. Ein Mangel an Eisen kann zu Blutarmut (Anämie) führen.

Milchprodukte sind eine gute Calciumquelle. Calcium ist z.B. wichtig für gesunde Zähne und Knochen.

Nahrungsergänzungsmittel

Die meisten Menschen erhalten sämtliche Vitamine und Mineralstoffe, die sie benötigen, über ihre Nahrung. Für Schwangere oder Menschen mit bestimmten Erkrankungen kann es jedoch notwendig sein, Nahrungsergänzungsmittel zu sich zu nehmen.

Vitamine und Mineralstoffe im Vergleich

	Vitamine	Mineralstoffe
Ursprüngliche Quelle	Lebende Organismen, etwa Pflanzen oder Tiere	Totes Material, etwa Boden, Gestein oder Wasser
Chemische Zusammensetzung	Organische Verbindungen	Anorganische Verbindungen
Stabilität/Anfälligkeit	Können u.a. durch Hitze (z.B. beim Kochen) oder Säuren zerstört werden	Sind nicht leicht durch Hitze, Licht o.Ä. zu zerstören
Bedarf	Alle 13 Vitamine werden benötigt, um gesund zu bleiben.	Alle Mineralstoffe werden benötigt, um gesund zu bleiben.

Energiegehalt von Nahrungsmitteln

Nahrungsmittel enthalten chemische Energie. Ihr Energiegehalt kann abgeschätzt werden, indem man sie unter einem mit Wasser gefüllten Reagenzglas verbrennt. Der Anstieg der Wassertemperatur zeigt, ob in der jeweiligen Nahrung viel oder wenig Energie enthalten ist.

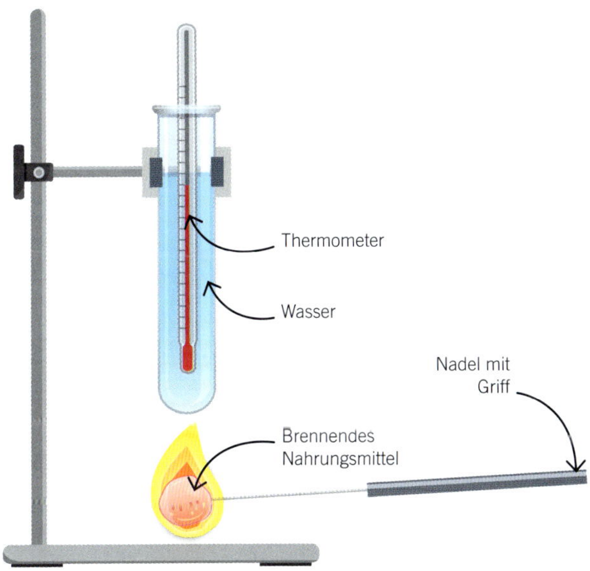

Vorgehensweise

1. Gib 20 cm³ Wasser in ein Reagenzglas, das an eine Stativstange geklemmt ist, und berechne die Masse des Wassers – 1 cm³ Wasser hat eine Masse von 1 g. Notiere die Temperatur des Wassers zu Beginn des Experiments.

2. Wiege die Nahrungsmittelprobe und notiere die Masse. Stecke die Probe auf eine Nadel mit Griff und zünde sie mit einem Bunsenbrenner an.

3. Halte die brennende Probe unter das mit Wasser gefüllte Reagenzglas, bis sie vollständig verbrannt ist. Notiere die Wassertemperatur am Ende des Experiments.

4. Berechne den durch das Verbrennen der Nahrungsmittelprobe herbeigeführten Temperaturanstieg.

5. Berechne den Energiegehalt des Nahrungsmittels (wie das geht, ist unten auf dieser Seite dargestellt).

Verbrennen von Nahrungsmitteln
Die hier dargestellte Methode kann zum Abschätzen des Energiegehalts unterschiedlicher Nahrungsmittel verwendet werden. Sie eignet sich besonders gut für trockene Lebensmittel.

Berechnung des Energiegehalts von Nahrungsmitteln

Um den Energiegehalt eines Nahrungsmittels zu berechnen, wird die folgende Formel verwendet:

$$\text{Energiegehalt (J)} = \text{Wassermasse (g)} \cdot \text{Temperaturanstieg (°C)} \cdot 4{,}2$$

Zum Vergleich unterschiedlicher Nahrungsmittel wird die jeweils in einem Gramm enthaltene Energie verwendet:

$$\text{Energie pro Gramm (J/g)} = \frac{\text{Energie in der Nahrung (J)}}{\text{Masse der Nahrung (g)}}$$

Beispiel: 15 g Chips werden unter einem mit 10 g Wasser gefüllten Reagenzglas verbrannt. Die Wassertemperatur steigt von 20 °C auf 27 °C. Berechne den Energiegehalt pro Gramm Nahrungsmittel.

$$\text{Energie in der Nahrung} = \text{Wassermasse} \cdot \text{Temperaturanstieg} \cdot 4{,}2$$

$$\text{Energie in der Nahrung} = 10 \cdot 7 \cdot 4{,}2 = 294\,\text{J}$$

$$\text{Energiegehalt pro Gramm} = \frac{\text{Energie in der Nahrung (J)}}{\text{Masse der Nahrung (g)}}$$

$$\text{Energiegehalt pro Gramm} = \frac{294}{15} = 19{,}6\,\text{J/g}$$

Ausgewogene Ernährung

Um gesund zu bleiben, sollte man sich ausgewogen ernähren, also Nahrung zu sich nehmen, die alle wichtigen Nährstoffe in der erforderlichen Menge enthält. Die Menge an Nahrung, die ein Mensch benötigt, hängt unter anderem vom Alter, vom Geschlecht und vom Grad der Aktivität ab.

Auf einen Blick

- ✓ **Eine ausgewogene Ernährung enthält alle benötigten Nährstoffe in der richtigen Menge.**
- ✓ **Wer zu wenig Nahrung zu sich nimmt, wird untergewichtig.**
- ✓ **Wer zu viel Nahrung zu sich nimmt, kann fettleibig werden.**
- ✓ **Die Menge an Nahrung, die ein Mensch benötigt, hängt unter anderem vom Alter, vom Geschlecht und vom Grad der Aktivität ab.**

Ausgewogen essen

Der hier abgebildete Teller zeigt, in welchem Verhältnis wir die wichtigsten Nahrungsmittel zu uns nehmen sollten.

Körpergewicht

Zu wenig Nahrung
Manche Menschen essen zu wenig. Wenn ein Mensch längerfristig weniger Energie aufnimmt, als er benötigt, wird er an Körpergewicht verlieren und untergewichtig werden. Untergewichtige Personen haben es oft schwerer, mit Krankheiten fertig zu werden, da ihr Immunsystem häufig geschwächt ist. Ihnen fehlt Energie, sie fühlen sich müde und haben oft einen Vitamin- und Mineralstoffmangel. Unterernährung kann zum Hungertod führen.

Zu viel Nahrung
Manche Menschen essen zu viel, zu fett und zu süß. Wenn ein Mensch längerfristig mehr Energie aufnimmt, als er benötigt, wird er an Körpergewicht zulegen und Fett unter der Haut und um die Organe herum speichern. Bei starkem Übergewicht spricht man von Fettleibigkeit. Übergewichtige Menschen haben ein erhöhtes Risiko, an Herz-Kreislauf-Krankheiten, Typ-2-Diabetes oder manchen Krebsarten zu erkranken.

Der Body-Mass-Index (BMI) dient als Richtwert dafür, ob das Körpergewicht in einem gesunden Verhältnis zur Körpergröße steht. Ein zu hoher oder zu niedriger BMI kann gesundheitliche Folgen haben. Die Tabelle rechts zeigt, was bestimmte BMI-Werte bedeuten. Der BMI einer Person wird mit folgender Formel errechnet:

$$\text{BMI} = \frac{\text{Gewicht in kg}}{(\text{Größe in m})^2}$$

Beispiel: Wenn ein 16-jähriger Junge bei einer Größe von 1,8 m ein Körpergewicht von 65 kg hat, beträgt sein BMI:

$$\text{BMI} = \frac{\text{Gewicht in kg}}{(\text{Größe in m})^2} = \frac{65}{1{,}8^2} = 20{,}1$$

Dieser BMI zeigt, dass der Junge ein gesundes Körpergewicht hat.

Gewichtskategorien	BMI (kg/m²)
Untergewichtig	< 18,5
Normalgewichtig	18,5–24,9
Übergewichtig	25–29,9
Fettleibig	30–34,9

Lebensmittelampeln

Lebensmittelampeln informieren darüber, was in Nahrungsmitteln steckt. Sie zeigen u. a., wie hoch der Energiegehalt in Kilojoule (kJ) und Kilokalorien (kcal) ist, und signalisieren durch verschiedene Farben den Gehalt an Fetten, Zucker und Salz. Die Farbkennzeichnung wird in vielen Ländern verwendet und hilft dabei, eine gesündere Nahrungsmittelauswahl zu treffen.

Dies zeigt, wie viel Prozent des Tagesbedarfs eines Erwachsenen das Nahrungsmittel enthält.

Rot markierte Lebensmittel sollten selten verzehrt werden.

Grün gekennzeichnete Nahrungsmittel sind die gesündere Wahl.

Testen von Nahrungsmitteln

Mit speziellen Reagenzien lässt sich feststellen, ob Kohlenhydrate, Fette oder Proteine in Nahrungsmitteln enthalten sind. Bevor ein Nahrungsprodukt getestet wird, kann es nötig sein, es mit Stößel und Mörser zu zermahlen. Danach wird es in destilliertem Wasser gelöst.

Auf einen Blick

- ✓ **Wenn ein Nahrungsmittel Stärke enthält, färbt es sich bei Zugabe von Jodlösung blauschwarz.**
- ✓ **Wenn ein Nahrungsmittel Einfachzucker wie Glukose enthält, färbt es sich bei Zugabe von Benedict-Reagenz ziegelrot.**
- ✓ **Wenn ein Nahrungsmittel Protein enthält, färbt es sich bei Zugabe von Biuret-Lösung violett.**
- ✓ **Wenn ein Nahrungsmittel Fett enthält, entsteht bei Zugabe von Ethanol eine weiße Emulsion.**

Test auf Stärke
Jod wird bei Anwesenheit von Stärke (einem komplexen Kohlenhydrat) blauschwarz.

Vorgehensweise

1. Füge einige Tropfen Jodlösung zur Nahrungsmittellösung hinzu. Jodlösung ist orangefarben.
2. Rühr das Gemisch um.
3. Wenn die Lösung blauschwarz wird, enthält sie Stärke.

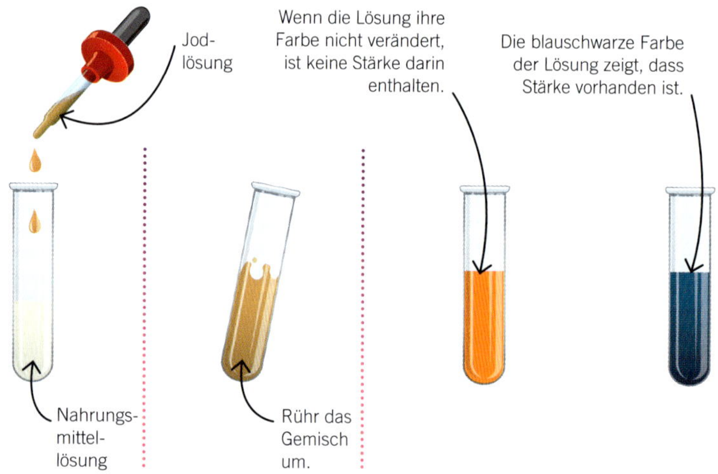

Test auf Einfachzucker
Das Benedict-Reagenz färbt sich bei Anwesenheit einfacher Zucker, wie etwa Glukose, rot.

Vorgehensweise

1. Füge einige Tropfen Benedict-Reagenz zur Nahrungsmittellösung hinzu. Benedict-Reagenz ist leuchtend blau gefärbt.
2. Rühr das Gemisch um und erwärme es im Wasserbad auf 50 °C.
3. Wenn sich die Lösung rot färbt, enthält sie Einfachzucker.

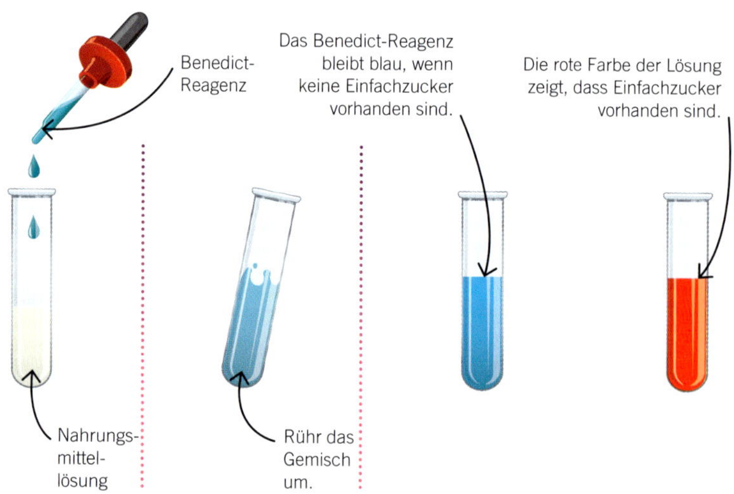

Test auf Proteine
Beim Biuret-Test färbt sich die Probe bei Anwesenheit von Proteinen violett.

Vorgehensweise

1. Füge einige Tropfen Biuret-Lösung (ein Gemisch aus Natronlauge und Kupfersulfat) zur Nahrungsmittellösung hinzu. Biuret-Lösung ist blau gefärbt.

2. Rühr das Gemisch um.

3. Wenn sich die Lösung violett färbt, enthält sie Proteine.

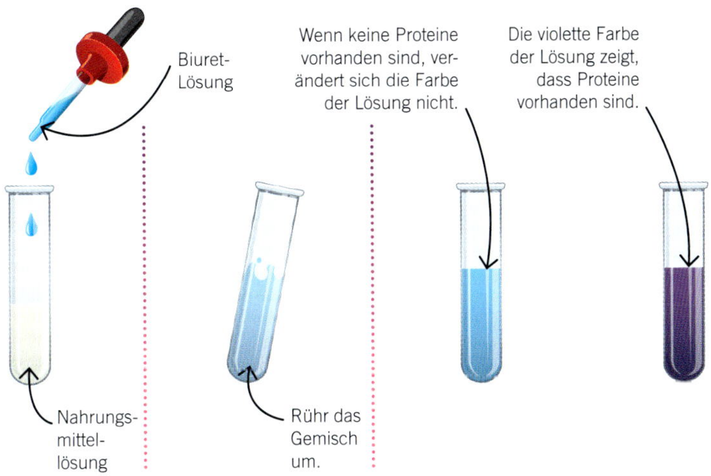

Test auf Fette
Sind Fette in der Lösung vorhanden, entsteht bei Zugabe von Ethanol eine weiße Emulsion.

Vorgehensweise

1. Füge einige Tropfen Ethanol zur Nahrungsmittellösung hinzu. Ethanol ist eine klare Flüssigkeit.

2. Rühr das Gemisch um.

3. Gieße etwas von dem Gemisch in ein Reagenzglas mit destilliertem Wasser.

4. Wenn eine weiße Emulsion entsteht, enthält die Lösung Fette.

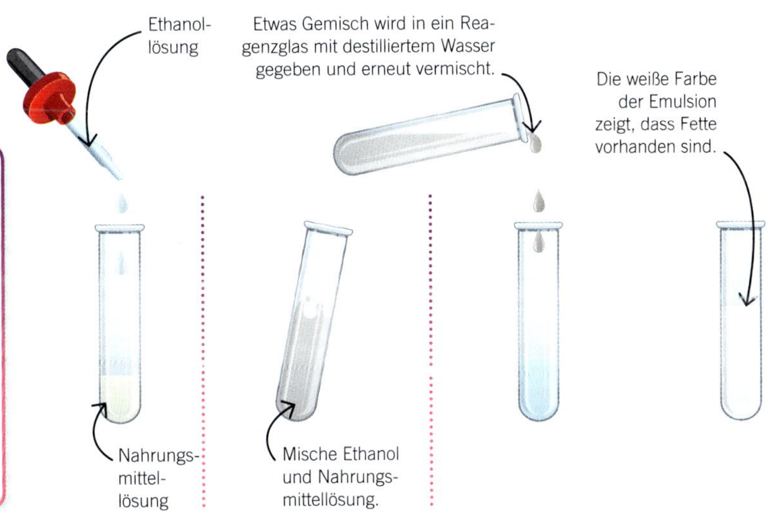

Qualitative und quantitative Nahrungsmitteltests

Alle hier beschriebenen Tests sind qualitative Nahrungsmitteltests. Sie zeigen an, welche Nährstoffe in einem Nahrungsmittel vorhanden sind, aber sie sagen nichts über deren Menge aus. Quantitative Nahrungsmitteltests messen die Menge eines bestimmten Nährstoffs in einer Nahrungsmittelprobe.

1. Vitamin C findet sich in Zitrusfrüchten, wie etwa Orangen. Die Vitamin-C-Lösung für diesen quantitativen Test kann man entweder mithilfe einer Frucht oder mithilfe von Vitamin-C-Tabletten herstellen.

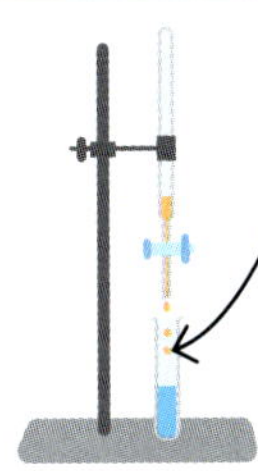

2. Der Gehalt an Vitamin C in einem Nahrungsmittel kann anhand der Zahl der Tropfen an Vitamin-C-Lösung ermittelt werden, die nötig ist, um das Reagenz DCPIP von blau nach farblos umzufärben.

Verdauungssystem

Unsere Nahrung besteht überwiegend aus großen, unlöslichen Molekülen wie Fetten und Proteinen. Sie müssen im Zuge der Verdauung in kleine, lösliche Moleküle zerlegt werden, die in den Blutstrom aufgenommen und dann vom Körper verwertet werden können. Der Verdauungsprozess findet mithilfe des Verdauungssystems statt.

Organe des Verdauungstrakts

Der Verdauungstrakt besteht v. a. aus einer langen, muskulösen Röhre, die die Nahrung durch den Körper drückt. Er beginnt im Mund und endet beim After.

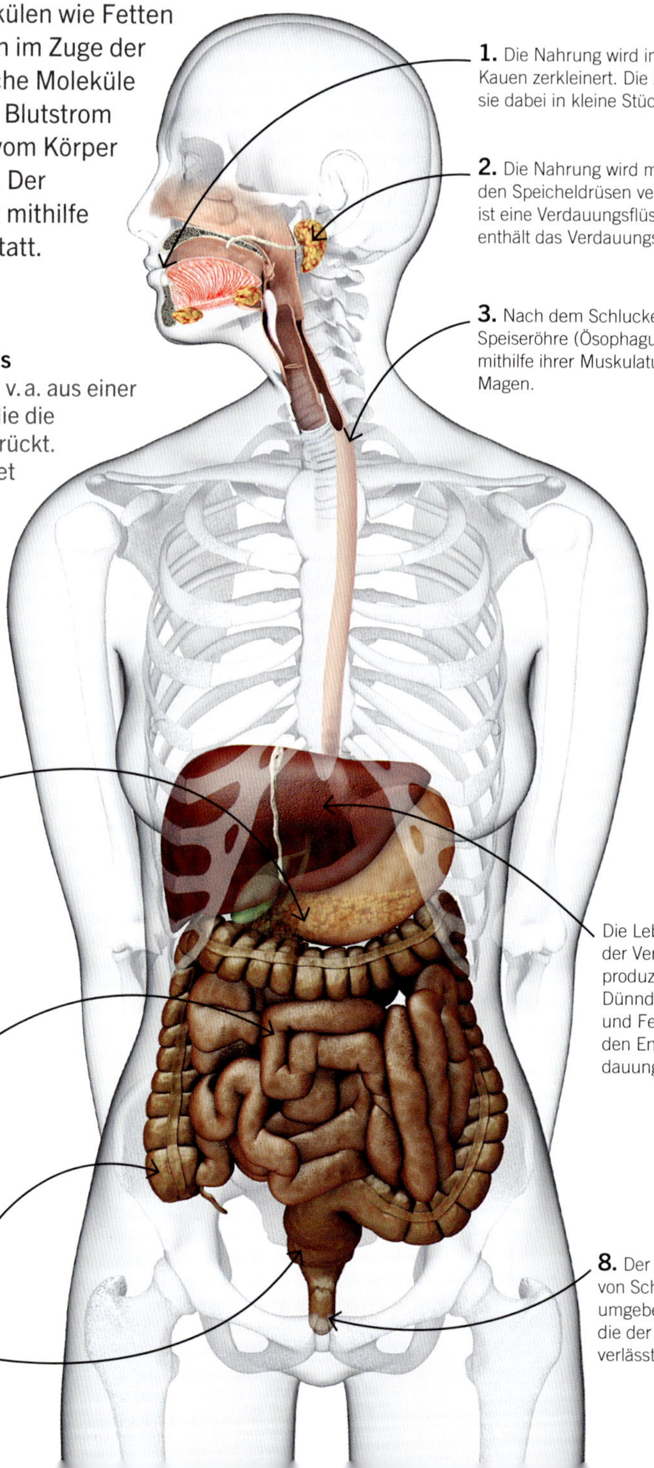

1. Die Nahrung wird im Mund durch Kauen zerkleinert. Die Zähne zermahlen sie dabei in kleine Stücke.

2. Die Nahrung wird mit Speichel aus den Speicheldrüsen vermischt. Speichel ist eine Verdauungsflüssigkeit und enthält das Verdauungsenzym Amylase.

3. Nach dem Schlucken drückt die Speiseröhre (Ösophagus) die Nahrung mithilfe ihrer Muskulatur in den Magen.

4. Muskeln in der Magenwand ziehen sich zusammen, um die Nahrung mit saurem Magensaft zu vermischen. Die Magensäure tötet u. a. schädliche Mikroorganismen im Nahrungsbrei ab und liefert den optimalen pH-Wert für die Magenenzyme, welche die Nahrung teilweise vorverdauen.

5. Im Dünndarm wird die Verdauung mithilfe etlicher Enzyme vollendet, die zum großen Teil aus der Bauchspeicheldrüse stammen. Die kleinen, löslichen Moleküle, die dabei entstehen, gelangen durch die Dünndarmwand in den Blutstrom. Dieser Prozess wird Resorption genannt (s. S. 102).

Die Leber ist ebenfalls an der Verdauung beteiligt. Sie produziert Galle, die in den Dünndarm abgegeben wird und Fette emulgiert, was den Enzymen die Fettverdauung erleichtert.

6. Nur Nahrungsbestandteile, die im Dünndarm nicht verdaut werden konnten, erreichen den Dickdarm. Hier wird dem Stuhl (Fäzes) u. a. Wasser entzogen, bevor er den Körper verlässt.

7. Der Stuhl sammelt sich im Mastdarm (Ende des Dickdarms), bevor er ausgeschieden wird.

8. Der After (Anus) ist eine von Schließmuskulatur umgebene Öffnung, durch die der Stuhl den Körper verlässt.

Peristaltik

Nahrung wird mithilfe der sogenannten Peristaltik durch den Verdauungstrakt transportiert. Muskeln in den Wänden von Speiseröhre und Darm ziehen sich zusammen und schicken Kontraktionswellen durch den Verdauungstrakt, die den Nahrungsbrei vorwärtsdrücken.

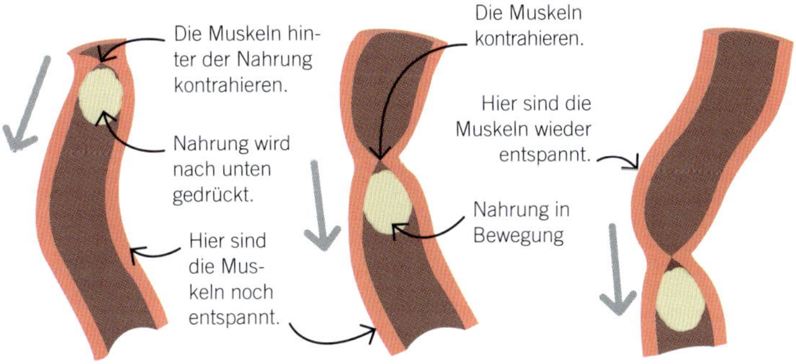

Auf einen Blick

- **Im Zuge der Verdauung werden große, unlösliche Moleküle in kleinere, lösliche Moleküle zerlegt, die der Körper verwerten kann.**
- **Nahrungsmoleküle werden im Mund, im Magen und im Dünndarm zerkleinert.**
- **Lösliche Moleküle werden im Dünndarm resorbiert und gelangen so ins Blut.**
- **Wasser wird im Dickdarm resorbiert und dem Blutstrom zugeführt.**
- **Unverdauliche Nahrungsbestandteile verlassen den Körper durch den After.**

Mechanische Verdauung

Es werden zwei Arten von Verdauung unterschieden – mechanische Verdauung und chemische Verdauung (s. S. 100–101). Mechanische Verdauung findet v. a. im Mund statt, wo die Nahrung gekaut und zerkleinert wird. Sie schließt jedoch auch das Durchmischen der Nahrung im Magen sowie den Einsatz von Galle (s. S. 101) ein. Galle ist eine zähe Flüssigkeit, die große Fetttropfen in kleinere Tröpfchen zerlegt.

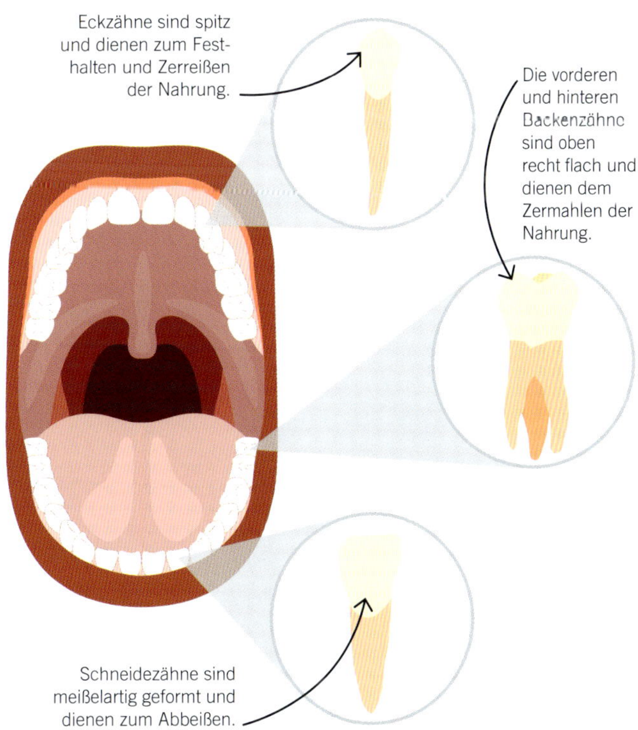

Zähne

Die Nahrung wird im Mund mithilfe der Zähne zerkleinert und mit Speichel befeuchtet, bevor sie geschluckt und durch die Speiseröhre gedrückt wird. Es werden vier Haupttypen von Zähnen unterschieden, deren Form jeweils an ihre Aufgabe angepasst ist.

Verdauungsenzyme

Chemische Verdauung findet vor allem mithilfe von Verdauungsenzymen statt. Diese Proteine fungieren als Biokatalysatoren (s. S. 67) und spalten große Nahrungsmoleküle in kleinere, lösliche Moleküle, die vom Körper aufgenommen werden können.

Auf einen Blick

- ✓ **Chemische Verdauung erfolgt mithilfe von Enzymen.**
- ✓ **Glykosidasen spalten Vielfachzucker (Polysaccharide) in Einfachzucker.**
- ✓ **Peptidasen spalten Proteine in Aminosäuren.**
- ✓ **Lipasen spalten Fette in Fettsäuren und Glycerin.**

Enzyme bei der Arbeit

Enzyme werden von besonderen Drüsen, wie etwa den Speicheldrüsen oder der Bauchspeicheldrüse, sowie von speziellen Zellen im Magen und im Dünndarm produziert. Für jede Nährstoffgruppe gibt es spezielle Enzyme.

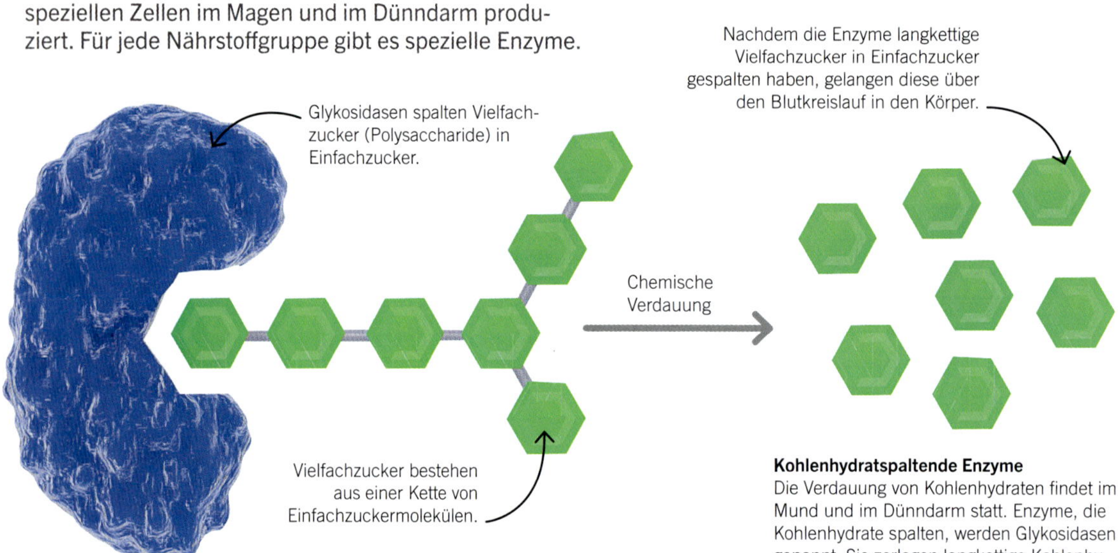

Kohlenhydratspaltende Enzyme
Die Verdauung von Kohlenhydraten findet im Mund und im Dünndarm statt. Enzyme, die Kohlenhydrate spalten, werden Glykosidasen genannt. Sie zerlegen langkettige Kohlenhydrate in einfache Zucker, die u. a. der Energiegewinnung dienen. Amylase ist ein Beispiel für eine Glykosidase. Sie baut Stärkemoleküle ab.

pH-Optimum von Enzymen

Jedes Enzym hat ein bestimmtes pH-Optimum, bei dem es am effektivsten arbeitet (s. S. 69). Pepsin, eine Peptidase in unserem Magen, hat z. B. ein pH-Optimum, das zwischen 1 und 2 (stark sauer) liegt. Die Magensäure sorgt dafür, dass das Magenmilieu sauer genug ist, damit Pepsin seine höchste Aktivität entfalten kann.

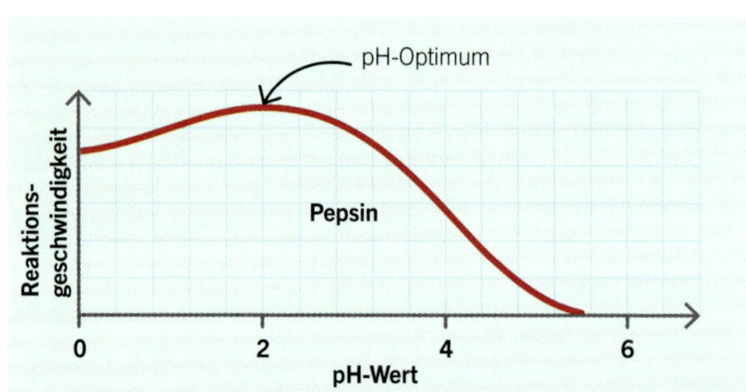

Proteinspaltende Enzyme
Die Proteinverdauung findet im Magen und im Dünndarm statt. Enzyme, die Proteine abbauen können, werden Peptidasen genannt. Peptidasen spalten Proteine in Aminosäuren. Etwa 20 Aminosäuren kommen im menschlichen Körper vor.

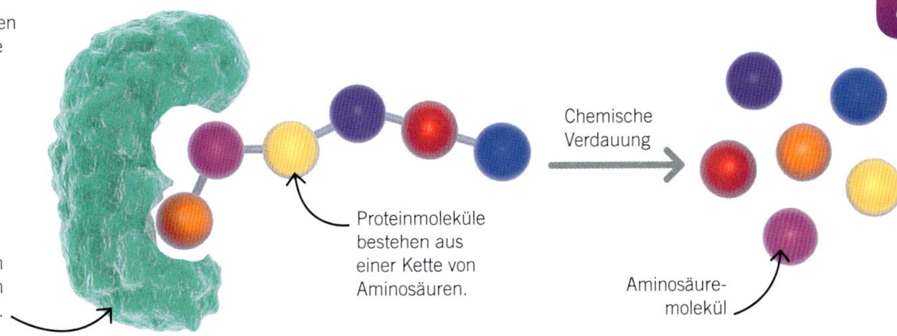

Fettspaltende Enzyme
Die Fettverdauung findet im Dünndarm statt. Enzyme, die Fette spalten, werden Lipasen genannt. Lipasen bauen Fette zu Fettsäuren und Glycerin ab.

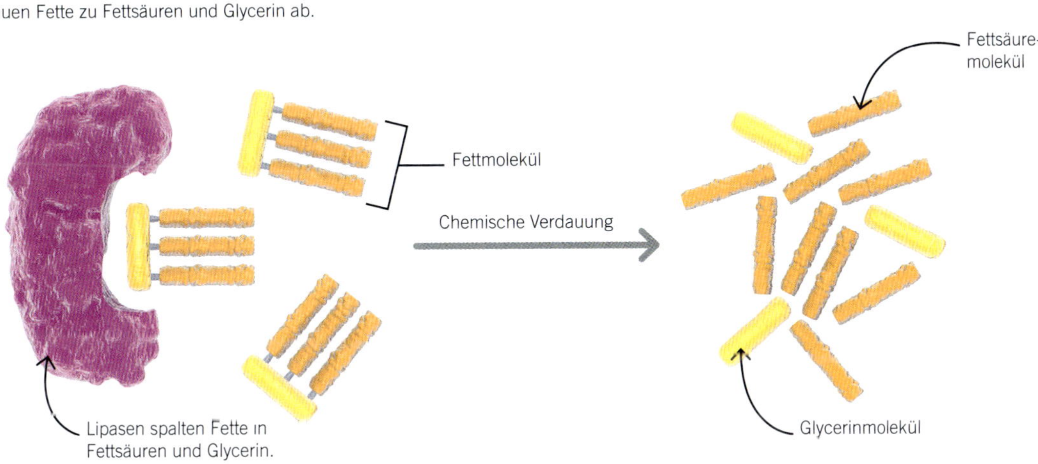

Galle

Die Enzyme im Dünndarm funktionieren am besten unter leicht alkalischen Bedingungen. Wenn die Nahrung vom Magen in den Darm übergeht, ist sie jedoch sauer. Galle, die in den Dünndarm abgegeben wird, hat zwei Funktionen:

- Sie neutralisiert die Magensäure und schafft die benötigten alkalischen Bedingungen.
- Sie emulgiert Fetttropfen, sodass zahlreiche winzige Tröpfchen entstehen, die den Lipasen viel mehr Oberfläche bieten.

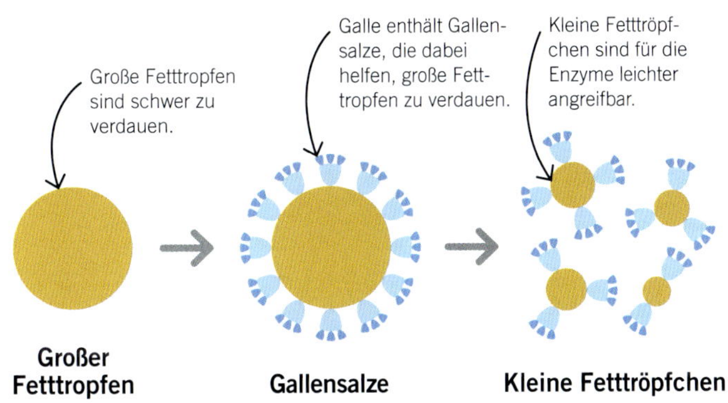

Nährstoffaufnahme

Die kleinen Nährstoffmoleküle, die bei der Verdauung entstehen, gelangen durch die Wand des Dünndarms ins Blut (Resorption). Anschließend werden sie zu den Stellen im Körper transportiert, an denen sie benötigt werden. Der Dünndarm weist eine Reihe von Anpassungen auf, welche die Nährstoffaufnahme sicherstellen.

Auf einen Blick

- ✓ **Nährstoffe aus dem Dünndarm gelangen durch Diffusion oder aktiven Transport ins Blut.**
- ✓ **Darmzotten und Mikrovilli vergrößern die Oberfläche des Dünndarms enorm.**
- ✓ **Darmzotten sind stark von Blutgefäßen durchzogen, um die Aufnahme der Nährstoffe zu maximieren und diese rasch abtransportieren zu können.**

Dünndarmschleimhaut
Um die Resorptionsrate zu maximieren, weist die Schleimhaut des über 5 m langen Dünndarms zahllose fingerförmige Ausstülpungen (Darmzotten) auf, die außen winzige fadenförmige Fortsätze (Mikrovilli) tragen. Darmzotten und Mikrovilli vergrößern die resorbierende Oberfläche des Dünndarms enorm.

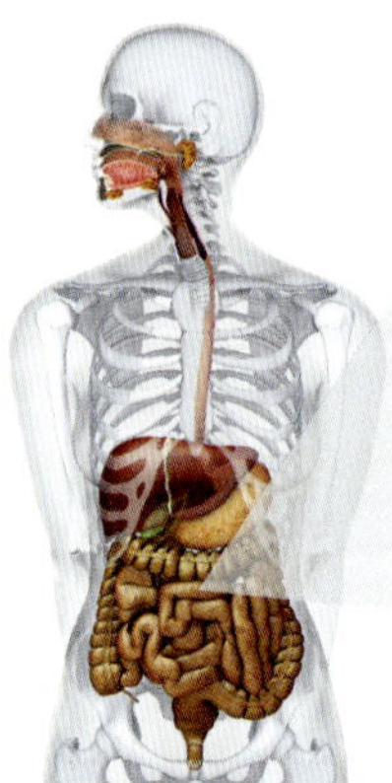

Menschliches Verdauungssystem

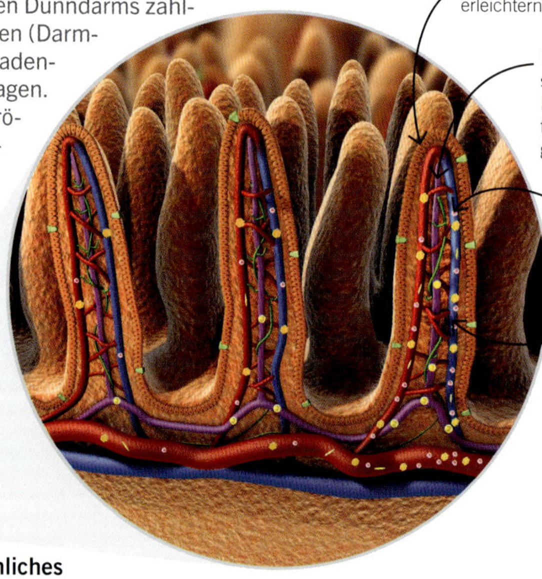

Assimilation

Die Nutzung und Umwandlung von Nährstoffmolekülen in Zellen wird als Assimilation bezeichnet. Glukose beispielsweise diffundiert in die Körperzellen, wo sie im Zuge der Zellatmung zur Energiegewinnung genutzt wird.

Die Leber ist ein wichtiges Assimilationsorgan:

- Sie wandelt u. a. Glukose in Glykogen um – ein komplexes Kohlenhydrat, das als Energiespeicher dient und bei Energiebedarf in Glukose zurückgewandelt wird.
- Sie wandelt zudem überschüssige Aminosäuren in Kohlenhydrate und Fette um, was zur Bildung des Abfallprodukts Harnstoff führt. Dieser wird über die Nieren aus dem Körper entfernt.

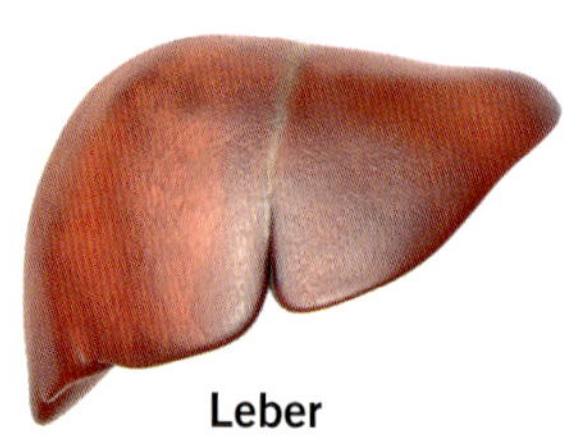

Leber

Transport bei Pflanzen

Transportsystem

In Pflanzen transportieren die Leitungsbahnen des Xylems Wasser und Mineralstoffe von den Wurzeln durch die Sprossachse in die Blätter, während die Leitgefäße des Phloems organische Stoffe wie Zucker aus den Blättern in andere Pflanzenteile befördern. Beide Röhrensysteme bestehen aus miteinander verbundenen Zellen, durch die Flüssigkeit strömen kann.

Auf einen Blick

- ✓ **Wasser und Mineralstoffe werden im Xylem von den Wurzeln zu den Blättern transportiert.**
- ✓ **Die Röhren des Phloems transportieren v. a. Zucker und Aminosäuren durch die Pflanze.**
- ✓ **Die Gefäße von Phloem und Xylem liegen dicht beisammen und bilden sogenannte Leitbündel.**
- ✓ **Der Wasserstrom im Xylem wird als Transpirationsstrom bezeichnet.**
- ✓ **Der Transport von Stoffen im Phloem wird als Translokation bezeichnet.**

Xylem

Die Röhren des Xylems bestehen aus miteinander verbundenen toten Zellen, die kein Zytoplasma enthalten. Das Xylem transportiert das u. a. für die Fotosynthese benötigte Wasser und in ihm gelöste Substanzen von den Wurzeln nach oben in alle Teile der Pflanze. Der Wasserstrom im Xylem wird als Transpirationsstrom bezeichnet.

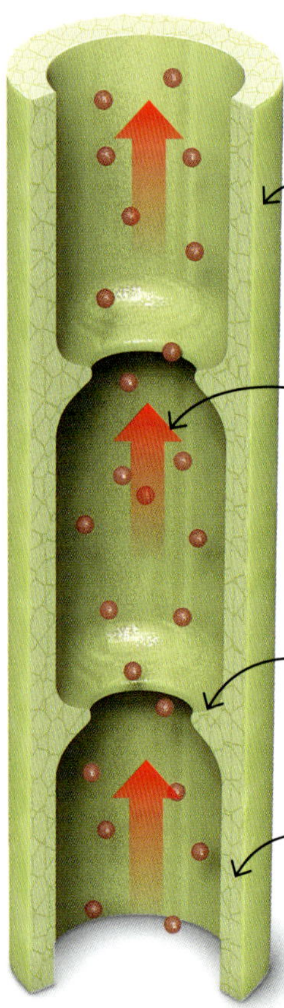

Phloem

Die Röhren des Phloems bestehen aus lebenden Zellen mit siebartig durchlöcherten Querwänden (Siebplatten). Diese ermöglichen es den bei der Fotosynthese gebildeten Zuckern durch die Zellwände zu gelangen. Der Transport im Phloem erfolgt in beide Richtungen und wird Translokation genannt.

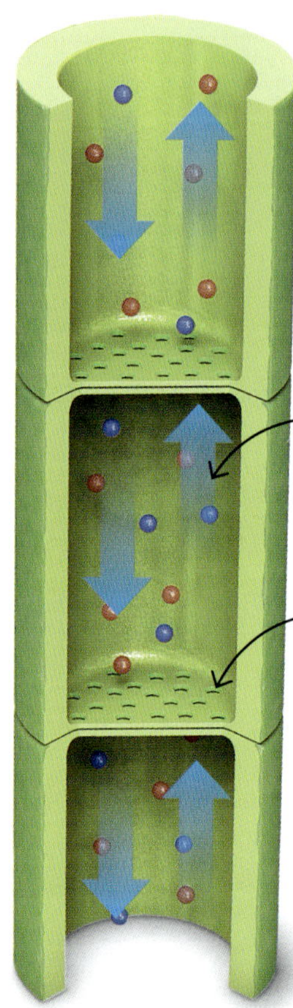

Leitbündel

Die Gefäße von Xylem und Phloem bilden sogenannte Leitbündel. Deren Anordnung ist in Wurzeln, Sprossen und Blättern unterschiedlich, wie in diesen Querschnitten zu erkennen ist.

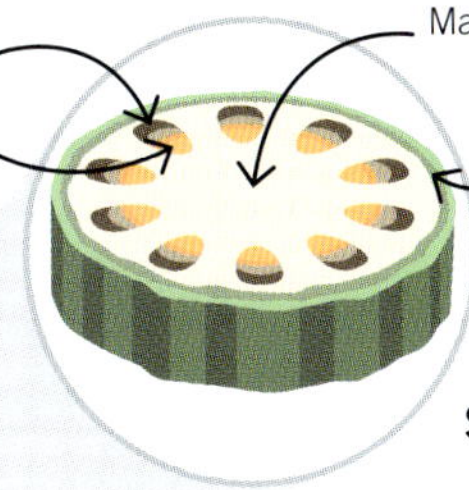

Im Spross sind die Leitbündel meist kreisförmig im äußeren Bereich angeordnet und sorgen für Festigkeit.

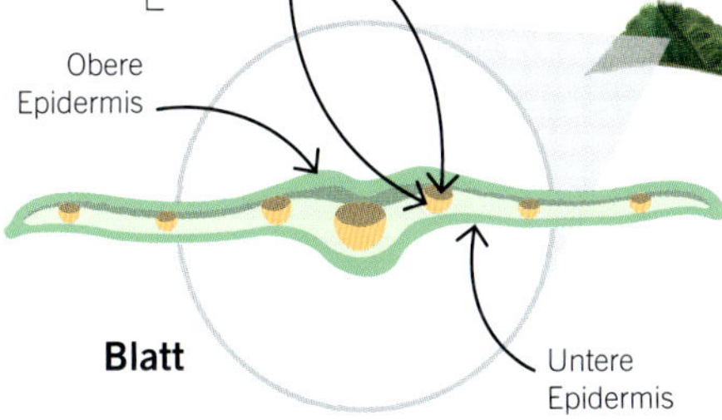

In Blättern bilden die Leitbündel ein Adernetz, das die weichen Gewebe stützt.

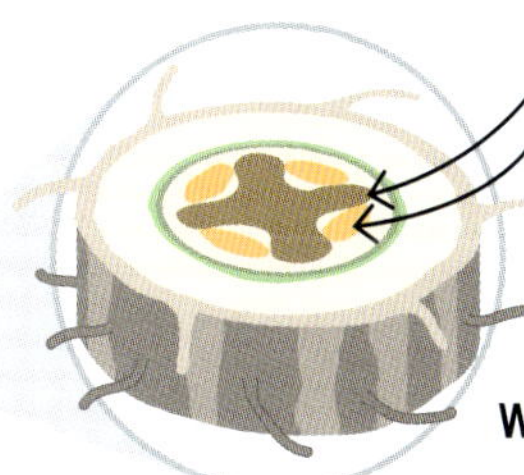

Wurzeln besitzen ein großes, zentrales Leitbündel, bei dem das Xylem typischerweise innen liegt und vom Phloem umgeben wird.

Leitbündel-Experiment

Ein Xylemgefäß ist dünner als ein Haar. Wenn man Stangensellerie für einen Tag in ein Glas mit gefärbtem Wasser stellt, nehmen seine mikroskopisch kleinen Xylemröhren die Farbe des Wassers an.

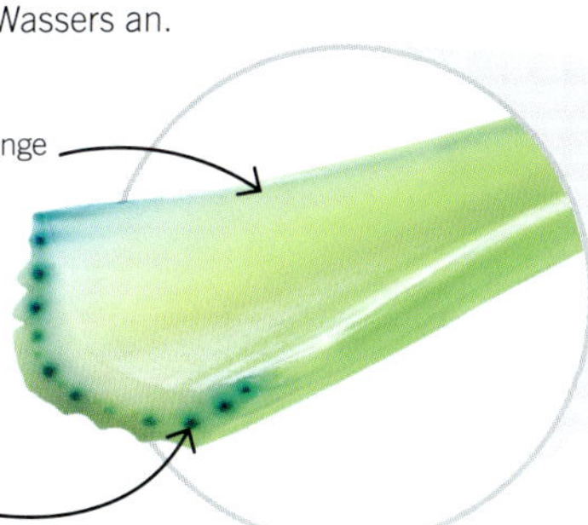

Transpiration

Pflanzen nehmen Wasser über die Wurzeln auf und geben es über die Blätter wieder ab. Die Wasserverdunstung der Blätter erzeugt einen Sog, der Wasser in der Pflanze nach oben saugt. Die Verdunstung von Wasser über die Blätter von Pflanzen wird Transpiration genannt.

Auf einen Blick

- **Die Verdunstung von Wasser über die Blätter von Pflanzen wird als Transpiration bezeichnet.**
- **Pflanzen regulieren ihre Transpiration über das Öffnen und Schließen ihrer Spaltöffnungen (Stomata).**
- **Auf seinem Weg durch die Pflanze strömt das Wasser durch das Xylem.**

Wassertransport
Wenn eine Pflanze Wasser über ihre Blätter verliert, wird es über die Wurzeln ersetzt. Der ununterbrochene Wasserstrom von den Wurzeln zu den Blättern heißt Transpirationsstrom.

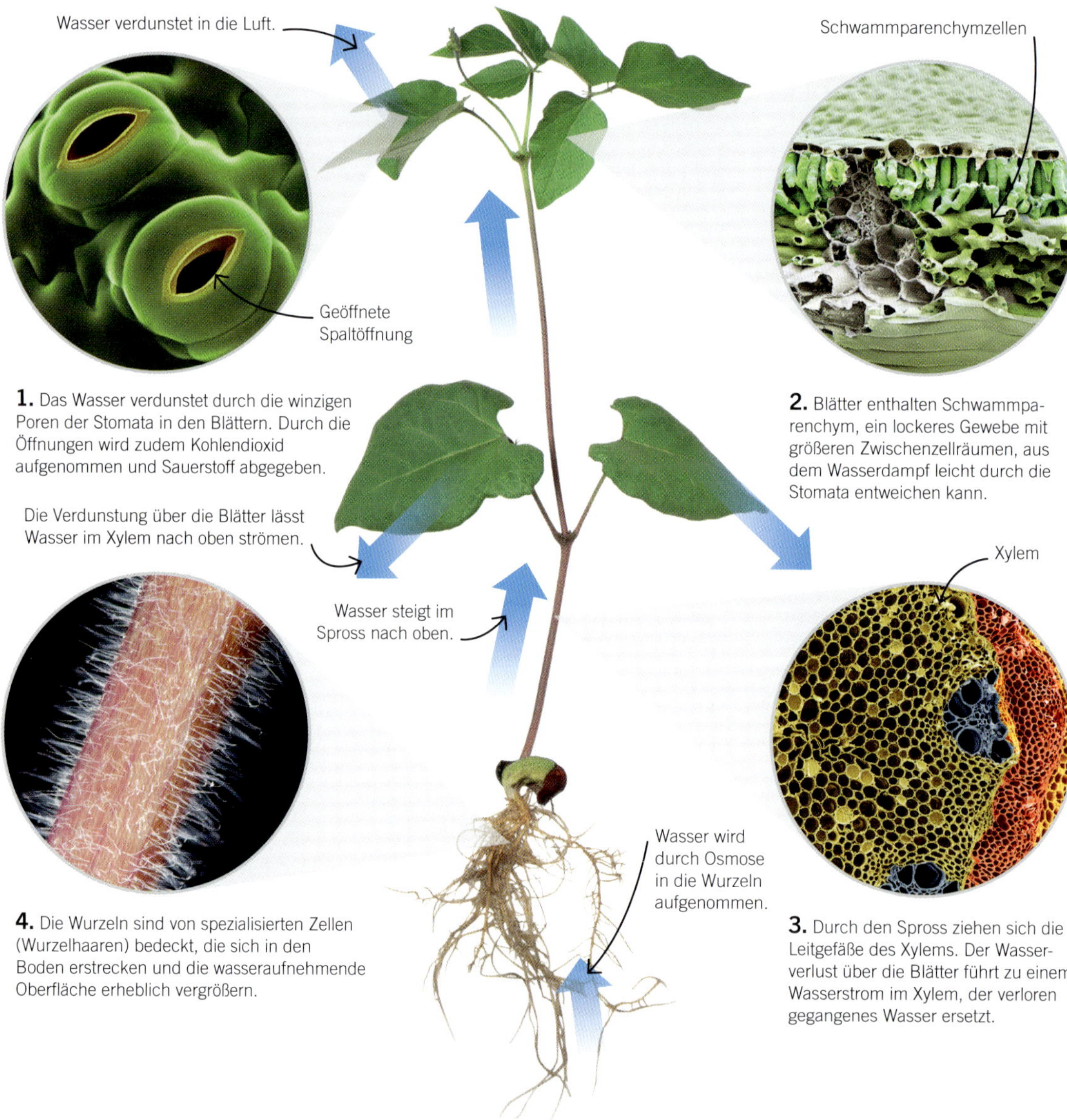

1. Das Wasser verdunstet durch die winzigen Poren der Stomata in den Blättern. Durch die Öffnungen wird zudem Kohlendioxid aufgenommen und Sauerstoff abgegeben.

2. Blätter enthalten Schwammparenchym, ein lockeres Gewebe mit größeren Zwischenzellräumen, aus dem Wasserdampf leicht durch die Stomata entweichen kann.

3. Durch den Spross ziehen sich die Leitgefäße des Xylems. Der Wasserverlust über die Blätter führt zu einem Wasserstrom im Xylem, der verloren gegangenes Wasser ersetzt.

4. Die Wurzeln sind von spezialisierten Zellen (Wurzelhaaren) bedeckt, die sich in den Boden erstrecken und die wasseraufnehmende Oberfläche erheblich vergrößern.

Pflanzenwurzeln

Pflanzenwurzeln sind daran angepasst, Wasser und Mineralstoffe aus dem Boden zu absorbieren. Verliert eine Pflanze über ihre Blätter mehr Wasser, als sie über ihre Wurzeln aufnehmen kann, beginnt sie zu welken.

Auf einen Blick

- ✓ **Wurzelhaare vergrößern die Oberfläche, die zur Aufnahme von Wasser und Mineralstoffen zur Verfügung steht, enorm.**
- ✓ **Wasser gelangt durch Osmose in die Wurzelhaarzellen.**
- ✓ **Mineralstoffe gelangen durch aktiven Transport in die Wurzelhaarzellen.**

Wurzelsystem
Pflanzenwurzeln bilden im Boden häufig ein stark verzweigtes Geflecht aus, um möglichst viel Wasser und Nährstoffe aufnehmen zu können. Wasser wird durch Osmose (s. S. 52–53) aufgenommen, Mineralstoffe durch aktiven Transport (s. S. 56).

Die Wurzeln verankern die Pflanze an ihrem Standort und nehmen Wasser und Mineralstoffe auf.

Welken
Wasser strömt von den Wurzeln nach oben durch den Spross in die Blätter. Gibt es nicht genug Wasser, schrumpfen die Vakuolen in den Pflanzenzellen, sodass der Druck auf die Zellwände nachlässt und die Pflanze zu welken beginnt (s. S. 53).

Wurzelhaare
Die äußere Zellschicht der Wurzel heißt Rhizodermis. Wurzelhaare sind haarförmige Zellen, die aus Rhizodermiszellen hervorgehen und für eine große Oberfläche zur Aufnahme von Wasser und Mineralstoffen aus dem Boden sorgen.

Aufnahme von Wasser und Mineralstoffen

Wasser und darin gelöste Mineralstoffe werden über die Wurzelhaare aufgenommen. Die Stoffe werden zunächst von Zelle zu Zelle weitergegeben und gelangen schließlich in die Röhren des Xylems, durch die sie in der Pflanze verteilt werden.

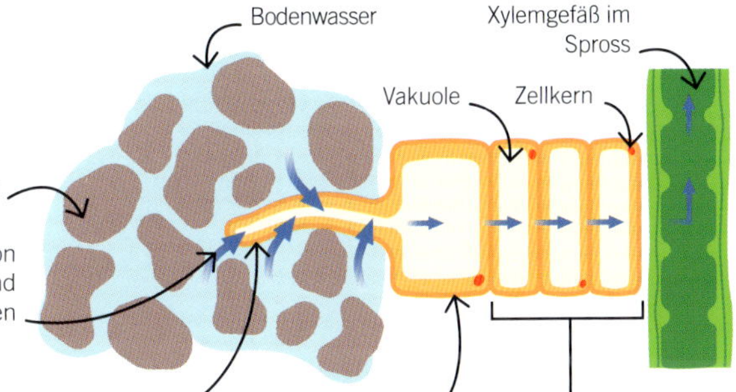

Transpirationsrate

Die Transpirationsrate ist ein Maß für die Menge an Wasser, die eine Pflanze pro Zeitspanne verdunstet. Sie wird vor allem durch vier Faktoren beeinflusst: Temperatur, Feuchtigkeit, Windgeschwindigkeit und Lichtintensität.

Auf einen Blick

- ✓ Die Transpirationsrate ist ein Maß für die Menge an Wasser, die eine Pflanze pro Zeitspanne verdunstet.
- ✓ Da die Stomata bei Dunkelheit geschlossen sind, ist die Transpirationsrate bei Tag viel höher als nachts.
- ✓ Die Transpirationsrate wird vor allem durch vier Faktoren beeinflusst: Temperatur, Feuchtigkeit, Windgeschwindigkeit und Lichtintensität.

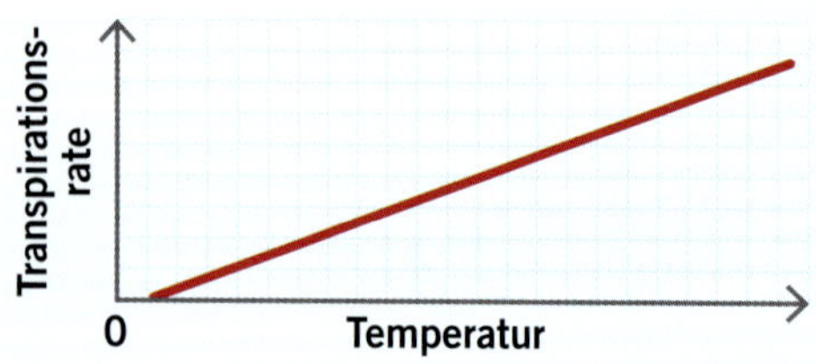

Temperatur
Ein Anstieg der Temperatur erhöht die Transpirationsrate, da bei höherer Temperatur mehr Wasser über die Spaltöffnungen (Stomata) der Blätter an die Luft abgegeben wird.

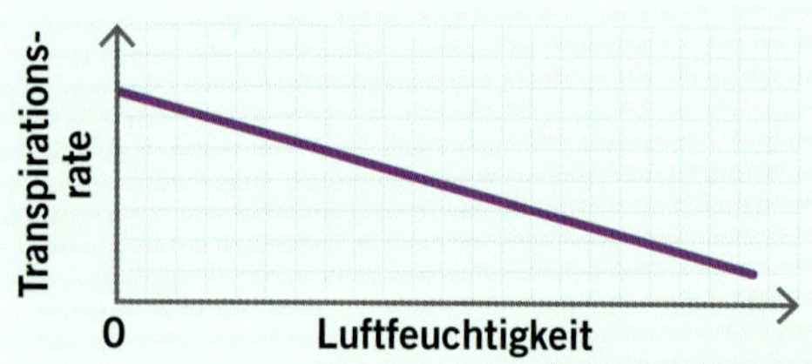

Luftfeuchtigkeit
Die Luftfeuchtigkeit ist der Anteil des Wasserdampfs in der Luft. Wenn die Luftfeuchte gering ist, ist die Luft trocken und Wasser kann leicht von den Blättern verdunsten. Daher ist die Transpirationsrate bei geringer Luftfeuchte vergleichsweise hoch. Bei höherer Luftfeuchte verdunstet das Wasser weniger leicht und die Transpirationsrate ist geringer.

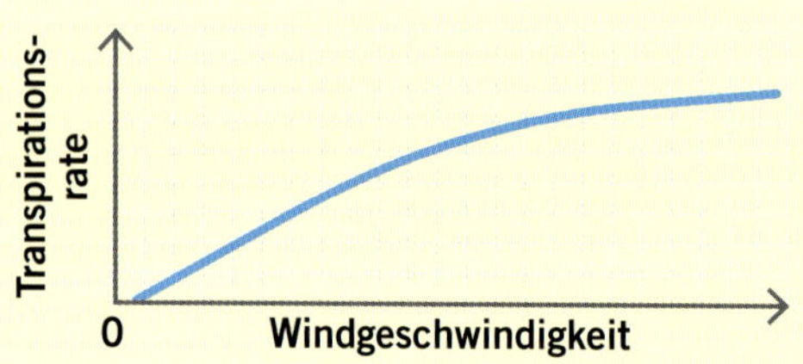

Windgeschwindigkeit
Höhere Windgeschwindigkeiten erhöhen die Transpirationsrate, da der Wasserdampf, der die Blätter verlässt, rasch vom Wind fortgeweht wird. Dadurch wird eine die Transpiration behindernde Erhöhung der Luftfeuchte um die Pflanze herum verhindert.

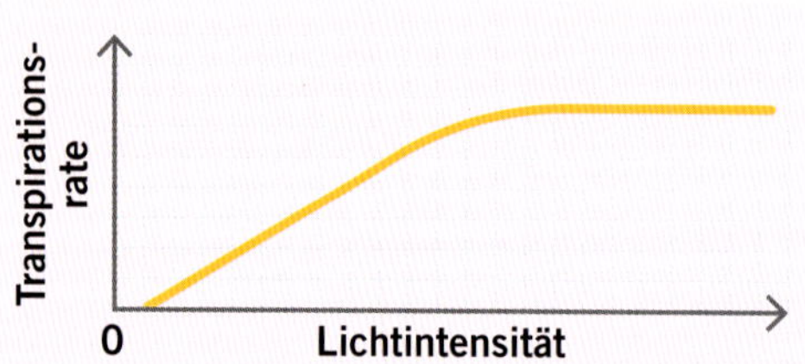

Lichtintensität
Eine hohe Lichtintensität steigert die Fotosyntheserate und damit auch den Bedarf der Blattzellen an Kohlendioxid. Daher werden bei starker Lichteinstrahlung die Stomata voll geöffnet, was wiederum die Transpirationsrate erhöht. Starke Sonneneinstrahlung erwärmt zudem die Blätter, was ebenfalls die Transpirationsrate steigert.

Messung der Transpirationsrate

Die Transpirationsrate lässt sich mithilfe eines Potetometers abschätzen. Indem man Temperatur, Luftfeuchtigkeit, Windgeschwindigkeit oder Lichtintensität verändert, kann man den Einfluss dieser Faktoren auf die Transpirationsrate untersuchen.

Auf einen Blick

- ✓ **Ein Potetometer ist ein Gerät, mit dem man den Wasserverbrauch einer Pflanze messen kann.**
- ✓ **Mit einem Potetometer kann man den Einfluss von Umweltfaktoren auf die Transpirationsrate untersuchen.**

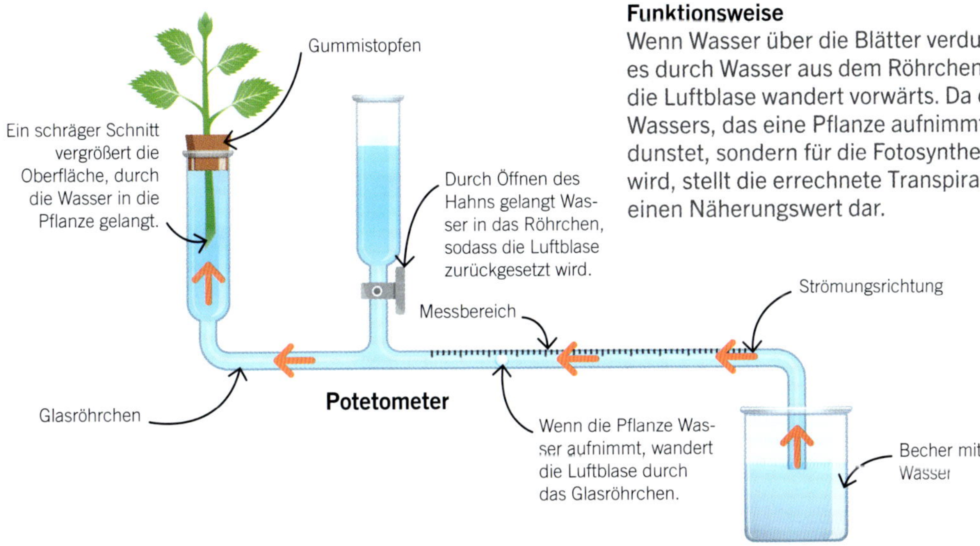

Funktionsweise
Wenn Wasser über die Blätter verdunstet, wird es durch Wasser aus dem Röhrchen ersetzt und die Luftblase wandert vorwärts. Da ein Teil des Wassers, das eine Pflanze aufnimmt, nicht verdunstet, sondern für die Fotosynthese verwendet wird, stellt die errechnete Transpirationsrate nur einen Näherungswert dar.

Vorgehensweise

1. Baue das Potetometer unter Wasser zusammen, damit keine Luft eindringen kann. Stecke dann einen Pflanzenstängel durch das Loch des Stopfens.

2. Entferne den Wasserbecher vom Glasröhrchen, damit sich eine Luftblase im Röhrchen bilden kann. Stell den Becher zurück, sobald eine Blase entstanden ist.

3. Warte, bis die Blase den Messbereich erreicht hat, und miss dann mit einer Stoppuhr die Zeit, die die Blase braucht, um eine festgelegte Strecke zurückzulegen.

4. Berechne das verbrauchte Wasservolumen, indem du die Strecke mit dem Quadrat des halben Innendurchmessers des Glasröhrchens und mit 3,14 multiplizierst. Verändere jeweils einen anderen Faktor und miss erneut.

Berechnung der Transpirationsrate

Wenn in 60 Sekunden 2 cm³ Wasser verbraucht wurden, kann die Transpirationsrate wie folgt berechnet werden:

$$\text{Transpirationsrate} = \frac{\text{Wasservolumen (cm}^3\text{)}}{\text{Zeit (s)}}$$

Setze die Zahlen in die Gleichung ein: $\text{Transpirationsrate} = \frac{2\,\text{cm}^3}{60\,\text{s}}$

Berechne das Ergebnis mit einem Taschenrechner:

$$\text{Transpirationsrate} = 0{,}033\,\text{cm}^3/\text{s}$$

Transport bei Tieren

Herz-Kreislauf-System

Die meisten Tiere besitzen ein Transportsystem, das Nährstoffe und Sauerstoff im Körper verteilt. Es transportiert zudem Abfallstoffe, wie etwa Kohlendioxid, zu Organen, durch die sie aus dem Körper entfernt werden.

Auf einen Blick

- ✓ **Der Mensch hat ein Herz-Kreislauf-System, das aus zwei Teilkreisläufen besteht – dem Körper- und dem Lungenkreislauf.**
- ✓ **Der Blutkreislauf versorgt jede Körperzelle mit Nährstoffen und Sauerstoff. Er sorgt auch für den Abtransport von Abfallstoffen wie Kohlendioxid.**

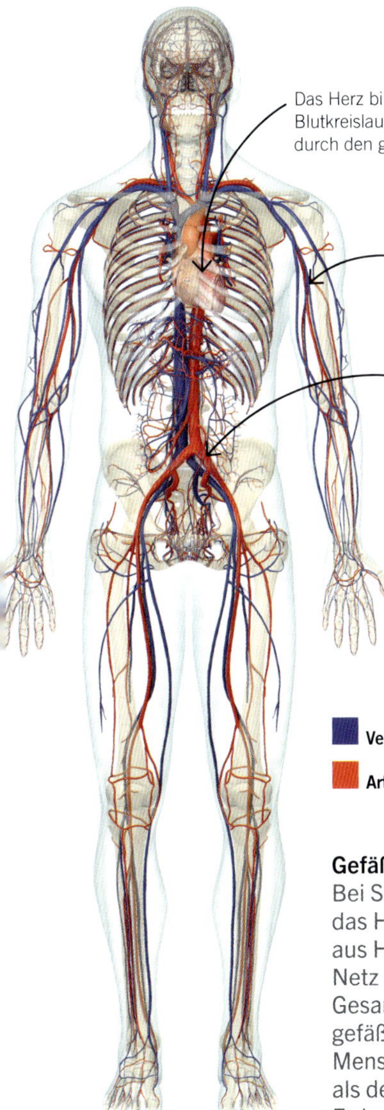

Gefäßnetz
Bei Säugetieren besteht das Herz-Kreislauf-System aus Herz, Blut und einem Netz von Blutgefäßen. Die Gesamtlänge aller Blutgefäße eines erwachsenen Menschen entspricht mehr als dem Doppelten des Erdumfangs.

Kreislaufsysteme

„Doppelter Kreislauf"
Menschen und andere Säugetiere haben zwei Blutkreisläufe – einen Körper- und einen Lungenkreislauf.

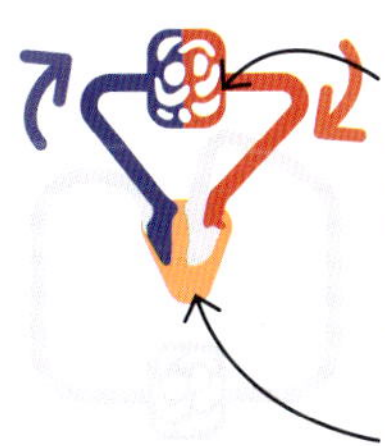

Lungenkreislauf
Das Herz pumpt sauerstoffarmes Blut in die Lungen, wo es Sauerstoff aufnimmt, bevor es zum Herzen zurückkehrt.

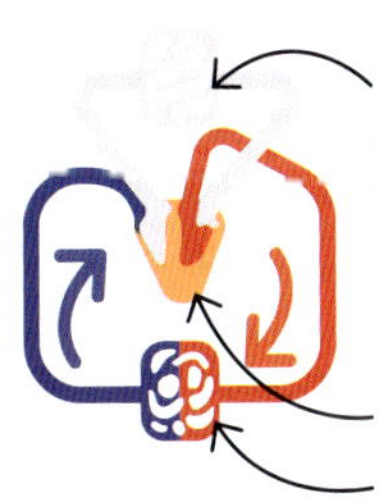

Körperkreislauf
Das Herz pumpt sauerstoffreiches Blut in den Rest des Körpers, aus dem sauerstoffarmes Blut zum Herzen zurückkehrt.

Einfacher Kreislauf
Manche Tiere, wie etwa Fische, haben einen einfachen Blutkreislauf. Bei ihnen strömt sauerstoffarmes Blut aus dem Körper zum Herzen und dann in die Kiemen, wo es Sauerstoff aufnimmt, bevor es in den Körper zurückkehrt.

Sauerstoffarmes Blut

Sauerstoffreiches Blut

Blutgefäße

Blut strömt durch unterschiedliche Gefäßtypen, wie etwa Arterien, Venen oder Kapillaren. Blutgefäße bilden ein ausgedehntes Gefäßnetz, das Nährstoffe und Sauerstoff zu jeder Zelle im Körper transportiert.

Auf einen Blick

- ✓ **Die drei wichtigsten Gefäßtypen sind Arterien, Venen und Kapillaren.**
- ✓ **Arterien transportieren Blut vom Herzen weg.**
- ✓ **Venen transportieren Blut zum Herzen hin.**
- ✓ **Kapillaren sind winzige Gefäße, die Arterien und Venen verbinden.**

Transportsystem

Arterien transportieren Blut vom Herzen weg, Venen transportieren es zum Herzen hin. Beide Gefäßtypen sind durch winzige Kapillaren verbunden, die es überall im Körper gibt. Kleine Arterien, die Arteriolen genannt werden, verzweigen sich in noch kleinere Kapillaren. Venolen sammeln das Blut aus den Kapillaren und leiten es in die Venen.

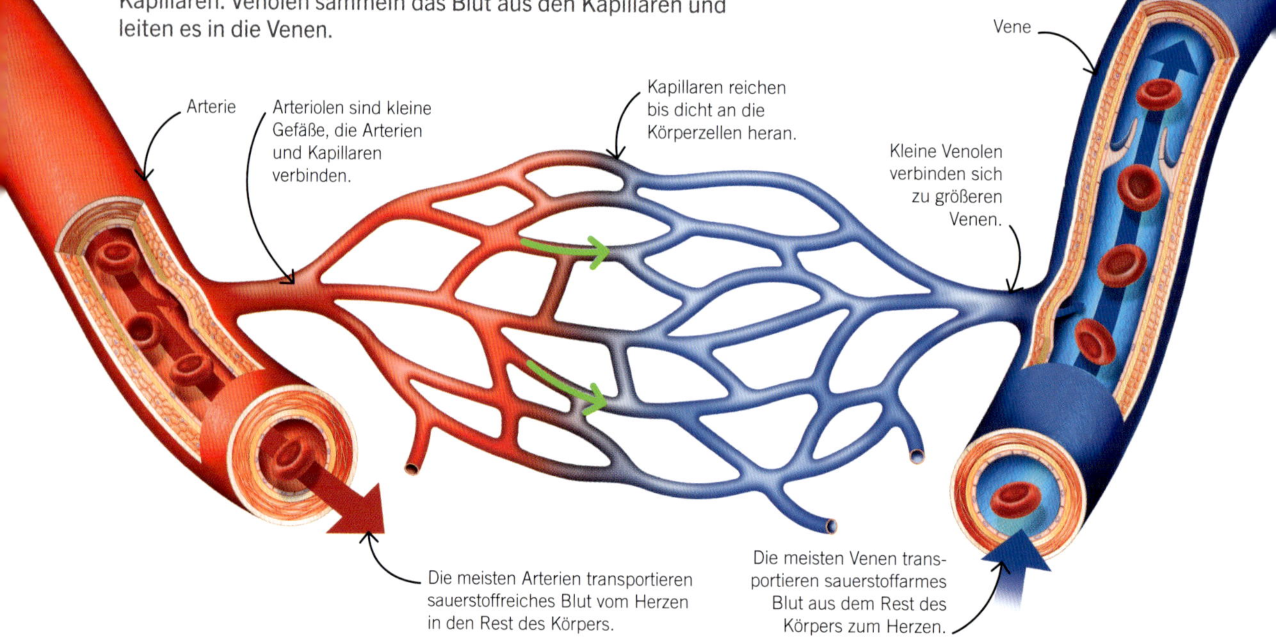

Berechnung der Blutflussrate

Abhängig von den Gefäßen, durch die es fließt, strömt Blut mit unterschiedlicher Flussrate. Nutze die folgende Formel, um die Blutflussrate zu berechnen:

$$\text{Blutflussrate} = \frac{\text{Blutvolumen (ml)}}{\text{Anzahl der Minuten (min)}}$$

Beispiel: 1866 ml Blut strömen in 3 Minuten durch eine Arterie. Berechne die Blutflussrate.

$$\text{Blutflussrate} = \frac{1{,}866\,\text{ml}}{3\,\text{Minuten}}$$

$$= 622\,\text{ml/min}$$

Aufbau der Gefäße

Blutgefäße unterscheiden sich abhängig von ihrer Funktion in Bau und Größe. Die Wände der Arterien und Venen bestehen aus drei Schichten, die Wände der Kapillaren nur aus einer Zellschicht.

Auf einen Blick

- ✓ **Arterien haben dicke, muskulöse und elastische Wände, die hohem Blutdruck standhalten können.**
- ✓ **Venen besitzen Klappen, die sicherstellen, dass das Blut in die richtige Richtung strömt.**
- ✓ **Kapillaren haben sehr dünne Wände, die einen Stoffaustausch zwischen Blut und Zellen ermöglichen.**

Arterien
Wenn das Herz kontrahiert, presst es das Blut mit hohem Druck durch die Arterien. Sie müssen starke Wände aufweisen, um dem Druck standzuhalten. Ihre muskulösen, aber gleichzeitig elastischen Gefäßwände erlauben es ihnen, sich zu dehnen, wenn das Blut durch ihr Lumen (innerer Hohlraum) strömt.

Venen
Venen führen Blut unter geringem Druck zurück zum Herzen – ihre Wände sind daher weniger dick und elastisch als die von Arterien. Um den Blutfluss zum Herzen zu erleichtern, haben Venen große Lumina. Sie weisen zudem Venenklappen auf, die sicherstellen, dass das Blut nur in die richtige Richtung fließt.

Kapillaren
Kapillaren (Haargefäße) sind winzige Gefäße, die in Organen und Geweben ein feines Netz bilden und dem Stoffaustausch zwischen Zellen und Blut dienen. Durch ihre dünnen Wände werden ständig Nährstoffe, Sauerstoff und Abfallstoffe ausgetauscht.

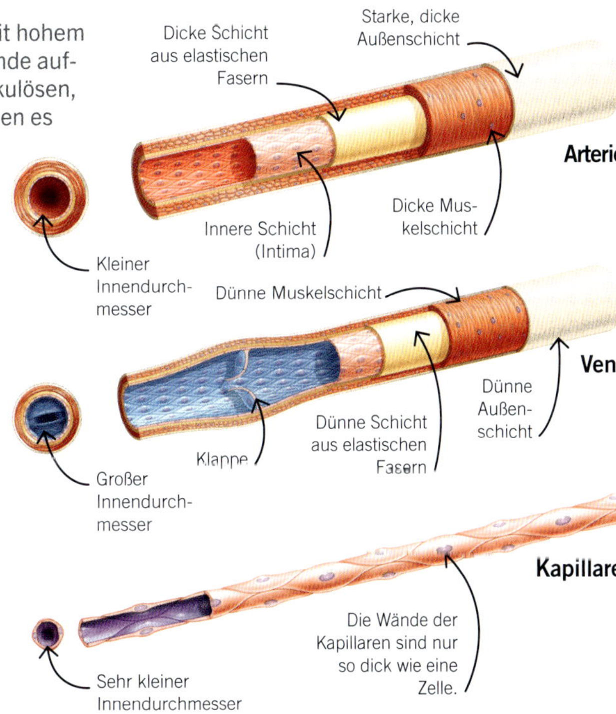

Venenklappen

Venen besitzen spezielle Klappen, die dafür sorgen, dass das Blut in die richtige Richtung fließt. Die Venenklappen öffnen sich, wenn das vorwärts strömende Blut Druck auf sie ausübt. Lässt der Druck nach, schließen sie sich und verhindern so ein Zurückströmen des Bluts. Körpermuskeln, die Venen umgeben, können mit ihren Kontraktionen die Vorwärtsbewegung des Bluts unterstützen.

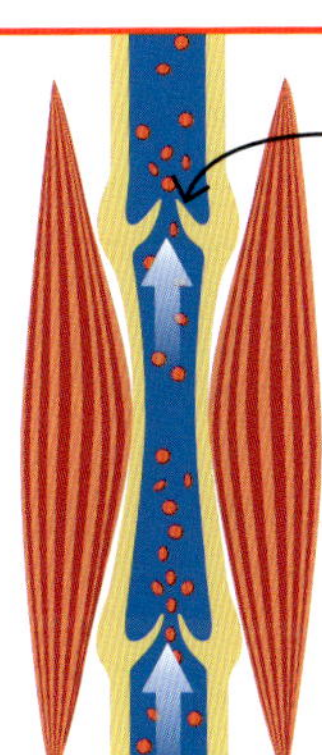

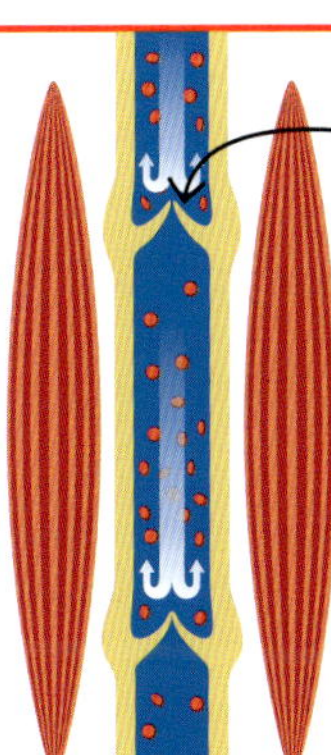

Blut

Blut versorgt unseren Körper mit Sauerstoff und allen Nährstoffen, die er benötigt. Es besteht aus Billionen Zellen und unzähligen Substanzen, die im sogenannten Plasma treiben.

Auf einen Blick

- ✓ **Die vier Hauptkomponenten des Bluts sind Plasma, rote und weiße Blutzellen sowie Blutplättchen.**
- ✓ **Rote Blutzellen enthalten Hämoglobin, das dem Sauerstofftransport dient.**
- ✓ **Weiße Blutzellen verteidigen den Körper gegen Krankheitserreger und Schadstoffe.**
- ✓ **Blutplättchen sind wichtig für die Blutgerinnung.**
- ✓ **Blutplasma transportiert u. a. gelöste Substanzen.**

Zusammensetzung des Bluts

Der größte Teil des Bluts besteht aus Blutplasma, gefolgt von drei Arten von Blutzellen: rote Blutzellen, weiße Blutzellen und Blutplättchen (Thrombozyten).

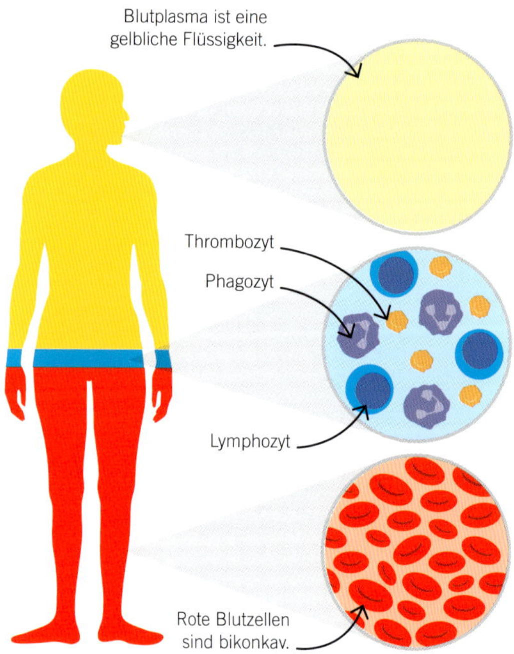

Blutplasma
Rote und weiße Blutzellen sowie Blutplättchen treiben in einer Flüssigkeit, die als Blutplasma bezeichnet wird. Sie besteht v. a. aus Wasser, enthält aber auch Nährstoffe, Abfallstoffe, z. B. Kohlendioxid und Harnstoff, Hormone, Antikörper und Gerinnungsfaktoren.

Weiße Blutzellen und Blutplättchen
Es gibt zwei Hauptarten von weißen Blutzellen – Lymphozyten und Phagozyten (s. S. 264–265). Lymphozyten produzieren besondere Proteine, die als Antikörper bezeichnet werden und Krankheitserreger attackieren, während Phagozyten Eindringlinge aufnehmen und vernichten. Weiße Blutzellen haben einen Zellkern. Thrombozyten sind winzige Blutzellen ohne Zellkern, die eine wichtige Rolle bei der Blutgerinnung spielen.

Rote Blutzellen
Rote Blutzellen (Erythrozyten) sind kleine, flexible Scheiben, die sich durch Blutgefäße quetschen können. Da sie auf beiden Seiten eine Vertiefung aufweisen, erinnert ihre Form an einen Donut. Rote Blutzellen enthalten den Blutfarbstoff Hämoglobin, der dem Sauerstofftransport dient. Sie besitzen bei Säugetieren keinen Zellkern.

Sauerstofftransport

Zellen brauchen Sauerstoff für die Zellatmung. Rote Blutzellen enthalten Hämoglobin, das Sauerstoff in der Lunge aufnimmt und ihn zu den Zellen des Körpers transportiert. Der Sauerstoff wird dabei an das zentrale Eisenion des Hämoglobins gebunden.

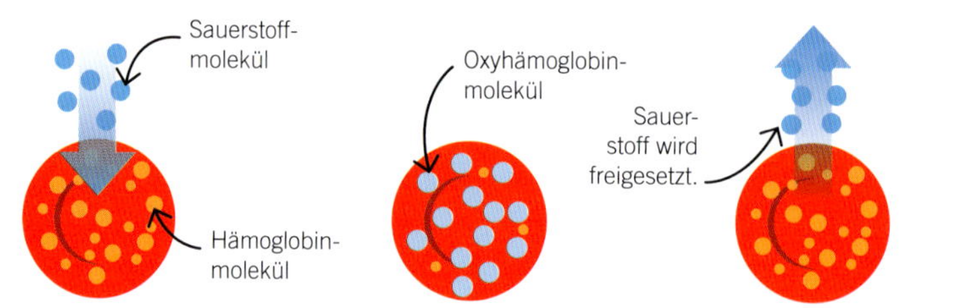

1. In der Lunge diffundiert Sauerstoff ins Blut. Dort verbindet er sich mit Hämoglobin zu Oxyhämoglobin.

2. Die Oxyhämoglobinmoleküle werden zu den Körperzellen transportiert.

3. In den Blutkapillaren setzt das Oxyhämoglobin Sauerstoff frei, der rasch von den Zellen aufgenommen wird.

Herz

Das menschliche Herz pumpt Blut durch den Körper. Seine rechte Hälfte befördert das Blut zur Lunge, wo es Sauerstoff aufnimmt, während seine linke Hälfte Blut in den Rest des Körpers pumpt.

Auf einen Blick

- ✓ **Das Herz weist vier Hohlräume auf: den rechten und den linken Vorhof und die rechte und die linke Herzkammer.**
- ✓ **Die Herzvorhöfe erhalten Blut aus der Lunge oder dem Körper.**
- ✓ **Die Herzkammern pressen das Blut aus dem Herzen.**

Aufbau des Herzens
Das Herz ist in zwei Hälften unterteilt, die jeweils wiederum aus einem Vorhof (Atrium) und einer Kammer (Ventrikel) bestehen. Große Venen und Arterien transportieren Blut zum Herzen oder von ihm weg. Klappen im Herzen sorgen dafür, dass das Blut in die richtige Richtung fließt.

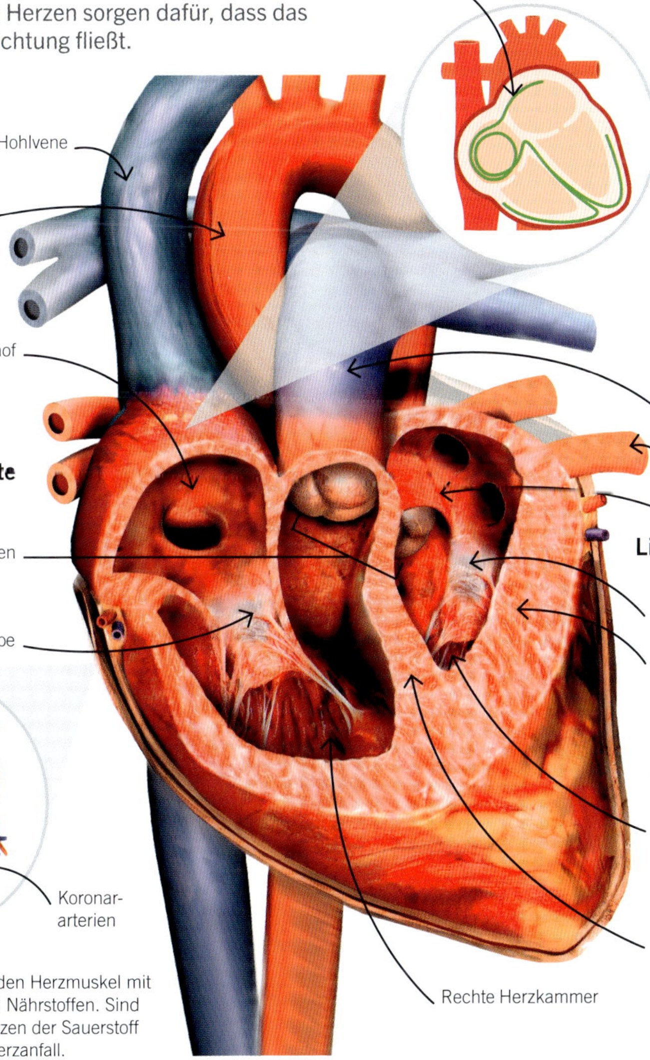

Natürlicher Schrittmacher
Spezielle Muskelzellen im rechten Vorhof steuern die Kontraktion des Herzens mithilfe elektrischer Impulse. Wenn der natürliche Schrittmacher des Herzens nicht mehr richtig funktioniert, wird ein künstlicher Schrittmacher (ein kleines, batteriebetriebenes Gerät) implantiert, der einen unregelmäßigen Herzschlag korrigiert.

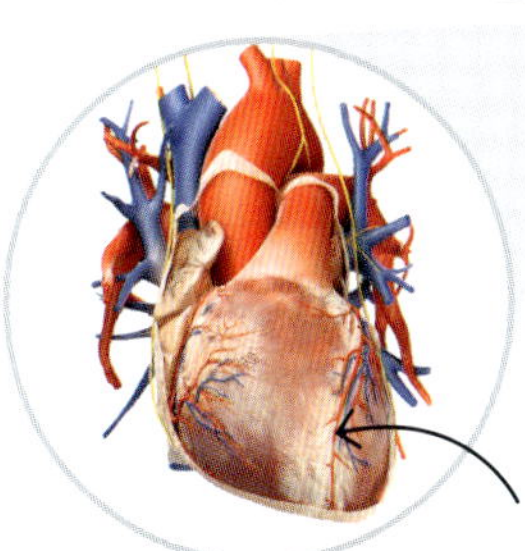

Koronararterien
Koronararterien versorgen den Herzmuskel mit sauerstoffreichem Blut und Nährstoffen. Sind sie blockiert, fehlt dem Herzen der Sauerstoff und es kommt zu einem Herzanfall.

Wie das Herz arbeitet

Ein Herzschlag besteht aus einem Zyklus von Schritten, der jeweils in weniger als einer Sekunde abläuft. In jedem Zyklus wird sauerstoffarmes Blut über die rechte Herzhälfte zur Lunge gepumpt, während sauerstoffreiches Blut über die linke Herzhälfte in den Rest des Körpers gelangt.

Auf einen Blick

- ✓ **Die Kontraktion der Herzvorhöfe drückt Blut in die Herzkammern.**
- ✓ **Die Kontraktion der Herzkammern drückt das Blut aus dem Herzen heraus in große Arterien.**
- ✓ **Die rechte Herzkammer pumpt sauerstoffarmes Blut durch die Lungenarterien zur Lunge.**
- ✓ **Die linke Herzkammer pumpt sauerstoffreiches Blut durch die Aorta in den Körper.**

Herzschlag
Herzschläge lassen sich in drei Phasen unterteilen. Wenn sich der Herzmuskel zusammenzieht, werden die Hohlräume des Herzens kleiner und das Blut wird herausgepresst. Ist der Herzmuskel entspannt, füllen sie sich wieder mit Blut.

Sauerstoff-armes Blut

Sauerstoff-reiches Blut

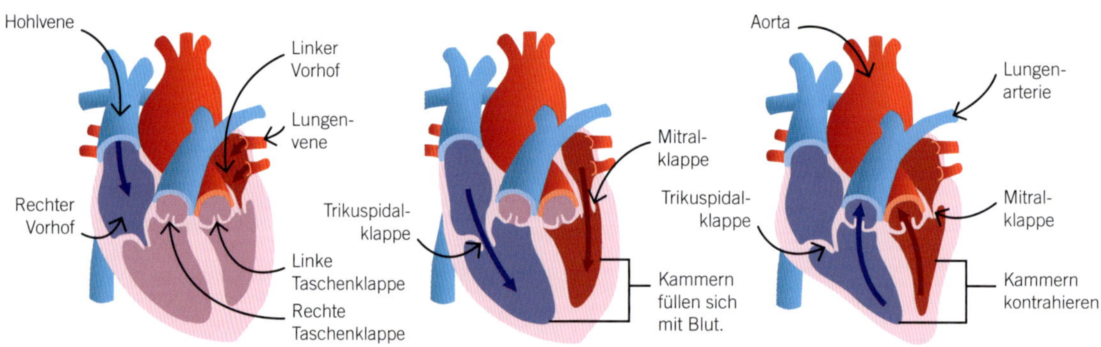

1. Wenn der Herzmuskel entspannt ist, strömt Blut aus den Hohlvenen in die rechte Herzhälfte und Blut aus den Lungenvenen in die linke Herzhälfte.

2. Die Herzvorhöfe kontrahieren zuerst und drücken Blut in die Herzkammern. Dann schließen sich die Klappen zwischen Kammern und Vorhöfen und verhindern ein Zurückströmen des Bluts.

3. Schließlich ziehen sich die Herzkammern zusammen und pressen das in ihnen enthaltene Blut bei geschlossener Trikuspidal- und Mitralklappe aus dem Herzen. Die rechte Kammer drückt es in die Lungenarterien, die linke drückt es in die Aorta.

Berechnung des Herzzeitvolumens

Das Herzzeitvolumen ist das Volumen an Blut, das pro Zeitspanne von der linken Herzkammer in den Körper gepumpt wird. Die Herzfrequenz (entspricht der Pulsfrequenz) ist die Anzahl der Herzschläge pro Zeitspanne. Du kannst das Herzzeitvolumen mit folgender Gleichung berechnen:

Herzzeitvolumen = Herzfrequenz · Herzschlagvolumen

Beispiel: Berechne das Herzzeitvolumen eines Herzens, das ein Schlagvolumen von 60 cm^3 Blut mit einer Frequenz von 55 Schlägen pro Minute pumpt.

Herzzeitvolumen = Herzfrequenz · Herzschlagvolumen

= 55 · 60

= 3300 cm^3/min

Herzfrequenz

Die Herzfrequenz gibt an, wie oft das Herz pro Zeitspanne schlägt. Die Ruhefrequenz liegt beim Menschen normalerweise zwischen 60 und 100 Schlägen pro Minute. Sie wird unter anderem durch das Alter, das Geschlecht und den Fitnessgrad beeinflusst.

Auf einen Blick

- ✓ **Die Herzfrequenz gibt an, wie oft das Herz pro Zeitspanne schlägt.**
- ✓ **Die Herzfrequenz in Ruhe variiert mit Alter, Geschlecht und Fitnessgrad.**
- ✓ **Die Herzfrequenz entspricht der Pulsfrequenz.**
- ✓ **Die Herzfrequenz kann durch Tasten der Arterie am Handgelenk ermittelt werden.**

Puls

Jedes Mal, wenn der Herzmuskel sich zusammenzieht, bewegt sich eine Blutwelle durch die Arterien in unserem Körper. Diese Welle kann man überall dort fühlen, wo eine Arterie dicht unter der Haut verläuft, etwa am Handgelenk.

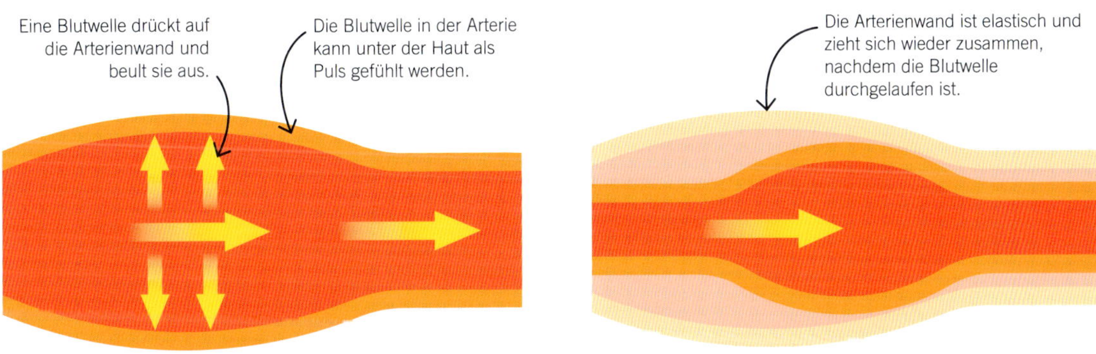

Messung der Pulsfrequenz

Da man bei jeder Kontraktion des Herzmuskels einen Pulsschlag fühlen kann, entspricht die Pulsfrequenz der Herzfrequenz. Wenn wir Sport treiben, steigt die Pulsfrequenz an.

1. Eine Pulsmessung kann mithilfe von zwei Fingern erfolgen. Lege Zeige- und Mittelfinger sanft auf die unterhalb des Daumens gelegene Unterseite deines Handgelenks und suche die Stelle, an der du den Puls gut fühlen kannst.

2. Zähle die Anzahl der Pulsschläge, die du in 30 Sekunden fühlen kannst. Multipliziere die Zahl der Schläge mit zwei, um die Pulsfrequenz pro Minute zu ermitteln. Miss den Puls mindestens dreimal und berechne den Mittelwert.

Herztöne

Ein normaler Herzschlag erzeugt ein „Lub-dub"-Geräusch. Es entsteht durch die Herzklappen, die sich schließen, um ein Zurückströmen des Bluts zu verhindern. „Lub" wird durch Schließen von Trikuspidal- und Mitralklappe erzeugt, die einen Blutrückfluss in die Vorhöfe verhindern, „dub" durch Schließen der Taschenklappen.

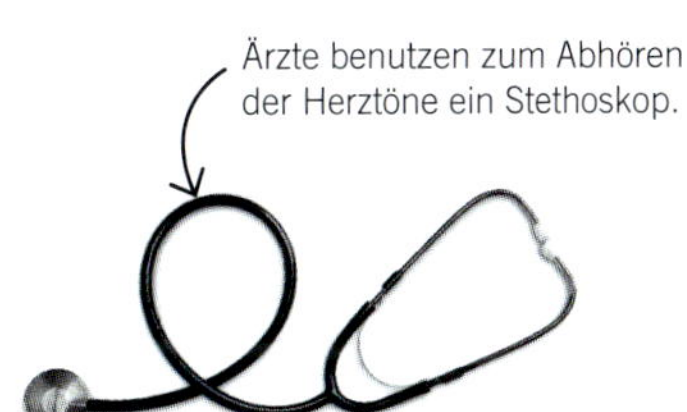

Herzfrequenzänderung

Die Herzfrequenz steigt an, wenn wir Sport treiben und die Muskeln härter arbeiten müssen. Sie kann auch ansteigen, wenn das Hormon Adrenalin das Herz stimuliert. Es wird ins Blut abgegeben, wenn wir aufgeregt, wütend oder ängstlich sind.

Auf einen Blick

- ✓ Mit der körperlichen Aktivität steigt auch die Herzfrequenz.
- ✓ Schlägt das Herz schneller, pumpt es mehr sauerstoffreiches Blut zu den arbeitenden Muskeln.
- ✓ Das Hormon Adrenalin lässt die Herzfrequenz ansteigen, wenn wir aufgeregt, wütend oder ängstlich sind.

Herzfrequenz und körperliche Aktivität
Unser Herz schlägt schneller, wenn wir uns körperlich anstrengen. Dadurch wird das Blutvolumen, das durch den Körper gepumpt wird, gesteigert und die Sauerstoffversorgung der Zellen erhöht. Das Diagramm unten zeigt den typischen Verlauf der Herzfrequenz bei einer Person, die abwechselnd läuft und geht.

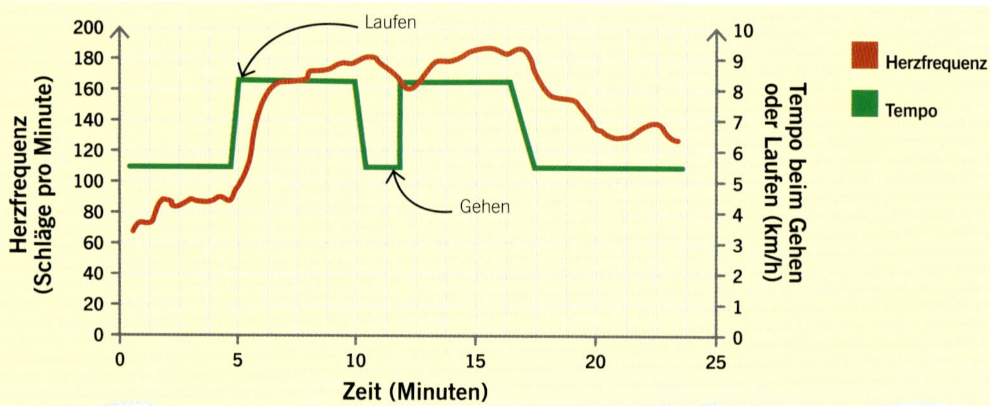

Messung der Herzfrequenz

Je anstrengender eine körperliche Aktivität ist, desto stärker steigt die Herzfrequenz an. Menschen, die regelmäßig Sport treiben, sind fitter und haben meist eine niedrigere Ruheherzfrequenz. Ihre Herzfrequenz sinkt nach körperlicher Anstrengung auch rascher wieder auf die Ruhefrequenz ab. Um zu sehen, wie sich deine Herzfrequenz bei Bewegung verändert, kannst du diesen Test machen, bei dem du deinen Puls am Handgelenk (s. S. 117) misst.

Schläge pro Minute	
Sitzen	70
Gehen	85
Seil	105

1. Setze dich mindestens 5 Minuten lang ruhig hin. Miss dann deine Pulsfrequenz, indem du 30 Sekunden lang die Anzahl der Pulsschläge zählst.

2. Bewege dich danach ohne große Anstrengung. Du kannst z. B. 2 Minuten lang gehen. Miss danach wieder 30 Sekunden lang deinen Puls.

3. Lege eine Pause ein und bewege dich dann 2 Minuten lang intensiver. Du könntest z. B. seilspringen. Miss anschließend wieder deinen Puls.

4. Multipliziere die Zahl der Pulsschläge mit 2, um die Schläge pro Minute zu ermitteln. Notiere die Ergebnisse in einer Tabelle. So erkennst du auf einen Blick, wie sich deine Herzfrequenz verändert.

Lymphsystem

Das Lymphsystem besteht aus speziellen Organen und einem Gefäßnetz, in dem Lymphflüssigkeit transportiert wird. Im Lymphgefäßnetz verteilt liegen zahlreiche Lymphknoten, die Teil des Immunsystems sind und Krankheitserreger bekämpfen.

Auf einen Blick

- ✓ **Die Flüssigkeit, die im Lymphsystem transportiert wird, heißt Lymphe.**
- ✓ **Das Lymphsystem führt die Lymphe in den Blutkreislauf zurück.**
- ✓ **Lymphe enthält weiße Blutzellen.**

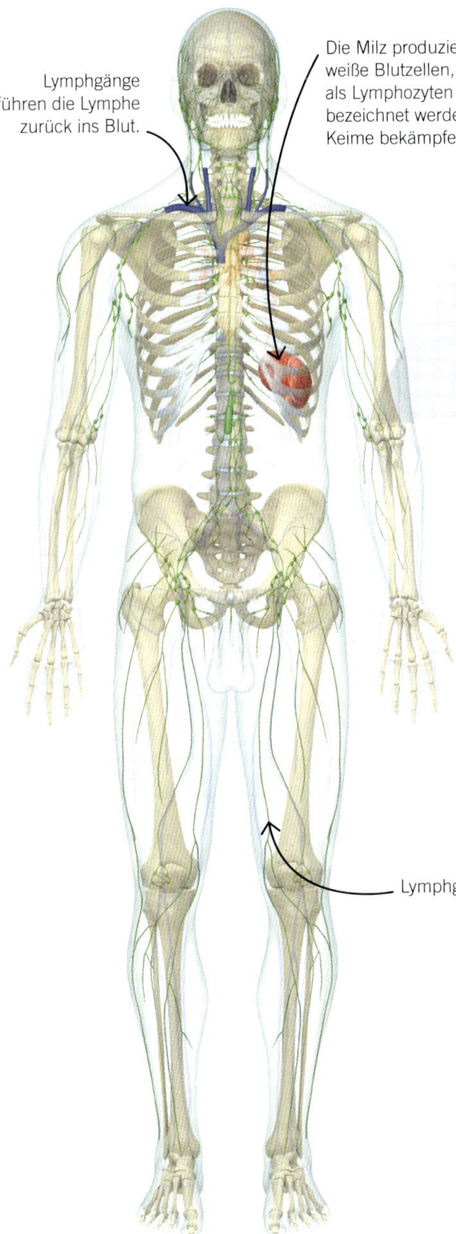

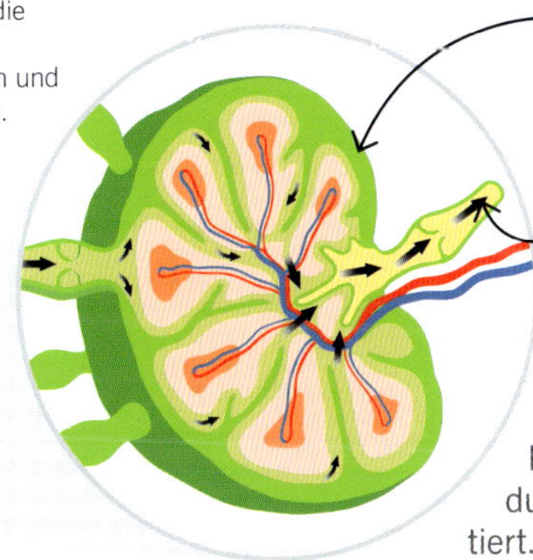

Lymphfluss
Es gibt keine zentrale Pumpe, die die Lymphe durch den Körper transportiert. Lymphgefäße enthalten jedoch viele Abschnitte, die sich zusammenziehen können und die Lymphe vorantreiben. Diese liegen jeweils zwischen Klappen, die dafür sorgen, dass die Lymphe in die richtige Richtung fließt.

Lymphgefäße und Lymphknoten

Alle Körperzellen sind von Gewebsflüssigkeit umgeben. Das Lymphgefäßsystem nimmt diese Flüssigkeit auf und führt sie als Lymphe in den Blutkreislauf zurück. Wenn die Lymphe durch das Lymphgefäßsystem wandert, wird sie von Lymphknoten gefiltert. Diese enthalten weiße Blutzellen, die Keime attackieren und unschädlich machen.

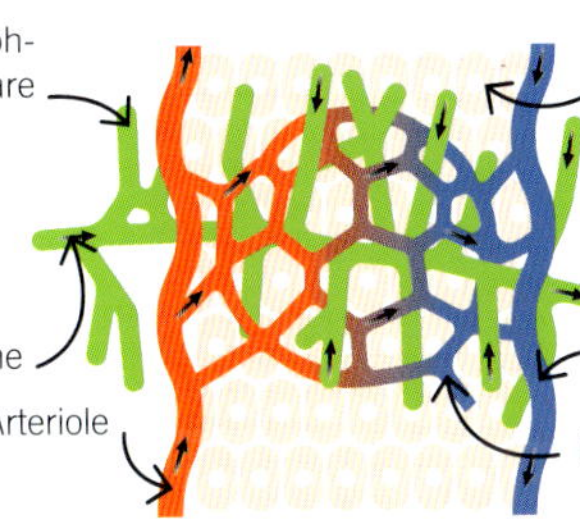

Lunge

Die Lunge ist das Hauptorgan des Atmungssystems bei vielen Tieren und beim Menschen. Sie spielt eine zentrale Rolle beim Gasaustausch, bei dem Sauerstoff aus der Luft ins Blut aufgenommen und Kohlendioxid aus dem Blut an die Luft abgegeben wird.

Auf einen Blick

- ✓ **Luft wird meist durch die Nase eingeatmet und gelangt dann durch Luftröhre, Bronchien und Bronchiolen zu den Lungenbläschen (Alveolen).**
- ✓ **Der Gasaustausch findet in den Alveolen statt.**
- ✓ **Beim Gasaustausch gelangt Sauerstoff aus der Luft in den Blutkreislauf, während Kohlendioxid aus dem Blut an die Luft abgegeben wird.**

Atmungssystem

Eingeatmete Luft gelangt zunächst in die Luftröhre (Trachea), die sich nahe der Lunge in zwei Hauptbronchien aufteilt. Im Innern der schwammartigen Lunge verzweigen sich diese in viele kleine Bronchien (Singular: Bronchus) und noch kleinere Bronchiolen.

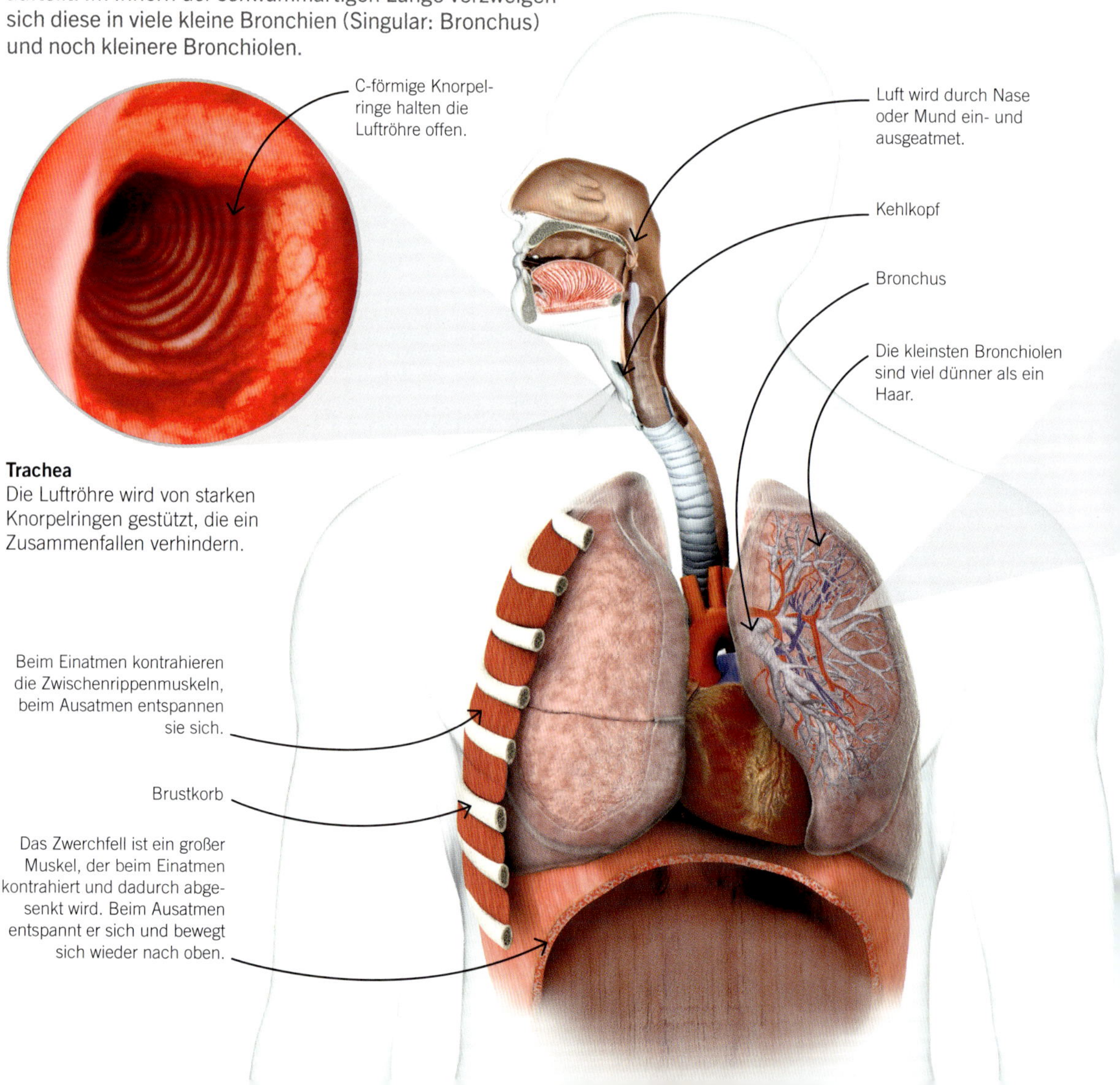

Trachea
Die Luftröhre wird von starken Knorpelringen gestützt, die ein Zusammenfallen verhindern.

Lungenbläschen

Alle Organismen besitzen Oberflächen, an denen Gasaustausch stattfindet. In der Lunge sorgen unzählige winzige Lungenbläschen (Alveolen), die an den Enden der Bronchiolen sitzen, für eine große Gasaustauschoberfläche. Sauerstoff wandert aus den Alveolen ins Blut und Kohlendioxid wandert aus dem Blut in die Alveolen. Der Austausch beider Gase erfolgt durch Diffusion (s. S. 51).

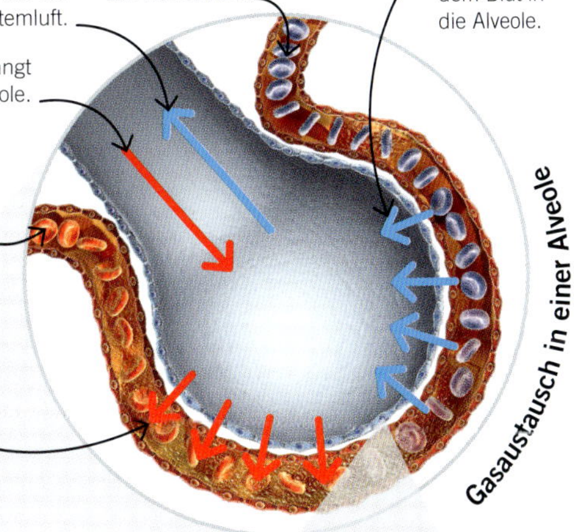

Gasaustausch in einer Alveole

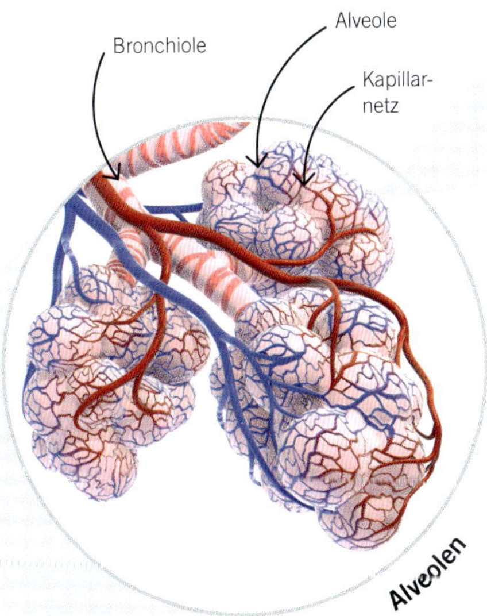

Alveolen

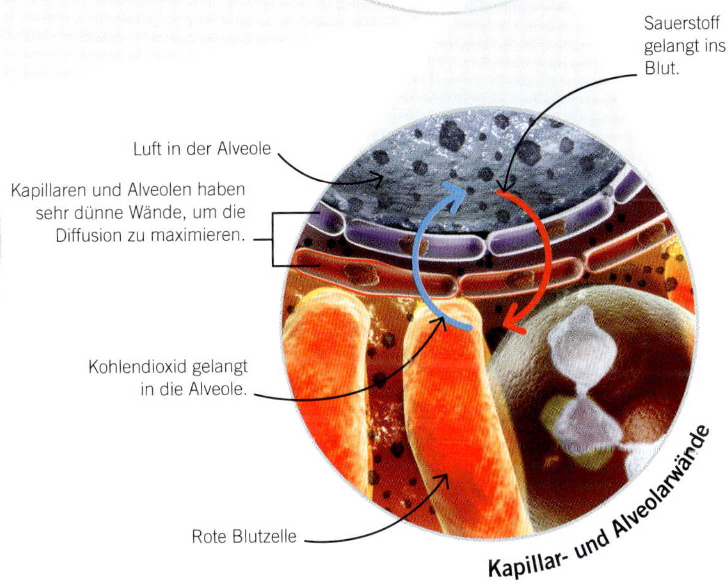

Kapillar- und Alveolarwände

Gasaustausch bei Fischen

Bei Fischen erfolgt der Gasaustausch mithilfe von Kiemen, die aus zahlreichen Kiemenblättchen bestehen. Die vielen Blättchen vergrößern die Oberfläche für den Gasaustausch durch Diffusion enorm – genau wie die zahllosen Lungenbläschen in der Lunge des Menschen.

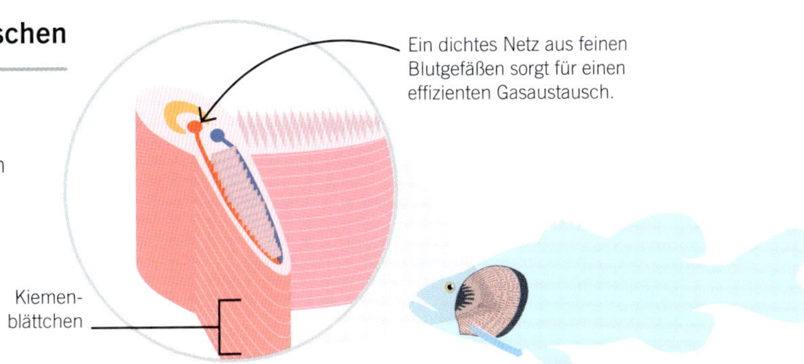

Lungenatmung

Beim Einatmen gelangt sauerstoffreiche Luft in die Lunge, sodass Sauerstoff ins Blut aufgenommen werden kann. Beim Ausatmen enthält die Luft weniger Sauerstoff, aber mehr Kohlendioxid, das aus dem Blut in die Atemluft übergegangen ist.

Einatmen und Ausatmen

Die Atmung wird durch die Atemmuskulatur kontrolliert, die dafür sorgt, dass sich Brustraum und Lunge ausdehnen oder verkleinern. Dies wiederum führt dazu, dass Luft einströmt oder herausgedrückt wird.

Auf einen Blick

- ✓ **Das Einatmen wird auch als Inspiration bezeichnet, das Ausatmen als Exspiration.**
- ✓ **Die Atmung wird durch Zwerchfell und Zwischenrippenmuskeln kontrolliert.**
- ✓ **Die Luft strömt durch Druck- und Volumenschwankungen in die Lunge oder aus ihr heraus.**
- ✓ **Klebriger Schleim in den Atemwegen fängt Staub und Mikroorganismen ein.**
- ✓ **Zilien tragende Zellen befördern im Schleim klebenden Staub und Mikroorganismen aus den Atemwegen heraus.**

Inspiration (Einatmen)

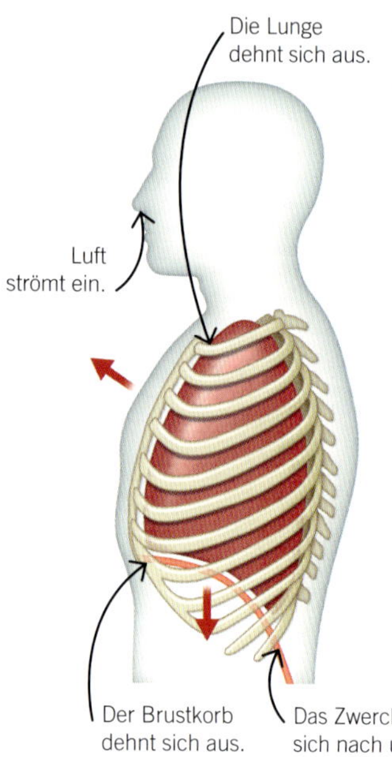

1. Die äußeren Zwischenrippenmuskeln (Interkostalmuskeln) kontrahieren. Dadurch bewegen sich die Rippen nach oben und außen.

2. Gleichzeitig zieht sich die Zwerchfellmuskulatur zusammen. Dadurch bewegt sich das Zwerchfell nach unten und wird abgeflacht.

3. Brustraum und Lunge dehnen sich aus. Dadurch entsteht in der Lunge ein Unterdruck, der dafür sorgt, dass Luft in die Lunge strömt.

Exspiration (Ausatmen)

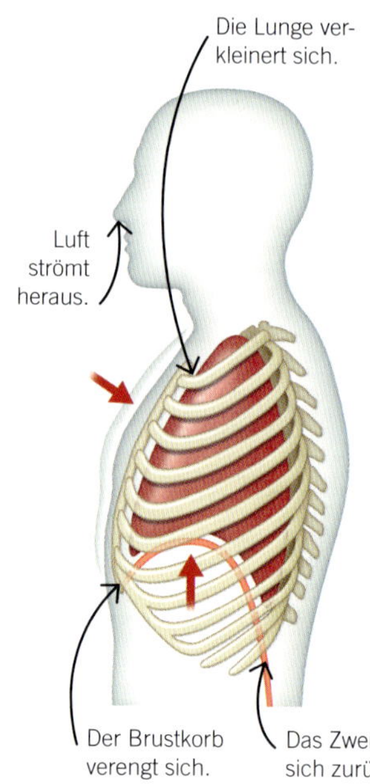

1. Die inneren Zwischenrippenmuskeln ziehen sich zusammen. Dadurch bewegen sich die Rippen nach innen und unten.

2. Die Zwerchfellmuskulatur entspannt sich, sodass sich das Zwerchfell wieder nach oben bewegt und seine gewölbte Form annimmt.

3. Brustraum und Lunge verkleinern sich. Dadurch entsteht in der Lunge ein Überdruck, der dafür sorgt, dass die Luft aus ihr herausgedrückt wird.

Reinigung der Atemwege

Wenn wir einatmen, fangen die Haare in unserer Nase Staub und Tröpfchen ein. Luftröhre und Bronchien sind zudem sowohl mit Zellen ausgekleidet, die Flimmerhärchen (Zilien) besitzen, als auch mit Zellen, die Schleim produzieren. Beide Zelltypen dienen der Reinigung der Atemwege. Schleim und Zilien sollen Partikel einfangen und nach draußen befördern.

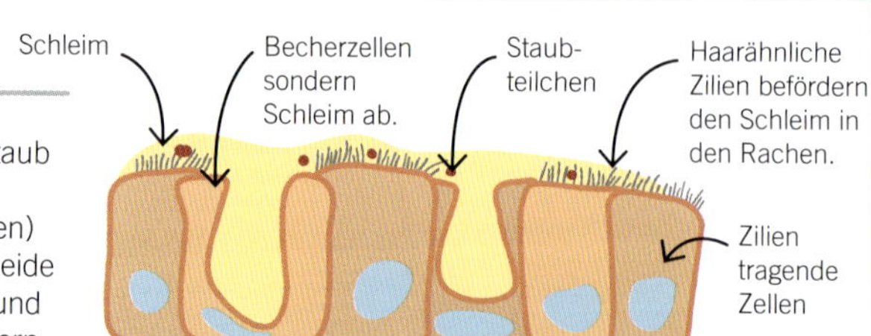

Atmung und körperliche Aktivität

Wenn wir uns körperlich anstrengen, atmen wir schneller und tiefer. Dadurch wird dem Körper mehr Sauerstoff zugeführt. Der zusätzliche Sauerstoff wird benötigt, um dem gestiegenen Energieverbrauch in den Muskelzellen gerecht zu werden.

Auf einen Blick

- ✓ Bei körperlicher Anstrengung steigen Atemfrequenz und Atemtiefe an.
- ✓ Der zusätzliche Sauerstoff wird für die gesteigerte Zellatmung der Muskelzellen benötigt.
- ✓ Die Atemfrequenz kann durch Zählen der Atemzüge pro Minute ermittelt werden.

Atemtiefe und Atemfrequenz
Bei einer ruhenden Person beträgt das Atemvolumen bei einem Atemzug etwa 500 cm^3 Luft. Das Diagramm unten zeigt, wie sich das Atemvolumen bei körperlicher Anstrengung verändert. Es wird deutlich, dass sowohl das ein- und ausgeatmete Volumen (Atemtiefe) als auch die Zahl der Atemzüge pro Minute (Atemfrequenz) deutlich ansteigen.

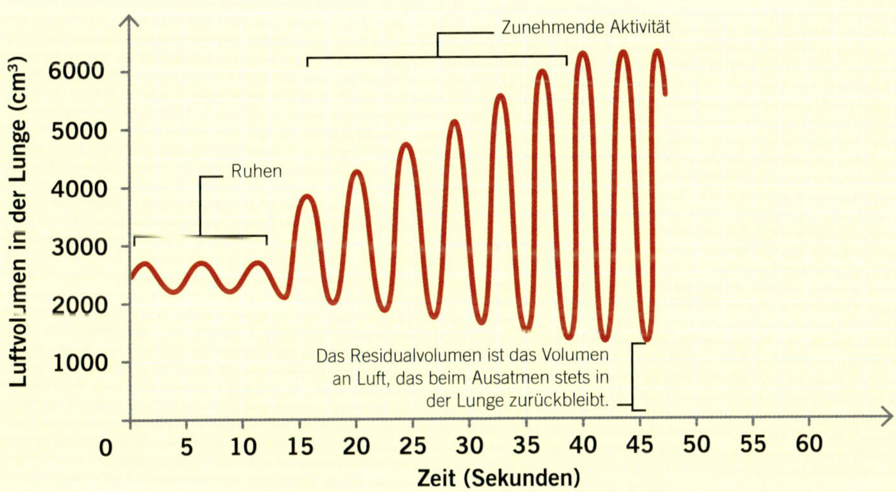

Messung der Atemfrequenz

Die Atemfrequenz einer Person kann durch Zählen der Atemzüge pro Minute ermittelt werden. Die Atemfrequenz eines gesunden Erwachsenen liegt in Ruhe bei 12 bis 18 Atemzügen pro Minute.

1. Zähle die Zahl deiner Atemzüge, während du dich eine Minute lang ausruhst. Wiederhole das Zählen dreimal und berechne die durchschnittliche Atemfrequenz.

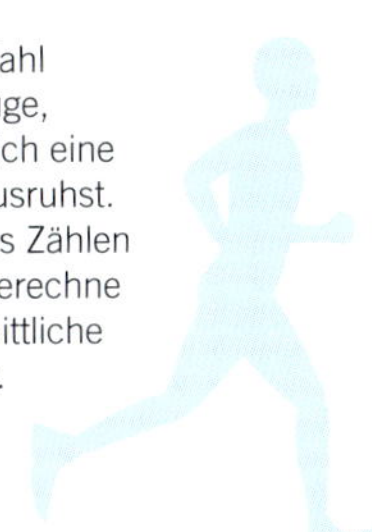

2. Bewege dich eine Minute lang und ermittle deine Atemfrequenz erneut. Du wirst feststellen, dass deine Atemfrequenz umso mehr ansteigt, je intensiver du dich bewegst.

Nervensystem

Reiz und Reaktion

Organismen müssen auf ihre Umwelt reagieren können, um zu überleben. Tiere müssen zum Beispiel vor Feinden fliehen oder Nahrung finden. Jede Veränderung der Umwelt, die eine Reaktion eines Organismus hervorruft, wird Reiz genannt.

Auf einen Blick

- Ein Reiz ist eine Umweltveränderung, die bei einem Organismus eine Reaktion hervorruft.
- Rezeptoren sind Zellen, die Reize wahrnehmen können.
- Erfolgsorgane sind Teile des Körpers, die eine Reaktion herbeiführen, zum Beispiel Muskeln.
- Die Signale der Rezeptoren werden über das Nervensystem oder Hormone oder beides an die Erfolgsorgane gesendet.

1. Der Anblick eines Feindes, wie etwa einer Eule, ist für eine Zwergmaus ein starker Reiz.

2. Die Maus nutzt Rezeptoren, z. B. die in ihren Augen, um den Reiz wahrzunehmen. Diese senden Signale an das Gehirn, das daraufhin blitzschnell darüber entscheidet, wie die Maus reagieren soll.

3. Das Gehirn der Maus sendet Nervenimpulse zu den Beinmuskeln, die in diesem Fall als Erfolgsorgane fungieren und eine Reaktion herbeiführen: Die Maus rennt weg und versteckt sich.

Rezeptoren und Erfolgsorgane

Tiere nehmen Reize mit Sinneszellen (Rezeptoren) in ihren Sinnesorganen wahr. Bei einer Maus finden sich diese in den Augen, den Ohren und der Nase sowie an den Schnurrhaaren und im Maul. Zu den Erfolgsorganen zählen nicht nur die Muskeln, die eine Maus zur Flucht nutzt, sondern auch Drüsen im Körperinnern. Beim Anblick eines Feindes produzieren z. B. die Nebennieren das Hormon Adrenalin, das den Mauskörper auf eine rasche Reaktion vorbereitet.

Nervensystem

Das Nervensystem der Tiere ermöglicht es ihnen unter anderem, Umweltreize wahrzunehmen und rasch darauf zu reagieren. Es besteht aus Nervenzellen (Neuronen), die elektrische Impulse durch den Körper schicken.

Auf einen Blick

- ✓ **Sinnesorgane enthalten Sinneszellen (Rezeptoren), die auf bestimmte Reize reagieren.**
- ✓ **Gehirn und Rückenmark bilden das Zentralnervensystem (ZNS) – das Kontrollzentrum des Nervensystems.**
- ✓ **Nerven dienen dem Informationsaustausch und leiten elektrische Impulse durch den Körper.**

Wie das Nervensystem arbeitet

Manche sensorische Neuronen, wie etwa die lichtempfindlichen Zellen im menschlichen Auge, nehmen Umweltreize wahr und senden Informationen darüber als elektrische Impulse an das Gehirn. Dieses verarbeitet die Information und entscheidet, ob eine Reaktion erfolgen soll. Falls reagiert werden soll, übermittelt es über motorische Neuronen elektrische Signale an Erfolgsorgane, wie etwa Muskeln.

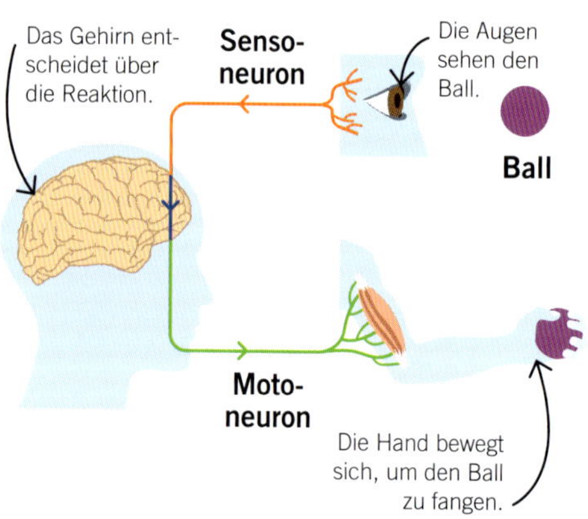

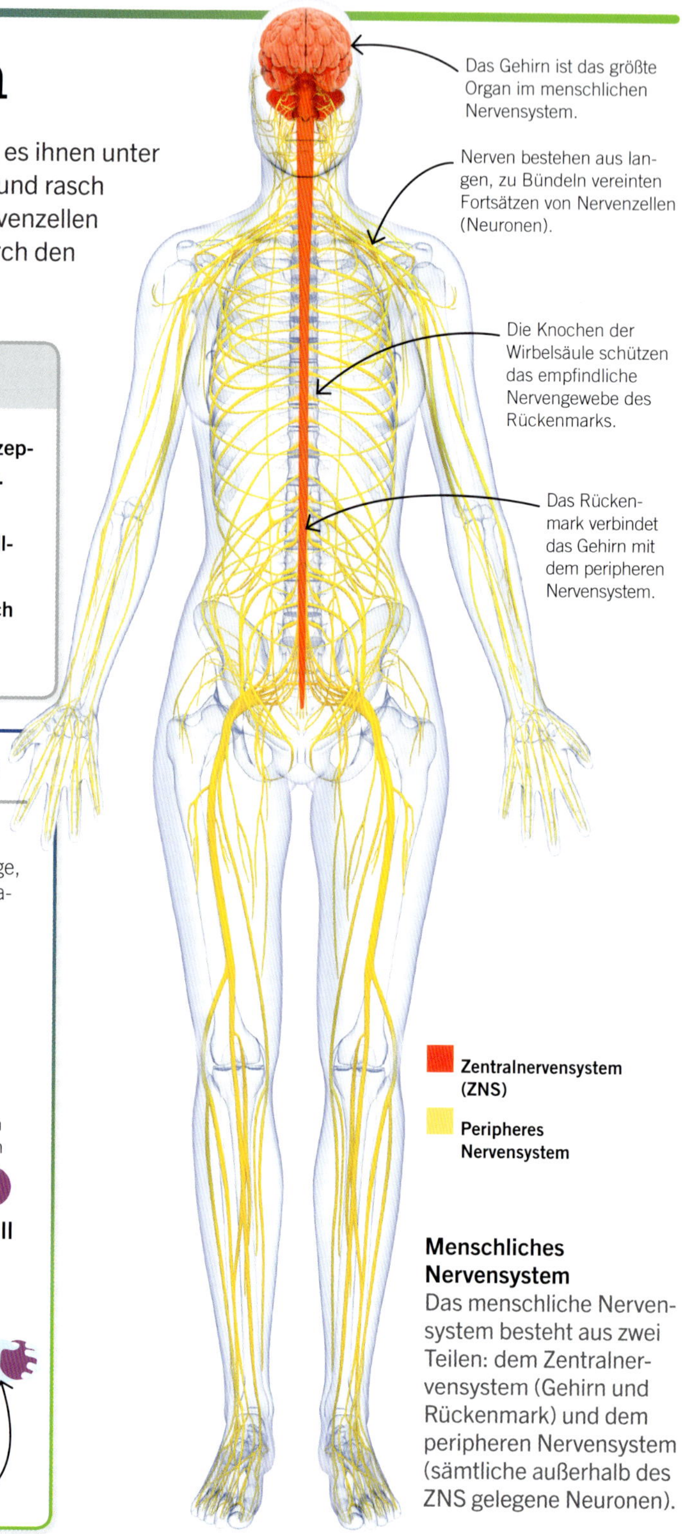

Menschliches Nervensystem
Das menschliche Nervensystem besteht aus zwei Teilen: dem Zentralnervensystem (Gehirn und Rückenmark) und dem peripheren Nervensystem (sämtliche außerhalb des ZNS gelegene Neuronen).

Neuronen

Die Zellen, die das Nervensystem bilden, werden als Nervenzellen (Neuronen) bezeichnet. Neuronen dienen der Übertragung und Verarbeitung von Informationen in unserem Körper. Ihre Botschaften werden als elektrische Signale übertragen, die Nervenimpulse genannt werden.

Auf einen Blick

- ✓ **Die elektrischen Botschaften, die von Neuronen übertragen werden, heißen Nervenimpulse.**
- ✓ **Sensorische Neuronen, motorische Neuronen und Interneuronen stellen die wichtigsten Typen von Nervenzellen dar.**

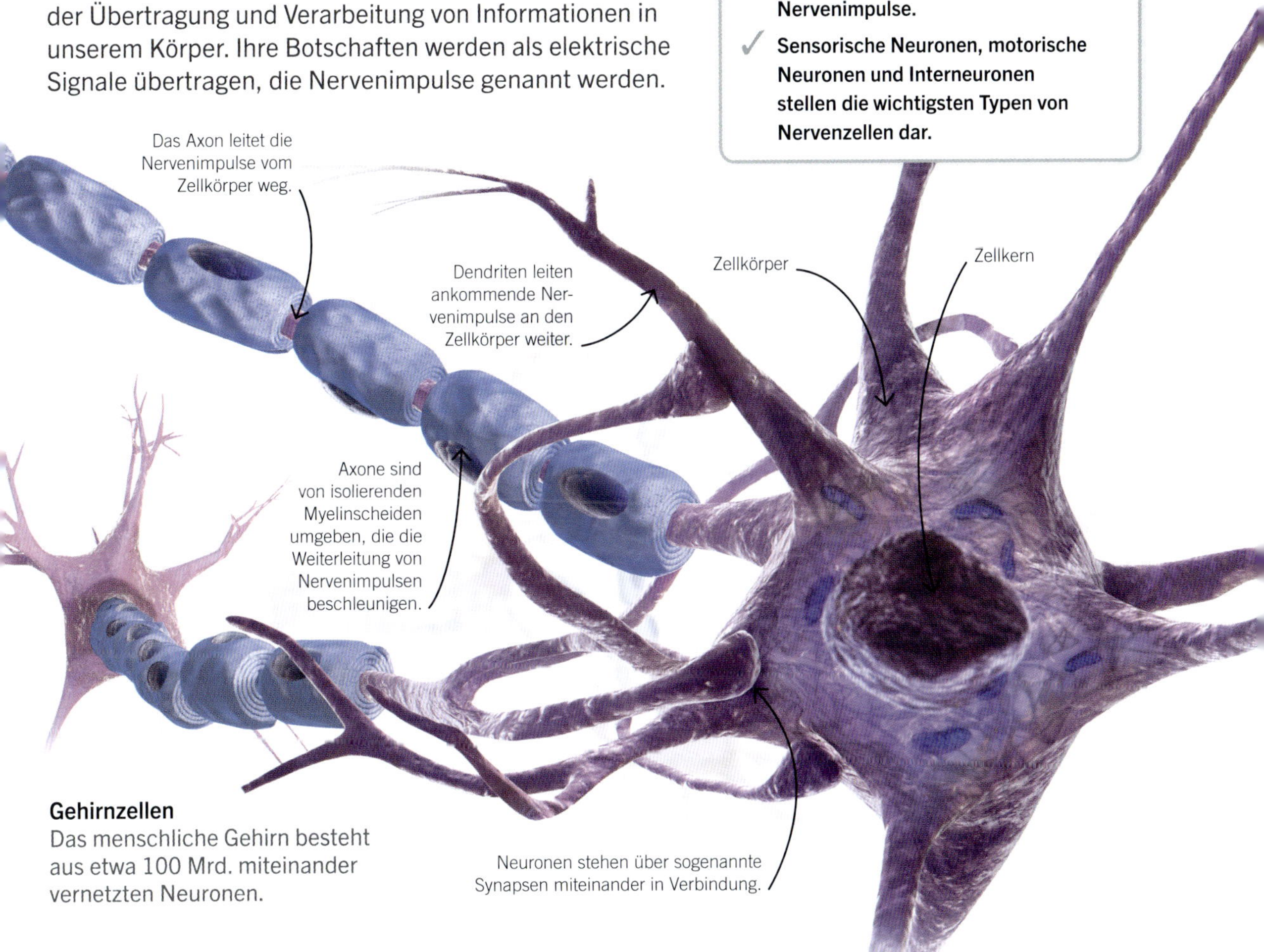

Gehirnzellen
Das menschliche Gehirn besteht aus etwa 100 Mrd. miteinander vernetzten Neuronen.

Neuronentypen

Neuronen können bis über 1 m lang sein. Es gibt drei Haupttypen von Nervenzellen, die jeweils besondere Aufgaben erfüllen.

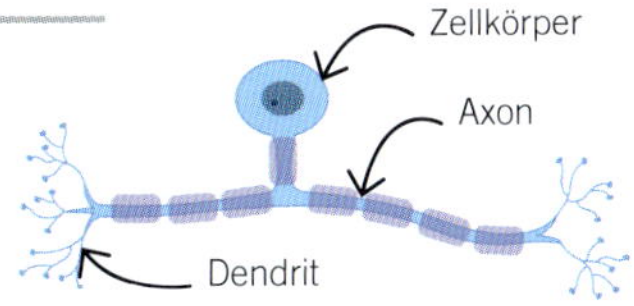

Sensorische Neuronen senden elektrische Impulse an das Gehirn oder an das Rückenmark.

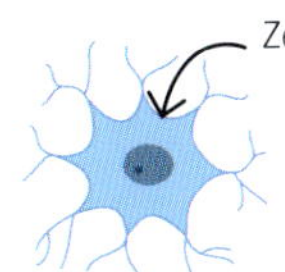

Interneuronen übermitteln u. a. Signale zwischen sensorischen und motorischen Neuronen.

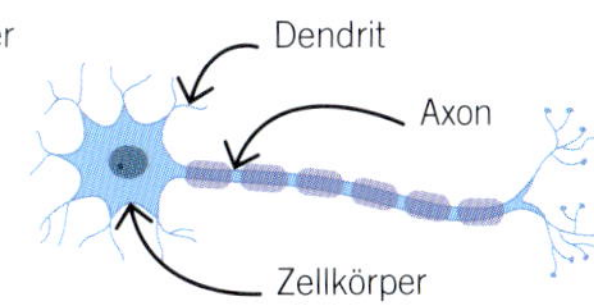

Motorische Neuronen senden Signale vom ZNS an die Erfolgsorgane.

Synapsen

Nervenzellen stehen über sogenannte Synapsen miteinander in Kontakt. Da elektrische Nervenimpulse nicht durch den winzigen Spalt, der sich zwischen Neuronen befindet, gelangen können, werden sie an Synapsen in chemischer Form durch Neurotransmitter übertragen.

Auf einen Blick

- ✓ **Neuronen stehen über Synapsen miteinander in Kontakt.**
- ✓ **Wenn ein Nervenimpuls an einer Synapse ankommt, löst er dort die Freisetzung von Botenstoffen (Neurotransmittern) aus.**
- ✓ **Neurotransmitter binden an Rezeptoren des empfangenden Neurons, so kann dort ein Nervenimpuls ausgelöst werden.**

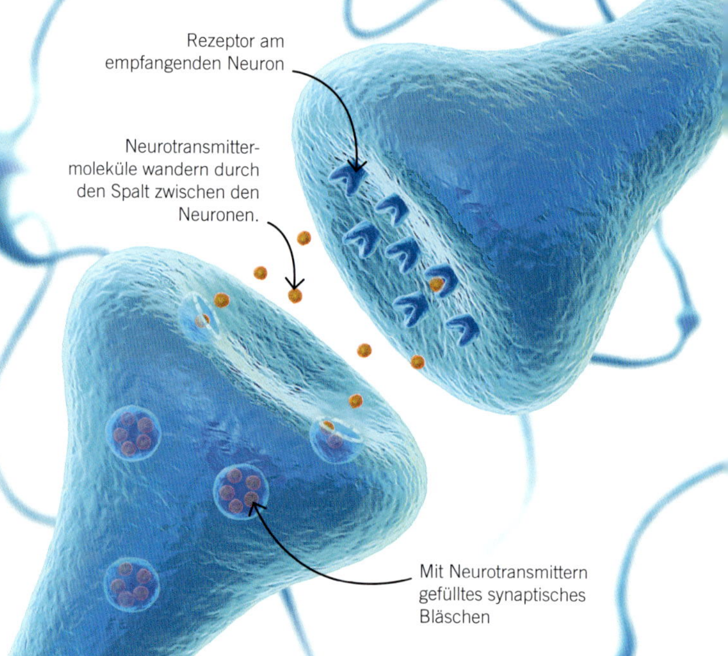

Verbindungsstelle
Eine Synapse ist eine Verbindungsstelle zwischen zwei Neuronen. Nervenimpulse lösen an Synapsen die Freisetzung von Botenstoffen (Neurotransmittern) aus, die durch den Spalt zwischen Nervenzellen wandern und am empfangenden Neuron wiederum einen elektrischen Impuls auslösen. Auf diese Weise wandert die Information durch das Nervensystem.

Neurotransmitter

Neurotransmitter sind Botenstoffe, die an Synapsen die Erregung von einem Neuron zum nächsten weiterleiten. Sie werden nur am Axonende von Neuronen produziert, sodass Nervenimpulse nur in eine Richtung durch Synapsen wandern können. Medikamente, die auf das Nervensystem einwirken, greifen oft an Neurotransmittern an.

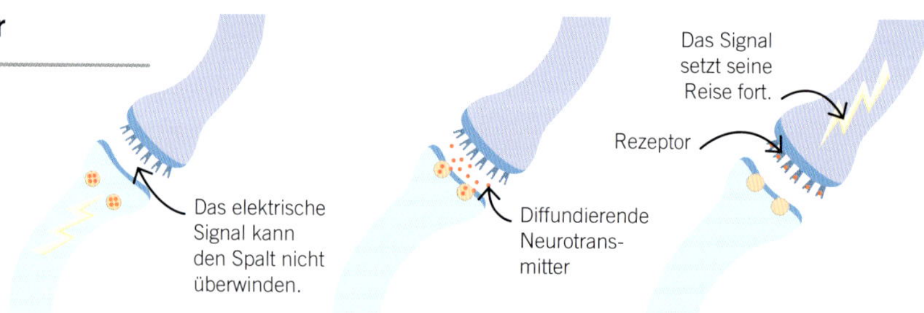

1. Ein elektrischer Impuls wandert an einem Neuron entlang, bis er das Ende der Zelle erreicht.

2. Der Nervenimpuls löst eine Freisetzung von Neurotransmittern aus winzigen Bläschen aus. Die Neurotransmitter diffundieren durch den Spalt zwischen benachbarten Nervenzellen.

3. Die Neurotransmittermoleküle binden an Rezeptorproteinen der empfangenden Nervenzelle, wodurch dort ein Nervenimpuls ausgelöst werden kann.

Reflexbogen

Wenn man mit der Hand etwas berührt, das Schmerz verursacht, zuckt sie blitzschnell und unwillkürlich zurück. Eine solche Reaktion wird als Reflex bezeichnet. Ein Reflexbogen ist ein Schaltkreis, in dem Nervenzellen ohne Zutun des Gehirns auf einen Reiz hin einen Reflex auslösen.

Auf einen Blick

- ✓ **An einem Reflex ist das Gehirn meist nicht beteiligt.**
- ✓ **Ein Reflexbogen ist ein Schaltkreis, in dem Nervenzellen auf einen Reiz hin einen Reflex auslösen.**
- ✓ **Viele Reflexe werden über das Rückenmark gesteuert.**

Schmerzreflex
Der Schmerzreflex ist einer der schnellsten Reflexe. Er sorgt dafür, dass sich betroffene Körperteile blitzschnell von einer Schmerzquelle oder dem Auslöser einer unangenehmen Empfindung entfernen.

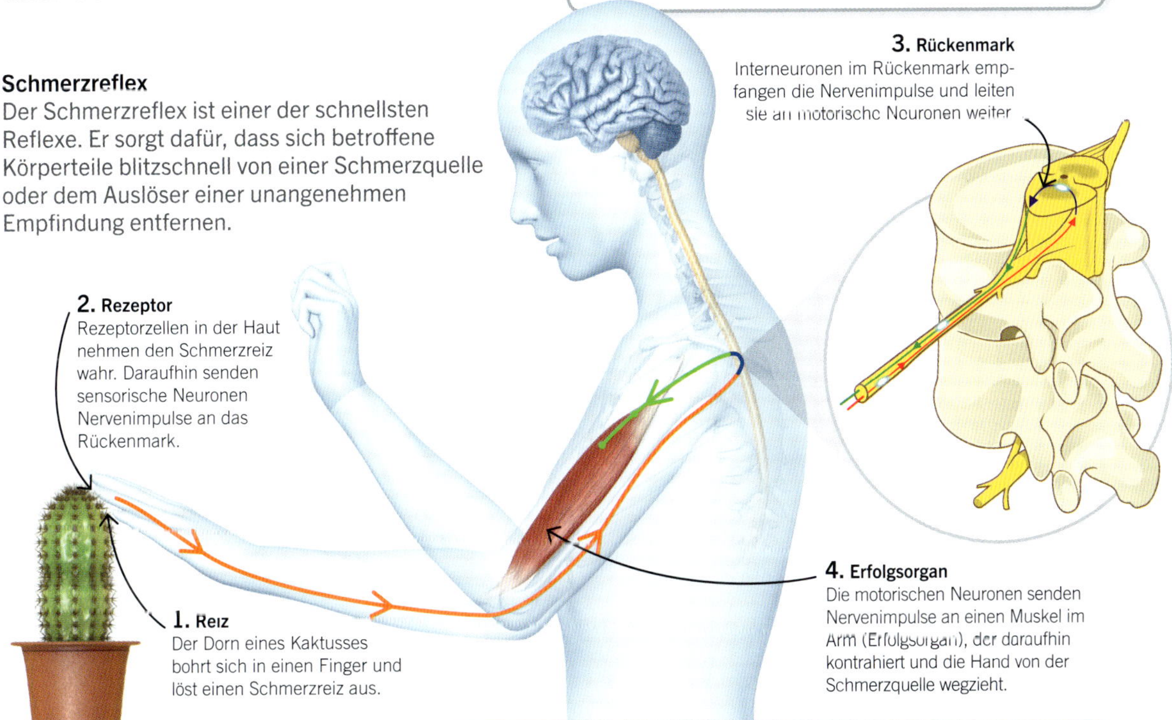

Reflexhandlungen

Reflexhandlungen laufen schneller ab als willentlich herbeigeführte Reaktionen, da die Nervensignale nicht den Weg über das Gehirn nehmen müssen. Oft nehmen wir den Reiz erst bewusst wahr, nachdem der Körper bereits reagiert hat. Viele Reflexe laufen ab, um uns vor Schaden zu bewahren.

Der Schreckreflex kann durch einen akustischen, taktilen oder visuellen Reiz, etwa das plötzliche Auftauchen einer Giftschlange, ausgelöst werden. Man zuckt zusammen und die Herzfrequenz beschleunigt sich.

Der Lidschlussreflex schließt blitzschnell die Augenlider, wenn sich ein Objekt rasch dem Gesicht nähert. Dieser Reflex soll die Augen vor Verletzungen schützen.

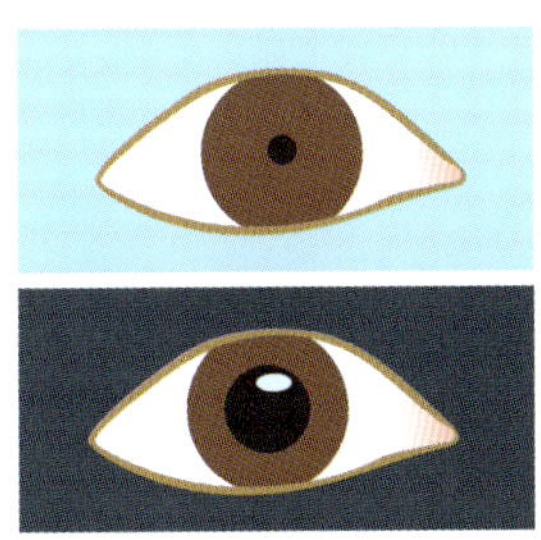

Der Pupillenreflex sorgt dafür, dass sich die Pupillen bei starkem Lichteinfall rasch verengen und bei schwachem Lichteinfall rasch erweitern. Er schützt u.a. die lichtempfindlichen Zellen im Auge vor zu hoher Lichtintensität.

Messung der Reaktionszeit

Die Reaktionszeit gibt an, wie lange eine Person braucht, um auf einen Reiz zu reagieren. Bei diesem Experiment verwendest du ein Lineal und etwas Mathematik, um die Reaktionszeit einer Testperson zu ermitteln.

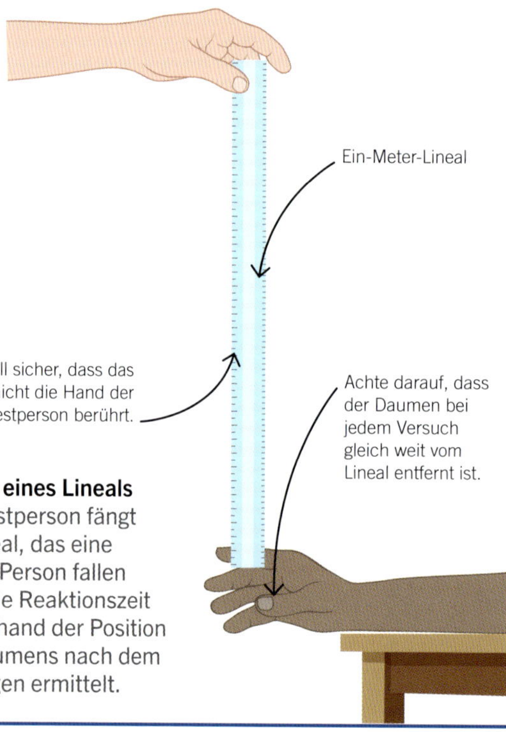

Fangen eines Lineals
Eine Testperson fängt ein Lineal, das eine andere Person fallen lässt. Die Reaktionszeit wird anhand der Position des Daumens nach dem Auffangen ermittelt.

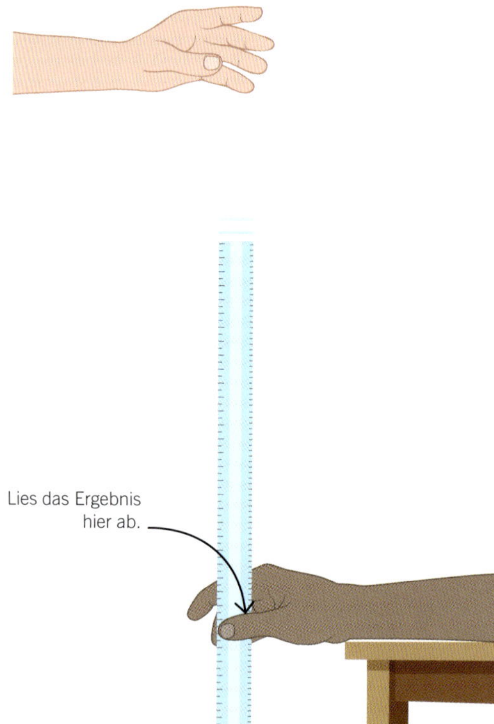

Vorgehensweise

1. Bitte deine Testperson, sich hinzusetzen, den Arm auf einem Tisch abzulegen, und die Hand dabei überstehen zu lassen.

2. Halte ein ein Meter langes Lineal so, dass sich die Nullmarkierung zwischen Zeigefinger und Daumen der Testperson befindet.

3. Sag der Testperson, dass sie das Lineal fangen soll, sobald sie es fallen sieht, aber gib ihr keinen Hinweis darauf, wann es fallen wird.

4. Lass das Lineal nach einer zufällig ausgewählten Zeitspanne fallen.

5. Lies die Zahl oberhalb des Daumens der Testperson ab und notiere das Ergebnis.

6. Du kannst diesen Test benutzen, um die Reaktionszeiten unterschiedlicher Personen zu vergleichen oder um die Reaktionszeiten einer Person zu unterschiedlichen Tageszeiten zu vergleichen.

Reaktionszeit berechnen

Benutze die unten aufgeführte Formel, um den Weg (*d*) in Zentimetern, den das Lineal gefallen ist, in die Reaktionszeit (*t*) in Sekunden umzurechnen.

$$t = \sqrt{\frac{d}{500}}$$

Wiederhole den Test mehrfach, um ein möglichst genaues Ergebnis zu erhalten. Errechne den Mittelwert des Wegs, indem du die Ablesungen aller Tests addierst und das Ergebnis durch die Anzahl der Tests teilst.

Gehirn

Das menschliche Gehirn besteht aus etwa 100 Milliarden miteinander vernetzten Neuronen. Es koordiniert nicht nur unsere Muskelbewegungen und kontrolliert unbewusste Prozesse wie die Atmung, sondern ermöglicht uns auch zu denken, zu sprechen, zu lernen und Gefühle zu empfinden.

Aufbau des Gehirns

Das Gehirn setzt sich aus verschiedenen Teilen zusammen, die jeweils bestimmte Funktionen erfüllen. Tiefe Falten in seiner äußeren Schicht vergrößern seine Oberfläche und schaffen mehr Platz für Neuronen, was die Rechenleistung des Gehirns erhöht.

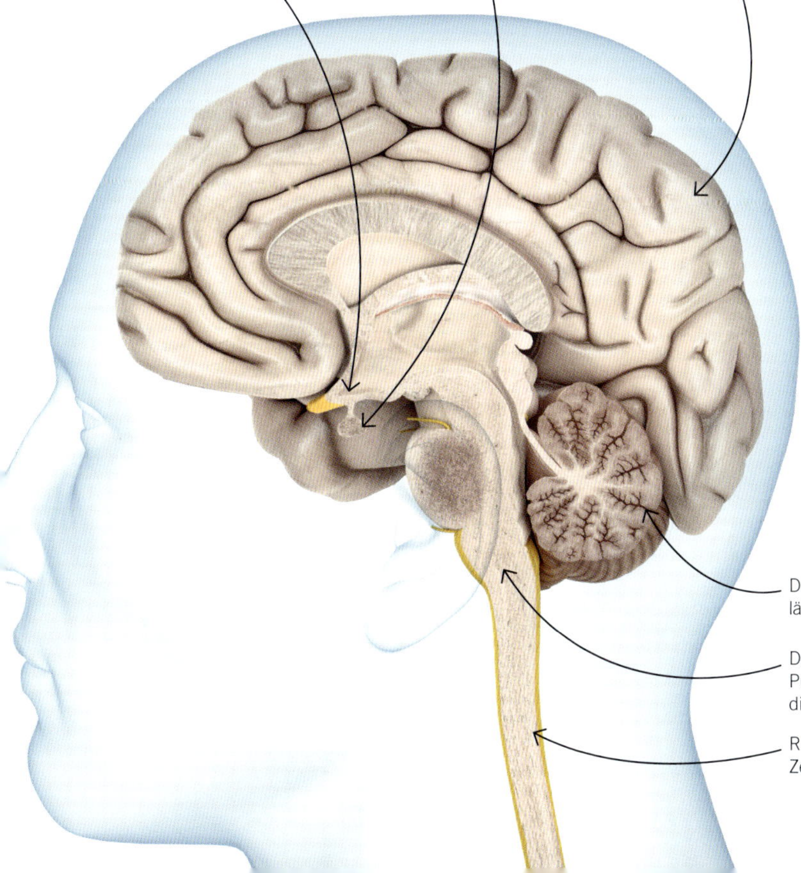

Auf einen Blick

- ✓ **Das Gehirn bildet zusammen mit dem Rückenmark das Zentralnervensystem (ZNS).**
- ✓ **Das Gehirn kontrolliert viele komplexe Prozesse, wie etwa Sprache und Gedächtnis.**
- ✓ **Die verschiedenen Teile des Gehirns haben unterschiedliche Funktionen.**

Zwei Hirnhälften

Das Großhirn besteht aus zwei sehr ähnlich aussehenden Hälften (Hemisphären). Manche Aufgaben des Großhirns werden nur von einer Hirnhälfte übernommen, die meisten Funktionen kontrollieren jedoch beide Hälften gemeinsam. Wenn eine Hirnhälfte beschädigt ist, kann die andere Hemisphäre häufig die Aufgaben des verloren gegangenen Gewebes übernehmen.

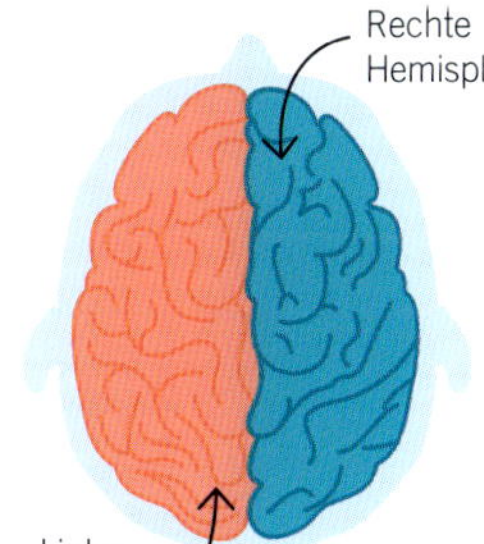

Hirnforschung

Das Gehirn ist das komplexeste Organ des menschlichen Körpers. Manche Hirnfunktionen lassen sich bestimmten Hirnarealen zuordnen. Für viele Aufgaben scheint jedoch das Zusammenwirken verschiedener Hirnregionen notwendig zu sein.

fMRT-Hirnscan
Diese fMRT-Aufnahme (funktionelle Magnetresonanztomografie) eines Gehirns zeigt Bereiche, die während einer Rede erhöhte Aktivität aufweisen. Hirnscanner erlauben es Forschern, zu untersuchen, welche Hirnregionen an bestimmten Hirnfunktionen beteiligt sind. Sie können auch für die Diagnose von Krankheiten, wie etwa Schlaganfällen oder Hirntumoren, benutzt werden.

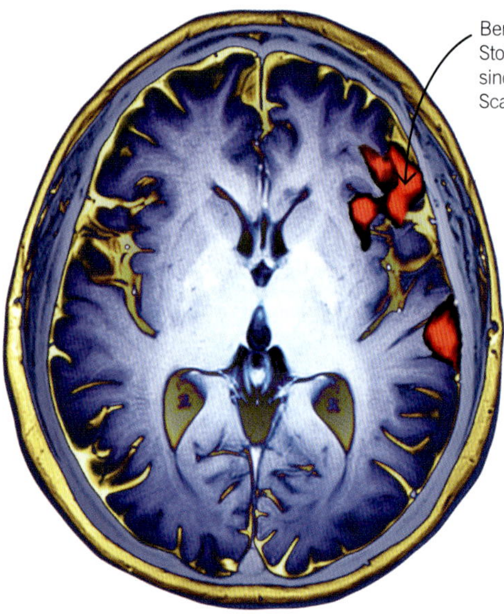

Bereiche mit hoher Stoffwechselaktivität sind in diesem fMRT-Scan rot dargestellt.

Auf einen Blick

- ✓ **Früher waren Hirnforscher auf Patienten mit Hirnschäden angewiesen, um das Gehirn zu untersuchen.**
- ✓ **Heute offenbaren Hirnscanner, welche Teile eines gesunden Gehirns bei bestimmten geistigen Aufgaben aktiv sind.**
- ✓ **Für viele Aufgaben scheint das Zusammenwirken verschiedener Hirnareale notwendig zu sein.**

Untersuchung der Hirnfunktion

Wissenschaftler nutzen eine Vielzahl von Methoden, um die Gehirnfunktion zu untersuchen. Jede Methode hat ihre Vor- und Nachteile.

Hirnschäden
Früher brauchten Hirnforscher Patienten, deren Gehirn z. B. durch Verletzungen beschädigt war, um festzustellen, welche Auswirkungen die Schädigung auf Hirnfunktionen wie das Gedächtnis hatte.

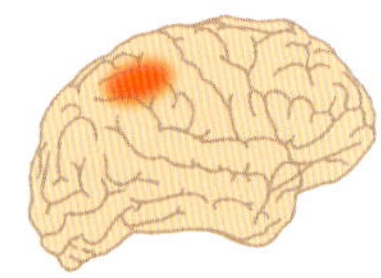

Hirnscan
Hirnforscher und Ärzte benutzen spezielle Hirnscanner, um Bilder des Gehirns zu erzeugen. Deren Aufnahmen zeigen u. a., welche Regionen des Gehirns zum Zeitpunkt der Untersuchung am aktivsten sind.

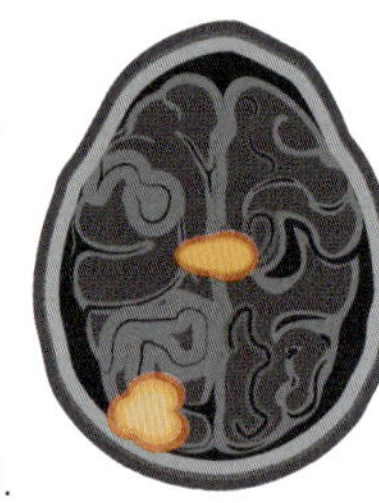

Elektroden
Durch die Stimulation des Gehirns mit Elektroden konnten Hirnforscher u. a. herausfinden, welche Hirnareale die Muskulatur kontrollieren. Für den Einsatz dieser Technik ist ein chirurgischer Eingriff notwendig.

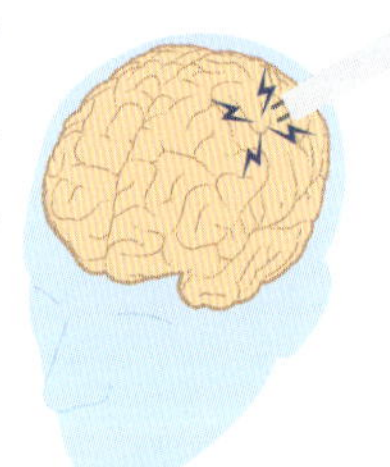

EEG
Bei einem Elektroenzephalogramm (EEG) wird die elektrische Aktivität des Gehirns gemessen. EEGs haben Hirnforschern z. B. dabei geholfen zu verstehen, was im Gehirn passiert, wenn wir schlafen oder träumen.

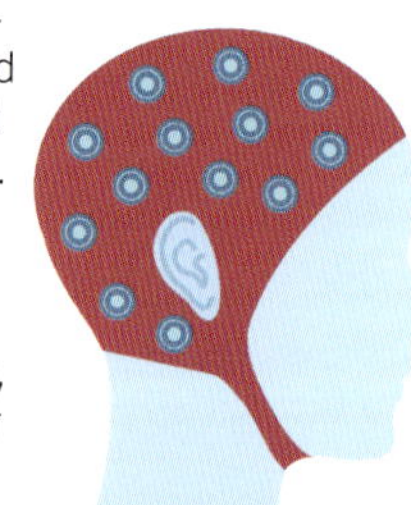

Schädigung des Nervensystems

Schäden am Nervensystem können viele Probleme verursachen, von Gedächtnisverlust bis hin zu Empfindungsstörungen und Lähmungen. Manche Nerven können sich nach einer Schädigung erholen, Schäden am ZNS sind jedoch oft bleibend.

Auf einen Blick

- ✓ **Verletzungen sensorischer Nerven können zu Empfindungsverlust führen.**
- ✓ **Verletzungen motorischer Nerven können zu Lähmungen führen.**
- ✓ **Das ZNS kann sich nach Schädigung oft nicht regenerieren.**

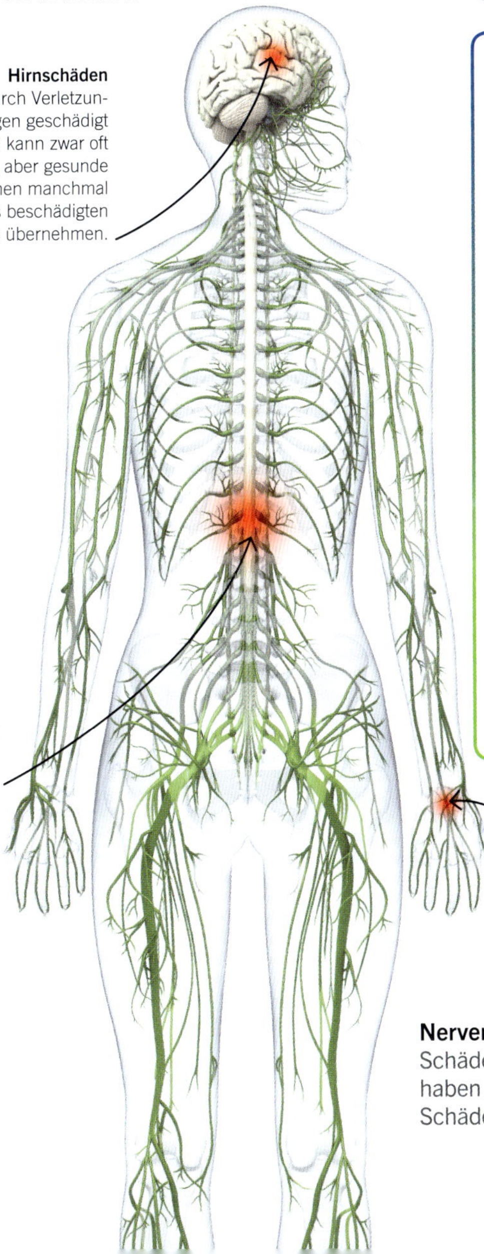

Hirnschäden
Das Gehirn kann durch Verletzungen oder Erkrankungen geschädigt werden. Der Schaden kann zwar oft nicht repariert werden, aber gesunde Teile des Gehirns können manchmal die Aufgaben des beschädigten Gewebes übernehmen.

Rückenmarksverletzungen
Verletzungen, die das Rückenmark durch trennen, verursachen Gefühllosigkeit und vollständige Lähmung aller Körperteile, die sich unterhalb der Verletzungsstelle befinden. Schwere Rückenmarksverletzungen sind bleibend, aber die moderne Wissenschaft sucht intensiv nach Wegen, um sie zu heilen.

Schäden an peripheren Nerven
Verletzungen motorischer Nerven können zur Lähmung der Muskulatur führen, die von den betroffenen Nerven erregt wird. Verletzungen sensorischer Nerven können zu Empfindungsverlust führen.

Nervensystem
Schäden am Zentralnervensystem (ZNS) haben meist ernstere Konsequenzen als Schäden an peripheren Nerven.

Gamma-Knife

Hirntumoren sind eine Form von Krebs, die das Gehirn betrifft. Sie sind chirurgisch oft nicht zu entfernen, ohne das umgebende, gesunde Hirngewebe zu schädigen. Das sogenannte Gamma-Knife ist ein Strahlentherapiegerät zur punktgenauen Behandlung von Hirntumoren. Während der Patient in der Maschine liegt, werden Gammastrahlen auf seinen Tumor fokussiert. Durch die hohe Strahlendosis wird der Tumor abgetötet, ohne dabei das umgebende Gewebe zu zerstören.

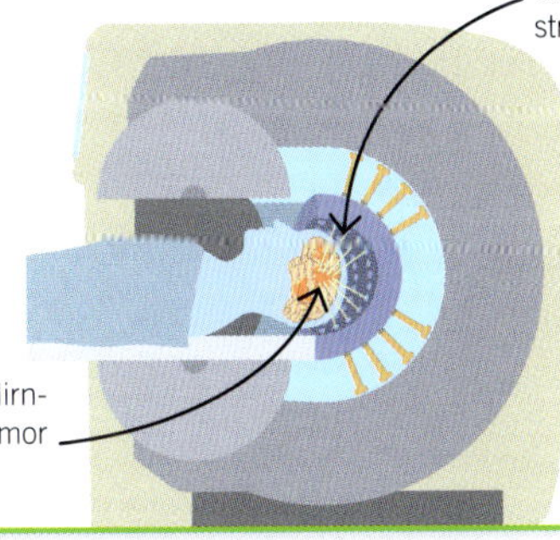

Auge

Das menschliche Auge arbeitet ähnlich wie eine Kamera. Es benutzt eine gekrümmte, durchsichtige Linse, um Lichtstrahlen auf die lichtempfindliche Netzhaut (Retina) zu fokussieren und so scharfe Bilder zu erzeugen.

Auf einen Blick

- **Augen erzeugen Bilder, indem sie Lichtstrahlen fokussieren.**
- **Lichtempfindliche Sinneszellen im Auge nehmen Licht wahr und senden Nervenimpulse zum Gehirn.**
- **Die Irismuskulatur reguliert den Lichteinfall ins Auge, die Ziliarmuskulatur kontrolliert die Brechkraft der Linse.**

Blick ins Innere des Auges

Die meisten Strukturen im Augeninnern sind durchsichtig, sodass Lichtstrahlen ungehindert auf die Netzhaut hinten im Auge fallen können, wo sie lichtempfindliche Sinneszellen erregen. Diese senden Nervenimpulse zum Gehirn, wo das endgültige Bild entsteht.

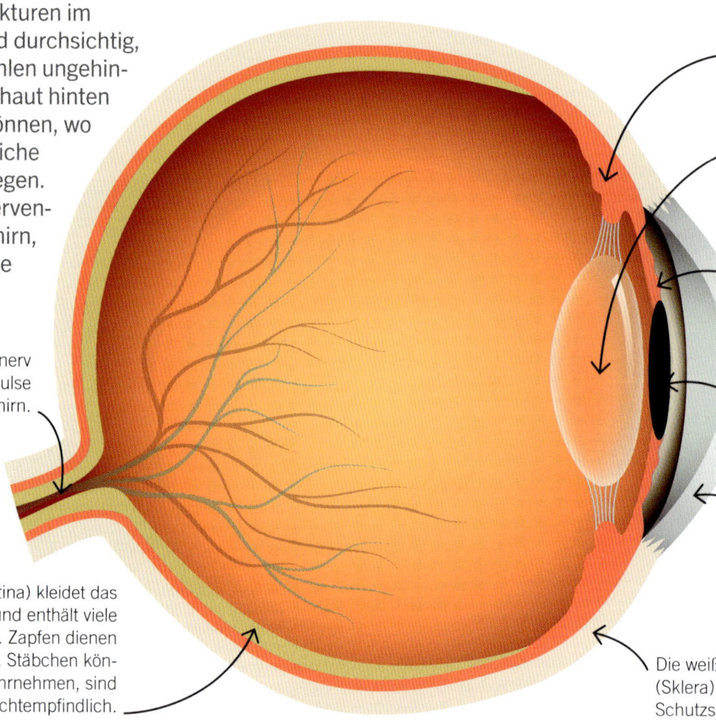

Pupillenreflex

Die Irismuskulatur besteht aus Ring- und Radialmuskeln. Wenn die Fasern der Ringmuskulatur kontrahieren, verengt sich die Pupille und es gelangt weniger Licht ins Auge. Ziehen sich die Radialmuskeln zusammen, weitet sich die Pupille, sodass mehr Licht ins Auge fällt. Die Größe der Pupille verändert sich reflexartig in Abhängigkeit von der ins Auge einfallenden Lichtmenge.

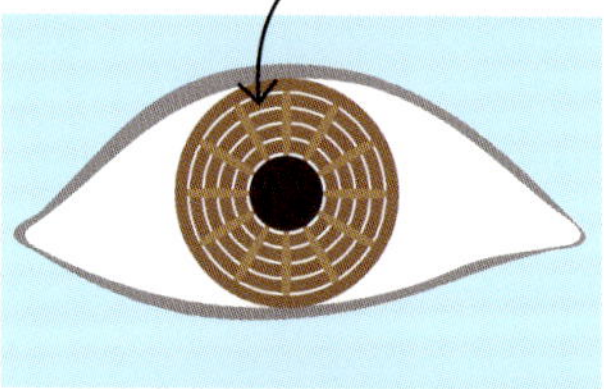

Verengte Pupille

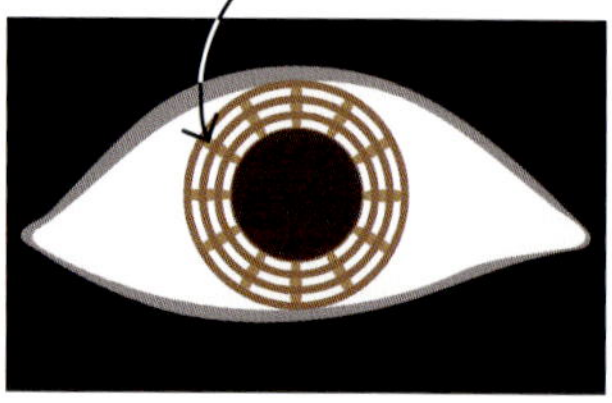

Geweitete Pupille

Sehen

Um ein scharfes Bild zu erzeugen, bricht das Auge einfallende Lichtstrahlen, sodass sie sich in einem Punkt auf der Retina treffen. Den Großteil der Lichtbrechung übernimmt die Hornhaut. Die Fokussierung (Scharfstellung) in Abhängigkeit von der Entfernung des betrachteten Objekts erfolgt durch die Linse.

Auf einen Blick

- ✓ **Hornhaut und Linse fokussieren das Licht auf die Retina.**
- ✓ **Das Kontrahieren und Entspannen der Ziliarmuskeln verändert Form und Brechkraft der Linse.**
- ✓ **Beim Betrachten naher Objekte wird die Linse rundlicher, beim Betrachten weit entfernter Objekte wird sie flacher.**

Bildentstehung auf der Netzhaut
Wenn Lichtstrahlen durch Hornhaut und Linse fallen, werden sie gebrochen und gebündelt. Dadurch entsteht auf der Netzhaut ein scharfes, aber auf dem Kopf stehendes Bild. Der Sehnerv leitet diese Information zum Gehirn weiter, welches das Bild richtig herum dreht.

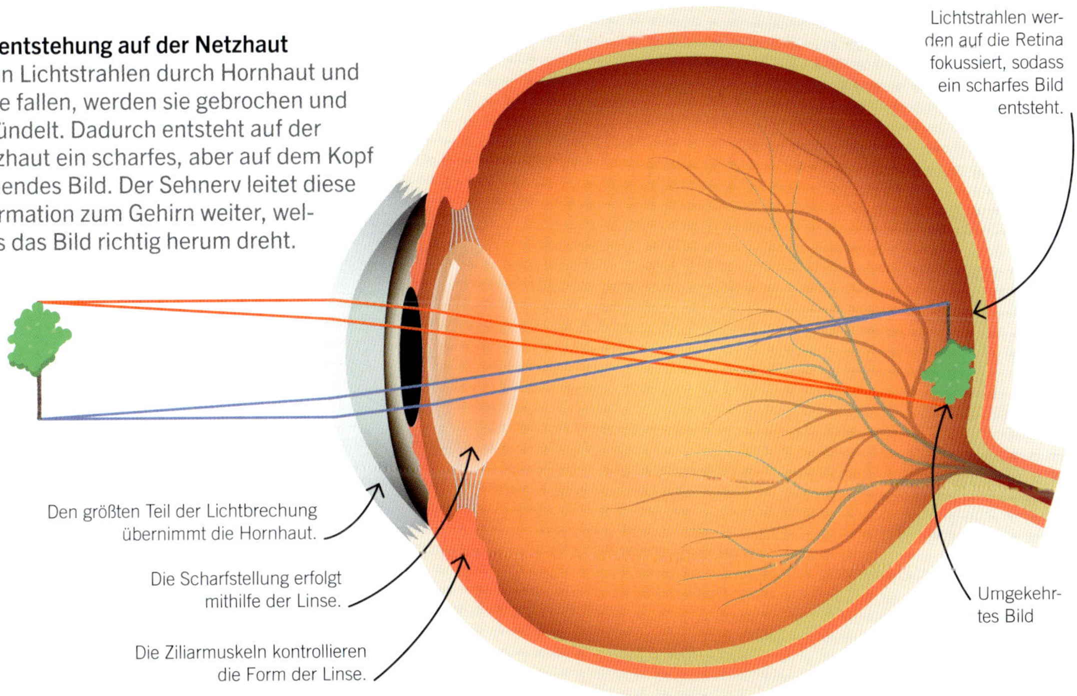

Nahsicht und Fernsicht

Um scharfe Bilder von nahen und weit entfernten Objekten zu erzeugen, muss die Linse ihre Form verändern. Diese Veränderung erfolgt mithilfe der Ziliarmuskeln. Kontrahieren sie, wird die Linse rundlicher, nahe Objekte sind scharf. Entspannen sie sich, wird die Linse flacher, entfernte Objekte sind scharf.

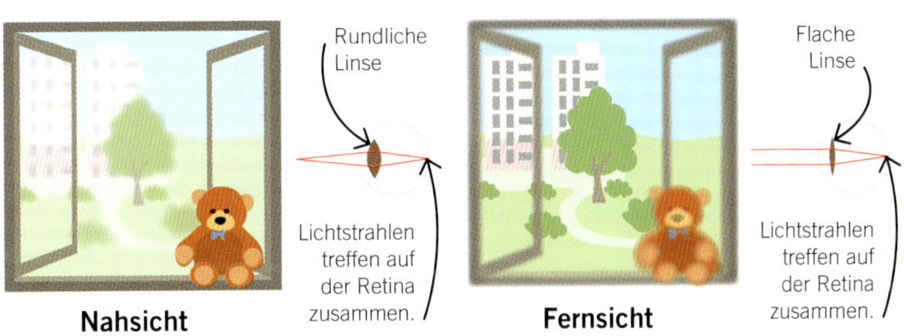

Kurzsichtigkeit

Manche Menschen haben einen als Kurzsichtigkeit bezeichneten Sehfehler und können daher entfernte Objekte nur unscharf sehen. Kurzsichtigkeit kann auftreten, wenn der Augapfel etwas zu lang ist, oder wenn Linse oder Hornhaut das Licht zu stark brechen.

Auf einen Blick

- ✓ **Bei Kurzsichtigkeit sind entfernte Objekte unscharf.**
- ✓ **Bei einem kurzsichtigen Auge treffen sich die Lichtstrahlen entfernter Objekte vor der Netzhaut.**
- ✓ **Eine konkave (nach innen gewölbte) Linse kann Kurzsichtigkeit korrigieren.**

Korrektur der Kurzsichtigkeit
Bei einem kurzsichtigen Auge treffen sich die Lichtstrahlen entfernter Objekte vor der Netzhaut. Eine konkave Linse korrigiert das, indem sie Lichtstrahlen etwas auseinanderlaufen lässt, bevor sie ins Auge fallen.

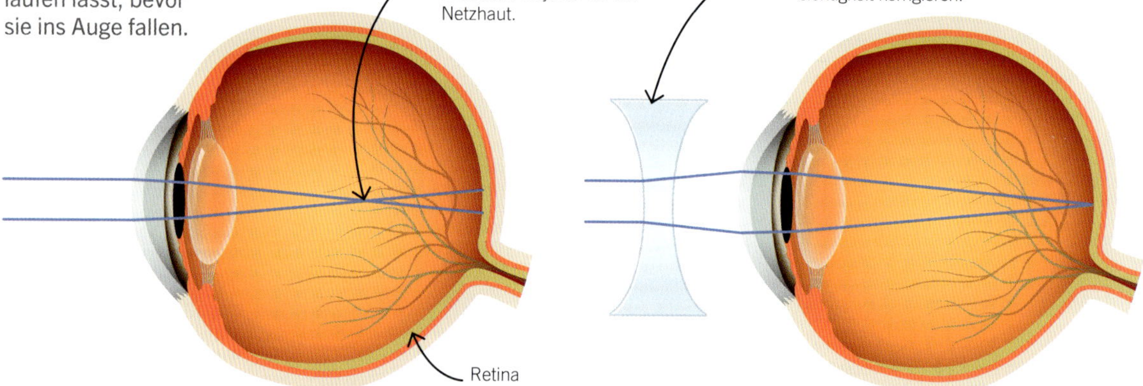

Kurzsichtiges Auge **Sehfehler korrigiert**

Augenlaserchirurgie

Sehfehler, wie etwa Kurzsichtigkeit, Weitsichtigkeit oder Astigmatismus, können mithilfe der Augenlaserchirurgie korrigiert werden. Eine weit verbreitete Technik zur Behandlung von Kurzsichtigkeit ist es, die Hornhaut mithilfe des Lasers ein wenig abzuflachen und so ihre Brechkraft zu reduzieren.

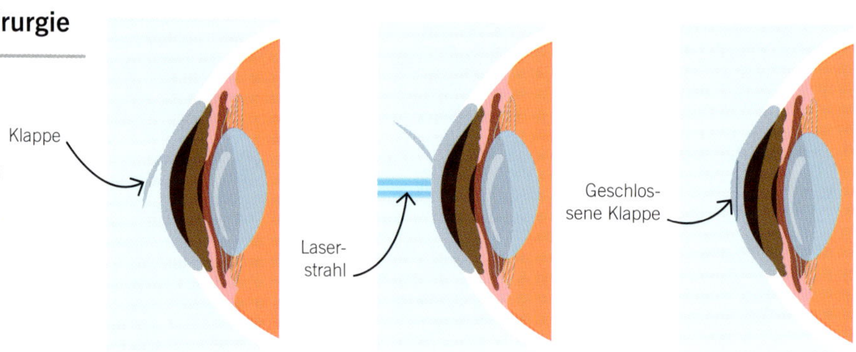

1. Aus der oberen Hornhautschicht wird eine Klappe ausgeschnitten und anschließend hochgeklappt.

2. Ein computergesteuerter Laserstrahl verdampft Gewebe und macht die Hornhaut so etwas flacher.

3. Die Klappe wird wieder geschlossen und die Hornhaut kann verheilen.

Weitsichtigkeit

Manche Menschen sind weitsichtig und können daher nahe gelegene Objekte nur unscharf sehen. Weitsichtigkeit kann auftreten, wenn der Augapfel etwas zu kurz ist, oder wenn Linse oder Hornhaut zu wenig gewölbt sind und daher das Licht nicht stark genug brechen. Altern kann ebenfalls zu Weitsichtigkeit führen, da die Linse mit der Zeit steifer wird.

Auf einen Blick

- ✓ **Bei Weitsichtigkeit sind nahe gelegene Objekte unscharf.**
- ✓ **Bei einem weitsichtigen Auge treffen sich die Lichtstrahlen naher Objekte hinter der Netzhaut.**
- ✓ **Eine konvexe (nach außen gewölbte) Linse kann Weitsichtigkeit korrigieren.**

Korrektur der Weitsichtigkeit
Bei einem weitsichtigen Auge treffen sich die Lichtstrahlen naher Objekte hinter der Netzhaut. Eine konvexe Linse korrigiert das, indem sie Lichtstrahlen etwas zusammenlaufen lässt, bevor sie ins Auge fallen.

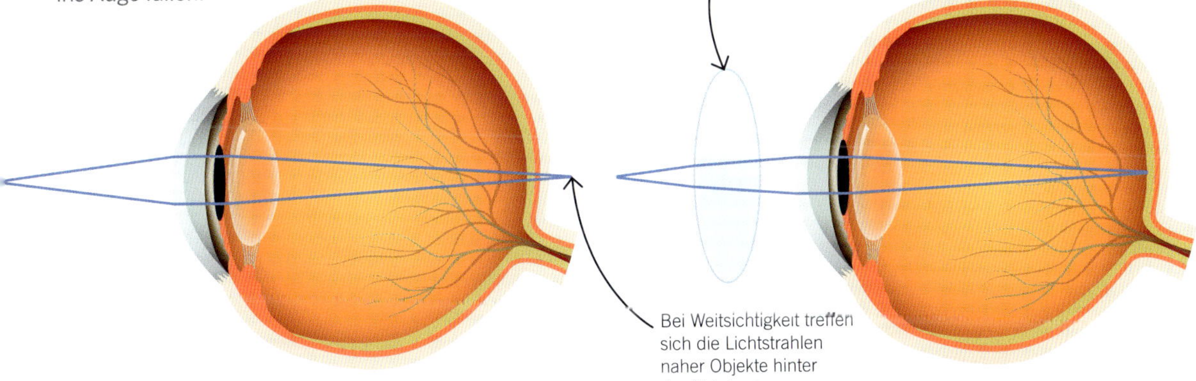

Weitsichtiges Auge **Sehfehler korrigiert**

Linsenaustausch

Sehfehler wie Kurzsichtigkeit oder Weitsichtigkeit können auch korrigiert werden, indem die natürliche Linse bei einem chirurgischen Eingriff entfernt und durch eine künstliche Linse ersetzt wird. Es besteht zudem die Möglichkeit, die natürliche Linse an ihrem Platz zu belassen, und eine künstliche Linse davor einzusetzen.

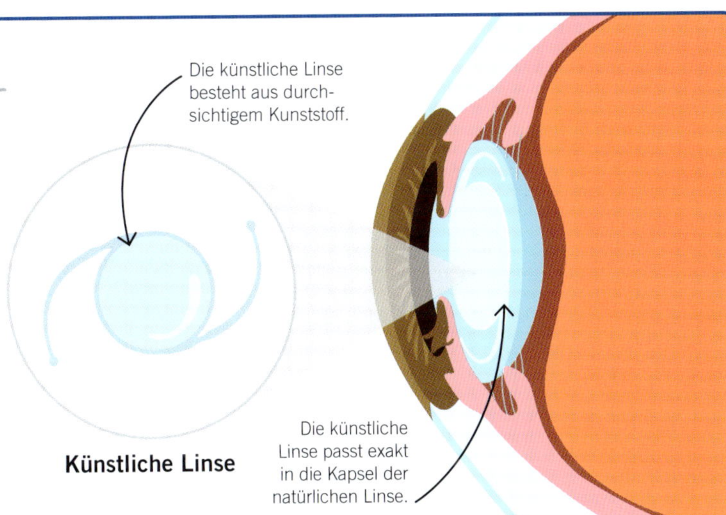

Künstliche Linse

Astigmatismus

Astigmatismus ist ein Sehfehler, der durch eine ungleichmäßige Krümmung der Hornhaut oder der Linse hervorgerufen wird. Dadurch werden manche Lichtstrahlen (etwa die in der senkrechten Ebene) stärker gebrochen als andere (etwa die in der waagerechten Ebene) und es entstehen zumindest teilweise unscharfe Bilder.

Auf einen Blick

- **Bei einem astigmatischen Auge ist die Hornhaut oder manchmal auch die Augenlinse ungleichmäßig gekrümmt.**
- **Die Brechkraft eines astigmatischen Auges variiert in Abhängigkeit von der Einfallsrichtung der Lichtstrahlen.**
- **Bei einem astigmatischen Auge sind alle Bilder zumindest teilweise unscharf, ganz gleich, wie weit das betrachtete Objekt entfernt ist.**

Korrektur des Astigmatismus

Ein astigmatisches Auge kann einfallendes Licht nicht so fokussieren, dass ein scharfes Bild entsteht. Der Sehfehler kann mithilfe ungleichmäßig gekrümmter Linsen korrigiert werden, die Licht abhängig von der Einfallsrichtung verschieden stark brechen.

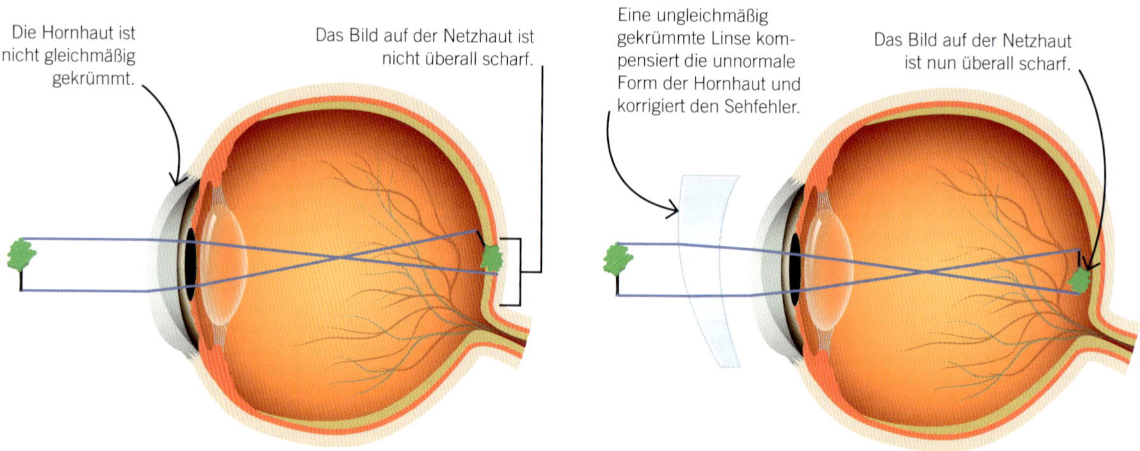

Astigmatisches Auge **Sehfehler korrigiert**

Test auf Astigmatismus

Bei Astigmatismus wird Licht, das aus bestimmten Richtungen ins Auge fällt, nicht korrekt gebrochen. Eine Möglichkeit herauszufinden, welche Richtungen betroffen sind, ist ein Sehtest mit dem Astigmatismus-Sonnenrad, dessen Linien angeordnet sind wie die Speichen eines Rads. Ein astigmatisches Auge sieht manche Linien scharf und andere unscharf.

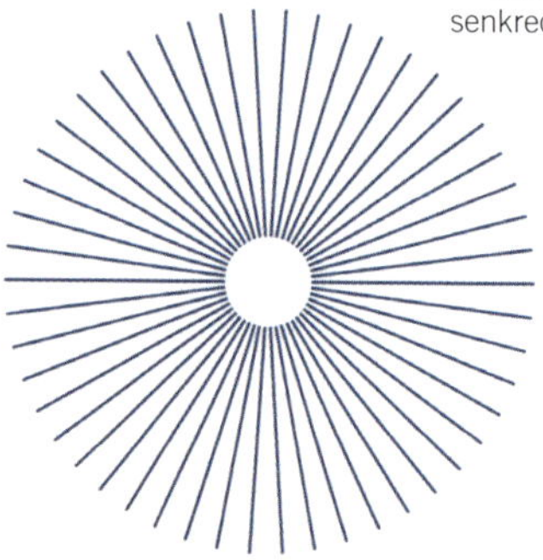

Normales Auge

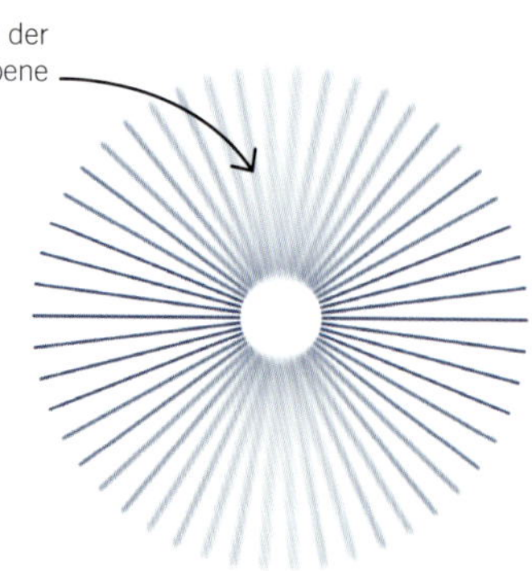

Astigmatisches Auge

Ohr

Schall besteht aus unsichtbaren Wellen, die durch die Luft wandern. Nachdem das Außenohr diese Wellen gesammelt hat, gelangt die Schallenergie über das Mittelohr ins flüssigkeitsgefüllte Innenohr, wo Haarsinneszellen Nervenimpulse auslösen, die zum Gehirn geleitet werden.

Auf einen Blick

- **Schallwellen sind unsichtbare Druckwellen, die durch die Luft wandern.**
- **Das Außenohr sammelt Schallwellen und leitet sie an das Mittelohr und das Innenohr weiter.**
- **Haarsinneszellen im Innenohr nehmen Schall wahr und lösen Nervenimpulse aus, die zum Gehirn geleitet werden.**

Blick ins Innere des Ohrs
Das Ohr besteht aus drei Teilbereichen: dem sichtbaren Außenohr, dem Mittelohr und dem Innenohr. Die feinen Strukturen des Mittelohrs und des Innenohrs befinden sich in Hohlräumen des Schädels. Schallwellen wandern als Schwingungen winziger Knöchelchen durch das Mittelohr und als Flüssigkeitswellen durch das Innenohr.

Cochlea-Implantate

Cochlea-Implantate können Gehörlosen mit funktionierendem Hörnerv das Hören ermöglichen. Ein äußeres Mikrofon empfängt Schallwellen, wandelt sie in elektrische Signale um und sendet diese an einen unter der Haut eingepflanzten Empfänger. Dieser leitet die Signale an Elektroden weiter, die wiederum den Hörnerv erregen, sodass Nervenimpulse an das Gehirn gesendet werden.

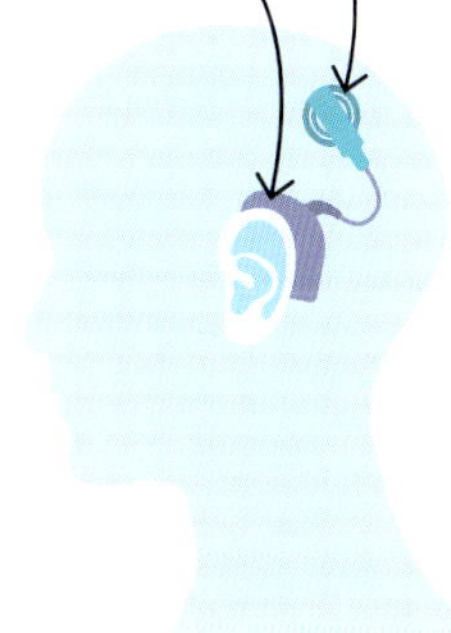

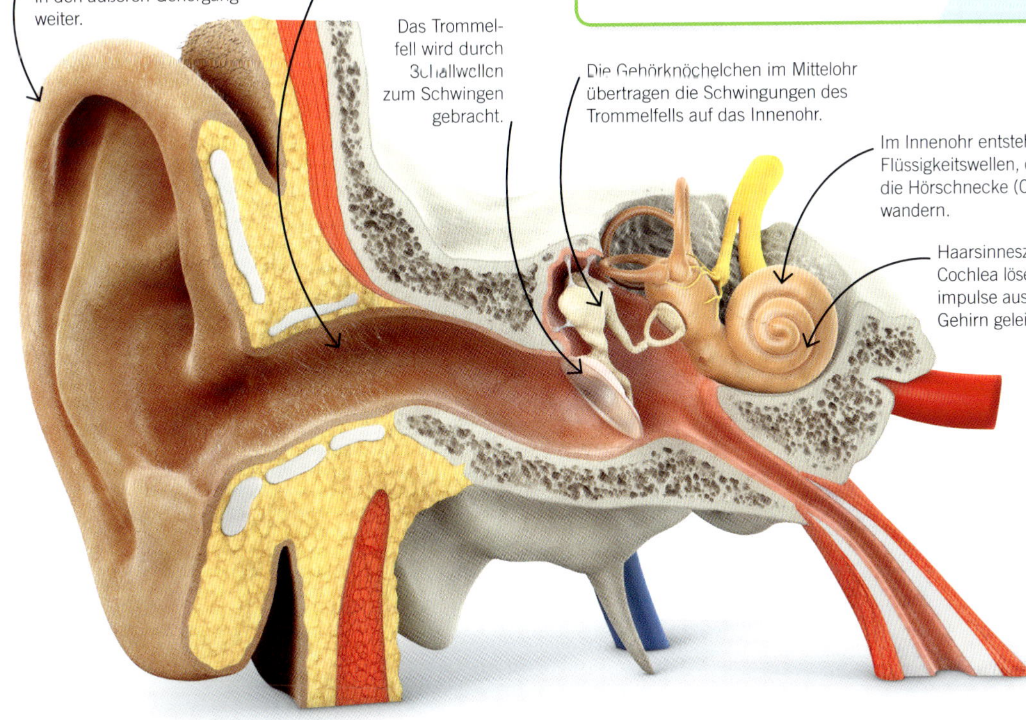

Thermoregulation

Das Nervensystem hält die Temperatur im Innern unseres Körpers bei etwa 37 °C, da bei dieser Temperatur die körpereigenen Enzyme am besten arbeiten. Weicht die Körpertemperatur von diesem Wert ab, löst das Nervensystem Körperreaktionen aus, welche die Abweichung korrigieren.

Auf einen Blick

- ✓ **Das Nervensystem hält die Temperatur im Innern des menschlichen Körpers bei etwa 37 °C.**
- ✓ **Die Körpertemperatur wird über negative Rückkopplung gesteuert.**
- ✓ **Der Teil des Gehirns, der die Körpertemperatur kontrolliert, heißt Hypothalamus.**

Haut

Die Haut reagiert in verschiedener Weise auf Änderungen der Körpertemperatur. Sie hilft dabei, überschüssige Wärme loszuwerden, wenn die Körpertemperatur ansteigt, und hält Wärme zurück, wenn die Körpertemperatur fällt. Bei Kälte kann der Körper auch durch rasche Muskelbewegungen (Zittern) Wärme erzeugen.

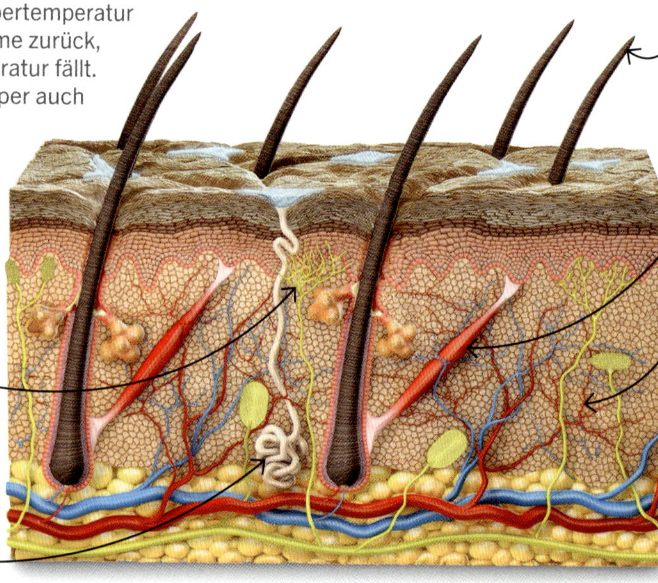

Temperaturregler

Die Körpertemperatur wird von einem Teil des Gehirns kontrolliert, der als Hypothalamus bezeichnet wird. Ist die Körpertemperatur zu hoch, sendet der Hypothalamus Nervenimpulse an Erfolgsorgane, die die Temperatur senken. Ist sie zu niedrig, sendet er Signale an Erfolgsorgane, die die Temperatur erhöhen. Werden Veränderungen auf diese Weise in den Ursprungszustand zurückversetzt, spricht man von negativer Rückkopplung.

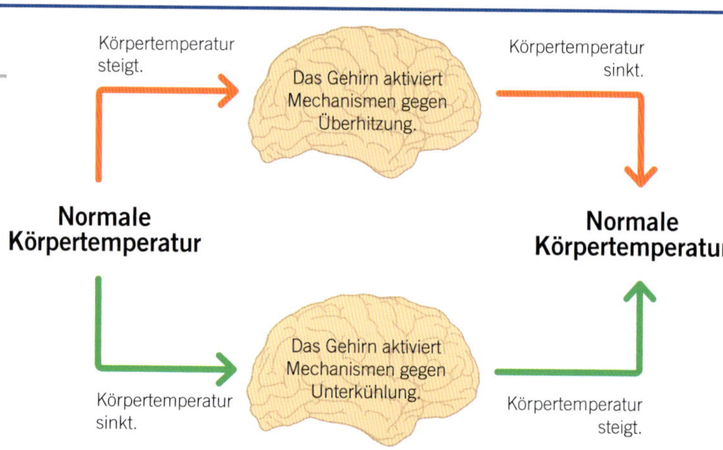

Hormone

Hormonsystem

Das Hormonsystem arbeitet mit dem Nervensystem zusammen, um Vorgänge und Funktionen im Körper zu regulieren. Endokrine Drüsen sondern Botenstoffe ins Blut ab, die als Hormone bezeichnet werden. Das Blut transportiert diese dann zu den jeweiligen Zielorganen, bei denen sie bestimmte Reaktionen auslösen.

Auf einen Blick

- **Das Hormonsystem reguliert zahlreiche Prozesse im Körper.**
- **Es besteht aus endokrinen Drüsen, die ihre Hormone v. a. ins Blut abgeben.**
- **Hormone lösen bei Zielorganen Reaktionen aus.**
- **Hormone wirken langsamer als Nervenimpulse, haben aber häufig einen länger anhaltenden Effekt.**

Endokrine Drüsen
Hormone werden von sogenannten endokrinen Drüsen produziert – Hormondrüsen, die ihre Produkte ins Blut oder in andere Körperflüssigkeiten abgeben. Endokrine Drüsen finden sich an etlichen Stellen im Körper und bilden zusammen das Hormonsystem oder endokrine System.

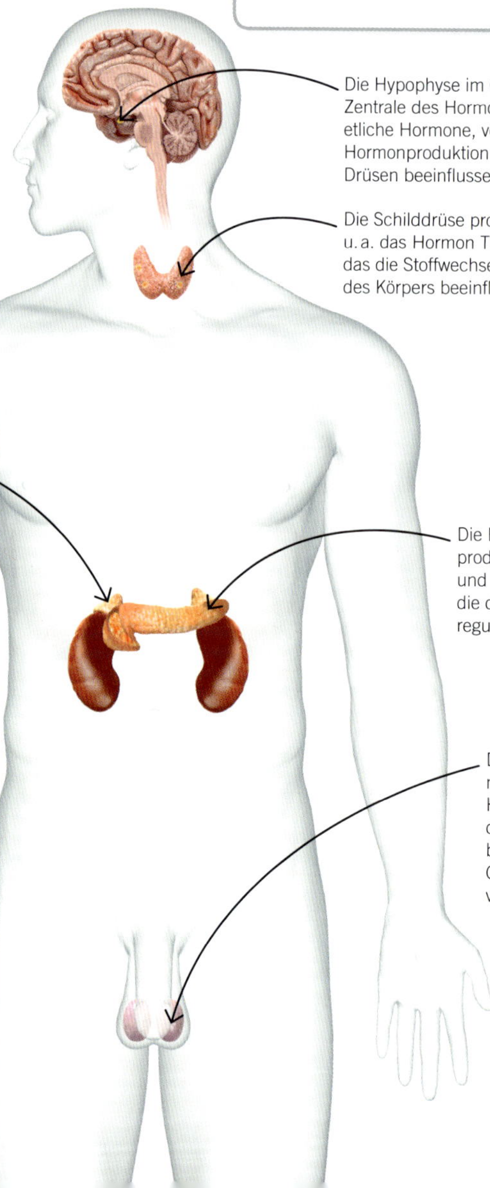

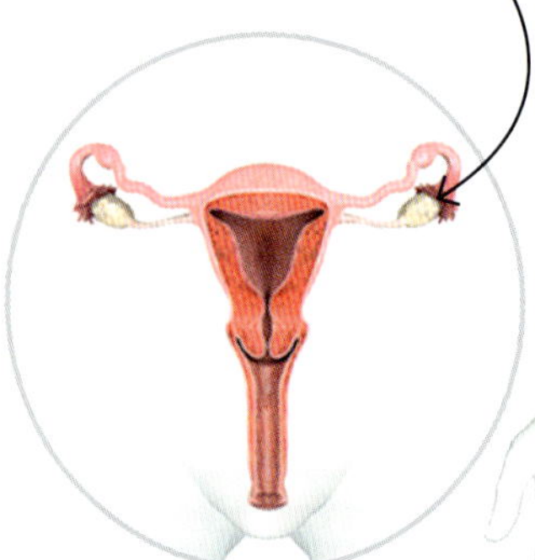

Die Ovarien sind Teil des weiblichen Hormonsystems.

Homöostase

Homöostase ist die Aufrechterhaltung eines konstanten inneren Milieus, das optimale Bedingungen für die Enzymaktivität und alle anderen Körperfunktionen bietet. Dazu gehören die Regulierung des Blutzuckerspiegels, der Körpertemperatur und des Wasserhaushalts.

Auf einen Blick

- ✓ Homöostase ist die Aufrechterhaltung eines bestimmten Milieus im Körper.
- ✓ Viele Regelkreise der Homöostase basieren auf negativer Rückkopplung.
- ✓ Regelkreise mit negativer Rückkopplung regulieren u. a. die Körpertemperatur, den Blutzuckerspiegel und den Wasserhaushalt.

Wasserhaushalt

Die Menge des Wassers im menschlichen Körper wird durch einen Regelkreis mit negativer Rückkopplung reguliert: Ist der Wassergehalt des Körpers zu hoch, wird er gesenkt, ist er zu niedrig, wird er erhöht. Der Regelkreis sorgt rund um die Uhr dafür, dass die Wassermenge im Körper optimal ist.

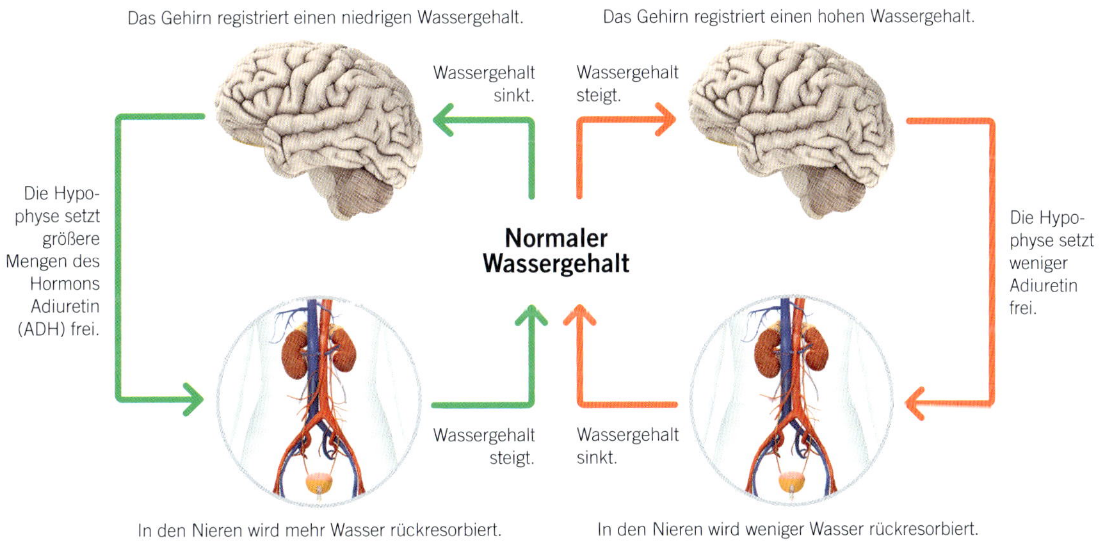

Rückkopplungssysteme

Auch unsere Körpertemperatur und unser Blutzuckerspiegel werden über negative Rückkopplung reguliert. Dabei wird stets der Istwert der zu regulierenden Größe mit dem Sollwert verglichen. Bei zu großer Abweichung wird der Istwert über Hormone oder Nervensignale wieder an den Sollwert angeglichen.

Blutzucker
Die Hormone Insulin und Glukagon kontrollieren die Zuckermenge im Blut. Ist der Blutzuckerspiegel zu hoch, wird Insulin freigesetzt, um ihn zu senken. Ist der Blutzuckerspiegel zu niedrig, wird Glukagon freigesetzt, um ihn ansteigen zu lassen.

Körpertemperatur
Wenn die Körpertemperatur über 37 °C ansteigt, stößt das Gehirn Prozesse im Körper an, die zu Schwitzen und einer vermehrten Durchblutung der Haut führen. Sinkt die Körpertemperatur zu stark ab, löst es u. a. Zittern, eine verminderte Durchblutung der Haut und eine Steigerung der Stoffwechselaktivität aus.

Insulin und Glukagon

Für das Funktionieren unseres Körpers ist es wichtig, dass der Blutzuckerspiegel weder zu hoch noch zu niedrig ist. Um dies sicherzustellen, wird die Konzentration der Glukose im Blut von der Bauchspeicheldrüse reguliert. Ohne diesen Regulationsmechanismus würde der Blutzuckerspiegel nach dem Essen zu sehr ansteigen und einige Stunden später zu stark absinken.

Auf einen Blick

- ✓ **Der Blutzuckerspiegel wird von der Bauchspeicheldrüse reguliert.**
- ✓ **Das Pankreas setzt die Hormone Insulin und Glukagon frei.**
- ✓ **Das Hormon Insulin sorgt dafür, dass der Blutzuckerspiegel sinkt.**
- ✓ **Das Hormon Glukagon lässt den Blutzuckerspiegel ansteigen.**

Negative Rückkopplung

Wenn der Blutzuckerspiegel ansteigt, etwa nach dem Essen, setzt die Bauchspeicheldrüse (Pankreas) das Hormon Insulin frei. Dieses sorgt dafür, dass die Körperzellen Glukose aus dem Blut aufnehmen und in der Leber Glukose in den Speicherstoff Glykogen umgewandelt wird. Dadurch sinkt der Blutzuckerspiegel. Wenn der Blutzuckerspiegel zu niedrig ist, beispielsweise nach anstrengender sportlicher Betätigung, setzt das Pankreas das Hormon Glukagon frei. Dieses bewirkt, dass die Leber Glykogen wieder in Glukose umwandelt und der Blutzuckerspiegel ansteigt.

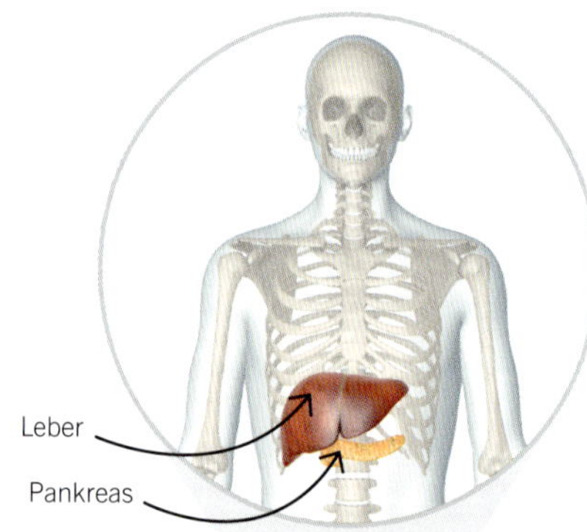

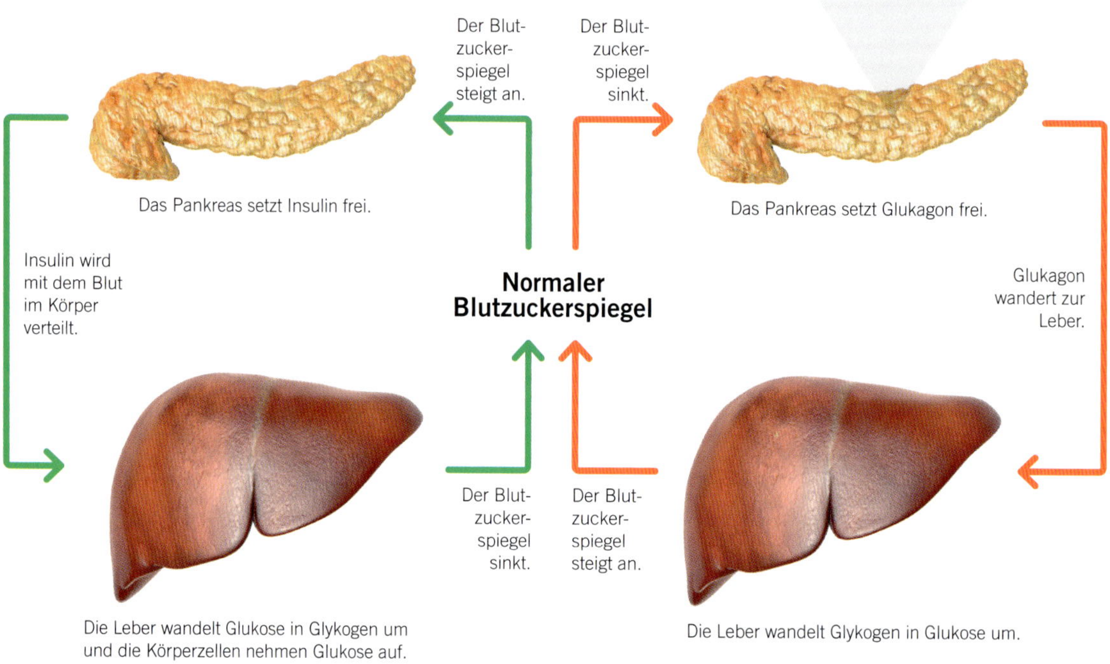

Diabetes

Diabetes ist eine Stoffwechselstörung bei der das körpereigene Blutzuckerkontrollsystem nicht mehr richtig funktioniert, sodass der Blutzuckerspiegel zu stark ansteigt. Die häufigsten Formen von Diabetes sind Typ-1-Diabetes und Typ-2-Diabetes.

Auf einen Blick

- **Bei Diabetes ist der Blutzuckerspiegel krankhaft erhöht.**
- **Menschen mit Typ-1-Diabetes können kein Insulin produzieren.**
- **Typ-1-Diabetes kann mit regelmäßigen Insulin-Injektionen behandelt werden.**
- **Bei Menschen mit Typ-2-Diabetes reagieren die Körperzellen nicht mehr richtig auf Insulin.**

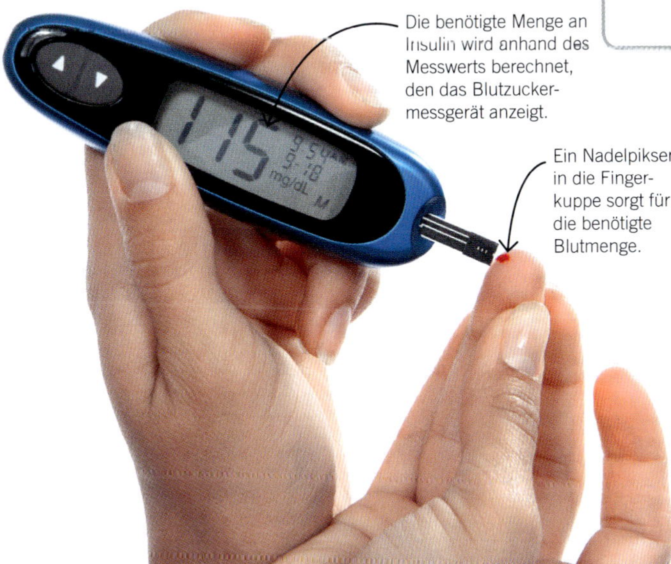

Die benötigte Menge an Insulin wird anhand des Messwerts berechnet, den das Blutzuckermessgerät anzeigt.

Ein Nadelpikser in die Fingerkuppe sorgt für die benötigte Blutmenge.

Leben mit Diabetes

Viele Menschen mit Diabetes müssen bis zu 10-mal pro Tag ihren Blutzuckerspiegel kontrollieren. Beim Typ-1-Diabetes, der meist schon in der Kindheit beginnt, produziert das Pankreas kein Insulin. Daher sind regelmäßige Insulininjektionen notwendig, um den Blutzuckerspiegel auf einem gesunden Niveau zu halten. Beim Typ-2-Diabetes, der meist erst im Erwachsenenalter beginnt, produziert das Pankreas zwar Insulin, aber die Körperzellen sind mehr oder weniger resistent gegenüber dem Hormon. Typ-2-Diabetes kann oft durch Abnehmen und Ernährungsumstellung behandelt werden.

Blutzuckerspiegel

Das Diagramm zeigt die Blutzuckerspiegel einer Person mit Typ-1-Diabetes (rot) und einer gesunden Person (grün). Auch bei Gesunden schwankt der Blutzuckerspiegel, allerdings nicht sehr stark. Im Gegensatz dazu steigt der Blutzuckerspiegel bei Typ-1-Diabetikern oft dramatisch an. Regelmäßige Insulininjektionen sind notwendig, um den Blutzucker auf normale Werte abzusenken und Typ-1-Diabetikern ein aktives und weitgehend normales Leben zu ermöglichen.

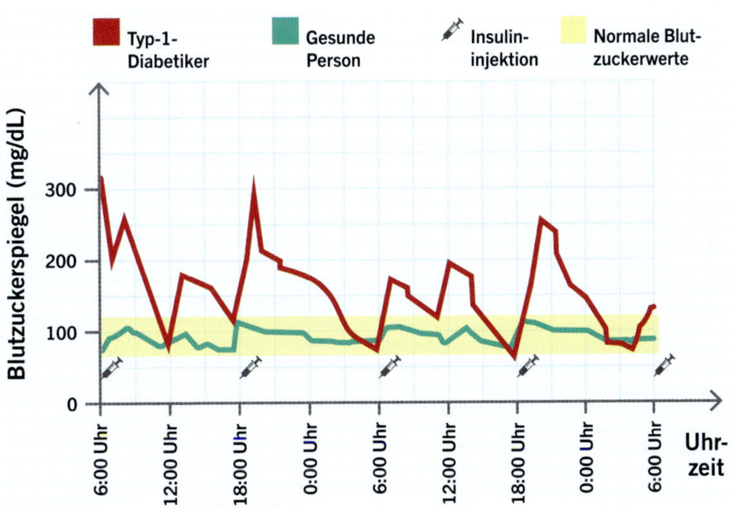

Nieren

Die Nieren spielen für die Homöostase eine wichtige Rolle, da sie den Wasser- und Elektrolythaushalt des Körpers kontrollieren. Sie filtern zudem giftige Abfallstoffe aus dem Blut heraus und produzieren Urin – eine Flüssigkeit, die neben Wasser auch Harnstoff und anderen Abfall, wie etwa überschüssige Mineralstoffionen, enthält.

Auf einen Blick

- ✓ Harnstoff ist ein Abfallstoff, der beim Abbau von Stickstoffverbindungen in der Leber entsteht.
- ✓ Die Nieren filtern Harnstoff und andere Abfallstoffe aus dem Blut heraus.
- ✓ Die Nieren kontrollieren den Wasserhaushalt des Körpers über die mit dem Urin ausgeschiedene Wassermenge.
- ✓ Urin ist eine Flüssigkeit, die neben Wasser auch Harnstoff und andere Abfallstoffe enthält.

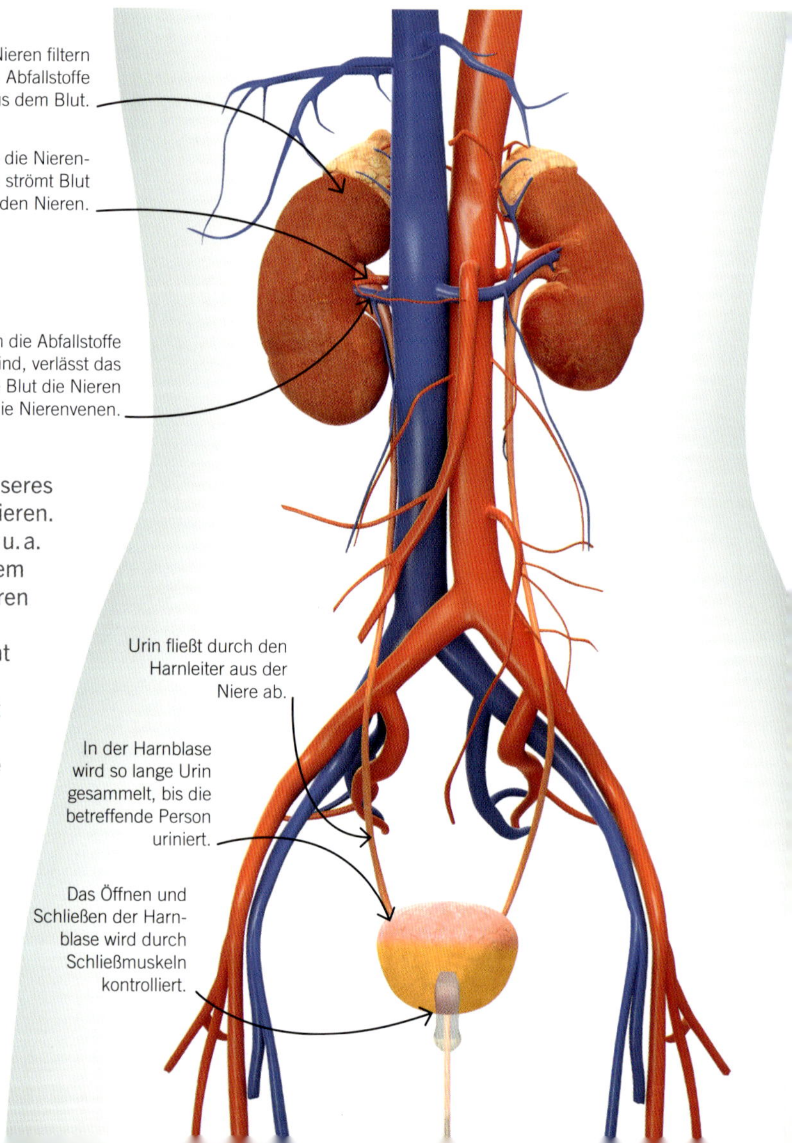

Urinproduktion

Etwa ein Viertel des Blutvolumens unseres Körpers durchfließt pro Minute die Nieren. Diese filtern das Blut und reinigen es u. a. von Abfallstoffen wie Harnstoff – einem Stoff, der beim Abbau von Aminosäuren in der Leber entsteht. Im Zuge des Filterprozesses in den Nieren entsteht zunächst sogenannter Primärharn, aus dem abhängig vom Wassergehalt des Bluts mehr oder weniger Wasser sowie andere für den Körper wichtige Substanzen rückresorbiert werden, bevor der übrig gebliebene Endharn (Urin) zur Harnblase abfließt. Wie viel Wasser zurückgeholt wird, wird durch das Hormon Adiuretin (ADH) gesteuert, das eine wichtige Rolle bei der Kontrolle des Wasserhaushalts im Körper spielt (s. S. 143).

Aufbau und Funktion der Niere

1. Im Innern der Niere verzweigen sich größere Blutgefäße in ein Netz aus winzigen Kapillargefäßen, die in den Nephronen zahllose rundliche Knäuel (Glomeruli) bilden.

2. Wenn Blut durch einen Glomerulus strömt, gelangen kleine Moleküle wie Wasser, Salze oder Harnstoff durch Poren in den Kapillaren in die den Glomerulus umschließende Bowman-Kapsel und bilden Primärharn. Große Moleküle wie Proteine sowie Blutzellen bleiben im Blut.

3. Der Primärharn fließt aus der Bowman-Kapsel ins Nierenkanälchen, wo der Großteil des Wassers und andere für den Körper wichtige Substanzen ins Blut zurückgeholt werden. Das Hormon ADH verändert dabei die Wasserdurchlässigkeit der Wände des Nierenkanälchens in Abhängigkeit vom Wasserbedarf des Körpers.

4. Die Abfallstoffe bleiben im Urin, der über Sammelrohre in den Harnleiter und schließlich in die Blase gelangt.

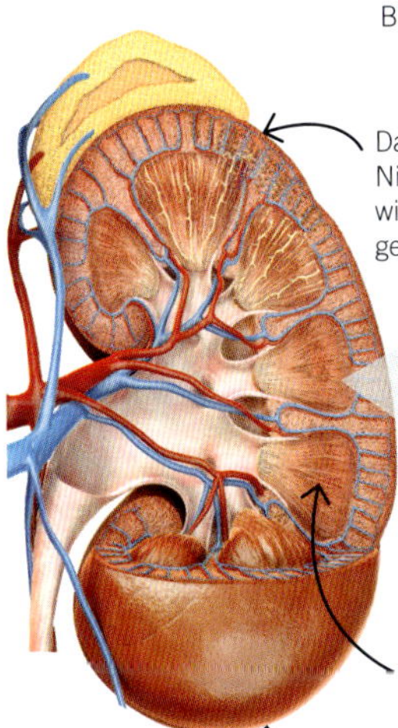

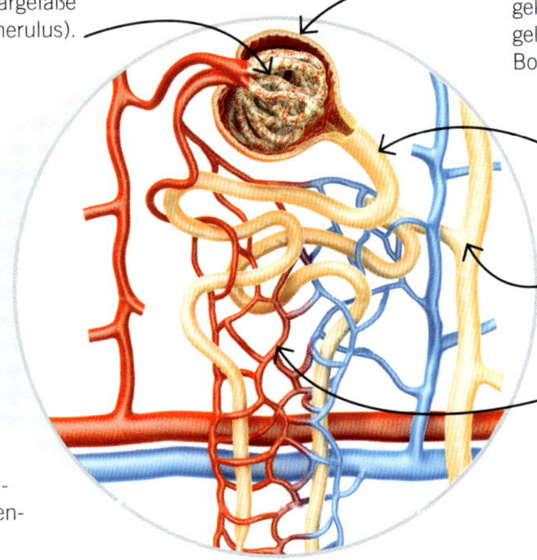

Behandlung von Nierenversagen

Die Nieren können durch Krankheiten oder Verletzungen dauerhaft geschädigt werden. Wenn sie versagen, bleibt für die Betroffenen nur die Dialyse oder eine Nierentransplantation. Dialysegeräte arbeiten ähnlich wie natürliche Nieren. Das Blut von Dialysepatienten fließt in die Maschine, wo es durch eine semipermeable (halbdurchlässige) Membran von einem sogenannten Dialysat (Dialysierflüssigkeit) getrennt ist, das dieselbe Konzentration an für den Körper wichtigen Substanzen enthält wie Blut, aber keine Abfallstoffe. Abfall, wie etwa Harnstoff, diffundiert daher aus dem Blut in die Dialysierflüssigkeit, für den Körper wichtige Stoffe, wie etwa Glukose, aufgrund des fehlenden Konzentrationsunterschieds jedoch nicht.

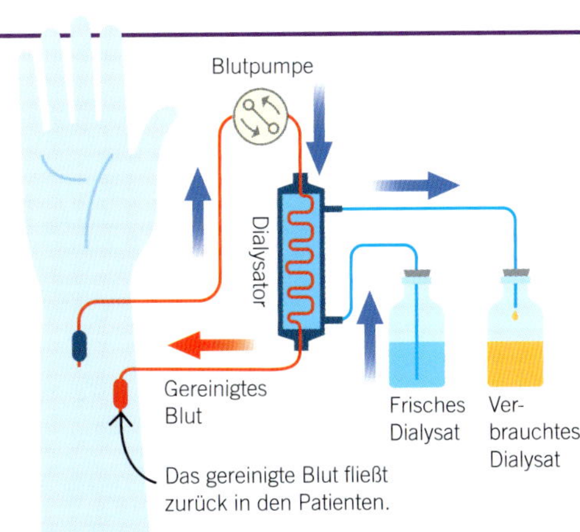

Pubertät bei Jungen

In der Pubertät lösen Sexualhormone im männlichen Körper eine Reihe von physischen Veränderungen aus. Das Hormon Testosteron führt die Geschlechtsreifung und die Ausbildung männlicher Geschlechtsmerkmale herbei. Testosteron wird in den Hoden produziert.

Auf einen Blick

- **Testosteron wird in den Hoden produziert.**
- **Ein Anstieg des Testosteronspiegels löst u. a. die Entwicklung männlicher Geschlechtsmerkmale aus.**
- **Zu den männlichen Geschlechtsmerkmalen zählen u. a. Penis, Hoden, Bartwuchs und tiefere Stimme.**

Männliche Geschlechtsmerkmale
Die Pubertät bei Jungen beginnt meist zwischen dem 11. und 15. Lebensjahr, also etwas später als bei Mädchen. Der Prozess wird durch einen Anstieg des Testosteronspiegels ausgelöst.

Stimmbruch

Mehrere physische Veränderungen lassen die männliche Stimme in der Pubertät tiefer werden. Die Hohlräume in Nase und Rachen werden größer, sodass mehr Resonanzraum für die Stimme zur Verfügung steht. Der Kehlkopf wird größer und dicker und die Stimmbänder in seinem Innern werden länger. Dadurch schwingen sie langsamer und erzeugen tiefere Töne. Der Kehlkopf kann in der Pubertät so schnell wachsen, dass er die Stimmbänder stark dehnt, sodass die betroffene Person dann häufig heiser oder krächzend klingt.

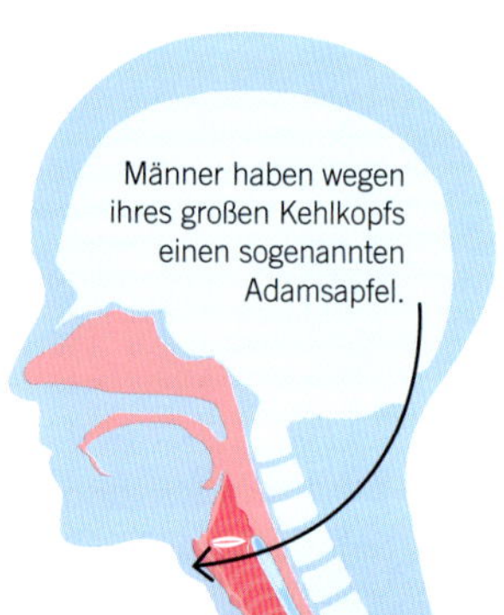

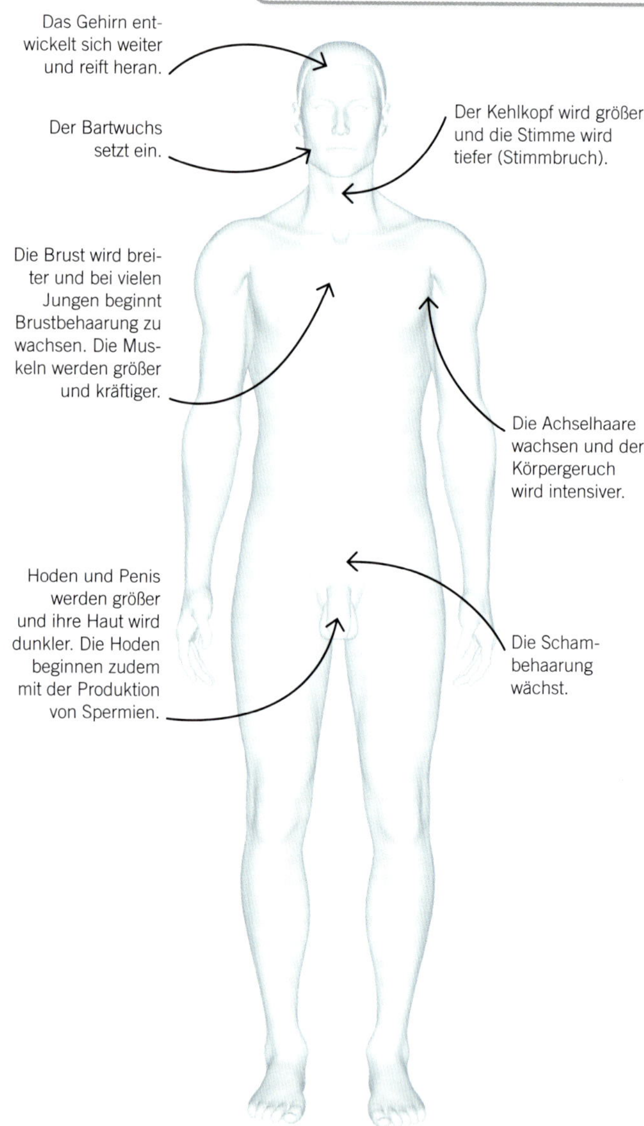

Pubertät bei Mädchen

In der Pubertät lösen Sexualhormone bei Mädchen etliche physische Veränderungen aus. Das in den Eierstöcken produzierte Hormon Östrogen führt unter anderem die Ausbildung weiblicher Geschlechtsmerkmale herbei. Diese Veränderungen bereiten den weiblichen Körper auf Schwangerschaft und Geburt vor.

Auf einen Blick

- ✓ **Ein Anstieg des Östrogenspiegels löst u. a. die Entwicklung weiblicher Geschlechtsmerkmale aus.**
- ✓ **Östrogene werden in den Eierstöcken produziert.**
- ✓ **Zu den weiblichen Geschlechtsmerkmalen zählen u. a. Eierstöcke, Gebärmutter, Brüste und relativ breite Hüften.**

Weibliche Geschlechtsmerkmale
Die Pubertät bei Mädchen wird durch einen Anstieg des Östrogenspiegels ausgelöst. Sie beginnt meist zwischen dem 10. und 14. Lebensjahr.

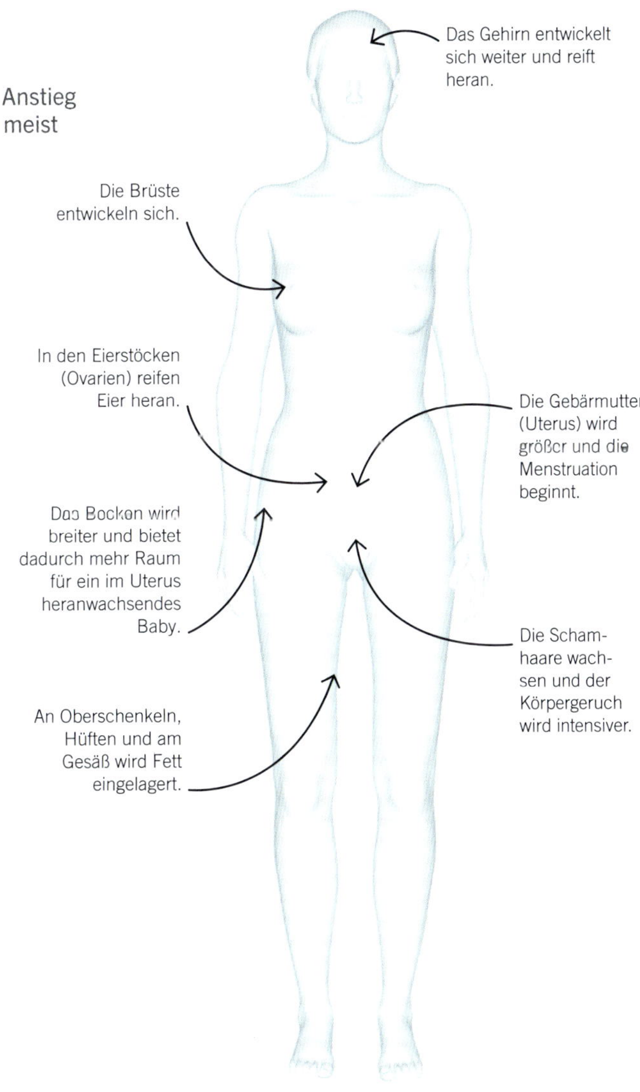

Akne

In der Pubertät sind viele Jungen und Mädchen von Akne betroffen. Akne kann auftreten, wenn Haarfollikel durch fettigen Talg verstopft sind. Talg schützt normalerweise unsere Haut vor dem Austrocknen, aber in der Pubertät wird oft zu viel davon produziert. Der überschüssige Talg lässt zunächst Mitesser entstehen. Werden diese von Bakterien besiedelt, kann es zu Entzündungen und zur Bildung von Pickeln kommen.

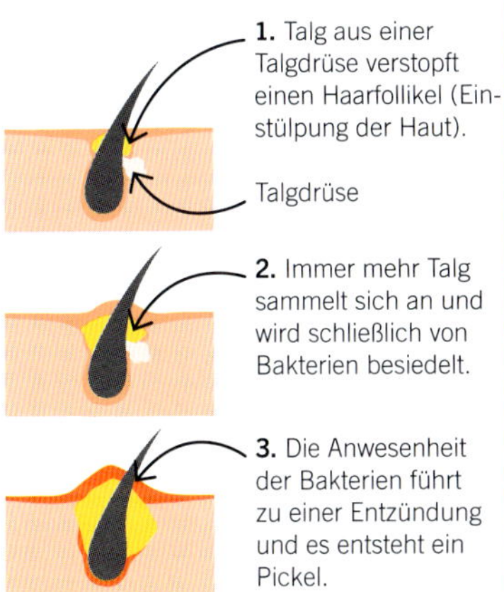

Menstruationszyklus

In der Pubertät beginnt bei Mädchen die Menstruation (Monatsblutung). Etwa einmal im Monat kommt es zu einer Blutung aus der Scheide, da die Gebärmutterschleimhaut abgestoßen wird, wenn keine Empfängnis stattfindet. Während des am ersten Tag der Menstruation beginnenden Menstruationszyklus laufen im weiblichen Körper Prozesse ab, die ihn auf eine mögliche Schwangerschaft vorbereiten. Der Menstruationszyklus steht unter hormoneller Kontrolle.

Auf einen Blick

- **Der Menstruationszyklus dauert etwa 28 Tage.**
- **Der Menstruationszyklus wird durch die Hormone Östrogen, Progesteron, FSH und LH kontrolliert.**
- **Während der Monatsblutung wird die Gebärmutterschleimhaut abgestoßen.**
- **Beim Eisprung (etwa am 14. Tag des Zyklus) wird eine Eizelle aus einem Eierstock ausgestoßen.**

Phasen des Menstruationszyklus
Der Menstruationszyklus dauert etwa 28 Tage. Beginn und Länge der einzelnen Phasen des Zyklus können allerdings von Person zu Person variieren.

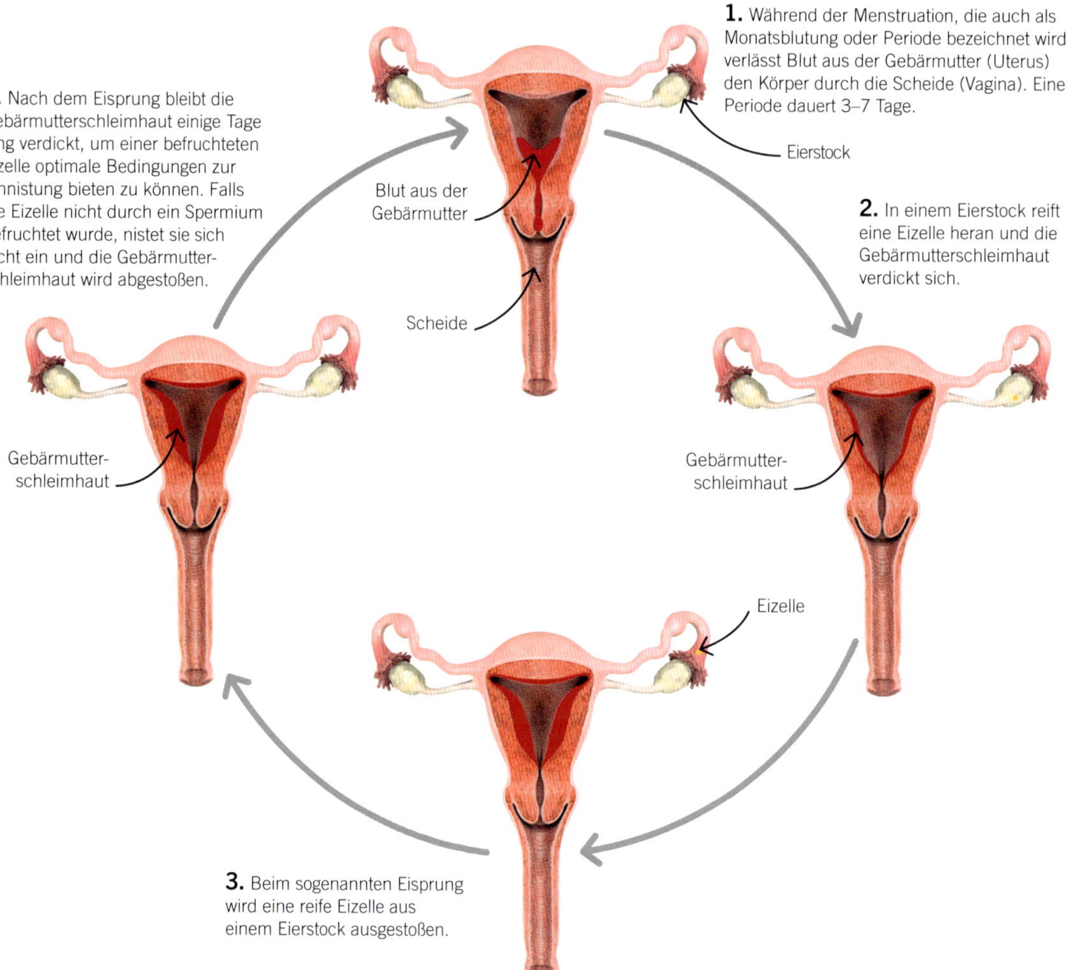

1. Während der Menstruation, die auch als Monatsblutung oder Periode bezeichnet wird, verlässt Blut aus der Gebärmutter (Uterus) den Körper durch die Scheide (Vagina). Eine Periode dauert 3–7 Tage.

2. In einem Eierstock reift eine Eizelle heran und die Gebärmutterschleimhaut verdickt sich.

3. Beim sogenannten Eisprung wird eine reife Eizelle aus einem Eierstock ausgestoßen.

4. Nach dem Eisprung bleibt die Gebärmutterschleimhaut einige Tage lang verdickt, um einer befruchteten Eizelle optimale Bedingungen zur Einnistung bieten zu können. Falls die Eizelle nicht durch ein Spermium befruchtet wurde, nistet sie sich nicht ein und die Gebärmutter-schleimhaut wird abgestoßen.

Hormone und Menstruationszyklus

Der Menstruationszyklus wird v. a. von vier Hormonen kontrolliert: Östrogen, Progesteron, follikelstimulierendes Hormon (FSH) und luteinisierendes Hormon (LH). Während des Zyklus steigen und fallen die Spiegel dieser Hormone in Abhängigkeit von ihrer Funktion. Findet keine Befruchtung der Eizelle statt, sinken die Hormonspiegel aller vier Hormone deutlich ab. Dies führt dazu, dass die Gebärmutterschleimhaut abgestoßen wird und ein neuer Zyklus beginnt.

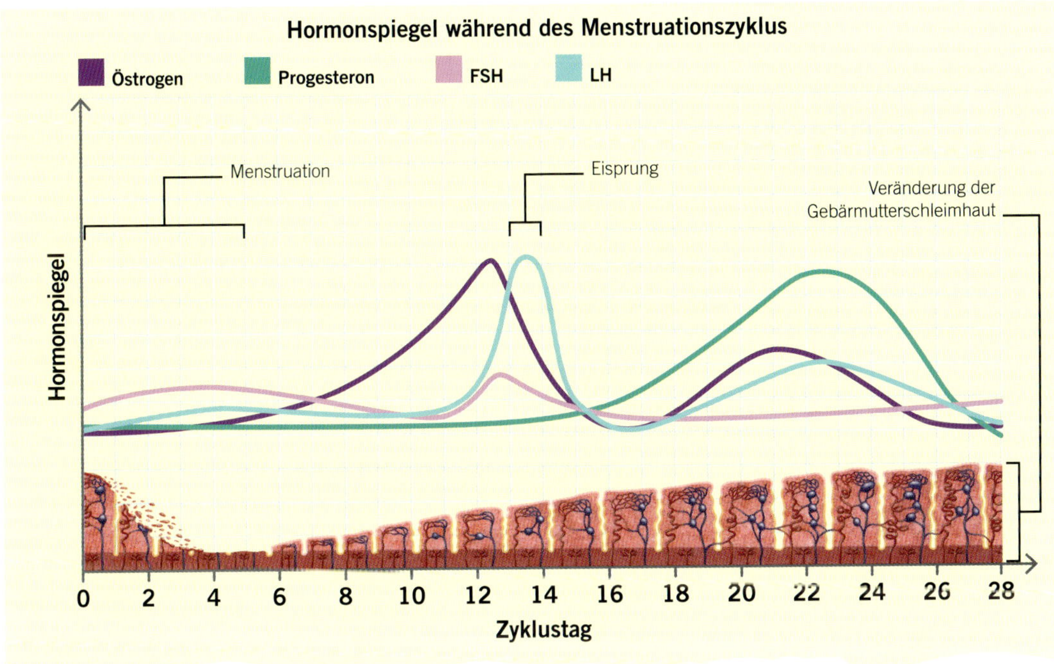

Hormone im Menstruationszyklus

Hormon	Entstehungsort	Funktion
Östrogen	Eierstöcke	Lässt die Uterusschleimhaut dicker werden. Hohe Östrogenspiegel hemmen die FSH-Produktion (damit nur eine Eizelle heranreift) und regen die Freisetzung von LH an.
Progesteron	Eierstöcke	Sorgt dafür, dass die Uterusschleimhaut dick bleibt und hemmt die Freisetzung von FSH und LH (damit während einer Schwangerschaft keine weiteren Eizellen heranreifen).
Follikelstimulierendes Hormon (FSH)	Hypophyse	Lässt eine Eizelle in einem Eierstock heranreifen und regt die Ovarien zur Freisetzung von Östrogen an.
Luteinisierendes Hormon (LH)	Hypophyse	Löst den Eisprung (Ovulation) aus.

Verhütungsmittel

Verhütungsmittel sollen ungewollte Schwangerschaften verhindern. Hormonelle Verhütungsmittel wie die Antibabypille unterbrechen den Menstruationszyklus, mechanische Verhütungsmittel, etwa Kondom oder Diaphragma, hindern Spermien daran, die Eizelle zu erreichen.

Auf einen Blick

- ✓ Verhütungsmittel dienen dazu, ungewollte Schwangerschaften zu verhindern.
- ✓ Hormonelle Verhütungsmittel wie die Antibabypille hemmen den Eisprung und unterbrechen den Menstruationszyklus.
- ✓ Mechanische Verhütungsmittel wie Kondom oder Diaphragma hindern Spermien daran, die Eizelle zu erreichen.
- ✓ Bei der Sterilisation werden die Eileiter der Frau oder die Samenleiter des Mannes abgeklemmt oder durchtrennt.

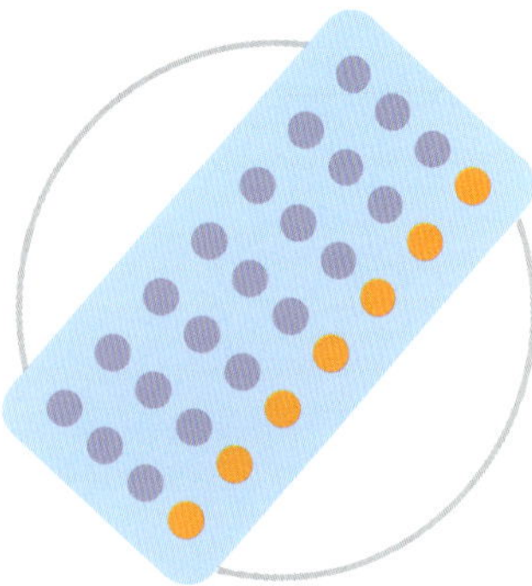

Hormonpillen
Hormonpillen enthalten niedrige Dosen an Östrogenen und Gestagenen. Diese Hormone hemmen die Freisetzung von follikelstimulierendem Hormon (FSH) durch die Hypophyse, sodass keine Eizellen heranreifen und ausgestoßen werden. Auch der Aufbau der Gebärmutterschleimhaut wird durch die Pillenhormone gehemmt.

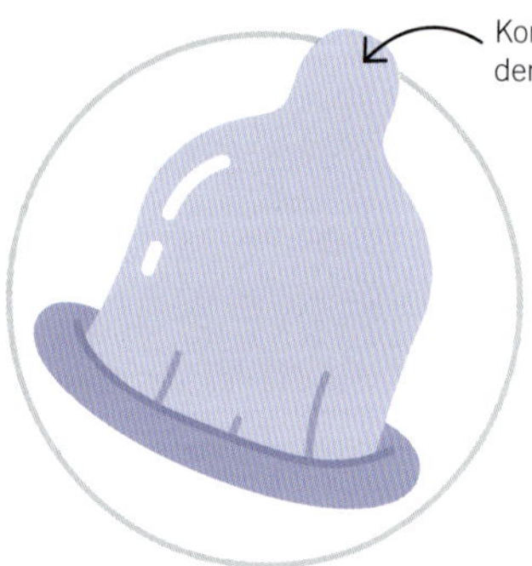

Kondom
Kondome sind dünne Latexhüllen, die über den männlichen Penis abgerollt werden. Sie fangen die Samenflüssigkeit auf, sodass keine Spermien in die Scheide gelangen können. Kondome können zudem vor Geschlechtskrankheiten schützen.

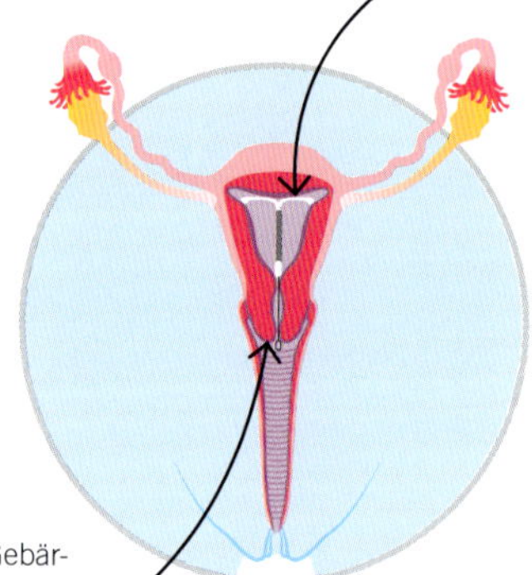

Intrauterinpessar
Intrauterinpessare (IUPs) sind kleine Objekte, die in die Gebärmutter der Frau eingesetzt werden. Viele IUPs sind Plastikgebilde, die mit feinem Kupferdraht umwickelt sind, der Spermien abtötet. Andere wirken über die Freisetzung von Hormonen, die den Aufbau der Gebärmutterschleimhaut hemmen und den Schleim im Gebärmutterhals dickflüssig und damit undurchlässiger für Spermien machen.

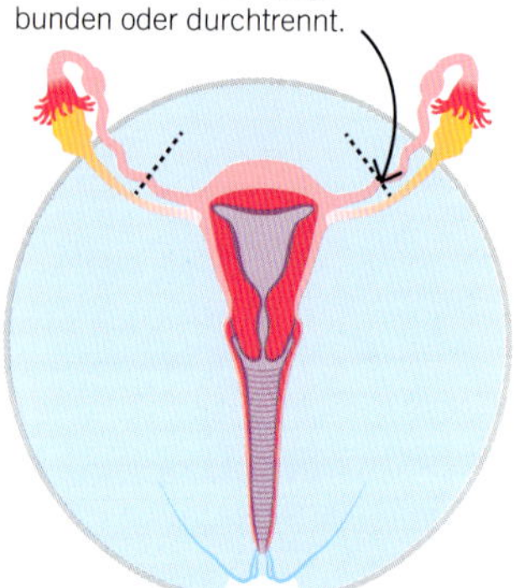

Sterilisation
Die Sterilisation ist ein chirurgischer Eingriff, durch den Menschen unfruchtbar gemacht werden. Bei Frauen werden dazu die Eileiter abgeklemmt oder durchtrennt, sodass Eizellen die Gebärmutter nicht mehr erreichen können. Bei Männern werden die Samenleiter abgebunden oder durchtrennt, sodass keine Spermien mehr in die Samenflüssigkeit gelangen.

Diaphragma
Diaphragmen sind weiche, dünne Silikonkappen, die beim Sex vor dem Muttermund platziert werden und so das Eindringen von Spermien in die Gebärmutter verhindern. Sie werden meist zusammen mit Gelen verwendet, die Spermien abtöten oder unbeweglich machen.

Fertilitätstherapie

Manche Paare bleiben wegen Unfruchtbarkeit ungewollt kinderlos. Die Gründe dafür können vielfältig sein. Bei Männern können zum Beispiel die Samenleiter blockiert sein, bei Frauen die Eileiter. Die Medizin kann Betroffenen mit Methoden der künstlichen Befruchtung, wie etwa der In-vitro-Fertilisation (IVF), helfen.

Auf einen Blick

- Blockierte Samenleiter oder zu geringe Spermienzahl sind mögliche Gründe für Unfruchtbarkeit bei Männern.
- Blockierte Eileiter oder Reifungsstörungen bei den Eizellen sind mögliche Gründe für Unfruchtbarkeit bei Frauen.
- In-vitro-Fertilisation (IVF) ist eine Methode zur künstlichen Befruchtung.
- Bei der IVF werden Eizellen außerhalb des Körpers von Spermien befruchtet. Entstehende Embryos werden dann in den Uterus der Frau eingepflanzt.

IVF

Bei der In-vitro-Fertilisation werden Eizellen der Frau und Samenzellen des Mannes im Labor zusammengebracht. Entstehen gesunde Embryos, werden meist zwei davon in den Uterus der Frau eingepflanzt. Entstehen keine Embryos, wird versucht, durch Einspritzen eines Spermiums in eine Eizelle (intrazytoplasmatische Spermieninjektion) eine Befruchtung zu erreichen.

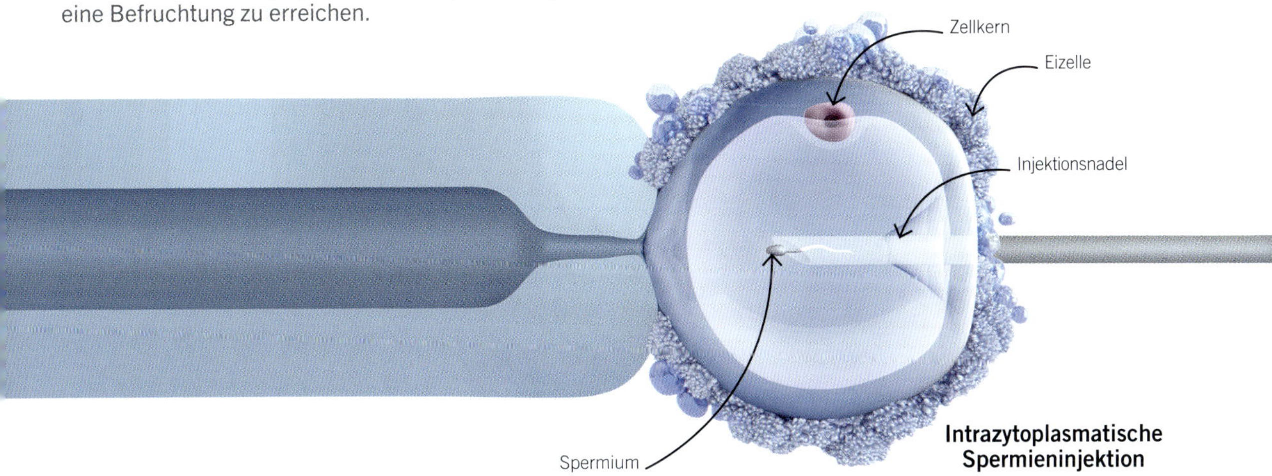

Intrazytoplasmatische Spermieninjektion

Ablauf einer IVF-Behandlung

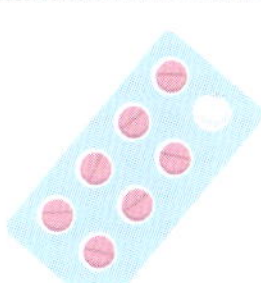

1. Die Frau erhält Medikamente, die ihre Fruchtbarkeit erhöhen. Diese enthalten Hormone, die Eizellen in ihren Eierstöcken zur Reife bringen.

2. Aus den Eierstöcken der Frau werden etliche reife Eizellen entnommen. Der Mann liefert die benötigten Spermien.

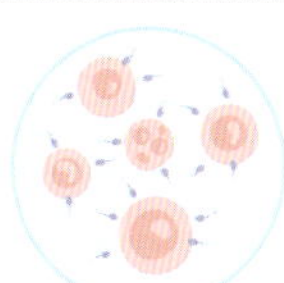

3. Spermien und Eizellen werden in einer Petrischale oder einem Reagenzglas vermischt und einige Stunden stehen gelassen.

4. Die befruchteten Eizellen werden beobachtet, während sie sich teilen und zu Embryos heranwachsen.

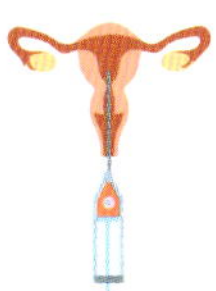

5. Nach fünf Tagen werden zwei gesunde Embryos in den Uterus der Frau eingepflanzt. Mit etwas Glück entwickeln sich nun ein oder zwei Babys.

Adrenalin

Wenn wir uns bedroht fühlen oder Angst haben, schütten die Nebennieren das Hormon Adrenalin aus. Es ist an der Kampf-oder-Flucht-Reaktion beteiligt, die den Körper an Gefahrensituationen anpasst.

Auf einen Blick

- ✓ **Das Hormon Adrenalin wird von den Nebennieren freigesetzt, wenn wir uns bedroht fühlen oder Angst haben.**
- ✓ **Adrenalin ist an der Kampf-oder-Flucht-Reaktion beteiligt.**
- ✓ **Adrenalin löst u. a. eine Steigerung der Atem- und Herzfrequenz, eine gesteigerte Aufmerksamkeit und eine Erweiterung der Pupillen aus.**

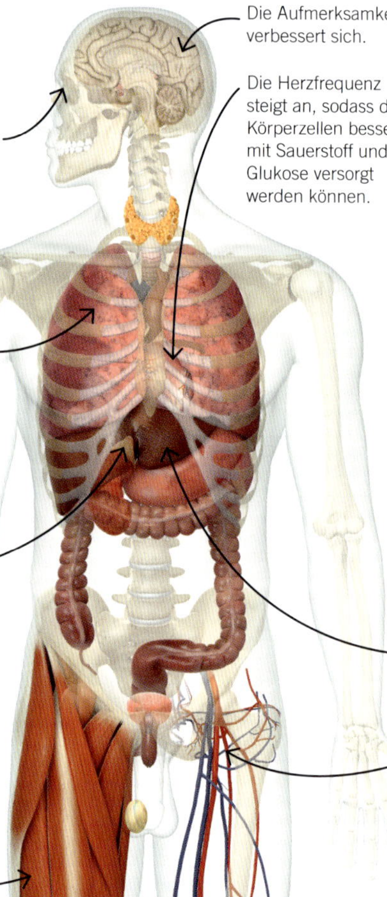

Wirkungen von Adrenalin
Adrenalin wirkt auf etliche Teile des Körpers ein. Es beschleunigt u. a. die Atmung und lässt das Herz schneller und kräftiger schlagen, sodass Muskeln und Gehirn besser mit Sauerstoff und Glukose versorgt werden. Die Wirkungen von Adrenalin sollen in gefährlichen Situationen das Überleben sichern.

Stressreaktion

Adrenalin wird in den Körpern vieler Tiere freigesetzt, wenn diese ängstlich oder gereizt sind. Die dadurch ausgelöste Kampf-oder-Flucht-Reaktion aktiviert auch das Nervensystem und hat Auswirkungen auf den gesamten Körper. Bei Tieren mit Fell führen Nervenimpulse z. B. dazu, dass sich die Fellhaare aufrichten und das betreffende Tier größer und bedrohlicher aussieht. Der gleiche Reflex tritt auch bei uns auf und führt zu Gänsehaut, wenn wir Angst haben.

Thyroxin

Thyroxin ist ein Hormon, das von der Schilddrüse produziert wird. Es reguliert die Stoffwechselaktivität und damit den Energieumsatz des Körpers. Zudem beeinflusst es viele Körperfunktionen, wie etwa den Herzschlag oder die Temperaturregulation.

Auf einen Blick

- ✓ **Das Hormon Thyroxin wird von der Schilddrüse gebildet.**
- ✓ **Thyroxin reguliert die Stoffwechselaktivität des Körpers.**
- ✓ **Der Hypothalamus regt die Hypophyse zur Freisetzung von Thyreoidea-stimulierendem Hormon (TSH) an, das wiederum in der Schilddrüse die Bildung und Freisetzung von Thyroxin auslöst.**

Thyroxinproduktion

Wenn der Energieumsatz des Körpers gesteigert werden soll, regt der Hypothalamus im Gehirn die Hypophyse dazu an, Thyreoidea-stimulierendes Hormon (TSH) freizusetzen. TSH wandert mit dem Blut zur Schilddrüse und löst dort die Bildung und Freisetzung von Thyroxin aus, welches anschließend die Stoffwechselaktivität des Körpers erhöht.

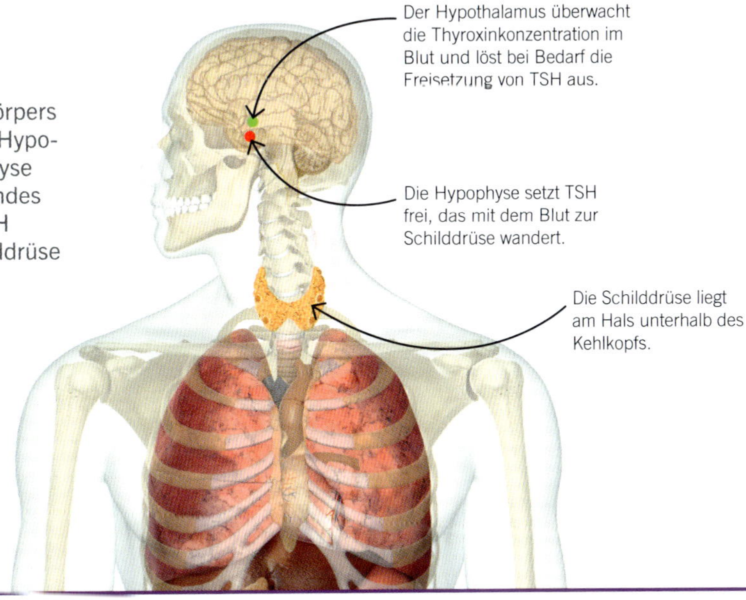

Negative Rückkopplung

Negative Rückkopplung sorgt dafür, dass die Stoffwechselrate im Körper konstant gehalten oder an den jeweiligen Bedarf angepasst wird. Ist der Thyroxinspiegel im Blut hoch genug, werden Produktion und Ausschüttung von TSH gehemmt. Dadurch sinken Thyroxinspiegel und Stoffwechselrate. Geht die Thyroxinmenge im Blut zu stark zurück, wird TSH ausgeschüttet und so die Sekretion von Thyroxin angeregt. In der Folge steigen Thyroxinspiegel und Stoffwechselrate wieder.

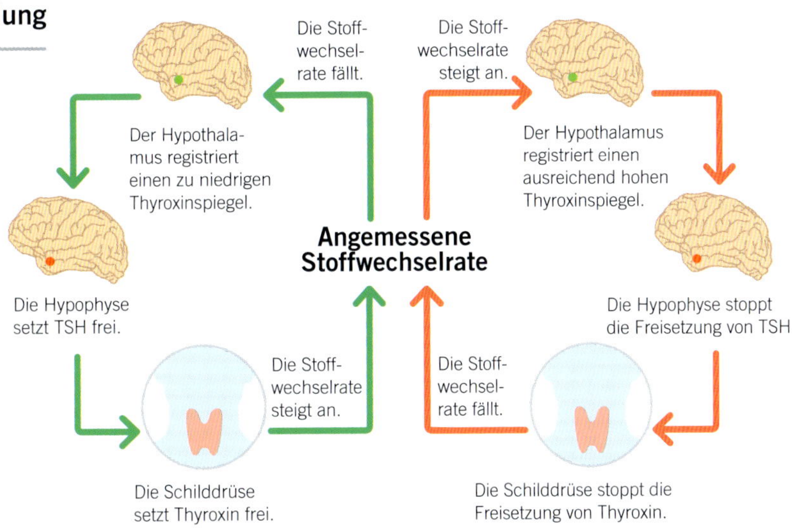

Pflanzenhormone

Pflanzen nutzen Hormone, um auf bestimmte Reize, wie etwa Licht oder Schwerkraft, zu reagieren. Das Hormon Auxin beeinflusst das Pflanzenwachstum und lässt Sprosse nach oben zum Licht hin und Wurzeln nach unten in Richtung der Schwerkraft wachsen.

Tropismus
Pflanzen können mit Wachstumsbewegungen (Tropismen) auf Licht und Schwerkraft reagieren. Orientiert sich das Wachstum am Licht, spricht man von Fototropismus, orientiert es sich am Schwerefeld der Erde, spricht man von Gravitropismus. Sprösslinge wachsen zum Licht hin (positiver Fototropismus) und entgegen der Schwerkraftrichtung (negativer Gravitropismus). Wurzeln dagegen wachsen vom Licht weg (negativer Fototropismus) und in Richtung Schwerkraft (positiver Gravitropismus).

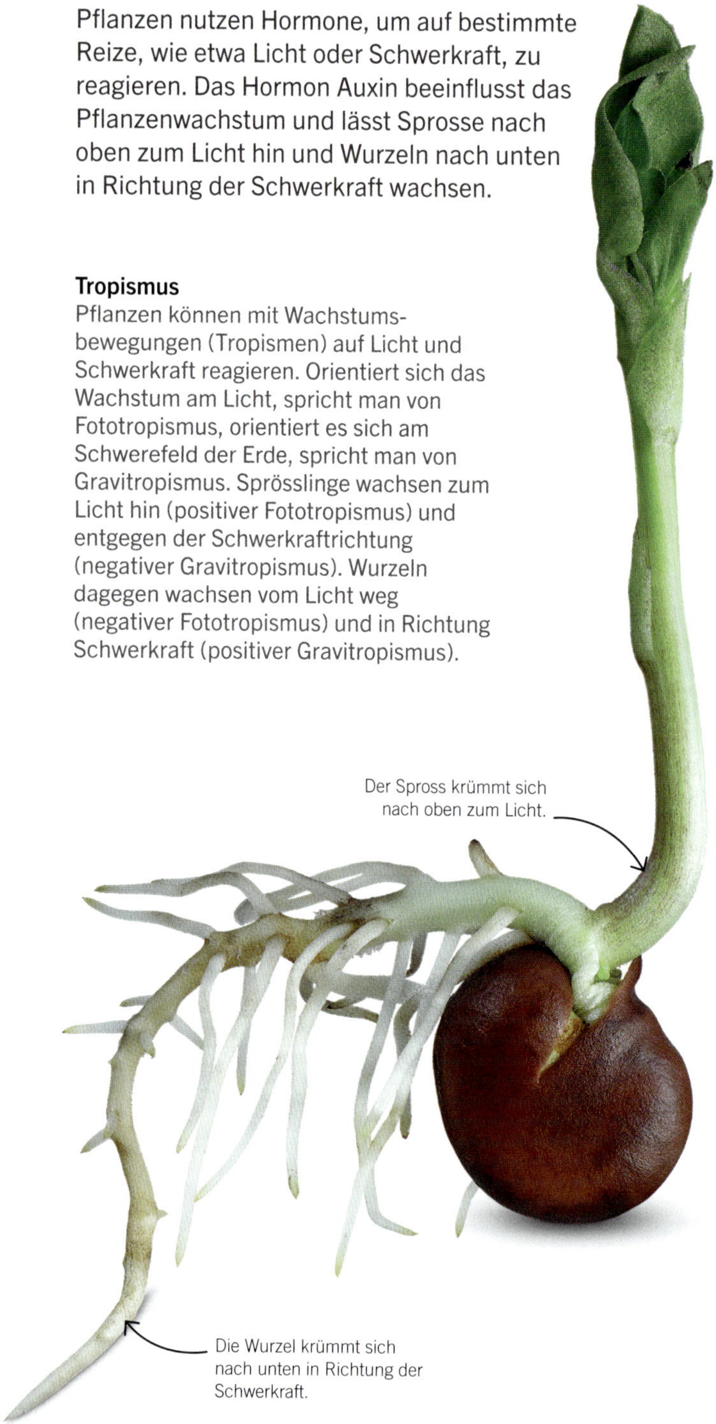

Auf einen Blick

- ✓ **Das Pflanzenhormon Auxin kontrolliert, wie Pflanzen auf Licht und Schwerkraft reagieren.**
- ✓ **Beim Fototropismus orientiert sich das Wachstum an der Lichtrichtung.**
- ✓ **Beim Gravitropismus orientiert sich das Wachstum an der Schwerkraftrichtung.**

Auxin

Tropismen werden u.a. durch das Hormon Auxin herbeigeführt, das z. B. in den Spitzen wachsender Sprosse und Wurzeln gebildet wird. Es wirkt, indem es das Längenwachstum bestimmter Zellen fördert oder hemmt.

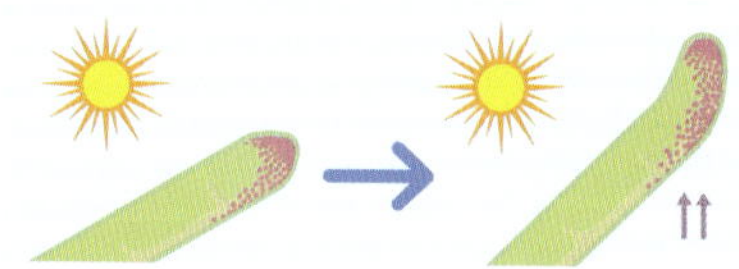

Bei Sprossen wandert Auxin auf die Schattenseite. Dadurch wachsen die Zellen dort stärker in die Länge und der Spross krümmt sich zum Licht.

Bei horizontal ausgerichteten Sprossen wandert Auxin auf die schattige Unterseite und führt zur Krümmung des Sprosses nach oben.

Bei horizontal ausgerichteten Wurzeln wandert Auxin auf die Unterseite und hemmt dort die Zellstreckung, sodass die Wurzel sich nach unten krümmt.

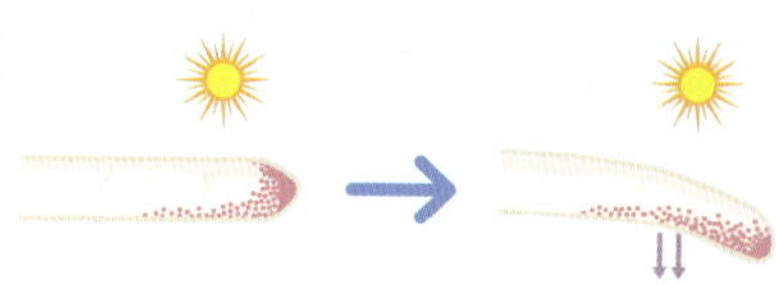

Wird eine Wurzel dem Licht ausgesetzt, steigt die Auxinkonzentration auf ihrer Unterseite und die Wurzel wächst nach unten.

Anwendung von Pflanzenhormonen

Pflanzenhormone werden zum Beispiel dazu benutzt, das Reifen von Früchten zu beschleunigen oder zu verlangsamen. Sie werden auch eingesetzt, um Unkräuter abzutöten oder um Samen keimen oder Blütenknospen aufgehen zu lassen.

Auf einen Blick

- ✓ Auxine werden u. a. eingesetzt, um Unkräuter abzutöten oder das Wachstum samenloser Früchte auszulösen.
- ✓ Das Gas Ethen wird benutzt, um das Reifen von Früchten zu beschleunigen.
- ✓ Gibberelline werden eingesetzt, um die Ruhephase von Samen und Blütenknospen zu beenden.

Fruchtreife

Ethen ist ein gasförmiges Hormon, das von Pflanzen produziert wird, um die Fruchtreife auszulösen. Es sorgt u. a. dafür, dass Stärke in Zucker verwandelt wird, sodass Früchte süßer schmecken. Das Ethen reifender Bananen führt auch zur Reifung anderer Früchte, die in der Nähe liegen. Früchtehändler lagern ihre Bananen unreif und benutzen Ethen, um sie kurz vor dem Verkauf reifen zu lassen.

Bananen verändern beim Reifen ihre Farbe von grün über gelb nach braun.

Nützliche Hormone

Pflanzenhormone finden in Land- und Forstwirtschaft sowie im Gartenbau vielfältige Verwendung. Manche dieser Hormone sind natürliche Verbindungen, andere sind künstlich hergestellte Stoffe, die ähnlich wirken wie natürliche Hormone.

Synthetische Auxine werden oft als Unkrautvernichter verwendet. Sie lassen die betroffenen Pflanzen zu schnell wachsen und töten sie dadurch ab. Auxine werden auch eingesetzt, um die Fruchtreife zu verlangsamen oder um eine Fruchtentwicklung ohne Befruchtung und Samenbildung herbeizuführen.

Gibberelline sind Hormone, die das Ende der Ruhephase bei Samen und Blütenknospen auslösen können. Sie werden eingesetzt, um Samen keimen und Blütenknospen aufgehen zu lassen. Manche Früchte, wie etwa Weintrauben, werden größer, wenn sie mit Gibberellinen besprüht wurden.

Wie Licht auf Sämlinge wirkt

Hormone ermöglichen es Pflanzen, auf ihre Umwelt zu reagieren, sobald sie zu wachsen beginnen. Dieses Experiment untersucht, welche Auswirkungen Licht auf das Wachstum junger Pflanzen hat.

Volles Sonnenlicht

Wenig Licht

Dunkelheit

Vorgehensweise

1. Lege Watte in drei Petrischalen und sorge dafür, dass alle Watteballen sich mit derselben Menge Wasser vollsaugen.

2. Lege dieselbe Anzahl Senf- oder Kressesamen auf die Watteballen in jeder Schale und platziere die Schalen dann an einem warmen Ort. Gieße die Samen täglich, bis sie keimen.

3. Sorge dafür, dass alle Schalen nach dem Keimen der Samen dieselbe Zahl von Sämlingen aufweisen, indem du überzählige Pflanzen entfernst.

4. Miss mit einem Lineal die Höhe jedes Sämlings und notiere die Messergebnisse.

5. Stell eine Schale an einen sonnigen Platz, etwa eine Fensterbank. Platziere die zweite Schale in einer weit vom Fenster entfernten Ecke des Raums. Stelle die dritte Schale an einen dunklen Ort.

6. Gieße die Sämlinge täglich und miss mindestens fünf Tage lang täglich ihre Höhe. Notiere die Ergebnisse in einer Tabelle.

7. Berechne für jeden Tag und jede Schale die durchschnittliche Höhe der Sämlinge und notiere dir die Wuchsrichtung.

Ergebnis

Die Sämlinge auf der Fensterbank haben sich normal entwickelt, während die Sämlinge, die weit vom Fenster entfernt waren, zum Licht hin gewachsen sind (Fototropismus, s. S. 156). Die Sämlinge, die im Dunkeln gehalten wurden, sind auf der Suche nach Licht stark in die Länge gewachsen und zudem gelblich gefärbt, da sie aufgrund von Lichtmangel kein Chlorophyll gebildet haben.

Fortpflanzung

Sexuelle Fortpflanzung

Bei der sexuellen Fortpflanzung wird das Erbgut der Eltern zufällig gemischt, sodass sich die Nachkommen genetisch von ihnen und voneinander unterscheiden. Auf diese Weise entsteht eine große genetische Vielfalt.

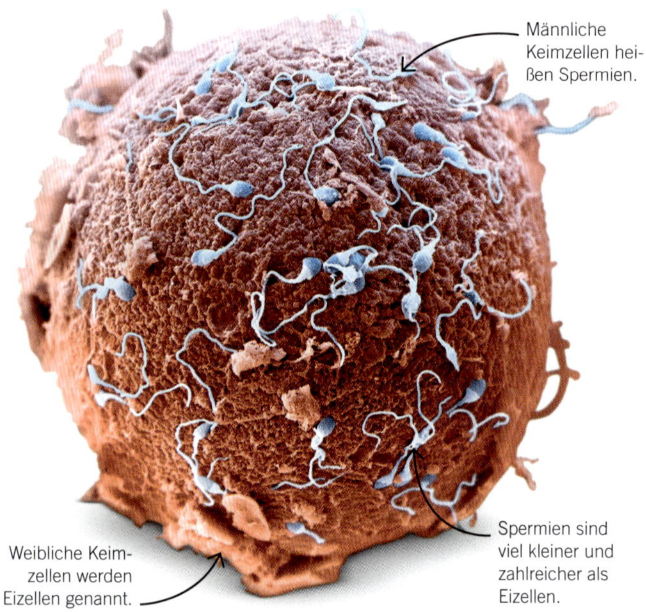

Befruchtung

Im Zuge der sexuellen Fortpflanzung erzeugen die Geschlechter sogenannte Keimzellen (Gameten). Trifft eine männliche Keimzelle (Spermium) auf eine weibliche Keimzelle (Eizelle), verschmelzen beide miteinander. Bei diesem als Befruchtung bezeichneten Vorgang entsteht eine Zelle (Zygote), die sich zu einem neuen Organismus entwickeln kann.

Spermium

Die Spermien von Tieren bestehen aus einem Kopfteil, einem Mittelstück mit vielen Mitochondrien und einer Geißel, die der Fortbewegung dient.

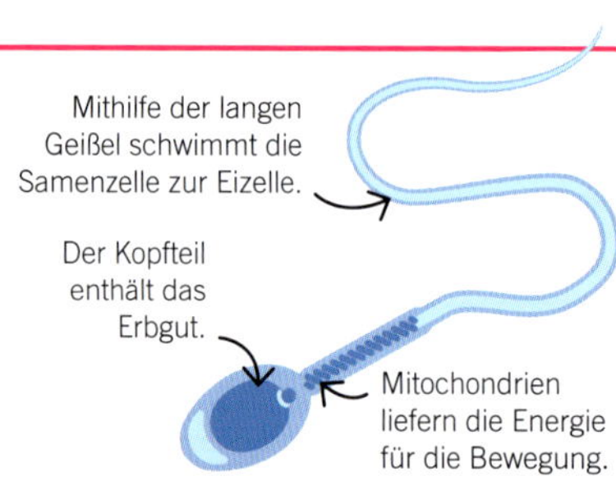

Auf einen Blick

- ✓ An der sexuellen Fortpflanzung sind zwei Geschlechter beteiligt.
- ✓ Bei der Befruchtung verschmelzen männliche und weibliche Keimzellen (Gameten) miteinander zur Zygote.
- ✓ Durch sexuelle Fortpflanzung erzeugte Nachkommen unterscheiden sich alle in ihrem Erbgut.

Keimzellen

Gameten entstehen im Zuge der Meiose (s. S. 46). Aus Zellen mit doppeltem (diploidem) Chromosomensatz werden dabei Keimzellen mit einfachem (haploidem) Chromosomensatz. Verschmelzen Spermium und Eizelle zur Zygote, bildet sich wieder eine diploide Zelle. Menschliche Spermien und Eizellen enthalten jeweils 23 Chromosomen, die durch ihre Verschmelzung entstehende Zygote 46.

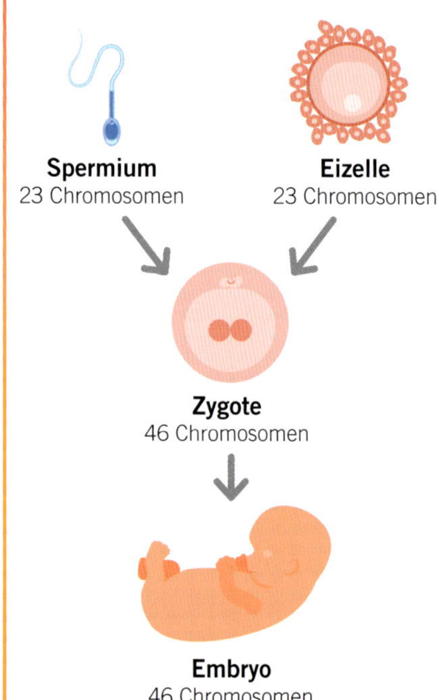

Asexuelle Fortpflanzung

Bei der asexuellen (ungeschlechtlichen) Fortpflanzung erzeugen Lebewesen genetisch identische Kopien (Klone) von sich selbst. Diese Art der Fortpflanzung ist sehr verbreitet bei Mikroorganismen und Pflanzen, findet sich aber auch bei etlichen kleinen Tieren.

Auf einen Blick

- ✓ **Durch asexuelle Fortpflanzung erzeugte Nachkommen sind alle genetisch identisch.**
- ✓ **Asexuelle Fortpflanzung ermöglicht Organismen unter günstigen Bedingungen eine rasche Vermehrung.**

Knospung bei Hefen
Hefen sind einzellige Pilze, die sich dank einer Form der asexuellen Fortpflanzung, die als Knospung bezeichnet wird, sehr schnell vermehren können. Bei der Knospung entstehen an den Mutterzellen kleinere Tochterzellen (Knospen), die sich schließlich ablösen. Knospung kommt auch bei Bakterien, mehrzelligen Pilzen, Pflanzen und Tieren vor.

Bevor die Tochterzellen sich trennen, bildet sich zwischen ihnen eine Trennschicht.

Die Tochterzelle ist deutlich kleiner als die Mutterzelle.

Vor- und Nachteile asexueller Fortpflanzung

Vorteile: Da nur ein Elternteil benötigt wird, muss nicht lange nach Geschlechtspartnern gesucht werden. Zudem läuft asexuelle Fortpflanzung meist schneller ab als sexuelle Fortpflanzung und ermöglicht Organismen dadurch unter günstigen Bedingungen eine rasche Vermehrung.
Nachteil: Da im Unterschied zur sexuellen Fortpflanzung bei der ungeschlechtlichen Fortpflanzung alle Individuen genetisch identisch sind, sind auch alle gleichermaßen anfällig gegenüber sich ändernden Umweltbedingungen oder Krankheiten.

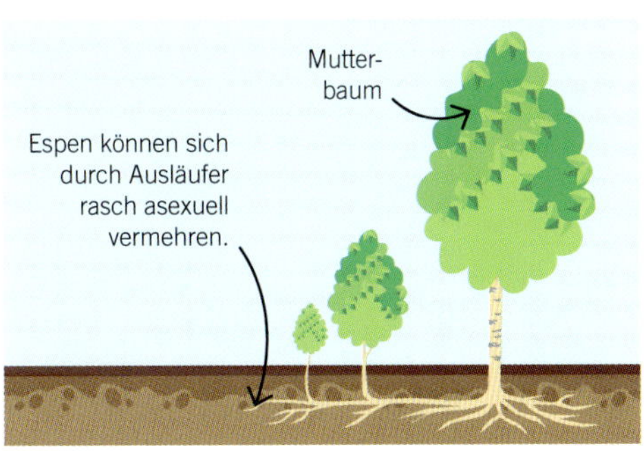

Blüten

Blüten sind die Fortpflanzungsorgane von Blütenpflanzen. Viele Blüten sind bunt gefärbt und duften, um Kleintiere als Bestäuber anzulocken. Diese übertragen männliche Keimzellen auf die weiblichen Blütenorgane anderer Blüten.

Auf einen Blick

- ✓ **Blüten sind die Fortpflanzungsorgane von Blütenpflanzen und produzieren männliche und weibliche Keimzellen.**
- ✓ **Die Übertragung von Pollenkörnern auf die Narben von Fruchtblättern wird Bestäubung genannt.**
- ✓ **Blüten müssen bestäubt werden, um Samen bilden zu können.**

Bestäubung

Die männlichen Blütenorgane heißen Staubblätter. Sie produzieren Pollen oder Blütenstaub, der aus Pollenkörnern (männlichen Keimzellen) besteht und an Insekten hängen bleibt, die die Blüte besuchen. Diese tragen den Pollen zu anderen Blüten und streifen ihn an deren Narbe ab.

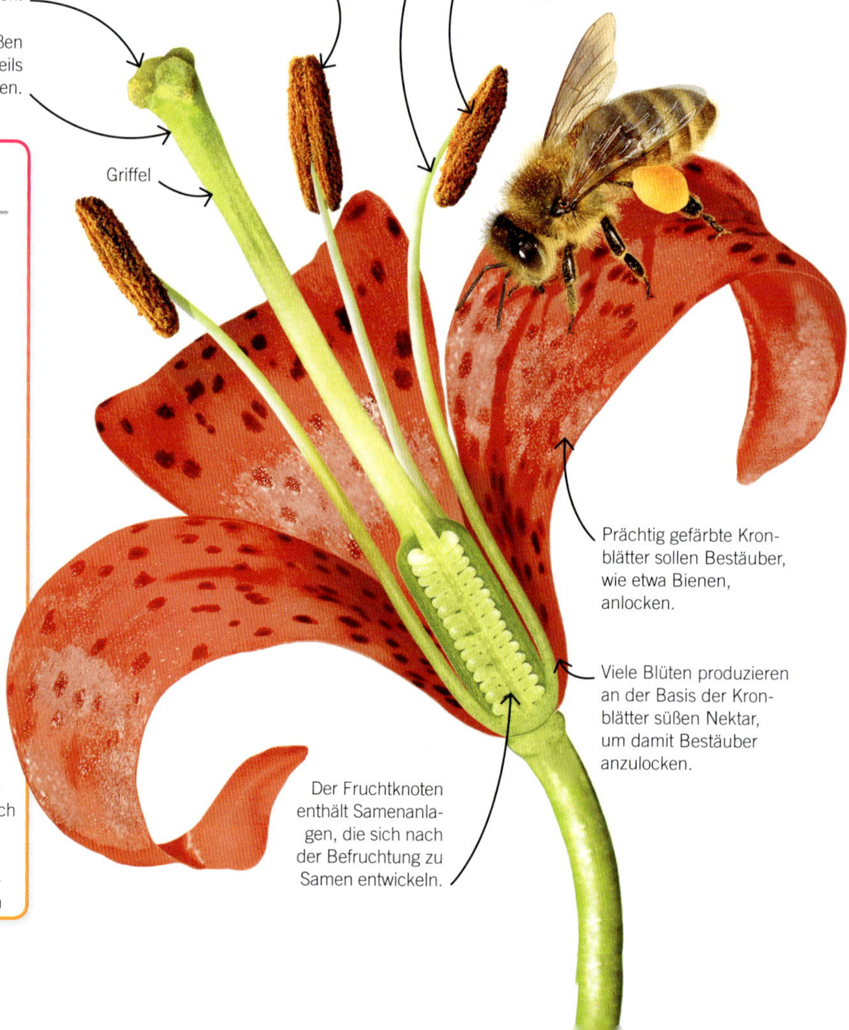

Befruchtung

Pollenkörner auf einer Narbe bilden kleine Schläuche aus, die durch den Griffel zum Fruchtknoten wachsen und dabei die männlichen Keimzellen zu den Eizellen transportieren. Nachdem in den Samenanlagen die Befruchtung stattgefunden hat, entstehen aus Teilen der weiblichen Blütenorgane schließlich Früchte mit Samen in ihrem Innern.

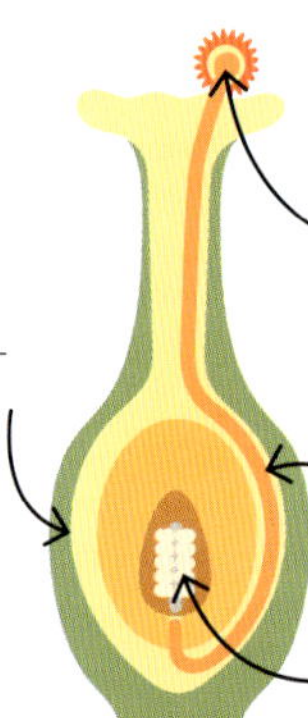

Windbestäubung

Die Blüten vieler Pflanzen werden durch den Wind und nicht durch Tiere bestäubt. Windblütige Pflanzen müssen keine Bestäuber anlocken und brauchen daher weder Duft, noch bunte Farben oder Nektar. Sie produzieren riesige Mengen winziger Pollenkörner, die vom Wind durch die Luft transportiert werden. Deren enorme Zahl soll die Chance erhöhen, dass Pollen auf die Narben von Artgenossen gelangt.

Blütenstand
Grasblüten sind windblütig. Die Blütenstände von Gräsern bestehen aus vielen kleinen, mehr oder weniger dicht zusammenstehenden Einzelblüten und befinden sich meist an der Spitze langer Stängel, damit sie besser vom Wind fortgeweht werden können.

Auf einen Blick

- ✓ **Viele Blüten werden nicht durch Tiere, sondern durch den Wind bestäubt.**
- ✓ **Windblütige Blüten sind klein und unscheinbar.**
- ✓ **Windblütige Blüten produzieren Millionen von winzigen Pollenkörnern.**

Grasblüte

Die Einzelblüten in den Blütenständen von Gräsern besitzen recht große Staubbeutel, die aus der Blüte ragen, um ihre Pollenkörner in die Luft abzugeben. Ihre fedrigen Narben ragen ebenfalls aus der Blüte heraus, um vom Wind herangewehten Pollen einzufangen.

Tierblütige und windblütige Blüten im Vergleich		
	Tierblütig	**Windblütig**
Kronblätter	Groß und farbenprächtig	Klein und unscheinbar
Staubbeutel	Im Innern der Blüte	Ragen aus der Blüte heraus
Narbe	Im Innern der Blüte, klebrig	Ragt aus der Blüte heraus, fedrig
Pollen	Tausende klebrige oder stachelige Pollen, die an Tieren hängen bleiben	Millionen von winzigen Pollenkörnern, die vom Wind verfrachtet werden
Duft und Nektar	Meist mit Duft und Nektar	Ohne Duft oder Nektar

Früchte

Nach der Bestäubung fallen die Kronblätter der Blüten ab und der Fruchtknoten wächst zu einer Frucht heran, in der sich Samen bilden. Manche Früchte sind auffallend gefärbt und schmackhaft, um Tiere anzulocken, die die Samen verbreiten. Es gibt unterschiedliche Arten von Früchten, darunter Beeren und Nüsse.

Auf einen Blick

- ✓ **Eine Frucht ist ein samentragendes Gebilde, das v. a. aus dem Fruchtknoten einer Blüte entsteht.**
- ✓ **Manche Früchte besitzen süßes, essbares Fruchtfleisch, um Tiere anzulocken, die die Samen verbreiten.**

Tomate
Eine Tomate ist eine Beere, die sich aus einem einzelnen Fruchtknoten entwickelt hat und viele Samen enthält. Die im Fruchtfleisch liegenden Samen werden von Tieren zusammen mit diesem verspeist und später meist unverdaut an einem häufig weit entfernten Ort wieder mit dem Kot ausgeschieden.

Entwicklung einer Tomate

Während der Entwicklung einer Tomatenfrucht werden Nährstoffe wie Stärke in die dicker werdende Fruchtknotenwand eingelagert. Wenn die Tomate reif wird, verändert sich ihre Farbe und die Stärke wird in Zucker verwandelt – beides macht die Frucht attraktiver für Tiere.

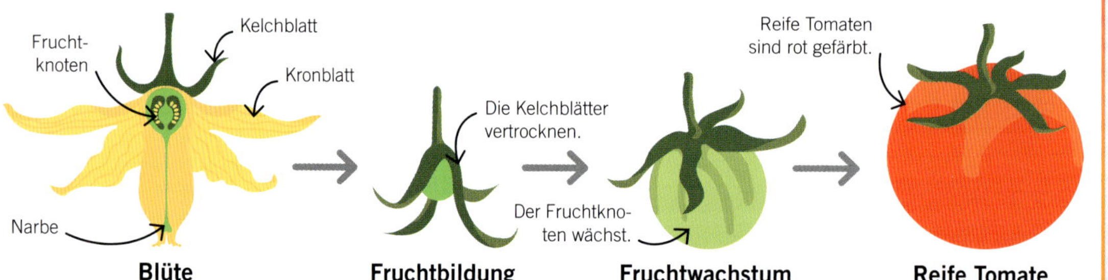

Samenausbreitung

Sämlinge, die dicht neben ihrer Mutterpflanze heranwachsen, konkurrieren mit dieser und miteinander um Raum, Licht, Wasser und Nährstoffe. Um diese Konkurrenz zu vermeiden, haben viele Pflanzen Strategien entwickelt, die dafür sorgen, dass ihre Samen weit weg vom Ort ihrer Entstehung keimen.

Auf einen Blick

- ✓ **Samenausbreitung hilft Pflanzen dabei, Konkurrenz um Licht, Raum, Wasser und Nährstoffe zu vermeiden.**
- ✓ **Pflanzen nutzen u. a. Tiere, Wind, Wasser oder Explosionsmechanismen, um ihre Samen zu verbreiten.**
- ✓ **Tiere verbreiten die Samen essbarer Früchte häufig mit ihrem Kot.**

Schirmflieger
Die Blütenstände des Löwenzahns produzieren bis zu 150 Samen, die eine Art Fallschirm aus feinen Haaren besitzen, der sie im Wind gleiten lässt.

Wie Samen verbreitet werden

Samen können z. B. vom Wind, von Tieren oder vom Wasser verbreitet werden.

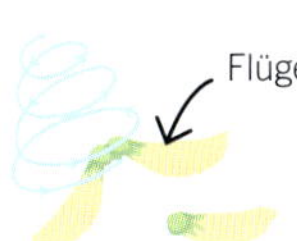

Ahornfrüchte sind flügelähnlich. Sie rotieren, wenn sie vom Baum fallen, und können dadurch vom Wind weiter fortgetragen werden.

Tiere, die essbare Früchte fressen, verbreiten die in den Früchten enthaltenen Samen mit ihrem Kot.

Klettenfrüchte sind mit Widerhaken übersät. Sie bleiben im Fell von Tieren hängen und werden von diesen fortgetragen.

Kokosnüsse treiben oft lange im Ozean und transportieren so ihren Samen an entfernte Strände, wo dieser auskeimt.

Bei manchen Pflanzen platzen die reifen Früchte plötzlich auf und schleudern die Samen von der Mutterpflanze weg.

Pflanzensamen

Samen dienen der Ausbreitung und bestehen aus einer Schale, einem Pflanzenembryo und Nährgewebe. Manche Samen können viele Jahre überdauern, bevor sie keimen.

Auf einen Blick

- ✓ **Pflanzensamen bestehen aus einer Schale, einem Embryo und Nährgewebe.**
- ✓ **Keimung ist das Heranwachsen des Pflanzenembryos zur jungen Pflanze.**
- ✓ **Zum Keimen benötigen Samen v. a. Wasser, Sauerstoff und Wärme.**

Keimung

Wenn die Bedingungen stimmen, keimen Samen aus und entwickeln sich zu neuen Pflanzen. Zum Keimen benötigen sie v. a. drei Dinge: Wasser, Sauerstoff und Wärme. Die Aufnahme von Wasser lässt die Samen anschwellen, sodass die Schale aufplatzt. Sauerstoff ermöglicht den Zellen der Samen die Zellatmung, Wärme aktiviert Enzyme, die gespeicherte Nährstoffe in für die jungen Pflanzen verwertbare einfache Zucker spalten.

Samenaufbau

Ein Samen enthält einen winzigen Pflanzenembryo, der eine Keimwurzel und eine Sprossknospe mit den ersten echten Blättern aufweist. Samen sind zudem voller Nährstoffe, die entweder in speziellen Geweben oder in den Keimblättern gespeichert sind.

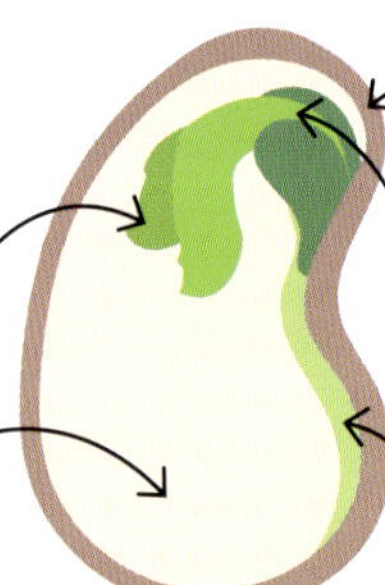

Die Samen von Dikotyledonen, wie etwa Gartenbohnen, enthalten zwei Keimblätter. Bei Bohnensamen sind die Reservestoffe in den Keimblättern gespeichert. Daher füllen diese fast den ganzen Samen aus.

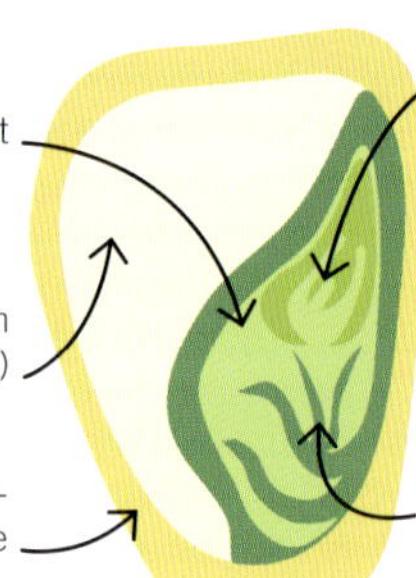

Die Samen von Monokotyledonen, wie etwa Mais, enthalten nur ein Keimblatt. Die Reservestoffe beim Mais sind in einem Nährgewebe (Endosperm) gespeichert.

Keimungsfaktoren

Samen können nur keimen, wenn die Umweltbedingungen stimmen. Mit diesem Experiment kannst du untersuchen, ob die drei Faktoren Wasser, Sauerstoff und Wärme einen Einfluss auf die Keimung haben.

Keimende Kresse
Für dieses Experiment werden vier mit etwas Watte und Kressesamen bestückte Reagenzgläser benötigt. Im ersten Reagenzglas steht den Samen Wasser, Sauerstoff und Wärme zur Verfügung. In jedem der anderen Reagenzgläser fehlt jeweils einer dieser Faktoren.

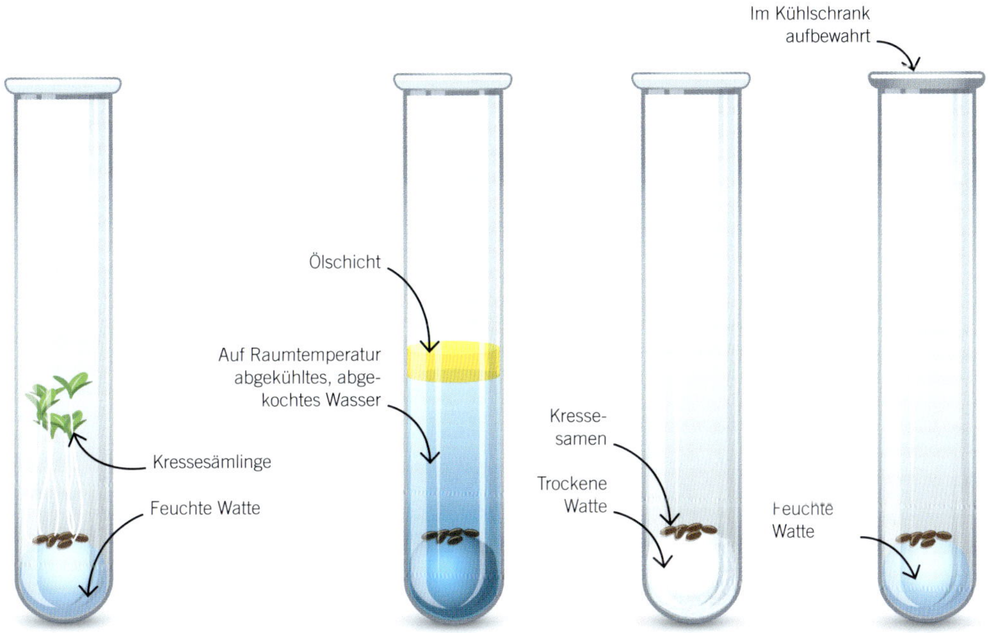

Vorgehensweise

1. Stecke etwas Watte in 4 mit A, B, C und D beschriftete Reagenzgläser und lege dann jeweils 6 Kressesamen auf die Baumwolle.

2. Tropfe Wasser auf die Watte in den Reagenzgläsern A und D.

3. Fülle Reagenzglas B zur Hälfte mit auf Raumtemperatur abgekühltem abgekochten Wasser und gib etwas Pflanzenöl hinzu.

4. Stell die Reagenzgläser A, B und C in einen warmen Raum und Reagenzglas D in den Kühlschrank.

5. Beobachte alle Reagenzgläser 3–5 Tage lang und sorge dafür, dass die Watte in den Reagenzgläsern A und D stets feucht ist.

Ergebnisse

Die Samen keimen nur in Reagenzglas A, in dem Wasser, Sauerstoff und Wärme verfügbar sind. Wasser ist notwendig, damit die Samen aufquellen und aufplatzen. Sauerstoff ermöglicht den Pflanzenzellen die Zellatmung. Wärme sorgt dafür, dass Enzyme die Stärke in den Nährstoffspeichern in Zucker aufspalten können. Reagenzglas B enthält abgekochtes Wasser, weil Kochen den Sauerstoff aus dem Wasser entfernt. Die Ölschicht auf dem Wasser verhindert, dass Sauerstoff aus der Luft eindringen kann.

Fortpflanzung bei Pflanzen (asexuell)

Viele Pflanzen können sich asexuell fortpflanzen und dabei Nachkommen erzeugen, die genetisch identische Kopien (Klone) der Mutterpflanzen sind. Asexuelle Fortpflanzung ermöglicht ihnen eine rasche Vermehrung und Ausbreitung.

Auf einen Blick

- ✓ Bei der asexuellen Fortpflanzung ist nur eine Mutterpflanze notwendig.
- ✓ Die Nachkommen sind genetisch identische Kopien der Mutterpflanze.
- ✓ Pflanzen können sich auf verschiedene Weise asexuell fortpflanzen.

Brutknospen
Pflanzen, wie die auf Madagaskar heimischen Brutblätter, vermehren sich durch Brutknospen, die sich nach einiger Zeit von den Blättern der Mutterpflanze lösen und zu selbstständigen Pflanzen heranwachsen.

Arten asexueller Fortpflanzung bei Pflanzen

Pflanzen können sich auf verschiedene Weise asexuell fortpflanzen, wie diese Beispiele zeigen.

Ausläufer sind Seitensprosse, die Wurzeln schlagen und sich schließlich von der Mutterpflanze trennen. Sie treten z. B. bei Erdbeeren häufig auf.

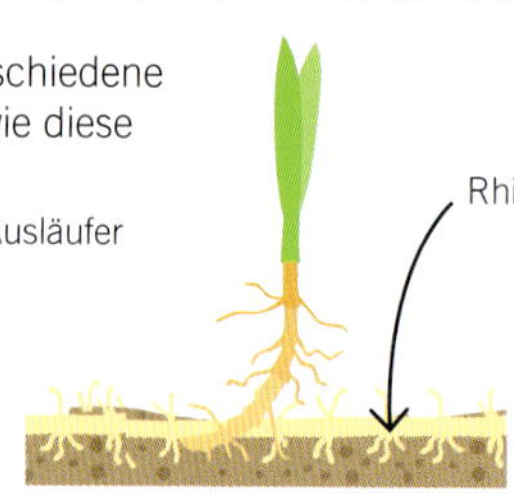

Rhizome sind unterirdisch wachsende Sprosse, die Knospen tragen. Bambus z. B. kann sich durch Rhizome asexuell vermehren.

Manche Pflanzen, wie etwa Tulpen, vermehren sich asexuell durch Tochterzwiebeln, die sich an der Basis der Mutterzwiebel bilden.

Einige Pflanzen, wie etwa Löwenzahn, produzieren auf asexuelle Weise Samen, die später zu Klonen der Mutterpflanze heranwachsen.

Lebenszyklus der Insekten

Insekten beginnen ihr Leben meist als Ei. Viele Insekten machen eine dramatische Veränderung (Metamorphose) durch, wenn sie sich von Larven in erwachsene Tiere umwandeln.

Auf einen Blick

- ✓ Bei der vollkommenen Metamorphose wird der Körper von Tieren vollständig umgebaut.
- ✓ Eine Puppe ist ein bewegungsloses Stadium im Lebenszyklus von Insekten.
- ✓ Bei der unvollkommenen Metamorphose werden Larven den adulten Tieren nach und nach immer ähnlicher.

1. Ein männlicher und ein weiblicher Marienkäfer paaren sich, um sich fortzupflanzen.

2. Nach der Paarung legt das Weibchen auf Blättern seine Eier ab.

3. Aus einem der Eier schlüpft eine Larve (flügelloses Jugendstadium).

4. Die Larve häutet sich mehrfach, während sie heranwächst.

5. Die Larve hört auf zu fressen, und verwandelt sich in eine bewegungslose Puppe, in deren Hülle die Umwandlung zum Marienkäfer erfolgt.

6. Aus der Puppe schlüpft ein erwachsener Marienkäfer.

Lebenszyklus des Marienkäfers
Viele Insekten, wie etwa Schmetterlinge, Fliegen oder Marienkäfer, machen in ihrer Entwicklung eine vollkommene Metamorphose durch. Ihre flügellosen Larven sehen völlig anders aus als die adulten Tiere. Die Umwandlung zum erwachsenen Tier findet während des Puppenstadiums statt.

Unvollkommene Metamorphose

Manche Insekten, wie etwa Heuschrecken oder Libellen, machen eine unvollkommene Metamorphose durch. Sie schlüpfen als flügellose Larven (Nymphen) aus dem Ei, häuten sich beim Heranwachsen mehrfach und werden mit jeder Häutung den adulten Tieren ähnlicher. Die Flügel entstehen erst bei der Umwandlung des letzten Nymphenstadiums zum geschlechtsreifen Tier.

Lebenszyklus der Amphibien

Amphibien verbringen typischerweise einen Teil ihres Lebens im Wasser und einen Teil an Land. Die Tiere durchlaufen eine Metamorphose, wenn sie von wasserlebenden Larven zu Landtieren werden.

Auf einen Blick

- ✓ **Amphibien verbringen typischerweise einen Teil ihres Lebens im Wasser und einen Teil an Land.**
- ✓ **Viele Amphibien machen auf dem Weg zum erwachsenen Tier eine dramatische Umwandlung (Metamorphose) durch.**
- ✓ **Die wasserlebenden Larven der Froschlurche werden Kaulquappen genannt.**

Lebenszyklus des Grasfrosches
Frösche leben meist an Land, legen aber ihre Eier im Wasser ab. Aus den Eiern schlüpfen Larven (Kaulquappen) mit Ruderschwanz und Kiemen. Die Kaulquappen entwickeln schließlich Beine, verlieren ihren Schwanz und beginnen, mit Lungen zu atmen.

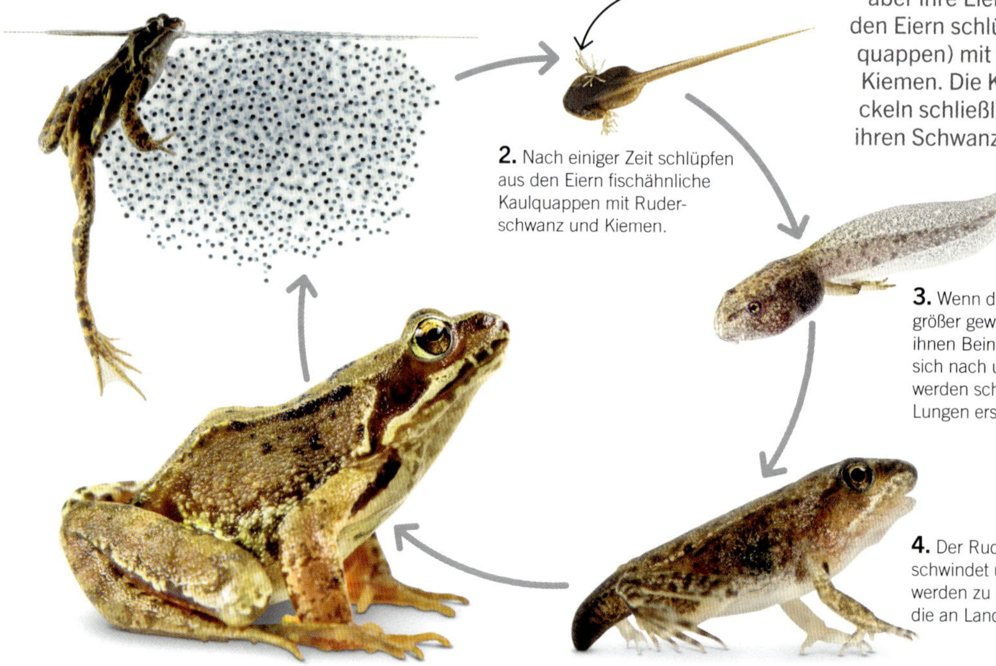

1. Ein Froschweibchen legt seine Eier im Wasser ab. Die Eiballen, die es dabei produziert, werden Froschlaich genannt.

2. Nach einiger Zeit schlüpfen aus den Eiern fischähnliche Kaulquappen mit Ruderschwanz und Kiemen.

3. Wenn die Kaulquappen größer geworden sind, wachsen ihnen Beine. Ihre Kiemen bilden sich nach und nach zurück und werden schließlich durch Lungen ersetzt.

4. Der Ruderschwanz verschwindet und die Kaulquappen werden zu kleinen Fröschen, die an Land gehen.

5. Grasfrösche leben an Land, suchen aber zur Fortpflanzung das Wasser auf.

Kiemen und Lungen

Kaulquappen können nicht an der Luft atmen, denn sie besitzen Kiemen – dünnwandige Organe, mit denen sie nur unter Wasser atmen können. Bei etwa zehn Wochen alten Grasfroschkaulquappen sind die äußeren Kiemen zu von Hautfalten bedeckten inneren Kiemen geworden, die durch das Maul mit Wasser versorgt werden. Im Zuge der Umwandlung zu Jungfröschen werden die Kiemen der Kaulquappen durch Lungen ersetzt.

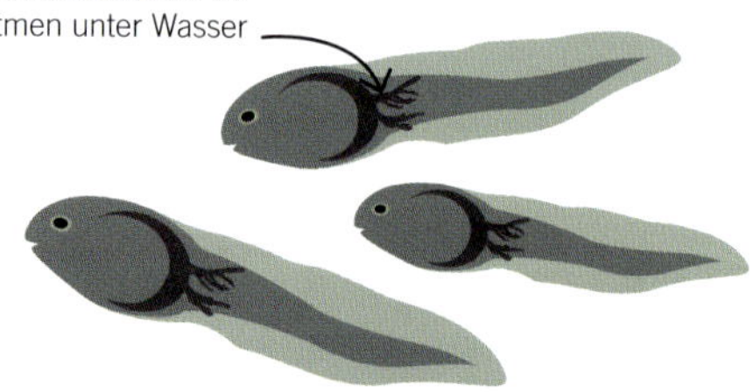

Lebenszyklus der Vögel

Die Jungen von Vögeln entwickeln sich nicht im Mutterleib, sondern in Eiern, die meist in Nestern abgelegt werden. Nach dem Schlüpfen sind Jungvögel noch eine Weile auf ihre Eltern angewiesen.

Auf einen Blick

- Vögel entwickeln sich in Eiern.
- Vogeljunge sind nach dem Schlüpfen noch eine Weile auf ihre Eltern angewiesen.

1. Das Blaumeisenweibchen baut alleine ein Nest aus Moos und Gras, das es mit weichem Material, wie etwa Wolle, Federn oder Spinnweben, auspolstert.

2. Nach der Paarung legt das Blaumeisenweibchen etwa 6–12 Eier, die es 12–17 Tage lang alleine bebrütet.

3. Wenn die Jungen schlüpfen, sind sie nackt und blind. Um sie satt zu bekommen, fangen beide Eltern täglich Hunderte von Insekten.

4. Die Küken wachsen rasch heran und weisen bereits nach wenigen Tagen erste Federn auf. Nach 2–3 Wochen sind sie flügge und verlassen das Nest.

Lebenszyklus der Blaumeise
Blaumeisen bauen ihre Nester meist in Baumhöhlen oder Nistkästen. Ihre Jungen sind nach dem Schlüpfen zunächst hilflos, entwickeln sich aber erstaunlich schnell.

Vogelei

Ein Vogelei enthält einen Embryo sowie Nährstoffe und Wasser, die sein Überleben während der Embryonalentwicklung sichern. Vogeleier beginnen ihre Entwicklung als Eizelle, die im Körper eines Vogelweibchens zu einer Dotterkugel heranwächst. Nach der Befruchtung bildet sich auf der Dotterkugel der Embryo. Dann kommen Eiklar und schließlich die Kalkschale hinzu.

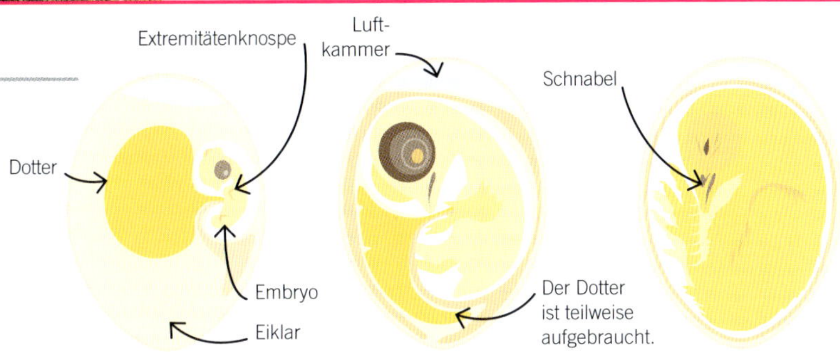

Die Extremitäten beginnen an Tag 5 zu wachsen. Dotter und Eiklar ernähren und schützen den Embryo.

An Tag 12 sind Extremitäten, Skelett und Organe bereits gut entwickelt und der Embryo sieht schon aus wie ein Vogel.

Nach etwa 21 Tagen atmet das Küken zum ersten Mal Luft aus dem Luftsack. Dann zerbricht es die Eischale und schlüpft.

Lebenszyklus der Säugetiere

Fast alle Säugetiere sind lebend gebärend, nur einige wenige Arten legen Eier. Nach der Geburt ernähren sich Säugetierjunge von Milch, die von der Mutter produziert wird.

Auf einen Blick

- ✓ **Die meisten Säugetiere machen die Embryonalentwicklung im Körper ihrer Mutter durch.**
- ✓ **Säugetierjunge sind auf die Milch angewiesen, die in den Milchdrüsen ihrer Mutter produziert wird.**

Lebenszyklus von Hausmäusen
Etwa drei Wochen nach der Paarung bringen Hausmausweibchen drei bis acht Junge zur Welt. Die Babys werden nackt und blind geboren, wachsen jedoch schnell. Mit sechs Wochen sind sie bereits fortpflanzungsfähig.

1. Neugeborene Hausmäuse sind völlig abhängig von ihrer Mutter. Sie ernähren sich zunächst von Milch, einer nahrhaften Flüssigkeit, die in den mütterlichen Milchdrüsen produziert wird.

2. Nach knapp zwei Wochen besitzen die Jungen ein Fell. Wenig später öffnen sie ihre Augen und werden neugierig und verspielt. Spielen hilft ihnen dabei, die Fähigkeiten zu entwickeln, die sie später zum Überleben brauchen.

3. Wenn Mäuse erwachsen sind, suchen sie sich Partner, um sich zu paaren und Nachkommen zu produzieren. Bei Säugetieren findet eine innere Befruchtung statt, bei der Spermium und Eizelle im Körper der Mutter verschmelzen.

4. Mäuseembryos entwickeln sich in der Gebärmutter (Uterus) ihrer Mutter und werden beim Heranwachsen von der Plazenta mit Nährstoffen und Sauerstoff aus dem Blut der Mutter versorgt.

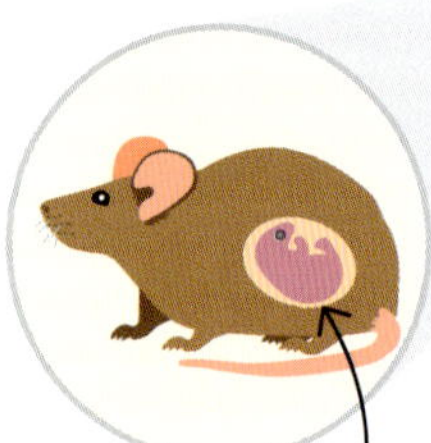

Beuteltiere und Kloakentiere

Während die Jungen der meisten Säuger ihre Embryonalentwicklung im Körper der Mutter durchmachen, verbringt der Nachwuchs von Beuteltieren und Kloakentieren den Großteil seiner frühen Entwicklung außerhalb des mütterlichen Körpers. Auch Beuteltiere und Kloakentiere füttern ihre Jungen mit Milch.

Beuteltiere, wie etwa Kängurus, bringen winzige, kaum entwickelte Junge zur Welt. Diese vervollständigen ihre frühe Entwicklung meist in einem Beutel am Körper der Mutter.

Kloakentiere sind ungewöhnliche Säugetiere, denn sie legen Eier. Die kleine Säugetierordnung besteht nur aus dem Schnabeltier und den Schnabeligeln (Foto oben).

Männliche Geschlechtsorgane

Bei der sexuellen Fortpflanzung des Menschen verschmilzt eine Samenzelle (Spermium) des Mannes mit einer Eizelle der Frau. Die männlichen Geschlechtsorgane produzieren Samenzellen und Sekrete und übertragen diese beim Geschlechtsakt in das weibliche Geschlechtssystem.

Auf einen Blick

- ✓ **Männliche Keimzellen (Spermien) werden in Organen produziert, die als Hoden bezeichnet werden.**
- ✓ **Spermien gelangen beim Geschlechtsakt mithilfe des Penis in den weiblichen Körper.**

Äußere und innere Geschlechtsorgane
Spermien oder Samenzellen werden in zwei eiförmigen Organen produziert, die als Hoden bezeichnet werden. Beim Geschlechtsakt werden die Samenzellen mit Sekreten der Prostata (Vorsteherdrüse) und anderer Drüsen zum sogenannten Sperma vermischt, das mithilfe des Penis in den weiblichen Körper gelangt. Die Hoden hängen außerhalb des Körpers im Hodensack. Dadurch bleiben sie kühler und die Spermien können sich besser entwickeln.

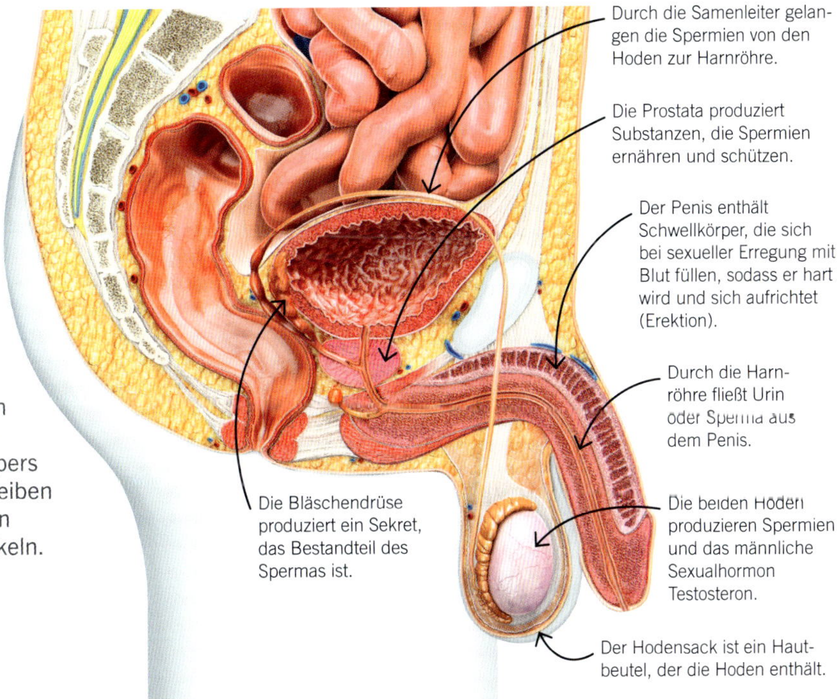

Menschliches Spermium

Die beiden Hoden eines Mannes produzieren jeden Tag Millionen Samenzellen (Spermien). Nach dem Geschlechtsakt schwimmen Spermien im Körper der Frau um die Wette, um die Eizelle zuerst zu erreichen und zu befruchten. Vorne am Spermienkopf liegt die mit Enzymen gefüllte Kopfkappe (Akrosom). Wenn ein Spermium die Eizelle erreicht, platzt sein Akrosom und die Enzyme lösen die Schutzhüllen der Eizelle auf, sodass der Zellkern des Spermiums in die Eizelle eindringen kann.

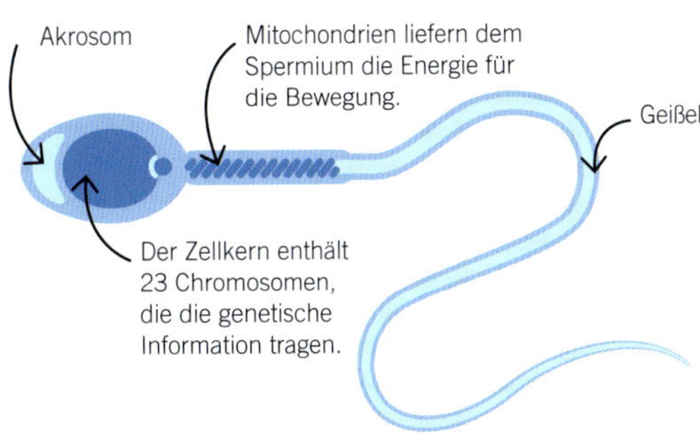

Weibliche Geschlechtsorgane

Das weibliche Geschlechtssystem hat zwei Hauptaufgaben: Es produziert Keimzellen, die als Eizellen bezeichnet werden, und es bietet dem Embryo die Möglichkeit, geschützt heranzuwachsen.

Auf einen Blick

- ✓ **Weibliche Keimzellen werden als Eizellen bezeichnet.**
- ✓ **Die beiden Eierstöcke produzieren Eizellen und weibliche Sexualhormone.**
- ✓ **Eine befruchtete Eizelle entwickelt sich im Uterus zu einem Baby.**

Innere Geschlechtsorgane

Bei Frauen im fortpflanzungsfähigen Alter wird einmal im Monat eine reife Eizelle aus einem der Eierstöcke ausgestoßen. Bei ihrer anschließenden Wanderung durch den Eileiter in Richtung Gebärmutter (Uterus) kann diese von einem Spermium befruchtet werden. Geschieht dies, nistet sich der Keim in der Uterusschleimhaut ein und wächst zu einem Baby heran.

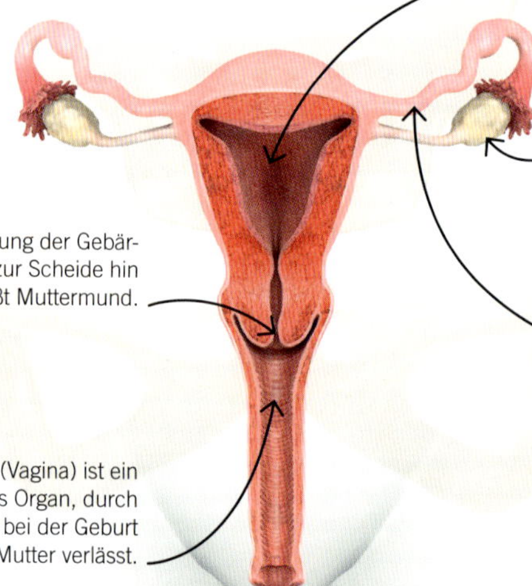

Menschliche Eizelle

Mit einem Durchmesser von etwa einem Achtel Millimeter ist die Eizelle eine der größten Zellen im menschlichen Körper. Eizellen enthalten viel Zytoplasma, das den frühen Embryo mit Nährstoffen versorgt. Ihre Zellmembran ist von einer Schutzhülle (Zona pellucida) umgeben, die u. a. verhindert, dass weitere Samenzellen in die Eizelle gelangen, nachdem diese durch ein Spermium befruchtet wurde.

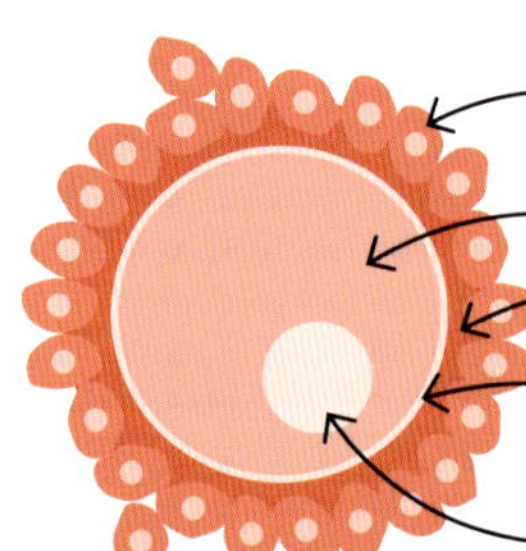

Befruchtung

Das Verschmelzen von Samenzelle und Eizelle zur Zygote wird Befruchtung genannt. Die Zygote teilt sich und wächst zu einer Zellkugel (Blastozyste) heran, die sich in der Gebärmutterschleimhaut einnistet und sich dort zu einem Embryo entwickelt.

Auf einen Blick

- ✓ **Das Verschmelzen von Spermium und Eizelle wird Befruchtung genannt.**
- ✓ **Die so entstandene Zygote teilt sich und wächst zu einem Embryo heran.**
- ✓ **Der frühe Keim nistet sich im Stadium der Blastozyste in die Gebärmutterschleimhaut ein.**

In Eileiter und Uterus

Nach dem Geschlechtsakt schwimmen die Spermien auf der Suche nach einer Eizelle durch den Uterus, um die Eileiter zu erreichen. Während das männliche Sperma Millionen Spermien enthält, um die Wahrscheinlichkeit einer Befruchtung zu erhöhen, setzen die Eierstöcke einer Frau pro Monat nur eine reife Eizelle frei. Von allen Samenzellen, die die Eizelle im Eileiter erreichen, gelingt es nur einer einzigen, das Ei zu befruchten.

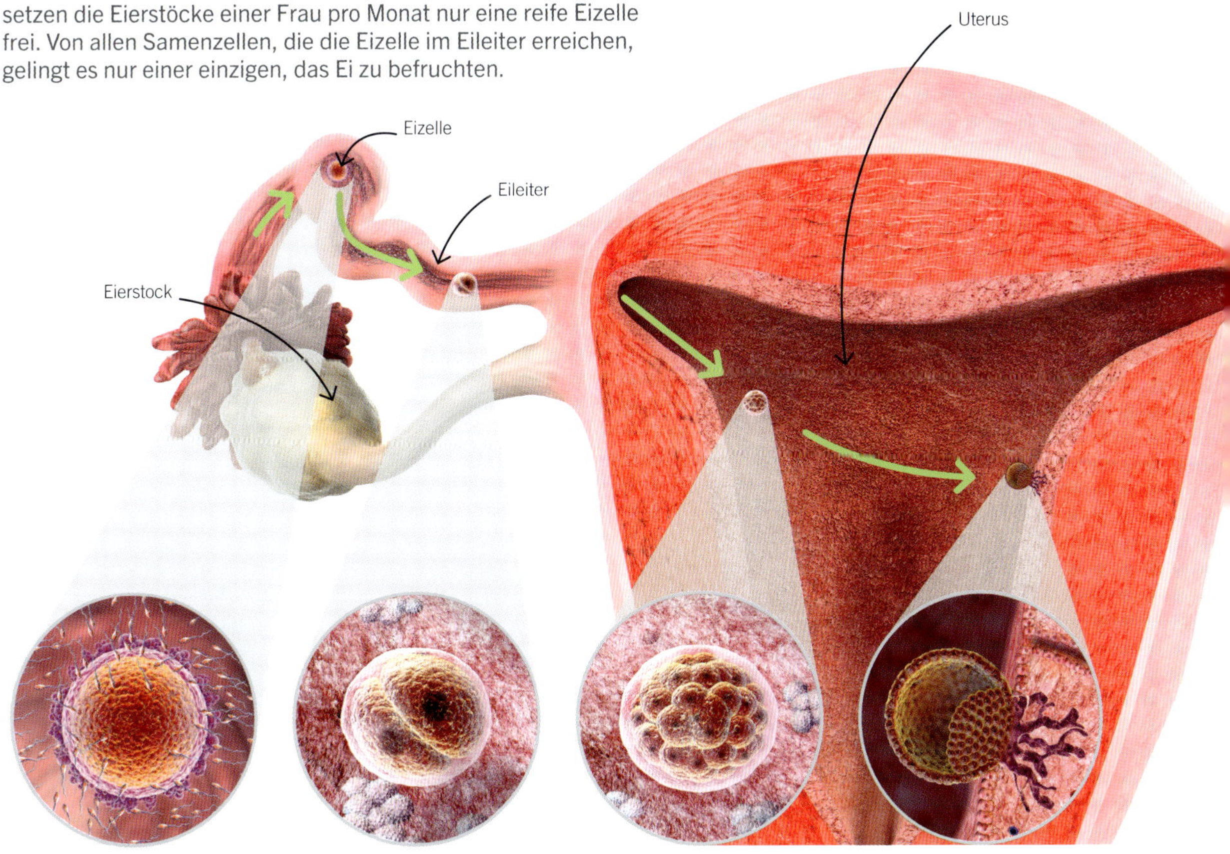

1. Der Inhalt eines Spermienkopfs dringt in die Eizelle ein. Wenn die Kerne der Keimzellen verschmelzen, entsteht eine Zelle (Zygote) mit doppeltem Chromosomensatz (46 Chromosomen).

2. Während die Zygote in Richtung Uterus wandert, teilt sie sich zunächst in zwei Zellen (2-Zellstadium).

3. Dann folgen weitere Teilungen, die zu 4, 8, 16 und 32 Zellen führen. Das Volumen der Zellkugel entspricht noch immer dem der Zygote.

4. Einige Tage später erreicht der frühe Keim den Uterus. Aus der Kugel mit dem Zellhaufen darin ist mittlerweile eine Hohlkugel (Blastozyste) geworden, die sich in die Uterusschleimhaut einnistet.

Schwangerschaft

Der etwa 38 bis 40 Wochen andauernde Zeitraum, in dem sich im Körper der Mutter aus einer befruchteten Eizelle ein Baby entwickelt, heißt Schwangerschaft.

Auf einen Blick

- ✓ **Die Plazenta versorgt das Ungeborene mit Nährstoffen und Sauerstoff und beseitigt Abfallstoffe.**
- ✓ **Die Blutkreisläufe von Mutter und Kind sind während einer Schwangerschaft getrennt.**
- ✓ **Die meisten Organe eines Babys entwickeln sich bereits in recht frühen Stadien der Schwangerschaft.**

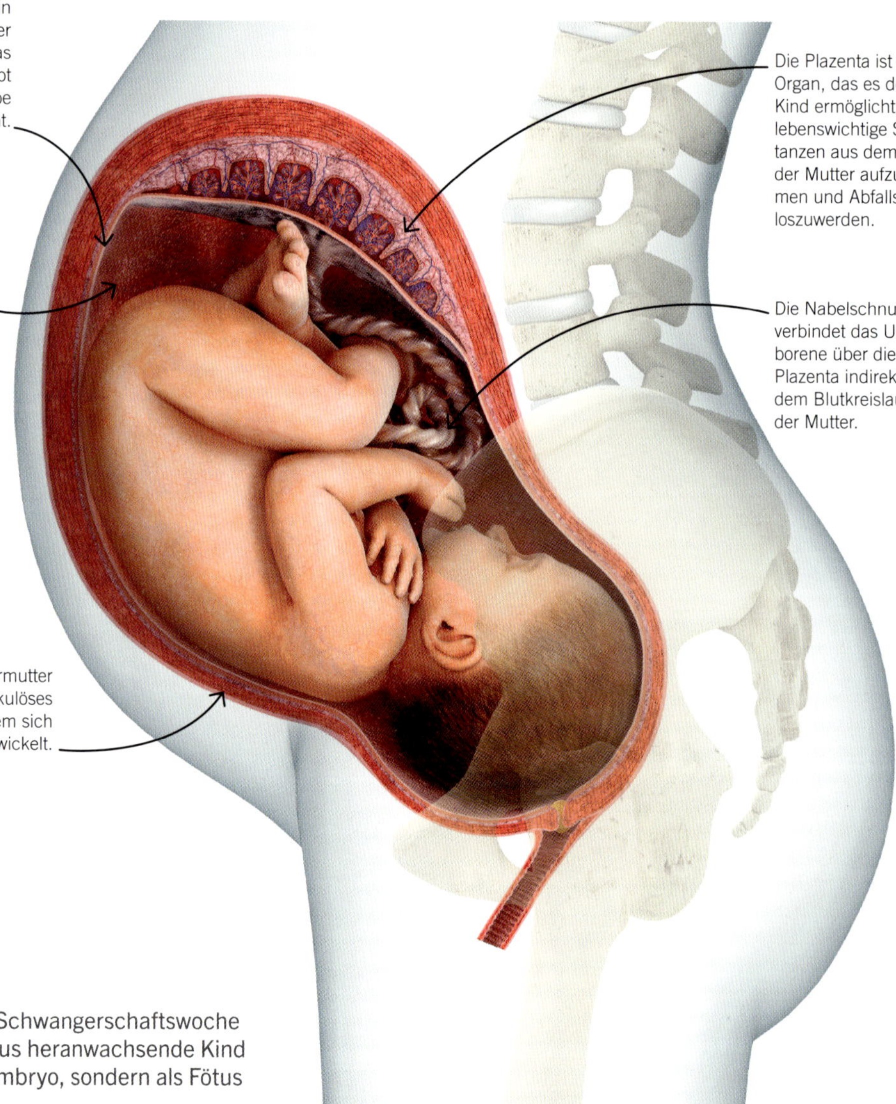

Fötus

Ab der neunten Schwangerschaftswoche wird das im Uterus heranwachsende Kind nicht mehr als Embryo, sondern als Fötus bezeichnet.

Entwicklungsphasen eines Ungeborenen

Die meisten Organe eines Embryos bilden sich bereits zwischen der fünften und achten Schwangerschaftswoche aus. Ist die Organentwicklung weitgehend abgeschlossen, nimmt das Ungeborene in erster Linie an Größe zu.

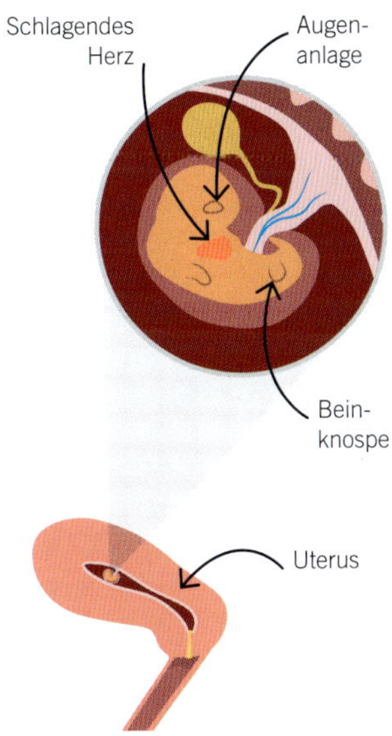

Fünf Wochen nach der Befruchtung hat der Embryo die Größe eines Apfelkerns und erinnert an eine Kaulquappe. Sein Herz schlägt bereits, aber seine Arme und Beine sind noch winzige Knospen.

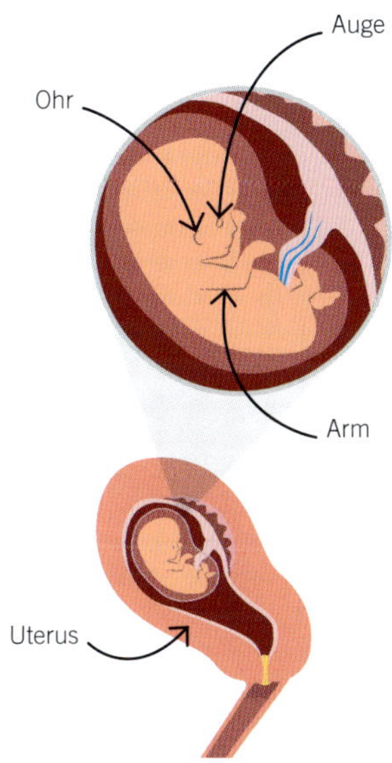

Im Alter von zehn Wochen hat der Fötus die Größe einer Olive. Er besitzt nun schon ein Gesicht, Extremitäten, Finger, Zehen und die meisten Organe.

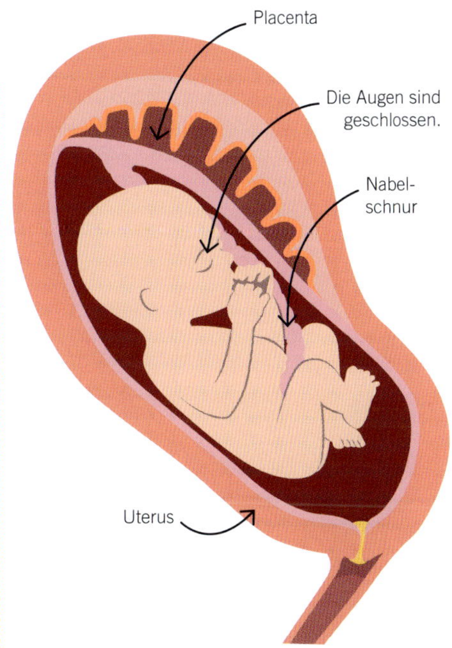

Im Alter von 20 Wochen ist der Fötus etwa so lang wie eine Banane. Er besitzt nun Augenbrauen, Körperbehaarung und Fingernägel und kann seine Muskeln bewegen. Seine Entwicklung ist nahezu abgeschlossen, aber er wird noch deutlich an Größe zunehmen.

Plazenta

Dieses nur während der Schwangerschaft vorhandene Organ ist das Lebenserhaltungssystem des ungeborenen Kindes. Es enthält zahlreiche, dicht nebeneinander verlaufende Blutgefäße des Fötus und der Mutter, wobei mütterliches und kindliches Blut jedoch getrennt bleiben. Sauerstoff und Nährstoffe gelangen durch Diffusion und andere Transportmechanismen vom Blut der Mutter ins Blut des Kindes. Abfallstoffe wie Kohlendioxid und Harnstoff werden in umgekehrter Richtung entsorgt. Auch manche Krankheitserreger, wie etwa das Rötelnvirus, sowie schädliche Stoffe, wie etwa Alkohol, Nikotin aus Zigaretten und Giftstoffe aus der Nahrung, können über die Plazenta ins kindliche Blut gelangen.

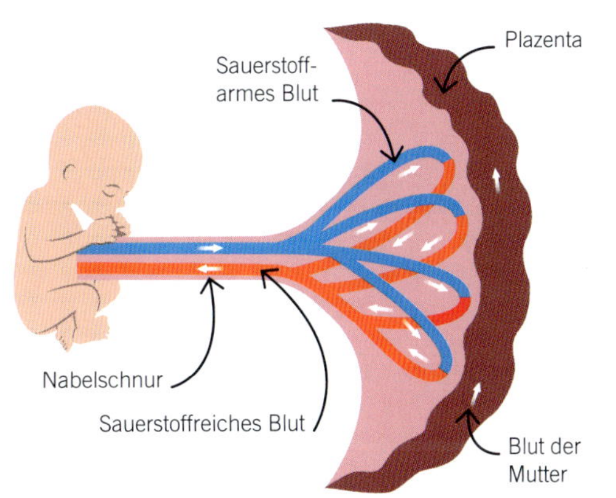

Geburt

Am Ende der Schwangerschaft lösen spezielle Hormone Muskelkontraktionen der Gebärmutter (Wehen) aus, die das Baby aus dem Mutterleib herauspressen.

Neugeborenes Baby
Direkt nach der Geburt beginnt ein Baby zu atmen und sich so unabhängig von der Mutter selbst mit Sauerstoff zu versorgen. Neugeborene sind noch durch die Nabelschnur mit der Plazenta verbunden. Dieser Gewebeschlauch wird jedoch gewöhnlich rasch durchtrennt.

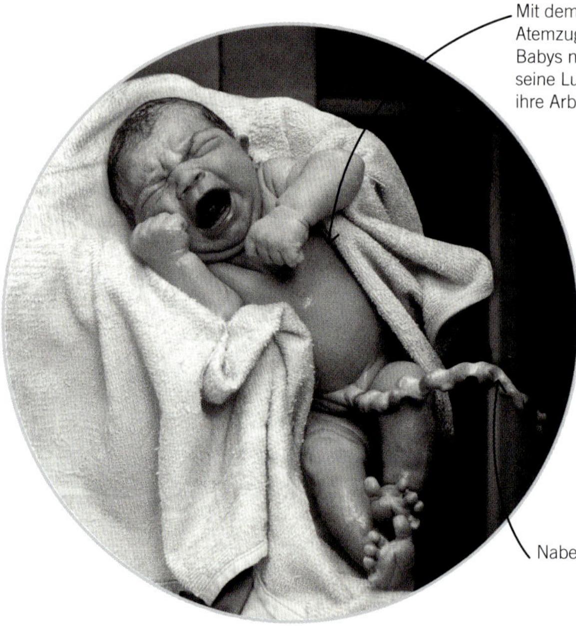

Stillen und Flaschennahrung

Muttermilch enthält Antikörper, die dem Säugling bei der Abwehr von Krankheitserregern helfen. Stillen setzt zudem bestimmte Hormone frei, welche die Bindung der Mutter zum Kind verstärken, und es scheint das Risiko für Frauen zu verringern, an Eierstock- und Brustkrebs zu erkranken. Manche Mütter möchten oder können jedoch nicht stillen und füttern ihre Babys lieber mit Flaschennahrung. Diese enthält zwar alle Nährstoffe, die ein Säugling braucht, aber ihr fehlen u.a. die Antikörper.

Auf einen Blick

- **Der Geburtsvorgang folgt normalerweise einem typischen Ablauf.**
- **Kräftige Muskelkontraktionen der Gebärmutter (Wehen) pressen das Baby aus dem Mutterleib.**

Ablauf der Geburt

Der Geburtsvorgang folgt normalerweise einem typischen Ablauf.

1. Zu Beginn der Geburt spürt die Mutter unregelmäßige, kurze Muskelkontraktionen der Gebärmutter. Diese werden nach und nach stärker und häufiger.

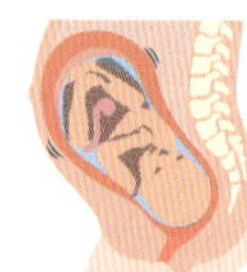

2. Die Fruchtblase, die das Baby umgibt, platzt, und das Fruchtwasser läuft aus der Vagina der Mutter heraus.

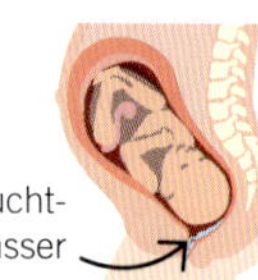

3. Der Muttermund (die Öffnung der Gebärmutter zur Scheide hin) erweitert sich.

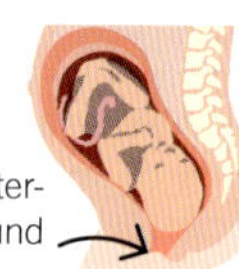

4. Starke Wehen pressen das Baby durch Muttermund und Scheide aus dem Mutterleib. Wenig später macht es seinen ersten Atemzug.

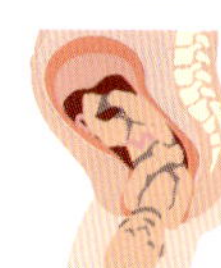

5. Um Blutverlust zu vermeiden, wird die Nabelschnur nahe am Babykörper abgeklemmt und erst danach durchtrennt.

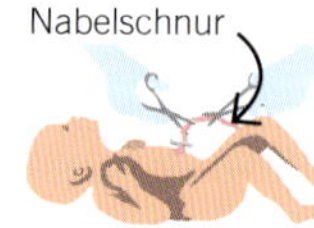

6. Kurz nach der Geburt des Babys werden Eihäute und Plazenta (Nachgeburt) ausgestoßen.

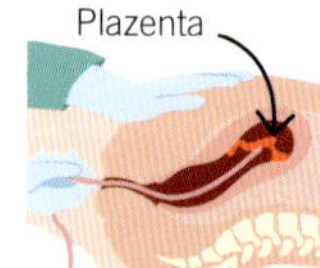

Genetik und Biotechnologie

Genom

Das Genom (Erbgut) umfasst die gesamte DNA einer Zelle oder eines Virus. Gene sind Abschnitte von DNA-Molekülen und als eine Art biologische Bauanleitung für die Ausbildung von Körpermerkmalen verantwortlich. Sie werden bei der Fortpflanzung von den Eltern an die Nachkommen weitergegeben.

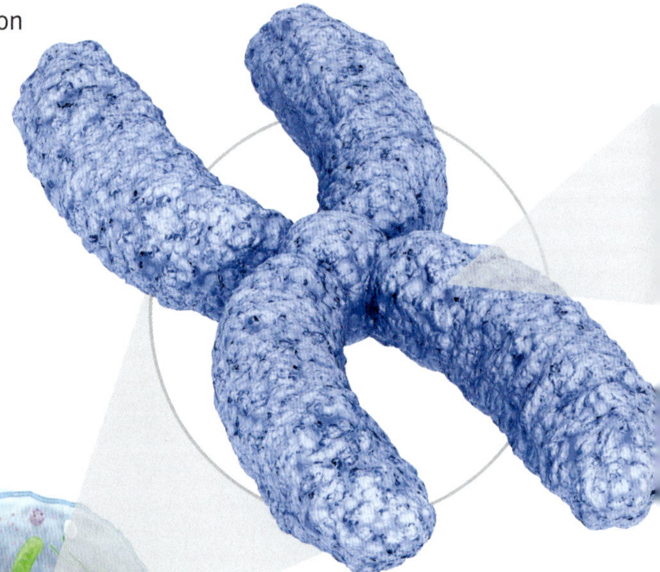

Gene und DNA
Jede Zelle im Körper eines Organismus enthält dessen gesamtes Genom. Bei menschlichen Zellen ist die DNA des Genoms auf 46 als Chromosomen bezeichnete Molekülstrukturen im Zellkern verteilt.

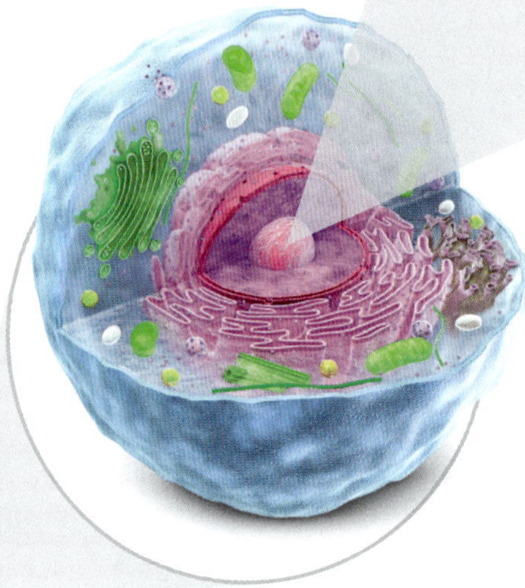

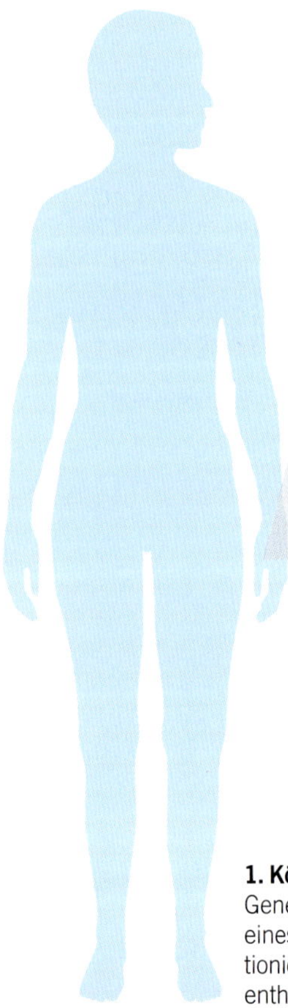

3. Chromosom
Gene sind Bestandteile von Molekülstrukturen, die als Chromosomen bezeichnet werden und zeitweise x-förmig aussehen. Menschliche Zellen weisen 46 Chromosomen auf, Hundezellen 78 und Erbsenzellen 14.

2. Zelle
Alle Lebewesen bestehen aus winzigen Einheiten – den Zellen. Das Genom von Organismen befindet sich meist im Zellkern ihrer Zellen.

1. Körper
Gene bestimmen, wie der Körper eines Lebewesens aussieht und funktioniert. Das Genom des Menschen enthält etwa 20000–25000 Gene.

Auf einen Blick

- ✓ **Das Genom (Erbgut) umfasst die gesamte DNA einer Zelle oder eines Virus.**
- ✓ **Der Zellkern jeder Zelle eines Organismus enthält dessen Genom.**
- ✓ **Gene sind Abschnitte von Desoxyribonukleinsäure-Molekülen.**

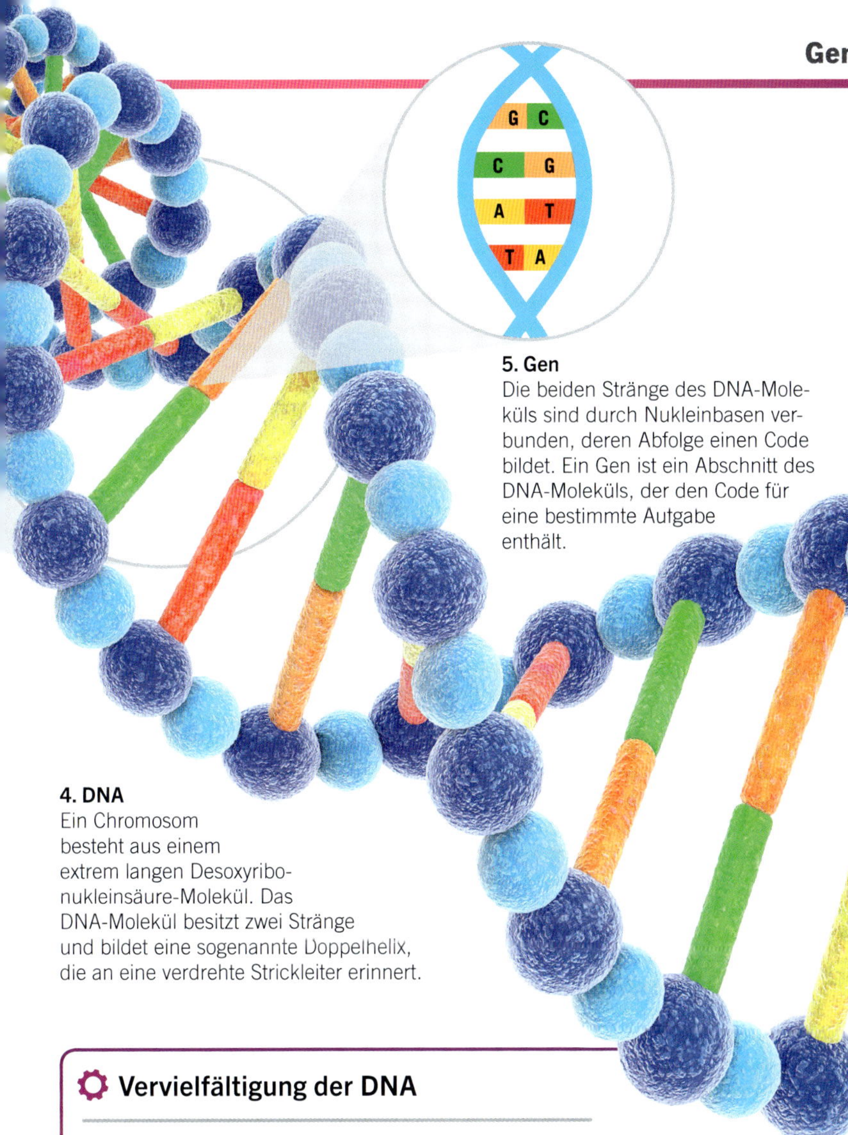

5. Gen
Die beiden Stränge des DNA-Moleküls sind durch Nukleinbasen verbunden, deren Abfolge einen Code bildet. Ein Gen ist ein Abschnitt des DNA-Moleküls, der den Code für eine bestimmte Aufgabe enthält.

4. DNA
Ein Chromosom besteht aus einem extrem langen Desoxyribonukleinsäure-Molekül. Das DNA-Molekül besitzt zwei Stränge und bildet eine sogenannte Doppelhelix, die an eine verdrehte Strickleiter erinnert.

Proteinbiosynthese

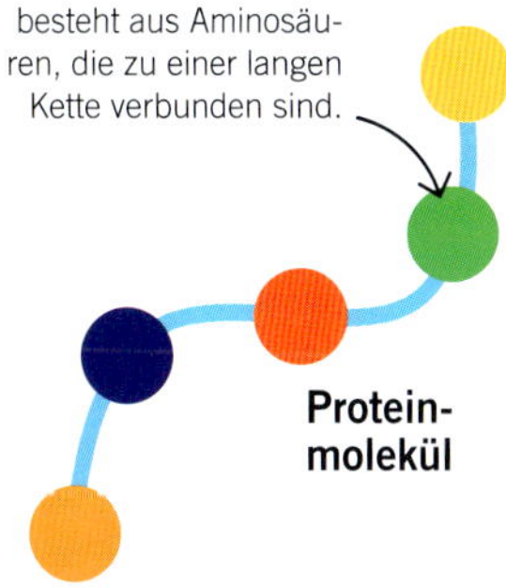

Die meisten Gene enthalten die Bauanleitung für bestimmte Proteine. Die Abfolge der Nukleinbasen eines Gens legt die Abfolge der Aminosäuren im Protein fest, und die Aminosäureabfolge entscheidet wiederum darüber, welche Funktion das Protein in der Zelle oder im Körper hat.

Vervielfältigung der DNA

Die DNA kann Kopien von sich selbst herstellen, sodass die Erbinformation bei Zellteilungen an Tochterzellen weitergegeben werden kann.

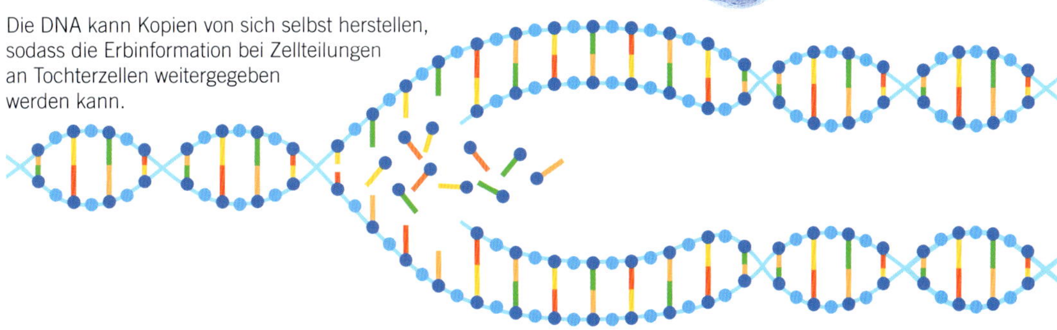

1. Die Basenpaare werden voneinander getrennt und das DNA-Molekül wird in zwei Einzelstränge geteilt.

2. Da sich jede Base nur mit der zu ihr passenden Partnerbase verbindet, kann jeder Einzelstrang als Kopiervorlage für einen neuen DNA-Strang dienen.

3. Aus einem DNA-Molekül sind zwei DNA-Moleküle mit denselben Genen und damit identischer genetischer Information entstanden.

Humangenomprojekt

Das im Jahr 2003 fertiggestellte Humangenomprojekt war ein großes internationales Forschungsprojekt, das zum Ziel hatte, alle Gene des menschlichen Genoms zu identifizieren und zu sequenzieren. An dem 13 Jahre andauernden Projekt waren Hunderte von Wissenschaftlern beteiligt. Das Humangenomprojekt könnte zu enormen Fortschritten in den Medizinwissenschaften führen.

Auf einen Blick

- ✓ **Das Humangenomprojekt war ein Forschungsprojekt, das zum Ziel hatte, alle Gene des menschlichen Genoms zu identifizieren und zu sequenzieren.**
- ✓ **Das Humangenomprojekt könnte der Medizin ganz neue Wege bei der Behandlung von Krankheiten eröffnen.**

Ein Karyogramm zeigt alle Chromosomen einer Zelle, wobei die mütterlichen und väterlichen Chromosomen paarweise angeordnet sind.

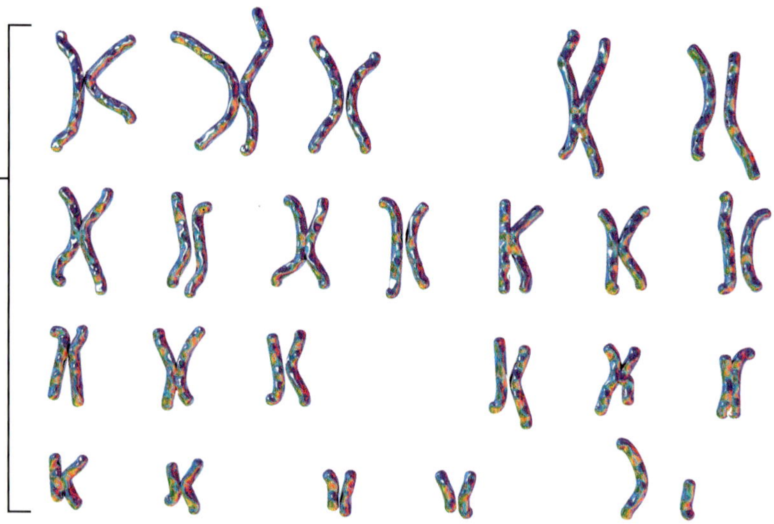

Menschliches Genom
Das menschliche Genom besteht aus etwa 3 Mrd. DNA-Basenpaaren und enthält 20 000–25 000 Gene. Es findet sich in jedem Zellkern des Körpers und ist in 23 Chromosomenpaaren gespeichert.

DNA-Sequenzierung

Um die Basenabfolge des menschlichen Genoms zu ermitteln, wird die DNA in Bruchstücke unterschiedlicher Länge zerlegt, die jeweils mit einer bestimmten Base enden.

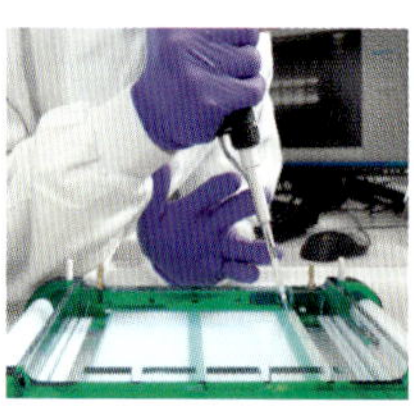

1. Die Bruchstücke werden auf einen Gelblock aufgetragen und dann mithilfe eines elektrischen Feldes, das sie durch das Gel wandern lässt, der Größe nach sortiert.

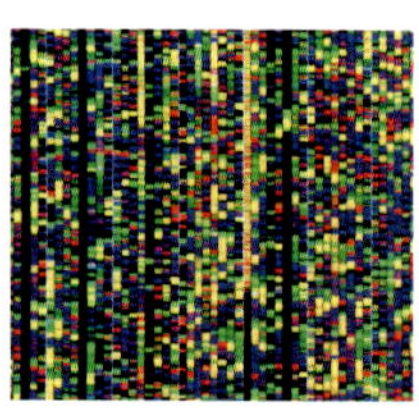

2. Vier unterschiedliche Fluoreszenzfarbstoffe zeigen an, welche Base sich jeweils am Ende der Bruchstücke befindet.

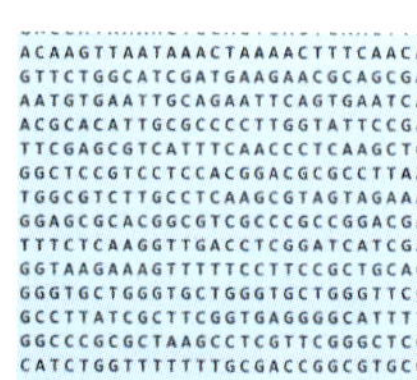

3. Ein Detektor liest den Farbcode. Die Reihenfolge der Farben entspricht der Reihenfolge der Basen Adenin (A), Thymin (T), Cytosin (C) und Guanin (G) in der DNA.

Nutzen des Projekts

- Das Humangenomprojekt könnte helfen, Gentherapien zu entwickeln, bei denen defekte Gene gegen gesunde Gene ausgetauscht werden. So könnten z. B. Erbkrankheiten geheilt werden.
- Krankheiten wie Krebs oder Herzleiden scheinen von etlichen Genen beeinflusst zu werden. Diese zu identifizieren, könnte neue Wege bei der Behandlung eröffnen.
- Ärzte könnten ihre Therapie auf das Genom von Patienten zuschneiden. Manche Brustkrebs-Medikamente z. B. sind v. a. für Frauen von Nutzen, die bestimmte Genvarianten (Allele) besitzen.

Aufbau der DNA

DNA (Desoxyribonukleinsäure) ist ein Molekül, in dem die genetische Information von Organismen gespeichert ist. Die Information steckt in einem Code aus vier Nukleinbasen, die als Basenpaare die „Sprossen“ des Moleküls bilden.

Auf einen Blick

- Das DNA-Molekül besteht aus zwei komplementären Strängen, die eine Doppelhelix bilden.
- Jeder Strang besteht aus sich wiederholenden Bausteinen, die als Nukleotide bezeichnet werden.
- Ein Nukleotid besteht aus einem Zucker, einer Phosphatgruppe und einer Base.
- Die Abfolge der vier verschiedenen Basen der DNA bildet den genetischen Code.

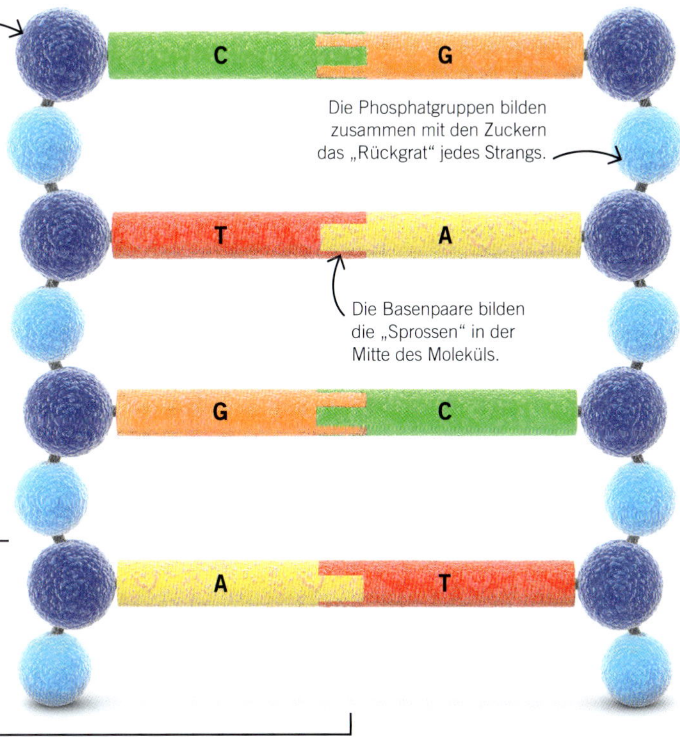

DNA-Molekül
Jeder Strang der DNA besteht aus vielen sich wiederholenden Bausteinen, den sogenannten Nukleotiden. Jedes Nukleotid wiederum setzt sich aus einem Zucker, einer Phosphatgruppe und einer Nukleinbase zusammen. Die Nukleinbasen Adenin (A), Thymin (T), Cytosin (C) und Guanin (G) (hier in unterschiedlichen Farben dargestellt) bilden Basenpaare und verbinden die beiden Einzelstränge der DNA.

Basenpaare

Die DNA enthält vier verschiedene Basen, von denen sich jede nur mit einer bestimmten Partnerbase verbindet: Adenin mit Thymin und Cytosin mit Guanin. Jeder Einzelstrang kann daher als Vorlage für einen neuen komplementären Strang benutzt werden. Die Abfolge der Basen jedes Strangs bildet den Code, in dem die genetische Information steckt.

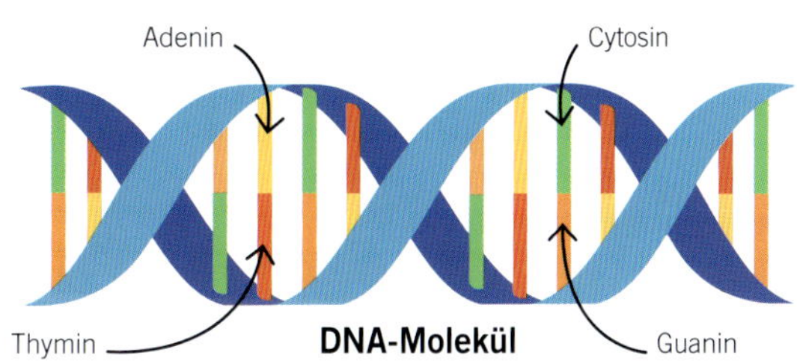

Protein-biosynthese 1

Die meisten Gene enthalten die genetische Information zur Bildung eines bestimmten Proteinmoleküls. Die Basenabfolge im Gen legt dabei die Abfolge der Aminosäuren im Protein fest. Wird ein Gen zur Biosynthese eines Proteins herangezogen, sagt man, es wird exprimiert. Der erste Schritt bei der Bildung eines Proteinmoleküls ist die Transkription.

Transkription

Die DNA-Moleküle im Zellkern sind viel zu groß, um den Kern verlassen zu können. Wenn eine Zelle ein bestimmtes Protein benötigt, wird daher nur eine Kopie des Gens hergestellt, das dieses Protein codiert. Dabei wird die genetische Information des Gens von der DNA auf eine Boten-Ribonukleinsäure (mRNA) übertragen, die den Zellkern verlässt. Auch RNA enthält Nukleinbasen, allerdings findet sich bei ihr statt Thymin die Base Uracil (U).

Auf einen Blick

- **Die Basenabfolge im Gen legt die Abfolge der Aminosäuren im von diesem Gen codierten Proteinmolekül fest.**
- **Bei der Transkription wird die genetische Information der DNA auf eine Boten-RNA (mRNA) übertragen.**
- **Die Boten-RNA transportiert die genetische Information von Genen aus dem Zellkern heraus.**

Nicht codierende DNA

Ein großer Teil der DNA des menschlichen Genoms codiert keine Proteine und wird daher als nicht codierende DNA bezeichnet. Etliche Sequenzen dieser DNA haben besondere Funktionen. Bestimmte Abschnitte der nicht codierenden DNA regulieren z. B. die Transkriptionsaktivität von Genen. Andere Abschnitte bilden die Enden der Chromosomen. Ein Teil der nicht codierenden DNA-Sequenzen könnte funktionslos sein und wird daher von manchen Forschern als Junk-DNA bezeichnet.

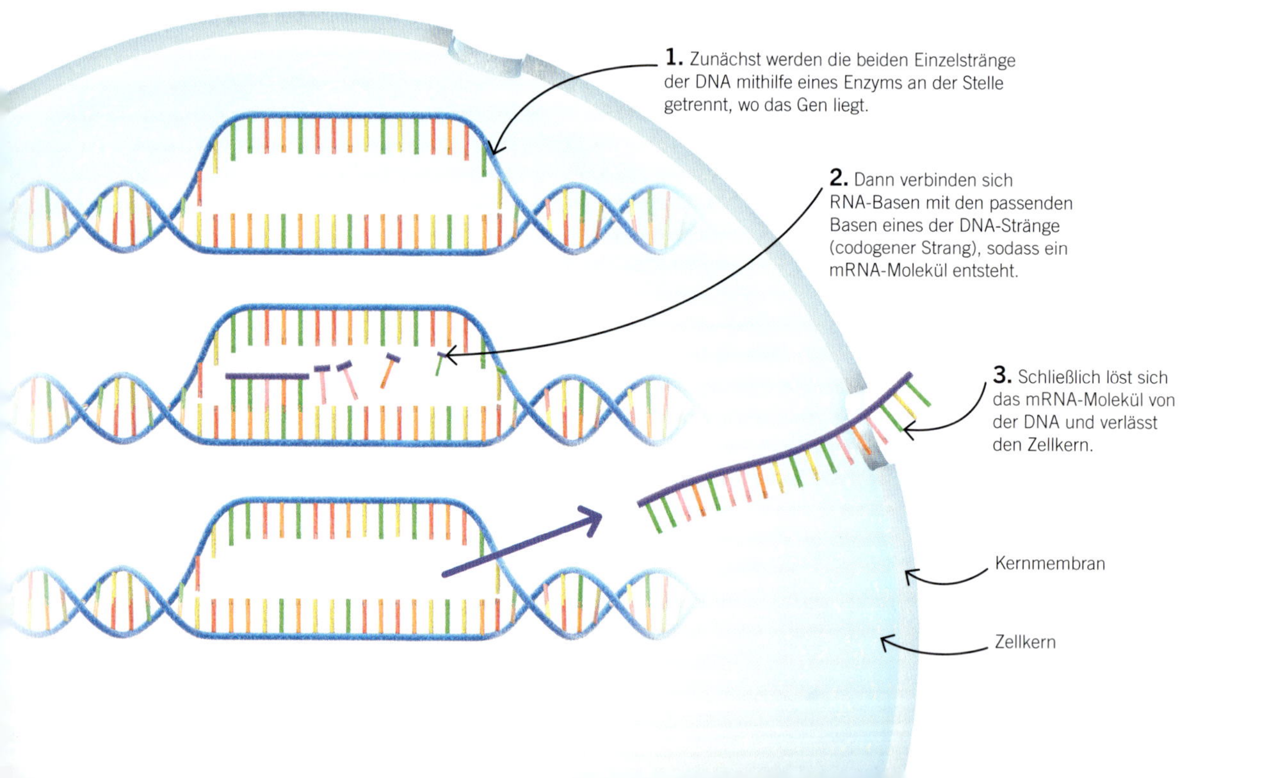

Proteinbiosynthese 2

Der zweite Schritt der Proteinbiosynthese wird als Translation bezeichnet. Bei diesem Prozess wird der genetische Code der mRNA an sogenannten Ribosomen in ein Protein übersetzt. Jeweils drei aufeinanderfolgende Basen (Codons) der mRNA codieren eine bestimmte Aminosäure, die an die Aminosäurekette des gebildeten Proteins angehängt wird, wenn das Ribosom das jeweilige Codon der RNA erreicht.

Auf einen Blick

- ✓ **Bei der Translation werden Aminosäuren zu einem Protein zusammengefügt.**
- ✓ **Jeweils drei aufeinanderfolgende Basen (Codons) der mRNA codieren eine bestimmte Aminosäure.**
- ✓ **Mit jedem Anticodon der tRNA, das an ein passendes Codon der mRNA andockt, wächst die Aminosäurekette des Proteins.**

Translation

Nachdem die mRNA den Zellkern verlassen hat, wandert sie zu einem Ribosom. Dort findet die Proteinbiosynthese statt, während das Ribosom sich an der mRNA entlang bewegt. Verschiedene Transfer-Ribonukleinsäuren (tRNA) transportieren unterschiedliche Aminosäuren zum Ribosom und docken mit ihrem aus drei Nukleinbasen bestehenden Anticodon an das passende, ebenfalls aus drei Basen bestehende Codon der mRNA an. Auf diese Weise landet jede Aminosäure an der richtigen Stelle in der Aminosäurekette des Proteinmoleküls.

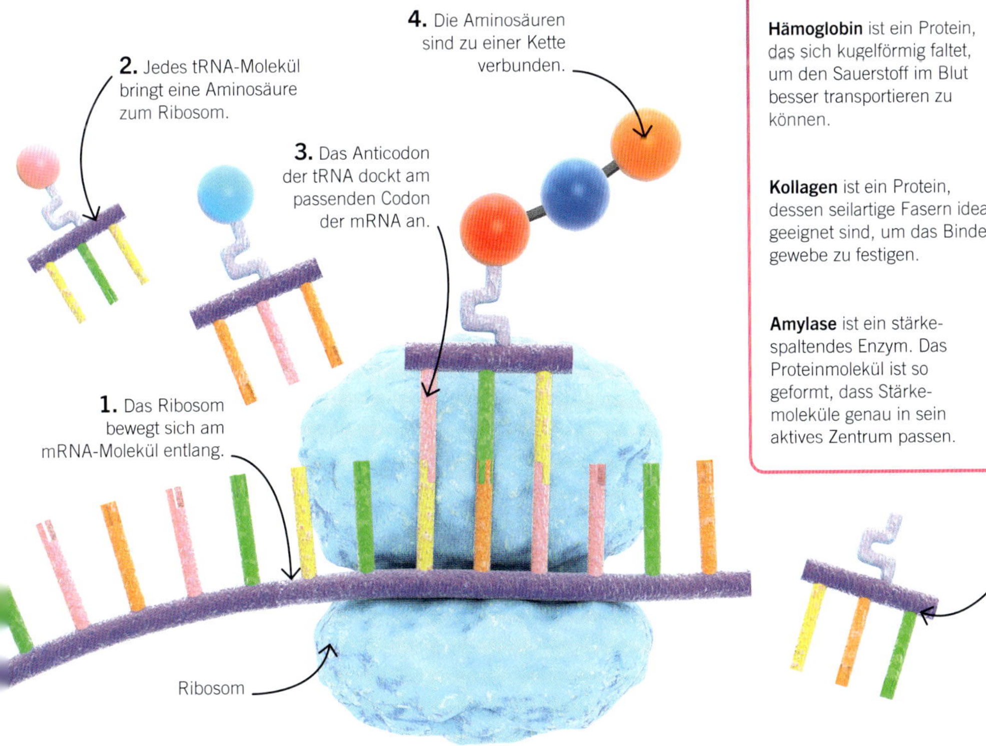

Räumliche Proteinstruktur

Proteine sind Kettenmoleküle, an deren Aufbau beim Menschen 21 verschiedene Aminosäuren beteiligt sind. Nachdem sich eine Aminosäurekette gebildet hat, faltet sie sich und nimmt – abhängig von der Aminosäuresequenz – eine bestimmte dreidimensionale Form an. Die Form von Proteinen entscheidet darüber, welche Funktion sie haben.

Hämoglobin ist ein Protein, das sich kugelförmig faltet, um den Sauerstoff im Blut besser transportieren zu können.

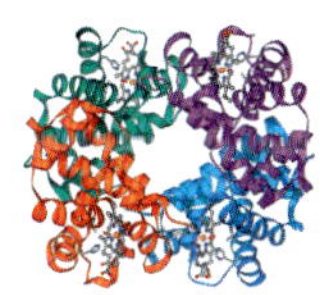

Kollagen ist ein Protein, dessen seilartige Fasern ideal geeignet sind, um das Bindegewebe zu festigen.

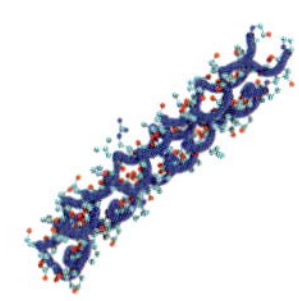

Amylase ist ein stärkespaltendes Enzym. Das Proteinmolekül ist so geformt, dass Stärkemoleküle genau in sein aktives Zentrum passen.

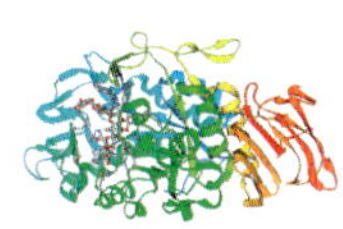

Mutationen

Eine Mutation ist eine dauerhafte Veränderung der Basensequenz der DNA. Mutationen in Genen, die Proteine codieren, können dazu führen, dass die Eiweiße ihre Funktion nicht mehr erfüllen. Mutationen in nicht codierender DNA können Gene an- oder ausschalten und damit beeinflussen, welche Proteine gebildet werden.

Auf einen Blick

- ✓ Mutationen treten häufig auf und haben oft keine Auswirkungen.
- ✓ Mutationen können nachteilig oder gar tödlich, aber auch vorteilhaft sein.
- ✓ Mutationen sind die Quelle neuer Genvarianten (Allele).
- ✓ DNA-schädigende Strahlen und Chemikalien können die Mutationsrate erhöhen.

Albinismus
Albinotische Tiere können keine Farbstoffe in Haut und Fell bilden und sind daher ungewöhnlich blass. Albinismus wird u.a. durch Mutationen in Genen verursacht, die für die Pigmentbildung notwendige Enzyme codieren. Unterschiedliche Arten von Mutationen können diese Gene schädigen. Hier ist eine sogenannte Insertion dargestellt, bei der eine zusätzliche Base in die DNA-Sequenz eines Gens eingebaut wurde.

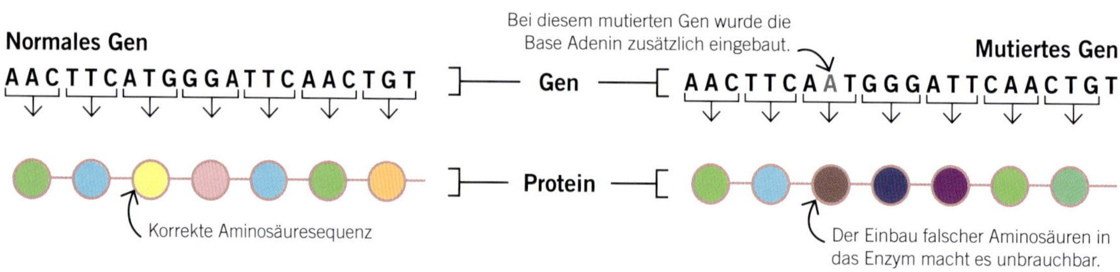

Arten von Mutationen

Es gibt etliche unterschiedliche Arten von Mutationen. Kleine Mutationen betreffen nur eine oder wenige Basen der DNA. Größere Mutationen können z. B. längere Abschnitte eines Chromosoms verändern.

Ursprüngliche DNA-Sequenz

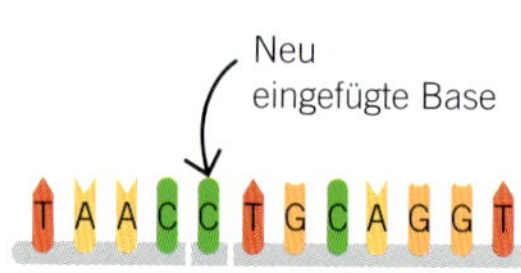

Bei einer Insertion werden eine oder mehrere Basen zusätzlich in ein Gen eingebaut. Dies kann zu Ablesefehlern bei der Proteinbiosynthese und damit zur Bildung fehlerhafter Proteine führen.

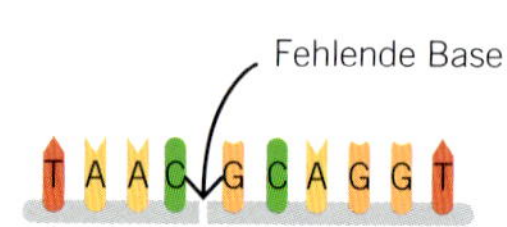

Bei einer Deletion gehen eine oder mehrere Basen verloren. Auch diese Veränderung kann zu Ablesefehlern bei der Proteinbiosynthese und damit zur Bildung fehlerhafter Proteine führen.

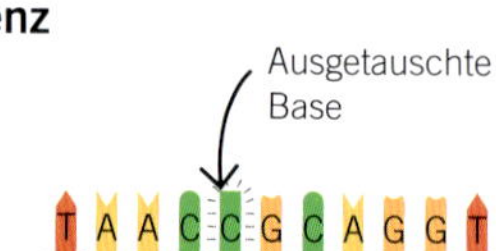

Bei einer Substitution wird eine Base der DNA gegen eine andere ausgetauscht. Da durch diesen Austausch eine andere Aminosäure in das betreffende Protein eingebaut wird, ist dieses verändert.

Gene und Allele

Organismen, die sich sexuell fortpflanzen, erhalten einen Satz Gene von der Mutter und einen weiteren Satz Gene vom Vater. Dadurch besitzen sie zwei Versionen jedes Gens. Unterschiedliche Varianten eines Gens heißen Allele.

Dominante und rezessive Allele

Die meisten Leoparden haben ein geflecktes Fell, aber einige wenige sind schwarz. Die schwarze Farbe wird durch ein rezessives Allel des für die Fellfarbe verantwortlichen Gens verursacht. Ein Leopard kann nur dann ein schwarzes Fell haben, wenn er dieses Allel von beiden Eltern vererbt bekommt. Besitzt er zwei normale Allele oder ein normales und ein „dunkles" Allel, dann hat er ein geflecktes Fell. Das normale Allel wird hier als dominant bezeichnet, weil es sich in der Merkmalsausprägung gegenüber dem rezessiven Allel für dunkle Fellfarbe durchsetzt.

Dieser schwarze Leopard (Panther) besitzt von jedem Elternteil ein Allel für dunkle Fellfarbe.

Dieser typische Leopard besitzt mindestens ein normales Allel.

Auf einen Blick

- ✓ **Allele sind Varianten desselben Gens.**
- ✓ **Ein Individuum mit zwei identischen Allelen eines Gens ist homozygot.**
- ✓ **Ein Individuum mit zwei verschiedenen Allelen eines Gens ist heterozygot.**
- ✓ **Bei heterozygoten Organismen ist normalerweise ein Allel des Gens dominant.**

Genotyp und Phänotyp

Die Gesamtheit aller Allele eines Organismus wird als Genotyp bezeichnet. Die von diesem Genotyp kontrollierte Gesamtheit aller Merkmale heißt Phänotyp. Die beiden Allele eines Gens lassen sich mithilfe von Buchstaben darstellen, wobei dominante Allele groß und rezessive Allele klein geschrieben werden. Sind beide Allele eines Gens gleich, ist der entsprechende Organismus homozygot, sind sie verschieden, ist er heterozygot. Bei Leoparden können alle in dieser Tabelle aufgeführten Allelkombinationen für die Fellfarbe auftreten, aber nur eine davon führt zu schwarzen Panthern.

Genotyp	Phänotyp
DD Homozygot	 Typischer Leopard
Dd Heterozygot	 Typischer Leopard
dd Homozygot	 Schwarzer Panther

Genetische Kreuzungen

Die meisten Merkmale von Organismen werden durch das Zusammenspiel verschiedener Gene beeinflusst. Es gibt aber auch einige Merkmale, für deren Ausbildung nur ein Gen verantwortlich ist. Wie diese Merkmale vererbt werden, kann mithilfe von Kreuzungsdiagrammen dargestellt werden.

Auf einen Blick

- ✓ Ein Kreuzungsdiagramm zeigt, wie Organismen Merkmale vererben, die durch ein einzelnes Gen kontrolliert werden.
- ✓ Ein Kreuzungsdiagramm gibt die Wahrscheinlichkeit für das Auftreten bestimmter Allelkombinationen und Merkmale bei den Nachkommen an.
- ✓ Ein Punnett-Quadrat ist eine Alternative zum Kreuzungsdiagramm und enthält dieselbe Information.

Kreuzungsdiagramm
Dieses Diagramm zeigt, was geschieht, wenn ein Leopard mit zwei dominanten Allelen für geflecktes Fell (DD) sich mit einem schwarzen Leoparden paart, der zwei rezessive Allele für dunkles Fell (dd) besitzt. In der mittleren Reihe sind die einzelnen Allele dargestellt. Die untere Reihe zeigt, welche Allelkombinationen bei den Nachkommen möglich sind. Alle Nachkommen sind heterozygot, besitzen also zwei unterschiedliche Allele.

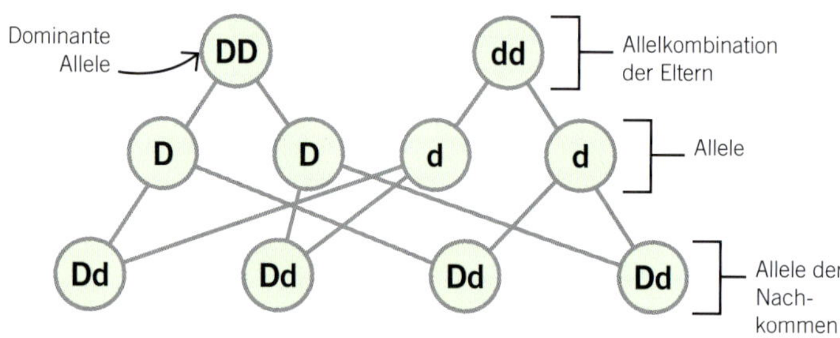

Punnett-Quadrat

Man kann auch ein Punnett-Quadrat zeichnen, um die Häufigkeit der Allelkombinationen bei den Nachkommen zu bestimmen. Die Allele eines Elternteils werden dabei in der oberen Zeile, die Allele des anderen Elternteils in der linken Spalte dargestellt. Dann werden in die Felder, in denen sich Zeile und Spalte kreuzen, die Kombinationen eingetragen.

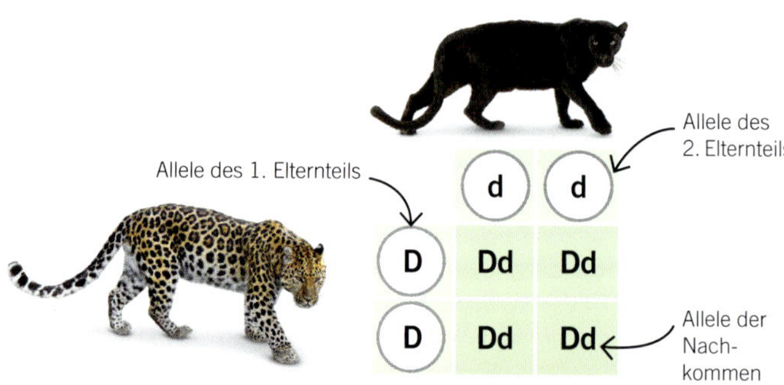

Wenn sich zwei heterozygote Leoparden fortpflanzen, ist durchschnittlich einer von vier Nachkommen (25 Prozent) ein schwarzer Panther. Das Kreuzungsdiagramm zeigt, mit welcher Wahrscheinlichkeit bestimmte Allelkombinationen und Fellfarben in der nächsten Generation auftreten.

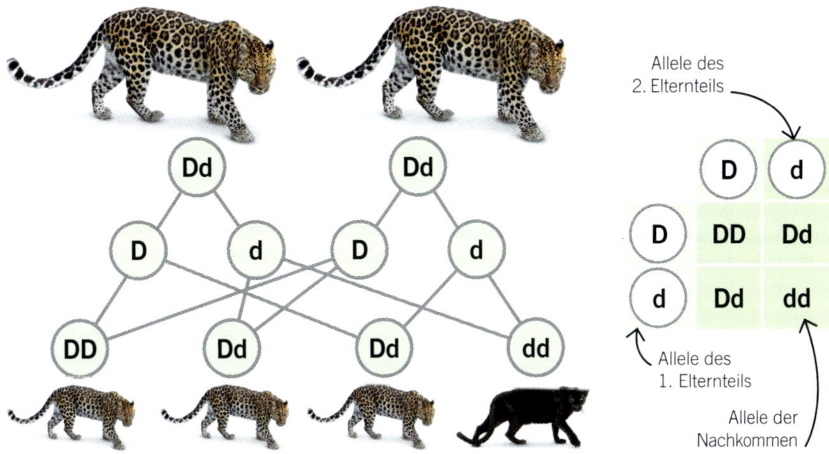

Wenn sich ein homozygoter gefleckter Leopard und ein heterozygoter gefleckter Leopard fortpflanzen, besitzt kein Nachkomme zwei rezessive Allele für dunkles Fell. Daher haben alle Jungtiere das typische gefleckte Leopardenfell.

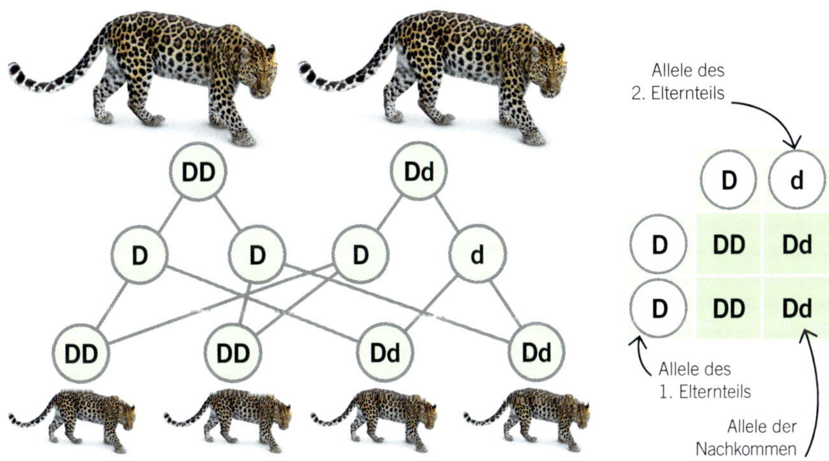

Wenn sich ein heterozygoter gefleckter Leopard und ein schwarzer Leopard fortpflanzen, sind drei Viertel der vererbten Allele rezessive Allele für dunkles Fell. Daher ist durchschnittlich die Hälfte aller Nachkommen schwarz gefärbt. Die Wahrscheinlichkeit, dass ein Jungtier bei dieser Kreuzung als schwarzer Panther geboren wird, liegt also bei 50 Prozent.

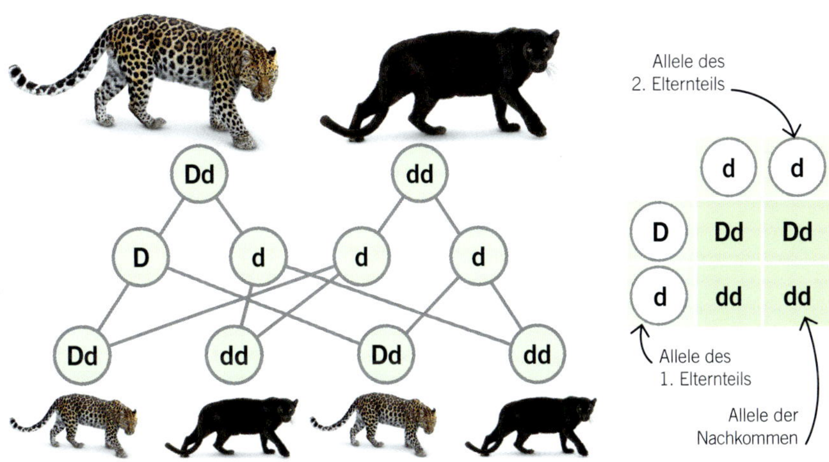

Weitere Erbgänge

Beim intermediären Erbgang kommt es bei heterozygoten Organismen zu einer von beiden Allelen beeinflussten, gemischten Ausprägung des jeweiligen Merkmals. Beim kodominanten Erbgang werden gleichzeitig beide Allele eines Gens exprimiert.

Auf einen Blick

- ✓ **Beim intermediären Erbgang kommt es bei heterozygoten Organismen zu einer gemischten Ausprägung des jeweiligen Merkmals.**
- ✓ **Beim kodominanten Erbgang werden beide Allele eines Gens exprimiert.**

Kreuzung homozygoter Eltern
Die Blüten der Wunderblume können rot, weiß oder rosafarben sein. Pflanzen mit roten oder weißen Blüten besitzen jeweils zwei gleiche Allele für rote oder weiße Blütenfarbe, sind also homozygot für dieses Merkmal. Kreuzt man eine Wunderblume mit roten Blüten und eine Wunderblume mit weißen Blüten, haben alle Nachkommen rosafarbene Blüten, da sie heterozygot sind und die Blütenfarbe von einem Gen mit intermediären Allelen bestimmt wird.

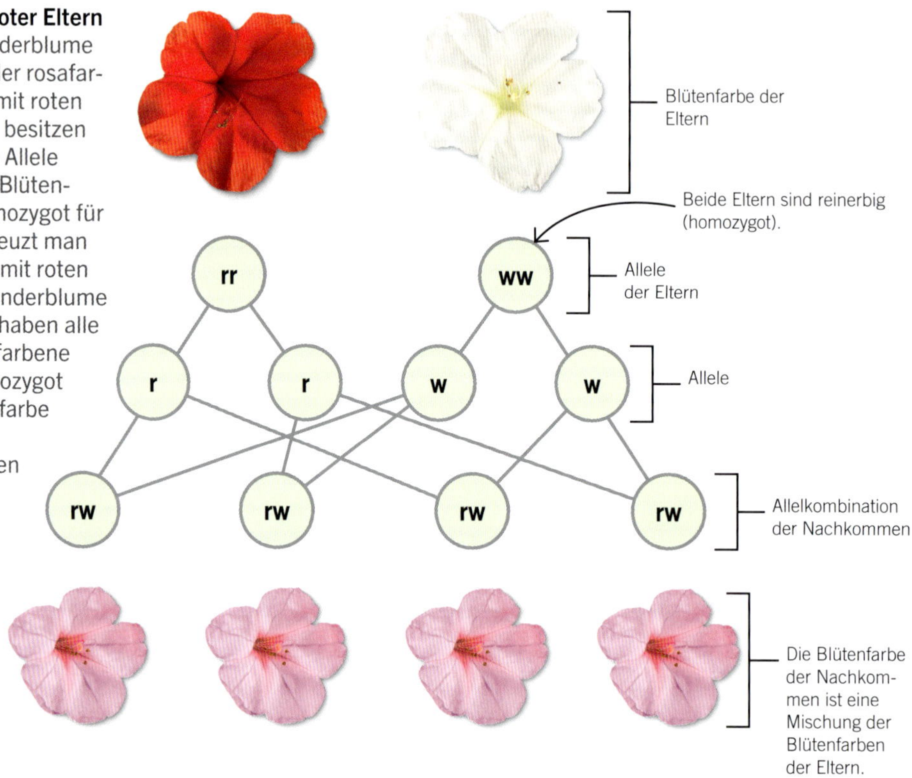

Punnett-Quadrat
Die Ergebnisse können auch mithilfe eines Punnett-Quadrats dargestellt werden.

Allele des 1. Elternteils (r, r) – Allele des 2. Elternteils (w, w) – Allelkombination der Nachkommen

	w	w
r	rw	rw
r	rw	rw

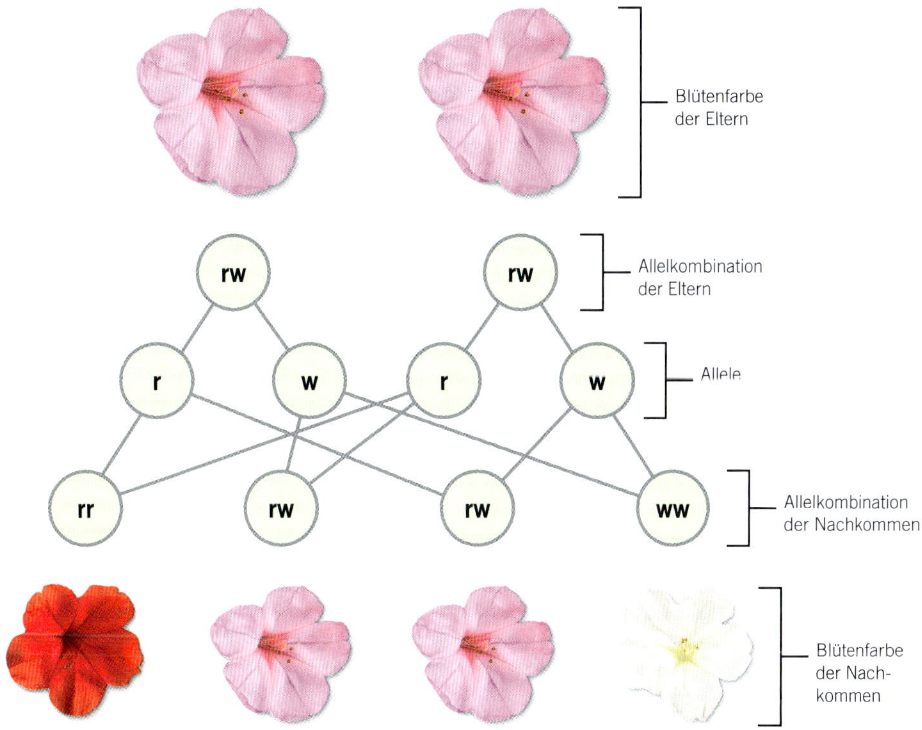

Kreuzung heterozygoter Eltern

Werden Wunderblumen mit rosafarbene Blüten miteinander gekreuzt, entstehen Nachkommen mit roten, rosafarbenen und weißen Blüten. Dabei beträgt sowohl das Verhältnis der Allelkombinationen als auch das Verhältnis der Blütenfarben 1:2:1. Die Wahrscheinlichkeit für Nachkommen mit roten oder weißen Blüten liegt jeweils bei 25 Prozent, die Wahrscheinlichkeit für Nachkommen mit rosafarbenen Blüten liegt bei 50 Prozent.

Punnett-Quadrat

Allele des 1. Elternteils (Zeilen) – Allele des 2. Elternteils (Spalten) – Allelkombination der Nachkommen (Felder)

	r	w
r	rr	rw
w	rw	ww

Kodominanter Erbgang

Für die Fellfarbe von Shorthorn-Rindern sind kodominante Allele verantwortlich. Wenn sich bei dieser Rasse eine Kuh mit braunem Fell und ein Bulle mit weißem Fell fortpflanzen, entstehen heterozygote Nachkommen mit einem Allel für weißes Fell und einem Allel für braunes Fell. Da bei Kodominanz beide Allele exprimiert werden, haben diese Tiere die Farbe Roan (Rotschimmel).

Das Werk Mendels

Der Mönch Gregor Mendel (1822–1884) gilt als Wegbereiter der Genetik. Bei seinen Kreuzungsversuchen mit Erbsen entdeckte er, dass Merkmale durch sogenannte Erbfaktoren festgelegt werden. Heute nennen wir diese Erbfaktoren Gene.

Auf einen Blick

- ✓ Gregor Mendel gilt als Wegbereiter der modernen Genetik.
- ✓ Mendel entdeckte bei seinen Kreuzungsversuchen mit Erbsen, dass es Erbfaktoren (Gene) gibt.
- ✓ Mendel fand heraus, dass Allele paarweise auftreten und dominant oder rezessiv sein können.

Mendels Erbsen
Mendel fand heraus, dass einige Merkmale von Erbsenpflanzen – wie etwa die Farbe der Schoten – nicht immer übereinstimmten, wenn er die Pflanzen kreuzte. Kreuzte er beispielsweise eine Pflanze mit grünen Schoten und eine Pflanze mit gelben Schoten, hatten alle Nachkommen grüne Schoten. Die grüne Farbe schien also dominant zu sein. Wenn er jedoch die Nachkommen miteinander kreuzte, hatte eines von vier Individuen der zweiten Tochtergeneration gelbe Schoten.

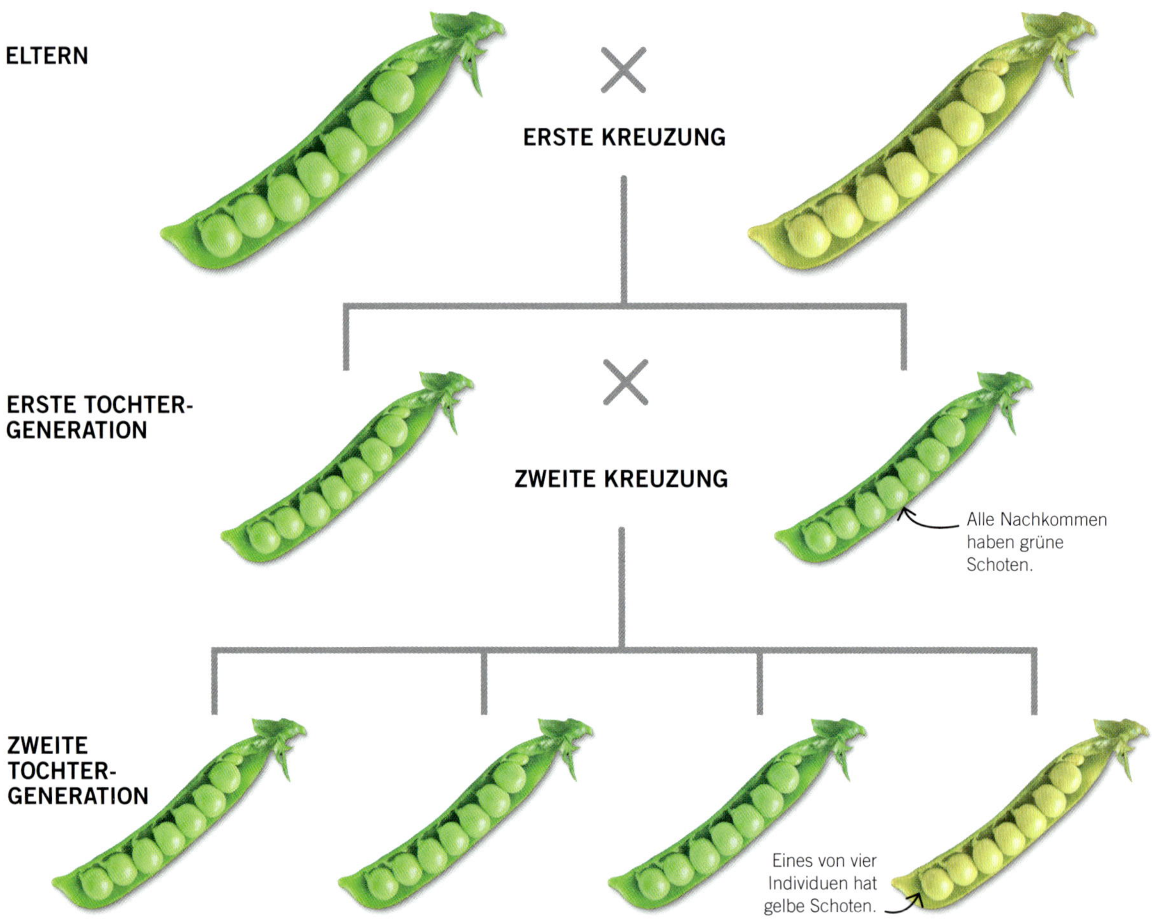

Erklärung der Ergebnisse Mendels

Mendel fand das 3:1-Verhältnis in der zweiten Tochtergeneration seiner Kreuzungsexperimente auch bei anderen Merkmalen, etwa Pflanzenhöhe, Blütenfarbe, Schotenform, Samenform, Samenfarbe und Blütenposition. Er erklärte seine Versuchsergebnisse damit, dass für die Ausbildung dieser Merkmale jeweils Paare von Erbfaktoren verantwortlich seien, die bei der sexuellen Fortpflanzung getrennt und neu kombiniert werden können. Einer dieser Erbfaktoren müsse dabei dominant und der andere rezessiv sein.

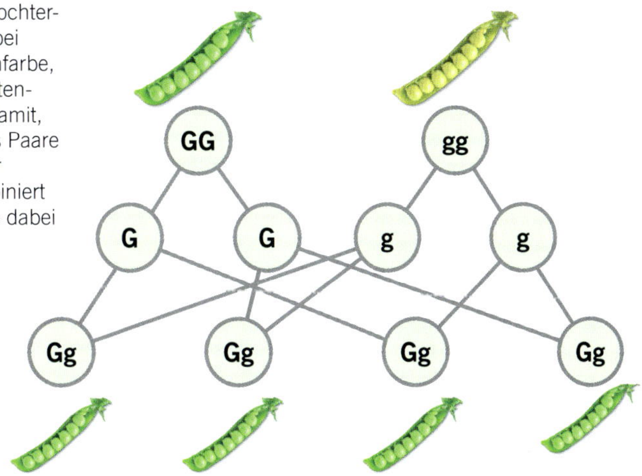

Erste Kreuzung
Bei der ersten Kreuzung wurde eine reinerbige (homozygote) Erbse mit grünen Schoten mit einer reinerbigen Erbse mit gelben Schoten gekreuzt. Da alle Nachkommen grüne Schoten hatten, schlussfolgerte Mendel, dass die grüne Variante des Erbfaktors (G) dominant sein müsse.

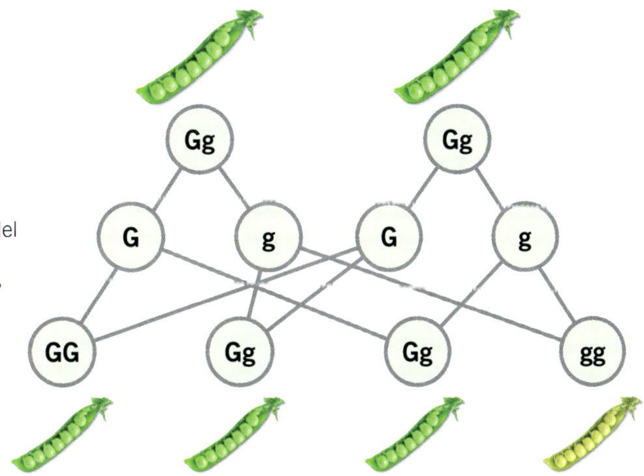

Zweite Kreuzung
In der zweiten Tochtergeneration hatte eins von vier Nachkommen gelbe Schoten. Mendel schloss daraus, dass bei diesen Pflanzen die dominante grüne Variante des Erbfaktors fehlen müsse und dass sie stattdessen den rezessiven Erbfaktor in zweifacher Ausfertigung (gg) besitzen müssen.

Gregor Mendel

Gregor Mendel war Mönch in einem Kloster in Mähren (heute ein Teil Tschechiens) und führte seine Experimente im Klostergarten durch. Er veröffentlichte seine Forschungsergebnisse im Jahr 1866, doch sein Werk fand jahrzehntelang wenig Beachtung. Erst als im 20. Jh. – lange nach Mendels Tod – Chromosomen und DNA entdeckt wurden, realisierten Wissenschaftler in aller Welt die enorme Bedeutung der Arbeiten Mendels.

Blutgruppen

Viele Gene kommen in mehreren Varianten (Allelen) vor. Die Blutgruppe eines Menschen wird zum Beispiel von einem Gen festgelegt, das in drei Allelen vorliegt. Durch Kombination dieser Allele entstehen vier Blutgruppen.

Auf einen Blick

- Es gibt vier Blutgruppen: A, B, AB, und 0.
- Das Blutgruppen-Gen codiert ein Protein auf der Oberfläche roter Blutzellen.
- Das Blutgruppen-Gen kommt in drei Varianten (Allelen) vor.

Blutgruppen-Allele

Das Blutgruppen-Gen codiert ein Protein auf der Oberfläche roter Blutzellen. Die beiden Allele I^A und I^B des Gens sind kodominant und codieren unterschiedliche Varianten des Proteins. Das dritte Allel (I^0) ist rezessiv und codiert kein Protein. Das Vorhandensein oder Fehlen von Varianten des Oberflächenproteins bestimmt die Blutgruppe. Diese Tabelle zeigt alle möglichen Allelkombinationen und die zugehörigen Blutgruppen.

Allele	I^AI^A	I^AI^0	I^BI^B	I^BI^0	I^AI^B	I^0I^0
Blutgruppe	A	A	B	B	AB	0

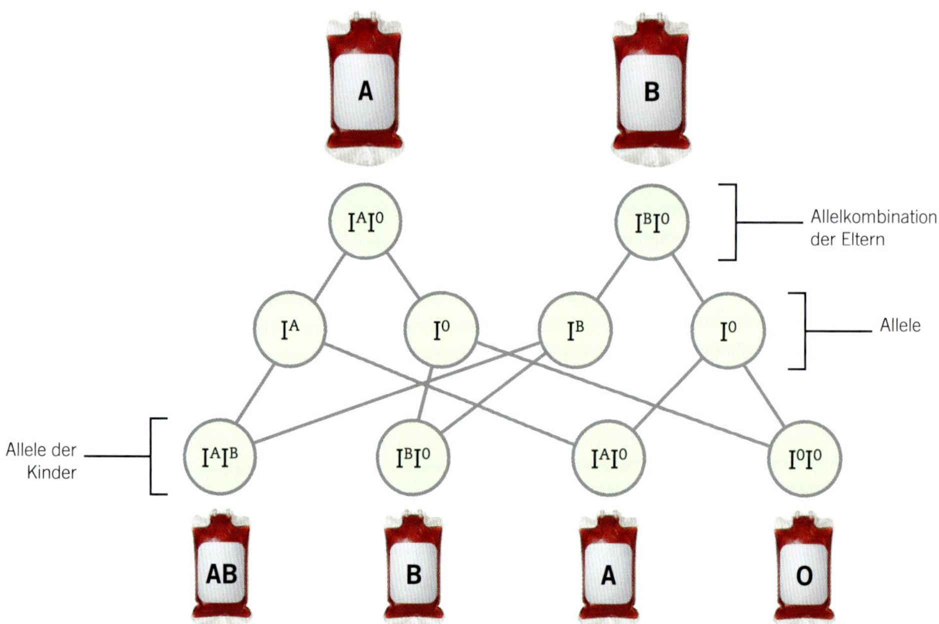

Bei dieser Kreuzung beträgt die Wahrscheinlichkeit, dass ein Kind eine bestimmte Blutgruppe hat, 25 Prozent.

Kreuzungsdiagramm
Wenn man die Blutgruppen-Allele der Eltern kennt, kann man mithilfe eines Kreuzungsdiagramms vorhersagen, wie groß die Wahrscheinlichkeit ist, dass deren Kinder eine bestimmte Blutgruppe haben. Dieses Diagramm zeigt die Blutgruppen von Kindern, deren Eltern Blutgruppe A bzw. Blutgruppe B haben und zudem das rezessive Allel I^0 tragen.

Erbkrankheiten

Erbkrankheiten sind genetisch bedingte Krankheiten, die an die Nachkommen weitervererbt werden können. Ist ein rezessives Allel für die Erbkrankheit verantwortlich, erkranken nur Menschen, die zwei nicht intakte Allele haben. Menschen mit nur einem solchen Allel sind lediglich Träger und weisen keine Symptome auf.

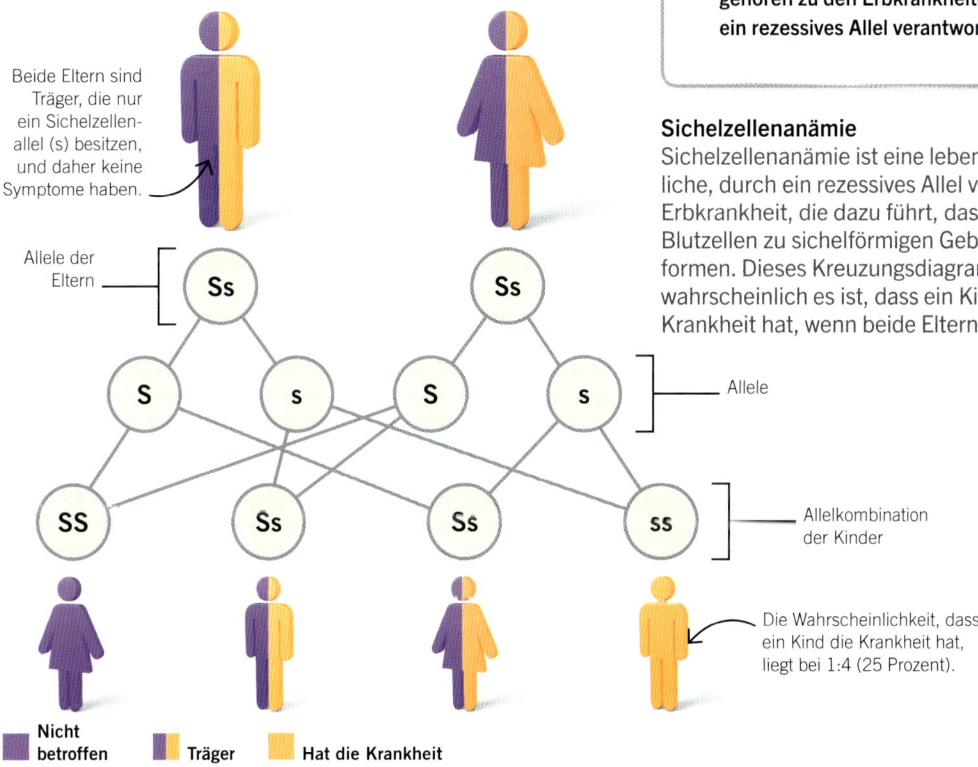

Auf einen Blick

- ✓ Erbkrankheiten sind genetisch bedingte Krankheiten, die an die Nachkommen weitervererbt werden können.
- ✓ Erbkrankheiten können durch einzelne Gene verursacht werden.
- ✓ Sichelzellenanämie und Mukoviszidose gehören zu den Erbkrankheiten, für die ein rezessives Allel verantwortlich ist.

Sichelzellenanämie

Sichelzellenanämie ist eine lebensbedrohliche, durch ein rezessives Allel verursachte Erbkrankheit, die dazu führt, dass sich rote Blutzellen zu sichelförmigen Gebilden verformen. Dieses Kreuzungsdiagramm zeigt, wie wahrscheinlich es ist, dass ein Kind die Krankheit hat, wenn beide Eltern Träger sind.

Stammbäume

Die Art und Weise wie Erbkrankheiten in Familien vererbt werden, kann mithilfe von Familienstammbäumen dargestellt werden. In diesem Stammbaum, der die Vererbung der Sichelzellenanämie zeigt, stehen Quadrate für Männer und Kreise für Frauen. Die Farbe Gelb repräsentiert das Allel für Sichelzellenanämie. Nur eine Person (Rachel) besitzt zwei nicht intakte Allele und ist daher von der Krankheit betroffen.

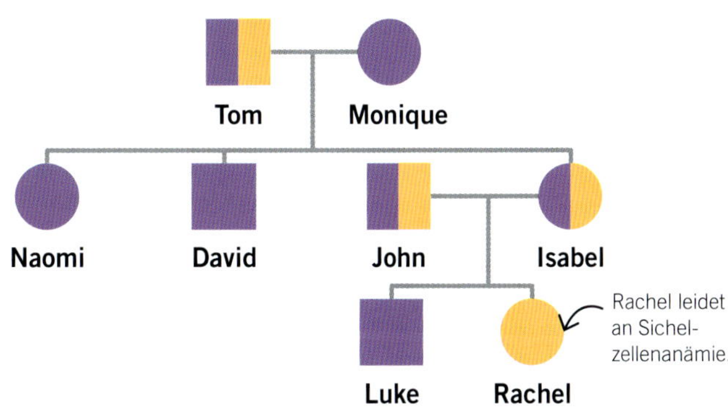

Gentests

Die menschliche DNA kann mithilfe von Gentests auf mögliche Erbkrankheiten untersucht werden. Das Testen von Embryos auf solche Krankheiten wird als Embryo-Screening bezeichnet. Embryo-Screening wirft ethische Fragen auf.

Auf einen Blick

- ✓ **Bei Gentests wird die DNA auf Allele hin untersucht, die Erbkrankheiten verursachen.**
- ✓ **Das Testen von Embryos auf Erbkrankheiten wird als Embryo-Screening bezeichnet.**
- ✓ **Embryo-Screening wirft ethische Fragen auf.**

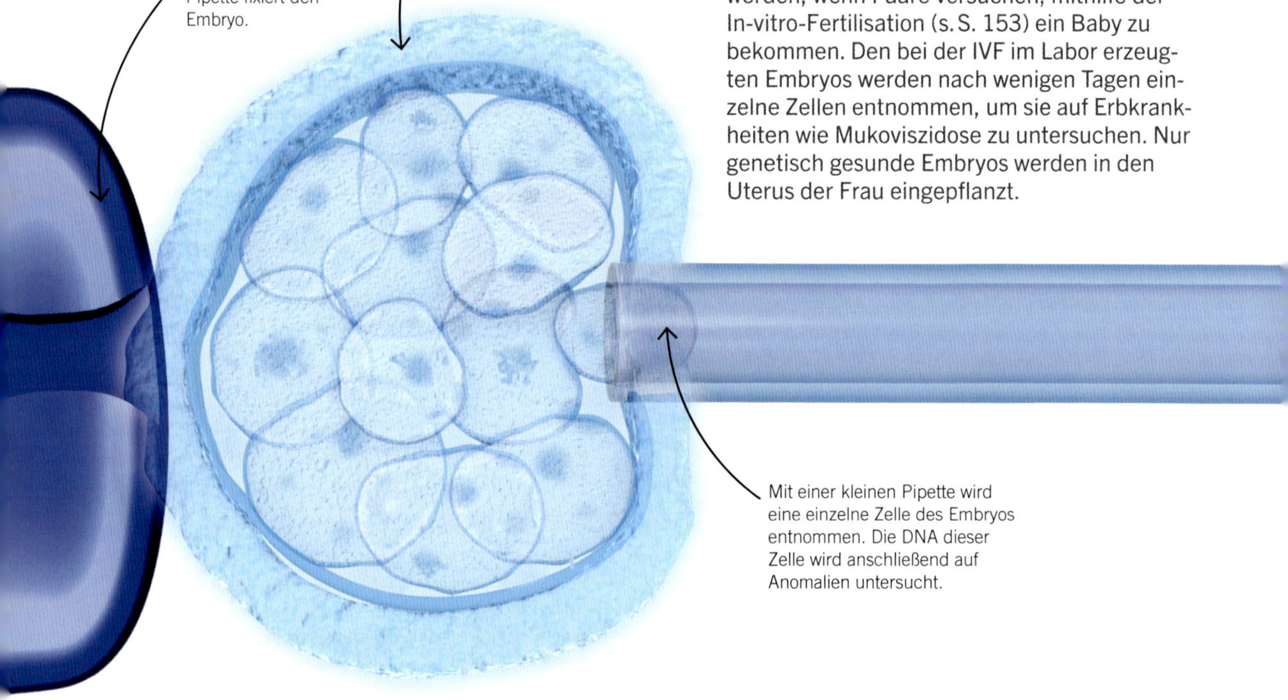

Embryo-Screening
Embryo-Screening kann z. B. eingesetzt werden, wenn Paare versuchen, mithilfe der In-vitro-Fertilisation (s. S. 153) ein Baby zu bekommen. Den bei der IVF im Labor erzeugten Embryos werden nach wenigen Tagen einzelne Zellen entnommen, um sie auf Erbkrankheiten wie Mukoviszidose zu untersuchen. Nur genetisch gesunde Embryos werden in den Uterus der Frau eingepflanzt.

Embryo-Screening – pro und kontra

Pro

- Embryo-Screening sorgt dafür, dass Paare keine Kinder bekommen, die von bestimmten, schweren Erbkrankheiten betroffen sind, und verhindert dadurch viel Leid.
- Die Vermeidung von Erbkrankheiten senkt die Gesundheitskosten und reduziert so die finanzielle Belastung für Eltern, Steuerzahler und Staat.

Kontra

- Manche Menschen denken, dass es unethisch sei, erbkranke Embryos zu vernichten. Sie glauben, dass jeder Embryo ein Recht auf Leben habe.
- Embryo-Screening könnte eines Tages dazu verwendet werden, gezielt Menschen mit wünschenswerten Eigenschaften, wie etwa hohem IQ, zu züchten, auch wenn dies heute noch durch Gesetze verboten ist.

Bestimmung des Geschlechts

Bei Menschen und anderen Säugetieren bestimmen spezielle Chromosomen (X- und Y-Chromosomen) das Geschlecht. Frauen besitzen zwei X-Chromosomen in jeder Zelle und Männer je ein X- und ein Y-Chromosom.

Geschlechtschromosomen
Das menschliche X-Chromosom enthält weit über 1000 Gene und ist viel größer als das Y-Chromosom, das weniger als 100 Gene trägt. Im Gegensatz zu Autosomen und X-Chromosomen paaren sich X- und Y-Chromosom bei der Meiose (s. S. 46) nicht und tauschen Chromosomenstücke aus, da sie zu unterschiedlich sind.

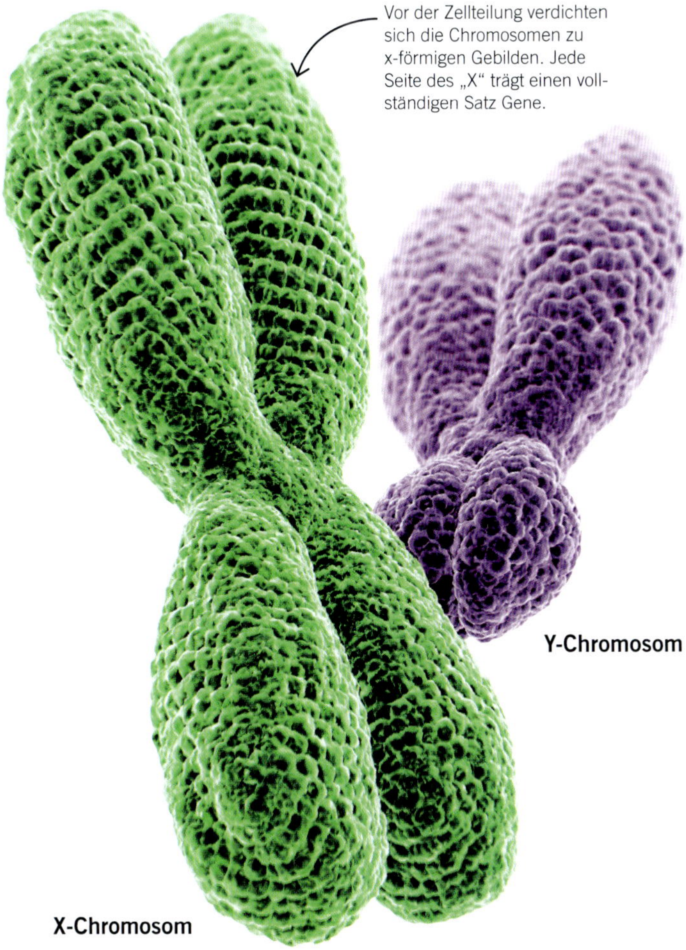

Auf einen Blick

- ✓ X- und Y-Chromosomen bestimmen das Geschlecht bei Menschen.
- ✓ Frauen besitzen zwei X-Chromosomen, Männer ein X- und ein Y-Chromosom.
- ✓ Keimzellen (Eizellen und Spermien) weisen jeweils nur ein Geschlechtschromosom auf.

Junge oder Mädchen?

Keimzellen (Spermien und Eizellen) weisen stets nur ein Geschlechtschromosom auf. Alle Eizellen besitzen ein X-Chromosom und jeweils die Hälfte der Spermien weist ein X- bzw. ein Y-Chromosom auf. Daher liegt die Wahrscheinlichkeit, dass eine Eizelle von einem X-Spermium oder einem Y-Spermium befruchtet wird, jeweils bei 50 Prozent. Bei der Befruchtung durch ein X-Spermium entsteht ein Mädchen, bei der Befruchtung durch ein Y-Spermium ein Junge.

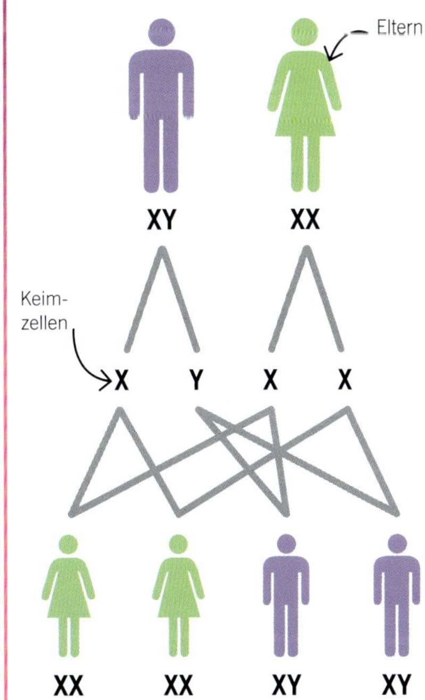

Gonosomale Vererbung

Für manche Merkmale und Erbkrankheiten sind bestimmte Gene auf den Geschlechtschromosomen (Gonosomen) verantwortlich, sie werden geschlechtsgebunden vererbt.

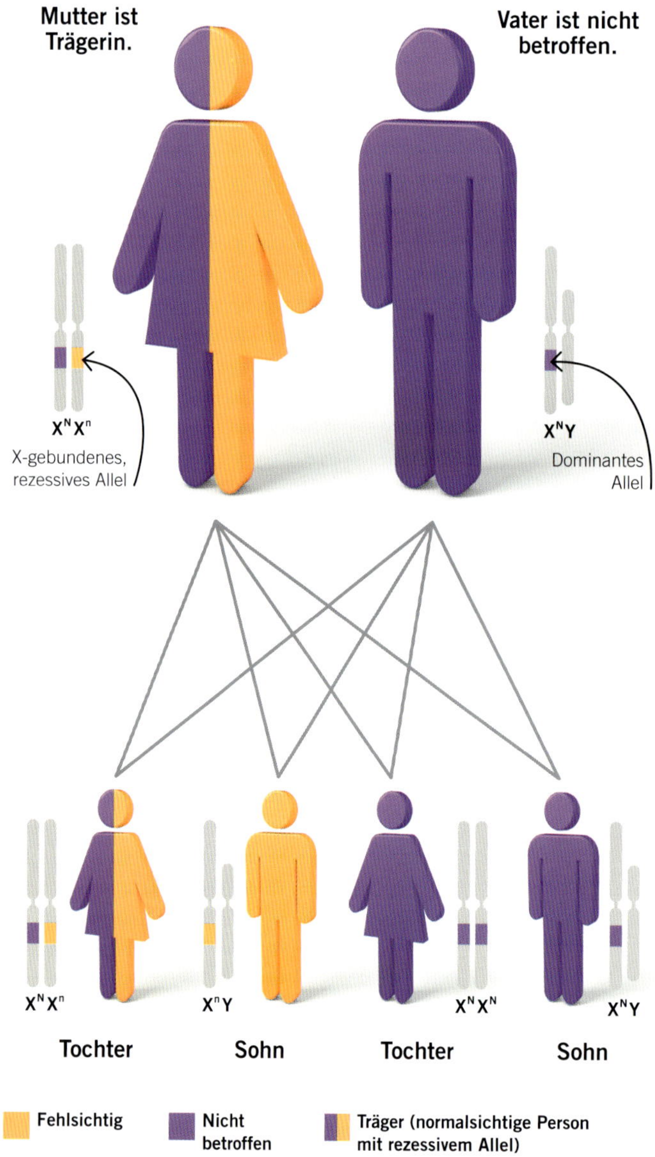

Auf einen Blick

- Für geschlechtsgebundene Merkmale sind Gene auf den Geschlechtschromosomen (Gonosomen) verantwortlich.
- Auch manche Krankheiten werden gonosomal vererbt.
- Rot-Grün-Sehschwäche ist ein geschlechtsgebundener Defekt.

Farbenfehlsichtigkeit

Farbenfehlsichtigkeit wird oft durch ein rezessives Allel auf dem X-Chromosom hervorgerufen. Männer sind davon viel häufiger betroffen als Frauen, denn sie haben nur ein X-Chromosom. Rezessive Allele auf dem X- Chromosom werden daher bei ihnen immer exprimiert. Ein Kreuzungsdiagramm zeigt, wie Farbenfehlsichtigkeit vererbt wird. Die Buchstaben X und Y stehen für die Gonosomen, N steht für ein normales Allel und n repräsentiert ein nicht intaktes Allel.

Rot-Grün-Sehschwäche

Die Rot-Grün-Sehschwäche ist die verbreitetste Form der Farbenfehlsichtigkeit. Sie wird durch Mutationen in Genen verursacht, die Sehpigmentproteine in den Augen codieren. Menschen mit dieser Fehlsichtigkeit haben Probleme, bestimmte Rot- und Grüntöne voneinander zu unterscheiden.

Personen mit Rot-Grün-Sehschwäche haben Probleme, die 8 auf dieser Farbtafel zu erkennen.

Tiere klonen

Beim Klonen entstehen genetisch identische Organismen. Viele Tierarten produzieren auf natürlichem Weg Klone, wenn sie sich asexuell fortpflanzen. Säugetiere können dies zwar nicht, sie können aber im Labor geklont werden.

Auf einen Blick

- ✓ **Beim Klonen entstehen genetisch identische Organismen.**
- ✓ **Beim Klonen mit adulten Zellen entstehen Klone aus den Zellen erwachsener Tiere.**
- ✓ **In der Nutztierzucht werden Tiere mit erwünschten Eigenschaften manchmal durch Embryonensplitting geklont.**

Klonen mit adulten Zellen

Das Schaf Dolly war 1996 das erste Säugetier, das aus der Körperzelle eines erwachsenen Tieres geklont wurde. Beim Klonen mit adulten Zellen wird der Zellkern aus der Zelle eines adulten Tiers entnommen und in eine entkernte Eizelle eingebracht. Der sich daraus entwickelnde Embryo wird einer Leihmutter eingepflanzt.

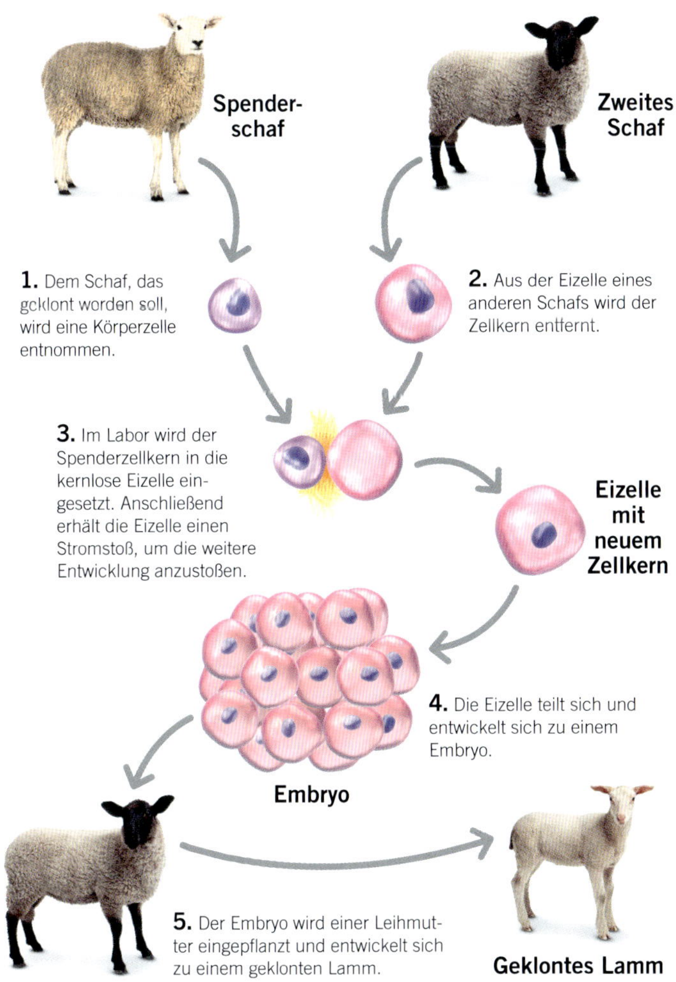

Klonen durch Embryonensplitting

Nutztiere, wie etwa Kühe, werden manchmal geklont, indem man einen frühen Embryo teilt, um mehrere genetisch identische Embryos zu erzeugen, die dann Leihmüttern eingepflanzt werden. Auf diese Weise erhalten Landwirte etliche Kälber von Eltern mit wünschenswerten Eigenschaften.

1. Keimzellen von Tieren mit wünschenswerten Eigenschaften werden im Labor zusammengebracht.

2. Die befruchtete Eizelle wächst zu einem Embryo heran.

3. Bevor die Embryozellen beginnen, sich zu spezialisieren, werden sie geteilt, um mehrere Embryos zu erzeugen.

4. Die geklonten Embryos werden Leihmüttern eingepflanzt.

Gentechnik

Methoden der gezielten Veränderung und Übertragung von Erbmaterial werden als Gentechnik bezeichnet. Organismen, wie etwa Nutzpflanzen, können zum Beispiel mithilfe von Gentechnik nützliche Eigenschaften erhalten. Lebewesen, die durch Gentechnik verändert wurden, heißen gentechnisch veränderte Organismen (GVO).

Auf einen Blick

- **Methoden der gezielten Veränderung und Übertragung von Erbmaterial werden als Gentechnik bezeichnet.**
- **Mithilfe von Gentechnik können z. B. ertragreichere Nutzpflanzen oder Medikamente hergestellt werden.**
- **Es gibt ethische Bedenken gegenüber gentechnisch veränderten Pflanzen und Tieren.**

Insulinherstellung
Das Hormon Insulin ist ein wichtiges Diabetes-Medikament. Synthetisches Insulin war das erste Arzneimittel, das von gentechnisch veränderten Bakterien produziert wurde. Die Bakterien wurden erzeugt, indem man das menschliche Insulin-Gen in ihre Plasmide (ringförmige DNA-Moleküle von Bakterien) einschleuste.

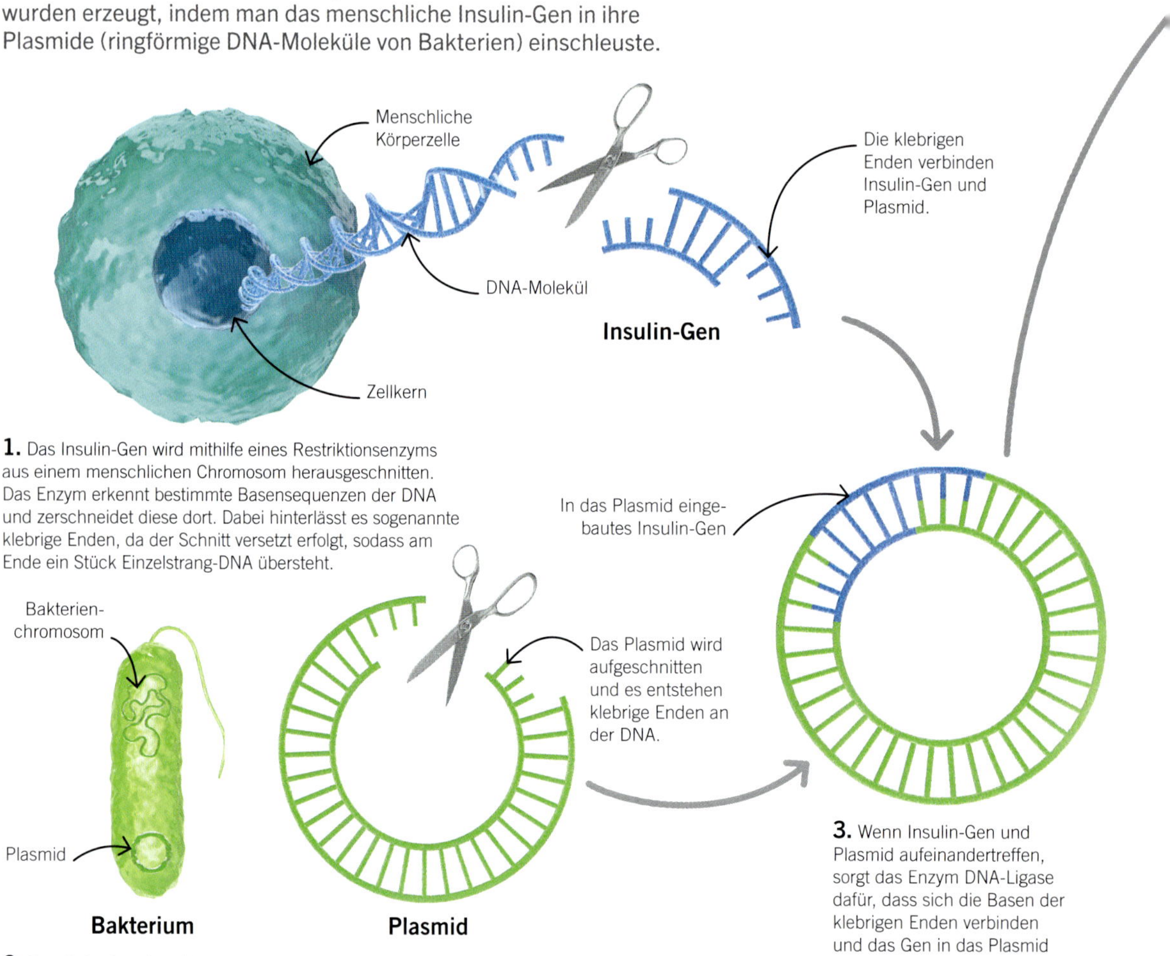

1. Das Insulin-Gen wird mithilfe eines Restriktionsenzyms aus einem menschlichen Chromosom herausgeschnitten. Das Enzym erkennt bestimmte Basensequenzen der DNA und zerschneidet diese dort. Dabei hinterlässt es sogenannte klebrige Enden, da der Schnitt versetzt erfolgt, sodass am Ende ein Stück Einzelstrang-DNA übersteht.

2. Das Bakterienplasmid wird mit dem gleichen Restriktionsenzym aufgeschnitten. Die dabei entstehenden klebrigen Enden passen zu denen des Insulin-Gens.

3. Wenn Insulin-Gen und Plasmid aufeinandertreffen, sorgt das Enzym DNA-Ligase dafür, dass sich die Basen der klebrigen Enden verbinden und das Gen in das Plasmid eingefügt wird.

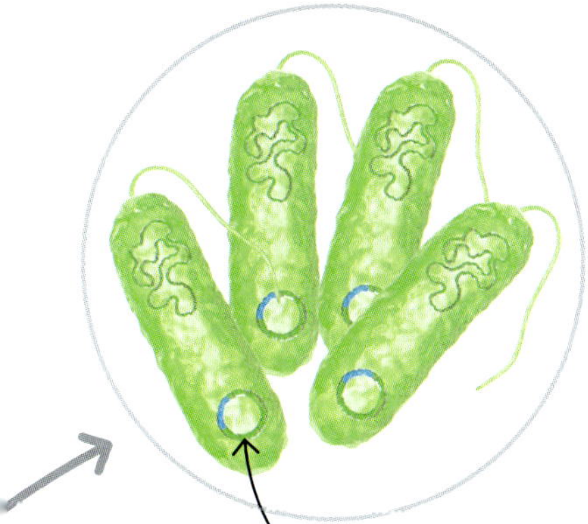

4. Das Plasmid wird von einem Bakterium aufgenommen. Dieses teilt sich immer wieder und vervielfältig dabei das Insulin-Gen.

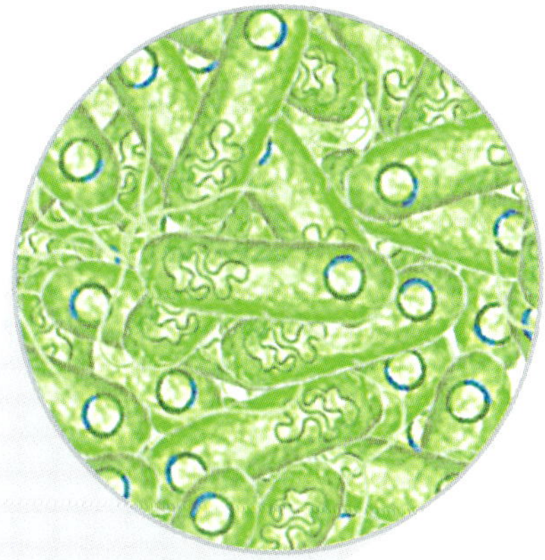

Gentechnisch verändertes Plasmid in einem Bakterium

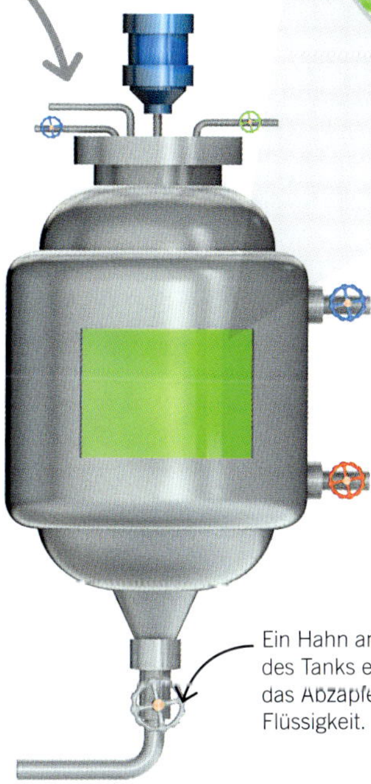

5. Die gentechnisch veränderten Bakterien kommen in einen Fermenter (s. S. 203), der ihnen ideale Bedingungen für ihre Vermehrung bietet. Nach einiger Zeit sind Milliarden Bakterien vorhanden, die alle mithilfe des neuen Gens menschliches Insulin produzieren.

6. Das in der Flüssigkeit des Fermenters enthaltene Insulin wird gereinigt und zu einem Medikament verarbeitet.

Ein Hahn am Boden des Tanks ermöglicht das Abzapfen von Flüssigkeit.

Gentechnik – pro und kontra

Pro

- Gentechnik kann Organismen oft schneller und effektiver verändern und den Wünschen des Marktes anpassen als selektive Züchtung.
- Durch genetisch veränderte Nutzpflanzen kann der Ernteertrag gesteigert und der Hunger in manchen Regionen der Erde gelindert werden.
- Genetisch veränderte Nutzpflanzen, die gegen Krankheiten und Schädlinge resistent sind, verringern den Einsatz von Pestiziden und schonen so die Umwelt.
- Mithilfe der Gentechnik können neue Therapien zur Bekämpfung schwerer Krankheiten entwickelt werden.

Kontra

- Das Ausbringen gentechnisch veränderter Pflanzen in die Natur könnte zur Übertragung der Genmodifikationen auf Wildpflanzen und andere Organismen führen – mit unabsehbaren Folgen.
- Manche Menschen sehen in der Gentechnik einen unzulässigen Eingriff in die Natur.
- Der Verzehr gentechnisch veränderter Nutzpflanzen könnte zu gesundheitlichen Problemen, wie etwa Allergien, führen.

Pflanzen klonen

Da sich Pflanzen in der Natur ohnehin häufig vegetativ (ungeschlechtlich) über Klone vermehren, lassen sie sich auch leicht künstlich klonen. Das Klonen ermöglicht es, in kurzer Zeit viele Pflanzen mit wünschenswerten Eigenschaften zu produzieren.

Auf einen Blick

- ✓ **Durch Klonen lassen sich in kurzer Zeit viele Pflanzen mit gewünschten Eigenschaften produzieren.**
- ✓ **Die Vermehrung durch Stecklinge ist eine von Gärtnern häufig genutzte Form des Klonens.**
- ✓ **In pflanzlichen Gewebekulturen werden aus winzigen Gewebestücken Pflanzenklone erzeugt.**

Pflanzliche Gewebekultur
Pflanzen, die man nur schwer aus Samen oder Stecklingen heranziehen kann, lassen sich vermehren, indem man sie in Gewebekulturen klont. Dabei werden kleine Gewebestücke von Pflanzen auf künstlichen Nährmedien ausgebracht. Den Nährmedien zugesetzte Pflanzenhormone stimulieren die Ausbildung von Blättern und Wurzeln und lassen die Gewebestücke zu kleinen Pflänzchen heranwachsen. Mit dieser Technik kann man große Mengen genetisch identischer Pflanzen produzieren.

Der Agar enthält Nährstoffe und Pflanzenhormone.

In einer Gewebekultur herangezogene Sonnentau-Pflänzchen

Stecklinge

Die Vermehrung durch Stecklinge ist eine traditionelle Form des Klonens, die von Gärtnern seit Jahrhunderten angewendet wird. Pflanzen besitzen die Fähigkeit, sich aus Teilen zu regenerieren, da die meisten ihrer Zellen totipotent sind und sich zu einem vollständigen Organismus entwickeln können.

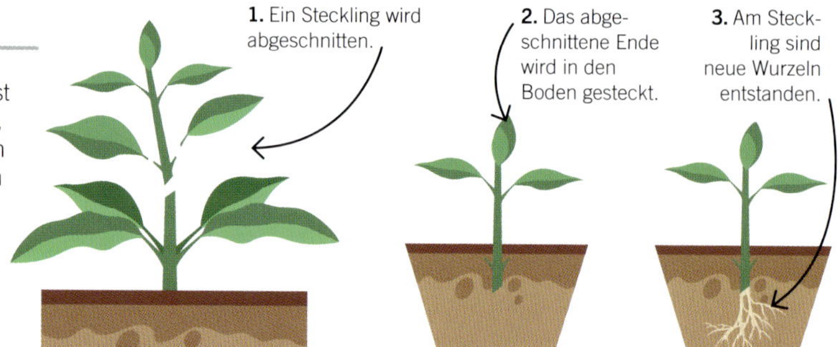

Fermentation

Bei der industriellen Fermentation werden Mikroorganismen zur Herstellung nützlicher Produkte verwendet – von Wein und Joghurt bis hin zu Medikamenten wie Penizillin oder Insulin. Die Mikroben werden dabei in großen, nährstoffreichen Behältern kultiviert, die als Bioreaktoren oder Fermenter bezeichnet werden.

Auf einen Blick

- ✓ **Bei der industriellen Fermentation werden Mikroorganismen zur Herstellung nützlicher Produkte verwendet.**
- ✓ **Die Wachstumsbedingungen in Bioreaktoren werden von Computern überwacht.**

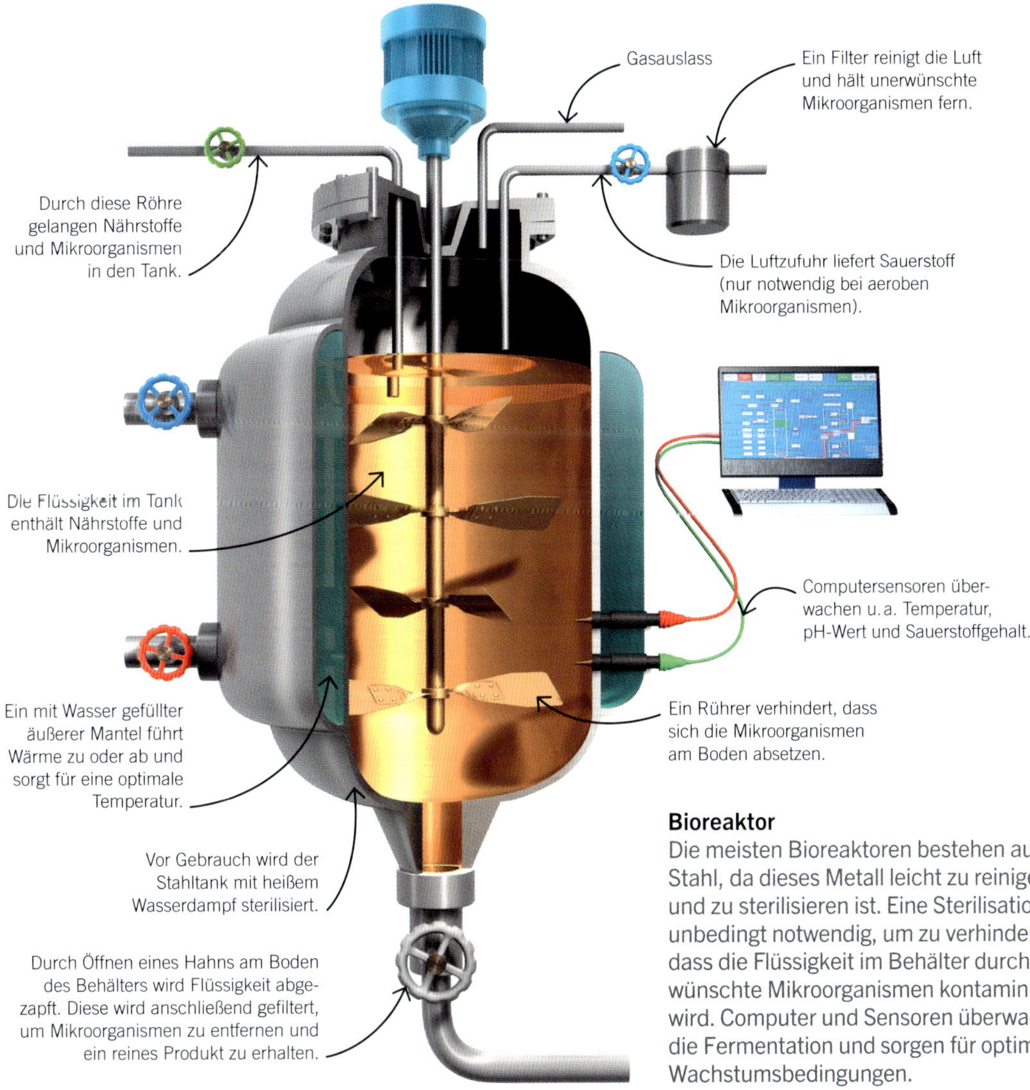

Bioreaktor
Die meisten Bioreaktoren bestehen aus Stahl, da dieses Metall leicht zu reinigen und zu sterilisieren ist. Eine Sterilisation ist unbedingt notwendig, um zu verhindern, dass die Flüssigkeit im Behälter durch unerwünschte Mikroorganismen kontaminiert wird. Computer und Sensoren überwachen die Fermentation und sorgen für optimale Wachstumsbedingungen.

Evolution

Variation

Unter den unzähligen Organismen auf der Erde gibt es keine zwei, die exakt gleich sind. Die Vielfalt an Merkmalen innerhalb einer Art heißt Variation. Diese kann durch genetische Unterschiede oder Umweltfaktoren verursacht werden.

Auf einen Blick

- ✓ **Die Vielfalt an Merkmalen innerhalb einer Art heißt Variation.**
- ✓ **Variation kann durch genetische Unterschiede oder Umweltfaktoren verursacht werden.**

Genetische Variation

Der Großteil der Variation innerhalb einer Art wird durch genetische Unterschiede verursacht. Diese können durch Neukombination des Erbguts bei der sexuellen Fortpflanzung oder durch Mutationen entstehen. Mutationen (s. S. 186) erzeugen ständig neue Genvarianten und sexuelle Fortpflanzung (s. S. 160) sorgt dafür, dass alle Nachkommen verschieden sind.

Alle Katzenjungen sind von Geburt an verschieden, da sie jeweils einen einzigartigen Satz Gene besitzen.

Umweltbedingte Variation

Die Umwelt beeinflusst die Entwicklung von Organismen. Bäume in windigen Regionen wachsen z. B. oft in die dem vorherrschenden Wind abgewandte Richtung und sehen daher schief aus. Tiere, die beim Heranwachsen unzureichend ernährt werden, bleiben meist viel kleiner als Tiere, die reichlich hochwertige Nahrung erhalten. Viele Merkmale von Organismen werden weder allein durch die Umwelt noch allein durch Gene festgelegt, sondern durch eine Kombination beider Faktoren.

Diskontinuierliche und kontinuierliche Variation

Von kontinuierlicher Variation spricht man, wenn Merkmale von Organismen innerhalb eines bestimmten Bereichs unzählige Werte annehmen können. Bei diskontinuierlicher Variation gibt es nur eine begrenzte Anzahl an Varianten.

Auf einen Blick

- ✓ Die Körpergröße von Tieren oder Menschen ist ein Beispiel für kontinuierliche Variation.
- ✓ Die menschlichen Blutgruppen sind ein Beispiel für diskontinuierliche Variation.

Körpergröße
Die Körpergröße von Tieren oder Menschen ist ein gutes Beispiel für kontinuierliche Variation, da Individuen innerhalb eines bestimmten Größenbereichs theoretisch jede Größe erreichen können. Weitere menschliche Merkmale mit kontinuierlicher Variation sind z. B. Körpergewicht, Fußlänge und Handspanne.

Alle Haushunderassen gehören zur selben Art, variieren aber stark in der Körpergröße.

Variationsdiagramme

Stellt man eine kontinuierliche Variation grafisch dar, ergibt sich eine Glockenkurve mit einem Maximum nahe des Durchschnittswerts. Im Unterschied dazu weist die grafische Darstellung einer diskontinuierlichen Variation nur eine begrenzte Anzahl getrennter Säulen auf, die stellvertretend für die begrenzte Anzahl an Varianten stehen. Diskontinuierliche Variation wird gewöhnlich nur von einem oder wenigen Genen verursacht. Kontinuierliche Variation kann durch Gene oder Umweltfaktoren verursacht werden.

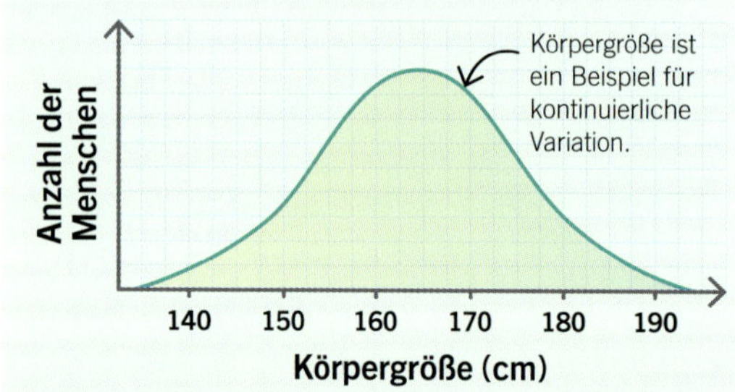

Körpergröße ist ein Beispiel für kontinuierliche Variation.

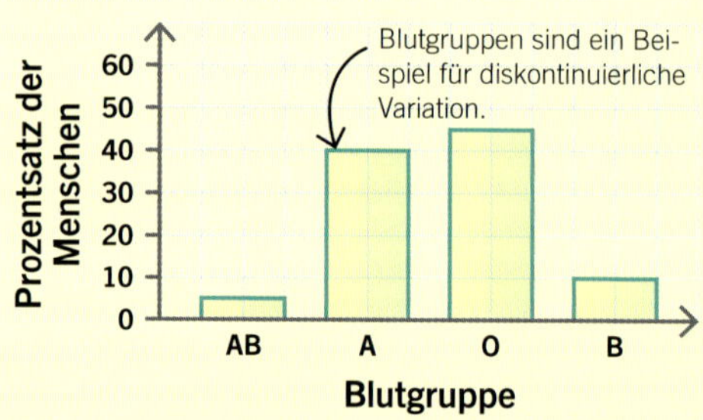

Blutgruppen sind ein Beispiel für diskontinuierliche Variation.

Darwin und Wallace

Im 19. Jahrhundert reisten die britischen Naturforscher Charles Darwin und Alfred Russel Wallace um die Welt und studierten wild lebende Tiere und Pflanzen. Beide hatten unabhängig voneinander die Idee, dass Arten durch natürliche Selektion entstehen und dass diese die Triebfeder der Evolution ist.

Auf einen Blick

- ✓ **Charles Darwin und Alfred Russel Wallace vertraten beide die Theorie, dass Arten durch natürliche Selektion entstehen.**
- ✓ **Die Theorie war sehr umstritten, da sie nicht im Einklang mit der biblischen Schöpfungsgeschichte stand.**

Entdeckungsreise
In den 1830er-Jahren segelte Darwin mit der HMS Beagle um die Welt. Seine Beobachtungen an inselbewohnenden Tieren weckten in ihm die Idee, dass sich Arten verändern können. Seine Theorie war sehr umstritten, da sie im Widerspruch zu der Vorstellung von einem Schöpfergott stand, der alle Arten in ihrer heutigen Form erschaffen hat. Darwin sammelte eine Menge Belege, die seine Theorie stützten, doch er konnte den Vererbungsmechanismus, der Evolution möglich machte, nicht erklären, da Gene und DNA damals noch unbekannt waren.

Begründer der Evolutionstheorie

Charles Darwin (1809–1882)
Darwin studierte jahrzehntelang Tiere, Pflanzen und Fossilien, bevor er seine Theorie veröffentlichte. Er stellte fest, dass sich keine zwei Individuen einer Art glichen, und nahm an, dass die „natürliche Selektion" für die Evolution verantwortlich sei. Darwin ging davon aus, dass sich Individuen mit vorteilhaften Merkmalen stärker vermehren und sich Arten dadurch mit der Zeit verändern und immer besser an ihre Umwelt anpassen.

Alfred Russel Wallace (1823–1913)
Genau wie Darwin bereiste auch Wallace ausgiebig tropische Länder und studierte dort Fauna und Flora. Auch er bemerkte die Variation innerhalb einer Art und stellte fest, dass nah verwandte Arten oft in benachbarten Lebensräumen lebten. Wallace stellte die Hypothese auf, dass getrennte Populationen derselben Art sich durch natürliche Selektion so verändern können, dass sie schließlich zu getrennten Arten werden.

Evolution

Die im Lauf von Generationen stattfindende Veränderung von Lebewesen und Arten in Anpassung an ihre Umwelt wird Evolution genannt. Als Triebfeder der Evolution gilt die natürliche Selektion.

Auf einen Blick

- ✓ Evolution ist die im Lauf von Generationen stattfindende Veränderung von Lebewesen in Anpassung an ihre Umwelt.
- ✓ Die natürliche Selektion ist die Triebfeder der Evolution.
- ✓ Durch natürliche Auslese passen sich Arten im Lauf der Zeit besser an ihre Umwelt an.

Natürliche Selektion
Die Individuen einer Art sind aufgrund von genetischen Unterschieden alle verschieden. Die natürliche Selektion wählt aus dieser Vielfalt diejenigen Individuen aus, die Merkmale besitzen, die einen Überlebensvorteil darstellen, und sorgt dafür, dass sie sich stärker vermehren als ihre Artgenossen. Dadurch werden vorteilhafte Gene häufiger an die nächste Generation weitergegeben und die Art passt sich nach und nach immer besser an ihre Umwelt an.

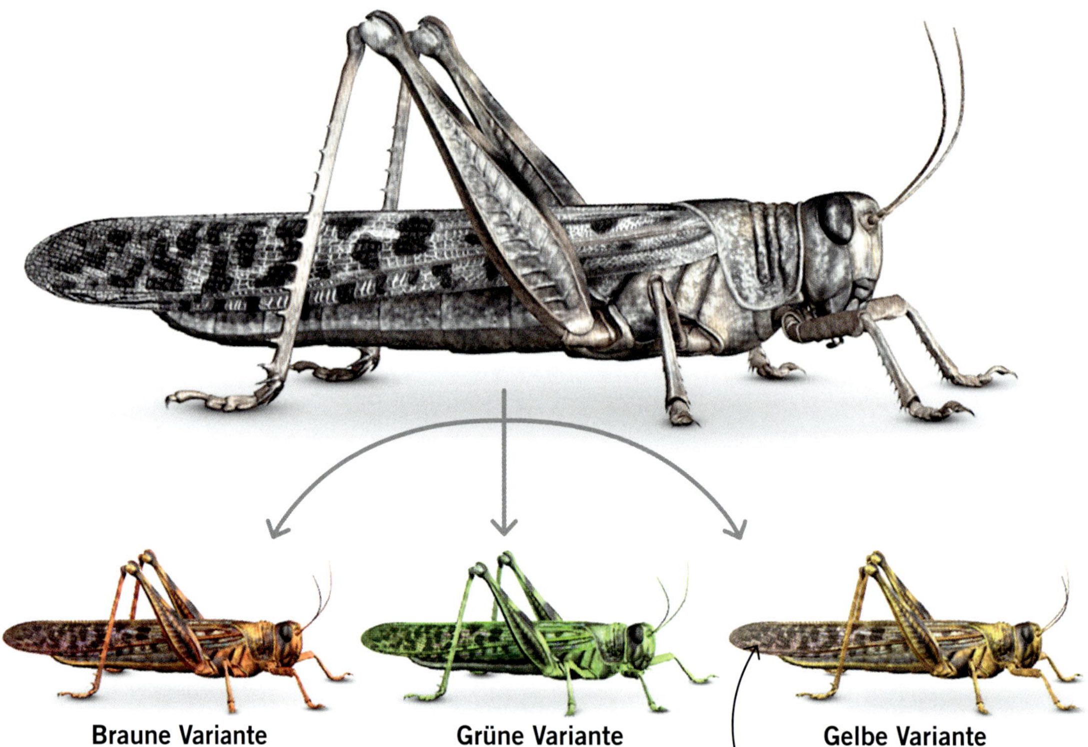

Durch Mutation sind neue Körperfarben entstanden.

1. Mutationen sorgen für Variation
Durch Mutationen (s. S. 186) entstehen ständig neue Allele (Genvarianten). Mutationen in Genen, die bei Heuschrecken für die Körperfarbe verantwortlich sind, können z. B. zu einer Population mit unterschiedlich gefärbten Individuen führen.

Kampf ums Überleben

Die Evolutionstheorie wurde durch die britischen Naturforscher Charles Darwin und Alfred Russel Wallace (s. S. 207) begründet. Darwin bemerkte, dass viele Tiere eine große Zahl von Nachkommen produzieren, von denen aber nur wenige das Erwachsenenalter erreichen. Ein Grasfroschweibchen z. B. kann jedes Jahr etwa 2000 Eier legen, doch nur ganz wenige seiner Nachkommen werden erwachsen. Der Kampf ums Überleben fordert seine Opfer und ist ein fortwährender Prozess, bei dem die natürliche Selektion diejenigen Individuen mit den besten Genen begünstigt.

2. Anpassung an die Umwelt

Die Evolutionstheorie besagt, dass die am besten angepassten Individuen einen Selektionsvorteil haben. Grüne Heuschrecken sind in saftgrünen Wiesen gut getarnt, während braune und gelbe Exemplare für Feinde leicht zu erkennen sind und daher öfter gefressen werden. Die grünen Tiere überleben häufiger und vermehren sich stärker, sodass ihr Anteil an der Population größer wird.

3. Die Umwelt verändert sich

Umweltbedingungen ändern sich häufig im Lauf der Zeit. So kann z. B. trockeneres Klima dazu führen, dass weite Teile von einst grünen Wiesen verdorren. Dann haben braune und gelbe Heuschrecken eine größere Chance zu überleben. Die vorherrschende Farbe der Insekten verändert sich in Anpassung an die Umwelt, braune und gelbe Heuschrecken werden häufiger.

Fossilien

Fossilien sind Überreste und Spuren urzeitlicher Lebewesen, die bis heute erhalten geblieben sind. Der Fossilbericht stützt die Evolutionstheorie, denn er zeigt, dass Arten sich im Lauf der Zeit ver ändert haben, und dass urzeitliche Arten mit heute lebenden Arten verwandt sind.

Blick in die Vergangenheit

Obwohl der Fossilbericht unvollständig ist, können wir heute anhand von Fossilfunden recht gut nachvollziehen, wie die Evolution von Organismen abgelaufen ist. 1999 wurden in China Fossilien des 123 Mio. Jahre alten Dromaeosauriers entdeckt. Das etwa 5 kg schwere Tier war mit Federn bedeckt, besaß aber, anders als heutige Vögel, Zähne und einen langen, knöchernen Schwanz. Die Mischung aus Dinosaurier- und Vogelmerkmalen stützt die Theorie, dass sich Vögel aus Dinosauriern entwickelt haben.

Das Fossil weist Abdrücke vogelähnlicher Federn auf.

Der lange, knöcherne Schwanz ist ein typisches Dinosauriermerkmal.

Auf einen Blick

- **Der Fossilbericht stützt die Evolutionstheorie.**
- **Ausgestorbene urzeitliche Arten sind mit heute lebenden Arten verwandt.**

Wie Fossilien entstehen

Die meisten Fossilien entstehen aus harten Körperteilen wie Knochen oder Schalen. Wenn diese lange Zeit unter Sediment begraben sind, werden sie nach und nach mineralisiert und in Stein verwandelt. Auch Spuren urzeitlicher Lebewesen, etwa Fußabdrücke, können zu Fossilien werden. Fossilien, die in Bernstein, Teer oder Eis eingeschlossen wurden, sind manchmal außergewöhnlich gut erhalten.

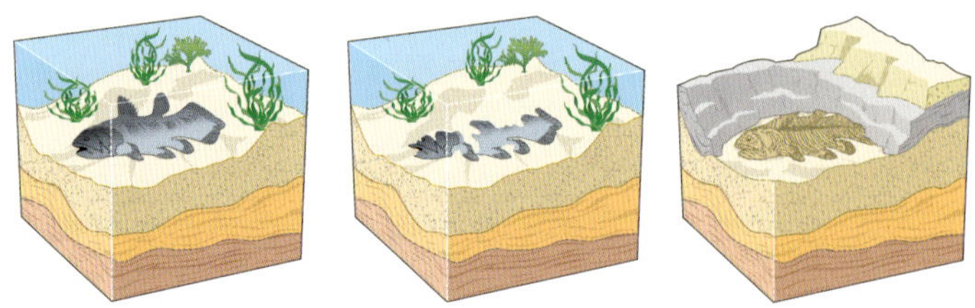

1. Ein Tier stirbt und sinkt auf den schlammigen Meeresgrund.

2. Sediment bedeckt den toten Körper. Mit der Zeit werden die Überreste des Tiers in Stein verwandelt.

3. Millionen Jahre später befördern Bewegungen in der Erdkruste das Fossil an die Erdoberfläche.

Antibiotikaresistente Bakterien

Viele Bakterien haben eine Generationszeit von weniger als 30 Minuten und können daher sehr schnell evolvieren. Es verwundert deshalb nicht, dass der übermäßige Gebrauch von Antibiotika innerhalb von relativ kurzer Zeit zum Entstehen antibiotikaresistenter Bakterien geführt hat, die heute ein großes Gesundheitsrisiko darstellen.

Auf einen Blick

- ✓ **Bakterien haben eine kurze Generationszeit und können daher sehr schnell evolvieren.**
- ✓ **Der übermäßige Gebrauch von Antibiotika führte zum Entstehen von antibiotikaresistenten Superbakterien.**

Entstehung von Resistenzen

Auch Bakterien verändern sich im Lauf der Zeit durch natürliche Selektion. Der Einsatz von Antibiotika erzeugt einen Selektionsdruck, der Mutanten mit Antibiotikaresistenzgenen begünstigt. Ein Beispiel für einen antibiotikaresistenten Keim ist das Superbakterium MRSA (multiresistenter *Staphylococcus aureus*). MRSA-Infektionen sind in Krankenhäusern nicht selten und können tödlich enden.

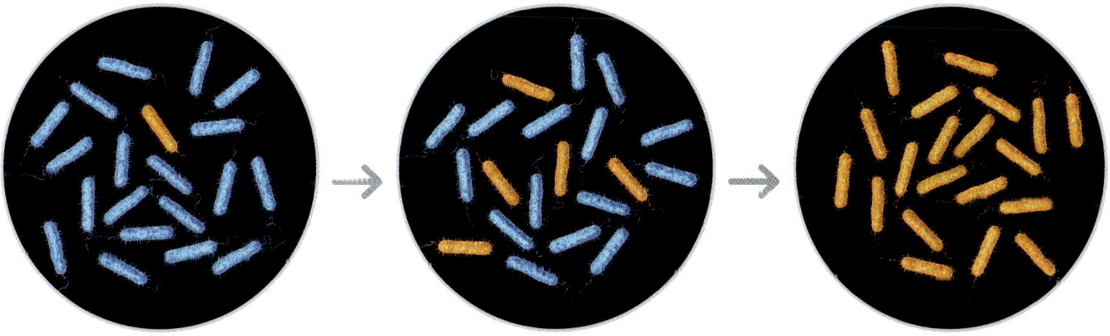

1. Eine zufällige Mutation macht ein einzelnes Bakterium einer Bakterienpopulation resistent gegenüber einem bestimmten Antibiotikum.

2. Werden die Bakterien dem Antibiotikum ausgesetzt, findet Selektion statt. Nichtresistente Bakterien sterben, das resistente Bakterium überlebt und vermehrt sich.

3. Schließlich ist die gesamte Bakterienpopulation resistent gegenüber dem Antibiotikum.

Superkeime bekämpfen

Da das Auftreten multiresistenter Bakterien ein ernstes Gesundheitsrisiko darstellt, versucht man, neue, wirksame Antibiotika zu entwickeln und durch gezielte Präventionsmaßnahmen die Entstehung und Ausbreitung von Antibiotikaresistenzen zu verhindern oder zu verzögern.

1. Ärzte sollten Antibiotika nicht unnötigerweise verschreiben. Bei viralen Erkrankungen sind sie meist überflüssig, da sie gegen Viren unwirksam sind.

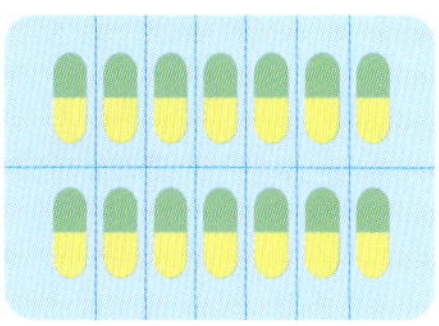

2. Patienten sollten Antibiotika unbedingt nach Vorschrift einnehmen, damit möglichst alle Bakterien abgetötet werden und die Bildung resistenter Formen minimiert wird.

3. Der prophylaktische und wachstumsfördernde Einsatz von Antibiotika in der Landwirtschaft fördert die Resistenzbildung und sollte daher unterbleiben.

Zucht

Bei der Zucht erfolgt die Auswahl der zur Fortpflanzung verwendeten Individuen durch den Menschen (künstliche Selektion). Durch Zuchtwahl lassen sich Merkmale von Haustieren und Nutzpflanzen relativ rasch stark verändern.

Pflanzenzüchtung

Seit der Mensch vor Tausenden von Jahren begonnen hat, Nutzpflanzen anzubauen, hat er diese gezielt durch Züchtung verändert. Dabei wurden stets die Pflanzen mit den wünschenswertesten Merkmalen ausgewählt und zur Zucht verwendet. Wiederholt man die künstliche Selektion über Generationen, werden die entsprechenden Merkmale immer stärker ausgebildet. Manchmal lassen sich dabei aus einer Wildart mehrere Kulturformen züchten. Etliche unserer Gemüse sind z. B. Zuchtformen einer einzigen Pflanzenart – des Wildkohls.

Auf einen Blick

- **Bei der Zucht werden die Individuen mit den wünschenswertesten Merkmalen ausgewählt und zur Fortpflanzung verwendet.**
- **Der Mensch betreibt seit Jahrtausenden Zuchtwahl, um Nutzpflanzen und Haustiere zu züchten, die seinen Wünschen entsprechen.**
- **Etliche unserer Gemüse sind Zuchtformen des Wildkohls.**

Zucht – pro und kontra

Pro

- Hochgezüchtete Nutztiere liefern sehr viel Fleisch, Milch, Wolle oder Eier.
- Nutzpflanzen wachsen schnell und sind sehr ertragreich.
- Gartenpflanzen haben oft prächtigere Blüten als Wildpflanzen.
- Haustiere haben meist ein freundliches Temperament.

Kontra

- Zucht verringert die genetische Vielfalt bei Nutzpflanzen und macht sie daher anfälliger für Krankheiten.
- Inzucht (Paarung naher Blutsverwandter) kann zu Gesundheitsproblemen und geringerer Vitalität führen.
- Zuchtziele werden mithilfe von Gentechnik viel schneller erreicht als durch Zucht.

Artbildung

Eine Art ist eine Gruppe ähnlicher Lebewesen, deren Mitglieder sich natürlich fortpflanzen können. Evolution kann zum Entstehen neuer Arten (Speziation) führen, wenn sich getrennte Populationen einer Art so stark auseinanderentwickeln, dass sie sich nicht mehr miteinander fortpflanzen können.

Auf einen Blick

- ✓ **Voneinander getrennte Populationen einer Art können sich zu neuen Arten entwickeln.**
- ✓ **Geografische Isolation spielt eine wichtige Rolle bei der Entstehung neuer Arten.**

Geografische Isolation
Die Galápagosinseln im Pazifik wurden vor Millionen Jahren von einer Schildkrötenart besiedelt. Auf ihren Inseln geografisch getrennt, passten sich die Schildkrötenpopulationen an unterschiedliche Lebensbedingungen an. Tiere auf trockenen Inseln suchten sich ihre Nahrung in Büschen und entwickelten lange Hälse und sattelförmige Panzer, um besser an ihr Futter heranzukommen. Auf regenreichen Inseln mit dichter Vegetation, etwa Isabela, wurden die Schildkröten dagegen zu „Grasern" mit kürzerem Hals und kuppelförmigem Panzer. Es ist möglich, dass sich die heutigen Unterarten in Zukunft so stark auseinanderentwickeln, dass sie zu getrennten Arten werden.

Auf trockenen Inseln, wie etwa Española, haben die Schildkröten lange Hälse und sattelförmige Panzer.

Auf feuchteren, grüneren Inseln haben die Schildkröten kürzere Hälse und kuppelförmige Panzer.

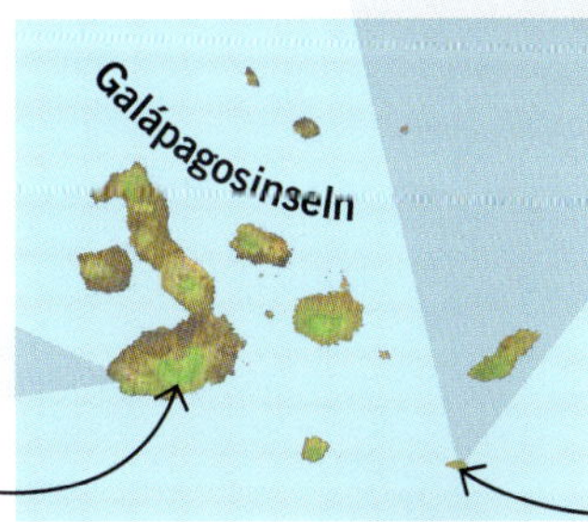

Isabela

Española

Isolationsmechanismen

Isolationsmechanismen spielen eine wichtige Rolle bei der Artbildung, denn sie unterbrechen den Genfluss zwischen Populationen, sodass diese sich auseinanderentwickeln können. Isolationsmechanismen führen außerdem dazu, dass nah verwandte Arten, die Kontakt haben, getrennt bleiben und sich nicht genetisch vermischen. Bei vielen Tieren sorgen z. B. spezielle Artmerkmale dafür, dass sie sich mit Artgenossen und nicht mit Vertretern verwandter Arten fortpflanzen. Schmetterlinge etwa erkennen artgleiche Paarungspartner an der Flügelfärbung und Vögel erkennen diese am arttypischen Gesang.

Aussterben

Aussterben ist das vollständige und unwiederbringliche weltweite Verschwinden einer Organismenart. Im Lauf der Erdgeschichte sind weit mehr Arten ausgestorben als heute auf der Erde leben.

Auf einen Blick

- ✓ Aussterben ist das unwiederbringliche und vollständige weltweite Verschwinden einer Organismenart.
- ✓ Aussterben kann durch viele Faktoren verursacht werden, etwa auch menschliche Einflüsse.

Aussterben des Dodos
Der Dodo war ein großer flugunfähiger Vogel, der auf der Insel Mauritius im Indischen Ozean lebte. Als die Art 1598 von Seefahrern, die auf Mauritius landeten, entdeckt wurde, war ihr Schicksal besiegelt. Die Seeleute holzten die Wälder ab, in denen die Dodos lebten, jagten die Vögel wegen ihres Fleisches und brachten neue Feinde, wie etwa Schweine, Affen, Hunde, Katzen und Ratten, auf die Insel. Spätestens um 1680 war der Dodo ausgerottet.

Da der Dodo seine Flugfähigkeit verloren hatte, konnte er vor den eingeschleppten Feinden nicht fliehen.

Rekonstruktion eines Dodos

Aussterbeursachen
Aussterben ist in der Natur ein ganz normaler Vorgang und findet statt, seit es Leben auf der Erde gibt. Es kann zahlreiche Ursachen haben, von denen einige hier aufgeführt sind. Heute ist der Mensch für das Aussterben vieler Arten verantwortlich.

Neue Räuber, einschließlich menschlicher Jäger	Naturkatastrophen, wie etwa Asteroideneinschläge oder gewaltige Vulkanausbrüche
Neue Arten, die mit den alten Arten um dieselben Ressourcen und Lebensräume konkurrieren	Verlust des natürlichen Lebensraums
Neue tödliche Krankheiten	Allmähliche Veränderung einer Art in eine neue Art
Klimaveränderungen	

Ökologie

Ökologie

Die Ökologie ist eine Teildisziplin der Biologie, die untersucht, wie sich Organismen und ihre belebte und unbelebte Umwelt wechselseitig beeinflussen.

Auf einen Blick

- Ein Ökosystem besteht aus einem Lebensraum und den in ihm lebenden Organismen.
- Eine Population ist eine Gruppe von Lebewesen derselben Art, die ein bestimmtes Gebiet bewohnt.
- Eine Artengemeinschaft besteht aus den Populationen aller Organismenarten, die einen Lebensraum bewohnen.
- Der typische Aufenthaltsbereich einer Organismenart wird als Habitat bezeichnet.

Strauchsavanne in Afrika
In der afrikanischen Strauchsavanne leben viele Tier- und Pflanzenarten. Die Lebewesen in einem Ökosystem sowie alle Faktoren, an denen diese beteiligt sind, werden als biotische Umweltfaktoren bezeichnet. Faktoren der unbelebten Umwelt wie Wasser, Temperatur, Licht oder Wind heißen abiotische Umweltfaktoren.

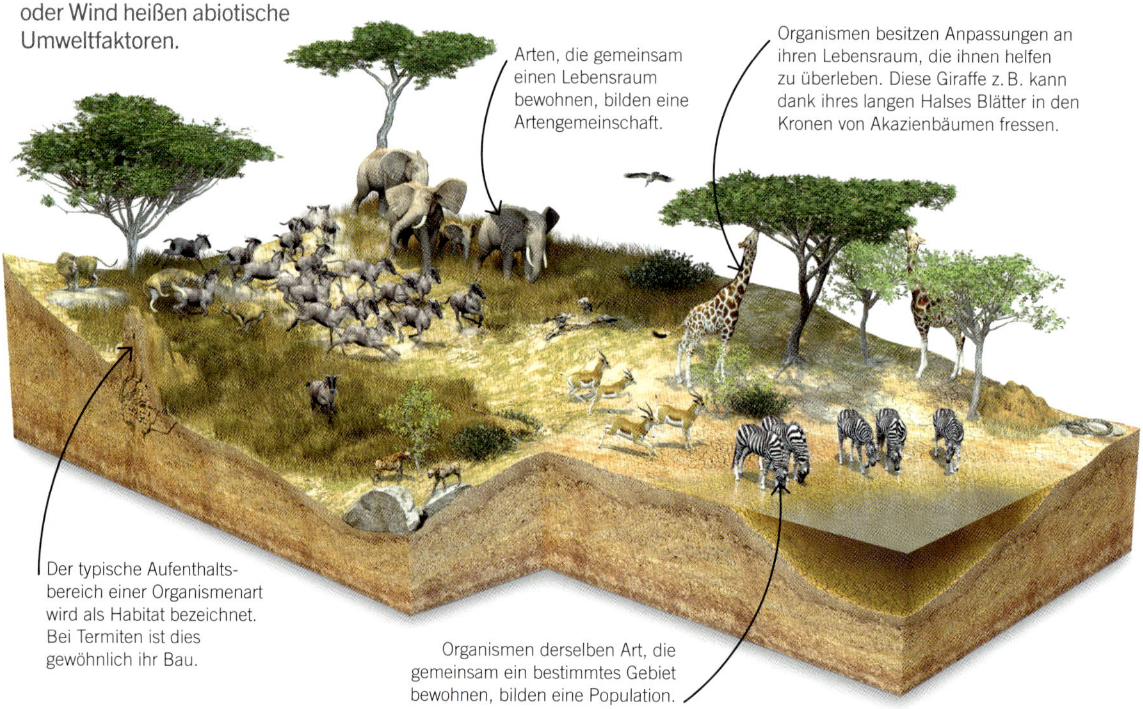

Arten, die gemeinsam einen Lebensraum bewohnen, bilden eine Artengemeinschaft.

Organismen besitzen Anpassungen an ihren Lebensraum, die ihnen helfen zu überleben. Diese Giraffe z. B. kann dank ihres langen Halses Blätter in den Kronen von Akazienbäumen fressen.

Der typische Aufenthaltsbereich einer Organismenart wird als Habitat bezeichnet. Bei Termiten ist dies gewöhnlich ihr Bau.

Organismen derselben Art, die gemeinsam ein bestimmtes Gebiet bewohnen, bilden eine Population.

Ökosysteme

Ein Ökosystem besteht aus einem Lebensraum und den in ihm lebenden Organismen. Auf der Erde gibt es zahlreiche verschiedene Ökosysteme, wie etwa Korallenriffe, Wüsten, Regenwälder, Graslandschaften oder Tundren.

Korallenriff

Wüste

Regenwald

Wechselbeziehungen

Die Organismen in einem Ökosystem beeinflussen sich in vielfältiger Weise. Veränderungen, die bei einer Art auftreten, können daher Auswirkungen auf zahlreiche andere Arten derselben Gemeinschaft haben.

Auf einen Blick

- ✓ Die Organismen in einem Ökosystem beeinflussen sich in vielfältiger Weise und sind oft aufeinander angewiesen.
- ✓ Tiere nutzen Pflanzen häufig als Nahrung oder Unterschlupf.
- ✓ Tiere benötigen häufig andere Tiere als Nahrung.
- ✓ Viele Pflanzen brauchen Tiere zur Blütenbestäubung oder zur Samenausbreitung.

Lebensraumansprüche der Blaumeise
Blaumeisen brauchen in ihrem Lebensraum sowohl geeignete Hohlräume, wie etwa Baumhöhlen, um ihre Nester bauen zu können, als auch geeignete Kleintiere, um ihre Jungen ernähren zu können.

Blaumeisenküken bevorzugen Schmetterlingsraupen als Nahrung. Um nur ein Küken satt zu bekommen, müssen die Eltern etwa 100 Raupen pro Tag sammeln.

Blaumeisen nutzen gerne alte Spechthöhlen oder Fäulnishöhlen in Bäumen als Nistplätze.

Wozu Pflanzen Tiere brauchen

Viele Pflanzen sind für bestimmte Dinge auf Tiere angewiesen. Zahllose Blütenpflanzen etwa brauchen Insekten zur Bestäubung. Etliche Pflanzen benötigen Tiere auch zur Verbreitung ihrer Samen.

Biene bestäubt eine Blüte.

Hörnchen vergräbt Samen.

Nahrungstypen

In der Ökologie werden unterschiedliche Begriffe benutzt, um die Ernährungsweisen von Organismen zu bezeichnen. Welche Begriffe verwendet werden, hängt von der Art des Zusammenhangs ab, der erörtert werden soll.

Auf einen Blick

- Räuber töten und fressen Beutetiere.
- Fleischfresser fressen v. a. andere Tiere, Pflanzenfresser fressen v. a. Pflanzen.
- Produzenten stellen ihre Nahrung selbst her, Konsumenten ernähren sich von der Biomasse anderer Organismen.

Räuber, Beute, Aasfresser

Räuber oder Prädatoren sind Tiere, die andere Tiere jagen, um sich von ihnen zu ernähren. Tiere, die von Räubern erlegt wurden, werden als Beute oder Beutetiere bezeichnet. Aasfresser ernähren sich v. a. von Tierkadavern (Aas).

Fleischfresser, Pflanzenfresser, Allesfresser

Fleischfresser (Karnivoren) sind Tiere, die sich von anderen Tieren ernähren. Pflanzenfresser (Herbivoren) fressen v. a. Pflanzen. Allesfresser (Omnivoren) nehmen sowohl pflanzliche als auch tierische Nahrung zu sich.

Produzenten, Konsumenten

Produzenten, wie etwa Pflanzen, sind Organismen, die ihre eigene Nahrung produzieren, indem sie aus anorganischen Stoffen organische Substanzen herstellen. Konsumenten sind Organismen, die sich von organischen Verbindungen ernähren müssen. Alle Tiere sind Konsumenten.

Zersetzer

Lebewesen, die sich von den toten Überresten anderer Organismen ernähren, werden als Zersetzer oder Destruenten bezeichnet. Zu den Zersetzern gehören viele Pilze und Bakterien sowie Regenwürmer, Asseln und andere Tiere, die sich von Detritus (feines organisches Material im Boden) ernähren.

Viele Pilze sind Zersetzer.

Regenwürmer fressen Detritus.

Nahrungsnetze

Nahrungsbeziehungen in artenreichen Lebensräumen werden als Nahrungsnetze dargestellt. Die Basis dieser Netze bilden Produzenten – gewöhnlich Pflanzen oder Algen, die durch Fotosynthese energiereiche Biomasse herstellen.

Auf einen Blick

- ✓ Ein Nahrungsnetz verdeutlicht die Nahrungsbeziehungen in einem artenreichen Lebensraum.
- ✓ Die Basis von Nahrungsnetzen besteht stets aus Produzenten.
- ✓ Alle Tiere sind Konsumenten.

Nahrungsnetz in einer Heckenlandschaft
Die Pfeile in einem Nahrungsnetz zeigen, wer von wem gefressen wird. Amseln z. B. fressen Schnecken und werden selbst von Habichten erbeutet. Kaninchen ernähren sich u. a. von Gras und werden z. B. von Füchsen gejagt.

Sekundär- und Tertiärkonsumenten
Fleischfresser, die sich von Pflanzenfressern (Primärkonsumenten) ernähren, werden als Sekundärkonsumenten bezeichnet. Räuber, die Sekundärkonsumenten fressen, heißen Tertiärkonsumenten.

Primärkonsumenten
Tiere, die sich von Produzenten ernähren, werden als Primärkonsumenten bezeichnet. Sie sind die ersten Konsumenten in einem Nahrungsnetz.

Produzenten
Die erste Stufe eines Nahrungsnetzes bilden die Produzenten – Organismen, wie etwa grüne Pflanzen, die mithilfe von Sonnenlicht organische Verbindungen herstellen.

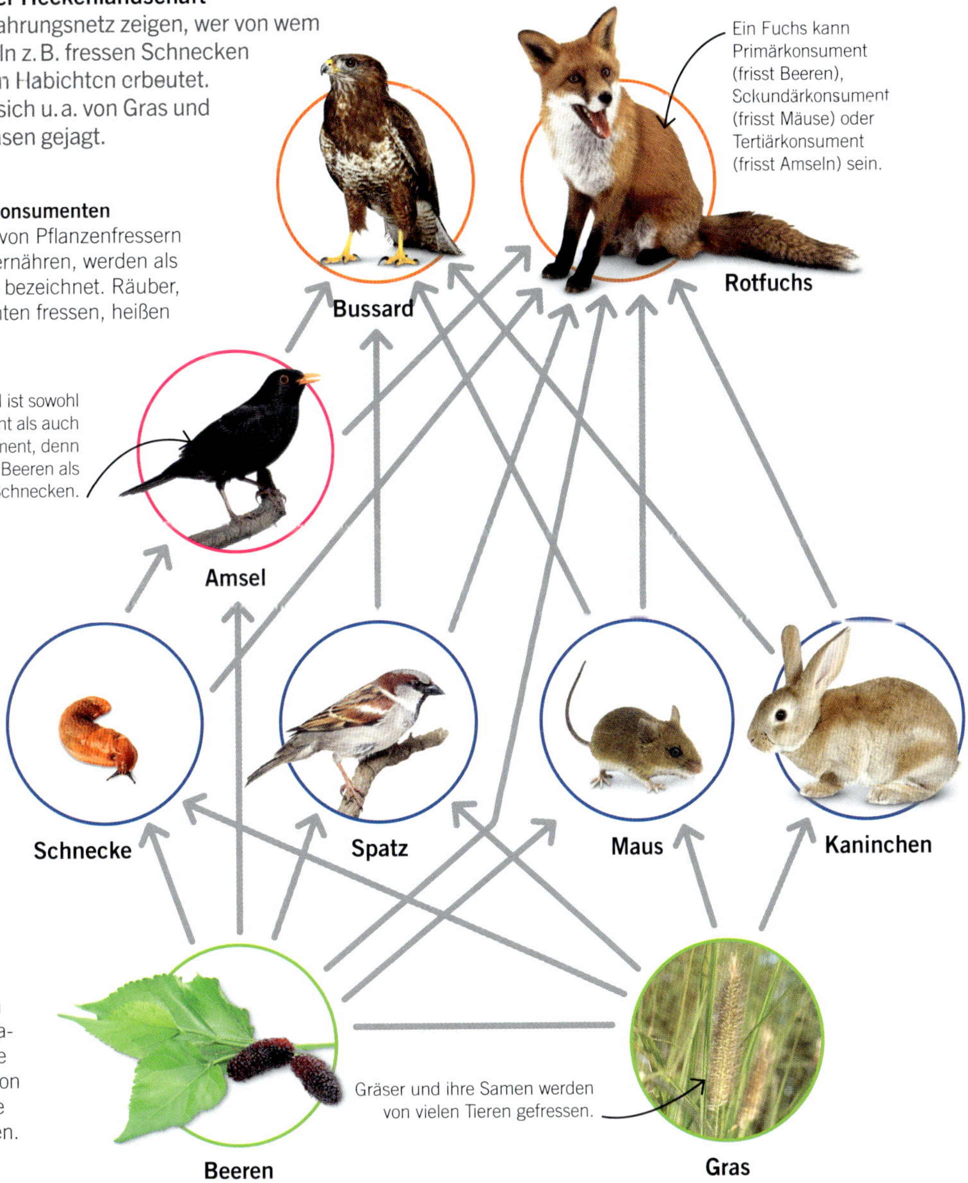

Zersetzer

Zersetzer (Destruenten) sind Organismen, die sich von den toten Überresten anderer Lebewesen ernähren. Sie spielen eine wichtige Rolle in Ökosystemen, denn sie recyceln lebensnotwendige Stoffe, wie etwa Kohlenstoff oder Stickstoff.

Auf einen Blick

- ✓ **Zersetzer wie Pilze und Bakterien sind Organismen, die sich von den toten Überresten anderer Lebewesen ernähren.**
- ✓ **Zersetzer spielen in Ökosystemen eine wichtige Rolle, denn sie recyceln lebensnotwendige Stoffe.**
- ✓ **Zersetzer können für uns nützliche Produkte, etwa Kompost oder Biogas, produzieren.**

Fruchtkörper eines Pilzes

Den größten Teil des Pilzkörpers macht das aus zahllosen Fäden (Hyphen) bestehende Myzel aus. Es durchwächst totes organisches Material, wie etwa einen verrottenden Baumstamm. Das, was gewöhnlich als Pilz bezeichnet wird, ist eigentlich nur der Fruchtkörper der Pilze – ein Fortpflanzungsorgan, in dem Sporen gebildet werden.

Pilze als Zersetzer
Pilze zählen zu den wichtigsten Zersetzern. Wenn sie und andere Destruenten die Überreste toter Organismen abbauen, zerlegen sie diese in kleine organische Moleküle, die sie aufnehmen können. Nach deren Verwertung setzen sie anorganische Substanzen, wie etwa Mineralstoffionen, im Boden frei, die von Pflanzen aufgenommen werden können. Lebensnotwendige Stoffe sind in Ökosystemen in Stoffkreisläufe eingebunden, in denen sie recycelt und immer wieder aufs Neue verfügbar gemacht werden.

Nützliche und lästige Zersetzer

Nützliche Zersetzer
Die Zersetzung von organischem Material durch Pilze und Bakterien kann sehr nützlich sein – etwa wenn wir aus totem Pflanzenmaterial Kompost machen wollen, um den Gartenboden zu düngen. Auch Biogas kann mithilfe von Zersetzern hergestellt werden.

Lästige Zersetzer
Nahrungsmittel, die ausreichend Wasser enthalten, müssen kühl und trocken gelagert werden, damit das Wachstum von Destruenten gehemmt wird. Ansonsten werden sie sehr schnell von Pilzen und Bakterien zersetzt.

Schimmelpilze auf verdorbenen Erdbeeren

Abiotische Faktoren

Als abiotisch werden Umweltfaktoren bezeichnet, an denen keine Lebewesen beteiligt sind. Dazu zählen unter anderem Niederschlag, Temperatur und Licht sowie pH-Wert und Mineralgehalt des Bodens.

Auswirkungen abiotischer Faktoren

Abiotische Faktoren können sich vielfältig auf Organismen auswirken. In Ökosystemen mit extremen Bedingungen, können Tiere und Pflanzen ohne spezielle Anpassungen nicht überleben. Alle Ökosysteme können von plötzlichen Änderungen abiotischer Faktoren betroffen sein.

Auf einen Blick

- ✓ **Als abiotisch (nicht lebend) werden Umweltfaktoren bezeichnet, an denen keine Lebewesen beteiligt sind.**
- ✓ **Zu den abiotischen Faktoren zählen u. a. Niederschlag, Temperatur und Licht sowie pH-Wert und Mineralgehalt des Bodens.**
- ✓ **Viele Arten sind an spezielle abiotische Bedingungen angepasst.**
- ✓ **Wenn sich abiotische Faktoren in einem Ökosystem ändern, kann das zum Aussterben von Arten führen.**

Kampf ums Licht
Epiphyten (Aufsitzerpflanzen) sind Pflanzen, die auf anderen Pflanzen wachsen, ohne diesen Nährstoffe zu entziehen. Sie wachsen z. B. hoch oben in Regenwaldbäumen, wo sie genug Licht für ihre Fotosynthese bekommen. Am Boden unter den Urwaldriesen ist es für die meisten Pflanzen zu schattig, um gedeihen zu können.

Viele Orchideen sind Epiphyten.

Temperaturextreme
Nur sehr wenige Pflanzen- und Tierarten kommen mit der extremen Hitze und Trockenheit in Wüsten zurecht. Pflanzen, die dort leben, haben oft zu Dornen umgewandelte Blätter, um den Wasserverlust zu reduzieren. Wüstentiere sind oft nachtaktiv, um der Hitze zu entgehen.

Wüstenpflanzen haben oft ein ausgedehntes Wurzelsystem.

Baumstämme können bei starkem Wind brechen.

Starkwinde
Starkwinde können in Wäldern großen Schaden anrichten. Auf Flächen mit umgestürzten Bäumen gelangt viel mehr Licht bis zum Boden als in einem geschlossenen Wald, sodass sich Pflanzen- und Tierwelt dort stark verändern.

Diese Kühe finden im überfluteten Gelände kaum noch etwas zu fressen.

Überflutungen
Zu viel Regen kann für Tiere und Pflanzen Probleme mit sich bringen. Pflanzen können sterben, wenn ihre Wurzeln unter Wasser stehen, und Tiere können z. B. im Schlamm stecken bleiben und verenden.

Biotische Faktoren

Als biotisch bezeichnet man Umweltfaktoren, an denen Lebewesen beteiligt sind. Organismen in Ökosystemen beeinflussen sich in vielerlei Weise, sodass ein verzweigtes Beziehungsnetz entsteht.

Auf einen Blick

- ✓ **Als biotisch werden Umweltfaktoren bezeichnet, an denen Lebewesen beteiligt sind.**
- ✓ **Nahrungsangebot oder Krankheiten sind Beispiele für biotische Faktoren.**
- ✓ **Ökologische Beziehungen wie Prädation und Konkurrenz sind biotische Faktoren.**
- ✓ **Eine Veränderung biotischer Faktoren kann große Auswirkungen auf ein Ökosystem haben.**

Bedeutung biotischer Faktoren

Zu den biotischen Umweltfaktoren gehören z. B. Nahrungsangebot und Krankheiten oder auch Prädation und Konkurrenz. Jede Veränderung dieser Faktoren kann große Auswirkungen auf ein Ökosystem haben.

Nahrungsangebot
Die Anzahl der Tiere, die in einem Ökosystem leben können, wird u. a. durch das Nahrungsangebot begrenzt. Wenn weniger Nahrung verfügbar ist – wie etwa nach einer Dürre – gehen auch die Tierbestände zurück.

Prädation
Räuber oder Prädatoren sind Tiere, die andere Tiere jagen, um sich von ihnen zu ernähren. Durch ihre Jagd beeinflussen sie die Bestände ihrer Beute. Geht die Zahl der Räuber zurück, wird die Zahl der Beutetiere wahrscheinlich ansteigen. Nimmt die Zahl der Räuber zu, wird die Zahl der Beutetiere wahrscheinlich sinken.

Die Anzahl an Gnus wird u. a. durch die verfügbare Grasmenge limitiert.

Löwen sind Räuber und machen u. a. Jagd auf Gnus.

Blutsaugende Insekten können Krankheiten übertragen.

Hyänen und Geier konkurrieren an Kadavern um Nahrung.

Krankheiten
Viele Krankheiten werden durch Mikroorganismen, wie Bakterien und winzige Parasiten, oder durch Viren verursacht. Wenn eine neue, tödliche Krankheit in einem Ökosystem auftritt, verbreitet sie sich oft rasch und kann zu dramatischen Bestandsrückgängen bei den betroffenen Tieren oder Pflanzen führen.

Konkurrenz
Arten, die dieselbe begrenzte Ressource benötigen, werden als Konkurrenten bezeichnet. Aasfresser z. B. konkurrieren an einem Kadaver um Fleisch und Knochen, Pflanzen, die dicht an dicht wachsen, konkurrieren um Licht. Geht der Bestand einer Art zurück, werden die Bestände der Konkurrenten wahrscheinlich zunehmen.

Inter- und intraspezifische Konkurrenz

Interspezifische Konkurrenz ist die Konkurrenz zwischen Mitgliedern verschiedener Arten – z. B. die Konkurrenz zwischen Hyänen und Geiern am Kadaver. Intraspezifische Konkurrenz ist die Konkurrenz zwischen Individuen derselben Art. Der Kampf zweier See-Elefantenbullen um Weibchen ist ein Beispiel für diese Form der Konkurrenz.

Kämpfende See-Elefantenbullen

Räuber und Beute

In Ökosystemen ist das Schicksal von Räubern eng mit dem ihrer Beutetiere verknüpft. In Phasen mit großen Beutetierbeständen nehmen meist auch die Bestände der Räuber zu. Geht die Zahl der Beutetiere zum Beispiel infolge von Krankheiten, Nahrungsmangel oder Jagddruck durch die Räuber zurück, schrumpfen auch die Räuberpopulationen wieder.

Auf einen Blick

- Die Anzahl der Räuber in einem Ökosystem hat Auswirkungen auf die Zahl der Beutetiere und umgekehrt.
- Wenn es viele Beutetiere gibt, steigt meist auch die Zahl der Räuber an – schrumpft die Zahl der Beutetiere, schrumpfen auch die Räuberpopulationen.
- Die Bestandsveränderungen von Räubern und Beutetieren in einem Ökosystem können in einem Diagramm dargestellt werden.

Schneeschuhhase und Kanadischer Luchs

Im hohen Norden Nordamerikas ernähren sich Kanadische Luchse v. a. von Schneeschuhhasen. In diesem Diagramm ist die Bestandsentwicklung der beiden Arten zwischen 1847 und 1935 dargestellt. Es zeigt Populationszyklen von etwa zehn Jahren Länge und wurde anhand von Fellverkäufen erstellt.

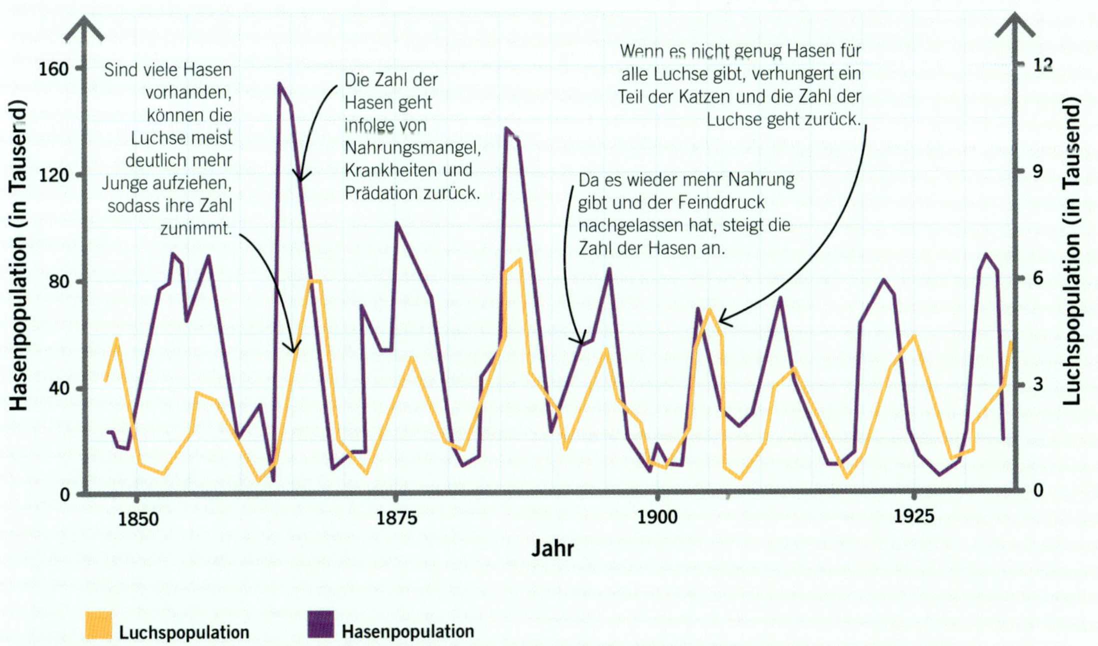

Soziale Gruppen

Viele Tiere leben nicht einzelgängerisch, sondern in sozialen Gruppen. Zusammenzuleben und zu kooperieren kann die Überlebenschancen erhöhen.

Auf einen Blick

- ✓ Viele Tiere leben in sozialen Gruppen.
- ✓ Soziales Verhalten erhöht oft die Überlebenschancen.
- ✓ Tiere, die in sozialen Gruppen leben, sind häufig eng miteinander verwandt.

Vorteile sozialer Gruppen

Das Leben in Gruppen kann mehr Sicherheit vor Feinden bieten, die Nahrungssuche erleichtern oder den Fortpflanzungserfolg erhöhen.

Honigbienen
Wenn eine Biene eine Futterquelle findet, teilt sie dies den anderen Bienen im Stock durch einen Schwänzeltanz mit. Der Tanz informiert über Entfernung und Richtung der Nahrungsquelle und erleichtert den anderen Bienen die Nahrungssuche.

Wölfe
Wölfe leben in Rudeln von bis zu 36 Individuen. Sie jagen gewöhnlich als Team und können dadurch Tiere erbeuten, die ein einzelner Wolf nicht überwältigen könnte. Ihr Zusammenleben erhöht zudem die Chancen, Gefahren rechtzeitig zu erkennen.

Ein Bienenvolk kann aus bis zu 60 000 Bienen bestehen.

Wölfe greifen ihre Beute meist von verschiedenen Seiten an.

Die Kugel aus Fischleibern ist oft viel größer als die Räuber, die die Fische bedrohen.

Kaiserpinguine leben in großen Kolonien, die aus Tausenden von Tieren bestehen.

Schwarmfische
Bei Bedrohung formieren sich Schwarmfische oft zu einer Kugel aus Fischleibern („Baitball"), um sich zu schützen. Der wirbelnde, dicht gepackte Schwarm verwirrt Angreifer und macht es ihnen schwerer, einen einzelnen Fisch zu erbeuten.

Kaiserpinguine
Um den eisigen Winter in der Antarktis zu überleben, rücken Kaiserpinguine eng zusammen und bilden „Kuschelhaufen". Dabei tauschen sie ständig ihre Plätze, sodass jedes Tier mal am Rand und mal im wärmeren Innern steht.

Gene und soziales Verhalten

Tiere, die in sozialen Gruppen leben, sind häufig eng miteinander verwandt. Die vielen Arbeiterinnen eines Ameisenstaats z. B. sind alle Schwestern, die den Großteil ihrer Gene gemeinsam haben. Die Arbeiterinnen können sich nicht fortpflanzen, aber indem sie Brutpflege betreiben, sorgen sie dafür, dass ihr Erbgut auch in nachfolgenden Generationen weiterexistiert.

Gemeinsam können Ameisen sehr große Nester bauen.

Energiefluss

Lebewesen brauchen Energie, um den Stoffwechsel aufrechtzuerhalten, der in lebenden Zellen abläuft. Pflanzen beziehen ihre Energie vor allem aus dem Sonnenlicht und speichern sie zum Teil in Form von Stärke. Tiere beziehen ihre Energie aus energiereichen organischen Verbindungen.

Auf einen Blick

- ✓ **Tiere beziehen ihre Energie aus der Nahrung.**
- ✓ **Pflanzen beziehen ihre Energie v. a. aus dem Sonnenlicht und nutzen sie zur Fotosynthese.**
- ✓ **Organismen geben einen Großteil der Nahrungsenergie in Form von Wärme an die Umgebung ab.**
- ✓ **Tiere geben mit Urin und Kot Energie an die Umgebung ab.**
- ✓ **Nur ein kleiner Teil der von Organismen aufgenommenen Energie wird an die nachsthöhere Trophieebene (Ernährungsstufe) weitergegeben.**

Energiefluss bei einem Kaninchen

Nur ein Teil der Energie, die ein Tier mit der Nahrung aufnimmt, wird zu Körpersubstanz (Biomasse). Der Rest wird in Form von Wärme oder Abfallstoffen an die Umgebung abgegeben.

Ein großer Teil der aufgenommenen Energie geht in Form von Wärme verloren, die bei Stoffwechselprozessen entsteht.

Nur ein recht kleiner Teil der Energie, die ein Kaninchen mit der Nahrung aufnimmt, wird zu Körpersubstanz. Nur dieser Teil der Energie aus den gefressenen Pflanzen wird von einem Fuchs aufgenommen, der das Kaninchen frisst.

Das Kaninchen bezieht seine Energie aus den Pflanzen, die es frisst.

Etwas Energie geht in Form von Abfallstoffen in Urin oder Kot verloren.

Berechnung des Prozentsatzes an weitergegebener Energie

Wenn Energie im Nahrungsnetz von einer Stufe zur nächsten wandert, geht viel davon verloren. Der Prozentsatz an verfügbarer Energie, der von einer Ernährungsstufe zur nächsten weitergegeben wird, lässt sich mit folgender Formel berechnen:

$$\text{Prozentsatz an weitergegebener Energie} = \frac{\text{Energiegehalt der nächsthöheren Stufe}}{\text{Energiegehalt der niedrigeren Stufe}} \times 100$$

Der Prozentsatz an weitergegebener Energie kann stark variieren. Tiere, die in kalten Lebensräumen leben, verlieren z. B. viel mehr Energie in Form von Wärme an die Umgebung als Tiere, die in warmen Regionen leben.

Beispiel: Die in einem aquatischen Ökosystem in der Biomasse der Primärkonsumenten gespeicherte Energie beträgt 6184 kJ/m^2. Die in Sekundärkonsumenten gebundene Energie liegt nur bei 280 kJ/m^2. Zur Berechnung des Prozentsatzes an weitergegebener Energie muss man:

1. Die o. g. Zahlen in die Gleichung einsetzen:

$$\text{Prozentsatz an weitergegebener Energie} = \frac{280}{6184}$$

2. Das Ergebnis mit einem Taschenrechner ermitteln:

$$\frac{280}{6184} = 0{,}045$$

3. Das Ergebnis in eine Prozentangabe umwandeln:

$$0{,}045 \times 100\,\% = 4{,}5\,\%$$

Biomassepyramiden

In Biomassepyramiden wird die Biomasse verschiedener Trophieebenen (Ernährungsstufen) eines Nahrungsnetzes (s. S. 219) oder Ökosystems dargestellt. Da Energieverluste dazu führen, dass die Biomasse von einer Ebene zur nächsthöheren abnimmt, ergibt sich in der grafischen Darstellung die Form einer Pyramide.

Auf einen Blick

- ✓ In Biomassepyramiden wird die Biomasse verschiedener Trophieebenen dargestellt.
- ✓ Die unterste Ebene einer Biomassepyramide bilden stets die Produzenten.
- ✓ Biomassepyramiden erklären, warum Nahrungsketten in ihrer Länge begrenzt sind.

Beispiel einer Biomassepyramide
Biomassepyramiden verdeutlichen, dass die Biomasse einer Nahrungskette von den Produzenten zu den Endkonsumenten abnimmt. Spitzenprädatoren wie Habichte sind daher viel seltener als Pflanzen. Da die Biomasse in der obersten Ebene der Pyramide zu gering ist, um eine weitere Ebene zu ernähren, ist die Nahrungskette in ihrer Länge begrenzt.

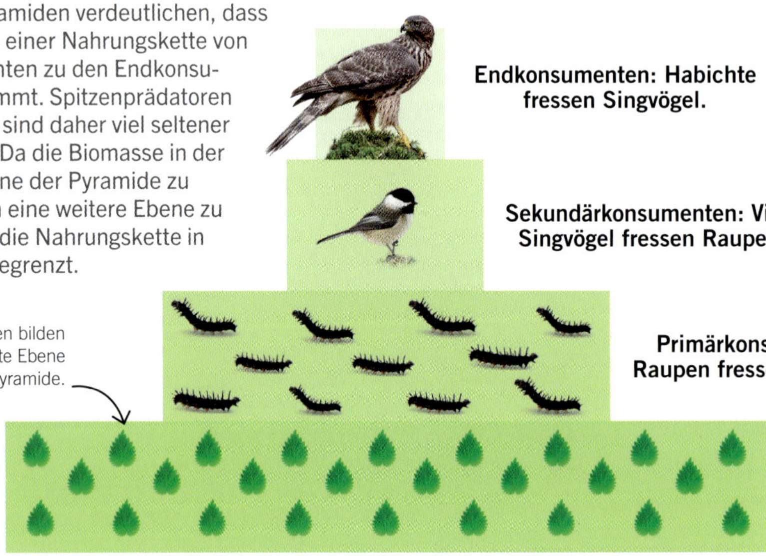

Endkonsumenten: Habichte fressen Singvögel.

Sekundärkonsumenten: Viele Singvögel fressen Raupen.

Primärkonsumenten: Raupen fressen Pflanzen.

Produzenten: Pflanzen

Die Produzenten bilden stets die unterste Ebene einer Biomassepyramide.

Berechnung des Prozentsatzes an weitergegebener Biomasse

Der Prozentsatz an Biomasse, der von einer Ernährungsstufe zur nächsthöheren weitergegeben wird, lässt sich mit folgender Gleichung berechnen:

$$\text{Prozentsatz an weitergegebener Biomasse} = \frac{\text{Biomasse der höheren Stufe}}{\text{Biomasse der niedrigeren Stufe}} \cdot 100$$

Beispiel: Forscher, die ein Ökosystem untersuchen, schätzen die Biomasse der Primärkonsumenten (höhere Trophieebene) auf 89 kg/m^2 und die Biomasse der Produzenten (niedrigere Trophieebene) auf 615 kg/m^2. Zur Berechnung des Prozentsatzes an weitergegebener Biomasse muss man:

1. Die o. g. Zahlen in die Gleichung einsetzen:

$$\text{Prozentsatz an weitergegebener Biomasse} = \frac{89}{615}$$

2. Das Ergebnis mit einem Taschenrechner ermitteln:

$$\frac{89}{615} = 0{,}145$$

3. Das Ergebnis in eine Prozentangabe umwandeln:

$$0{,}145 \cdot 100\,\% = 14{,}5\,\%$$

Biomassepyramiden zeichnen

Biomassepyramiden sollten stets maßstabgetreu gezeichnet werden. Benutze einen spitzen Bleistift und ein Lineal, um sicherzustellen, dass dein Diagramm sauber und ordentlich aussieht.

Auf einen Blick

- ✓ Biomassepyramiden sollten maßstabgetreu gezeichnet werden.
- ✓ Beim Zeichnen sollte man darauf achten, dass alle Ebenen dieselbe Höhe haben.
- ✓ Die Breite jeder Ebene repräsentiert ihre Biomasse.

Beispiel
Zeichne anhand der Daten in der Tabelle eine Biomassepyramide.

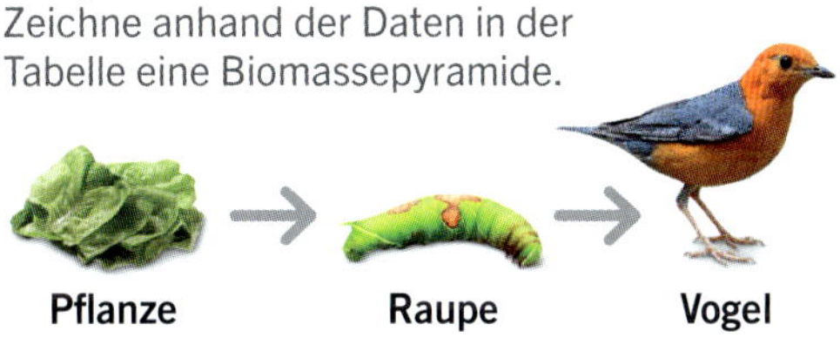

Trophieebene	Biomasse (kg/m²)
Vögel	20
Raupen	90
Pflanzen	600

1. Wähle einen für das verwendete Millimeterpapier angemessenen Maßstab für den größten Biomassewert (in diesem Fall 600 kg/m² für die Pflanzen) – z. B. 15 cm. Damit ist der Maßstab auf 15 cm = 600 kg/m² festgelegt.

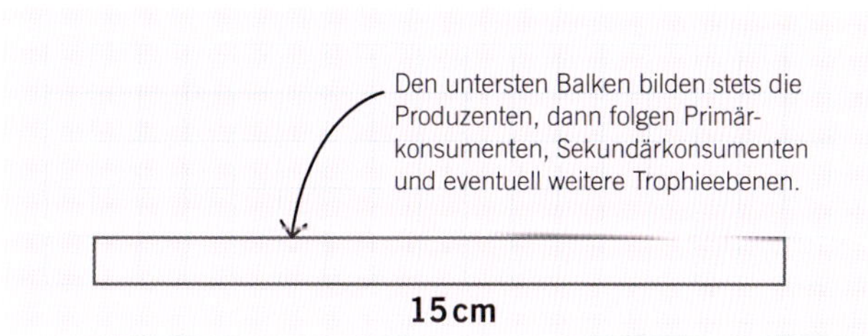

2. Pass die anderen Werte an den festgelegten Maßstab an.

$$\frac{15}{600} \cdot 20 = 0{,}5$$

$$\frac{15}{600} \cdot 90 = 2{,}25$$

Trophieebene	Biomasse (kg/m²)	Balkenbreite (cm)
Vögel	20	0,5
Raupen	90	2,25
Pflanzen	600	15

3. Zeichne die Balken für die anderen Werte und benutze dabei die maßstabgetreuen Werte, die du errechnet hast. Die Balken sollten alle dieselbe Höhe haben (welche ist egal, solange sie sinnvoll ist) und zentriert sein. Beschrifte dein Diagramm mit den Informationen aus der Tabelle.

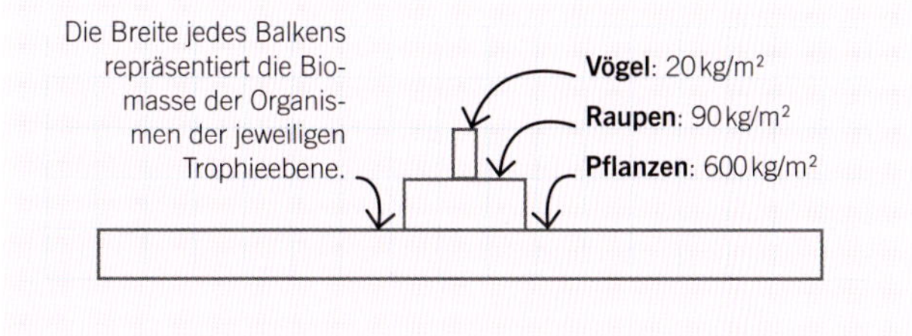

Abundanz

Die Abundanz oder Dichte gibt die Anzahl der Individuen einer Art pro Flächen- oder Raumeinheit an. Ökologen ermitteln häufig die Abundanz von Arten, um festzustellen, ob und wie sehr ihre Bestände schwanken und ob bestimmte Arten eventuell sogar vom Aussterben bedroht sind.

Auf einen Blick

- **Die Abundanz oder Dichte gibt die Anzahl der Individuen einer Art pro Flächen- oder Raumeinheit an.**
- **Ein Messquadrat ist ein Quadrat, das in etliche kleinere Quadrate unterteilt ist.**
- **Messquadrate werden u. a. benutzt, um die Abundanz von Arten auf einer bestimmten Fläche zu bestimmen.**

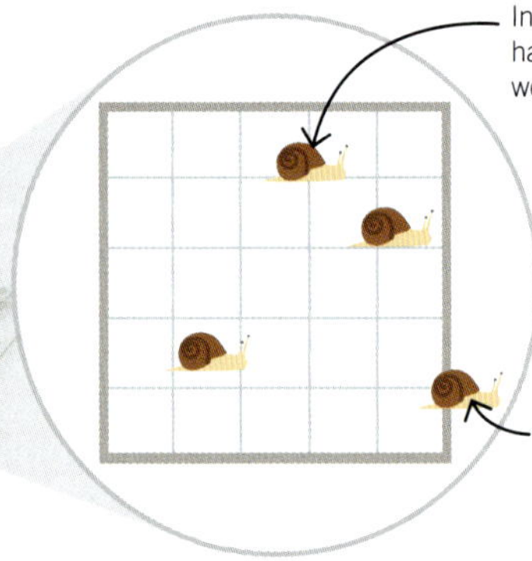

Messquadrat
Messquadrate werden benutzt, um anhand von Stichproben die Dichte von Tier- oder Pflanzenarten in einem Lebensraum zu bestimmen. Je mehr Stichproben genommen werden, desto genauer kann die Dichte geschätzt werden.

Ermittlung der Abundanz

1. Verteile deine Messquadrate zufällig über einen möglichst großen Bereich deiner Untersuchungsfläche, sodass die Stichprobe repräsentativ für das Gesamtgebiet ist.

2. Zähle die Anzahl aller Individuen der untersuchten Art in jedem der eingesetzten, jeweils 1 m^2 großen Quadrate.

3. Nutze die Ergebnisse, um die Abundanz für deine Untersuchungsfläche mit folgender Gleichung zu berechnen:

$$\textbf{Abundanz} = \frac{\textbf{Zahl aller Organismen in allen Quadraten}}{\textbf{Fläche aller Quadrate}}$$

Beispiel:

Nummer des Quadrats	1	2	3	4	5	6
Anzahl der Schnecken im Messquadrat	0	2	1	0	3	0

Zahl der Schnecken = 6
Fläche aller Quadrate = 6 m^2

$$\textbf{Abundanz} = \frac{6}{6} = 1/m^2$$

Umweltkapazität

Die Anzahl der Organismen, die in einem Ökosystem leben können, wird durch die Verfügbarkeit von Ressourcen begrenzt. Die maximale Populationsgröße einer Art, die ein Ökosystem auf Dauer zulässt, heißt Umweltkapazität oder Tragfähigkeit.

Auf einen Blick

- **Die maximale Populationsgröße einer Art, die ein Ökosystem auf Dauer zulässt, heißt Umweltkapazität oder Tragfähigkeit.**
- **Die Umweltkapazität wird durch die Verfügbarkeit von Ressourcen wie Nahrung und Wasser begrenzt.**

Limitierende Faktoren
Ökosysteme, in denen lebenswichtige Ressourcen sehr knapp sind, haben eine geringe Umweltkapazität. In der arktischen Tundra z. B. gibt es für die dort lebenden Rentiere insbesondere im Winter nur eine begrenzte Menge an Gräsern und Flechten zu fressen. Die Nahrungsmenge wirkt als limitierender (begrenzender) Faktor und sorgt dafür, dass die Populationsgröße der Rentiere einen bestimmten Wert nicht übersteigt.

Rentiere ziehen auf der Suche nach Nahrung weit umher.

Nahrungsreiche Ökosysteme

Obwohl die Gewässer um Antarktika sehr kalt sind, leben in ihnen große Populationen verschiedener Wal-, Robben- und Pinguinarten. Die hohe Tragfähigkeit erklärt sich durch den Nährstoffreichtum des Wassers. Dieser macht riesige Krill- und Fischbestände möglich, die Walen, Robben und Pinguinen als Nahrung dienen.

Bartenwale, wie etwa Brydewale, sind riesig, ernähren sich aber v.a. von Krill – kleinen garnelenartigen Krebstieren.

Nährstoffarmut

Dieser Sonnentau wird die Fliege langsam verdauen und die in ihr enthaltenen Nährstoffe aufnehmen.

Manche Pflanzen, die auf nährstoffarmen Böden wachsen, fangen Tiere, um ihre Versorgung mit Mineralstoffen zu verbessern.

Dispersion

Das räumliche Verteilungsmuster von Organismen in einem Lebensraum wird als Dispersion bezeichnet. Die Organismen können zum Beispiel geklumpt in Gruppen leben oder zufällig verteilt sein. Die Verteilung von Lebewesen kann eng an abiotische Faktoren (s. S. 221) geknüpft sein.

Auf einen Blick

- **Das räumliche Verteilungsmuster von Organismen wird Dispersion genannt.**
- **Mit Messquadraten in regelmäßigen Abständen entlang eines Transekts lässt sich die Dispersion ermitteln.**
- **Die Verteilung von Arten kann eng an abiotische Faktoren geknüpft sein.**

Transekte und Dispersion
Die Dispersion wird oft mithilfe von Messquadraten (s. S. 228) ermittelt, die in regelmäßigen Abständen an Messpunkten entlang einer geraden Linie angeordnet sind und somit einen sogenannten Transekt bilden. Ein Transekt an dieser Meeresküste würde zeigen, dass die Verteilung verschiedener Tangarten davon abhängt, wie lange sie bei Ebbe außerhalb des Wassers überleben können.

Durchführung einer Transektuntersuchung

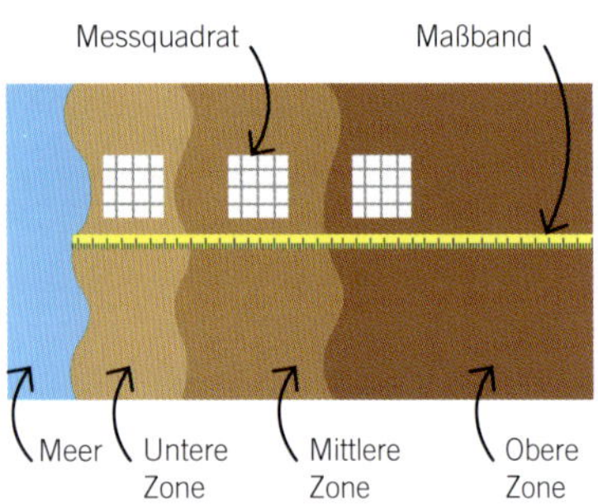

1. Zwischen zwei markanten Punkten (z. B. Ebbe- und Flutlinie) wird ein Maßband ausgelegt. Dann werden in regelmäßigem Abstand (z. B. alle 2 m) Messquadrate entlang des Bands platziert, sodass ein Transekt entsteht.

2. Die Arten innerhalb der Quadrate werden erfasst. Für jedes Quadrat werden zudem abiotische Faktoren, wie die Temperatur und die Dauer des Trockenfallens, aufgezeichnet.

3. Die Verteilung der Arten entlang des Transekts wird mit den ermittelten abiotischen Faktoren abgeglichen. Lässt sich ein Zusammenhang erkennen, werden die betreffenden Arten vermutlich von dem jeweiligen Faktor beeinflusst.

Wasserkreislauf

Das Wasser der Erde bewegt sich in einem ständigen Kreislauf zwischen Meer, Luft und Land hin und her und verändert dabei häufig seinen Aggregatzustand. Alle Lebewesen sind auf Wasser angewiesen, da ihre Körper und Zellen zum Großteil aus Wasser bestehen.

Auf einen Blick

- ✓ Das Wasser der Erde bewegt sich in einem nie endenden Kreislauf zwischen Meer, Luft und Land hin und her.
- ✓ Evaporation, Kondensation und Transpiration sind wichtige Prozesse im Wasserkreislauf.
- ✓ Der Wasserkreislauf verhindert, dass die Landökosysteme der Erde zu Wüsten werden.

Prozesse im Wasserkreislauf

Die abiotischen Prozesse Evaporation (Verdunstung von unbewachsenen Flächen) und Kondensation sowie der biotische Prozess der Transpiration spielen eine zentrale Rolle im Wasserkreislauf. Diese Vorgänge sorgen dafür, dass Wolken entstehen und Niederschlag (Regen, Schnee oder Hagel) fällt.

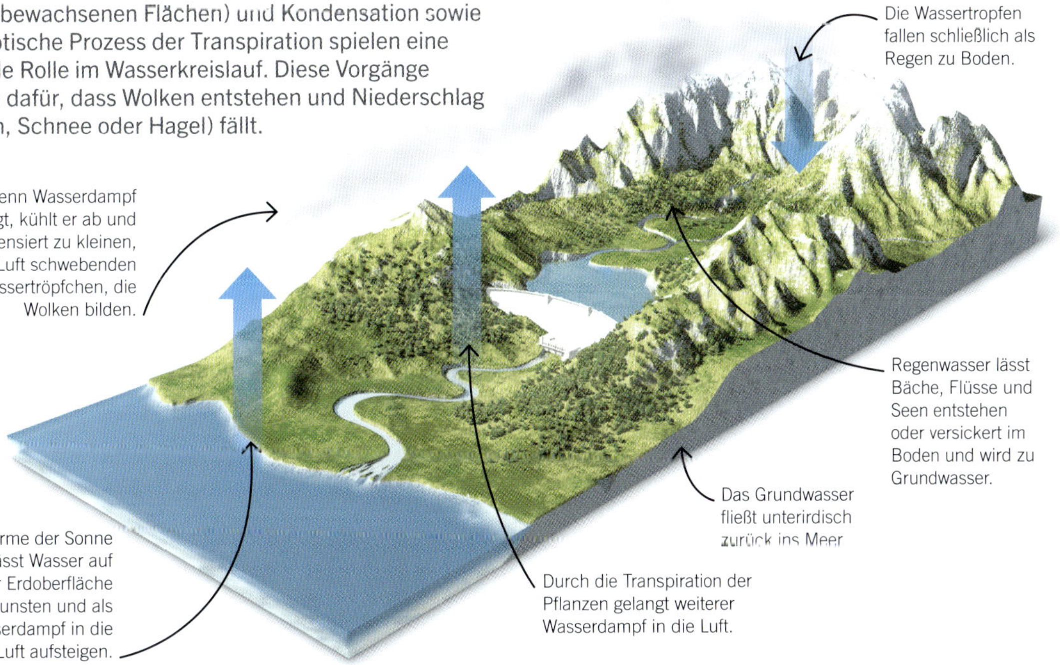

Wassermangel

Wasser sparen

Pflanzen und Tiere, die in Gebieten leben, in denen es kaum regnet, haben spezielle Anpassungen entwickelt, um ihre Wasserverluste zu minimieren. Die Nieren von Rennmäusen etwa produzieren nur extrem wenig hoch konzentrierten Urin.

Rennmaus

Meerwasserentsalzung

Meerwasser ist wegen seines hohen Salzgehalts nicht trinkbar, kann jedoch durch Entsalzung trinkbar gemacht werden. In etlichen Trockenregionen der Erde wird die Trinkwasserversorgung v.a. mithilfe von Meerwasserentsalzungsanlagen sichergestellt.

Entsalzungsanlage

Kohlenstoff-kreislauf

Kohlenstoff ist in Ökosystemen Teil eines Kreislaufs, an dem Organismen und unbelebte Umwelt beteiligt sind.

Auf einen Blick

- ✓ Kohlenstoff ist in Ökosystemen Teil eines Kreislaufs, an dem Organismen und unbelebte Umwelt beteiligt sind.
- ✓ Die Fotosynthese ist ein biotischer Prozess, bei dem Kohlendioxid aus der Luft entnommen wird.
- ✓ Die Atmung ist ein biotischer Prozess, bei dem Kohlendioxid in die Luft abgegeben wird.

Prozesse im Kohlenstoffkreislauf

Am Kohlenstoffkreislauf sind verschiedene biotische und abiotische Prozesse beteiligt. Zu den biotischen Prozessen gehören Fotosynthese und Zellatmung. Zu den abiotischen Prozessen zählen Verwitterungs- und Verbrennungsvorgänge.

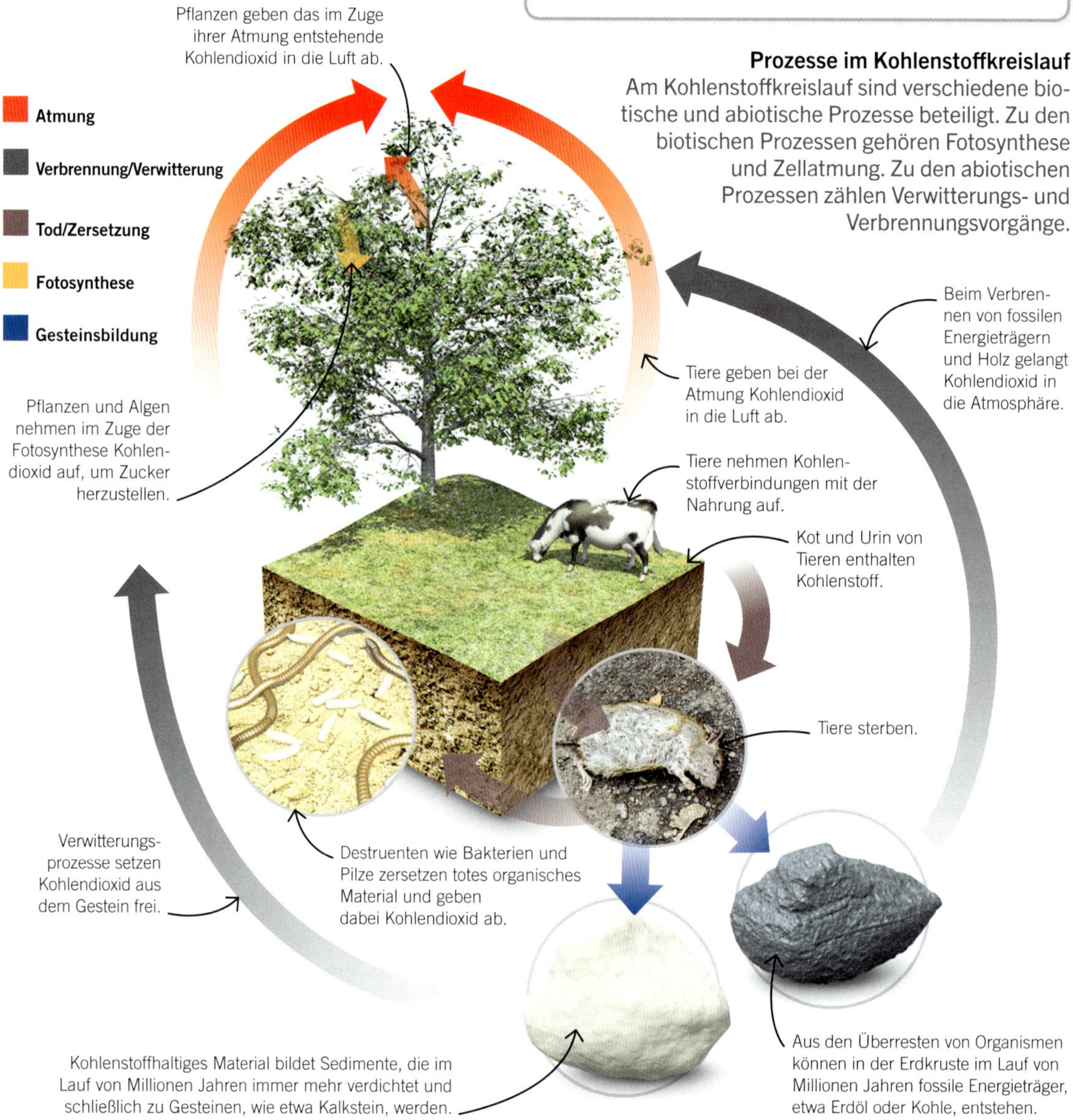

Stickstoffkreislauf

Stickstoff ist Bestandteil von Proteinen und Nukleinsäuren und wird daher von allen Lebewesen benötigt. Mit 78 Prozent Anteil ist Stickstoff zwar der Hauptbestandteil der Luft, doch die meisten Organismen können Luftstickstoff (N_2) nicht nutzen. Pflanzen nehmen Stickstoffverbindungen aus dem Boden auf, Tiere mit der Nahrung.

Auf einen Blick

- ✓ **Als Bestandteil von Proteinen und DNA wird Stickstoff von allen Lebewesen benötigt.**
- ✓ **Pflanzen nehmen Stickstoff in Form von anorganischen Verbindungen aus dem Boden auf.**
- ✓ **Tiere nehmen Stickstoff in Form von komplexen Stickstoffverbindungen in der Nahrung auf.**
- ✓ **Bakterien spielen eine zentrale Rolle im Stickstoffkreislauf.**

Wie der Stickstoffkreislauf funktioniert

Bakterien sind für den Stickstoffkreislauf unentbehrlich. Sie zersetzen nicht nur tote Organismen und reichern dadurch den Boden mit Stickstoff an, sondern bauen auch den Luftstickstoff in für Pflanzen verwertbare Stickstoffverbindungen ein.

Symbiose

Hülsenfrüchtler wie Erbsen, Bohnen und Klee leben mit den stickstofffixierenden Bakterien in ihren Wurzelknöllchen in Symbiose – einer Beziehung, die beiden nützt. Die Pflanzen werden von den Bakterien mit Stickstoffverbindungen versorgt, die Bakterien erhalten im Gegenzug Stoffe von den Pflanzen, die sie für die Zellatmung benötigen.

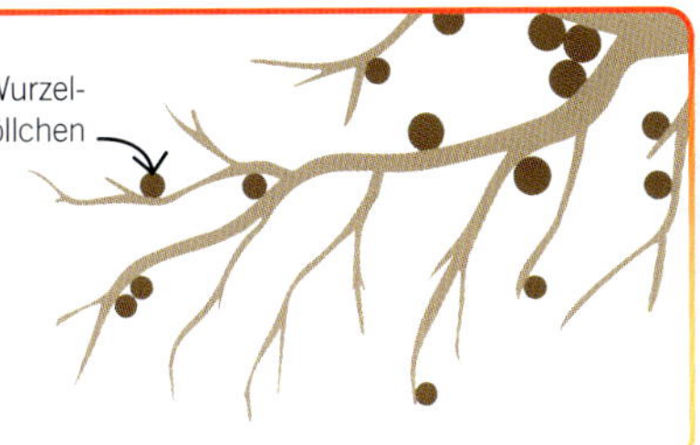

Mensch und Umwelt

Wachstum der Weltbevölkerung

Wirtschaftlicher und wissenschaftlicher Fortschritt haben dazu geführt, dass sich die menschliche Bevölkerung innerhalb weniger Jahrhunderte verzehnfacht hat.

Auf einen Blick

- **Die Weltbevölkerung ist zwischen 1750 und 2019 von etwa 700 Mio. auf etwa 7,7 Mrd. Menschen angewachsen.**
- **2100 könnten 10,9 Mrd. Menschen oder mehr auf der Erde leben.**
- **Das rasante Wachstum der Weltbevölkerung wurde durch wirtschaftliche, medizinische und hygienische Fortschritte ermöglicht.**

Bevölkerungswachstum seit 1750
Seit dem Beginn der Industrialisierung Mitte des 18. Jh. ist die Weltbevölkerung explosionsartig gewachsen. Sinkende Geburtenraten lassen jedoch vermuten, dass sich das Bevölkerungswachstum langsam abschwächt.

Wachstumsprognosen

Vorhersagen zum zukünftigen Bevölkerungswachstum sind schwierig, da sich nur schwer abschätzen lässt, wie sich Wirtschaft, Gesundheitssysteme, Politik und Geburtenrate, insbesondere in den vielen ärmeren Ländern der Welt, entwickeln werden.

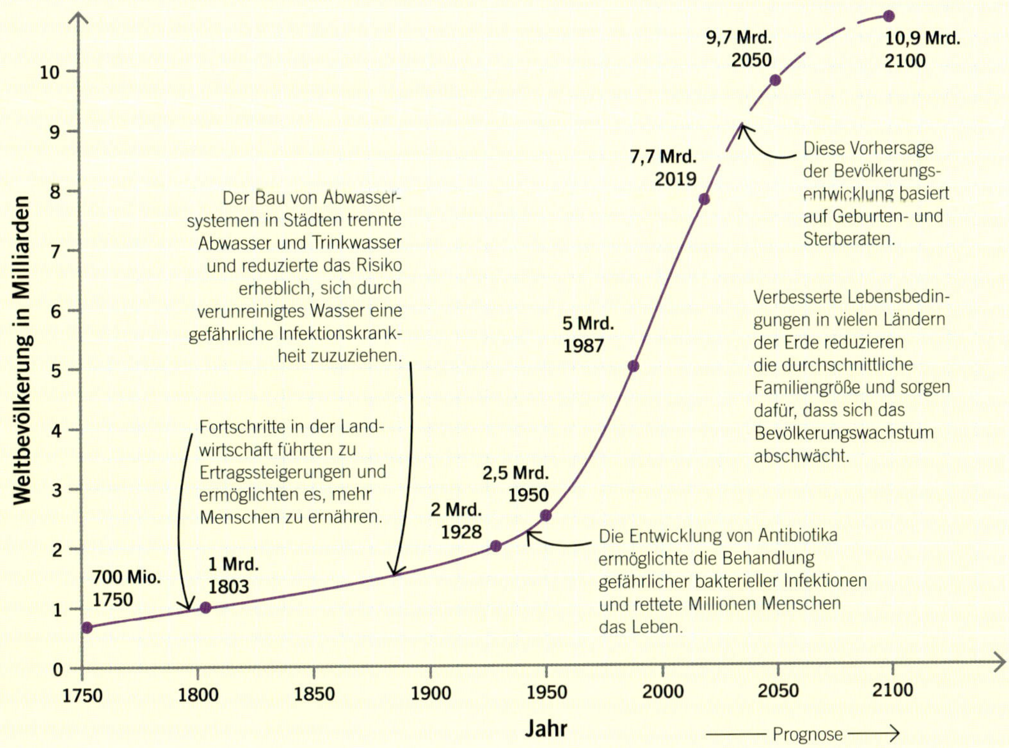

Ressourcenbedarf der Menschheit

Die Menschheit hat einen enormen Bedarf an natürlichen Ressourcen. Die Natur liefert uns zum Beispiel Nahrung und Wasser sowie Rohstoffe, die wir zur Herstellung von Produkten brauchen.

Auf einen Blick

- ✓ Die Menschheit hat einen enormen Bedarf an natürlichen Ressourcen.
- ✓ Die wachsende Weltbevölkerung verbraucht immer mehr Ressourcen, sodass weniger Ressourcen für andere Arten übrig bleiben.
- ✓ Aufgrund von Lebensraumverlust und Umweltverschmutzung sind heute viele Arten bedroht.

Konflikt mit der Natur

Da die Weltbevölkerung ständig wächst, benötigt die Menschheit immer mehr Ressourcen. Für andere Arten bleibt immer weniger Lebensraum, Wasser und Nahrung übrig. Ein großes Problem stellt auch die durch den Menschen verursachte Umweltverschmutzung dar.

Waldrodung zerstört die Lebensräume zahlreicher Arten.

Bedrohte Tierwelt

Bis zu eine Million Tier- und Pflanzenarten sind heute durch menschliche Einflüsse vom Aussterben bedroht. Wir zerstören immer mehr natürliche Lebensräume, um sie in für uns nutzbare zu verwandeln. Unser Ressourcenhunger wächst weiter ungebremst und unser Müll hat mittlerweile auch die entlegensten Regionen der Ozeane erreicht.

Lebensraumverlust
Indische Elefanten leben in Wäldern und natürlichen Graslandschaften, doch diese Lebensräume schrumpfen zunehmend, weil eine wachsende Bevölkerung immer mehr Land benötigt. Straßen und Eisenbahnstrecken durchziehen die Streifgebiete der Elefanten und stellen ein erhebliches Risiko für die Tiere dar.

Plastikmüll
Jahr für Jahr gelangen Millionen Tonnen Plastikmüll in die Ozeane. Etliche größere Meerestiere verwechseln Plastikgegenstände mit Futter, fressen sie und verhungern schließlich mit müllgefülltem Magen. Mikroplastik (winzige Kunststoffteilchen) stellt heute eine Bedrohung für unzählige Meerestiere dar.

Biodiversität

Biodiversität ist ein anderer Begriff für biologische Vielfalt – etwa die Vielfalt an Arten in einem Lebensraum. Manche Ökosysteme sind extrem artenreich. Korallenriffe etwa bedecken weniger als ein Prozent des Meeresbodens, beherbergen aber schätzungsweise 25 Prozent aller marinen Organismen.

Auf einen Blick

- ✓ **Biodiversität ist ein Begriff für biologische Vielfalt.**
- ✓ **Tropische Korallenriffe und tropische Regenwälder sind Ökosysteme mit sehr hoher Biodiversität.**
- ✓ **Ein Rückgang der Biodiversität könnte Ökosysteme dauerhaft schädigen.**

Korallenriff
Die große Artenvielfalt in tropischen Korallenriffen beruht letztlich auf der Leistung winziger Algen, die im Wasser und im Innern der Korallen leben. Die Algen betreiben Fotosynthese, versorgen die Korallenpolypen mit Nährstoffen und bilden die Basis des Nahrungsnetzes im Riff. So können die Korallen riesige Riffe bauen, deren Spalten und Höhlen zahllosen Meerestieren Versteck- und Wohnplätze bieten.

Tropische Korallenriffe entstehen bei Temperaturen zwischen 20 und 28 °C in Flachwasserzonen.

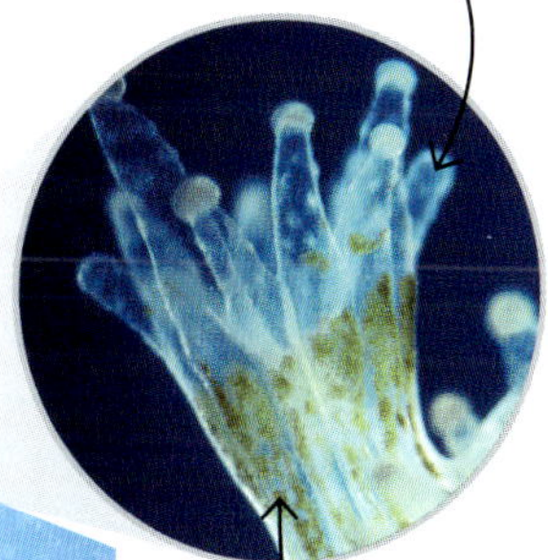

Korallenriffe werden von Korallenpolypen (winzige Nesseltiere) erbaut.

Diese winzigen grünen Punkte sind Algen, die in dem Korallenpolypen leben.

Die große Vielfalt an Korallen und Riffstrukturen bietet vielen Tieren Schutz, Wohnraum und Nahrung.

Warum Biodiversität wichtig ist

Ökosysteme mit hoher Biodiversität zu schützen, ist u.a. deshalb wichtig, weil der Mensch von ihnen in vielfältiger Weise profitieren kann. Regenwälder etwa reinigen nicht nur Luft und Wasser, sondern könnten dank ihrer Vielfalt auch eine nahezu unerschöpfliche Quelle für neue Medikamente und Materialien sein. Artenreiche Ökosysteme zu erhalten, liegt daher im ureigenen Interesse des Menschen.

Globale Erwärmung

Als globale Erwärmung wird der durch den Menschen verursachte Anstieg der Durchschnittstemperatur der erdnahen Atmosphäre sowie der irdischen Landflächen und Meere bezeichnet. Experten gehen davon aus, dass vor allem die Anreicherung von Treibhausgasen in der Erdatmosphäre für die Erwärmung verantwortlich ist. Das wichtige Treibhausgas Kohlendioxid wird unter anderem bei der Verbrennung fossiler Energieträger freigesetzt.

Auf einen Blick

- ✓ Globale Erwärmung ist der menschengemachte Anstieg der globalen Temperatur.
- ✓ Die globale Erwärmung wird v. a. durch ansteigende Konzentrationen von Kohlendioxid und anderen Treibhausgasen in der Atmosphäre verursacht.
- ✓ Wenn der Kohlendioxidgehalt der Atmosphäre weiter ansteigt, wird auch die globale Temperatur weiter ansteigen.

Treibhausgase

Treibhausgase wie Kohlendioxid (CO_2) und Methan (CH_4) wirken ähnlich wie die Glasscheiben eines Gewächshauses: Sie sorgen dafür, dass ein Teil der Sonnenwärme nicht in den Weltraum zurückgestrahlt wird und erwärmen so Erdatmosphäre und Erdoberfläche. Ohne den Treibhauseffekt der Treibhausgase wäre es auf der gesamten Erde eisig kalt.

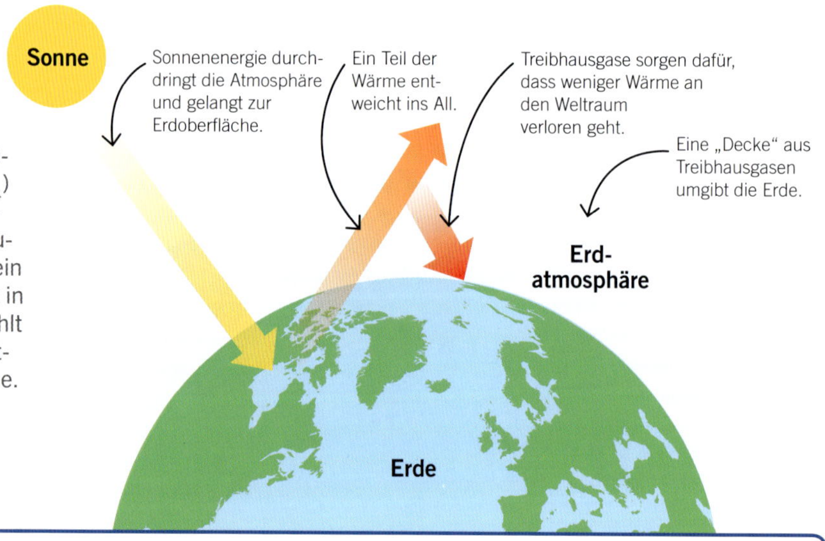

Globale Temperatur und Kohlendioxidgehalt der Atmosphäre

Dieses Diagramm zeigt, dass der Kohlendioxidgehalt der Atmosphäre und die mittlere Globaltemperatur in den letzten 50 Jahren angestiegen sind. Wenn der Kohlendioxidgehalt der Atmosphäre weiter ansteigt, wird sich wohl auch die globale Erwärmung fortsetzen.

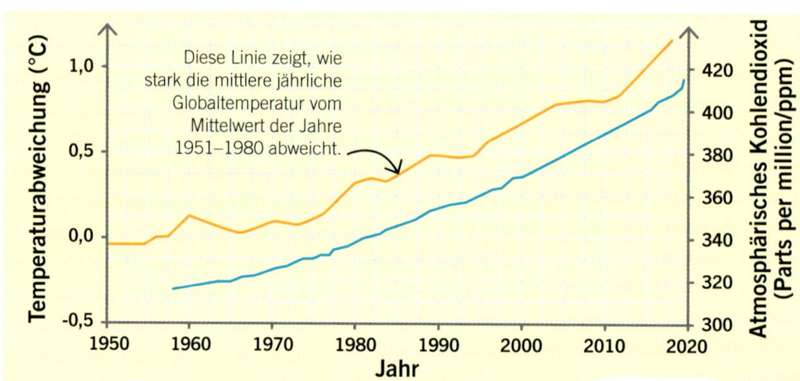

Temperaturabweichung

Kohlendioxid

Klimawandel

Die globale Erwärmung erhöht nicht nur die Temperatur von Erdoberfläche und Erdatmosphäre, sondern verändert nach und nach auch das Klima weltweit.

Auf einen Blick

- ✓ Die globale Erwärmung verändert das Klima weltweit.
- ✓ Durch den Klimawandel wird es in manchen Regionen der Erde trockener, in anderen dagegen feuchter.
- ✓ Durch den Klimawandel treten extreme Wetterereignisse wie Stürme, Starkregen oder Hitzewellen wohl häufiger auf.

Extremereignisse
Dieses Diagramm zeigt, dass Wetterextreme in den letzten Jahrzehnten zugenommen haben. Die Zunahme ist wahrscheinlich auf den Klimawandel zurückzuführen.

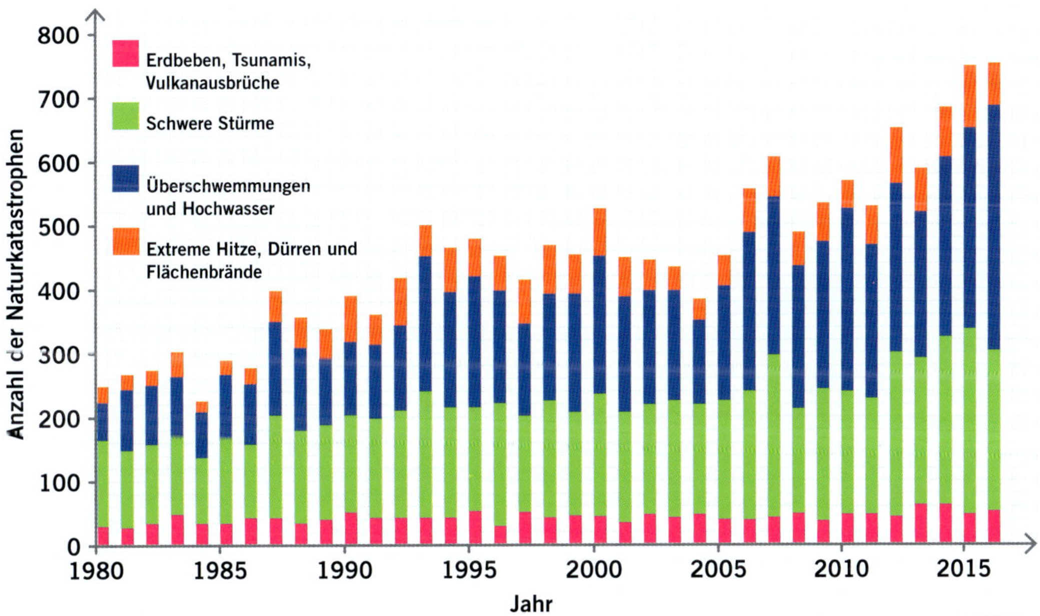

Planet im Wandel

Durch den Klimawandel wird es in manchen Regionen der Erde trockener, in anderen dagegen feuchter werden. Dürren und Überflutungen werden zunehmen. Schmelzende Gletscher und Eiskappen lassen den Meeresspiegel ansteigen, sodass tief liegende Küstengebiete und flache Inseln verschwinden werden.

Dürren
Regenmangel wird vielerorts zu Dürren führen und einstmals blühende Landschaften in lebensfeindliche Wüsten verwandeln.

Meeresspiegelanstieg
Durch den Anstieg des Meeresspiegels wird Land überflutet und Lebensraum für Tiere, Pflanzen und Menschen vernichtet werden.

Ökosysteme im Wandel

Veränderungen von Umweltfaktoren in einem Ökosystem wirken sich auf die dort lebenden Organismen aus. Lebewesen sind an bestimmte Umweltbedingungen angepasst, sie können aussterben, wenn sich die Bedingungen ändern.

Auf einen Blick

- ✓ **Der Klimawandel verändert die Lebensbedingungen in vielen Ökosystemen.**
- ✓ **Lebewesen sind an bestimmte Umweltbedingungen angepasst und können aussterben, wenn diese sich ändern.**
- ✓ **Die Wechselbeziehungen zwischen Organismen können dazu führen, dass nach dem Aussterben einer Art viele weitere folgen.**

Korallenbleiche
Wenn die Temperatur des Meerwassers um mehr als nur etwa 1 °C ansteigt, stoßen Korallen die in ihnen lebenden Algen aus. Dadurch verlieren die Nesseltiere ihre Färbung und bleichen aus. Ohne ihre Algen, die sie mit Nährstoffen versorgen, können die Korallen nicht dauerhaft überleben und sterben ab.

Für viele Fischarten sind Korallenriffe Lebensraum und Nahrungsquelle – sterben die Korallen, sterben auch die Fische. Ohne Korallen wird ein Korallenriff rasch von einem Ökosystem mit hoher Biodiversität zu einem mit niedriger Biodiversität.

Auch eine Verschmutzung des Meerwassers mit bestimmten Sonnenschutzmitteln kann zum Absterben von Korallen führen.

Ausgebleichte Koralle

Gesunde Koralle

Nach dem Absterben der Korallenpolypen bleiben zunächst ihre Kalkskelette zurück. Doch auch diese zerfallen nach einiger Zeit und mit ihnen die Versteckplätze für viele Tiere.

Lebensraumverlust

Lebensraumzerstörung und durch den Klimawandel ausgelöste Lebensraumveränderungen lassen die Bestände mancher Schlüsseltierarten schrumpfen. Sollten diese Schlüsselarten aussterben, könnte dies zur Folge haben, dass noch viele weitere Arten verschwinden.

Eisschmelze in der Arktis
Eisbären fangen den Großteil ihrer Beute (Robben) auf dem Packeis. Das Schmelzen des arktischen Meereises bedeutet daher für Eisbären viel weniger Nahrung und möglicherweise sogar den Hungertod.

Entwaldung
Orang-Utans spielen eine wichtige Rolle bei der Samenverbreitung vieler Regenwaldpflanzen, doch die Tiere sind durch die Abholzung ihres Regenwalds bedroht. Sterben die Orang-Utans aus, könnten auch etliche Pflanzenarten verschwinden.

Verbreitung von Arten

Umweltveränderungen können dazu führen, dass sich die Verbreitungsgebiete von Arten vergrößern, verkleinern oder verschieben. Veränderungen der Umwelt können durch natürliche Prozesse oder auch durch menschliche Einflüsse verursacht sein.

Auf einen Blick

- ✓ Umweltveränderungen können die Verbreitungsgebiete von Arten beeinflussen.
- ✓ Verbreitungsgebiete können sich durch natürliche Prozesse oder durch menschliche Einflüsse verändern.
- ✓ Der Klimawandel könnte dazu führen, dass Arten ihre Verbreitungsgebiete ausdehnen – er könnte aber auch zum Aussterben von Arten führen.

Klimawandel und Verbreitung
Der Klimawandel könnte dazu führen, dass sich die Verbreitungsgebiete der hier abgebildeten Vogelarten verändern. In einem wärmeren Klima könnte der Wiedehopf sein Verbreitungsgebiet nach Norden ausdehnen, während der Schottische Kreuzschnabel infolge Lebensraumverlusts sogar aussterben könnte.

Schottischer Kreuzschnabel

Wiedehopf

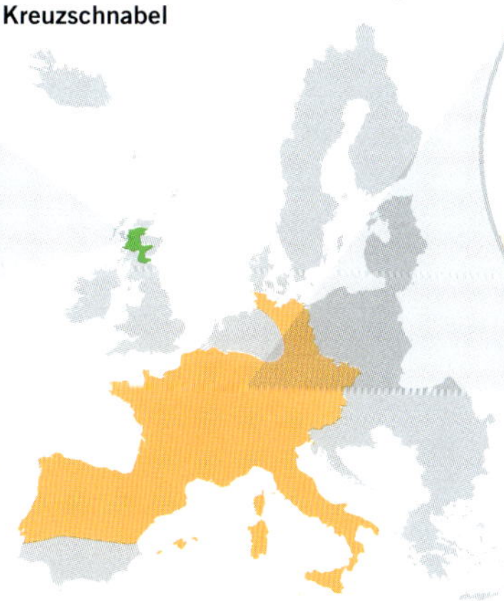

Schottischer Kreuzschnabel
Der Schottische Kreuzschnabel lebt nur in den kühlen Kiefernwäldern Nordschottlands, wo er sich von Kiefernsamen ernährt. Würde sich das Klima dort zu stark erwärmen, würden die Kiefern verschwinden und der Kreuzschnabel würde aussterben.

Wiedehopf
Der Wiedehopf bewohnt warme und trockene Lebensräume. Würde es im Norden und Nordwesten Europas deutlich wärmer, könnte er sich auch in Skandinavien und Großbritannien ansiedeln.

Tierwanderungen

Manche Tiere reagieren mit weiten Wanderungen (Migrationen) auf jahreszeitlich bedingte Umweltveränderungen. Monarchfalter etwa wandern jedes Jahr Tausende von Kilometern von ihren Sommerlebensräumen in Nordamerika zu den Winterquartieren in Mexiko und zurück.

Ausbreitung von Krankheiten

Der Klimawandel könnte auch dazu führen, dass sich die Verbreitungsgebiete von Krankheitserregern verändern. Wenn das Klima in Europa oder Nordamerika wärmer würde, könnte dies z. B. zur Folge haben, dass Anopheles-Mücken auch dort wieder Malaria übertragen.

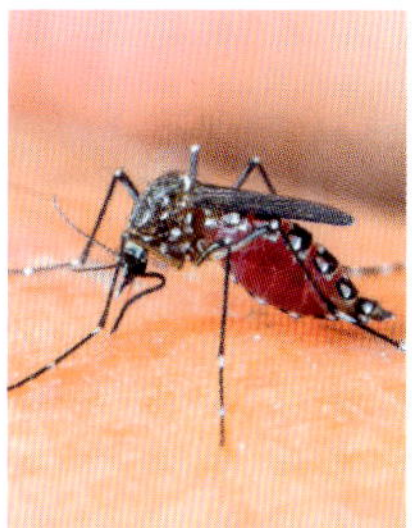

Kohlenstoffsenken

Natürliche Reservoire, die Kohlenstoff aufnehmen und eine Zeit lang speichern, werden als Kohlenstoffsenken bezeichnet. Pflanzen sind Kohlenstoffsenken, denn sie nehmen für ihre Fotosynthese Kohlendioxid aus der Luft auf und bauen den Kohlenstoff in ihre Gewebe ein, wenn sie wachsen.

Auf einen Blick

- **Natürliche Reservoire, die Kohlenstoff aufnehmen und eine Zeit lang speichern, heißen Kohlenstoffsenken.**
- **Wälder und Moore sind bedeutende Kohlenstoffsenken.**
- **Das Verbrennen von Wäldern und Torf setzt Kohlenstoff frei und erhöht den Kohlendioxidgehalt der Atmosphäre.**

Waldrodung
Wenn Bäume gefällt werden, landet viel von dem in ihnen gespeicherten Kohlenstoff letztendlich in der Atmosphäre. Lässt man die Bäume verrotten oder verbrennt man sie, wird der Kohlenstoff in Form von Kohlendioxid freigesetzt, das zur globalen Erwärmung beiträgt (s. S. 238). Weltweit werden jedes Jahr Millionen Hektar Wald gerodet, um z. B. Ackerland oder Bauland zu gewinnen.

In Südostasien werden riesige Regenwaldgebiete abgeholzt, um Land für Palmölplantagen zu gewinnen. Das trägt zur globalen Erwärmung bei und zerstört den Lebensraum vieler Tiere und Pflanzen.

Zerstörung von Torfmooren

Moore bedecken etwa 3 % der Erdoberfläche.

Torfstechen
Torfmoore sind – genau wie Wälder – Kohlenstoffsenken, denn Torf besteht aus kaum zersetzten Überresten von Pflanzen. Mancherorts wird Torf gestochen und verheizt. Dadurch gelangt der in ihm gespeicherte Kohlenstoff in die Atmosphäre.

In Indonesien werden Torfmoorwälder oft absichtlich in Brand gesteckt, um Farmland zu gewinnen.

Moorbrände
Ausgetrocknete Torfmoore geraten ziemlich leicht in Brand. Bei großen Moorbränden gelangen enorme Mengen Kohlendioxid in die Atmosphäre.

Eingeschleppte Arten

Wenn durch den Menschen Tier- und Pflanzenarten in Gebiete gelangen, in denen sie natürlicherweise nicht vorkommen, kann das schwerwiegende Folgen haben. Fehlen Feinde oder andere bestandsregulierende Faktoren, vermehren sich eingeschleppte Arten manchmal explosionsartig und können für heimische Arten zu einer ernsten Bedrohung werden.

Auf einen Blick

- ✓ **Arten können absichtlich oder versehentlich in neue Gebiete gebracht werden.**
- ✓ **Eingeschleppte Arten können eine ernste Bedrohung für einheimische Arten sein.**

Rosige Wolfsschnecke
Die aus dem Südosten der USA stammende Rosige Wolfsschnecke ist ein Schneckenjäger und wurde auf polynesischen Inseln ausgesetzt, um die Große Achatschnecke zu bekämpfen. Anstelle der Achatschnecken fraß sie jedoch lieber die Partula-Arten und rottete etliche von ihnen aus.

Polynesische Baumschnecken

Von den etwa 75 Arten von Baumschnecken (Gattung *Partula*), die einst Tahiti u. a. polynesische Inseln bewohnten, sind heute nur noch etwa ein Dutzend in Gefangenschaft lebende Arten übrig – die anderen wurden durch eingeführte Achat- und Wolfsschnecken ausgerottet.

Partula-Schnecken
Partula-Schnecken kommen nur auf polynesischen Inseln vor und sind heute durch eingeschleppte Schneckenarten extrem bedroht.

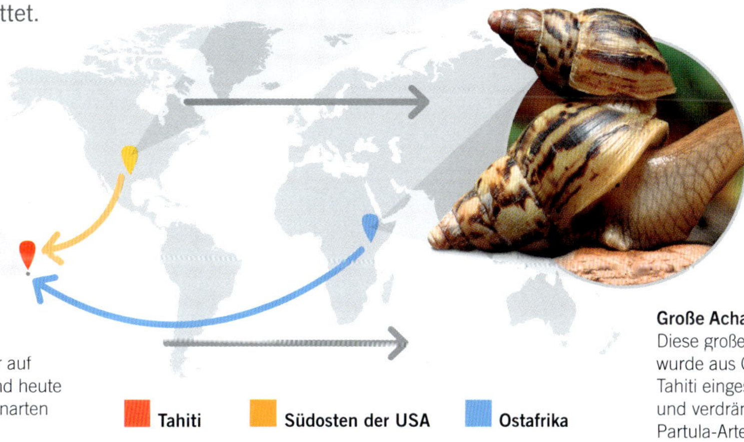

Große Achatschnecke
Diese große Schnecke wurde aus Ostafrika nach Tahiti eingeschleppt und verdrängte die Partula-Arten.

Problempflanzen

Wasserhyazinthen
Die aus dem Amazonasgebiet stammenden Wasserhyazinthen wurden als dekorative Teichpflanzen in viele Länder der Welt eingeführt. Sie entkamen in die Natur und sind heute vielerorts ein Problem, da sie sich rasant vermehren und Flüsse und Seen zuwuchern.

Kudzu
Kudzu ist eine aus Südostasien stammende, schnellwüchsige Kletterpflanzenart. Die Pflanze wurde u. a. in die USA eingeführt und entwickelte sich dort zu einer Bedrohung, da sie die einheimische Vegetation rasch überwuchern und zerstören kann.

Verschmutzung des Wassers

Wasserverschmutzung ist die Verschmutzung von Gewässern und Grundwasser mit Schadstoffen.

Auf einen Blick

- ✓ Wasserverschmutzung ist die Verschmutzung von Gewässern und Grundwasser mit Schadstoffen.
- ✓ Eutrophierung ist eine Erhöhung des Nährstoffgehalts von Gewässern.
- ✓ Eutrophierung kann den Tod von Wassertieren, wie etwa Fischen, zur Folge haben.
- ✓ In Kläranlagen wird Abwasser mittels mechanischen, chemischen und biologischen Verfahren gereinigt.

Eutrophierung

Eutrophierung ist eine Erhöhung des Nährstoffgehalts von Gewässern. Sie kann z. B. auftreten, wenn Dünger von Feldern und Wiesen in Seen und Flüsse gelangt. Dadurch können Algenblüten entstehen, die Licht- und Sauerstoffmangel und sogar das „Umkippen“ von Gewässern zur Folge haben können.

1. Um das Pflanzenwachstum zu fördern, wird Dünger auf die Felder ausgebracht.

2. Ein Teil des Düngers wird ausgewaschen und führt zur Nährstoffanreicherung in Flüssen, Seen und anderen Gewässern.

3. Die zusätzlichen Nährstoffe führen zu einer Massenvermehrung von Algen. Der dichte Algenteppich auf der Oberfläche lässt kein Licht mehr zu den tiefer im Gewässer wachsenden Pflanzen durch, sodass diese absterben.

4. Totes Pflanzenmaterial fördert die Vermehrung von Zersetzern, die den Sauerstoff im Wasser verbrauchen.

5. Kiemenatmende Wassertiere sterben infolge Sauerstoffmangels.

Kläranlagen

In Kläranlagen wird Abwasser mithilfe von mechanischen, chemischen und biologischen Verfahren gereinigt. In der biologischen Stufe werden organische Verbindungen, die z. B. durch menschliche Exkremente (Stuhl und Urin) ins Abwasser gelangt sind, mithilfe von Bakterien abgebaut.

Die Becken von Kläranlagen werden belüftet, da die Bakterien für ihre Arbeit Sauerstoff brauchen.

Verschmutzung des Bodens

Bodenverschmutzung entsteht durch den Eintrag von Schadstoffen in den Boden. Diese können zum Beispiel aus dem Bergbau, aus Mülldeponien oder aus Chemiefabriken stammen.

Auf einen Blick

- Bodenverschmutzung entsteht durch den Eintrag von Schadstoffen in den Boden.
- Die Schadstoffe können z. B. aus dem Bergbau, aus Mülldeponien oder aus Chemiefabriken stammen.
- Mülldeponien sind ein Risiko für die Umwelt und zerstören Lebensräume.
- Durch das Recyceln von Abfall muss weniger Müll auf Deponien entsorgt oder verbrannt werden.

Mülldeponien
Die Weltbevölkerung produziert mehr als 3 Mio. Tonnen Abfall pro Tag. Ein großer Teil davon wird auf Mülldeponien entsorgt. Doch das führt nicht nur zum Verlust natürlicher Lebensräume, sondern birgt auch das Risiko, dass viele Jahre lang Schadstoffe aus Deponien ins Grundwasser und in den Boden gelangen.

Müllrecycling

Neben Mülldeponien gibt es noch andere Formen der Abfallbeseitigung, wie etwa die Müllverbrennung. Doch auch diese kann Probleme verursachen, da bei der Verbrennung von Müll Kohlendioxid und andere Schadstoffe in die Luft gelangen. Am besten ist es daher, möglichst wenig Müll zu produzieren und möglichst viel Müll zu recyceln.

Speisereste | Metall | Papier | Plastik

Verrottender Müll setzt Giftstoffe frei, die in Grundwasser und Boden gelangen und für das Leben in der Umgebung eine ernste Gefahr darstellen können.

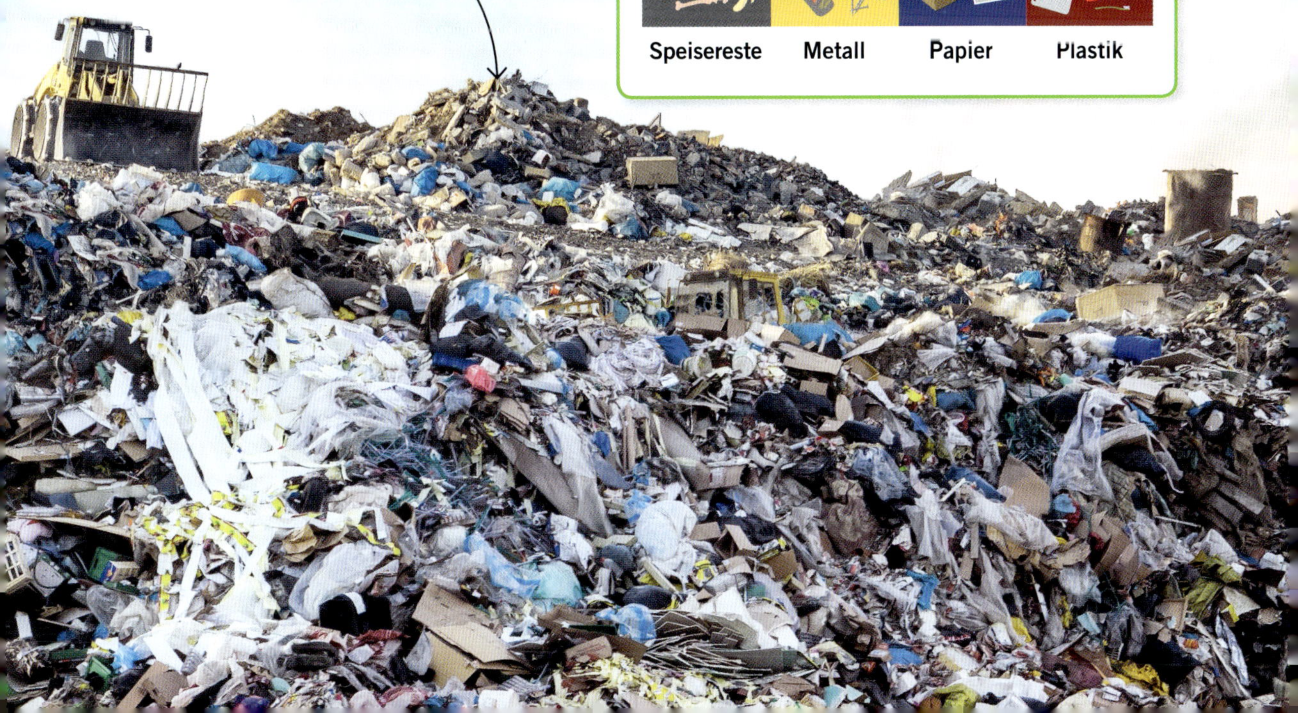

Luftverschmutzung

Luftverschmutzung entsteht, wenn Schadstoffe in die Luft freigesetzt werden. Ein Großteil der Luftverschmutzung wird durch das Verbrennen fossiler Energieträger verursacht.

Auf einen Blick

- Luftverschmutzung entsteht, wenn Schadstoffe in die Luft freigesetzt werden.
- Saurer Regen entsteht, wenn sich säurebildende Gase wie Schwefeldioxid und Stickstoffoxide in Regenwasser lösen.
- In manchen Teilen der Erde wurden große Waldgebiete durch sauren Regen zerstört.

Saurer Regen

Beim Verbrennen fossiler Energieträger entstehen säurebildende Gase wie Schwefeldioxid und Stickstoffoxide. Wenn diese sich in den Wassertropfen von Wolken lösen, bildet sich sogenannter saurer Regen, der in Ökosystemen schwere Schäden verursachen kann.

1. Durch Verbrennung fossiler Energieträger freigesetzte säurebildende Gase steigen in die Atmosphäre auf.

2. Der Wind transportiert die Gase oft kilometerweit vom Ort ihrer Entstehung weg.

3. Die Gase lösen sich in den Wassertropfen von Wolken. Dadurch entstehen Säuren, die als saurer Regen zur Erde fallen und eine großflächige Bedrohung für Organismen darstellen.

4. Das saure Regenwasser gelangt in Flüsse und Seen, sodass auch diese versauern und für etliche Wassertiere unbewohnbar werden.

In manchen Teilen der Erde wurden große Waldgebiete durch Luftverschmutzung und sauren Regen zerstört.

Feinstaub

Mikroskopisch kleine Schwebeteilchen in der Luft werden als Feinstaub bezeichnet. Feinstaubpartikel können z. B. Asthmaanfälle auslösen oder Atemwegserkrankungen und andere Gesundheitsschäden verursachen, wenn sie eingeatmet werden. Der Straßenverkehr ist eine bedeutende Feinstaubquelle.

An viel befahrenen Straßen ist die Feinstaubkonzentration in der Luft erhöht.

Naturschutz

Naturschutz ist der Schutz von Arten und natürlichen Lebensräumen. Er findet nicht nur in der Natur statt, sondern zum Beispiel auch in Zoos, wo Zuchtprogramme vom Aussterben bedrohte Tiere retten sollen.

Tigerschutz in Indien
Zwischen 1875 und 1925 wurden in Indien schätzungsweise 80 000 Tiger durch Großwildjäger getötet. Im Jahr 2006 war der indische Tigerbestand auf nur noch etwa 1400 Tiger geschrumpft, doch durch Schutzmaßnahmen konnte ihre Zahl bis 2018 wieder auf etwa 3000 Tiere erhöht werden. Da große Gebiete unter Schutz gestellt werden müssen, um Tiger zu schützen, kommt Tigerschutz auch vielen anderen Arten zugute.

Auf einen Blick

- ✓ **Naturschutz ist der Schutz von Arten und natürlichen Lebensräumen.**
- ✓ **Die Schaffung von Schutzgebieten ist eine der wichtigsten Naturschutzmaßnahmen.**
- ✓ **Die Aufklärung von Menschen, die nahe Schutzgebieten leben, kann dazu beitragen, dass Konflikte zwischen Mensch und Natur vermieden werden.**
- ✓ **Der Schutz von Schlüsselarten hilft auch vielen anderen Arten, die im selben Ökosystem leben.**

Schlüsselarten

Schlüsselarten sind Arten, die für das Funktionieren von Ökosystemen von zentraler Bedeutung sind und großen Einfluss auf deren Artenvielfalt haben. Der Schutz von Schlüsselarten hilft daher auch vielen anderen Arten, die im selben Ökosystem leben. Der Biber ist eine Schlüsselart, denn er erschafft und erhält durch seine Bautätigkeit artenreiche Feuchtbiotope.

Maßnahmen zum Schutz von Tierarten

- Schaffung von Schutzgebieten
- Aufklärung der lokalen Bevölkerung
- Wiederherstellung von naturnahen Lebensräumen, z. B. durch Wiederaufforstung
- Überwachung der Bestände gefährdeter Tierarten

Nahrungssicherheit

Nahrungssicherheit bedeutet, dass Menschen jederzeit genug zu essen haben. Obwohl auf der Erde aktuell genug Nahrung für alle Menschen produziert werden kann, gibt es noch immer viele Millionen Menschen, die aufgrund von lokalen Missernten, Armut oder Krieg hungern müssen.

Auf einen Blick

- ✓ **Nahrungssicherheit heißt, dass Menschen stets genug zu essen haben.**
- ✓ **Da die Weltbevölkerung rasant wächst, könnte es in Zukunft schwieriger werden, genug Nahrung für alle zu produzieren.**
- ✓ **Klimawandel und veränderte Ernährungsgewohnheiten könnten sich auf die Nahrungssicherheit auswirken.**

Was bedroht die Nahrungssicherheit?
Genug Nahrung für alle zu produzieren, könnte in Zukunft aufgrund von Bevölkerungswachstum, Klimawandel, veränderten Ernährungsgewohnheiten, Schädlingen oder Pflanzenkrankheiten noch schwieriger werden.

Bevölkerungswachstum
Mit einer wachsenden Weltbevölkerung steigt auch der Bedarf an Nahrung, sodass wir zukünftig weit mehr Nahrung produzieren müssen als heute. Das Bevölkerungswachstum wird außerdem dazu führen, dass wir mehr Energie, Wasser und andere Ressourcen benötigen werden.

Klimawandel
Der Klimawandel könnte dazu führen, dass sich die Niederschlagsmengen in vielen Regionen der Erde nachteilig verändern. Auch wetterbedingte Naturkatastrophen könnten zunehmen und den Anbau von Nutzpflanzen sowie die Haltung von Nutztieren erschweren.

Mit der Weltbevölkerung wächst auch der Nahrungsbedarf.

Der Klimawandel könnte zu häufigeren Dürren und Ernteausfällen führen.

Rinder grasen auf Land, das einst von Regenwald bedeckt war.

Heuschreckenschwärme können Felder in kurzer Zeit kahl fressen.

Ernährungsgewohnheiten
Mit steigendem Wohlstand tendieren die Menschen dazu, mehr Fleisch zu essen. Das hat zur Folge, dass insgesamt weniger Nahrung produziert werden kann, da die Nutztierhaltung viel mehr Ressourcen verschlingt als der Nutzpflanzenanbau.

Schädlinge und Krankheiten
Der Klimawandel könnte zur Ausbreitung von Schädlingen und Krankheiten führen. Wanderheuschrecken z. B. kommen heute v. a. in den Tropen und Subtropen vor, könnten sich aber auch in gemäßigten Regionen ansiedeln, wenn das Klima wärmer wird.

Pflanzliche Ernährungsweise und Umwelt

Sich von pflanzlicher Kost zu ernähren, ist viel umweltfreundlicher, als tierische Produkte zu essen. Weil beim Übergang von einer Trophieebene zur nächsten viel Energie verloren geht (s. S. 225), ist der Ressourcenverbrauch bei der Produktion tierischer Nahrungsmittel viel höher als bei der Produktion pflanzlicher Nahrungsmittel. Hinzu kommt, dass bei der Nutztierhaltung große Mengen Treibhausgase freigesetzt werden.

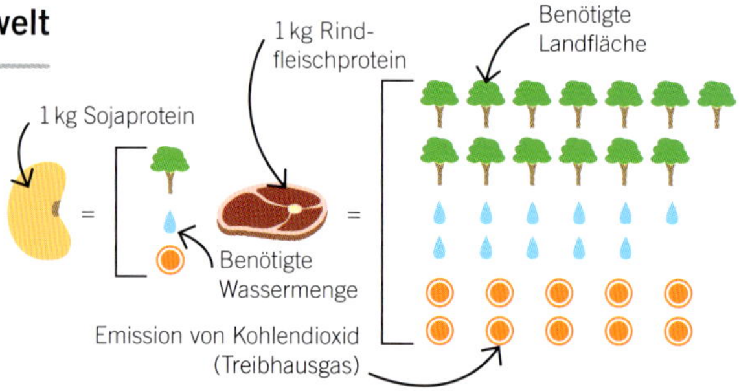

Nachhaltige Nahrungsproduktion

Nachhaltige Nahrungsproduktion bedeutet, dass Nahrungsmittel so produziert werden, dass ihre Erzeugung dauerhaft gesichert ist und Umweltschäden oder das Aufbrauchen von Ressourcen vermieden werden.

Auf einen Blick

- ✓ **Werden Ressourcen nachhaltig genutzt, stehen sie dauerhaft zur Verfügung.**
- ✓ **Nachhaltige Nahrungsproduktion sichert die dauerhafte Versorgung der Bevölkerung mit Nahrungsmitteln, ohne Umweltschäden zu verursachen.**
- ✓ **Die Fischerei wird u. a. durch Fangquoten und größere Maschenweiten nachhaltiger gemacht.**

Nachhaltigkeit in der Fischerei

Überfischung hat dazu geführt, dass heute etliche Meeresfischarten fast ausgerottet sind. Um die Fischerei nachhaltig zu machen, müssen Fischereimethoden so verbessert werden, dass die Schädigung mariner Ökosysteme vermieden wird.

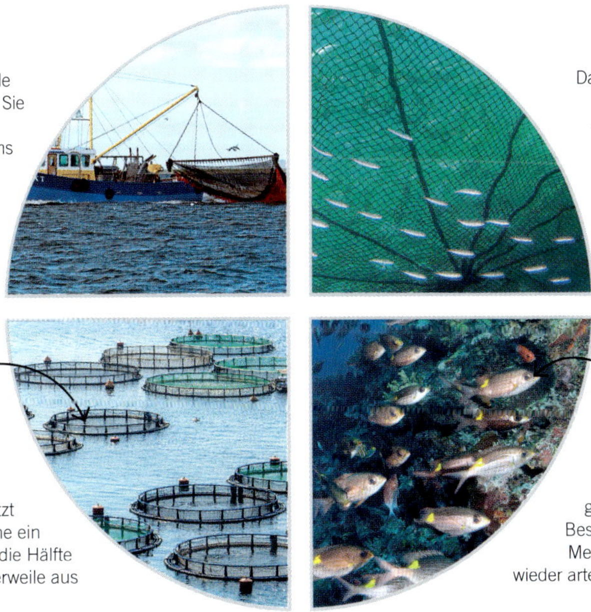

Fangquoten
In vielen Ländern wurden mittlerweile sogenannte Fangquoten eingeführt. Sie begrenzen die Zahl der Fische, die während eines bestimmten Zeitraums in einem Fanggebiet gefangen werden dürfen. Fangquoten sollen Überfischung verhindern und es den Beständen gefährdeter Arten ermöglichen, sich zu erholen.

Maschenweite
Das Vergrößern der Maschenweite von Fangnetzen ermöglicht es Jungfischen, aus den Netzen zu entkommen. Die Fische können dann heranwachsen und sich fortpflanzen, sodass die Populationen der betreffenden Arten erhalten bleiben oder sich erholen können.

Netzgehege

Fischfarmen
In Fischfarmen (Aquakulturen) werden Speisefische in großen, im Meer oder in Flüssen schwimmenden Netzgehegen aufgezogen. Die Aquakultur ist heute nicht zuletzt wegen der Überfischung der Ozeane ein boomender Wirtschaftszweig. Fast die Hälfte unseres Speisefischs stammt mittlerweile aus Fischfarmen.

Wo die Fischerei verboten ist, blüht das marine Leben.

Meeresschutzgebiete
In Meeresschutzgebieten ist die Fischerei verboten oder eingeschränkt. Dort können sich die Bestände von Fischen und anderen Meeresorganismen erholen, sodass wieder arten- und individuenreiche marine Ökosysteme entstehen.

Probleme der Aquakultur

Bei Speisefischarten, die sich in Gefangenschaft züchten lassen, helfen Fischfarmen zwar dabei, Überfischung zu vermeiden, aber sie verursachen auch viele Probleme. Fischexkremente und Futterreste können z. B. zu Eutrophierung (s. S. 244) führen. Krankheiten und Parasiten können sich in den überfüllten Gehegen rasch ausbreiten und auf wild lebende Fische überspringen.

Seeläuse sind Parasiten, die sich von der Haut und dem Blut von Fischen ernähren.

Anbaumethoden

Intensivlandwirtschaft und ökologische Landwirtschaft (Biolandbau) sind zwei sehr unterschiedliche Formen des Landbaus. Während Intensivlandwirtschaft versucht, mithilfe modernster Technik möglichst hohe Erträge zu erzielen, bemüht sich die ökologische Landwirtschaft um eine umweltschonende Produktion und um artgerechte Tierhaltung.

Auf einen Blick

- ✓ Intensivlandwirtschaft und ökologische Landwirtschaft sind zwei sehr unterschiedliche Formen des Landbaus.
- ✓ Ökologische Landwirtschaft schont die Umwelt, da Biohöfe viel weniger Chemikalien verwenden als Intensivbetriebe.
- ✓ Die großen Anbauflächen in der Intensivlandwirtschaft sind effizienter zu bewirtschaften, bieten aber kaum Raum für Wildtiere und Wildpflanzen.
- ✓ Bioprodukte sind teurer als Produkte aus konventioneller Landwirtschaft.

Anbaumethoden im Vergleich

Auf ökologischen Bauernhöfen wird Umweltschutz großgeschrieben. Dort werden kaum Pestizide eingesetzt und häufig wird sogar ein Teil der Flächen der Natur überlassen. Demgegenüber versucht die Intensivlandwirtschaft, möglichst jeden Quadratmeter Land so effizient wie möglich zu nutzen.

Ökologischer Reisanbau

Ökologische Landwirtschaft		
Kennzeichen	**Pro**	**Kontra**
Kleinere Felder, oft umgeben von Hecken und Bäumen	Höhere Biodiversität	Höhere Produktionskosten, teurere Nahrungsmittel
Mehr Wildblumen	Bessere Bestäubung von Nutzpflanzen	Wildblumen sind eine Konkurrenz für Nutzpflanzen.
Geringer Einsatz von Chemikalien	Geringere Schädigung der Umwelt und wild lebender Arten	Höhere Ernteverluste durch Krankheiten und Schädlinge

Intensiver Pflanzenbau

Intensivlandwirtschaft		
Kennzeichen	**Pro**	**Kontra**
Sehr große Felder	Ideal für den Einsatz großer Maschinen	Monokulturen, die anfällig für Schädlinge und Krankheiten sind
Reichlicher Einsatz von Kunstdünger	Schnelles Pflanzenwachstum, hohe Ernteerträge	Hohes Risiko der Gewässerverschmutzung
Reichlicher Einsatz von Pestiziden	Geringere Ernteverluste durch Krankheiten und Schädlinge	Hohes Gefährdungsrisiko für wild lebende Arten

Biokraftstoffe

Biokraftstoffe sind Kraftstoffe, die aus Pflanzenmaterial oder tierischen Abfällen (Biomasse) erzeugt werden. Bioethanol wird durch Fermentation von zuckerreichen Pflanzen, wie etwa Zuckerrohr, hergestellt, Biodiesel aus pflanzlichen oder tierischen Fetten.

Auf einen Blick

- ✓ **Biokraftstoffe werden aus Biomasse produziert.**
- ✓ **Biokraftstoffe tragen weniger zur globalen Erwärmung bei als fossile Brennstoffe, da Biokraftstoffpflanzen beim Wachsen CO_2 aufnehmen.**
- ✓ **Die Biokraftstoffproduktion hat v. a. in den Tropen zu großflächiger Entwaldung geführt.**

Herstellung und Verwendung von Bioethanol
Wenn Bioethanol in Automotoren verbrannt wird, wird dabei genauso viel Kohlenstoff in die Luft freigesetzt, wie zuvor durch das Pflanzenwachstum in der Biomasse gebunden wurde. Dennoch sind Biokraftstoffe nicht kohlenstoffneutral, da für den Anbau von Biokraftstoffpflanzen häufig Wälder gerodet werden und außerdem bei ihrer Herstellung und ihrem Transport große Maschinen zum Einsatz kommen.

1. Zuckerrohranbau
Zuckerrohr wächst schnell und nimmt beim Wachsen Kohlendioxid aus der Luft auf, um den darin enthaltenen Kohlenstoff im Zuge der Fotosynthese in Zucker einzubauen.

2. Zuckerrohrernte
Das Zuckerrohr wird geerntet und verarbeitet. Die dabei entstehende Melasse dient Hefepilzen als Nahrungsquelle.

3. Biokraftstoffproduktion
Die Hefen fermentieren (s. S. 203) den Zucker in der Melasse. Dabei entsteht u. a. Alkohol (Ethanol).

4. Verwendung von Bioethanol
Auf diese Weise erzeugtes Ethanol wird als Bioethanol bezeichnet. Es kann als Kraftstoff für Fahrzeugmotoren oder als Heizbrennstoff genutzt werden.

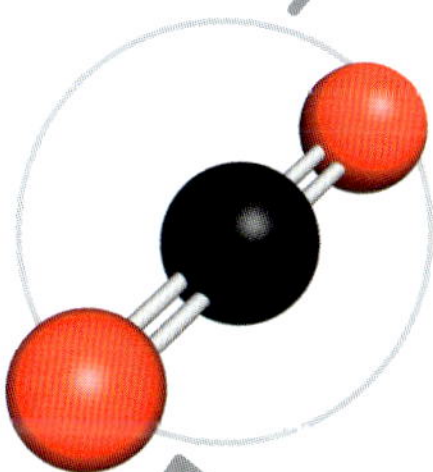

5. Freisetzung von CO_2
Beim Verbrennen von Bioethanol wird genauso viel Kohlendioxid in die Luft freigesetzt wie zuvor vom wachsenden Zuckerrohr aufgenommen wurde.

Anbau von Biokraftstoffpflanzen – pro und kontra

Pro

- Im Gegensatz zu fossilen Brennstoffen sind Biokraftstoffe eine erneuerbare Energiequelle – die Pflanzen, aus denen sie hergestellt werden, können beliebig oft angebaut werden.
- Biokraftstoffe tragen weniger zur globalen Erwärmung bei als fossile Brennstoffe, da Biokraftstoffpflanzen beim Wachsen CO_2 aus der Luft aufnehmen.

Kontra

- Die Biokraftstoffproduktion hat v. a. in den Tropen zu Entwaldung geführt und damit zur globalen Erwärmung beigetragen.
- Die meisten Motoren müssen umgerüstet werden, um Biokraftstoffe nutzen zu können.
- Flächen für den Kraftstoffpflanzenanbau könnten auch für die Nahrungsmittelproduktion genutzt werden.

Gesundheit

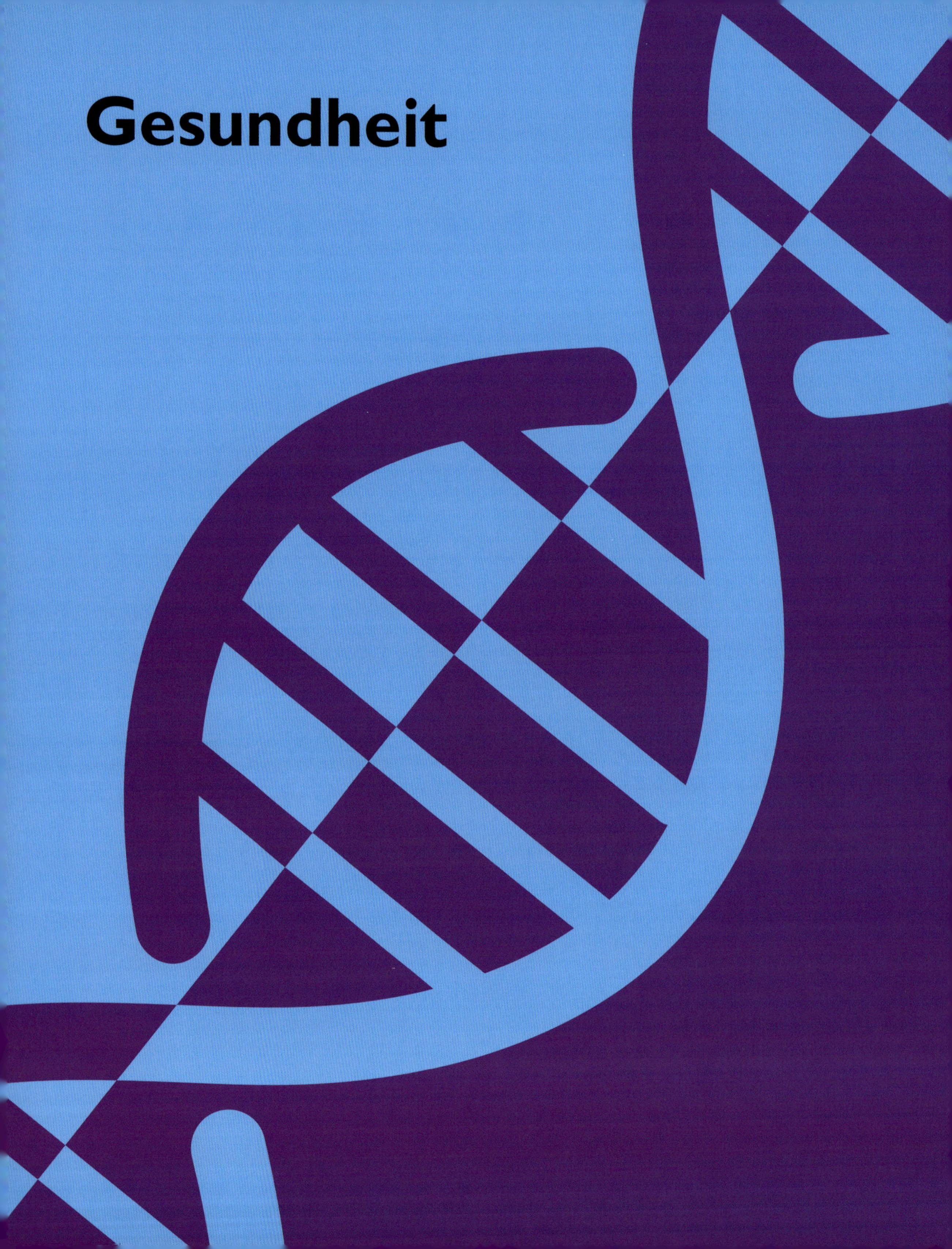

Krankheiten

Eine Krankheit ist ein Zustand, bei dem die Leistungsfähigkeit aufgrund von Funktionsstörungen des Körpers oder der Psyche vermindert ist. Es gibt zahlreiche Krankheiten und ihre Ursachen können sehr unterschiedlich sein.

Auf einen Blick

- Eine Krankheit ist ein Zustand, bei dem die Leistungsfähigkeit aufgrund von Funktionsstörungen des Körpers oder der Psyche vermindert ist.
- Krankheiten, die durch Krankheitserreger (Keime) verursacht werden, heißen Infektions- oder übertragbare Krankheiten.
- Krankheiten, die nicht durch Keime verursacht werden, heißen nicht übertragbare Krankheiten.

Krankheitsursachen
Manche Krankheiten werden durch Mikroorganismen oder Viren verursacht, die von Mensch zu Mensch oder durch Tiere, Trinkwasser, Nahrung oder gemeinsam benutzte Gegenstände übertragen werden können. Andere Erkrankungen, wie Herzkrankheiten oder Diabetes, sind nicht übertragbar. Das Risiko an einer nicht übertragbaren Krankheit zu erkranken, wird durch Lebensweise und Gene beeinflusst.

Einige gefährliche Infektionskrankheiten, wie etwa Cholera oder Typhus, können durch verunreinigtes Trinkwasser übertragen werden.

Krankheitsursachen weltweit

Die Hauptkrankheitsursachen sind nicht überall auf der Erde identisch. In ärmeren Ländern erkranken sehr viele Menschen aufgrund von schlechten Hygienebedingungen an Infektionskrankheiten. In reicheren Ländern leiden dagegen viele Menschen an sogenannten Zivilisationskrankheiten, die u. a. durch einen ungesunden Lebensstil verursacht werden. Malaria tritt v. a. in den Tropen und Subtropen auf.

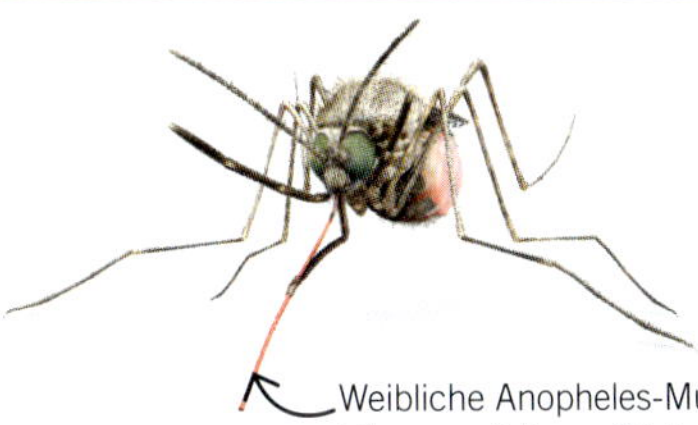

Weibliche Anopheles-Mücken können mit ihrem Stich gefährliche Malaria-Parasiten übertragen.

Krankheiten und Lebensstil

Unser Körper benötigt eine ausgewogene Ernährung und ausreichend Bewegung, um gesund zu bleiben. Wenn wir uns vernünftig ernähren, Sport treiben und auf Schadstoffe wie Alkohol oder Nikotin verzichten, können wir das Risiko für viele Krankheiten reduzieren.

Auf einen Blick

- ✓ **Regelmäßiges sportliches Training stärkt Herz, Lunge und Muskeln und macht uns körperlich fitter.**
- ✓ **Dort, wo Impfungen und Antibiotika die Infektionskrankheiten zurückgedrängt haben, sterben die Menschen v. a. an sogenannten Zivilisationskrankheiten.**
- ✓ **Fettleibigkeit erhöht das Risiko für Typ-2-Diabetes deutlich.**
- ✓ **Alkoholkonsum kann die Leber schädigen.**

Sport
Wenn wir joggen oder Sportarten wie Fußball oder Tennis betreiben, stärken wir unser Herz-Kreislauf-System, unsere Lungen und unsere Muskulatur und verbessern unsere körperliche Ausdauer.

Zivilisationskrankheiten

Verbesserte Hygienebedingungen und medizinischer Fortschritt haben das Risiko von Infektionskrankheiten in den reicheren Ländern der Erde drastisch reduziert. Dafür sterben dort jedoch immer mehr Menschen an sogenannten Zivilisationskrankheiten, die häufig durch einen ungesunden Lebensstil verursacht werden. Rauchen, Bewegungsmangel und Übergewicht erhöhen in vielen Industrienationen das Risiko, an Herz-Kreislauf-Erkrankungen, Krebs oder Diabetes zu erkranken.

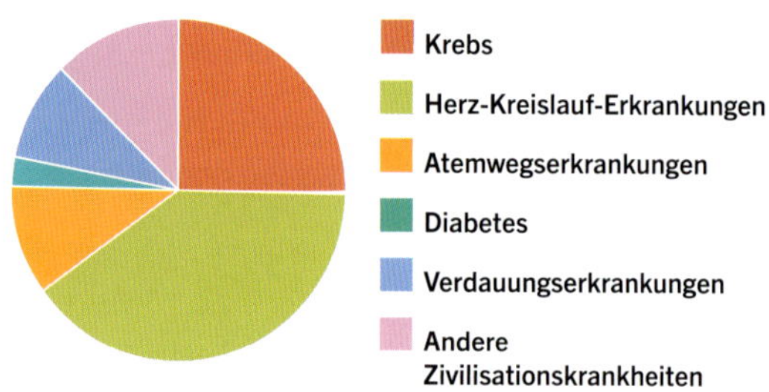

Tod durch Zivilisationskrankheiten bei Menschen unter 70 Jahren

Herzkrankheiten

Das Herz ist eine muskulöse Pumpe, die den Blutfluss im Körper aufrechterhält. Ein ungesunder Lebensstil kann das Herz schädigen und seine Funktion einschränken. Erkrankungen des Herzens und der Blutgefäße werden als Herz-Kreislauf-Erkrankungen oder kardiovaskuläre Erkrankungen bezeichnet und gehören zu den nicht übertragbaren Krankheiten.

Auf einen Blick

- ✓ **Koronare Herzkrankheit (KHK) tritt auf, wenn die Herzkranzgefäße durch Ablagerungen verengt oder verstopft sind.**
- ✓ **Die Einnahme von Statinen kann den Cholesterinspiegel im Blut senken und dadurch die Bildung von Fettablagerungen in Arterien verringern.**
- ✓ **Stents sind medizinische Implantate, die in Herzkranzgefäße eingesetzt werden, um diese offen zu halten.**

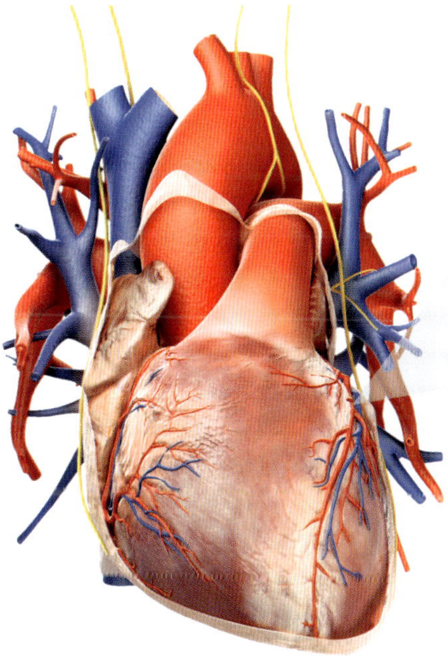

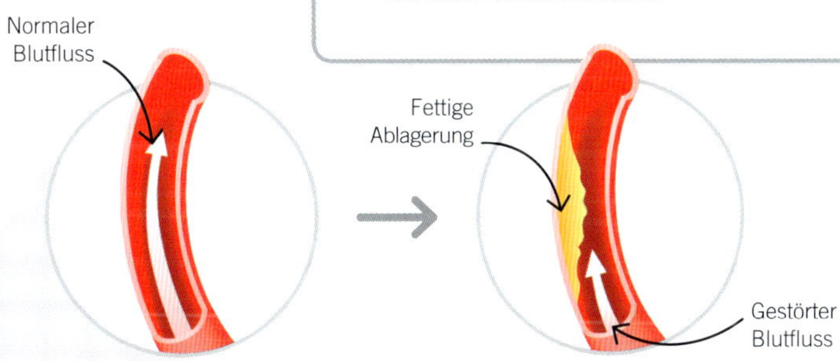

Gesunde Arterie **Verengte Arterie**

Verstopfte Arterien

An den Innenwänden von arteriellen Blutgefäßen können sich fettartige Stoffe wie Cholesterin ablagern. Die Ablagerungen (Plaques) verengen die Gefäße und behindern den Blutfluss. Wenn Plaques einreißen, können Blutgerinnsel entstehen, die Gefäße verstopfen. Geschieht dies bei Herzkranzgefäßen, resultiert daraus ein Herzinfarkt, geschieht dies bei großen Halsarterien, resultiert daraus ein Schlaganfall.

Stents

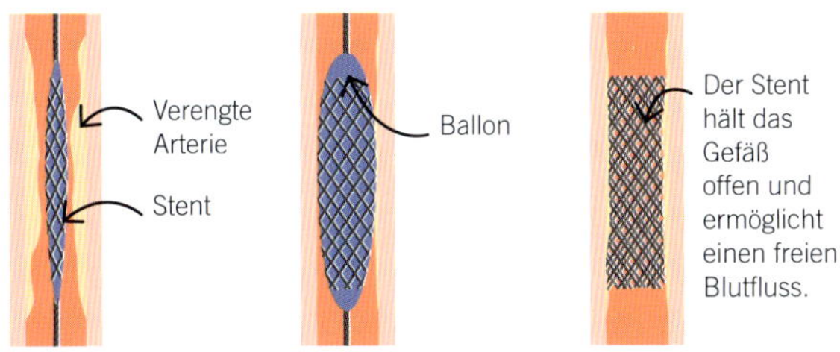

1. Ein Stent (Gefäßstütze) mit darin befindlichem Ballon wird in die verengte Arterie eingeführt.

2. Der winzige Ballon wird aufgebläht und drückt die Ablagerungen in die Gefäßwand.

3. Der Ballon wird entfernt. Der Stent bleibt zurück und hält das Gefäß offen.

Statine

Die Einnahme von Statinen kann den Cholesterinspiegel im Blut senken und dadurch die Bildung von Fettablagerungen in Arterien verringern. Statine können jedoch auch zur Schädigung von Muskeln und Nieren führen.

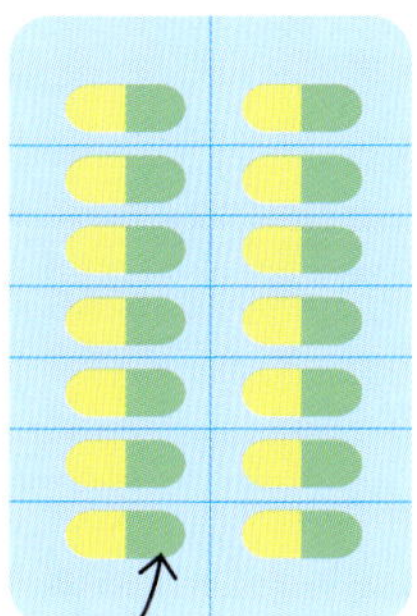

Statine reduzieren die Cholesterinproduktion in der Leber.

Herzchirurgie

Manche Herzerkrankungen können nur durch eine Operation wirksam behandelt werden. Im höheren Alter oder nach Herzinfarkten kann die Herzfunktion stark eingeschränkt sein. Manchmal ist die Herzleistung dann so schlecht, dass das Herz gegen ein Spenderherz ausgetauscht werden muss (Herztransplantation).

Auf einen Blick

- **Manche Herzerkrankungen müssen durch eine Operation behandelt werden.**
- **Defekte Herzklappen können durch künstliche Herzklappen ersetzt werden.**
- **Für manche Herzkranke ist eine Herztransplantation die einzige Rettung.**
- **Kunstherzen können Patienten, die auf ein Spenderherz warten, das Leben retten.**

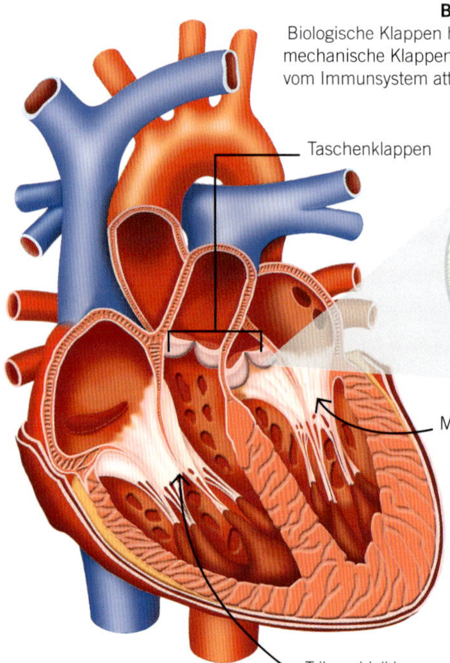

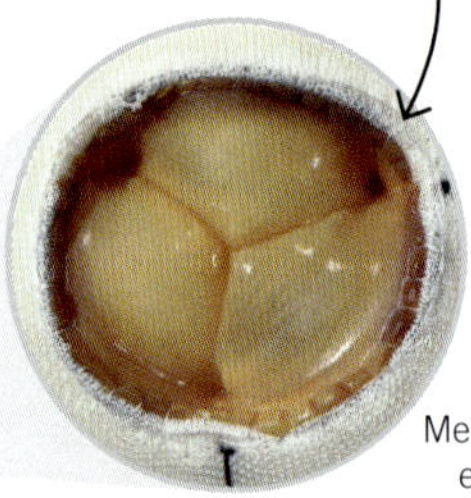

Biologische Herzklappen
Biologische Klappen halten nicht so lange wie mechanische Klappen und werden manchmal vom Immunsystem attackiert und abgestoßen.

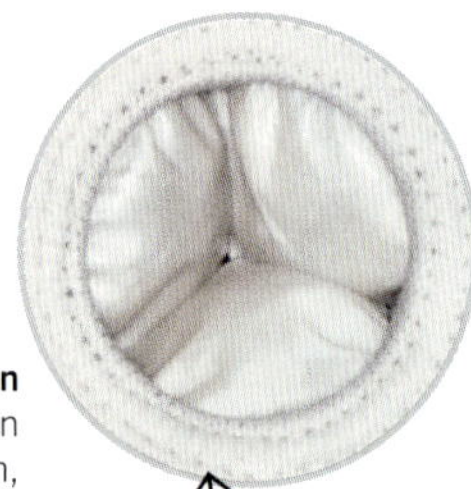

Mechanische Herzklappen
Mechanische Herzklappen halten ein Leben lang, aber Patienten, die sie erhalten haben, müssen Medikamente zur Blutverdünnung einnehmen, um Blutgerinnsel zu verhindern.

Herzklappen
Die Herzklappen zwischen Vorhöfen und Herzkammern sowie zwischen Kammern und Ausströmgefäßen wirken wie Ventile und sorgen dafür, dass das Blut nur in eine Richtung fließt. Bei Menschen mit Herzklappenfehlern können die natürlichen Klappen durch künstliche Klappen aus menschlichem oder tierischem Gewebe (biologische Herzklappen) oder Kunststoff und Metall (mechanische Herzklappen) ersetzt werden.

Herztransplantation

Spenderherz
Ein Spenderherz ist manchmal die einzige Möglichkeit, das Leben eines herzkranken Patienten zu retten. Nach einer Herztransplantation muss der Patient lebenslang sogenannte Immunsuppressiva einnehmen. Diese dämpfen die Abwehrreaktion des Immunsystems und sollen so verhindern, dass das fremde Organ abgestoßen wird.

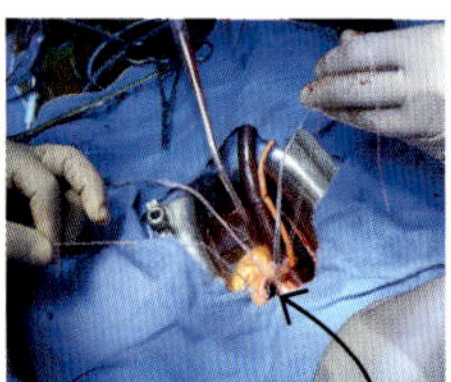

Ein Team von Herzchirurgen bei einer Operation am offenen Herzen

Kunstherz
Da Herzpatienten oft auf ein passendes Spenderherz warten müssen, werden heute häufig Kunstherzen implantiert, um die Wartezeit zu überbrücken. Bei Patienten, die für eine Herztransplantation nicht infrage kommen, können Kunstherzen auch als Dauerersatz für das eigene Herz eingepflanzt werden.

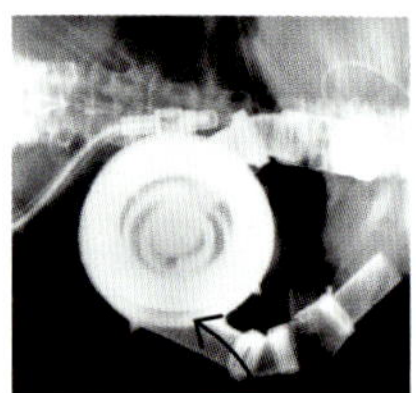

Dieses Röntgenbild zeigt ein künstliches Herz.

Krankheitserreger

Manche Krankheiten werden durch Krankheitserreger (Keime) verursacht. Sie werden Infektionskrankheiten genannt. Personen, die Krankheitserreger im Körper haben, werden als infiziert bezeichnet.

Auf einen Blick

- ✓ Krankheitserreger verursachen Krankheiten und schädigen dadurch andere Organismen (Wirte).
- ✓ Krankheitserreger sind meist mikroskopisch klein.
- ✓ Zu den Krankheitserregern gehören u. a. Viren, sowie manche Bakterien, Protoctisten und Pilze.
- ✓ Manche Keime infizieren nur Tiere oder Menschen, andere nur Pflanzen.
- ✓ Pathogene Bakterien setzen häufig Giftstoffe (Toxine) frei, die ihren Wirt krank machen.

Arten von Krankheitserregern

Zu den Krankheitserregern gehören u. a. Viren sowie manche Bakterien (s. S. 39), Protoctisten und Pilze. Bakterien, Protoctisten und Pilze sind Organismen und bestehen aus Zellen. Viren werden nicht zu den Lebewesen gezählt. Sie bestehen v. a. aus DNA oder RNA und Proteinen und brauchen lebende Zellen, um sich zu vermehren.

Viren
Viren infizieren Wirtszellen und bringen diese dazu, ihr Virusgenom zu vervielfältigen und viele neue Viruspartikel zu produzieren. Wenn diese freigesetzt werden, platzen die infizierten Zellen. Geschieht das massenhaft, wird der Wirt krank.

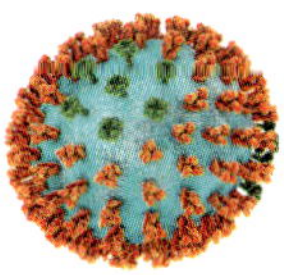

Influenzavirus

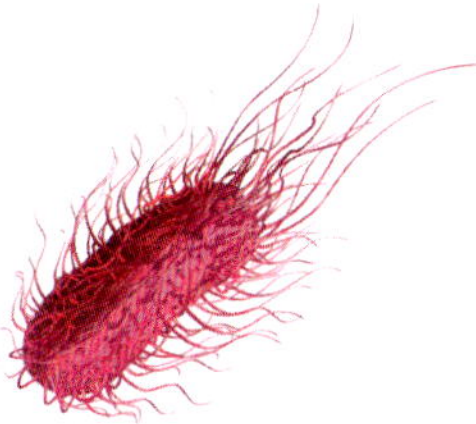

Bakterien
Pathogene Bakterien, wie etwa Salmonellen, können Giftstoffe (Toxine) freisetzen, die ihren Wirt krank machen. Salmonellen werden u. a. durch verunreinigte Lebensmittel übertragen.

Protoctisten
Manche dieser einfach gebauten einzelligen Organismen leben als Parasiten auf oder in anderen Lebewesen und schädigen diese. Eine Infektion mit Malaria-Parasiten kann tödlich enden.

Malaria-Parasiten in einer Blutzelle

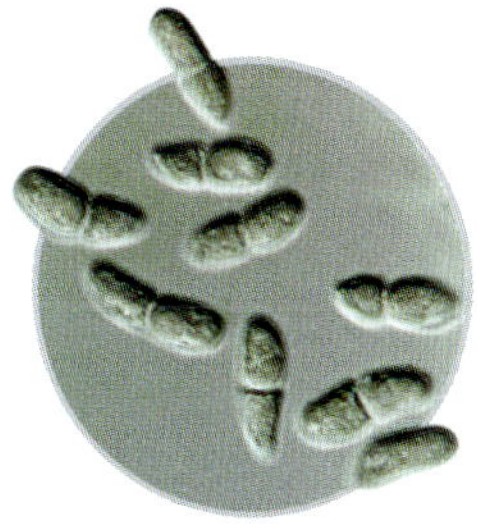

Sternrußtau

Pilze
Manche Pilze leben als Parasiten auf oder in Pflanzen oder Tieren. Sternrußtau z. B. befällt die Blätter von Rosen und führt dazu, dass diese verwelken und schließlich abfallen. So wird die Rose geschwächt.

Überwachung von Krankheiten

Wissenschaftler überwachen nach dem Ausbruch einer Infektionskrankheit u. a. die Zahl der Neuinfektionen innerhalb bestimmter Zeiträume (Inzidenz). Dadurch können sie z. B. feststellen, wie wirkungsvoll krankheitsverhindernde Maßnahmen waren. Dieses Diagramm zeigt, welche Auswirkungen die Einführung der Polioimpfung in den USA auf die Zahl neuer Fälle von Kinderlähmung (Poliomyelitis) und die Anzahl der Poliototen hatte.

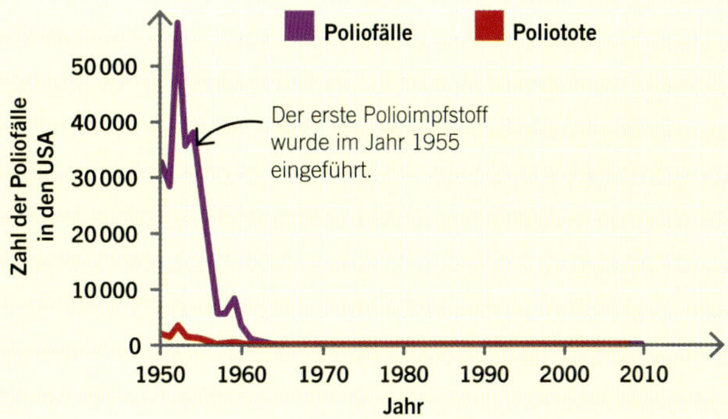

Übertragbare Krankheiten

Durch Krankheitserreger verursachte Infektionskrankheiten, die von einem Organismus zum nächsten übertragen werden können, heißen übertragbare Krankheiten. Krankheitsüberträger werden auch Vektoren genannt.

Auf einen Blick

- ✓ **Übertragbare Krankheiten sind Krankheiten die von Wirt zu Wirt übertragen werden können.**
- ✓ **Keime können z. B. durch Wasser, Nahrung, Körperflüssigkeiten, Luft, Insektenstiche oder direkten Kontakt übertragen werden.**
- ✓ **Manche Keime werden durch Geschlechtsverkehr, Niesen oder mangelhafte Hygiene verbreitet.**
- ✓ **Eine Reihe von Krankheitserregern wird durch Vektoren, wie etwa Stechmücken, übertragen.**

Übertragungswege für menschliche Keime

Wie eine Krankheit von Wirt zu Wirt übertragen wird, hängt u. a. von der Art des beteiligten Erregers ab. Nachfolgend sind die wichtigsten Übertragungswege von Infektionskrankheiten dargestellt.

Wasser
Durch Trinken von keimverseuchtem Wasser kann man sich mit einer Infektionskrankheit anstecken. Insbesondere in wärmeren Ländern kann man sich auch beim Baden mit Krankheitserregern infizieren.

Nahrung und Getränke
Wenn Nahrungsmittel nicht ordnungsgemäß hergestellt, aufbewahrt und zubereitet werden, können sie Krankheitserreger enthalten. Der Verzehr verunreinigter Nahrungsmittel kann Infektionskrankheiten zur Folge haben.

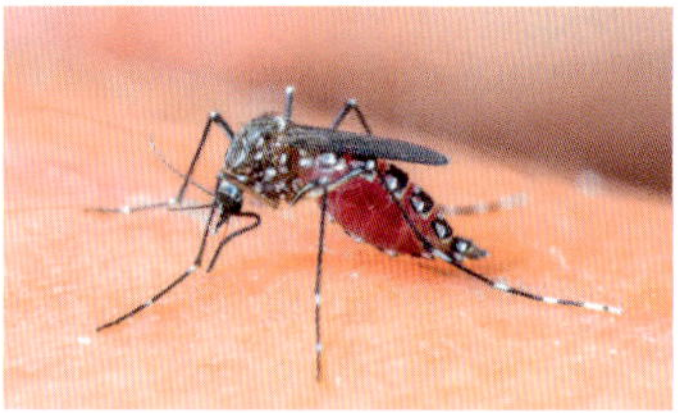

Krankheitsüberträger
Krankheitsüberträger oder Vektoren übertragen Keime von Wirt zu Wirt, ohne selbst zu erkranken. Manche Insekten sind Vektoren. Anopheles-Mücken z. B. können mit ihrem Stich Malaria-Parasiten übertragen.

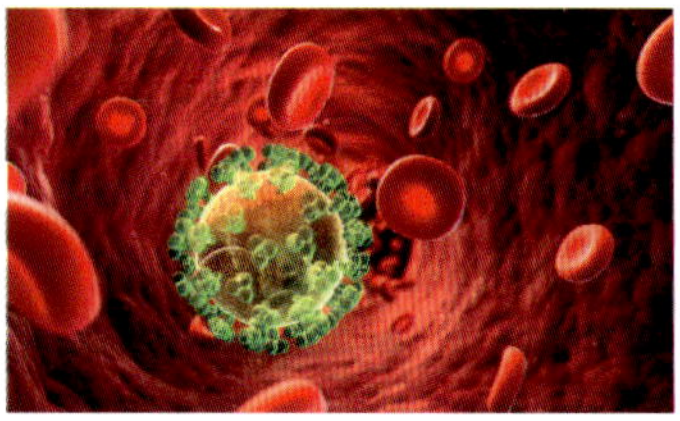

Körperflüssigkeiten
Manche Krankheitserreger werden durch Körperflüssigkeiten, etwa Blut oder Sperma, übertragen. Mit dem AIDS auslösenden HI-Virus kann man sich z. B. durch ungeschützten Geschlechtsverkehr anstecken.

Luft
Wenn man erkältet ist und niest, gelangen unzählige winzige Tröpfchen, die voller Erkältungsviren sind, in die Luft. Andere Menschen in der Umgebung können diese Tröpfchen einatmen und sich so infizieren.

Kontakt
Wenn man mit Krankheitserregern verunreinigte Gegenstände anfasst und anschließend z. B. Mund, Nase oder Augen berührt, kann man sich infizieren. Auch beim Händeschütteln werden häufig Keime übertragen.

Viren

Viren sind keine Lebewesen. Sie sind viel kleiner als die kleinsten Zellen und bestehen vor allem aus DNA oder RNA und Proteinen. Viren haben keinen Stoffwechsel und können sich nur mithilfe geeigneter Wirtszellen vermehren.

Auf einen Blick

- ✓ **Viren sind keine Lebewesen. Sie vermehren sich mithilfe von Zellen und können durch deren Zerstörung krank machen.**
- ✓ **Ein Virus besteht v. a. aus genetischem Material (DNA oder RNA) und Proteinen.**
- ✓ **Viren vermehren sich durch einen lytischen Zyklus oder einen lysogenen Zyklus.**

Vermehrung von Viren

Wenn sich Viren im Innern unseres Körpers vermehren, zerstören sie häufig Zellen und machen uns dadurch krank. Bei Viren gibt es zwei Vermehrungsformen: den lytischen Zyklus und den lysogenen Zyklus.

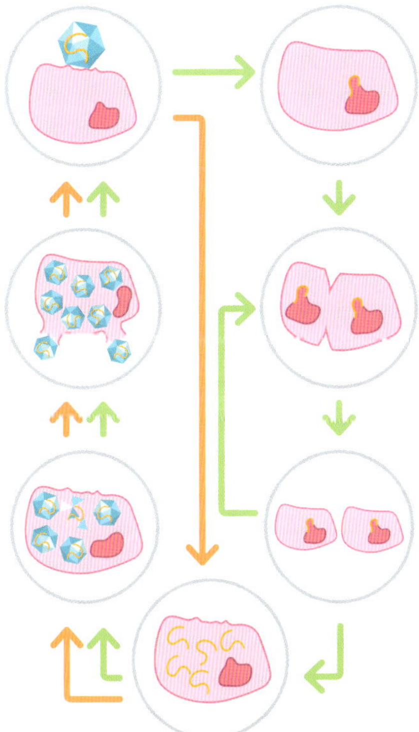

1. Ein Virus attackiert eine Wirtszelle und injiziert sein genetisches Material.

2. Das Virusgenom gelangt in den Zellkern und wird in die Wirts-DNA integriert.

3. Wenn sich die Wirtszelle teilt, wird auch das genetische Material des Virus verdoppelt.

4. Der lysogene Zyklus kann sich vielfach wiederholen, bevor das Virus aktiviert wird und in den lytischen Zyklus eintritt.

5. Die Virusgene bringen die Wirtszelle dazu, das Virusgenom zu vervielfältigen und Virusproteine zu produzieren.

6. Virusgenom und Virusproteine lagern sich zu neuen Viruspartikeln zusammen.

7. Bei der Freisetzung der vielen neuen Viruspartikel wird die Zelle zerstört.

Lytischer Zyklus
Viren zerstören die Zellen, in denen sie sich vermehrt haben, indem sie deren Zellwände auflösen, um neue Viren freizusetzen. Eine Virusvermehrung bei der am Ende die Wirtszelle zerstört wird, wird als lytischer Zyklus bezeichnet.

Lysogener Zyklus
Beim lysogenen Zyklus, der zu jahrelangen symptomlosen Infektionen führen kann, bauen Viren ihr Genmaterial in die DNA von Wirtszellen ein, ohne diese zu zerstören. Das Virusgenom wird bei Zellteilungen zusammen mit der Wirts-DNA vervielfältigt.

Bau von Viren

Unbehüllte Viren
Unbehüllte Viren sind sehr einfach gebaut und bestehen nur aus genetischem Material (DNA oder RNA), das von einer Proteinhülle (Kapsid) umgeben ist. Das Kapsid ist für die Anheftung und das Eindringen in die Wirtszelle verantwortlich.

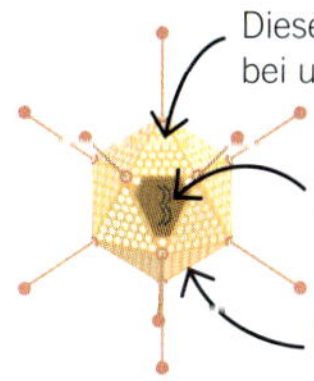

Behüllte Viren
Behüllte Viren wie das HI-Virus besitzen neben dem Kapsid noch eine äußere Virushülle aus Lipiden und Proteinen, die sie u. a. vor dem Immunsystem des Wirts schützen soll. Die Hülle enthält zudem ein Enzym, das für den Einbau des Virusgenoms in die Wirts-DNA zuständig ist.

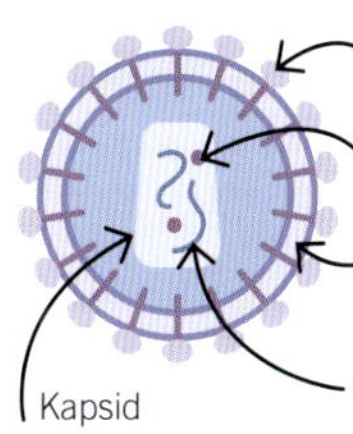

Viruskrankheiten

Viele Krankheiten werden durch Viren ausgelöst, etwa AIDS, Masern und Ebola beim Menschen oder die Mosaikkrankheiten bei Pflanzen.

Auf einen Blick

- **Zu den Viruskrankheiten des Menschen zählen u.a. HIV/AIDS, Masern und Ebola.**
- **Das HI-Virus befällt weiße Blutzellen und schwächt das Immunsystem. Eine HIV-Infektion führt unbehandelt meist zum Tod.**
- **Das Tabakmosaikvirus beeinträchtigt die Chlorophyllproduktion und hemmt das Pflanzenwachstum.**

HIV

Das HI-Virus (Humanes Immundefizienz-Virus) wird u.a. durch ungeschützten Geschlechtsverkehr oder durch Benutzung kontaminierter Drogenspritzen übertragen. Das Virus befällt weiße Blutzellen und schwächt das Immunsystem. Eine HIV-Infektion beginnt gewöhnlich mit grippeähnlichen Symptomen (akute Phase). Danach folgt eine oft jahrelang andauernde Latenzphase ohne Symptome. Irgendwann führt eine Infektion mit dem HI-Virus jedoch in der Regel zu AIDS, einer schweren Erkrankung, die unbehandelt meist tödlich endet. Heute können Medikamente den Ausbruch von AIDS verhindern.

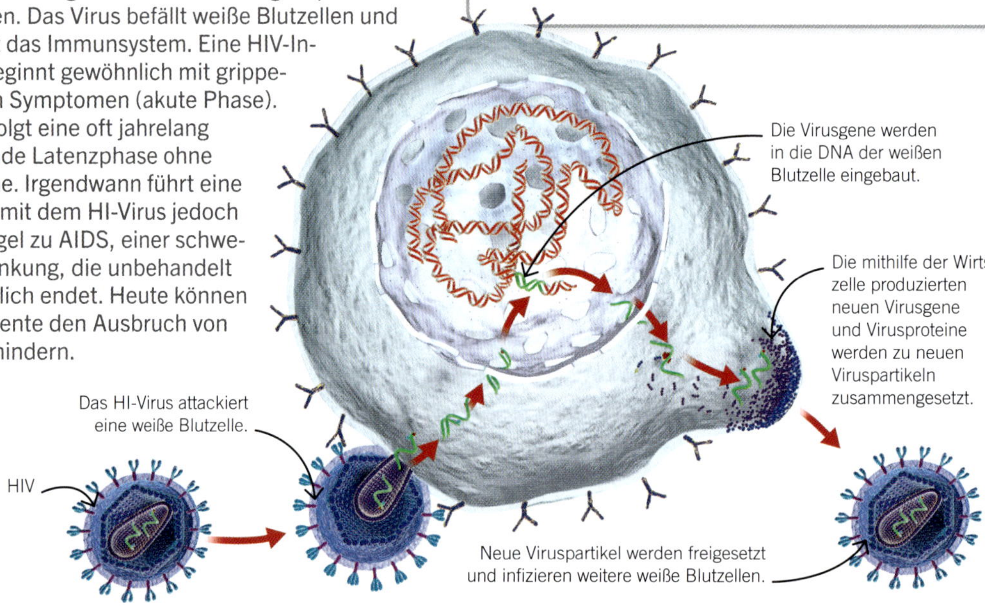

Beispiele für Viruskrankheiten

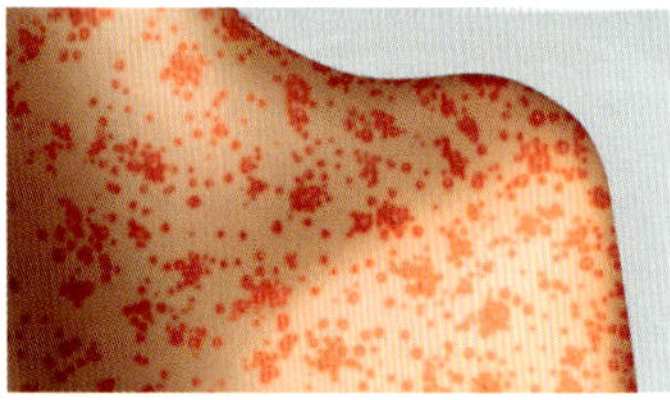

Masern
Masern sind sehr ansteckend. Wenn man sich in der Nähe eines Infizierten aufhält, ist die Wahrscheinlichkeit hoch, dass man erkrankt – zumindest, wenn man nicht gegen Masern geimpft ist oder bereits Masern hatte. Zu den Masernsymptomen zählen Fieber und rötlicher Hautausschlag.

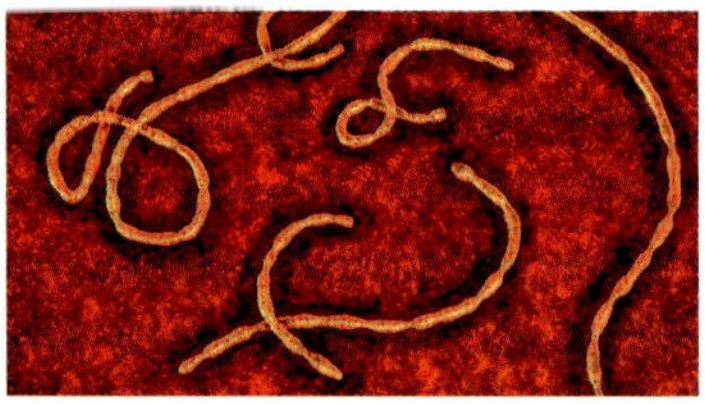

Ebola
Das tödliche Ebolavirus kann durch den Kontakt mit erkrankten Personen, infizierten Tieren oder kontaminierten Gegenständen übertragen werden. Zu den Symptomen des Ebolafiebers zählen innere Blutungen und hohes Fieber. Infizierte Personen müssen schnellstmöglich isoliert werden.

Tabakmosaikvirus
Die Blätter von Pflanzen, die mit dem Tabakmosaikvirus infiziert sind, weisen eine mosaikartige Marmorierung auf und werden unelastisch. Das hochansteckende und widerstandsfähige Virus kann bei starkem Befall das Pflanzenwachstum massiv beeinträchtigen.

Bakterielle Erkrankungen

Zahlreiche Bakterien können Erkrankungen beim Menschen hervorrufen. Viele dieser Infektionskrankheiten sind harmlos, doch es gibt auch bakterielle Infekte, die zu schweren Schäden oder gar zum Tod führen können.

Auf einen Blick

- ✓ **Die Übertragung von krank machenden Bakterien kann z. B. durch keimbelastete Nahrung, Körperkontakt oder Luft erfolgen.**
- ✓ **Die meisten bakteriellen Erkrankungen können mit Antibiotika behandelt werden.**

Salmonellosen
Salmonellen können zu schweren Darminfektionen führen, da sie – anders als die meisten anderen Bakterien – nicht durch die Säure im menschlichen Magen abgetötet werden. Man kann sich z. B. mit Salmonellen infizieren, wenn man kontaminiertes Geflügelfleisch isst, das nicht lange genug erhitzt wurde.

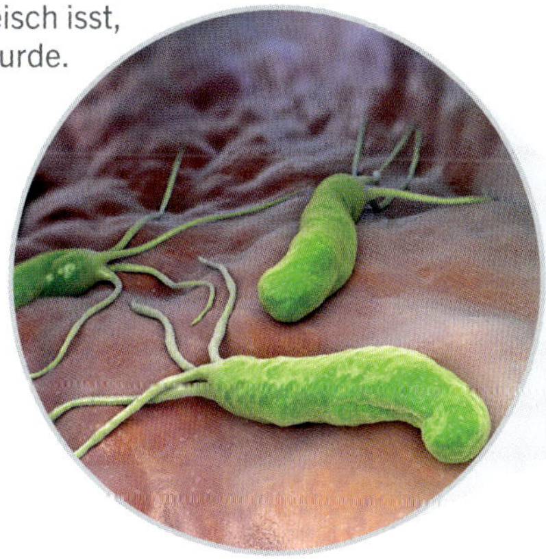

Salmonellen benutzen ihre Geißeln (Flagellen) zur Fortbewegung.

Salmonellen
Diese Abbildung zeigt Bakterien der Gattung *Salmonella*. Ihre Toxine (Gifte) können Lebensmittelvergiftungen hervorrufen.

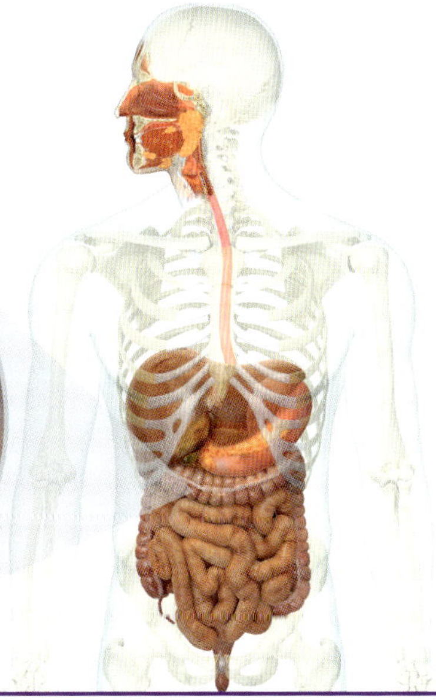

Beispiele bakterieller Erkrankungen

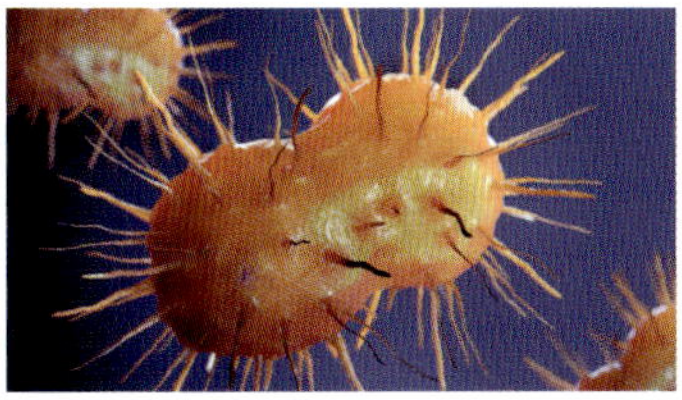

Gonorrhoe
Die Gonorrhoe ist eine häufige Geschlechtskrankheit. Sie befällt v. a. die Schleimhäute der Harn- und Geschlechtsorgane und kann u. a. zu brennenden Schmerzen beim Wasserlassen führen. Gonorrhoe wird durch Gonokokken hervorgerufen und lässt sich gut mit Antibiotika behandeln.

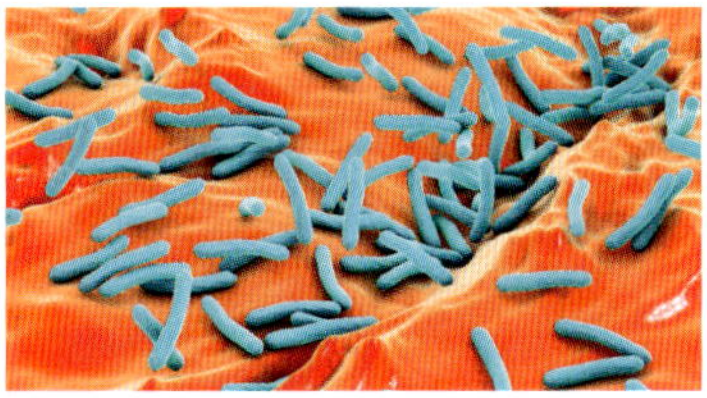

Tuberkulose (TB)
Tuberkulosebakterien befallen beim Menschen v. a. die Lunge und werden u. a. durch Husten und Niesen verbreitet. Tuberkulose wird mit einer Kombination aus mehreren Antibiotika behandelt. Unbehandelt kann TB zu schweren Lungenschäden und zum Tod führen.

Wurzelhalsgallenkrebs
Diese bei vielen Pflanzen auftretende Krankheit wird durch das Bakterium *Agrobacterium tumefaciens* hervorgerufen. Der Erreger dringt durch Wunden in Stängel oder Wurzel ein und verursacht große warzenähnliche Wucherungen (Gallen), die die Pflanze schädigen.

Krankheiten durch Parasiten und Pilze

Viele krank machende Parasiten und Pilze sind einzellige Organismen. Manche der durch sie verursachten Krankheiten können zu schweren Schäden oder sogar zum Tod führen.

Auf einen Blick

- ✓ **Viele krank machende Parasiten und Pilze sind einzellige Organismen.**
- ✓ **Malaria-Parasiten nutzen Mücken als Vektoren (Krankheitsüberträger).**
- ✓ **Krank machende Parasiten und Pilze können tödliche Erkrankungen verursachen.**

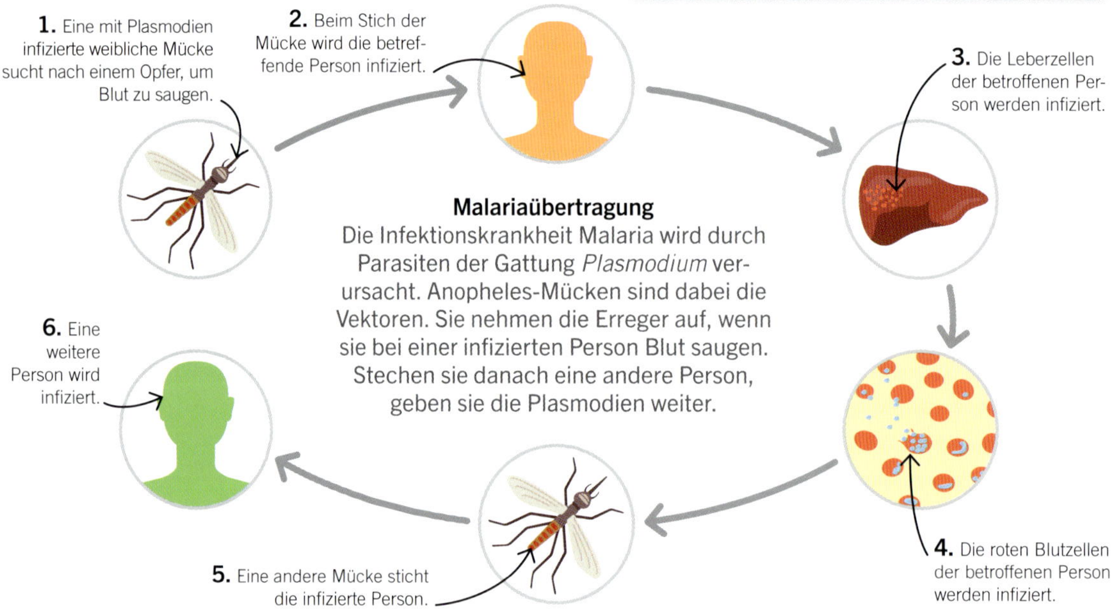

Malariaübertragung
Die Infektionskrankheit Malaria wird durch Parasiten der Gattung *Plasmodium* verursacht. Anopheles-Mücken sind dabei die Vektoren. Sie nehmen die Erreger auf, wenn sie bei einer infizierten Person Blut saugen. Stechen sie danach eine andere Person, geben sie die Plasmodien weiter.

Pilzinfektionen

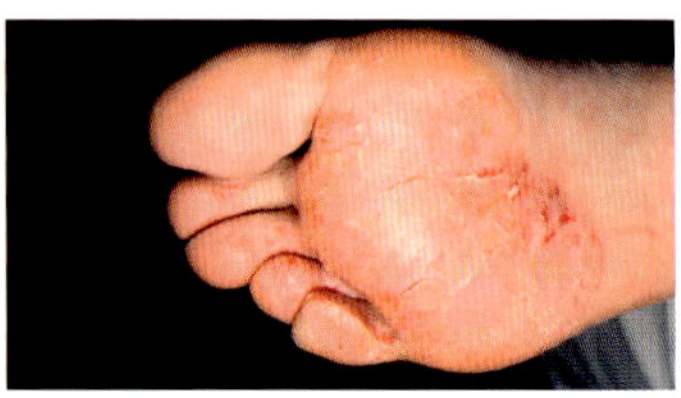

Fußpilz
Fußpilz wird durch Fadenpilze (Dermatophyten) verursacht. Diese gedeihen am besten in feucht-warmer Umgebung und werden z. B. übertragen, wenn man barfuß über kontaminierte Flächen in Schwimmbädern oder Saunen läuft. Typisch für Fußpilz ist eine rissige, schuppige und juckende Haut.

Echter Mehltau
Die Erreger des Echten Mehltaus gehören zu den Schlauchpilzen und infizieren eine Vielzahl von Pflanzenarten. Befallene Blätter sind von einem mehlartigen Belag überzogen. Die Pilze entziehen den Blättern Nährstoffe, sodass diese schließlich welken und abfallen.

Eschenwelke
Eschen werden von dem tödlichen Pilz *Hymenoscyphus fraxineus* befallen. Bei infizierten Bäumen werden die Leitungsbahnen zerstört, sodass Blätter, Triebe, Zweige und Rinde vertrocknen und die Bäume schließlich eingehen.

Körperbarrieren

Unser Körper wird Tag für Tag mit Keimen bombardiert. Sie finden sich in der Luft, die wir einatmen, an Gegenständen, die wir berühren, und in der Nahrung, die wir essen. Um ihr Eindringen zu verhindern, besitzt unser Körper eine Reihe von Barrieren.

Auf einen Blick

- ✓ **Die Haut ist unsere wichtigste physikalische Barriere.**
- ✓ **Zu den chemischen Barrieren unseres Körpers zählen Magensäure und Enzyme.**
- ✓ **Unsere Nasenhaare und der Schleim in unseren Atemwegen tragen dazu bei, dass weniger Keime in unseren Körper gelangen.**
- ✓ **Blutende Wunden werden rasch durch schützenden Schorf verschlossen.**

Physikalische und chemische Barrieren

Manche unserer Körperbarrieren, etwa Haut und Nasenhaare, sind physikalische Barrieren, andere, etwa Magensäure oder bestimmte Enzyme, sind chemische Barrieren.

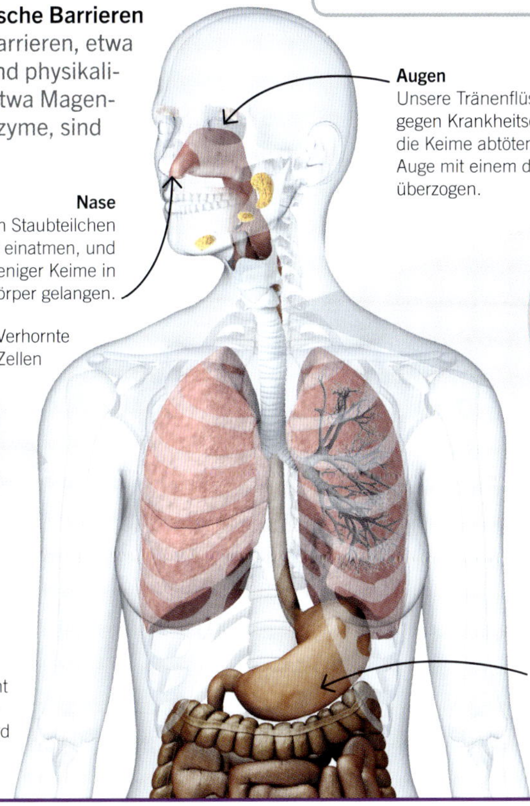

Nase
Haare in unserer Nase fangen Staubteilchen und Tröpfchen ab, die wir einatmen, und tragen so dazu bei, dass weniger Keime in unseren Körper gelangen.

Augen
Unsere Tränenflüssigkeit ist eine chemische Barriere gegen Krankheitserreger, denn sie enthält Enzyme, die Keime abtöten können. Beim Blinzeln wird das Auge mit einem dünnen Film aus Tränenflüssigkeit überzogen.

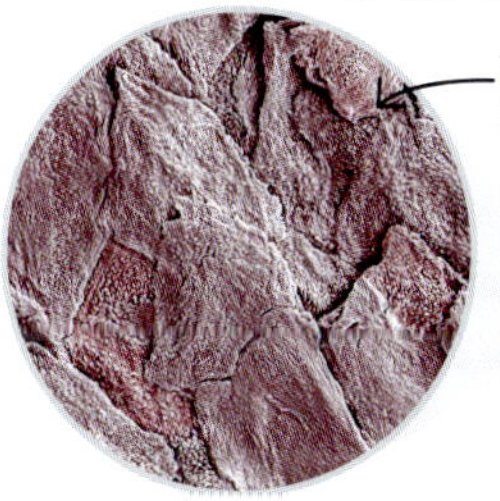

Haut
Die feste Außenschicht unserer Haut besteht v. a. aus dicht gepackten, leblosen und mehr oder weniger verhornten Zellen. Keime können diese Schicht nicht durchdringen, solange sie unverletzt ist. Entsteht eine Wunde, wird sie rasch wieder verschlossen.

Atemwege
Besondere Zellen in unseren Atemwegen sondern klebrigen Schleim ab, der u. a. dazu dient, Keime abzufangen. Zilien befördern den Schleim mitsamt Keimen in den Rachen, sodass er geschluckt werden kann.

Magensäure
Die Salzsäure in unserem Magen tötet Krankheitserreger ab, die wir zusammen mit der Nahrung und mit dem Speichel schlucken.

Schorfbildung

1. Wenn wir eine blutende Hautwunde haben, werden Blutplättchen (Thrombozyten) in unserem Blut aktiviert. Sie wandern zur Wunde und sorgen dort dafür, dass sich aus im Blut gelöstem Fibrinogen ein klebriges Netz aus unlöslichen Fibrinfäden bildet.

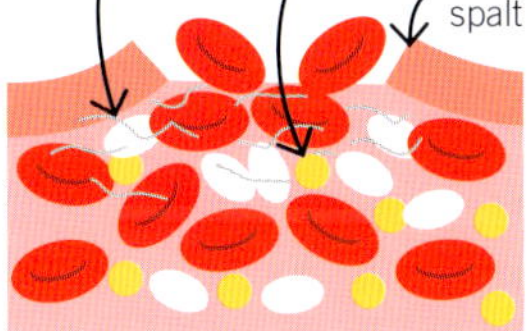

2. Rote Blutzellen verfangen sich im Fibrinnetz und bilden einen Blutpfropf, während weiße Blutzellen eindringende Keime bekämpfen. Der Blutpfropf trocknet an der Oberfläche zu schützendem Schorf, unter dem die Wundheilung stattfinden kann.

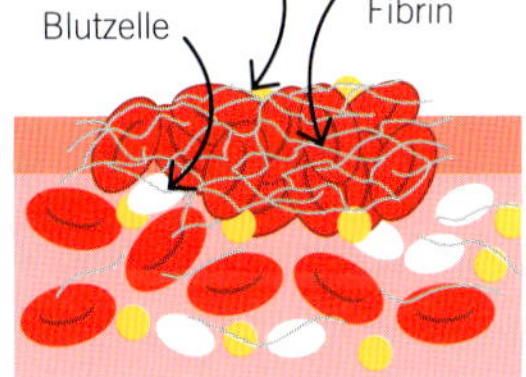

Phagozyten

Obwohl unser Körper über wirkungsvolle Schutzbarrieren verfügt, dringen doch immer wieder Keime in ihn ein. Wenn das geschieht, kommen spezielle weiße Blutzellen unseres Immunsystems zum Einsatz, die Eindringlinge, wie etwa krank machende Bakterien, bekämpfen.

Auf einen Blick

- **Weiße Blutzellen, die Keime bekämpfen, sind Teil unseres Immunsystems.**
- **Phagozyten sind spezielle weiße Blutzellen, die Keime aufnehmen und zerstören können.**
- **Phagozytose ist die aktive Aufnahme von Partikeln, wie etwa Keimen, in eine Zelle.**
- **Anders als andere weiße Blutzellen sind Phagozyten nicht auf bestimmte Erreger spezialisiert, sondern attackieren alle Arten von Keimen.**

Phagozytose

Wenn Keime in unseren Körper eingedrungen sind, beginnen als Phagozyten (Fresszellen) bezeichnete weiße Blutzellen bereits nach kurzer Zeit damit, diese zu bekämpfen. Sie verlassen die Blutgefäße, um zum Ort der Infektion zu gelangen, umfließen dann im Zuge der sogenannten Phagozytose die Eindringlinge mit ihrem Körper und zerstören sie schließlich in ihrem Innern. Fresszellen sind nicht auf bestimmte Erreger spezialisiert, sondern fressen alle Arten von Keimen.

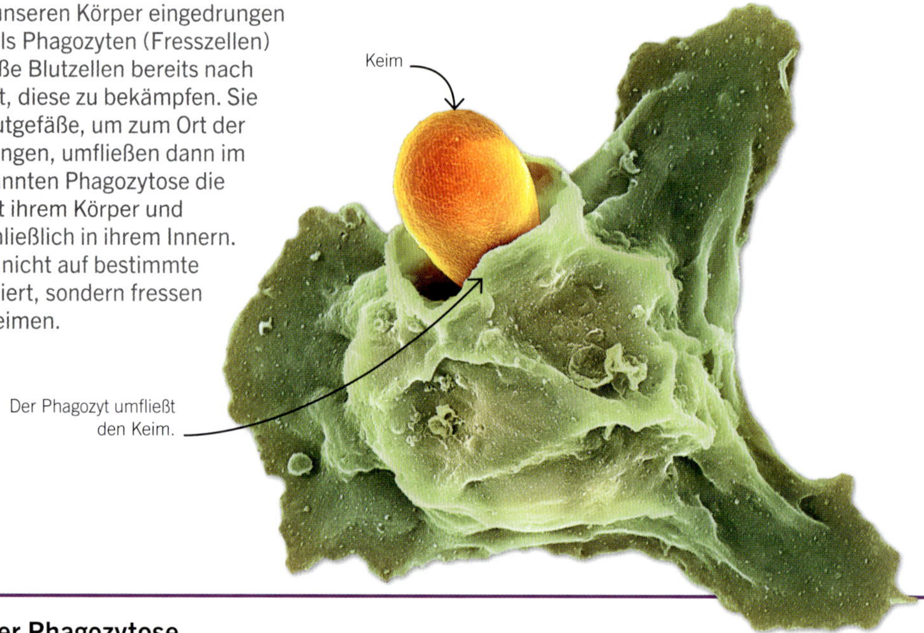

Ablauf der Phagozytose

1. Der Phagozyt verändert seine Form und bildet Scheinfüßchen (Pseudopodien) aus, die das Bakterium umfließen.

2. Wenn die Pseudopodien das Bakterium vollständig umflossen haben, wird der Keim von einem Teil der Zellmembran eingeschlossen, sodass ein mit Flüssigkeit gefülltes Bläschen (Phagosom) entsteht.

3. In das Phagosom abgegebene Enzyme zerlegen das Bakterium und machen es unschädlich. Danach ist der Phagozyt bereit für einen neuen Angriff.

Lymphozyten

Lymphozyten gehören ebenfalls zu den weißen Blutzellen und verteidigen unseren Körper gegen Krankheitserreger. Während Phagozyten Keime abtöten, indem sie diese phagozytieren (s. S. 264), produzieren Lymphozyten unter anderem Antikörper, die den Körper für längere Zeit immun gegen bestimmte Krankheitserreger machen können.

Bekämpfung von Keimen

Lymphozyten produzieren spezielle Proteine, die als Antikörper bezeichnet werden und jeweils zur Bekämpfung ganz bestimmter Keime dienen. Manche Lymphozyten „erinnern" sich zudem an Krankheitserreger, wenn diese den Körper Monate oder Jahre später erneut infizieren. Keime tragen bestimmte Moleküle (Antigene) auf ihrer Oberfläche, an die sich Antikörper spezifisch binden können. Dadurch werden die Eindringlinge als fremd markiert und können von Fresszellen beseitigt werden.

Auf einen Blick

- ✓ **Lymphozyten sind weiße Blutzellen. Manche von ihnen produzieren sogenannte Antikörper.**
- ✓ **Antikörper sind spezielle Proteine, die zur Bekämpfung ganz bestimmter Keime dienen.**
- ✓ **Das Immunsystem erkennt Keime als körperfremd und versucht, sie zu zerstören.**
- ✓ **Antigene sind Stoffe (meist Proteine), die im Körper eine spezifische Abwehrreaktion auslösen.**
- ✓ **Antikörper binden nur an Antigene, die exakt zu ihnen passen.**

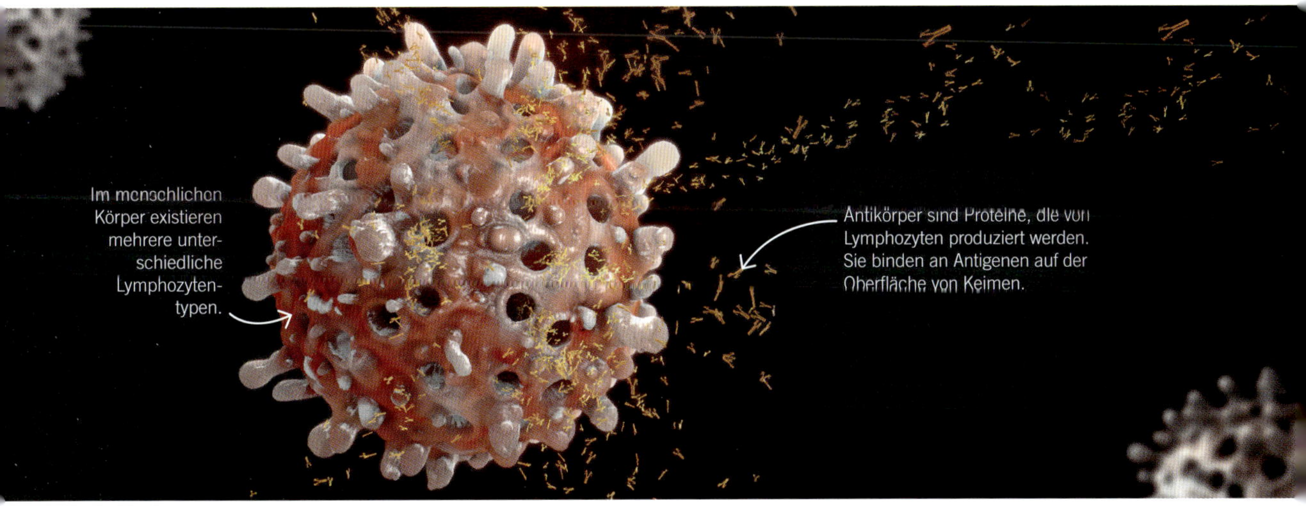

Lymphozyt

Antikörper und Antigene

Jeder Keim besitzt einzigartige Antigene. Bestimmte Lymphozyten produzieren bei Antigenkontakt Antikörper, die zu den Antigenen des betreffenden Keims passen. Wenn die Antikörper an die Antigene binden, werden Fresszellen herbeigelockt, die den Keim als körperfremd erkennen und phagozytieren.

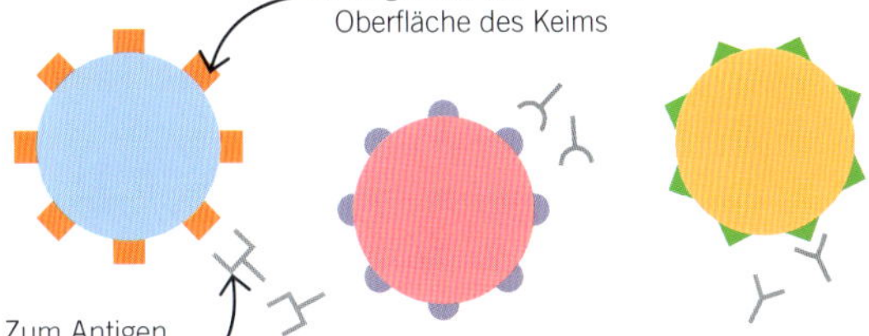

Langzeitimmunität

Wenn unser Körper zum ersten Mal mit einem Keim infiziert ist, dauert es eine Weile, bis er die passenden Antikörper zur Bekämpfung der Infektion gebildet hat. Werden wir später jedoch erneut von demselben Keim attackiert, „erinnert" sich unser Immunsystem an ihn und reagiert so schnell und heftig, dass die Krankheit nicht ausbricht – unser Körper hat eine sogenannte Immunität gegen sie ausgebildet, die viele Jahre oder sogar ein Leben lang anhalten kann.

Auf einen Blick

- **Beim ersten Kontakt mit einem Keim produzieren Lymphozyten spezifische Antikörper gegen diesen (erste Immunantwort).**
- **Dabei bildet das Immunsystem auch Gedächtniszellen.**
- **Bei erneutem Kontakt mit demselben Keim lösen die Gedächtniszellen rasch eine starke Immunreaktion aus, die ein Ausbrechen der Krankheit verhindert (zweite Immunantwort).**

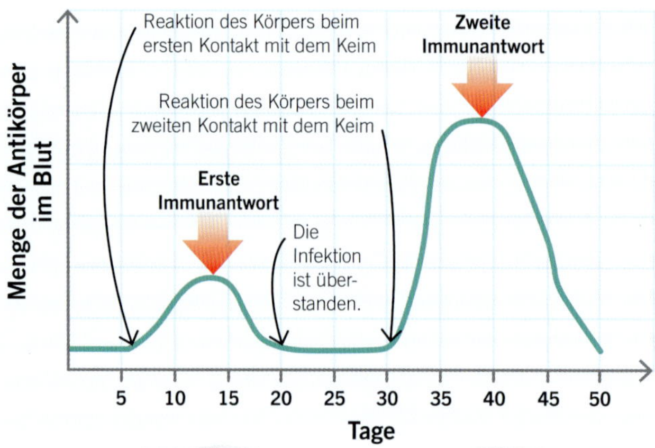

Erste und zweite Immunantwort
Lymphozyten spielen eine entscheidende Rolle bei der Bekämpfung von Krankheitserregern in unserem Körper, denn sie produzieren spezifische Antikörper gegen Keime (erste Immunantwort). Gedächtniszellen im Blut speichern die Information zur Bekämpfung der Erreger und lösen bei erneutem Kontakt mit dem gleichen Keim rasch eine starke Immunreaktion aus, die ein Ausbrechen der Krankheit verhindert (zweite Immunantwort).

Wie Lymphozyten arbeiten

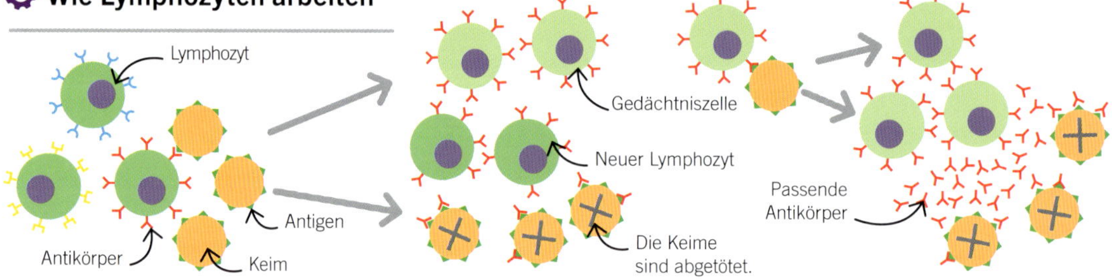

1. Ein Keim aktiviert einen Lymphozyten und regt ihn zur Bildung von Antikörpern an, die zu den Antigenen auf der Oberfläche des Krankheitserregers passen.

2. Durch Zellteilungen entstehen aus dem aktivierten Lymphozyten viele neue Lymphozyten, die passende Antikörper produzieren und den Keim bekämpfen. Manche davon werden zu Gedächtniszellen. Dies ist die erste Immunantwort.

3. Bei erneutem Kontakt mit dem gleichen Keim werden die Gedächtniszellen aktiviert. Sie vermehren sich rasch und bewirken innerhalb kurzer Zeit die Bildung großer Mengen passender Antikörper. Dies ist die zweite Immunantwort.

Impfung

Impfungen sollen uns vor Infektionskrankheiten schützen. Wenn aus abgetöteten oder abgeschwächten Erregern oder deren Antigenen bestehende Impfstoffe verabreicht werden, produziert unser Immunsystem Gedächtniszellen und es entsteht eine Immunität gegen die jeweilige Krankheit.

Auf einen Blick

- ✓ **Impfstoffe bestehen aus abgetöteten oder abgeschwächten Erregern oder deren Antigenen.**
- ✓ **Die Antigene in einem Impfstoff lösen die Produktion von Antikörpern und Gedächtniszellen aus.**
- ✓ **Durch die rasche und starke Immunreaktion, die bei erneutem Kontakt mit den Antigenen von den Gedächtniszellen ausgelöst wird, entsteht eine Immunität gegen die jeweilige Krankheit.**

Bekämpfung von Infektionskrankheiten

Impfungen sind nicht nur wichtig, um Individuen vor gefährlichen Infektionskrankheiten zu schützen, sondern auch, um die Ausbreitung dieser Krankheiten in einer Population zu verhindern. Manche Impfungen bieten lebenslangen Schutz, andere müssen nach einiger Zeit aufgefrischt werden.

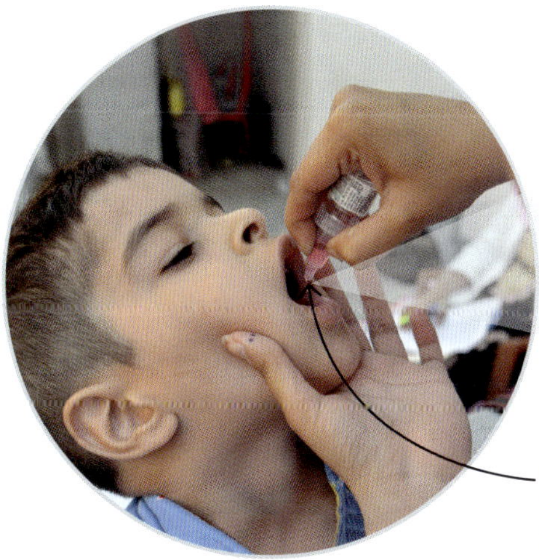

In manchen Ländern wird die Polioimpfung noch als Schluckimpfung durchgeführt, hierzulande werden inaktivierte Poliviren mit einer Spritze verabreicht.

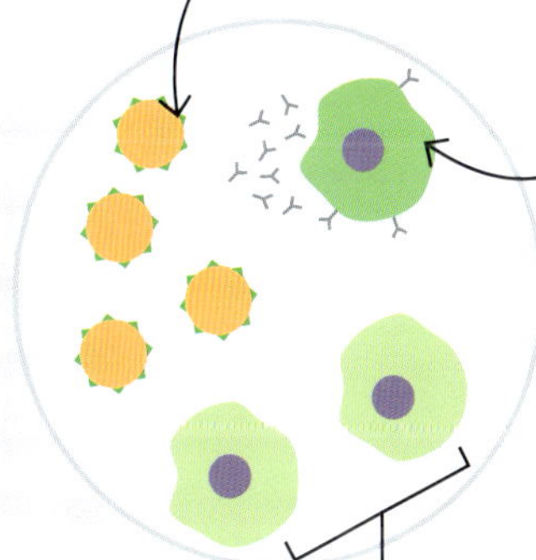

Impfen – pro und kontra

Pro

- Impfungen haben zu einem drastischen Rückgang einiger gefährlicher Infektionskrankheiten geführt – Polioinfektionen z. B. sind weltweit um 99 Prozent zurückgegangen.
- Impfungen haben die Zahl der Todesfälle durch Infektionskrankheiten insbesondere bei Kindern drastisch reduziert.
- Menschen durch Impfungen vor Krankheiten zu schützen, kann billiger sein, als sie dagegen behandeln zu müssen.

Kontra

- Bei Impfungen können Nebenwirkungen und Impfschäden auftreten.
- Impfungen, die mittels Injektion verabreicht werden, können schmerzhaft sein. Manche Menschen entwickeln eine Spritzenangst.
- Menschen könnten sich nach einer Impfung zu sicher fühlen und auf Vorsichtsmaßnahmen verzichten, doch keine Impfung bietet einen 100-prozentigen Schutz.

Monoklonale Antikörper

Die Tatsache, dass Antikörper nur an bestimmten Molekülen binden, macht man sich zum Beispiel bei Krankheitsdiagnosen und Schwangerschaftstests sowie in der Krebstherapie zunutze. Die hierfür genutzten Antikörper heißen monoklonale Antikörper und werden durch Klonen einzelner Antikörper produzierender Lymphozyten erzeugt.

Auf einen Blick

- **Monoklonale Antikörper sind Antikörper, die durch Klonen einzelner Antikörper produzierender Lymphozyten im Labor erzeugt werden.**
- **Die Lymphozyten werden dabei mit Tumorzellen zu sogenannten Hybridomzellen verschmolzen, die sich zeitlich unbegrenzt im Labor vermehren lassen.**
- **Monoklonale Antikörper binden nur an ein ganz bestimmtes Ziel – ihr Antigen.**
- **Monoklonale Antikörper können z. B. bei Krankheitsdiagnosen und Schwangerschaftstests oder in der Krebstherapie eingesetzt werden.**

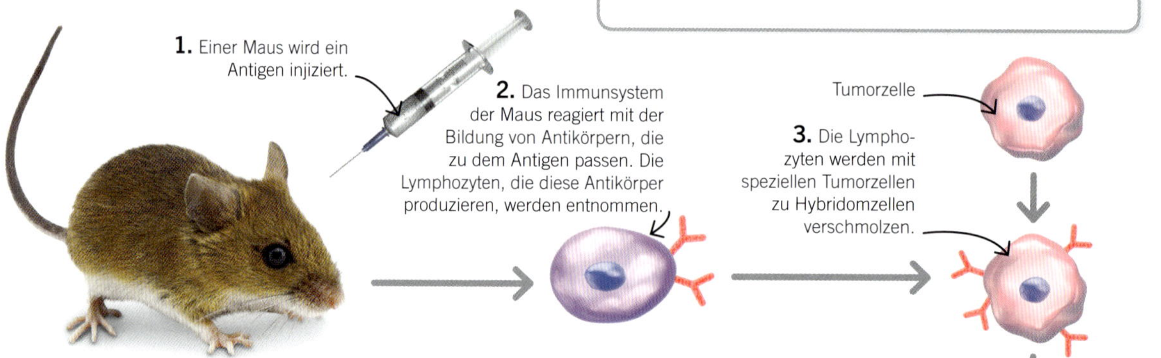

Herstellung monoklonaler Antikörper
Lymphozyten, die Antikörper produzieren, lassen sich im Labor schlecht kultivieren. Daher fusionieren Forscher sie mit Tumorzellen, die sich im Reagenzglas zeitlich unbegrenzt vermehren. Mithilfe der dadurch entstehenden Hybridomzellen können langfristig und in großer Menge monoklonale Antikörper hergestellt werden.

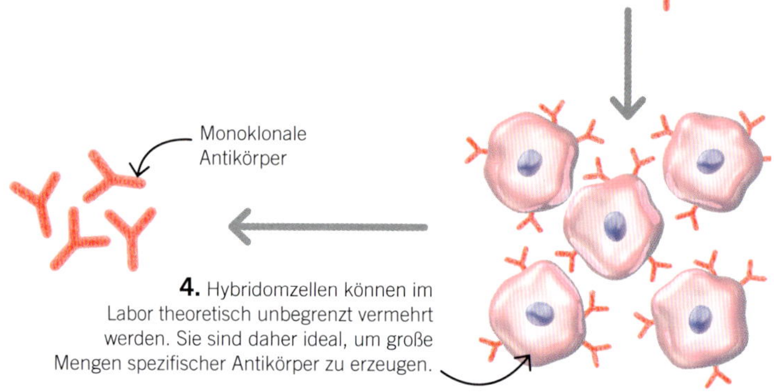

Schwangerschaftstests

Weil monoklonale Antikörper nur an ihr jeweiliges Antigen binden, können sie für Tests benutzt werden, welche die Anwesenheit dieses Antigens anzeigen. Bei Schwangerschaftstests wird z. B. ein monoklonaler Antikörper benutzt, der an das während der Schwangerschaft gebildete Hormon HCG (humanes Choriongonadotropin) bindet.

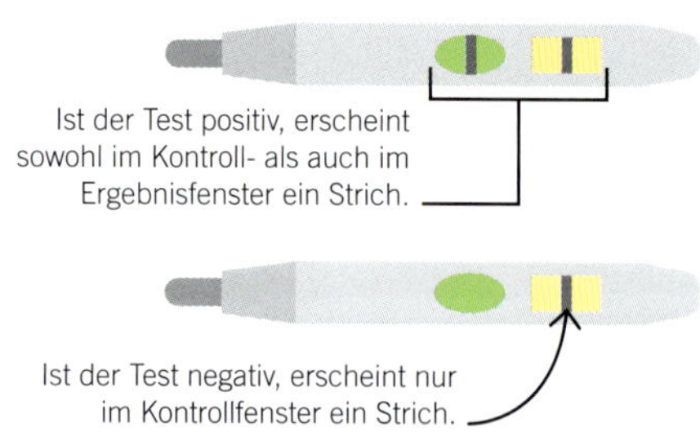

Krebs

Tumoren sind Zellwucherungen, die entstehen, wenn Körperzellen damit beginnen, sich unkontrolliert zu vermehren. Die gefährlichsten dieser Geschwülste werden als maligne oder bösartige Tumoren (Krebs) bezeichnet. Sie zerstören Gewebe und Organe und bilden Metastasen (Tochtergeschwülste). Benigne (gutartige) Tumoren tun das nicht.

Auf einen Blick

- ✓ Krebs entsteht, wenn in Körperzellen Veränderungen stattfinden, die zu einer unkontrollierten Zellvermehrung führen.
- ✓ Maligne (bösartige) Tumoren wachsen in umgebende Gewebe und Organe hinein und zerstören sie.
- ✓ Zellen maligner Tumoren können sich ablösen und an anderen Stellen im Körper Metastasen (Tochtergeschwülste) bilden.
- ✓ Benigne (gutartige) Tumoren zerstören keine Gewebe und bilden keine Metastasen.

Entstehung und Behandlung von Krebs
Zu den Faktoren, die das Risiko einer Krebserkrankung erhöhen können, zählen bestimmte Gene, ungesunde Ernährung und der Kontakt mit krebserzeugenden Stoffen (Karzinogenen). Bei der Behandlung von Krebs kommen u. a. Strahlentherapie und Chemotherapie zum Einsatz. Beide zerstören Krebszellen, haben aber auch erhebliche Nebenwirkungen.

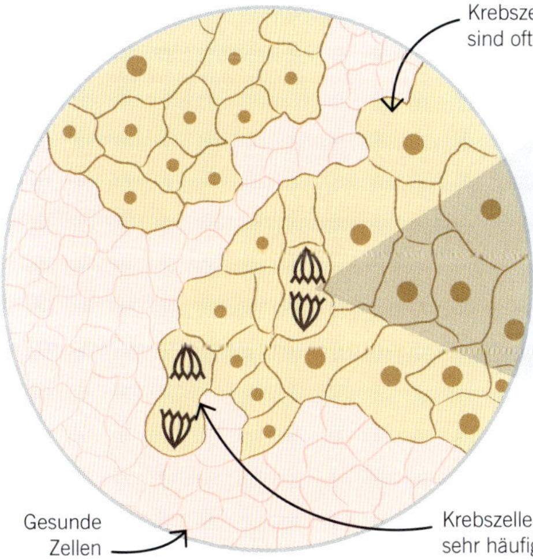

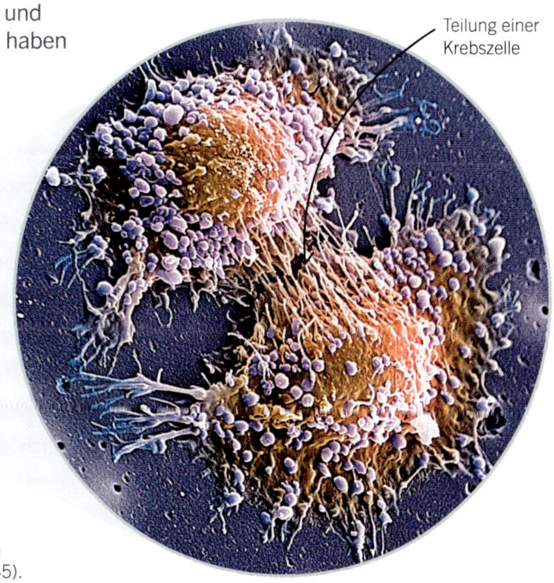

Antikörpertherapie

Moderne Krebstherapien nutzen das Immunsystem, um Krebszellen direkt anzugreifen und zu zerstören. Bei manchen Behandlungsmethoden werden monoklonale Antikörper (s. S. 268) erzeugt, die an die Antigene auf Krebszellen binden. Die Antikörper bekämpfen die Krebszellen, indem sie Antikrebsmedikamente zu den Zellen transportieren (hier dargestellt) oder indem sie Phagozyten (s. S. 264) herbeilocken.

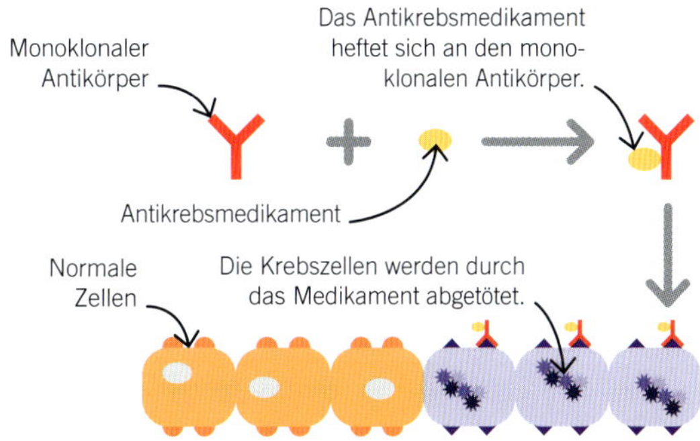

Arzneimittel

Arzneimittel (Medikamente) sind Stoffe, die zur Heilung, zur Verhütung und zur Diagnose von Krankheiten eingesetzt werden beziehungsweise Körperfunktionen zum Wohl von Patienten beeinflussen können. Drogen wie Alkohol, Koffein oder Nikotin sind keine Medikamente.

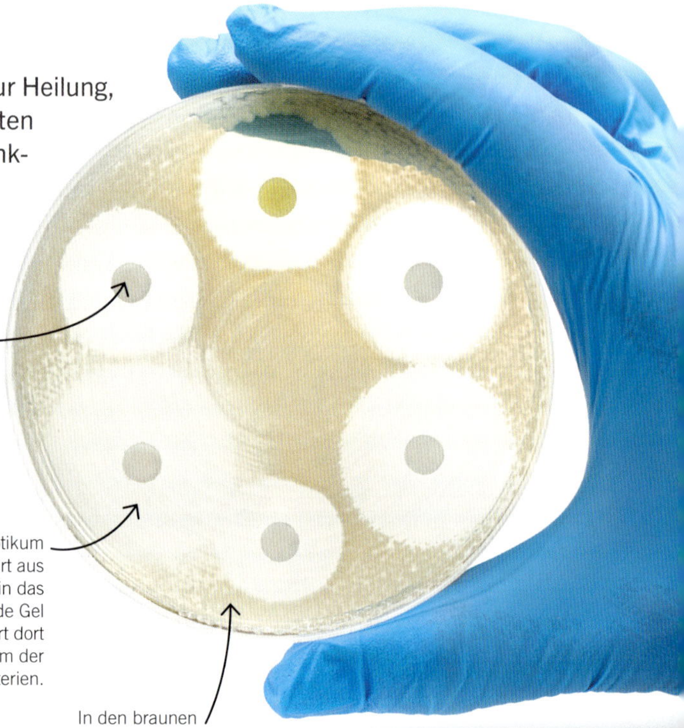

Wie Arzneimittel wirken

Viele Arzneimittel wirken, indem sie biochemische Prozesse im Zellinnern verändern. Das Antibiotikum Penizillin z. B. stoppt die Vermehrung von Bakterien, indem es bei deren Zellteilung die Zellwandsynthese verhindert. Die Wirksamkeit von Antibiotika kann im Labor getestet werden, indem man feststellt, ob beziehungsweise wie sehr sie das Wachstum von Bakterien in einer Petrischale beeinflussen.

Auf einen Blick

- ✓ **Arzneimittel sind Stoffe, die zur Heilung, zur Verhütung und zur Diagnose von Krankheiten eingesetzt werden.**
- ✓ **Antibiotika sind Arzneimittel, die Bakterien abtöten oder deren Wachstum hemmen.**
- ✓ **Manche Antibiotika wirken gegen eine Vielzahl von Bakterien, andere dagegen nur gegen bestimmte Erreger.**
- ✓ **Antibiotika sind gegen Viren unwirksam, während antivirale Medikamente die Vermehrung bestimmter Viren im Körper stoppen können.**
- ✓ **Die Antibiotikaresistenz mancher Bakterien ist mittlerweile zu einem großen Gesundheitsproblem geworden.**

Arzneimittelresistenz

Infektionskrankheiten sind nur schwer zu behandeln, wenn die jeweiligen Erreger resistent gegen die verabreichten Medikamente sind. Manche Bakterien entwickeln infolge von Mutationen (s. S. 186) Resistenzen gegen bestimmte Antibiotika. Werden diese bei der Behandlung einer Infektion eingesetzt, sterben nur die nicht resistenten Bakterien, während die resistenten überleben und sich vermehren.

Arzneimittelprüfung

Um die Therapiemöglichkeiten für Krankheiten zu verbessern, werden ständig neue Arzneimittel entwickelt. Die Entwicklung eines neuen Medikaments dauert etliche Jahre, da sichergestellt werden muss, dass es wirksam, sicher und verträglich ist.

Auf einen Blick

- ✓ Traditionell werden Arzneimittel aus Pflanzen oder Mikroorganismen gewonnen.
- ✓ Bei ihrer Entwicklung werden Arzneimittel auf Wirksamkeit, Sicherheit und geeignete Dosierung hin getestet.
- ✓ In vorklinischen Studien werden Wirkstoffe an lebenden Zellkulturen, Geweben und Versuchstieren getestet.
- ✓ Klinische Studien werden an freiwilligen, gesunden Versuchspersonen oder an Krankenhauspatienten durchgeführt.

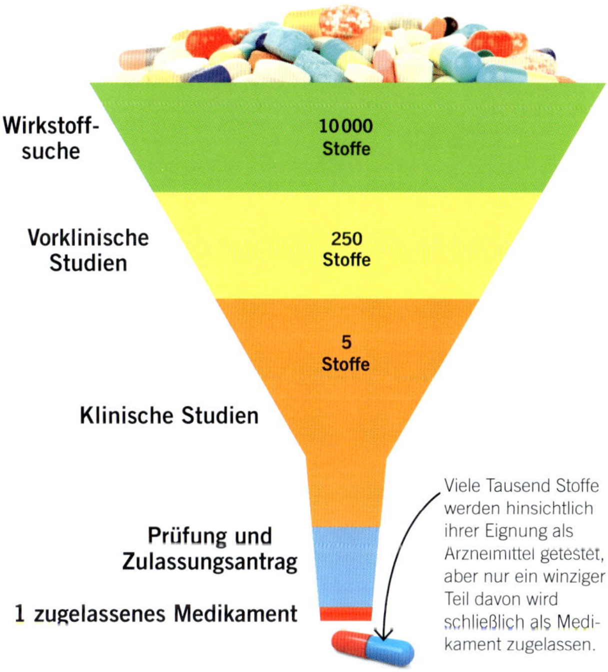

Arzneimittelentwicklung
Bei der Arzneimittelentwicklung setzt man nicht nur auf Wirkstoffe, die im Labor kreiert und synthetisiert werden, sondern häufig auch auf Substanzen aus der Natur. Manche Herzmedikamente stammen z. B. aus Pflanzen der Gattung *Digitalis* und das Antibiotikum Penizillin stammt aus Schimmelpilzen. Von der Identifizierung eines möglichen neuen Wirkstoffs bis zur Marktzulassung des Medikaments vergehen oft 10–15 Jahre.

Klinische Studien

Klinische Arzneimittelstudien werden meist mit zwei Gruppen von Freiwilligen durchgeführt: Die Testgruppe erhält das neue Arzneimittel, die Kontrollgruppe erhält ein Placebo (Scheinmedikament ohne Arzneistoff) oder ein bereits zugelassenes, ähnlich wirkendes Medikament. Das neue Medikament muss besser wirken als das Placebo und mindestens so gut wie das zugelassene Arzneimittel.

Arten klinischer Studien

	Blindstudie	Doppelblindstudie	Offene Studie
Die Testpersonen wissen, ob sie das Medikament oder das Placebo erhalten.	Nein. Soll verhindern, dass die Testpersonen durch Vorwissen beeinflusst werden.	Nein. Soll verhindern, dass die Testpersonen durch Vorwissen beeinflusst werden.	Ja. Letztes Mittel, wenn weder Doppelblindstudie noch Blindstudie durchgeführt werden können.
Die Forscher wissen, ob die Testpersonen das Medikament oder das Placebo erhalten.	Ja.	Nein. Soll verhindern, dass die Forscher Hinweise bezüglich der Behandlung an die Testpersonen weitergeben.	Ja.

Pflanzenkrankheiten

Pflanzen werden von vielen Krankheiten und Schädlingen befallen – von Pilz- und Virusinfektionen bis hin zu saftsaugenden Insekten. Manche Pflanzenschädlinge sind gleichzeitig Krankheitsüberträger, die gefährliche Pflanzenkrankheiten übertragen.

Auf einen Blick

- ✓ **Schädlinge können Pflanzen stark schwächen oder sogar töten.**
- ✓ **Manche Schädlinge sind Krankheitsüberträger, die gefährliche Krankheiten von Pflanze zu Pflanze übertragen.**
- ✓ **Pflanzenkrankheiten können anhand von Symptomen wie Kümmerwuchs oder Blattflecken sowie durch Untersuchungen im Labor erkannt werden.**

Krankheitsüberträger

Blattläuse vermehren sich rasant und können bei Nutz- und Zierpflanzen erheblichen Schaden anrichten, denn sie berauben diese nicht nur ihres Safts, sondern übertragen häufig auch gefährliche Pflanzenviren. Die Insekten werden daher mit Pflanzenschutzmitteln oder mithilfe natürlicher Feinde, wie etwa Marienkäfer- oder Florfliegenlarven, bekämpft.

Diese Aufnahme eines Rasterelektronenmikroskops zeigt eine Blattlaus, die mit ihrem Saugrüssel Saft aus einer Pflanze saugt.

Blattläuse nehmen täglich das Mehrfache ihres Gewichts an Pflanzensäften auf.

Blattläuse

Diagnose von Pflanzenkrankheiten

Pflanzenkrankheiten werden meist anhand von Symptomen, wie etwa Kümmerwuchs oder Blattflecken, erkannt. Forscher können Pflanzenkeime auch im Labor identifizieren, indem sie z. B. Pflanzengewebe unter dem Mikroskop betrachten, Keimkulturen anlegen oder mithilfe von monoklonalen Antikörpern (s. S. 268) eine Diagnose erstellen. Hier ist das röhrenförmige Tabakmosaikvirus abgebildet, das zahlreiche Pflanzen befällt, darunter Tomaten-, Pfeffer- und Tabakpflanzen.

Tabakmosaikvirus

Pflanzliche Abwehr

Pflanzen besitzen kein dem der Tiere vergleichbares Immunsystem, aber auch sie haben Mechanismen entwickelt, um schädigende Organismen abzuwehren. Weit verbreitet sind physische Barrieren, wie etwa die Borke von Bäumen. Doch Pflanzen verfügen auch über chemische Waffen, die Pflanzenfresser und Schädlinge abschrecken oder sogar töten können.

Auf einen Blick

- ✓ Die Borke von Bäumen ist eine wirksame Schutzbarriere.
- ✓ Die meisten Tiere können nur mit der Hilfe von Mikroben die Zellulosezellwände von Pflanzen verdauen.
- ✓ Die wachsartige Kutikula ihrer Blätter schützt Pflanzen vor Keimen.
- ✓ Manche Pflanzen produzieren Bitterstoffe oder Gifte, um pflanzenfressende Tiere abzuschrecken.

Mimose
Die aus Südamerika stammende Mimose oder Schamhafte Sinnpflanze *(Mimosa pudica)* ist in der Lage, ihre Blättchen bei Berührung oder Erschütterung zusammenzuklappen. Mithilfe dieses Schutzmechanismus kann sie Fressfeinde verwirren oder abschütteln. Außerdem sieht sie mit zusammengeklappten Blättern weniger appetitlich aus.

Schutzmechanismen

Borke
Die Borke (äußere, abgestorbene Rindenschicht) der Bäume ist wie unsere Haut eine physische Barriere, die Pflanzen nicht nur vor Hitze, Regen oder Feuer, sondern auch vor Keimen und Schädlingen schützen soll.

Zellwand
Die Zellwände von Pflanzenzellen bestehen aus Zellulose, einem Kohlenhydrat, das nur sehr wenige Tiere selbst verdauen können. Die meisten Pflanzenfresser können sie nur mithilfe von Mikroorganismen, die in ihrem Magen oder Darm leben, verwerten.

Kutikula und Dornen
Die äußerste Zellschicht von Pflanzen (Epidermis) ist von einer Wachsschicht (Kutikula) bedeckt, die Keimen das Eindringen erschwert. Viele Wüstenpflanzen haben zudem Dornen, um Tiere abzuschrecken.

Ungenießbare Blätter
Etliche Pflanzen produzieren Bitterstoffe oder Gifte, um Tiere davon abzuhalten, sie zu fressen. In den Blättern mancher Kleearten bildet sich z. B. bei Beschädigung Blausäure, die für fast alle Tiere giftig ist.

Glossar

Aasfresser Tier, das sich von den Kadavern anderer Tiere ernährt. Geier sind Aasfresser.

Abhängige Variable Größe, die in einem Experiment gemessen wird und die Versuchsergebnisse liefert.

Abiotische Faktoren Umweltfaktoren, an denen keine Lebewesen beteiligt sind, wie etwa Niederschlag, Temperatur und Licht. Abiotisch bedeutet nichtlebend.

Adiuretin (ADH) Hormon, das kontrolliert, wie viel Wasser die Nieren aus dem Primärharn reabsorbieren.

Adrenalin Hormon, das den Körper auf eine rasche Reaktion in Gefahren- und Stresssituationen vorbereitet.

Adult Erwachsen, geschlechtsreif.

Aerobe Atmung Prozess, bei dem lebende Zellen Sauerstoff verwenden, um Energie aus der Nahrung freizusetzen.

Akrosom Mit Enzymen gefüllte Kopfkappe am Spermienkopf.

Aktiver Transport Gegen ein Konzentrationsgefälle erfolgender Transport von Molekülen durch eine Zellmembran. Aktiver Transport erfordert Energie aus der Zellatmung.

Aktives Zentrum Derjenige Teil eines Enzymmoleküls, an den das Substrat bindet.

Algen Pflanzenähnliche Organismen, die im Wasser leben und Fotosynthese betreiben.

Allel Variante eines Gens.

Allesfresser Tier, das sich von tierischer und pflanzlicher Kost ernährt.

Alveolen Kleine Bläschen in der Lunge, die dem Gasaustausch dienen.

Aminosäuren Bausteine von Proteinmolekülen.

Amphibien Wechselwarme Tiere, etwa Frösche oder Molche, die ihr Leben teilweise im Wasser und teilweise an Land verbringen.

Amylase Enzym, welches das Kohlenhydrat Stärke spaltet.

Anaerobe Atmung Prozess, bei dem lebende Zellen ohne Sauerstoff Energie aus der Nahrung freisetzen.

Anpassungen Merkmale von Organismen, die ihnen helfen, in bestimmten Lebensräumen zu überleben. Die Stromlinienform von Delfinen z. B. ist eine Anpassung an das Leben im Wasser.

Antennen Mit Sinneszellen ausgestattete Fühler am Kopf von Insekten und anderen Gliederfüßern.

Antibiotikum Medikament, das Mikroorganismen im Wachstum hemmt oder abtötet.

Antigen Molekül, das eine spezifische Immunantwort auslöst.

Antikörper Von Zellen des Immunsystems produzierte Proteine, die der Abwehr von Keimen dienen.

Antiseptikum Chemischer Stoff, der Keime in einer Wunde abtötet und so eine Wundinfektion verhindert.

Aquatische Organismen Organismen, die im Wasser leben.

Arithmetischer Mittelwert Mittelwert, der errechnet wird, indem man alle Messwerte addiert und das Ergebnis dann durch die Anzahl der Messwerte teilt.

Art Gruppe ähnlicher Lebewesen, die sich natürlich miteinander fortpflanzen können.

Artengemeinschaft Populationen aller Organismenarten, die gemeinsam einen Lebensraum bewohnen.

Arterie Dickwandiges Blutgefäß, das Blut vom Herzen weg transportiert.

Arzneimittel Stoff, der zur Heilung, zur Verhütung oder zur Diagnose von Krankheiten eingesetzt wird.

Aseptische Techniken Techniken, die verhindern sollen, dass Mikrobenkulturen durch unerwünschte Mikroorganismen aus der Umwelt verunreinigt werden.

Asexuelle Fortpflanzung Fortpflanzung ohne Befruchtung, bei der nur ein Elternteil nötig ist.

Atrium Herzvorhof.

Ausgleichsgerade Linie in einem Diagramm, die so durch verstreut liegende Punkte verläuft, dass jeweils etwa die Hälfte der Punkte über ihr bzw. unter ihr liegt.

Aussterben Unwiederbringliches und vollständiges weltweites Verschwinden einer Organismenart.

Austauschflächen Teile von Organismen, die eine große Oberfläche aus spezialisierten Zellen besitzen, um möglichst viele lebenswichtige Stoffe aufnehmen oder möglichst viele Abfallstoffe abgeben zu können.

Autosomen Alle Chromosomen, die nicht zu den Geschlechtschromosomen gehören.

Auxin Pflanzenhormon, das kontrolliert, wie Pflanzen auf Licht und Schwerkraft reagieren.

Axon Langer Fortsatz einer Nervenzelle, der ausgehende Nervenimpulse weiterleitet.

Bakterien Mikroskopisch kleine, meist einzellige Organismen, die nahezu alle Lebensräume der Erde einschließlich des menschlichen Körpers besiedeln. Manche Bakterien sind nützlich, andere können krank machen.

Befruchtung Das Verschmelzen männlicher und weiblicher Keimzellen.

Bestäubung Übertragung von Pollenkörnern aus männlichen Blütenorganen auf weibliche Blütenorgane.

Beute Von einem Räuber erlegtes und als Nahrung genutztes Tier.

Beuteltiere Säugetiere, die winzige, kaum entwickelte Junge zur Welt bringen, die meist in einem Beutel der Mutter heranwachsen.

Biodiversität Genetische Vielfalt innerhalb einer Art, Vielfalt an Arten und Vielfalt von Ökosystemen.

Biomasse Masse lebender oder toter organischer Substanz pro Flächen- oder Raumeinheit.

Biotische Faktoren Umweltfaktoren, an denen Lebewesen beteiligt sind, wie etwa Krankheiten, Prädation, Konkurrenz oder Symbiose.

Blindstudien Klinische Studien, bei denen die Versuchspersonen nicht wissen, ob sie den Wirkstoff oder eine wirkungslose Substanz (Placebo) erhalten.

Blut Flüssigkeit, die bei Tieren u. a. lebenswichtige Stoffe zu den Körperzellen transportiert und den Abtransport von Abfallstoffen übernimmt.

Blutplasma Flüssigkeit, die übrig bleibt, nachdem alle Blutzellen aus dem Blut entfernt wurden.

Bowman-Kapsel Becherförmiges Gebilde, das als Teil des Nierenkörperchens ein Knäuel winziger Kapillargefäße umschließt.

Celsius-Skala Hundertteilige, in Grad (°) unterteilte Temperaturskala, die als Fixpunkte den Gefrierpunkt (0 °C) und den Siedepunkt (100 °C) von Wasser nutzt.

Chemikalie Industriell oder im Chemielabor hergestellter oder verwendeter chemischer Stoff.

Chlorophyll Grüner Farbstoff, den Pflanzen bei der Fotosynthese zur Absorption von Sonnenlicht nutzen.

Chloroplasten Winzige Organellen in Pflanzenzellen, die Chlorophyll enthalten. Fotosynthese findet in den Chloroplasten statt.

Chromosom Molekülstruktur im Zellkern, in der Erbinformation gespeichert ist.

Darm Röhrenförmiges Organ, in dem Verdauung und Nährstoffaufnahme stattfinden.

Daten Informationen und Ergebnisse, die z. B. bei wissenschaftlichen Experimenten gewonnen werden.

Denaturierung Strukturveränderung von Biomolekülen wie Proteinen, die meist zu Funktionsverlust führt.

Detritus Feines, durch die Zerkleinerung von Tier- und Pflanzenresten entstandenes organisches Material.

Diabetes Stoffwechselkrankheit, bei der das körpereigene Kontrollsystem des Blutzuckers nicht mehr richtig funktioniert, sodass der Blutzuckerspiegel zu stark ansteigt.

Dialyse Künstliches Blutreinigungsverfahren, das bei Nierenversagen zum Einsatz kommt.

Diffusion Prozess, bei dem durch Bewegungen von Molekülen Konzentrationsunterschiede von Stoffen ausgeglichen werden.

Diploid Einen zweifachen Chromosomensatz aufweisend. Fast alle Zellen unseres Körpers sind diploid, da sie je einen Chromosomensatz von Vater und Mutter enthalten.

Diskontinuierliche Variation Bei diskontinuierlicher Variation gibt es nur eine begrenzte Anzahl an Varianten für ein Merkmal. *Siehe auch* kontinuierliche Variation.

DNA (DNS) Kurzform für Desoxyribonukleinsäure. Kettenmolekül, das Träger der Erbinformation ist.

Dominantes Allel Allel (Variante eines Gens), das sich in der Merkmalsausprägung stets durchsetzt.

Doppelblindstudien Klinische Studien, bei denen weder die Versuchspersonen noch die Ärzte wissen, wer den Wirkstoff und wer eine wirkungslose Substanz (Placebo) erhält.

Drüse Organ, das spezielle Substanzen (Sekrete) produziert und absondert. Menschliche Schweißdrüsen sondern z. B. Schweiß auf die Haut ab.

Dünger Stoffe oder Stoffgemische, die in den Boden eingebracht werden, um das Pflanzenwachstum zu fördern.

Ei Bei Eier legenden Tieren vorkommendes, durch eine Hülle abgeschlossenes System, in dem ein Embryo heranwächst. Das Wort Ei wird auch als Kurzform von Eizelle verwendet.

Eierstock Organ bei weiblichen Tieren und Menschen, das Eizellen produziert.

Eigelb Dotter. Innerer, gelborangefarbener Teil eines Vogeleis, der u. a. Fette und Proteine enthält und der Ernährung des sich entwickelnden Embryos dient.

Eiklar Gallertartige Flüssigkeit, die u. a. Wasser und Proteine enthält und der Ernährung und dem Schutz des Embryos dient.

Einflussgröße Größe, die während eines Experiments konstant gehalten wird.

Eisprung (Ovulation) Das Ausstoßen einer reifen, aber noch unbefruchteten Eizelle aus einem Eierstock.

Eizelle Weibliche Keimzelle.

Embryo Frühes Stadium in der Entwicklung eines Tiers, einer Pflanze oder eines Menschen.

Emulgieren Eine Emulsion erzeugen.

Emulsion Gemisch, bei dem Tröpfchen einer Flüssigkeit in einer anderen fein verteilt sind.

Endotherme Reaktion Chemische Reaktion, bei der Energie aus der Umgebung aufgenommen wird. *Siehe auch* exotherme Reaktion.

Enzym Von lebenden Zellen erzeugtes Protein, das eine biochemische Reaktion in Gang setzen oder beschleunigen kann.

Epidemie Gehäuftes, aber zeitlich und räumlich begrenztes Auftreten einer Krankheit in einer menschlichen Population (Seuche).

Epiphyt Pflanze, die auf anderen Pflanzen wächst, ohne diesen Nährstoffe zu entziehen.

Erfolgsorgane Teile des Körpers, wie etwa Muskeln und Drüsen, die auf Nervenimpulse ansprechen und eine körperliche Reaktion herbeiführen.

Erneuerbare Energien Praktisch unerschöpfliche Energiequellen, wie Sonnenlicht, Wellenenergie oder Windenergie.

Ethen Gasförmiger Stoff, der bei Pflanzen als Hormon wirkt.

Eukaryoten Organismen, deren Zellen einen Zellkern und von einer Membran umschlossene Organellen besitzen. Tiere, Pflanzen und Pilze sind Eukaryoten.

Eutrophierung Häufig durch Umweltverschmutzung verursachte Erhöhung des Nährstoffgehalts von Gewässern, die Algenblüten und sogar das „Umkippen“ der Gewässer zur Folge haben kann.

Evaporation Verdunstung von Wasser auf unbewachsenen Land- oder Wasserflächen.

Evolution Durch den Prozess der natürlichen Selektion herbeigeführte allmähliche Anpassung von Arten an Veränderungen ihrer jeweiligen Umwelt.

Exoskelett Außenskelett. Feste, stützende und schützende Hülle, die den Körper von Tieren umgibt.

Exotherme Reaktion Chemische Reaktion, bei der Energie an die Umgebung abgegeben wird. *Siehe auch* endotherme Reaktion.

Exprimierung Heranziehen eines Gens zur Biosynthese des dazugehörigen Proteins.

Farbenfehlsichtigkeit Sehfehler, der es den Betroffenen schwer macht, bestimmte Farbtöne voneinander zu unterscheiden.

Fertilität Fruchtbarkeit.

Flagellum Geißel. Peitschenartiger Auswuchs an Zellen, der der Fortbewegung dient.

Fleischfresser Tier, das sich von anderen Tieren ernährt.

Follikelstimulierendes Hormon (FSH) Hormon, das Eizellen in den Eierstöcken von weiblichen Säugetieren heranreifen lässt.

Formel Eine chemische Formel beschreibt die Zusammensetzung chemischer Verbindungen. Eine mathematische Formel beschreibt mithilfe mathematischer Symbole einen Zusammenhang zwischen Größen.

Fortpflanzung Erzeugung von Nachkommen.

Fossile Brennstoffe Leicht brennbare Substanzen, die aus den Überresten vorzeitlicher Organismen entstanden sind. Kohle, Erdöl und Erdgas sind fossile Brennstoffe.

Fossilien Überreste und Spuren vorzeitlicher Lebewesen, die bis heute erhalten geblieben sind.

Fotosynthese Prozess, bei dem Pflanzen die Energie des Sonnenlichts nutzen, um aus Kohlendioxid und Wasser organische Stoffe herzustellen. Sauerstoff ist ein Abfallprodukt der Fotosynthese.

Fototropismus Wachstum bei Pflanzen, das sich an der Lichtrichtung orientiert. Wachstum zum Licht hin wird als positiver Fototropismus bezeichnet, Wachstum vom Licht weg als negativer Fototropismus.

Fötus Ungeborenes Säugetier oder ungeborener Mensch nach Ausbildung der Organe.

Frucht Aus der Blüte hervorgegangenes Gebilde, das den oder die Pflanzensamen umschließt. Manche Früchte sind süß und saftig, um Tiere anzulocken.

Fruchtknoten Teil der weiblichen Blütenorgane, der Samenanlagen und Eizellen enthält.

Gamet Keimzelle (Spermium oder Eizelle).

Gammastrahlung Hochenergetische, sehr kurzwellige elektromagnetische Strahlung, die u.a. beim radioaktiven Zerfall von Atomkernen entsteht.

Gedächtniszelle Weiße Blutzelle, die dem Körper Immunität verleiht, weil sie sich an bestimmte Keime „erinnert" und die Information zu deren Bekämpfung gespeichert hat.

Gefrierpunkt Temperatur, bei der ein flüssiger Stoff fest wird.

Gelöster Stoff Stoff, der sich in einem Lösungsmittel aufgelöst hat.

Gene Abschnitte der DNA, welche die Produktion von Proteinen und damit letztlich auch die Ausprägung von Körpermerkmalen steuern.

Genom Erbgut. Gesamte DNA oder RNA einer Zelle oder eines Virus.

Genotyp Gesamtheit aller Allele eines Lebewesens.

Gentechnik Wissenschaftliche Methoden, die gezielte Eingriffe in das Erbgut von Organismen möglich machen.

Gentechnisch veränderte Organismen (GVO) Lebewesen, deren Erbgut durch Gentechnik verändert wurde. Viele GVO besitzen Gene artfremder Organismen.

Geschlechtschromosomen Gonosomen. Chromosomenpaar, das das Geschlecht vieler Tiere, einschließlich des Menschen, festlegt.

Geschlechtsgebundene Erbkrankheiten Krankheiten, die durch Allele auf den Geschlechtschromosomen (X- oder Y-Chromosom) verursacht werden.

Geschlechtskrankheiten Krankheiten, die durch Sexualkontakt übertragen werden.

Gewebe Ansammlung gleichartiger Zellen mit gleicher Funktion.

Gewicht Durch das Schwerefeld der Erde verursachte Kraft, die auf einen Körper wirkt.

Gibberelline Pflanzenhormone, die das Ende der Ruhephase bei Samen und Blütenknospen auslösen können.

Gleichwarme Tiere Tiere, die die Temperatur im Körperinnern durch eigene Wärmeproduktion und Mechanismen zur Abgabe überschüssiger Wärme relativ konstant halten können.

Gliederfüßer Tiere mit Außenskelett und gegliederten Beinen. Zum Stamm der Gliederfüßer gehören u.a. Insekten, Spinnen, Skorpione und Tausendfüßer.

Globale Erwärmung Durch den Menschen verursachter Anstieg der Durchschnittstemperatur der erdnahen Atmosphäre sowie der irdischen Landflächen und Meere.

Glomerulus Knäuel aus winzigen Kapillargefäßen, das Teil der kleinsten Funktionseinheit der Niere ist.

Glukagon Hormon, das den Blutzuckerspiegel ansteigen lässt, indem es in der Leber die Umwandlung von Glykogen in Glukose bewirkt.

Glykogen Komplexes Kohlenhydrat, das von der Leber aus Glukose hergestellt wird und als Energiespeicher dient.

Gonosomal Als gonosomal werden Erbgänge bezeichnet, bei denen die relevanten Gene auf den Geschlechtschromosomen liegen.

Gravitropismus Pflanzenwachstum, das sich am Erdschwerefeld orientiert. Wachstum in Richtung der Schwerkraft wird positiver Gravitropismus genannt, Wachstum entgegen der Schwerkraftrichtung negativer Gravitropismus.

Großhirn Größter Teil des menschlichen Gehirns. Das Großhirn ist u.a. für die Verarbeitung von Sinneseindrücken, für Sprache, für willentliche Bewegungen und für die Kontrolle des Verhaltens zuständig.

Großhirnhemisphäre Eine von zwei sehr ähnlich aussehenden Hälften des Großhirns.

Habitat Charakteristischer Aufenthaltsbereich einer Organismenart.

Hämoglobin Roter Blutfarbstoff in Erythrozyten, der dem Transport von Sauerstoff dient.

Haploid Einen einfachen Chromosomensatz aufweisend. Keimzellen sind haploid.

Harnstoff Abfallprodukt des Stoffwechsels, das Stickstoff enthält und mit dem Urin ausgeschieden wird.

Häutung Abstoßen der alten, zu klein gewordenen Körperhülle.

Herz-Kreislauf-Erkrankungen Erkrankungen des Herzens oder der Blutgefäße.

Herz-Kreislauf-System Aus Herz und Blutgefäßen bestehendes Transportsystem im Körper von Tieren.

Herzfrequenz Anzahl der Herzschläge pro Zeitspanne.

Herzkammern Von Muskelgewebe umgebene Hohlräume des Herzens. Die rechte Herzkammer pumpt sauerstoffarmes Blut zu den Lungen, die linke Herzkammer pumpt sauerstoffreiches Blut in den Körper.

Herzzeitvolumen Volumen an Blut, das pro Zeitspanne von der linken Herzkammer in den Körper gepumpt wird.

Heterozygot Zwei verschiedene Allele (Varianten) eines Gens aufweisend.

Hoden Inneres männliches Geschlechtsorgan bei vielen Tieren, welches Spermien und das Hormon Testosteron produziert.

Hohlvene Großes Blutgefäß, das sauerstoffarmes Blut aus dem Körper zum Herzen transportiert.

Homöostase Aufrechterhaltung eines konstanten inneren Milieus im Körper.

Homozygot Reinerbig. Zwei identische Allele (Varianten) eines Gens aufweisend.

Hormon Meist in einer speziellen Drüse gebildeter chemischer Botenstoff, der Prozesse im Körper steuert.

Hormondrüse Drüse im Körper von Tieren oder Menschen, die Hormone produziert.

Hornhaut Klarer, vorderer Teil der äußeren Augenhaut, der einen Großteil der Lichtbrechung übernimmt.

Hybridomzellen Durch die Verschmelzung von Lymphozyten mit Tumorzellen entstandene Zellen, die sich zeitlich unbegrenzt im Labor vermehren lassen und zur Herstellung großer Mengen monoklonaler Antikörper dienen.

Hydrokultur Form der Pflanzenhaltung, bei der die Pflanzen nicht im Boden, sondern in nährstoffreichem Wasser heranwachsen.

Hypophyse Hormondrüse an der Basis des Gehirns. Die Hypophyse gilt als Zentrale des Hormonsystems und bildet etliche Hormone, von denen manche die Hormonproduktion anderer Drüsen im Körper beeinflussen.

Hypothalamus Teil des Gehirns, der das vegetative Nervensystem kontrolliert und u. a. Körpertemperatur, Wasserhaushalt, Appetit und Schlaf beeinflusst.

Hypothese Wissenschaftliche Annahme, die noch durch Experimente überprüft werden muss.

Immunität Erworbene Unempfindlichkeit eines Organismus gegen Krankheitserreger.

Immunsystem Aus Organen und Zellen bestehendes Abwehrsystem höherer Lebewesen, das den Körper u. a. vor Krankheitserregern schützt.

Impfstoffe Arzneimittel, die aus abgetöteten oder abgeschwächten Krankheitserregern oder deren Antigenen bestehen und uns immun gegen bestimmte Infektionskrankheiten machen sollen.

Infektionskrankheiten Durch Keime verursachte Krankheiten, die von einem Organismus zum nächsten übertragen werden können.

Insulin Hormon, das den Blutzuckerspiegel senkt.

Intensivlandwirtschaft Form der Landwirtschaft, die versucht, mithilfe modernster Technik und durch den Einsatz von Dünger und Pestiziden möglichst hohe Erträge zu erzielen.

Intermediäres Allel Allel, das bei heterozygoten Organismen zu einer gemischten Merkmalsausprägung führt.

Interneuron Nervenzelle, die zwischen andere Neuronen geschaltet ist.

Inzucht Sexuelle Fortpflanzung nahe blutsverwandter Organismen. Inzucht kann zu Gesundheitsproblemen führen.

Iris Farbige Blende im Auge, deren Muskulatur die Größe der Pupille kontrolliert und dadurch bestimmt, wie viel Licht ins Auge fällt.

Kapillare Winziges Blutgefäß, das Körperzellen mit Sauerstoff versorgt.

Katalysator Stoff, der eine chemische Reaktion schneller ablaufen lässt, ohne dabei verändert zu werden.

Keimung Entwicklung eines im Samen befindlichen Pflanzenembryos zu einer jungen Pflanze.

Keimzelle Spezialisierte Zelle, die der Fortpflanzung dient. Keimzellen wie Spermien und Eizellen werden auch Gameten genannt.

Kiemen Atmungsorgane, mit denen viele wasserlebende Tiere Sauerstoff aus dem Wasser aufnehmen.

Klima Das für einen Ort über einen längeren Zeitraum typische Wettergeschehen.

Klimawandel Langfristige Veränderung des Klimas auf der Erde.

Klinische Studie Wissenschaftliche Untersuchung, mit der man herausfinden möchte, ob eine neues Medikament wirksam und verträglich ist.

Kloakentiere Säugetiere, die Eier legen. Die kleine Säugetierordnung besteht nur aus dem Schnabeltier und den Schnabeligeln.

Klon Organismus, der mit einem anderen Lebewesen genetisch identisch ist.

Knorpel Festes, aber elastisches Stützgewebe.

Kodominantes Allel Allel, das gleich stark wie ein anderes Allel des Gens wirkt, sodass beide in Erscheinung treten.

Kohlendioxid Gas, das auch in der Luft vorkommt. Tiere und Pflanzen setzen es als Abfallprodukt bei der Zellatmung frei, Pflanzen nutzen es bei der Fotosynthese.

Kohlenhydrate Energiereiche, organische Verbindungen, etwa Zucker oder Stärke, die eine bedeutende Rolle in unserer Ernährung spielen.

Kondensation Übergang eines Stoffs vom gasförmigen in den flüssigen Zustand.

Konkurrenz Konfliktträchtige Interaktion zwischen Organismen oder Arten, die dieselbe Ressource benötigen.

Kontinuierliche Variation Bei kontinuierlicher Variation können Merkmale von Organismen innerhalb eines bestimmten Bereichs unzählige Werte annehmen. *Siehe auch* diskontinuierliche Variation.

Konzentration Gibt an, wie viel von einem Stoff in einem bestimmten Volumen eines Stoffgemischs vorhanden ist.

Konzentrationsgefälle Zwischen zwei Orten besteht ein Konzentrationsgefälle, wenn sich die dortigen Konzentrationen eines Stoffs unterscheiden.

Korallen Kleine, im Meer lebende Nesseltiere. Korallenriffe bestehen aus den Skeletten koloniebildender Korallen.

Krebs Krankheit, bei der sich Körperzellen unkontrolliert vermehren und Tumoren bilden, die umgebendes Gewebe zerstören.

Krebstiere Wirbellose Tiere mit hartem Außenskelett, gegliederten Extremitäten und Kiemen, wie etwa Krabben oder Garnelen. Die meisten Krebstiere leben im Wasser.

Kurzsichtigkeit Sehfehler, bei dem entfernte Objekte unscharf sind.

Kutikula Wachsartige, wasserundurchlässige Schicht auf Blättern, die den Wasserverlust reduziert.

Larve Zwischenform in der Entwicklung vom Ei zum erwachsenen Tier, die Merkmale besitzt, die beim adulten Tier nicht vorkommen.

Limitierende Faktoren (Fotosynthese) Faktoren, die die Fotosyntheserate begrenzen, werden als limitierende Faktoren bezeichnet. Zu den wichtigsten begrenzenden Faktoren bei der Fotosynthese zählen Lichtintensität, Kohlendioxidkonzentration und Temperatur.

Linse Durchsichtiger, gekrümmter Körper, der Lichtstrahlen bricht und scharfe Bilder im Auge, in einer Kamera, im Mikroskop oder im Teleskop entstehen lässt.

Lipase Enzym, das Fettmoleküle spaltet.

Lipide Sammelbezeichnung für wasserunlösliche Naturstoffe, etwa Fette oder Öle.

Lösung Gemisch, das aus einem Lösungsmittel und mindestens einem in ihm gelösten Stoff besteht.

Lösungsmittel Stoff (meist eine Flüssigkeit), in dem sich andere Stoffe auflösen können.

Lumen Innerer Hohlraum von Hohlorganen und röhrenförmigen Körpern.

Lungenarterien Große Blutgefäße, die Blut vom Herzen zur Lunge transportieren.

Lungenvenen Große Blutgefäße, die Blut von der Lunge zum Herzen transportieren.

Luteinisierendes Hormon (LH) Hormon, das den Eisprung im weiblichen Körper auslöst.

Lymphozyten Weiße Blutzellen, die u.a. sogenannte Antikörper produzieren können.

Lysogener Zyklus Vermehrungsform bei Viren, bei der sie ihr genetisches Material in die DNA von Wirtszellen einbauen, ohne diese zu zerstören. Beim lysogenen Zyklus vermehren sich die Viren bei der Zellteilung zusammen mit den Zellen.

Lytischer Zyklus Vermehrungsform bei Viren, bei der sie letztendlich die Zellen, in denen sie sich vermehrt haben, zerstören, indem sie deren Zellwände auflösen, um neue Viren freizusetzen.

Marin Im Meer lebend, das Meer betreffend.

Masse Materiemenge eines Objekts.

Materie Alles, was eine Masse hat und Raum einnimmt.

Median Messwert, der exakt in der Mitte steht, wenn man alle Werte der Größe nach ordnet.

Meiose Besondere Form der Kern- und Zellteilung, bei der am Ende Keimzellen mit einfachem Chromosomensatz entstehen.

Membran Eine dünne Trennschicht, die Zellen oder Organellen umgibt und nur für bestimmte Stoffe durchlässig (semipermeabel) ist.

Menstruation Monatliche Blutung, bei der die Gebärmutterschleimhaut abgestoßen wird, da sich kein Embryo eingenistet hat.

Menstruationszyklus Monatlicher Zyklus im Körper der Frau, der eine Schwangerschaft ermöglichen soll.

Meristeme Bildungsgewebe in wachsenden Teilen von Pflanzen. Meristeme enthalten Stammzellen

Messquadrat Quadrat, das u.a. benutzt wird, um die Abundanz von Arten auf einer bestimmten Fläche zu bestimmen.

Metamorphose Umwandlung einer Tierlarve in ein geschlechtsreifes Tier, das anders aussieht und anders gebaut ist.

Migration Tierwanderung. Viele Vögel wandern jedes Jahr weite Strecken von ihren Brutgebieten zu ihren Winterquartieren und zurück.

Mikroorganismen Winzige Lebewesen, die man nur unter einem Mikroskop sehen kann.

Mikroskop Gerät, das winzige Objekte mithilfe von Linsen so stark vergrößert, dass wir sie sehen können.

Milchsäure Chemische Verbindung, die u.a. bei intensiver körperlicher Belastung und anaerober Atmung in den Muskeln entsteht.

Mineralstoffe Lebensnotwendige anorganische Nährstoffe, die mit der Nahrung oder durch Trinken zugeführt werden müssen.

Mitochondrien Zellorganellen, in denen u.a. der größte Teil der Zellatmung stattfindet.

Mitose Teilung des Zellkerns, bei der zwei Tochterkerne mit derselben genetischen Information entstehen. Auf eine Mitose folgt gewöhnlich eine Zellteilung (Zytokinese).

Modus Wert, der in einem Datensatz am häufigsten vorkommt.

Molekül Gruppe von zwei oder mehr Atomen, die chemisch miteinander verbunden sind.

Monoklonale Antikörper Spezifische Antikörper, die durch Klonen spezieller, Antikörper produzierender weißer Blutzellen (Lymphozyten) im Labor erzeugt werden. Monoklonale Antikörper werden u.a. zur Diagnose und Behandlung von Krankheiten verwendet.

Monokultur Land- oder forstwirtschaftliche Fläche, auf der nur eine Nutzpflanzenart angebaut wird.

Motorische Neuronen Nervenzellen, die Nervensignale vom Zentralnervensystem an Muskeln oder Drüsen senden.

Muskel Organ, das kontrahieren kann und dadurch Bewegungen ermöglicht.

Myzel Aus zahllosen Fäden (Hyphen) bestehender Hauptteil des Pilzkörpers, der meist im Boden oder im Holz verborgen ist.

Nabelschnur Gewebeschlauch, der einen Embryo oder Fötus mit der Plazenta und damit indirekt mit dem Blutkreislauf der Mutter verbindet. Die Nabelschnur versorgt das Ungeborene mit Nährstoffen und Sauerstoff.

Nährstoffe Stoffe, die Organismen zum Überleben brauchen.

Nahrungskette Abfolge von Organismenarten, bei der jede Art der nächstfolgenden als Nahrung dient.

Nahrungsnetz Komplexes System aus Nahrungsketten in einem Ökosystem.

Natürliche Selektion Prozess, der dafür sorgt, dass sich aus der Vielfalt an Individuen einer Art diejenigen stärker vermehren, die für das Überleben vorteilhafte Merkmale besitzen. Die natürliche Selektion gilt als Triebfeder der Evolution.

Naturschutz Schutz von Arten und natürlichen Ökosystemen.

Nebennieren Oben auf den Nieren sitzende Hormondrüsen, die u.a. das Hormon Adrenalin produzieren.

Negative Rückkopplung Kontrollmechanismus, der Veränderungen rückgängig macht, wenn diese zu einer Abweichung vom jeweiligen Sollwert geführt haben. Negative Rückkopplung hilft z.B. bei der Aufrechterhaltung eines konstanten inneren Milieus im Körper.

Nektar Zuckerhaltige Flüssigkeit, die Pflanzen produzieren, um Bestäuber anzulocken.

Nephron Kleinste, aus Nierenkörperchen und Nierenkanälchen bestehende Filtereinheit der Niere. In Nephronen finden Blutreinigung und Urinbildung statt.

Nerv Bündel von Nervenfasern, das elektrische Impulse durch den Körper von Tieren und Menschen leitet.

Neuron Nervenzelle.

Neurotransmitter Botenstoff, der den synaptischen Spalt überbrückt und Nervenimpulse in chemischer Form von einer Nervenzelle zur nächsten überträgt.

Nitrat Chemische Verbindung, die aus den Elementen Stickstoff und Sauerstoff besteht. Dünger für Nutzpflanzen enthalten häufig Nitrat.

Nitrifizierende Bakterien Bakterien, die Stickstoffverbindungen im Boden in Nitrat verwandeln.

Ökologie Wissenschaft, die die Beziehungen von Lebewesen untereinander und zu ihrer Umwelt untersucht.

Ökologische Landwirtschaft Form der Landwirtschaft, die sich um umweltschonende Produktion und artgerechte Tierhaltung bemüht.

Ökosystem Beziehungsgeflecht, das aus einem Lebensraum und den in ihm lebenden Organismen besteht.

Organ Körperteil aus unterschiedlichen Zellen und Geweben, der eine bestimmte Funktion in einem Lebewesen erfüllt.

Organellen Winzige, teilweise komplexe Strukturen im Innern von Zellen, die bestimmte Funktionen erfüllen.

Organische Verbindungen Chemische Verbindungen, die auf Kohlenstoff basieren.

Organismus Lebewesen.

Osmose Prozess, der abläuft, wenn Lösungen unterschiedlicher Konzentration durch eine Membran getrennt sind, die zwar für das Lösungsmittel, aber nicht für die darin gelösten Stoffe durchlässig ist.

Östrogene Weibliche Sexualhormone, die v.a. in den Eierstöcken produziert werden und u.a. Einfluss auf den Menstruationszyklus und die Ausbildung sekundärer Geschlechtsmerkmale haben.

Paarung Geschlechtliche Vereinigung eines männlichen und eines weiblichen Tieres oder Menschen, die zur Befruchtung und zum Entstehen eines Embryos führen kann.

Palisadenparenchym Pflanzliches Gewebe aus lang gestreckten Zellen, das viele Chloroplasten enthält und v.a. der Fotosynthese dient.

Pankreas Bauchspeicheldrüse. Organ, das etliche Verdauungsenzyme und Hormone, wie etwa Insulin, produziert.

Parasit Organismus, der auf oder in einem anderen Lebewesen (Wirt) lebt, und dieses zum eigenen Nutzen schädigt.

Partikel Sehr kleines Teilchen.

Pathogen Eine Krankheit verursachend.

Peptidasen Enzyme, die Proteine spalten.

Pestizid Substanz, die zur Bekämpfung von Schädlingen verwendet wird.

Pflanzenfresser Tier, das sich von Pflanzen ernährt.

pH-Wert Maß dafür, wie sauer oder basisch eine Lösung ist.

Phagozyten Weiße Blutzellen, die Keime und andere Partikel aufnehmen und zerstören können.

Phagozytose Die aktive Aufnahme von Partikeln, wie etwa Keimen, in eine Zelle.

Phänotyp Gesamtheit aller Merkmale eines Organismus.

Phloem Röhrensystem, in dem Pflanzen organische Stoffe von den Orten ihrer Entstehung zu den Orten ihres Verbrauchs transportieren.

Pilze Eukaryotische Organismen, die sich von organischen Stoffen ernähren und Zellwände aus Chitin besitzen.

Placebo Scheinmedikament, das keinen Arzneistoff enthält und daher auch keine pharmakologische Wirkung hat.

Plankton Kleine Organismen, die im Wasser treiben, und deren Schwimmrichtung von der Strömung bestimmt wird.

Plasmid Kleines, meist ringförmiges DNA-Molekül bei Bakterien.

Plazenta Nur während der Trächtigkeit (Schwangerschaft) vorhandenes Organ bei Säugetieren, das es dem Ungeborenen ermöglicht, lebenswichtige Substanzen aus dem Blut der Mutter aufzunehmen und Abfallstoffe loszuwerden.

Pollen Blütenstaub. Pulverige Masse, die in Blüten gebildet wird und aus männlichen Keimzellen (Pollenkörnern) besteht.

Population Gruppe von Lebewesen derselben Art, die ein bestimmtes Gebiet bewohnt.

Pore Sehr kleine Öffnung. Poren finden sich z.B. in der Außenhülle von Organismen, wo sie u.a. dem Austausch von Gasen oder Flüssigkeiten dienen.

Prädation Beziehungssystem, bei dem eine Art eine andere Art jagt und frisst.

Prädator Räuber. Tier, das andere Tiere jagt, um sich von ihnen zu ernähren.

Primärkonsument Tier, das sich von Produzenten, wie etwa Pflanzen, ernährt.

Produzent Organismus, der energiereiche Biomasse produziert. Grüne Pflanzen sind Produzenten.

Progesteron Hormon, das bei weiblichen Säugetieren die Gebärmutterschleimhaut auf eine Trächtigkeit vorbereitet.

Prokaryoten Winzige, einzellige Lebewesen ohne Zellkern. Bakterien sind Prokaryoten.

Proteine Eiweiße. Organische, aus Aminosäuren aufgebaute Kettenmoleküle, die in allen Organismen zahlreiche wichtige Aufgaben erfüllen.

Protoctisten Meist einzellige, mikroskopisch kleine Organismen mit Zellkern. Zu den Protoctisten gehören u.a. Algen, Wimpertierchen und manche Krankheitserreger.

Pupille Runde Öffnung im Zentrum der Iris, durch die Licht ins Auge fällt.

Puppe Übergangsstadium zwischen Insektenlarve und erwachsenem Insekt (Imago). Während des Puppenstadiums wird der Körper von Insekten komplett umgebaut.

Reagenz Stoff, der bei Tests benutzt wird, um durch eine spezifische Reaktion die Anwesenheit bestimmter anderer Stoffe anzuzeigen.

Reflex Unwillkürliche, rasche und stets gleich ablaufende Reaktion eines Organismus auf einen bestimmten Reiz.

Reflexbogen Schaltkreis, in dem Nervenzellen auf einen Reiz hin einen bestimmten Reflex auslösen.

Reiz Veränderung der Umwelt, die eine Reaktion eines Organismus hervorruft.

Reptilien Wechselwarme Wirbeltiere mit trockener Schuppenhaut. Zu den Reptilien gehören u.a. Schlangen, Echsen, Krokodile und Schildkröten.

Retina Netzhaut. Mehrschichtiges Gewebe, welches das Auge innen auskleidet und viele lichtempfindliche Zellen enthält.

Rezeptoren Sinneszellen, die Reize wahrnehmen können, oder Proteine, an die Signalmoleküle binden können.

Rezessives Allel Allel (Genvariante), das sich in der Merkmalsausprägung nur durchsetzt, wenn es nicht durch ein dominantes Allel unterdrückt wird.

Ribosomen Zellorganellen, an denen die Proteinbiosynthese stattfindet.

RNA Ribonukleinsäure. Biomolekül, das der DNA ähnlich ist. RNA-Moleküle spielen u. a. eine Rolle bei der Proteinbiosynthese, denn sie transportieren die genetische Information der DNA zu den Ribosomen.

Röntgenbild Aufnahme, die Objekte im Körperinnern zeigt und mithilfe von Röntgenstrahlen (elektromagnetische Wellen mit sehr kurzer Wellenlänge) erzeugt wurde.

Rote Blutzellen Erythrozyten. Blutzellen, die dem Sauerstofftransport dienen.

Samen Der Ausbreitung dienende Gewebestruktur bei Pflanzen, die aus Pflanzenembryo, Reservestoffen und Schale besteht.

Sauerstoff Gasförmiges chemisches Element, das einen Anteil von 21 Prozent an der Luft hat. Viele Lebewesen nutzen Sauerstoff, um mit seiner Hilfe im Zuge der Zellatmung Energie zu gewinnen.

Sauerstoffschuld Menge an Sauerstoff, die benötigt wird, um ein bei anaerober Muskeltätigkeit entstandenes Sauerstoffdefizit abzubauen.

Säugetiere Gleichwarme Wirbeltiere, die ihre Jungen mit Milch ernähren und meist ein Fell aus Haaren besitzen.

Schilddrüse Unterhalb des Kehlkopfs gelegene Hormondrüse.

Schlaganfall Plötzlich auftretende, oftmals schwere Erkrankung, bei der Teile des Gehirns nicht mehr ausreichend durchblutet werden, sodass Gehirnzellen absterben. Zu den Schlaganfallsymptomen können u. a. schwere Lähmungen und Sprachstörungen gehören.

Schleime Zähflüssige, glitschige oder klebrige Substanzen, die bei Organismen vielfältige Funktionen erfüllen können. Der Schleim der Darmschleimhaut z. B. schmiert u. a. den Darminhalt beim Transport.

Schließzellen Meist bohnenförmige Zellen, die durch Anschwellen oder Abschwellen Poren in der Epidermis von Blättern öffnen oder schließen können.

Schwingungen Wiederholte Schwankungen um ein Zentrum, z. B. Auf- und Abwärtsbewegungen oder Vor- und Zurückbewegungen.

Sekret Von Zellen oder Drüsen abgesonderter Stoff, der eine bestimmte Funktion erfüllt.

Sekundärkonsument Räuber, der sich von Primärkonsumenten ernährt.

Semipermeabel Für manche Stoffe durchlässig, für andere nicht. Zellmembranen sind semipermeabel.

Sensorische Neuronen Nervenzellen, die Informationen in Form von elektrischen Impulsen an das Gehirn oder an das Rückenmark senden. Manche sensorische Neuronen sind zugleich Sinneszellen und können Umweltreize wahrnehmen.

Sexuelle Fortpflanzung Fortpflanzung, bei der das Erbgut zweier Eltern durch Verschmelzen von Keimzellen gemischt wird.

SI-Einheiten Einheiten des Internationalen Einheitensystems, die bei wissenschaftlichen Messungen benutzt werden, wie z. B. Meter (Länge), Sekunde (Zeit) und Kilogramm (Masse).

Sinneszelle Spezialisierte Zelle, die Reize wahrnehmen kann und auf diese mit dem Erzeugen von Nervenimpulsen reagiert.

Skelett Stützgerüst, das den Körpern von Tieren Halt gibt.

Spermium Männliche Keimzelle.

Spinnentiere Gliederfüßer mit acht Beinen, wie etwa Spinnen oder Skorpione.

Sporen Meist einzellige Fortpflanzungs- und Ausbreitungseinheiten, die u. a. bei Pilzen, Algen und Farnen vorkommen.

Stammzellen Unspezialisierte Zellen, die sich zu den verschiedensten Körperzellen entwickeln können.

Stärke Speicherkohlenhydrat bei Pflanzen und Grünalgen, das aus zahlreichen Glukosemolekülen besteht.

Statine Arzneimittel, die den Cholesterinspiegel im Blut senken können.

Stickstofffixierende Bakterien Bakterien, die den Stickstoff der Luft in für Pflanzen verwertbare Stickstoffverbindungen umwandeln.

Stoffwechselrate Energie, die ein Organismus innerhalb einer bestimmten Zeitspanne umsetzt.

Stoma (Plural: Stomata) Spaltöffnung. Struktur aus zwei Zellen und einer winzigen, zwischen diesen Zellen liegenden Pore in der Epidermis von Blättern, die u. a. dem Gasaustausch dient.

Strahlung Ausbreitung von elektromagnetischen Wellen oder von Teilchen, die bei radioaktivem Zerfall entstehen.

Symbiose Zusammenleben verschiedener Organismenarten, das für alle Beteiligten von Nutzen ist.

Synapse Kontaktstelle zwischen zwei Nervenzellen oder einer Nervenzelle und einer Zelle eines Erfolgsorgans.

Temperatur Physikalische Größe, die angibt, wie kalt oder warm etwas ist.

Testosteron Wichtigstes männliches Sexualhormon, das u. a. für die Entwicklung der männlichen Geschlechtsorgane und für die Ausbildung typisch männlicher Merkmale verantwortlich ist.

Theorie Wissenschaftliche Aussage, die bestimmte Aspekte der realen Welt erklären kann und durch Experimente oder Beobachtungen bestätigt wurde.

Thrombozyten Blutplättchen. Kleine Zellen im Blut, die eine wichtige Rolle bei der Blutgerinnung spielen.

Thyroxin Hormon, das u. a. die Stoffwechselaktivität des Körpers beeinflusst.

Totipotent Als totipotent werden Zellen bezeichnet, welche die Fähigkeit besitzen, sich zu einem vollständigen Organismus zu entwickeln.

Träger Person, die ein Gen für eine Erbkrankheit besitzt, aber selbst keine Symptome aufweist.

Transekt Entlang einer geraden Linie angeordnete Mess- oder Beobachtungspunkte. Transekte werden häufig bei der Kartierung von Arten verwendet.

Transkription Biologischer Prozess im Innern von Zellen, bei dem die genetische Information der DNA auf eine RNA übertragen wird. Die Transkription ist der erste Schritt der Proteinbiosynthese.

Translation Biologischer Prozess im Innern von Zellen, bei dem die genetische Information eines RNA-Moleküls in ein Protein „übersetzt" wird.

Translokation Transport von Zuckern und anderen organischen Molekülen im Phloem einer Pflanze.

Transpiration Verdunstung von Wasser über die Blätter von Pflanzen.

Transpirationsstrom Steter Wasserstrom von den Wurzeln durch die gesamte Pflanze zu den Blättern.

Trophieebene Ernährungsstufe mit allen Organismen, die in Nahrungsketten oder Nahrungsnetzen auf einer Stufe stehen. Die unterste Trophieebene bilden die Produzenten, ihnen folgen verschiedene Konsumentenstufen.

Tumor Durch abnormes Wachstum von Körpergewebe entstandene Geschwulst. Es gibt gutartige (benigne) und bösartige (maligne) Tumoren.

Typ-1-Diabetes Form des Diabetes, bei der die Bauchspeicheldrüse kein Insulin produziert. Typ-1-Diabetes beginnt meist in der Kindheit.

Typ-2-Diabetes Form des Diabetes, bei der die Körperzellen nicht mehr richtig auf Insulin reagieren. Typ-2-Diabetes beginnt meist im Erwachsenenalter.

Unabhängige Variable Größe, die bei einem Experiment gezielt verändert wird.

Uterus Gebärmutter. Organ bei weiblichen Säugetieren, in dem der Nachwuchs bis zur Geburt heranwächst.

Vakuole Von einer Membran umgebenes und mit Flüssigkeit gefülltes Organell in Zellen. Pflanzenzellen haben große Zellsaftvakuolen, die für pralle Zellen und feste Pflanzengewebe sorgen, wenn sie gut gefüllt sind.

Variation Unterschiedliche Ausbildung von Merkmalen innerhalb einer Art. Variation kann durch genetische Unterschiede oder die Umwelt oder durch beide verursacht werden.

Vektor Krankheitsüberträger, der Krankheitserreger von Organismus zu Organismus überträgt, ohne dabei selbst zu erkranken. Anopheles-Mücken, die Malaria-Parasiten übertragen, sind z. B. Vektoren.

Vene Blutgefäß, das Blut zum Herzen transportiert.

Venenklappen Strukturen in Venen, die dafür sorgen, dass das Blut nur in eine Richtung fließt.

Verbindung Stoff, der aus den Atomen zweier oder mehrerer Elemente zusammengesetzt ist.

Verdauung Aufspaltung von Nahrung in Bestandteile, die von Zellen aufgenommen werden können.

Vergrößerung Verhältnis zwischen der wahren Größe eines Objekts und der scheinbaren Größe des Objekts bei Betrachtung mit einem optischen Instrument, wie etwa einem Mikroskop.

Verhütungsmittel Gegenstände oder Medikamente, die eine ungewollte Schwangerschaft verhindern sollen.

Verrottung Mikrobielle Zersetzung von organischem (meist pflanzlichem) Material.

Viren Krank machende Partikel, die v. a. aus Nukleinsäuren (DNA oder RNA) und Proteinen bestehen und lebende Zellen brauchen, um sich zu vermehren.

Volumen Raum, den ein Festkörper, eine Flüssigkeit oder ein Gas einnimmt.

Vorklinische Studie Studie, in der Arzneistoffe noch nicht an Menschen, sondern an lebenden Zellkulturen, Geweben und Versuchstieren getestet werden.

Wärmeisolation Wärmedämmung zur Reduktion von Wärmeverlusten.

Wechselbeziehungen Wechselseitige Beeinflussung und bestehende Angängigkeiten von Organismen in einer Artengemeinschaft oder einem Ökosystem.

Weichtiere Wirbellose Tiere mit weichem Körper, die jedoch häufig eine harte Schale besitzen. Zu den Weichtieren gehören u. a. Schnecken, Muscheln und Kopffüßer.

Weiße Blutzellen Zellen im Blut, die Schadstoffe und Krankheitserreger unschädlich machen.

Weitsichtigkeit Sehfehler, bei dem nahe gelegene Objekte unscharf sind.

Wirbel Knöchernes Element der Wirbelsäule von Wirbeltieren.

Wirbellose Tiere ohne Wirbelsäule. Zu den Wirbellosen gehören u. a. Gliederfüßer, Weichtiere, Nesseltiere und verschiedene Stämme der Würmer.

Wirbeltiere Tiere mit einer Wirbelsäule. Zu den Wirbeltieren gehören u. a. Fische, Amphibien, Reptilien, Vögel und Säugetiere.

Wirt Lebender Organismus, der von einem Parasiten befallen ist und diesen mit Ressourcen versorgt.

Wissenschaftliche Modelle Vereinfachende Darstellungen realer Objekte oder Systeme, die Forschern helfen, wissenschaftliche Sachverhalte zu verstehen oder zu beschreiben.

Wurzel Teil der Pflanze, der zur Verankerung im Boden und zur Wasser- und Mineralstoffaufnahme dient.

X-Achse Horizontale (waagerechte) Achse in einem Diagramm.

Xylem Röhrensystem, in dem Pflanzen Wasser und darin gelöste Salze von der Wurzel durch den Stamm oder den Stängel in die Blätter transportieren.

Y-Achse Vertikale (senkrechte) Achse in einem Diagramm.

Zellatmung Prozess im Innern von lebenden Zellen, welcher der Energiegewinnung dient.

Zelle Kleinste lebende Einheit aller Lebewesen.

Zellkern Eukaryotisches Zellorganell, welches das Erbgut enthält und eine Art Kontrollzentrum der Zelle darstellt.

Zellmembran Extrem dünne Schicht aus Molekülen, die das Zytoplasma der Zelle umgibt und den Stoffaustausch mit der Umgebung kontrolliert.

Zellteilung Biologischer Prozess, bei dem sich eine Zelle in zwei Tochterzellen teilt.

Zellulose Langkettiges Kohlenhydrat, Hauptbestandteil von pflanzlichen Zellwänden.

Zellwand Hülle, die Zellen von Pflanzen, Pilzen, Bakterien und Algen umgibt. Tierische Zellen haben keine Zellwände.

Zentralnervensystem (ZNS) Kontrollzentrum des Nervensystems. Das ZNS besteht aus Gehirn und Rückenmark.

Zersetzer Organismen, die totes organisches Material in verwertbare Nährstoffe zerlegen.

Zucht Künstliche Selektion, bei der Eltern mit den wünschenswertesten und für den Menschen nützlichsten Merkmalen ausgewählt und zur Zucht verwendet werden.

Zucker Kohlenhydrate mit recht kleinen Molekülen, die süß schmecken.

Zygote Durch die Verschmelzung von Eizelle und Samenzelle entstandene erste Zelle eines neuen Individuums.

Zytoplasma Grundsubstanz von Zellen.

Register

Fett gedruckte Seitenzahlen kennzeichnen zentrale Einträge.

A

- Aasfresser 218
- Abfallbeseitigung 245
- Abfallprodukte
  - Austauschflächen **58**
  - Blut 114
  - Menschen 98, 99, 102, 111, 119, 146–147, 244
  - Pflanzen 76
  - Tiere 225
  - Zersetzer 218, **220**
- abhängige Variable 13
- abiotische Faktoren 216, **221**, 230, 231, 232
- Absorption
  - Mineralstoffe 107
  - Wasser 107
- Abstandsgesetz 87, **88**
- Abundanz 222, **228**
- Adenin 183
- Adenosintriphosphat (ATP) 60, **61**
- Adiuretin (ADH) 143, 146, 147
- Adrenalin 118, 125, 142, **154**
- adulte Stammzellen 42, 43
- aerobe Atmung 62, **63**, 64
- After 98, 99
- Agarplatten **48**, 49
- AIDS 260
- Akne 149
- Akrosom 173
- aktiver Transport **56**, 61, 102, 107
- Albinismus 186
- Algen 38, 219, 226, 237, 244
- Alkohol 253, 254, 270
- Allele 182, 186, **187**, 188–189, 192, 193
  - Blutgruppen **194**
  - Erbkrankheiten 195
  - geschlechtsgebundene 198
  - kodominante 191, 194
  - Mutationen 208
- Allesfresser 218, 219
- Altern 137
- Alveolen 58, 120, 121
- Aminosäuren 60, 67, 74, 79, 80, 100, 101, 102, 146, 181, 185, 186
- Amöben **38**
- Amphibien 30, 170
- Amylase 71, 72, 185
- anaerobe Atmung 63, **64–65**
- Analyse 11
- Anaphase 45
- Angst 118, 154
- Anpassungen **81**, 207, 208, 213, 216, 229, 231
- Antibiotika **49**, 235, 261, 270
- antibiotikaresistente Bakterien **211**, 270
- Antigene 265, 266, 267, 268, 269, 272
- Antikörper 114, 178, 265, 266, 267
  - monoklonale **268**, 269, 272
- Antiseptika **49**, 270
- Aorta 115, 116
- Archaeen 27
- arithmetischer Mittelwert 17
- arktische Pflanzen 81
- Artbildung **213**
- Arten
  - Abundanz **228**
  - Aussterben **214**
  - Biodiversität **237**
  - biotische Faktoren **222**
  - eingeschleppte 214, **243**
  - Entstehung **213**
  - Evolution 33, **208–209**
  - Fossilien **210**
  - Klassifikation **26**
  - natürliche Selektion 207
  - Ökosysteme **240**
  - Schutz **247**
  - Sozialverhalten **224**
  - Variation **205**
  - Verbreitung **241**
- Artengemeinschaften 216, 217
- Arterien 111, 112, 113, 115, 117
- Arteriolen 112
- Arzneimittel **270**
  - Antibiotika **49**, 211, 235
  - Antikrebsmedikamente 269
  - Herstellung 200
  - Impfstoffe **267**
  - monoklonale Antikörper 268, 269
  - Resistenz 211, 270
  - Tests **271**
- aseptische Techniken 23, **48**
- asexuelle Fortpflanzung **161**
  - Klonen **199**, **202**
  - Pflanzen **168**
- Aspirin 16
- Assimilation 102
- Astigmatismus 136, **138**
- Atmung 25, **59–65**,120, **122**, 131, 154, 170, 225, 232, 244
  - aerobe **63**
  - anaerobe **64–65**
  - Atmungsrate **62**
  - Luftverschmutzung 246
  - menschliche 102
  - Pflanzen 79, 80
- Atmungssystem 29, **120–121**
- Augen 129, **134–138**, 263
- Augenlaserchirurgie 136
- Außenskelett 31, 208
- Ausläufer 168
- Aussterben 210, **214**, 236, 237, 240
- Austauschflächen 58
- Auxine 156, 157, 158
- Axon 127

B

- Babys
  - Geburt **178**
  - Schwangerschaft **176–177**
- bakterielle Erkrankungen **261**
- Bakterien 20, 27, **39**, 218, 220, 232, 233, 244
  - antibiotikaresistente **211**, 270
  - Effekt von Antibiotika und Antiseptika **49**, 270
  - Gentechnik 200, 201
  - Kulturen **48**
  - pathogene 257
  - Phagozytose 264
  - Zweiteilung **47**
- Bartwuchs 148
- Basen 181, 182, **183**, 186
  - Sequenz 184, 185
- Bauchspeicheldrüse *siehe* Pankreas
- Beagle, HMS 207
- Bedecktsamer 32
- Befruchtung 150, 151, 153, 160, 162, 171, 172, 197
  - Mensch 173, 174, **175**
- Beobachtungen 10
- beschreibende Modelle 14
- Bestäuber 162
- Bestäubung 31, 162, 163, 164, 217
- Beute **218**, 219, 222
  - Räuber und Beute **223**
- Beuteltiere **172**
- Bewegung 25, 60, 131
  - anaerobe Atmung 64–65
  - Atemfrequenz **123**
  - Gesundheit 254
  - Herzfrequenz 117, 118
- Biodiversität **237**, 240, 242, 247
- Bioethanol 251
- Biogas 220
- Biokraftstoffe 16, **251**
- Biolandbau 250
- Biomasse 225, 251
  - Übertragung 226
- Biomassepyramiden **226–227**
- Bioreaktoren **203**
- Biotechnologie
  - Genetik und Biotechnologie **179-203**
  - Gentechnik **200–201**
  - industrielle Fermentation **203**
  - Klonen **199, 202**
- biotische Faktoren 216, **222**, 231, 232
- Bio-Waschmittel 71
- Bläschendrüse 173
- Blätter 28, **77**, 78, 81, 105, 158
  - Blattzellen 37, 41
  - Fotosyntheserate 85
  - Stärkenachweis 82
  - Transpiration 106, 108, 109
  - ungenießbare 273
- Blattläuse 272
- Blut 20, **114**
  - Blutgerinnung 114, **263**
  - Blutzuckerspiegel 142, 143, 144, 145, 147
  - Gasaustausch 120–121, 122
  - Hormone 142
  - Infektionskrankheiten 258
  - Nieren **146–147**
  - Schwangerschaft **176**, **177**
  - Verdauung 99, 102
- Blutdruck 113
- Blüten 28, 157, **162**, 163, 164
- Blutfluss 112
- Blutgefäße 58, 111, **112–113**, 115, 140, 147, 177
- Blutgerinnung 114, **263**
- Blutgruppen **194**, 206
- Blutplasma **114**
- Blutplättchen *siehe* Thrombozyten
- Boden 61, 107, 233, 245
- Bodenverschmutzung 236, **245**
- Body-Mass-Index (BMI) 95
- Borke 273
- Bowman-Kapsel 147
- Bronchien 120, 122, 263
- Bronchiolen 120, 121
- Brüste 149
- Brustkorb 120, 122
- Brüten 171
- Brutknospen 168, 202

C

- Calcium 91, 92
- chemische Verdauung **100–101**
- Chemotherapie 269
- Chlorophyll 76, 80, 85, 158
  - Test **83**
- Chloroplasten 37, 38, 76, 77, 78
- Cholesterin 255
- Chromatiden 45, 46
- Chromosomen 160, 173, 175, 182, 186, 193, 198
  - Genom **180–181**, 184
  - Geschlechtsbestimmung **197**
  - Meiose **46**
  - Mitose 44, 45
- Cochlea-Implantate 139
- Codon 185
- Computermodelle 14
- Cytosin 183

D

- Darm 58, **98–102**
- darstellende Modelle 14
- Darwin, Charles **207**, 209
- Daten
  - Präsentation **18–19**
  - Sammlung 11, 17
- Deletion 186
- Denaturierung 68, 69, 72
- Dendriten 127
- Desoxyribonukleinsäure *siehe* DNA
- Diabetes **145**, 200, 253, 254
- Diagramme **18–19**
- Dialyse 147
- Diaphragma (Verhütungsmittel) **152**

dichotomer Bestimmungsschlüssel **34**
Dickdarm 98, 99
Diffusion **51**, 52, 58, 102, 106, 121, 177
Dikotyledonen 166
Dinosaurier 30, 210
diskontinuierliche Variation **206**
DNA
  Bakterien 39, 47
  Genom **180–182**
  Gentechnik **200**
  Gentests 196
  Kladogramme **33**
  Meiose 46
  Mitose 44, 45
  Mutationen **186**
  nicht kodierende **184**
  Pflanzen 80
  Sequenzierung 26, **182**
  Struktur **183**
  Vervielfältigung **181**
  Viren **259**
  Zweiteilung 47
DNA-Ligase 200
Dodo 214
Dolly (Schaf) 199
Domänen 27
dominante Allele 187, 188, 190, 192, 193, 195
Doppelhelix 181, 183
Dornen 273
Drüsen 142
Dünger 244, 250
Dünndarm 58, 98, 99, 100, 101, 102
Dürre 239

EF

Ebolavirus 260
Echter Mehltau 262
EEG (Elektroenzephalogramm) 132
Eidotter 171
Eier/Eizellen
  IVF 153
  Klonen **199**
  Menschen 160, 173, **174**, 175, 197
  Menstruationszyklus **150–151**
  Tiere 160, **169–172**
Eierstöcke 142, 149, 150, 151, 153, 174, 175
Eiklar 171
Eileiter 152, 153, 174, 175
Einflussgröße **13**
eingeschleppte Arten **243**
einzellige Organismen **38**
Eis 231, 239, 240
Eisen 92, 114
Eisprung 150, 151
elektrische Impulse 115, 126
Elektroden 132
Elektronenmikroskope 21, **40**
elterliche Fürsorge 171, 172
Embryos
  embryonale Stammzellen 42, 43
  Embryo-Screening 186
  Embryonensplitting 199
  Klonen **199**
menschliche Fortpflanzung 153, **160**, 174, 175, 177
  Samen 166
  Vögel 171
Empfindungsstörungen **133**
Endosperm 166
endotherme Reaktionen 76
Energie
  Atmung 60–61, 64, 65
  Energiefluss **225**
  erneuerbare 251
  Nahrung 91, 93, 95, 102
Entsalzung 231
Entwaldung 242
Enzyme **67–74**
  Atmung 60
  chemische Verdauung **100–101**
  Experimente **72–73**
  Fotosynthese **84**, **85**
  Gentechnik **200**
  Industrie **71**
  Körperabwehr 263, 264
  pH-Wert **69**, 100
  Spermien 173
  Stoffwechsel **74**
  Substrate 67, 68, **70**
  Temperatur **68**, 140
  Verdauungssystem 67, 69, 98, **100–101**
  Viren **259**
enzymkatalysierte Reaktionen 67, 68, 69, 70, 76
Epidermis 77, 105, 107
Erdatmosphäre 232, 238
  Kohlendioxidkonzentration 242
Erfolgsorgane **125**, 129, 140
Ernährung 25
  ausgewogene 92, **94–95**
  Babys 178
  Krankheiten **253**
  Menschen **90–101**
  Nahrungssicherheit **248**
  Pflanzen **75–89**
erneuerbare Energien 251
erste Immunantwort 266
Eschenwelke 262
Ethanol 64, 65
Ethen 157
Ethik **15**
  Embryo-Screening 196
  Gentechnik **200–201**
  Stammzellforschung **42**
Eukaryoten 21, 27, 39
Eutrophierung 244, 249
Evaporation 231
Evolution 27, **205–215**
  Artbildung **213**
  Aussterben **214**
Evolution *Fortsetzung*
  Bakterien **211**
  Fossilien **210**
  Kladogramme **33**
  natürliche Selektion **207**
  Variation **205–206**
  Zucht **212**
Exkretion 25, 146–147
exotherme Reaktionen 60, 64
Experiment 10
Exspiration 122
Farbenfehlsichtigkeit 198
Farne 32
Faser 91, 94, 199
Feinstaub 246
Fellfarbe 191
Fermentation **203**
Fette 74, 79, 91, 94, 96, 97, 98, 100, 101
  Ernährung **94**
  Körper **95**
  Verdauung **101**
Fettleibigkeit 94, 95, 253, 254
Fettsäuren 74, 101, 102
Fibrin 263
Fische 30
Fischerei 249
Flagellum 39
Flaschennahrung 178
Fleischfresser 218, 219
Flüsse 231, 244
fMRT-Scan 132
Fokussierung 135
follikelstimulierendes Hormon (FSH) 150, 151, 152
Forschungsrisiken 16
Fortpflanzung 25, **159–178**
  asexuelle **161**, **168**
  Blüten **162**, 163
  Hybriden 213
  Klonen **199**
  Lebenszyklen **169–172**
  männliche Geschlechtsorgane **173**
  menschliche **173–178**
  Pflanzen 161, **162–168**
  sexuelle 46, **160**
  weibliche Geschlechtsorgane **174**
  Zweiteilung **47**
fossile Brennstoffe 232, 238, 246, 251
Fossilien 11, **210**
Fotosynthese 61, 67, 74, **76**, 77, 78, 79, 80, **82–88**, 104, 219, 225, 232, 233, 237
  Extremstandorte 81
  Gewächshäuser 89
  Fotosyntheserate **84–87**
Fototropismus 156
Fötus **176–177**
Froschlaich 170
Frucht 28, 92, 94, 157, 162, **164**, 165
Fruchtbarkeitstherapie **153**
Fruchtblase 176, 178
Fruchtblätter 162
Fruchtwasser 176, 178
Fußpilz 262

GH

Galle 98, 99, 101
Gameten 46, 160
Gamma-Knife **133**
Gasaustausch 29, 58, 77, 78, 120, **121**, 122
Gase, Diffusion 51
Gattung 26
Gebärmutter *siehe* Uterus
Gebärmutterhals 152, 174, 178
Geburt 149, 174
Geburtenrate 235
Gedächtnis 131, 132, 133
Gedächtniszellen 266, 267
Gefühle 131
Gehirn 29, 126, **131**
  Adrenalin **154**
  Funktion **132**
  Homöostase **143**
  Hören **139**
  Pubertät 148, 159
  Sehen **134–135**
  Thermoregulation **140**
  Tumoren 132, 133
  Verletzungen und Schäden 132, **133**
gemeinsamer Vorfahr 27, 33
Gemüse 92, 94
Gene 39, 46, 160, 161, 173, 181
  Allele **187**
  Mendels Werk **192–193**
Genetik
  Biotechnologie und Genetik **179-203**
  Blutgruppen **194**
  DNA-Struktur **183**
  Erbkrankheiten **195**
  Gene und Allele **187**
  Genom **180–182**
  Gentechnik **200–201**
  Gentests **196**
  Geschlechtsbestimmung **197**
  geschlechtsgebundene (gonosomale) Vererbung **198**
  Humangenomprojekt **182**
  Klonen **199**, **202**
  Kodominanz **190–191**
  Krankheiten 253
  Kreuzungen **188–189**
  Mendels Werk **192–193**
  Mutationen **186**
  Proteinbiosynthese **184–185**
  Sozialverhalten **224**
  Variation **205–206**, 208
  Viren **259**
Genom **180–182**
Genotyp **187**, 188–191, 194, 195
Gentechnik **200–201**, 212
gentechnisch veränderte Organismen (GVO) 200
Gentherapie 182
geografische Isolation 213
Geschlechtsbestimmung **197**
Geschlechtskrankheiten 253, 261
Geschlechtsverkehr 258
Gesellschaft und Naturwissenschaft 16
Gesteinsbildung 232
Gesundheit **252–273**
  siehe auch Krankheit
Gewächshausanbau **89**
Gewebe 28
Gewebekultur 202
Gibberelline 157
Giftstoffe 146, 177, 257, 273
Gliederfüßer (Arthropoda) 31

globale Erwärmung **238**, 239, 241, 242, 251
Glockenkurve 206
Glomeruli 147
Glühwürmchen 68
Glukagon 143, **144**
Glukose 72, 74, 96, 102
  Atmung 63, 64
  Blut 118, 142, 143, 144, 145, 147
  Fotosynthese 76
  Pflanzen 61, **79**, 82
Glycerin 102
Glykogen 74, 102, 144, 154
Gonorrhoe 261
Gonosomen 198
Gras 163
Gravitropismus 156
Großhirn 131
Guanin 183
Haare 140, 143, 149, 263
Habitat 216
Haeckel, Ernst 21
Hämoglobin 114, 185
Harnblase 146, 147
Harnleiter 146
Harnröhre 173
Harnstoff 74, 102, 114, 146, 147
Haustiere 212
Haut 140, 143, 263, 264, 270
Häutung 169
Hefen 38, 64, 65, 161, 251
Hemisphären (Großhirn) 131
Hemmhof 49
Herz 29, 58, 111, 112, 113, **115–118**
Herzfrequenz 116, **117**, 154
  Veränderung **118**
Herzinfarkt 16, 115, 256
Herzkammern 15, 116
Herz-Kreislauf-Erkrankungen 253, 254, **255**, 256
Herz-Kreislauf-System 29, **111–118**
Herzoperationen **256**
Herzschlag 116, 117, 118
Herzschrittmacher 115
Herztransplantation **256**
Herzvorhöfe 115, 116, 117
Herzzeitvolumen 116
heterozygot 187, 188–189
heterozygote Kreuzung **191**
Hirnstamm 131
Hirnzellen 127
Histogramme 19
HIV 259, **260**
Hoden 142, 148, 173
Hodensack 173
Hohlvene 115, 116
Homöostase 140, **143**, 146
homozygot 187, 188–189
homozygote Kreuzung **190**
Hooke, Robert 20
Hören **139**
Hormone 125, 131, **141–158**
  Adrenalin **154**
  Blut **114**
  Diabetes **145**
  Fruchtbarkeitstherapie **153**
  Geburt **178**
  Homöostase **143**
  Insulin und Glukagon **144**
  Menstruationszyklus **150–151**
  Nieren **146–147**
  Pflanzen **156–158**, 202
  Pubertät **148–149**
  Sexualhormone 148–149, 151, 174
  Thyroxin **155**
  Verhütungsmittel **152**
Hormonpillen 152
Hormonsystem **142**
Hornhaut 134, 135, 136, 137, 138
humanes Choriongonadotropin (HCG) 268
Humangenomprojekt **182**
Hybriden 213
Hybridomzellen 268
Hydrokultur 89
Hydrophyten 81
Hyphen 220
Hypophyse 131, 142, 143, 151, 155
Hypothalamus 131, 140, 155
Hypothese 10

IJKL

Immunsystem 260, **264–267**, 269
Impfung 16, 257, 260, 261, **267**
industrielle Fermentation 201, **203**
Infektion 119, 264, 265, 266, 270
Infektionskrankheiten 253, 254, **258**, 267, 272
Innenohr 139
Insekten 31
  Krankheitsüberträger 253, 258, 262, 272
  Lebenszyklus **169**
Insertion 186
Inspiration 122
Insulin 142, 143, **144**, 145, 200–201
Intensivlandwirtschaft 15, 250
intermediäre Allele **190–191**
Internationale Einheiten 22
Interneuronen 127
interspezifische Konkurrenz 222
intraspezifische Konkurrenz 222
Intrauterinpessare 152
intrazytoplasmatische Spermieninjektion 153
In-vitro-Fertilisation (IVF) 153, 196
Iris **134**
Isolationsmechanismen **213**
Junk-DNA 184
Kalium 80
Kampf-oder-Flucht-Reaktion 129, 154
Kapillaren 20, 102, 112, 113, 119, 147, 264
Kapsel (Bakterien) 39
Karyogramm 182
Kaulquappen 170
Kehlkopf 148
Keimblätter 166
Keimung 62, 157, 158, 166, **167**
Keimzellen 46, **160**, 162, 197
Kelchblätter 164
Kiemen 58, 111, 121, 170
Kilojoule 95
Kilokalorien 95
Kinderlähmung *siehe* Polio
Klappen
  Herz **115**, 116, 117, 256
  Venen 113
Kläranlagen **244**
Klassifikation 20–21, **26–27**
Kleinhirn 131
Klima 239
Klimawandel 214, **239**, 240, 241, 248
klinische Studien 271
Kloakentiere **172**
Klone
  monoklonale Antikörper **268**
  Pflanzen 168, **202**
  Tiere **199**
Knollen 79, 82
Knospung 161
kodominante Allele 190, **191**, 194
Koffein 270
Kohlendioxid
  aerobe Atmung **63**
  anaerobe Atmung **64–65**
  atmosphärisches 232, **238**, 242, 251
  Bewegung 123
  Blut 114
  Gasaustausch 58, 120–121, 122
  Pflanzen 61, 74, 76, 77, 78, 83, 84, 85, 89
Kohlenhydrate 74, 91, 94, 100
kohlenhydratspaltende Enzyme 100
Kohlenstoffkreislauf 220, 231, **232**
Kohlenstoffsenken **242**
Kollagen 185
Kompost 220
Kondensation 231
Kondome 152
konkave Linsen 136
Konkurrenz 222
Konsumenten 218, 219, 226
kontinuierliche Variation **206**
Kontrollversuche **14**
konvexe Linsen 137
Korallenriffe 237, 240
Koronararterien (Herzkranzgefäße) 115, 255
Körperbau 28
Körpergewicht 94, **95**
Körpergröße 206
Kot 225, 232
Krankheit
  Antibiotikaresistenz **211**
  Arzneimittel **270**
  Ausbreitung 241
  bakterielle **261**
  biotischer Faktor **222**
  Erbkrankheiten **195**
  Gentests **196**
  geschlechtsgebundene **198**
  Gesundheit **252–273**
  Impfung **267**
  Klimawandel 248
  Körperbarrieren **263**
  Lebensstil **254**
  Luftverschmutzung **246**
  Nierenversagen **147**
  Protoctisten und Pilze **262**
  Schädlinge 241, 248, 249, 250
  Stammzellen **42**
  Stillen und Flaschennahrung 178
  übertragbare **258**
  Überwachung 257
  Viren **259–260**
Krankheitserreger 114, **257**, 258, 263, 264, 265, 266, 267, 270, 272, 273
Krankheitsüberträger 258, 262, 272
Krebs 15, 132, 133, 178, 254, 268, **269**
Krebstiere 31
Kreisdiagramme 18
Kreuzungen **188–189**, 192–193, 194, 195, 198
Kronblätter 162, 164
Küken 171
Kunststoffe 71, 236, 245
Kurzsichtigkeit **136**, 137
Kutikula 77, 273
Laktose 71
Land- und Fischwirtschaft
  Anbaumethoden **250**
  Aquakultur 249
Langzeitimmunität **266**
Larven 169
Leben **24–34**
  Kennzeichen **25**
Lebensraum 39, 216
  Schutz 247
  Umweltkapazität 229
  Veränderung 240, 241
  Zerstörung und Verlust 214, 236, 242, 245, 251
Lebenszyklus
  Amphibien **170**
  Insekten **169**
  Säugetiere **172**
  Vögel **171**
Leber 8, 102, 144, 146, 254
Lederhaut 134
Leeuwenhoek, Antonie van 20
Leihmutter 199
Leitbündel 104, 105
Leukozyten *siehe* weiße Blutzellen
Licht
  Fotosynthese 61, **83–87**
  Pflanzenwachstum 156, 221
  Sämlinge **158**
  Sehen 134, **135**, 136, 137, 138
  Transpiration **106–109**
Lichtintensität 88
Lichtmikroskop 40
Liniendiagramme 19

Linné, Carl von 26
Linné'sche Klassifikation **26**
Linsen
  Auge 134, 135, 136, 137
  künstliche 137
  Mikroskop 40, 41
Lipase 71, 100, 101
Luciferase 68
Luft 120, 122, 232, 233, 258
Luftfeuchtigkeit 108, 109
Luftröhre 120, 122, 263
Luftverschmutzung 236, **246**
Lunge 58, 111, **120–121**, 122, 170
Lungenarterien 115, 116
Lungenvenen 115, 116
luteinisierendes Hormon (LH) 150, 151
Lymphe **119**
Lymphgefäße 102, **119**
Lymphknoten **119**
Lymphozyten 114, **119**, **265**, 266, 267, 268
Lymphsystem **119**
lysogener Zyklus 259
lytischer Zyklus 259

M

Magen 98, 99
Magensäure 68, 98, 100, 101, 263
Magnesium 80
Makromoleküle 61
Malaria 241, 253, 257, 258, **262**
Malpighi, Marcello 20
männliche Geschlechtsorgane **173**
Masern 16, 260
Mastdarm **98**
mathematische Modelle 14
mechanische Verdauung **99**
Median **17**
Medizinwissenschaft
  Bevölkerungswachstum 235
  Genetik 182
  Stammzellforschung **42**
  siehe auch Krankheit, Gesundheit
Meeresspiegelanstieg 239
Meerwasser 231
Meiose **46**, 160, 197
Mendel, Gregor **192–193**
Mensch
  Bevölkerungswachstum **235**
  Nahrungsproduktion **248–250**
  Ressourcen **236**
  Umwelt **234–251**
  Umweltverschmutzung **244–246**
menschliche Aktivitäten 214, 222, 241
menschlicher Körper
  Atmung 63–65, **122–123**
  Aufbau **28**
  Ernährung **90–102**
  Fortpflanzung 160, **173–178**
  Gehirn **131**
  Genom **180**
  Geschlechtsbestimmung **197**
  Gesundheit **252–273**
  Herz **115–118**
  Herz-Kreislauf-System **111–118**
  Homöostase **143**
  Hören **139**
  Hormone **142–155**
  Immunsystem **264–266**
  Körperbarrieren **263**
  Lungen **120–121**
  Lymphsystem **119**
  Meiose **46**
  Nervensystem 125, **126**
  Nieren **146–147**
  Organsysteme **29**
  Pubertät **148–149**
  Reflexbogen **129**
  Sehen **134–138**
  Stammzellen **42–43**
  Stoffaustausch **58**
  Thermoregulation **140**
  Variation **206**
  Verdauungssystem **98–102**
  Zellen 36
  siehe auch Krankheit
menschliches Genom **182**, **184**
Menstruation 149, **150–151**
Menstruationszyklus 142, 149, **150–151**, 152
Meristeme 43
Merkmale
  Evolution 205, 206, 207, 208, 212
  Genetik 187, 188, **192–193**, 198, 199, 200, 205
  lebender Organismen **25**, 33, 34
  sekundäre Geschlechtsmerkmale 142, **148**, **149**
Messgeräte 12
Messquadrate **228**, 230
Messungen **12**, 22
Metamorphose **169–170**
Metaphase 45
Mikroorganismen 20, 21, 203
Mikroskope 20–21, **40–41**
Mikrovilli 58, 102
Milch 172
Milchsäure 64, 65
Milz 119
Mimose (*Mimosa pudica*) 273
Mineralstoffe 61, 76, 80, 91, **92**, 94, 104, 107, 220, 231
Mitochondrien 36, 37, 39, 63, 79, 173
Mitose **44–45**
Mitralklappe 115, 116, 256
Mittelohr 139
Mittelwert 12, **17**
Modelle **14**
Modus 17
Moleküle, Aufbau großer 61
Monatsblutung *siehe* Menstruation
monoklonale Antikörper **268**, 269, 272
Monokotyledonen 166
Moorbrände 242
Moore 242
motorische Neuronen 126, **127**, 133
mRNA (Boten-RNA) 184, 185
MRSA 211
Mukoviszidose 195, 196
Mülldeponien 245
Mund 98, 99
Muskeln 125, 126, 154
  anaerobe Atmung **64–65**
  Sauerstoffversorgung 118
Muskelzellen 36, 123
Mutationen **186**, 205, 208, 211, 270
Myelinscheiden 127

N

Nabelschnur 176, 177, 178
Nachhaltigkeit **249**
Nacktsamer 32
Nährstoffe
  aktiver Transport **56**
  Eutrophierung 244
  Herz-Kreislauf-System **111–113**
  Menschen **91**
  Pflanzen **80**
  Resorption 57, 58, 102
  Schwangerschaft **176–177**
  Umweltkapazität **229**
Nahrung
  Anbaumethoden **250**
  ausgewogene Ernährung **94–95**
  biotischer Faktor **222**
  Embryo 171
  Energie 60, 225
  Energiemessung **93**
  Gentechnik **200**
  Infektionskrankheiten **258**
  Körpergewicht **95**
  nachhaltige Produktion **249**
  Populationswachstum **235**
  Resorption **102**
  Samen 166
  Sicherheit **248**
  Umweltkapazität **229**
Nahrungsketten 223, **226–227**
Nahrungsmittelindustrie 71
Nahrungsmitteltests **96–97**
Nahrungsnetze **219**, 223
Nahrungstypen **218**
Narbe (Blüte) 162, 163, 164
Nase 120, 263
Naturkatastrophen 214, 239
natürliche Selektion 207, **208**, 209, 211
Naturschutz **247**, 250
naturwissenschaftliche Fragen **15**
Nebennieren 125, 142, 154
negative Rückkopplung 140, 143, 144, 155
Nektar 31, 162, 163
Nephron **147**
Nerven **126**
Nervenimpulse 61, **127**, **128**, 139
Nervensystem 29, **124–140**
  Adrenalin **154**
  Gehirn **131–132**
  Hören **139**
  Neuronen **127**
  Reaktionszeit **130**
  Reflexbogen **129**
  Reiz und Reaktion **125**
  Schäden **133**
  Sehen **134–138**
  Synapsen **128**
  Temperaturregulation **140**
Nervenzellen *siehe* Neuronen
Nest 171
Netzhaut 134, 135
Neuronen 36, 126, **127**, 128, 131
Neurotransmitter 128
nicht übertragbare Krankheiten 253, 255, 279
Nieren 102, 143, **146–147**
Nierenarterien 146
Nierenkanälchen 147
Nierenmark 147
Nierenvenen 146
Nikotin 270
Nitrat 61, 80, 233
Normdarstellung 22
Nukleotide 183
Nukleinsäuren 233
Nutzpflanzen
  Biokraftstoffe **251**
  Ertrag 89
  GVO 200, 201
  Nahrungssicherheit **248**
  Zucht **212**
Nymphen 169

O

Oberfläche-Volumen-Verhältnis **57**
Objektträger 41
Ohr **139**
Ökologie **216–233**
Ökosysteme **216**, 217, 226
  abiotische Faktoren **221**
  Biodiversität **237**
  biotische Faktoren **222**
  Umweltkapazität **229**
  Veränderung **240**
Organe 28, **29**
Organellen 36, 37, 185
Organsysteme 28, **29**
Osmose **52–55**, 78, 107
Ösophagus 98, 99
Östrogene 142, 149, 150, 151, 152, 174
Ovarien *siehe* Eierstöcke
Oxyhämoglobin 114

P

Paarung 169, 171, 172
Palisadenparenchym 77
Pankreas 142, 144, 145
Parasiten 257, **262**
Partikel, Diffusion **51**
Penis 148, 152, 173
Pepsin 73, 100
Peptidasen 71, 100, 101
peripheres Nervensystem 126

Peristaltik **99**
Pestizide 201, 250
PETase 71
Pflanzen 21, 27, **32**
  Abstandsgesetz **88**
  Anpassungen **81**
  Atmung **61**, **64–65**, 70, 79, 232
  Blätter **77**
  Blüten 31, **162**
  DNA 80
  eingeschleppte Arten **243**
  Energiefluss **225**
  Ernährung **75–89**
  extreme Lebensräume **81**, 221
  Fortpflanzung **160**, **161–168**
  Fotosynthese **76**, **82–88**, 219
  Früchte **164**
  Genetik **192–193**
  Glukose **79**
  Hormone **156–158**, 202
  Klonen **202**
  Kohlenstoffkreislauf **232**
  Krankheiten 260, 261, 262, **272**
  Nahrungsnetze **219**
  Osmose **53–55**
  Samen **166**
  Samenausbreitung **165**
  Schädlinge **272**
  Schutzmechanismen **273**
  Spaltöffnungen *siehe* Stomata
  Stammzellen **43**, **202**
  Stickstoff **233**
  Stomata **78**
  Transpiration **106–109**, 231
  Transportsystem 61, **104–109**
  Turgor **53**
  Vegetationskörper 28
  Wasserkreislauf **231**
  Wurzeln **107**
  Zellen **37**
  Zucht **212**
Pflanzenfresser 218, 219
Pflanzensprosse 28, 105, 106
pflanzliche Ernährungsweise 248
Phagozyten 114, **264**, 265
Phagozytose **264**
Phänotyp **187–191**
Phloem 37, 77, 104, 105
Phosphate 80, 183
pH-Wert und Enzyme **69**, 72, **73**, 100
Pilze 27, 38, 161, 218, 220, 232, 257
Pilzkrankheiten **262**
Plasmide 39, 200, 201
Plasmolyse 53
Plazenta 172, 176, **177**, 178
Plumula 166
Polio 257, 267
Pollen 162, 163
Populationen 216, 217
  Abundanz **228**
  Artbildung **213**
  Evolution **207–209**
  menschliches Bevölkerungswachstum **235**, 248
  Umweltkapazität **229**
  Verteilung **230**
Potetometer 109
Präfixe 22
Primärkonsumenten 219, 226
Produzenten 76, 218, 219, 226
Progesteron 150, 151, 152, 174
Prokaryoten 21, 27, 39, 47
Prophase 45
Prostata 173
Proteine 67, 80, 91, 94, 96, 97, 98, 100, 101, 181, 186, 233
  Proteinbiosynthese **184–185**
  räumliche Struktur **185**
Protista 21
Protoctisten 27, 38, 257
  Krankheiten **262**
Pseudopodien 38
Pubertät 148–150
  Jungen **148**
  Mädchen **149**
Pulsfrequenz 117, 118
Punnett-Quadrat **188**, 190
Pupille 129, 134, 154
Puppe 169

QR

Radicula 166
Räuber 214, 218, 219, 222, 224
  Räuber und Beute **223**
Rauchen 254, 269
räumliche Modelle **14**
Reaktionszeit **130**
Recycling 220, 245
Reflexbogen **129**
Reflexe **129**
Regen 231, 239, 246
Regenwald 237, 240
Reiche des Lebens 21, **27**
Reiz **125**, 129, 130
Reizwahrnehmung 125
Reptilien 30
Resorption 98, 102
Respirometer 62
Ressourcen 229, **236**
Rezeptoren **125**, 128, 129, 134, 139, 140
rezessive Allele 187, 188, 190, 192, 193, 195, 198
Rhizome 168
Ribosomen 36, 37, 184, 185
RNA 184, 185, 259
rote Blutzellen **114**, 194, 263
Rückenmark 29, 126, 129, 131, 133
Ruska, Ernst 21

S

Saccharose 79
Salmonellen 257, 261
Salze 231
Samen 32, 162, 163, 164, 165, **166**
  asexuelle Fortpflanzung 168
  Ausbreitung 164, **165**, 217
  Keimung 62, 157, **167**
Samenanlagen **162**
Sämlinge **158**
Sättigungspunkt 70
Sauerstoff
  Atmung **62**, **63**
  Bewegung 64–65, 123
  Fotosynthese **76–78**, **86–87**
  Gasaustausch 58, **120–121**, 122
  Herz-Kreislauf-System **111–118**
  Keimung **167**
  Wasserverschmutzung **244**
Säugetiere 30
  Geschlechtsbestimmung **197**
  Kladogramme **33**
  Lebenszyklus **172**
Säulendiagramme 19
saurer Regen 246
Schädlinge 241, 248, 249, 250, **272**
Schallwellen 139
Schambehaarung 148
Scheinfüßchen *siehe* Pseudopodien
Schilddrüse 142, 155
Schimmelpilze 220
Schlaganfall 132, 133
Schleiden, Matthias 21
Schleim 122, 263
Schließzellen 77, **78**
Schlüssel-Schloss-Prinzip 67
Schlüsselarten **247**
Schmerz 129
Schöpfungsgeschichte 207
Schorf 263
Schutzgebiete 247
Schwammparenchym 77, 106
Schwangerschaft 149, 150, 152, 153,174, **176–178**
  Tests 268
Schwann, Theodor 21
Schwefel 246
Schweißdrüsen 140
Schwitzen 143
Seen 231, 244
Segelklappen 117
Sehen **134–138**
Sehnerv 134, 135
sensorische Neuronen 127, 133
Sexualhormone 148–149, 151
sexuelle Fortpflanzung **46**, **160**, **173–178**, 187, 205
SI-Einheiten **22**
Sichelzellenanämie 195
Sicherheit am Arbeitsplatz **23**
Sinnesorgane 125, 126, **134–140**
Sinneszellen *siehe* Rezeptoren
Skelette 30, 31
Sonnenlicht 76, 77, 78, 88, 158
Sozialverhalten **224**
Speicheldrüsen 98
Speiseröhre *siehe* Ösophagus
Sperma 152, 153, 173, 175
Spermien 36, 46, 160, 172, 197, 199
  menschliche 148, 150, 152, 153, 160, **173**, 174, 175, 197
Spindelapparat 45
Spinnentiere 31
Sporen 32, 220
Sprache 131
Sprösslinge 156
Stammbäume 195
Stammzellen **42–43**, 202
Stärke 72, 74, 79, 96, 164
  Pflanzen 61, **82**
Statine 255
Staubbeutel 162, 163
Staubblätter 162
Stechmücken 241, 253, 258, 262
Stecklinge 202
Stents 255
Sterberate 235
Sterilisation 152
Stickstoffkreislauf 220, 231, **233**
Stillen 178
Stimmbänder 148
Stimmbruch 148
Stoffwechsel **74**
Stoffwechselrate 155
Stomata 77, **78**, 81, 106, 108
Strahlentherapie 269
Stress 118, 142, 154
Streudiagramme 19
Stürme 239
Substitution 186
Substrate 67, 70, 72
Superbakterien **211**
Synapsen 127, **128**
synaptische Bläschen 128

T

Tabakmosaikvirus 260, 272
Tabellen **18**
Talg 149
Taschenklappen 115, 116, 117, 256
Tatsache oder Theorie 11
Tausendfüßer 31
Telophase 45
Temperatur
  Atmung 62
  Diffusion **51**
Temperatur *Fortsetzung*
  Enzyme **68**, 71, **72**, 140
  extreme 221
  Fotosynthese **84**
  Gewächshausanbau **89**
  globale Erwärmung **238**, 241
  Keimung **167**
  konstante Körpertemperatur 60
  Regulation im menschlichen Körper **140**, 143
  Transpiration 108, 109
Testosteron 142, 148, 173
Thrombozyten **114**, 263
Thymin 183, 184
Thyreoidea-stimulierendes Hormon (TSH) 155
Thyroxin 142, **155**
Tiere
  anaerobe Atmung **64–65**
  Artenschutz **247**
  Artentstehung **213**
  bedrohte 236, 240
  Biomassepyramide **226**
  eingeschleppte Arten **243**
  Energiefluss **225**

  Ernährung 76
  Evolution **208–209**
  Fortpflanzung **160**
  Gasaustausch **121**
  Herz-Kreislauf-System **111**
  Klonen **199**
  Kohlenstoffkreislauf **232**
  Lebensraumzerstörung **236**, **237**, **240**, **245**, **247**
  Lebenszyklen **169–172**
  Nahrungsnetze **219**
  Nahrungssicherheit **248**
  Nervensystem **125–140**, 154
  Oberfläche-Volumen-Verhältnis **57**
  Sozialverhalten **224**
  Stammzellen **43**
  Stickstoffkreislauf **233**
  Tierforschung 15
  Tierreich 21, 27
  Transportmechanismen **110–123**
  Umweltverschmutzung 237, **244**
  Variation **205–206**
  Wechselbeziehungen **217**
  Zellen **36**
  Zucht **212**
Tochterzellen **44**, **161**
totes organisches Material 218, 220, 232, 233, 244
Toxine *siehe* Giftstoffe
Träger 195
Tragfähigkeit *siehe* Umweltkapazität
Transekt 230
Transkription **184**
Translation **185**
Translokation **104**
Transpiration 78, **106**, 231
  Messung **109**
  Rate **108**
Transpirationsstrom 104, **106**
Transport
  Pflanzen **103–109**
  Systeme **58**
  Tiere **110–123**
  Zellen **50–58**
Transportproteine 56
Treibhausgase **238**, 248
Trikuspidalklappen 115, 116, 256
Trinkwasser 231
tRNA (Transfer-RNA) 185
Trommelfell 139
Trophieebenen 219, 225, 226, 227
Tropismus 156, 158
Tuberkulose (TB) 261
Tumoren 269
turgeszent 53

UV

Überflutungen 221, 239
Überleben
  Sozialverhalten **224**
übertragbare Krankheiten *siehe* Infektionskrankheiten
Umwelt
  abiotische Faktoren **221**
  Anbaumethoden **250**
  eingeschleppte Arten **243**
  Energiefluss **225**
  jahreszeitliche Veränderungen **241**
  Krankheiten **253**
  Mensch und Umwelt **234–251**
  Nahrungsproduktion **249**
  Nahrungssicherheit **248**
  Naturschutz **247**
  Ressourcen **236**
  Variation **205**, 206, 207, 208, 209, 213
  Verbreitung von Arten **241**
  wissenschaftliche Entwicklungen und Umwelt 16
Umweltkapazität **229**
Umweltverschmutzung 236
  Boden **245**
  Luft **246**
  Wasser **244**
unabhängige Variable 13
Unkrautvernichter 157, 250
unvollkommene Metamorphose **169**
Uracil 184
Urin 143, 146, 147, 225
Uterus 149–153, 172, 174–176, 178
Vagina 150, 152, 174, 178
Vakuolen 37, 38, 53, 78, 107
Variablen **13**
Variation 160, **205–206**, 207, 208–209
Vektoren 258, 262
Venen 111, 112, 113
Venolen 112
Verbreitung von Organismen 222, **230**
  Umweltveränderungen **241**
Verbrennung **232**
Verdauungssystem 28, 29, 67, 69, 74, **98–102**
Vererbung 187, 188–189, 192–193, 207
  Erbkrankheiten **195**
  geschlechtsgebundene (gonosomale) **198**
Vergrößerung (optische Linse) **40**, **41**
Verhütungsmittel **152**
Viren **25**, 211, 257, 258, **259–260**, 270, 272
Vitamine 91, **92**, 94, 97
Vögel
  Dinosaurier 30
  Evolution 30, 210
  Lebenszyklus **171**

W

Wachstum 25, 60
  Babys 177
  Bakterien 49, 201, 270
  Menschen 91, 101
  Pflanzen 62, 79, 80, 89, 156, 157, 164, 166, 202
  Population 235
Wälder 242, 251
Wallace, Alfred Russel **207**, 209
Wanderungen 229, 241
Wärmeverlust 57
Wasser
  Atmung 63
  Ernährung 91
  Gewächshausanbau 89
  Keimung 167
  Krankheiten 253, 258, 262
  menschlicher Körper 143, 146–147
  Osmose **52–55**
  Pflanzen 61, 76, 104, 105, 106, 107, 108, 109, 167
  Verdauung 99
  Verschmutzung 236, **244**
Wasserdampf 77, 78, 108, 231
Wasserkreislauf **231**
Wasserpflanzen 81
Wechselbeziehungen **217**, 240
Wehen 178
weibliche Geschlechtsorgane **174**
weiße Blutzellen **114**, 260, 263, 264, 265, 266
Weitsichtigkeit 136, **137**
Welken 53, 107
Wind 205, 221
  Samenausbreitung **165**
Windbestäubung **163**
Windgeschwindigkeit 108, 109
Wirbellose **31**
Wirbeltiere **30**, 34
Wirtschaft und Naturwissenschaften 16
wissenschaftlich Arbeiten **9–23**
wissenschaftlicher Fortschritt **20–21**
  Nutzen und Risiken **16**
wissenschaftlicher Name **26**
wissenschaftliches Arbeiten **10–11**
Wunden 263
Wurzelhaare 61, 107, 166
Wurzelhaarzellen 37, **56**, 107
Wurzelhalsgallenkrebs 261
Wurzeln 28, 65, 81, 105, 106, **107**, 156, 166, 168, 233
Wüstenpflanzen 81, 273

XYZ

X-Chromosom 187, 198
Xerophyten 81
Xylem 37, 77, 104, 105, 106, 107
Y-Chromosom 187, 198
Zähne 99
Zellatmung 56, **60**
Zellen 20–21, 28, **35–49**
  Diffusion **51**
  einzellige Organismen **38–39**
  Genom **180**
  Krebs **269**
  Meiose **46**
  Mitose **44–45**
  Osmose **52–55**
  Pflanzen **37**
  Sauerstoffversorgung 114
  Stammzellen **42–43**
  Tiere **36**
  Transport **50–59**
  turgeszente **53**
  Vergrößerung **40–41**
  Viren **259**
  Zweiteilung **47**
Zellkern 36, 37, 38, 39, 184
  Klonen **199**
  Mitose **44–45**
Zellmembran 36, 37, 39, 56, 80
  semipermeable 52
Zellulase 71
Zellulose 37, 74, 79, 273
Zellwand 37, 38, 39, 273
Zentralnervensystem (ZNS) **126**, 127, **131**, 133
Zersetzer 218, **220**
Zersetzung **220**, 232, 233
Ziliarmuskeln 134, 135
Zilien 122, 175, 263
Zona pellucida 174
Zoos 247
Zucht 199, 201, **212**
Zucker 52, 53, 54–55, 91, 96, 100, 102, 157, 164, 166, 167, 183, 233
Zuckerrohr 251
zweite Immunantwort 266
Zweiteilung **47**
Zwerchfell 120, 122
Zwiebeln 168
Zwischenrippenmuskeln 120, 122
Zygote 160, 175
Zytoplasma 36, 37, 38, 39, 44, 45, 47, 53, 174

Dank und Bildnachweis

Der DK Verlag dankt folgenden Personen für ihre Hilfe bei der Herstellung dieses Buchs: Shatarupa Chaudhuri, Virien Chopra, Derek Harvey, Cecile Landau, Sai Prasanna und Shambhavi Thatte für redaktionelle Unterstützung. Helen Peters für die Erstellung des Registers, Gary Ombler für Fotos. Neetika Malik (Lbk Incorporation), Baibhav Parida und Arun Pottirayil für Illustrationen. Mrinmoy Mazumdar und Vikram Singh für CTS-Assistenz. Aditya Katyal für Unterstützung bei der Bildersuche, Priyanka Bansal, Rakesh Kumar, Priyanka Sharma und Saloni Singh für den Buchumschlag.

Smithsonian Enterprises:
Kealy E. Gordon, Product Development Manager; Ellen Nanney, Senior Manager Licensed Publishing; Jill Corcoran, Director, Licensed Publishing Sales; Brigid Ferraro, Vice President, Education and Consumer Products; Carol LeBlanc, President

Der Verlag dankt folgenden Personen und Institutionen für die freundliche Genehmigung zum Abdruck von Fotos: (Abkürzungen: o = oben, u = unten, m = Mitte, l = links, r = rechts, g = ganz)

4 Science Photo Library: Steve Gschmeissner (ur). **10 Alamy Stock Photo:** Alan Novelli (mro). **Dreamstime.com:** Kazakovmaksim (ur); Standret (mr). **11 Dorling Kindersley:** Andy Crawford / Royal Tyrrell Museum of Palaeontology, Alberta, Canada (ur). **Dreamstime.com:** Kazakovmaksim (gom). **Shutterstock:** PolyPloiid (mru). **12 123RF.com:** destinacigdem (goml). **Dreamstime.com:** Mohammed Anwarul Kabir Choudhury (m). **Shutterstock:** Boxyray (ml). **13 123RF.com:** destinacigdem (mr). **14 NASA:** (mru). **15 Alamy Stock Photo:** Stockr (mr). **16 Science Photo Library:** Francesco Zerilli / Zerillimedia (m). **17 Dreamstime.com:** Tatiana Neelova (Pflanzen). **20 Alamy Stock Photo:** Ann Ronan Picture Library / Heritage-Images / The Print Collector (mo); Photo Researchers / Science History Images (ml). **Dorling Kindersley:** Dave King / The Science Museum, London (ul); Dave King / Science Museum, London (um); Gary Ombler / Whipple Museum of History of Science, Cambridge (mro). **Wellcome Collection** http://creativecommons.org/licenses/by/4.0/: (ur). **21 Alamy Stock Photo:** Scott Camazine (ul); Interfoto / Personalities (mr); Steve Gschmeissner & Keith Chambers / Science Photo Library (gor); Science Photo Library / Steve Gschmeissner (gom). **Science Photo Library:** CDC (ur). **Wellcome Collection** http://creativecommons.org/licenses/by/4.0/: Wellcome Collection (ml). **23 Alamy Stock Photo:** Dorling Kindersley ltd (ul); sciencephotos (mlu). **Dorling Kindersley:** Dave King / Science Museum, London (ml). **Dreamstime.com:** Ggw1962 (mro). **25 Alamy Stock Photo:** Wong Hock weng (m). **Science Photo Library:** Kateryna Kon (ur). **26 Alamy Stock Photo:** Science Photo Library (mro); Tom Viggars (glom). **Dreamstime.com:** Andamanse (mlo); Rhamm1 (grmu); Vasyl Helevachuk (mru); Xunbin Pan / Defun (m); Dragoneye (mu/Antilope). **iStockphoto.com:** micro_photo (mo); PrinPrince (glmu). **27 Alamy Stock Photo:** Niall Benvie (mr); Steve Gschmeissner / Science Photo Library (mru/Bakterien). **iStockphoto.com:** micro_photo (mru/Amöbe). **28 Alamy Stock Photo:** Pixologicstudio / Science Photo Library (mru). **30 Alamy Stock Photo:** Larry Geddis (ur/Hintergrund); Martin Harvey (mru); Chris Mattison (mlu). **Dreamstime.com:** Nejron (mo); Carlos Romero Oreja (mu). **31 123RF.com:** Tim Hester / timhester (ml). **Alamy Stock Photo:** blickwinkel / B. Trapp (m); Don Mammoser (ur). **Dreamstime.com:** Olga Demchishina / Olgysha (mr). **32 Alamy Stock Photo:** William Brooks (ul); Wildlife Gmbh (mlu). **Dreamstime.com:** Alisali (um). **Getty Images:** Paul Starosta / Corbis (mr). **123RF.com:** Thawat Tanhai (ur). **Alamy Stock Photo:** Wildlife Gmbh (um). **Dorling Kindersley:** Richard Leeney / Whipsnade Zoo (m). **Dreamstime.com:** Adogslifephoto (mru). **iStockphoto.com:** marrio31 (mu). **38 iStockphoto.com:** micro_photo (m). **40 Alamy Stock Photo:** Inga Spence (mr). **Dreamstime.com:** Elena Schweitzer / Egal (m). **Science Photo Library:** Wim Van Egmond (ur). **41 Science Photo Library:** Michael Abbey (mru). **42 Alamy Stock Photo:** Kateryna Kon / Science Photo Library. **43 iStockphoto.com:** ELyrae (ur). **44 Science Photo Library:** Steve Gschmeissner (m). **46 Science Photo Library:** Tim Vernon (m). **47 Science Photo Library:** CNRI (m). **48 Dreamstime.com:** Ggw1962 (ul). **49 Science Photo Library:** CNRI (m). **52 Science Photo Library. 53 Alamy Stock Photo:** Nigel Cattlin (l/Pflanze). **56 Science Photo Library:** (m); Microfield Scientific Ltd (ur). **58 Science Photo Library:** Eye Of Science (mr). **60 Alamy Stock Photo:** blickwinkel (mru). **Dreamstime.com:** Twildlife (m). naturepl.com: Stefan Christmann (mlu). **61 123RF.com:** foxterrier2005 (ul). **Dreamstime.com:** Scooperdigital (mr); Darius Strazdas (ml). **SuperStock:** Eye Ubiquitous (gom). **63 Science Photo Library:** National Institute On Aging / NIH (m). **71 Dreamstime.com:** Horiyan (m). **76 iStockphoto.com:** E+ / Andy445 (l). **Science Photo Library:** John Durham (mr). **78 Dreamstime.com:** Threeart (mlu). **Science Photo Library:** AMI Images (m). **79 Dreamstime.com:** Ksushsh (mu). **80 Alamy Stock Photo:** Nigel Cattlin (grom, grm, gru). **Dreamstime.com:** Alexan24 (ur); Lantapix (mro); Le Thuy Do (mr); Pranee Tiangkate (mru). **Science Photo Library:** Nigel Cattlin (grmu). **81 Alamy Stock Photo:** Arterra Picture Library / van der Meer Marica (mr). **Dreamstime.com:** Aleksandr Frolov (ur). **89 Dreamstime.com:** Dutchscenery (mu). **91 123RF.com:** belchonock (mru). **Alamy Stock Photo:** D. Hurst (mo). **Dreamstime.com:** Ivan Kovbasniuk (mlu); Pogonici (m/Joghurt); Splosh (mlu/Getreide). **iStockphoto.com:** Coprid (mro). **92 Dreamstime.com:** Yulia Davidovich (m). **94 Science Photo Library:** Maximilian Stock Ltd. **105 Science Photo Library:** (ur). **106 Alamy Stock Photo:** Scenics & Science (ul). **Getty Images:** DR Jeremy Burgess / Science Photo Library (ml). **Science Photo Library:** Eye Of Science (mr); Steve Gschmeissner (ur). **117 Dreamstime.com:** Chernetskaya (ur). **120 Science Photo Library:** CNRI (ml). **123 Gross, L., Beals, M., Harrell, S. (2019).:** Lung Capacity and Rhythms in Breathing. Quantitative Biology at Community Colleges, QUBES Educational Resources. doi:10.25334 / Q4DX6N (m). **125 Alamy Stock Photo:** John Gooday (ur). **126 Science Photo Library:** Pixologicstudio (r). **132 Science Photo Library:** ZEPHYR (m). **145 Dreamstime.com:** Dml5050 (ml). **153 Science Photo Library:** Maurizio De Angelis (m). **154 Alamy Stock Photo:** Image Source / Herbert Spichtinger (ur). **157 Depositphotos Inc:** exopixel (m). **160 Science Photo Library:** Eye Of Science (m). **161 Science Photo Library:** London School Of Hygiene & Tropical Medicine (m). **165 123RF.com:** olegdudko (m). **168 123RF.com:** Noppharat Manakul (mr). **Science Photo Library:** Power And Syred (m). **170 Dreamstime.com:** Rudmer Zwerver / Creativenature1 (mlu); Isselee (mru). **171 Dreamstime.com:** Wkruck (mlu). **172 Dreamstime.com:** Michael Elliott (ur); Евгений Харитонов (mu); Jan Pokorný / Pokec (um). **178 Science Photo Library:** Eddie Lawrence (m). **182 Alamy Stock Photo:** Cultura Creative (RF) / Rafe Swan (glu); Kateryna Kon / Science Photo Library (m). **iStockphoto.com:** E+ / alanphillips (um). **Science Photo Library:** David Parker (ul). **185 Alamy Stock Photo:** Science Photo Library / Laguna Design (mru, mr). **Science Photo Library:** Kallista Images / Custom Medical Stock Photo (mru/Kollagen). **186 Alamy Stock Photo:** imageBROKER / Erich Schmidt (m). **187 Ardea:** Agenzia Giornalistica Fotografic (um). **Dreamstime.com:** Eris Isselee / Isselee (ul); Lauren Pretorius (grmu). **188-189 Dorling Kindersley:** Wildlife Heritage Foundation, Kent, UK (Leopard). **190-191 Dreamstime.com:** Alfio Scisetti (Wunderblume). **191 Alamy Stock Photo:** Peter Cavanagh (um); Wayne Hutchinson (ur). **192-193 Dreamstime.com:** Santia2 (Erbsen). **193 Alamy Stock Photo:** FLHC 52 (ur). **194 Getty Images:** Nicholas Eveleigh / Photodisc (Blutbeutel). **196 Alamy Stock Photo:** Juan Gartner / Science Photo Library (m). **197 Alamy Stock Photo:** Sergii Iaremenko / Science Photo Library (m). **198 iStockphoto.com:** Gal_Istvan (ur). **199 Dreamstime.com:** Isselee (ml). **202 Science Photo Library:** Rosenfeld Images Ltd (m). **205 Alamy Stock Photo:** Michael Tucker (ur). **206 Dreamstime.com:** Judith Dzierzawa (m). **207 Alamy Stock Photo:** FineArt (ul); GL Archive (um). **Science Photo Library:** (m). **210 Alamy Stock Photo:** Martin Shields (r). **212 Dreamstime.com:** Denira777 (um). **Science Photo Library:** Geoff Kidd (ul). **213 Alamy Stock Photo:** Karin Duthie (mlu); Sue Anderson (mlu/Gras); Avalon / Photoshot License / Oceans Image (mr/Gras); Minden Pictures / Tui De Roy (mr/Schildkröte). **Dorling Kindersley:** Thomas Marent (ur). **214 Alamy Stock Photo:** Natural History Museum, London (m). **216 Dreamstime.com:** Luckyphotographer (ur); Pniesen (um). **iStockphoto.com:** bogdanhoria (gru). **217 Dreamstime.com:** Matthew Irwin (ur); Liligraphie (ml). **218 Alamy Stock Photo:** blickwinkel / Fieber (ur); David Osborn (um); Design Pics Inc / Ken Baehr (mr). **iStockphoto.com:** BrianEKushner (mro); E+ / Antagain (mu); superjoseph (mr/Panda); Anup Shah / Stockbyte (m). **219 Dreamstime.com:** Verastuchelova (mlu). **Getty Images:** Natthakan Jommanee / EyeEm (um). **iStockphoto.com:** Antagain (mo). **220 Alamy Stock Photo:** Citizen of the Planet / Peter Bennett (um). **Dreamstime.com:** Empire331 (ml). **221 Alamy Stock Photo:** John Eccles (mr); Zoonar GmbH / Erwin Wodicka (mlu). **Dreamstime.com:** Ronnachai Limpakdee (ml). **Getty Images:** VCG (mru). **222 Alamy Stock Photo:** A & J Visage (mlu); Ulrich Doering (ml); Nature Picture Library / Anup Shah (mr); Arterra Picture Library / Clement Philippe (mru). **SuperStock:** Biosphoto (ur). **224 Alamy Stock Photo:** Avalon / Photoshot License (mlu); Liia Galimzianova (ur). **Getty Images:** Paul Starosta (mlo). naturepl.com: Jim Brandenburg (mro); Stefan Christmann (mru). **225 123RF.com:** Michael Lane (ml). **Dreamstime.com:** Stanislav Duben (mr). **226 123RF.com:** Maggie Molloy / agathabrown (mu/Blatt). **Dorling Kindersley:** Alan Murphy (mo/Meise). **Dreamstime.com:** Henkbogaard (mo/Habicht); Isselee (m/Raupe). **227 Dreamstime.com:** Thawats (m); Yodke67 (mro). **228 Dorling Kindersley:** Stephen Oliver (ml). **229 123RF.com:** kajornyot (mu). **Dreamstime.com:** Nadezhda Bolotina (m). **231 Alamy Stock Photo:** F1online digitale Bildagentur GmbH / M. Schaef (um). **Dreamstime.com:** Shao Weiwei / Shaoweiwei (ur). **232 123RF.com:** Olexander Usik (mu). **235 ourworldindata.org:** Max Roser. **236 Alamy Stock Photo:** Paulo Oliveira (ur). **Getty Images:** Diptendu Dutta / Stringer / AFP (um). **Shutterstock:** Dogora Sun (m). **237 Alamy Stock Photo:** Francois Gohier / VWPics (mlu); Robert Harding / Last Refuge (ur); Suzanne Long (mo). **Getty Images:** Oxford Scientific (mr). **238 NASA:** GISS (u/Temperatur). **NOAA:** (u/Kohlendioxid). **239 2019 Münchener Rückversicherungs-Gesellschaft, NatCatSERVICE:** (Daten von Münchener Rück, NatCATSERVICE (2019)) (m). **Alamy Stock Photo:** Galaxiid (ur). **iStockphoto.com:** piyaset (um). **240 123RF.com:** Juan Gil Raga (um). **Alamy Stock Photo:** Cultura Creative (RF) / Stephen Frink (m); Hemis / LEMAIRE StO-phane / hemis.fr (ur). **241 Alamy Stock Photo:** Kit Day (ml). **Dreamstime.com:** Mr.smith Chetanachan / Smuaya (ur); Cowboy54 (mr). naturepl.com: Sylvain Cordier (um). **242 Alamy Stock Photo:** National Geographic Image Collection / Jim Richardson (ul); RDW Aerial Imaging (m). **Getty Images:** Ulet Ifansasti (um). **243 Alamy Stock Photo:** blickwinkel / Teigler (mr); Pat Canova (ur); Paulo Oliveira (mo). **Dreamstime.com:** Jezbennett (ul). **ZSL (Zoological Society of London):** (ml). **244 Dreamstime.com:** Ymgerman (ur). **245 Dreamstime.com:** Vchalup (u). **246 Alamy Stock Photo:** Tom Stack (mru). **Science Photo Library:** Gary Hincks (m). **Shutterstock:** Nady Ginzburg (ur). **247 Alamy Stock Photo:** Dominique Braud / Dembinsky Photo Associates / Alamy (um). **Getty Images:** Shivang Mehta / Moment Open (m). **248 Alamy Stock Photo:** imageBROKER / Florian Kopp (mu); inga spence (mr); robertharding / Yadid Levy (m). **Getty Images:** Corbis Unreleased / Frans Lemmens (mru). **249 Alamy Stock Photo:** Arterra Picture Library / Voorspoels Kurt (ml/Trawler); Paulo Oliveira (ur); Mario Formichi photographer (mru); RGB Ventures / SuperStock / Scubazoo (mr). **Dreamstime.com:** Christian Delbert (mu). **250 Alamy Stock Photo:** Rick Dalton - Ag (mr). **Getty Images:** Universal Images Group (ml). **251 Alamy Stock Photo:** Science Photo Library / Molekuul (ml). **Dreamstime.com:** Stockr (mo); Ken Wolter (mru); Sorachar Tangjitjaroen (mr). **iStockphoto.com:** DarthArt (mlu). **253 Alamy Stock Photo:** Nokuro (m). **Dorling Kindersley:** Arran Lewis (Morula 3D) / gagui (Turbosquid) (ur). **254 Alamy Stock Photo:** PCN Photography (m). **Dreamstime.com:** Wavebreakmedia Ltd (mr). **255 Dreamstime.com:** Glolyla (mr). **256 Rex by Shutterstock:** Jeremy Young (ur). **Science Photo Library:** AJ Photo (um); David Leah (mr). **257 Alamy Stock Photo:** Sebastian Kaulitzki (mu). **Dreamstime.com:** Igor Zakharevich (m); Katerynakon (mlu). **Forestry Images:** Bruce Watt, University of Maine, Bugwood.org (mr). **258 123RF.com:** Sebastian Kaulitzki (ul). **Alamy Stock Photo:** Custom Medical Stock Photo (um); Werli Francois (ml). **Dreamstime.com:** Andor Bujdoso (ur); Lightfieldstudiosprod (m); Mr.smith Chetanachan / Smuaya (mr). **260 123RF.com:** gl0ck33 (um); lightwise (ul). **Shutterstock:** Plant Pathology (ur). **261 Alamy Stock Photo:** Alexey Kotelnikov (m). **Science Photo Library:** Geoff Kidd (ur); Kateryna Kon (um). **SuperStock:** Science Picture Co (ul). **262 Alamy Stock Photo:** Nigel Cattlin (um); Yon Marsh Natural History (ur). **Science Photo Library:** Dr P. Marazzi (ul). **263 Getty Images:** Science Photo Library / NIBSC (mr). **Science Photo Library:** Nano Creative / Science Source (ml). **264 Science Photo Library:** (m). **265 Alamy Stock Photo:** Science Photo Library / Christoph Burgstedt (m). **267 Getty Images:** AFP / Narinder Nanu (ml). **269 Science Photo Library:** Steve Gschmeissner (mr). **270 Science Photo Library:** Aberration Films Ltd (gor). **271 Dreamstime.com:** Ahmad Firdaus Ismai (mlu); Jenifoto40 (mlo). **272 Alamy Stock Photo:** Science History Image (ur). naturepl.com: Stephen Dalto (ml). **Science Photo Library:** Clouds Hill Imaging Lt (mr). **273 Alamy Stock Photo:** Nigel Cattlin (gur); GKSFlorapics (gul); Steve Tulley (ur). naturepl.com: Adrian Davies (ml). **Science Photo Library:** Dennis Kunkel Microscopy (ul)

Weitere Informationen unter: www.dkimages.com